Das Handbuch der Beratung
Band 1: Disziplinen und Zugänge

Nestmann/Engel/Sickendiek (Hg.)

dgvt Verlag

Das Handbuch der Beratung

Band 1: Disziplinen und Zugänge

herausgegeben von

Frank Nestmann, Frank Engel & Ursel Sickendiek

dgvt Verlag

Tübingen

2004, 3. Auflage 2014

Anschriften der Herausgeber:

Prof. Dr. Frank Nestmann
Institut für Sozialpädagogik, Sozialarbeit und Wohlfahrtswissenschaften
Fakultät Erziehungswissenschaften
Technische Universität Dresden
D-01062 Dresden

E-Mail: Frank.Nestmann@mailbox.tu-dresden.de

Frank Engel
ibfw-beratung e.V.
Breite Straße 37
D-33602 Bielefeld

E-Mail: frank.w.engel@t-online.de

Ursel Sickendiek
Universität Bielefeld
ZSB-Zentrale Studienberatung
Universitätsstraße 25
33501 Bielefeld

E-Mail: ursel.sickendiek@uni-bielefeld.de

Bibliografische Information der Deutschen Nationalbibliothek
Die Deutsche Nationalbibliothek verzeichnet diese Publikation in der Deutschen Nationalbibliografie; detaillierte bibliografische Daten sind im Internet über http://dnb.d-nb.de abrufbar.

Im Sudhaus
Hechinger Straße 203
72072 Tübingen

E-Mail: dgvt-Verlag@dgvt.de
Internet: www.dgvt-Verlag.de

Gestaltung & Satz: Die Kavallerie GmbH, Tübingen
Umschlaggestaltung: Frank Engel, Bielefeld
Gesamtherstellung: freiburger graphische betriebe GmbH & Co. KG, Freiburg

ISBN 978-3-87159-048-1

Inhaltsverzeichnis

Band 1: Disziplinen und Zugänge

Lesehinweis
In den Beiträgen des Handbuches sind längere Zitate kleiner gesetzt und mit Anführungszeichen gekennzeichnet.

In ebenfalls klein gesetzten Textteilen ohne Anführungszeichen finden sich Textpassagen, in denen ausgewählte Forschungs- oder Handlungsbereiche detailliert dargestellt werden sowie Beispiele (kursiviert).

Inhaltsverzeichnis

Band 2: Ansätze, Methoden und Felder

Inhaltsverzeichnis

Band 3: Neue Beratungswelten: Fortschritte und Kontroversen

I Vorwort und Einleitung

Vorwort der HerausgeberInnen

Ein Handbuch gilt vielen als das abschließende oder „letzte" Wort, was zu einem Thema gesprochen wird, als so etwas wie der Schlussstein eines Gewölbes. Gleichzeitig scheint es zu signalisieren, wer für sich in Anspruch nimmt, dieses letzte und zusammenfassende Wort zu sprechen, diesen Schlussstein zu setzen.

Das ist nicht unser Verständnis des Handbuchs der Beratung.

Dieses Handbuch in zwei Bänden ist zwar eine umfassende, aber doch vorläufige Zusammenschau des schon immer gesellschaftlich bedeutsamen Bereichs Beratung. Es bleibt somit eine Zwischenbilanzierung, die keinen Anspruch auf Vollständigkeit erheben kann. Das Handbuch wird allerdings zu einem Zeitpunkt fertig gestellt, der wie kein anderer in der deutschsprachigen Beratungsgeschichte von Veränderungen gekennzeichnet ist – einer Zeit, in der sich Beratung sprunghaft entwickelt, profiliert, zunehmend professionalisiert, aber auch vielerorts unter Druck gerät – einer Zeit, in der das gesamte Feld in Bewegung ist.

Wir wagen diese vorläufige Zusammenfassung, indem wir fast 80 prominente VertreterInnen eines kaum noch überschaubaren Feldes zusammenbringen und zu Wort kommen lassen, die kompetent den Stand und die Perspektiven ihres jeweils spezifischen Beratungsbereichs für eine breite Leserschaft analysieren und reflektieren.

Damit haben wir die ebenso aufreibende wie anregende Arbeit auf uns genommen, aus diesen Beiträgen ein zweibändiges Handbuch zu machen. Auch wir konnten – obwohl jahrzehntelang im Beratungsbereich praktisch und theoretisch tätig – aus den Beiträgen sehr viel Neues erfahren und lernen. Wir nehmen nach der Fertigstellung des Werks noch weniger als zu Beginn der Arbeit für uns in Anspruch, diejenigen zu sein, die heute ein abschließendes Wort zur Beratung sprechen könnten.

Es ist gelungen, einen Großteil der renommiertesten deutschsprachigen VertreterInnen wie auch neue AutorInnen aus Beratungstheorie und Beratungspraxis in einem Handbuch zu vereinen, das erstmals in deutscher Sprache Beratung in dieser Breite und dieser Differenziertheit vorstellt und erörtert. Die systematische Zusammenschau eines hoch diversifizierten Theorie-, Empirie- und Praxisfeldes in dynamischer Entwicklung im 21. Jahrhundert verlangt Offenheit für Vielfalt und Diversität auch in Inhalt und Form. Wir wollten so wenig wie möglich normieren und mussten dennoch den AutorInnen wie uns selbst enge Vorgaben machen.

Wie Beratungszukunft auf Inklusion statt auf Exklusion von Klientelen und Anlässen orientiert ist, so bemüht sich auch das Handbuch der Beratung, möglichst viele Bereiche, Kontexte und Perspektiven von Beratung zur Geltung zu bringen.

Wie in der Beratungszukunft unterschiedliche und auch kontroverse Haltungen, Orientierungen und Praxen nicht nur toleriert, sondern in ihrer fruchtbaren Auseinandersetzung und Transversalität geschätzt werden, so bietet auch das Handbuch der Beratung Raum für Pluralität, Verschiedenheit und Anderssein in Themen, Inhalt und Form.

Wie Beratungszukunft versucht, aus Traditionellem, Bewährtem und Versiertem sowie Innovativem, Experimentellem und Gewagtem Neues entstehen zu lassen, so ist auch das Handbuch der Beratung verpflichtet, den wertvollen Fundus erarbeiteter Wissensbestände klassischer Theorien und Felder ebenso auszubreiten, wie heute noch ungewohnten, wenig vertrauten und „quer liegenden" Ansätzen und Kontexten Platz zu geben.

Unsere Absicht war, den AutorInnen Raum zu geben, ihre Sicht auf Beratung zu entwickeln – einerseits um die aktuelle Breite der Diskussionen abzubilden und andererseits, um hiermit die Grundlage für zukünftige weiterführende Diskussionen zu schaffen. Dass wir als Herausgeber innerhalb des präsentierten Spektrums nicht alle vorgestellten Positionen teilen, versteht sich dabei von selbst.

Es bleibt nicht aus, dass trotz der grob vorgegebenen Manuskriptumfänge umfassende und kürzere Darstellungen zu Stande kamen und, wo nötig, auch akzeptiert wurden.

Absehbar war und für die Analyse und Entwicklung von Beratung angemessen scheint, dass von den AutorInnen theoretische oder stärker praktische, methodische oder eher versorgungspolitische Schwerpunkte gesetzt wurden, quer zu den als „theorieorientiert" oder „anwendungsorientiert" ausgewiesenen Themenblöcken. Es hat uns gefreut und ist hoffentlich auch für LeserInnen ein Vergnügen, diese unterschiedlichen Betrachtungen von Beratung – geschrieben aus unterschiedlichen theoretischen Hintergründen und beruflichen Erfahrungen – kennen zu lernen. Das Handbuch bietet somit ein lebendiges Bild von der gegenwärtigen Beratungslandschaft.

Selbst bei insgesamt 84 Beiträgen wissen wir, dass wir Beratung nicht vollständig erfassen konnten und dass es Konzepte wie auch Handlungsfelder gibt, die wir nicht berücksichtigt haben. Entweder waren sie uns in der Planung nicht präsent oder möglicherweise kennen wir das Konzept oder Feld einfach nicht oder wir konnten trotz intensiver Suche keine AutorInnen dafür gewinnen. Unvollständigkeit ist trotz der Vielfalt der Beiträge und einem hohen Maß an Herausgebersorgfalt also garantiert.

Die zusammengestellten Texte – so unser Verständnis – dienen der Information und der Wissenserweiterung, sie sind aber auch Material: Material für Fragen, Antworten, Argumentationen und Kritik. Wir würden uns als HerausgeberInnen freuen und sprechen hier sicherlich auch im Interesse der AutorInnen, wenn wir von diesen Reflexionen erfahren und Rückmeldungen weitergeben können. Die Beratungsdiskurse und die Beratungsentwicklung sind darauf angewiesen.

Wir danken noch einmal allen Beteiligten für ihre Beiträge und damit auch für ihr Engagement für ein Projekt, das versucht der Bedeutung von Beratung heute und in Zukunft gerecht zu werden und das diese Bedeutung gleichzeitig ein Stück fundiert und weiterführt. Wir danken für die von allen aufgebrachte Geduld und hoffen, das Endprodukt sagt außer den Leserinnen und Lesern auch den Produzentinnen und Produzenten zu.

Wir danken Pia Rohr, ohne deren umsichtige und redaktionelle Hilfe diese Bände nicht vor Ihnen lägen. Wir danken natürlich dem dgvt-Verlag und den für uns zuständigen LektorInnen: Otmar Koschar, dem „nächtlichen" Verlagsleiter, dem schon lange ein Orden für seine Verdienste um Therapie- und Beratungsliteratur in Deutschland gebührt, und Kathrin Stürzekarn, mit der wir in vielen Telefonaten und E-Mails versuchten, die Fehler zu bändigen.

Wir wünschen uns allen mit dem Handbuch der Beratung viele LeserInnen und aufmerksame wie kritische Resonanz der Beratungswissenschaft und der Beratungspraxis.

Frank Nestmann, Frank Engel & Ursel Sickendiek

Nachtrag

Seit 2013 gibt es den dritten Band des Handbuchs der Beratung „Neue Beratungswelten", in dem theoretische Fortschritte der Beratungsentwicklung und neue Beratungssettings und -räume – insbesondere auch Beratung im Netz – von insgesamt 29 AutorInnen thematisiert werden. Auch alte und neue Beratungsprobleme und -herausforderungen: wissenschaftliche und praktische wie politische und ethische stehen im Mittelpunkt der Aufmerksamkeit.

„Beratung" – Ein Selbstverständnis in Bewegung

Frank Engel, Frank Nestmann & Ursel Sickendiek

1 Was ist eigentlich Beratung?
2 Das Verhältnis von Beratung und Psychotherapie
3 Beratung als gesellschafts- und kultureingebundenes Phänomen
4 Drei Zukunftstrends der Beratung
5 Zum Schluss: Beratung zwischen Unvorhersehbarkeit und Planungssicherheit

In vielen beruflichen Handlungsfeldern hält sich die Vorstellung, Beratung sei im Wesentlichen Informieren, bestenfalls mit Hilfe einer besonderen Gesprächstechnik, die recht leicht, lehr- und lernbar ist.

Eine zweite verbreitete Auffassung ist die von Beratung als „kleiner Therapie", die sich an klinisch-psychologischen Referenzkonzepten orientiert, um bei weniger schweren Problemen weniger tief greifend, kürzer und zumeist auch auf der Basis einer weniger intensiven professionellen Ausbildung zu helfen versucht.

So bleibt „Beratung" aufgrund der Breite möglicher Bedeutungsinhalte ein „problematischer Begriff", der in der Vergangenheit schon Missverständnisse erzeugt hat und auch gegenwärtig weit von einer Eindeutigkeit entfernt ist.

Gleichzeitig hat sich allerdings entlang des allgemeinen Begriffs Beratung in den letzten Jahrzehnten ein eigener Theorie- und Praxisrahmen mit einem charakteristischen Profil entwickelt, der von unterschiedlichen Disziplinen beeinflusst wird und in verschiedene gesellschaftliche Handlungsfelder hineinwirkt. Innerhalb dieses integrativen wie expandierenden Rahmens wird die fehlende Klarheit des Begriffs Beratung auch zu einer Chance der Entwicklung – die Breite der in diesem Handbuch vertretenen Positionen und Selbstverständnisse sind beredter Ausdruck für Beratung zwischen Eindeutigkeit und Diversität.

Vorwort und Einleitung
Beratungs-disziplinen
Geschlecht und Beratung
Alter und Beratung
Kultur und Beratung
Beratung und soziale Systeme
Perspektiven der Beratung

1 Was ist eigentlich Beratung?

Eine einfache und gleichzeitig komplizierte Antwort: Einerseits ist Beratung eine uns allen vertraute Kommunikationsform, transitiv als „jemanden beraten" oder reflexiv als „sich beraten". Berufliche Beratung und Beratungswissenschaft haben den Begriff der Alltagssprache entlehnt und somit ist Beratung inzwischen auch eine professionelle Intervention in unterschiedlichen theoretischen Bezügen, methodischen Konzepten, Settings, Institutionen und Feldern.

Im Laufe der Zeit haben moderne Gesellschaften Beratung zu verschiedensten Fragestellungen und Problemlagen institutionalisiert, vor allem, um Veränderungen und resultierende Anforderungen und Probleme abzufedern und zu puffern. Beratung war und ist somit in die spezifischen Probleme ihrer Zeit eingebunden. Im Zuge dieser Entwicklungen wurde Beratung zur zentralen Hilfe- und Unterstützungsform in psychosozialen, sozialen und gesundheitsberuflichen, psychologischen und pädagogischen Arbeitsfeldern mit geregelten Institutionalisierungs- und Professionalisierungsformen.

Beratung ist aber nicht nur dort „professionell", wo sie am Türschild steht, sondern auch dort, wo sie in anderes Handeln von Professionellen integriert ist. Hier durchzieht Beratung als „Querschnittsmethode" nahezu sämtliche Berufsfelder und alle anderen beruflichen Interventionen, wie Betreuung, Pflege, Einzelfallhilfe, Gruppen- und Gemeinwesenarbeit, Bildungsmaßnahmen, Erziehung und selbst die Psychotherapie.

So hat sich Beratung zu einem kontinuierlich expandierenden Arbeitsbereich sozialer, pädagogischer, psychologischer und medizinischer Fachkräfte in verschiedenen Praxisfeldern entwickelt. Unterschiedlichste Anlässe, Aufgaben und Ziele von Beratung, verschiedenste Adressatengruppen und immer neu hinzukommende Beratungseinrichtungen lassen Beratung mittlerweile sämtliche Lebenssphären und unseren Alltag durchdringen. Beratung ist auch eine Reaktion auf die Pluralisierung von Lebensformen und Lebensentwürfen und bietet eine offenbar zeitgemäße Form der persönlichen sozialen Be- und Verarbeitung von Modernisierungsprozessen so wie Menschen und Organisationen sie konkret und unmittelbar oder aber vermittelt durch Medien erleben.

Angesichts des so weit gefächerten Zuständigkeitsspektrums mit seinen jeweils so unterschiedlichen Theorien, Konzepten und Methoden verbietet es sich nahezu im Singular über Beratung zu sprechen. Die Breite des Begriffs, insbesondere seine Verortung im Professionellen, Semiprofessionellen aber auch im alltäglich Unprofessionellen, macht ihn schwierig – und das mit spürbaren Konsequenzen. So versieht z.B. die Alltäglichkeit, mit der wir Beratung assoziieren, auch das professionelle Beratungsangebot mit Nähen zu unserem Leben – Beratung wird schwellenniedrig anbietbar. Andererseits erscheint sie aufgrund der allgegenwärtigen Präsenz als Bestandteil anderer Interaktionen in vielen Berufsfeldern als etwas, was jeder und jede „quasi naturwüchsig" kann und was somit keiner weiteren Qualifizierung und Ausbildung bedarf.

Sowohl das einzelne professionelle Beratungsgespräch wie auch der sich über mehrere Kontakte hinziehende Beratungsprozess verlangen aber fachliche Kompetenzen bezogen auf die jeweilige Fragestellung, die Klientinnen und Klienten vorbringen. Professionelle Berater und Beraterinnen müssen also über Fachwissen verfügen. Dieses Wissen wird in der Erziehungsberatung anders aussehen als in der Organisationsberatung, in der Drogenberatung anders als in der schulpsychologischen Beratung oder der Berufsberatung.

Berater und Beraterinnen müssen zudem über feldunabhängige Beratungskompetenzen verfügen. Sie müssen wissen, wie sie Gespräche mit einzelnen Personen, Gruppen oder auch Organisationen anlegen, wie sie eine konstruktive Arbeits- und Vertrauensbeziehung aufbauen, wann und mit welchen Konsequenzen sie etwas ansprechen, wann es angemessen ist, eher lenkend leitend, eher emotional stützend, eher reflexiv oder konfrontativ zu sein, eher katalytische oder kathartische Interventionen ins Auge zu fassen, wann sie Ressourcen ermitteln, potenziell hilfreiche Netzwerke einbeziehen und Unterstützungsquellen aktivieren helfen, wie sie mit Widerständen und Konflikten umgehen, auf welchen Wegen sie Veränderungen initiieren und evaluieren wollen, wie kulturelle Vielfalt und Pluralität zu berücksichtigen sind und welche sozialen oder räumlichen Kontexte in welcher Form in das Beratungsgeschehen zu integrieren sind. So betrachtet speist sich Beratung immer zumindest aus zwei Quellen: zum einen aus dem Arbeitsfeld spezifischen Wissens und zum anderen aus eher feldunspezifischen Kommunikations- und Handlungskompetenzen.

Oder einfacher: Berater und Beraterinnen benötigen eine handlungsfeldspezifische Wissensbasis und eine feld**un**spezifische Kompetenzbasis und erst wenn beide vorhanden sind und zusammenwirken, sind zwei notwendige Grundvoraussetzungen professioneller Beratung erfüllt.

Mit einer solchen *Doppelverortung* ist Beratung zugleich in zwei Diskurse eingebunden.

Abbildung 1: *Doppelverortung von Beratung*

(1) Beratungs- und Interaktionswissen

Kommunikationsmodelle, Handlungsmodelle, Veränderungsmodelle, Kontextmodelle, Prozessmodelle, Beratungsmethodologie, Beratungsmethoden etc.

---

(2) Handlungsfeldspezifisches Wissen

Faktenwissen zur jeweiligen Problemlage, Kausalmodelle, Interventionsformen, gesetzliche Grundlagen etc.

Berater und Beraterinnen müssen in Grundlagen und Entwicklungen ihres Handlungsfeldes fundiert und informiert sein und haben so teil an den arbeitsfeldspezifischen und nicht selten auch damit verbundenen disziplinspezifischen Debatten der Psychologie, Soziologie, Pädagogik, sozialen Arbeit oder anderen Fachrichtungen. So gilt es je nach Beratungsfeld, gesicherte Wissensbestände und neue Erkenntnisse beispielsweise der Drogen-, Bildungs- oder Psychotherapieforschung ebenso zu integrieren wie neue Erkenntnisse über Organisationen oder lebensweltliche

Kontexte von Jugendlichen und Kindern. Dieses Wissen liefert die notwendige fachliche Orientierung. Ein beratender Schulpsychologe muss über neue Diagnostikmethoden ebenso informiert sein wie über schulische Veränderungsprozesse und aktuelle jugendliche Lebensstile; eine Organisationsberaterin wird mit Organisationsformen, Konfliktlösemodellen und Evaluationsansätzen vertraut sein; ein Sozialpädagoge, der berät, muss die Lebenslagen seiner Klientel ebenso einschätzen können, wie die Settingbedingungen seines Handelns.

Dieses feldspezifische Wissen alleine sagt jedoch noch wenig über die dann erreichte Qualität der geleisteten Beratung aus. Das Beratungswissen und die Beratungskompetenz ergänzen diese anderen Wissensbestände und dienen dazu, den hilfreichen Kommunikations- und Interaktionsprozess professionell zu gestalten. Sie liefern einen reflexiven, kommunikativen und prozessorientierten Rahmen von Beratung und sind eigenständiger Teil der jeweiligen professionellen Unterstützung.

Ein Verständnis von Beratung als zumindest „doppelverortet“ und als eigenständiger Theorie-, Forschungs-, Ausbildungs- und Praxisbereich ist im deutschsprachigen Raum noch keine Selbstverständlichkeit.

Anders ist diese Situation in angloamerikanischen Ländern (den USA, Kanada, Großbritannien und Australien). Hier verweist der Begriff Counselling auf ein traditionsreiches und eigenständiges professionelles Selbstverständnis – theoretisch und empirisch wie praktisch und ausbildungsbezogen. Die dort seit langem etablierten Professionalisierungsindikatoren wie wissenschaftliche und praktische Fachgesellschaften, gesetzliche Berufsregelungen, ethische Codes der Berufsausübung, lizenzierte Ausbildungen, Hochschulstudiengänge, Fachperiodica, Lehrbücher und Kongresse etc. sind in Deutschland noch wenig entwickelt – Anzeichen eines umfassenden Aufbruchs sind jedoch nicht übersehbar.

2 Das Verhältnis von Beratung und Psychotherapie

Mit der Perspektive der Doppelverortung von Beratung lässt sich auf die immer wieder gestellte Frage nach dem Verhältnis von Psychotherapie und Beratung ein etwas anderer und neuer Blick werfen: Psychotherapie und Beratung haben eine große Nähe. Sie verfügen insbesondere auf der Handlungsebene über große gemeinsame Schnittflächen. Beide können in der konkreten Erscheinungsform phasenweise deckungsgleich werden. Für Außenstehende wird damit in einer aktuellen Beobachtungssituation der Unterschied zwischen einer psychoanalytischen Beratung und einer großen Psychoanalyse oder zwischen einer Kurzzeittherapie und einer lösungsorientierten Beratung nicht identifizierbar.

Dennoch sind Beratung und Psychotherapie in unterschiedliche Denkmodelle und Logiken eingebunden.

Psychotherapie legitimiert sich primär über einen Heilungsdiskurs, der insbesondere in seiner durch das Psychotherapeutengesetz regulierten Form einen Handlungsrahmen aus Diagnostik, Indikationsstellung und Heilkunde liefert. Abrechnungsverfahren entlang festgelegter Indikationen, Approbationsverfahren und

sationsberatung auch in der Innovation und Entwicklung psychotherapeutischer Dienste und Institutionen hilfreich werden etc. Alle diese und viele andere kooperative Perspektiven erhalten dann eine Chance, wenn beiden, Beratung wie Psychotherapie, eine konzeptionelle und praktische Selbstständigkeit zugestanden wird.

3 Beratung als gesellschafts- und kultureingebundenes Phänomen

Wenn auch Beratung aufgrund seiner semantischen Breite ein eher offener, diversifizierter und damit schwieriger Begriff ist, so verkehrt sich dieses Konturierungsproblem und dieser Profilierungsnachteil doch vor dem Hintergrund gesellschaftlicher und kultureller Veränderungen in einen Vorteil. Die Offenheit des Beratungsbegriffs ermöglicht thematische Einbindungen in unterschiedliche wissenschaftliche Debatten und Diskurse. Für die Definition eines Selbstverständnisses von Beratung existiert ein umfangreicher Konzept- und Diskussionsfundus. So kann Beratung je nach professionellem und disziplinspezifischem Standort sowohl als pädagogische Bildungschance wie auch als alltags- und lebensweltorientierte Bewältigungshilfe in der sozialen Arbeit oder als therapienahe Intervention in klinisch-psychologischen und medizinisch-psychologischen Handlungsfeldern verstanden werden. Sie hat somit teil an den Entwicklungen professioneller Handlungsformen in den verschiedensten gesellschaftlichen Feldern. In der konzeptionellen Beratungsliteratur wird deutlich, dass Beratung sich in ihren Theoriedebatten wie Praxisangeboten den kulturellen und gesellschaftlichen Veränderungen und Herausforderungen stellt und auch stellen muss. Wenn die Welt sich verändert, muss sich auch Beratung verändern. Eine Beratung ohne Veränderungsbereitschaft und Veränderungsfähigkeit würde ihren Klienten nicht gerecht und an deren Unterstützungsbedürfnissen und Problemlagen „vorbeiberaten". Zur Verdeutlichung ein Beispiel: Ergebnisse der Projektgruppe „Alltägliche Lebensführung" (1995), die im Rahmen eines groß angelegten Forschungsprojekts Muster der Alltagsgestaltung untersuchte, verweisen auf unterschiedliche Typen alltäglicher Lebensführung wie auf unterschiedliche Rationalitätsformen der Alltagsgestaltung hier und heute:

Zum einen gibt es eine *traditionale Lebensführung*, deren Ziel es ist, das „Bewährte" zu erhalten und die Alltagsabläufe weder in Frage zu stellen, noch sie immer wieder neu zu gestalten. Nicht eine Optimierung des Alltags wird favorisiert, sondern eben die Beibehaltung des „Vertrauten".

Zum Zweiten wurde ein Typus *strategischer Lebensführung* ermittelt, der zweckrational ausgerichtet ist. Hier liegt ein Großteil der Anstrengungen im Alltag auf dem optimierenden Umgang mit den Ressourcen der Lebensführung, vor allem auf einem ökonomischen Umgang mit der Zeit.

Drittens wurde ein *situativer* Modus der Alltagsgestaltung herausgefiltert, auf den alle Befragten dann zurückgriffen, wenn die Lebensbedingungen sehr kompliziert oder die Ansprüche an den Alltag sehr hoch waren. In diesem Modus zeigt sich eine Alltagslogik, mit der man die Dinge auf sich zukommen lässt und bei Bedarf selbstbewusst, ad hoc und auch intuitiv entscheidet und weitgehend auf feste Planungen und Zielsetzungen verzichtet (vgl. Jurczyk & Voß, 1995). Dies ist eine Entscheidungsform, die versucht, Optionen offen zu halten, Entscheidungen hinauszuschieben, sie quasi zu umkreisen und dann situativ wie intuitiv zu reagieren. Hier wird offensichtlich eine andere Logik als die des zweckrationalen Lösens von Problemen bevorzugt und sogar vorläufige Nichtentscheidung favorisiert. Ein Wissen um derart unterschiedliche Entscheidungsformen ist für die Theorie wie die Praxis der Beratung zentral und Beratung benötigt zur Gestaltung ihrer Angebote eben dieses Wissen über Lebens- und Alltagskontexte. Ohne ein Wissen um solche unterscheidbare und in verschiedenen Lebenslagen durchaus gleichermaßen angemessene Entscheidungsmodi geriete Beratung in die Gefahr, rationale Entscheidungen zu forcieren und Sicherheiten zu produzieren, statt „positive Nichtsicherheit“ zu erlauben und auch intuitives Handeln zu unterstützen (vgl. Gelatt, 1989).

4 Drei Zukunftstrends der Beratung

Es ist heute davon auszugehen, dass vor allem drei Perspektiven das zukünftige Bild von Beratung in den beratenden Professionen bestimmen werden. Sie sind

- als therapienahe Beratungsperspektive
- als Informationsperspektive und
- als vernetzte Perspektive heterogen reflexiver Modelle

zu beschreiben.

Die therapienahe Perspektive auf Beratung

Über Jahrzehnte rankte sich die institutionelle Beratungsentwicklung um klinisch-psychologische Debatten therapienaher Handlungsmodelle. Nach einer klassifikations- und selektionsorientierten testdiagnostischen Phase, die die Beratungsstellen bis in die 60er und zum Teil noch 70er Jahre des letzten Jahrhunderts dominierten, durchdrang die zentrale Modifikationsorientierung der Psychotherapie alle Beratungsfelder. Das galt selbst für die sozialen und pädagogischen Domänen, in denen Beratung sich in den 70er und 80er Jahren eng an therapeutische Konzepte anschloss. In den Angeboten konkurrierten vor allem tiefenpsychologisch psychoanalytische, lerntheoretisch verhaltensorientierte, humanistische und erlebnisaktivierende Beratungsformen, die in der Alltagspraxis der Beraterinnen und Berater meist pragmatisch-eklektisch zum Einsatz kamen. Dieser Eklektizismus überstand auch die Wende zu systemischen Ansätzen, die die Familie ins Zentrum des Beratungsinteresses rückten. Beratung ohne systemische Implikationen ist heutzutage kaum mehr denkbar.

Neben diesen Entwicklungen gab es nur vereinzelte Versuche zur Formulierung einer eigenständigen Psychologie der Beratung (Dietrich, 1983), die jedoch in Deutschland keine Entwicklung einer genuinen Beratungspsychologie nach sich zogen. Nur für einige wenige klassische Arbeitsfelder wie die Erziehungsberatung wurden grundlegende und umfassende wissenschaftliche und praktische Beratungsperspektiven formuliert (Körner & Hörmann, 1998, 2000).

Die therapienahe methoden-eklektische Beratungsperspektive in einem klinisch-kurativen Modell von Beratung bleibt weiterhin in der Praxis vieler Beratungsstellen

Vorwort und Einleitung
Beratungsdisziplinen
Geschlecht und Beratung
Alter und Beratung
Kultur und Beratung
Beratung und soziale Systeme
Perspektiven der Beratung

anzutreffen und wird auch die Zukunft mitprägen. Sie wird neben immer neuen psychotherapeutischen Strömungen vor allem auch von den Entwicklungen einer allgemeinen Psychotherapie (Grawe, 1998) profitieren, die viele hilfreiche Veränderungsbedingungen und Wirkfaktoren herausarbeitet und nutzt, die in psychosozialen und sozialpädagogischen Ansätzen lange schon konzeptionelle Maxime waren (Ressourcenorientierung, Handlungs- und Erfahrungsbezug, Transparenz und Klärung etc.). Dafür, dass klinisch-psychologische Schulen in psychosozialer, pädagogischer und sozialer Interventionstheorie und -praxis der Beratung Bestand haben werden, gibt es eine Reihe von Gründen: Sie bieten Beratern und Beraterinnen zum einen ein Stück des noch immer attraktiven Therapeutennimbus. Sie vermitteln Sicherheit im Expertenstatus in einer immer stärker formalisierten und manualisierten Methodik und Technik. Sie reduzieren soziale Komplexität auf persönliche Schlüsselprobleme und deren ungestörte und konzentrierte Bearbeitung. Sie sehen sich gestützt durch ein breites psychotherapeutisches Aus- und Weiterbildungsangebot, während im Niveau vergleichbare Aus- und Weiterbildungen für Beratung in Deutschland bis vor wenigen Jahren völlig fehlten und auch heute noch weniger etabliert sind. Therapeutische Beratung scheint heute kompatibel mit den Qualifizierungsanforderungen der meisten Arbeitgeber des psychosozialen Sektors – wohl auch, weil sich in Fachöffentlichkeit und Öffentlichkeit inzwischen ein entsprechendes Beratungsverständnis und entsprechende Erwartungen gegenüber Beratung eingeschliffen haben. Letztlich ist sie attraktiv, weil empirisch nachgewiesene Psychotherapiewirkungen auch eine entsprechende Effektivität der „Beratungsableger" erwarten lassen. So ist und bleibt die psychotherapeutische Perspektive auf Beratung ein zentraler Referenzbereich der Entwicklung, der deshalb auch breiten Raum in diesem Handbuch einnimmt.

Die Informationsperspektive der Beratung

Über das Internet entstehen neue und scheinbar immer einfachere Formen des Informierens. Das Informationsangebot ist immens und Informationen gibt es zu den meisten privaten wie öffentlichen Themen im Überfluss. Diese Quellen ergänzen bisherige Informationen und Ratgeberbeiträge in Büchern, Zeitschriften, Radio und Fernsehen, sodass permanent und allgegenwärtig Wissensbestände, Ansichten, Positionen und Behauptungen zu Fragen der Lebensgestaltung, zu Beziehungen, Familie, Erziehung, Beruf, Gesundheit etc. verfügbar sind.

Zum Problem wird hier allerdings die Informationsbearbeitung. Nicht mehr die Information selbst ist zentral, sondern die Umsetzung allgemeiner in konkret nutzbare und handlungsrelevante Information, denn im Internet sind Informationen entkontextualisiert, selbst wenn sie sich im konkreten Einzelfall auf ähnliche Situationen beziehen. Ohne die Kompetenz, die entkontextualisierten Informationen entschlüsseln, einschätzen und sie in die eigenen konkreten Probleme oder Lösungszusammenhänge transferieren zu können, bleiben Informationen im besten Fall nutzlos, im schlimmsten Fall Desinformationen. Informationen können ohne diese Anbindung sogar riskant werden: Sind sie richtig, wahr oder sind sie falsch oder nur in bestimmten Teilen falsch? Für wen gelten sie, für wen nicht? Wie sind sie anzuwenden?

„Gewinner" sind hierbei die Ratsucher, die mit Informationen umgehen, sie auswählen und einschätzen können. Verunsichert, desinformiert oder gar manipuliert bleibt ein Großteil von Rezipienten, die über diese individuellen wie sozialen Verarbeitungsressourcen nicht verfügen.

„Gute" Information bedarf des Vertrauens. In der Welt digitalisierter Informationsräume erhält somit eine sich auf Vertrauen stützende Informationsarbeit große Bedeutung. Beraterinnen und Berater werden sich mehr und mehr mit Informationen auseinander setzen, die Ratsuchende bereits mitbringen. Sie werden beliebiger Information zunehmend vertrauensvoll begründete und kontextualisierte Information entgegensetzen müssen. Hierbei ist Vertrauen nicht bedingungslos gegeben. Es muss vielmehr aktiv erworben und gestaltet werden. Vorstellbar ist auch gerade angesichts mediatisierter Kommunikation in allen Lebensbereichen eine Aufwertung des face-to-face-Kontakts: Die Suche nach unvermittelter menschlicher Zuwendung, nach Begegnung und unvermittelter direkter Erfahrung in der Beratung. Dieser Gegentrend führt schon heute in den Debatten über neue Medien zur „Revalidierung" (Welsch, 1995) des Realen, die auch in der Beratung gesucht wird.

Beratung wird auch damit konfrontiert werden, dass bestimmte Bevölkerungsgruppen vom Zugang zu modernen Informationsquellen ausgeschlossen werden und dass hier Informationszugänge zu schaffen sowie Wissensdefizite über Beratung auszugleichen sind.

In den Beiträgen dieses Handbuchs zu unterschiedlichen Beratungsfeldern werden unter dieser Informationsperspektive verbundene Fragen vielfach aufgegriffen.

Die vernetzte Perspektive

Für eine eigenständige disziplinübergreifende Perspektive von Beratung liefert der englische Begriff „Counselling" unseres Erachtens einen geeigneten Rahmen, in dem sich unterschiedliche Beratungskonzepte integrieren lassen. In seiner „Introduction to Counselling" entwickelt beispielsweise John McLeod (2003) ein Beratungspanorama, das neben kulturellen und historischen Ursprüngen und außer psychotherapeutischen und feministischen, narrativen, multikulturellen und organisationsbezogenen Ansätzen und forschungstheoretischen Fragen auch die Macht und Ethik der Beratung anspricht. Beratung wird hier interdisziplinär und ohne Grenzen diskutiert und kann so die heterogenen und miteinander vernetzten Aspekte dieser Hilfeform aufzeigen. Castells (2001) umfangreicher soziologischer Studie zufolge gehen alle gesellschaftlichen und kulturellen Entwicklungen mit zunehmender Vernetzung einher, sodass heute treffend von einer „Netzwerkgesellschaft" gesprochen werden kann. Eine ähnliche, wenn auch aufgrund ihres Gegenstands erheblich enger gefasste Perspektive, könnte auch der Entwicklung eines neuen Beratungsselbstverständnisses zugute kommen. In einem „vernetzten Modell" von Beratung kann diese auf Diskurse unterschiedlicher Disziplinen und auf die Entwicklung verschiedener Handlungsfelder zurückgreifen, um die in ihnen vorzufindenden Traditionen, wie Innovationen, zu verknüpfen. So entsteht ein reichhaltiges und vielfassettiges Spektrum an Perspektiven aus verschiedenen disziplinären Kontexten, die entweder heute schon für die Beratungsentwicklung relevant sind oder zukünftig entscheidende Herausforderungen an Beratung stellen werden.

Ein vernetztes Modell von Beratung speist sich bisher vornehmlich aus sozialwissenschaftlich-soziologischen, aber auch aus philosophischen, psychologischen und pädagogischen Zugängen und Orientierungen, die in diesem Handbuch umfassend zu Wort kommen:

1. Sozialpädagogische Orientierungen liefern z.B. Kontextualisierungsrahmen, die verhindern, dass sich Beratung zusammenhanglos in eigenen Settings reproduziert. Diese Beratungsperspektiven stehen in einer Tradition, in der vor allem individuelle und soziale Lebenslagen und Lebenswelten und die Komplexität und Multidimensionalität von Anforderungen und Problemlagen in den Blick der Beratung rücken.
2. Gemeindepsychologische Ansätze mit ihren Präventions-, Netzwerk- und Empowermentperspektiven liefern vielfältige Anknüpfungspunkte für Beratung, die über eine eigene kontextualisierte Form des Helfens und Unterstützens hinaus die persönlichen, sozialen und politischen Ressourcen unserer Lebensführung und Lebensbewältigung in den Mittelpunkt der Förderung rücken. Sie tragen wesentlich dazu bei, den Beratungsfokus immer stärker auch auf Gruppen, Beziehungsnetze, Organisationen und Gemeinwesen zu lenken.
3. Die angloamerikanischen Debatten entlang der Begriffe Counselling und Counselling Psychology bieten ein immenses Reservoir an wichtigen Beratungsperspektiven. Seit Mitte der 70er Jahre verweisen diese Ansätze insbesondere auf die explizite Vorrangigkeit eines ressourcenbezogenen statt eines pathologiezentrierten Blicks, eines präventiv vorsorgenden und edukativ entwicklungsbezogenen Professionsverständnisses gegenüber den Logiken von Heilung und Wiederherstellung.

Veränderungs- und Innovationspotenzial liegt im Rahmen einer vernetzten Beratungsperspektive auch in der Betrachtung von Mikroprozessen. Narrationsorientierte Beratungsmodelle können Neues zu beraterischen Grundhaltungen und Methodenentwicklungen beitragen. Konstruktivistische Modelle haben direkten Einfluss auf eine veränderte methodische und Beziehungsgestaltung des Beratungsprozesses.

Die Frage nach der Bedeutung von Gleichheit und Diversität liefert Ansätze zum reflektierteren Umgang mit Problemen der Beziehung zwischen Beratern und Rat Suchenden. Welche Rolle spielen kulturelle Zugehörigkeiten, Geschlecht, Lebensalter, sozialer Status, z.B. im Hinblick auf Werthaltungen oder Macht und Einfluss in der Beratung? Auch hierzu liefert das vorliegende Handbuch eine Vielzahl von Einschätzungen.

5 Zum Schluss: Beratung zwischen Unvorhersehbarkeit und Planungssicherheit

Beratungstheoretiker und -theoretikerinnen, praktische Beraterinnen und Berater werden berücksichtigen müssen, dass sie selbst und ihre Klienten und Klientinnen vermehrt mit Unsicherheit, Unvorhersagbarkeit, Nichtwissen, Vieldeutigkeit und Paradoxien leben und umgehen müssen und dass Sicherheit, Vorhersagbarkeit, Planbarkeit und Eindeutigkeit in allen Lebensentwürfen und Lebenssphären abnehmen. Die öffentlich-institutionell übernommene und von den Ratsuchenden erwartete professionelle Beraterrolle ist in ihrer Paradoxie zu balancieren. Sie changiert zwischen der Herstellung und Förderung von Orientierung, Klarheit, Planungssicherheit, Entscheidungszuversicht sowie prognostizierbaren Handlungserfolgen zum einen und dem Wissen um das Schwinden von generellen und überdauernden Sicherheiten und stringenten Prognostizierbarkeiten zum anderen, die eben hierzu eigentlich erforderlich wären. Beratung muss und wird Wege finden, sich diesem „risiko- wie chancenreichen Dilemma" einer Welt der Zukunft zu stellen. Wie das geschieht, in welcher Form und auf welche Art und Weise, ist selbst noch weitgehend unvorhersagbar. Eigene Planungssicherheit schafft sich Beratungstheorie und Beratungspraxis nur durch eine kontinuierliche Selbstreflexion, zu der dieses Handbuch einen Beitrag leisten will.

Literatur

Castells, M. (2001). *Der Aufstieg der Netzwerkgesellschaft.* Opladen: Leske & Budrich.

Dietrich, G. (1983). *Allgemeine Beratungspsychologie.* Göttingen: Hogrefe.

Engel, F. (2002). Beratung im Zeitalter ihrer technischen Reproduzierbarkeit. In F. Nestmann & F. Engel (Hrsg.), *Die Zukunft der Beratung* (S. 135–145). Tübingen: dgvt-Verlag.

Gelatt, H.B. (1989). Positive uncertainty: A new decision-making framework for counseling. In *Journal of Counseling Psychology, 36* (2), 252–256.

Grawe, K. (1998). *Psychologische Therapie.* Göttingen: Hogrefe.

Jurzcyk, K. & Voß, G.G. (1995). Zur gesellschaftsdiagnostischen Relevanz der Untersuchung von alltäglicher Lebensführung. In Projektgruppe „Alltägliche Lebensführung" (Hrsg.), *Alltägliche Lebensführung – Arrangements zwischen Traditionalität und Modernisierung* (S. 371–407). Opladen: Leske & Budrich.

Körner, W. & Hörmann, G. (Hrsg.). (1998). *Handbuch der Erziehungsberatung. Anwendungsbereiche und Methoden der Erziehungsberatung.* Göttingen: Hogrefe.

Körner, W. & Hörmann, G. (Hrsg.). (2000). *Handbuch der Erziehungsberatung. Praxis der Erziehungsberatung.* Göttingen: Hogrefe.

McLeod, J. (2003). *An Introduction to Counselling.* Buckingham: Open University Press.

Projektgruppe „Alltägliche Lebensführung" (Hrsg.). (1995). *Alltägliche Lebensführung. Arrangements zwischen Traditionalität und Modernisierung.* Opladen: Leske & Budrich.

Welsch, W. (1995). Künstliche Paradiese? Betrachtungen zur Welt der elektronischen Medien und zu anderen Welten. In D. Baacke & F.J. Röll (Hrsg.), *Weltbilder Wahrnehmung Wirklichkeit. Der ästhetisch organisierte Lernprozess* (S. 71–95). Opladen: Leske & Budrich.

Frank Engel hat Erziehungswissenschaften und Psychologie studiert. Er ist Diplom-Pädagoge und freischaffender Künstler, und war über lange Jahre in der Hochschule in der Beratungsforschung und Beratungsausbildung tätig. Hauptberuflich ist er Geschäftsführer des Instituts für Beratungsforschung und -weiterbildung e.V. Er ist Mitglied des Forums Beratung in der DGVT und der Weiterbildungsleitung „Ressourcen- und netzwerkorientierte Beratung" der DGVT. Sein zentrales Forschungsfeld ist die gesellschaftliche und kulturelle Entwicklung von Beratung.

Anschrift:
ibfw-beratung e.V.
Breite Straße 37
D-33602 Bielefeld
E-Mail: frank.w.engel@t-online.de

Prof. Dr. Frank Nestmann ist Diplompsychologe und befasst sich seit 1976 theoretisch und empirisch mit unterschiedlichen Beratungsthemen. Seit 1993 ist er Inhaber des Lehrstuhls für Beratung und Rehabilitation am Institut für Sozialpädagogik, Sozialarbeit und Wohlfahrtswissenschaften der TU Dresden. Interessen und Publikationsschwerpunkte liegen in den Bereichen Beratung, soziale Netzwerke und soziale Unterstützung, informelle Hilfe, Gemeindepsychologie, Sozialpädagogik und Psychiatrie. Er koordiniert das Forum Beratung der DGVT und ist gemeinsam mit Hans Thiersch Herausgeber der Beratungsreihe im DGVT-Verlag

Anschrift:
Institut für Sozialpädagogik, Sozialarbeit und Wohlfahrtswissenschaften
Fakultät Erziehungswissenschaften
Technische Universität Dresden
D-01062 Dresden
E-Mail: Frank.Nestmann@mailbox.tu-dresden.de

Ursel Sickendiek hat Erziehungswissenschaften und Soziologie studiert, ist Diplom-Pädagogin und war lange Jahre wissenschaftliche Mitarbeiterin am Lehrstuhl für Beratung und Rehabilitation der Technischen Universität Dresden. Seit Oktober 2003 arbeitet sie im Institut für Beratungsforschung und -weiterbildung e.V. in Bielefeld. Ihre Arbeitsschwerpunkte sind sozialwissenschaftliche Beratungsansätze, Beratung in Bildung und Beruf und feministische Beratung.

Anschrift:
ibfw-beratung e.V.
Breite Straße 37
D-33602 Bielefeld
E-Mail: urselsickendiek@t-online.de

II Beratungsdisziplinen

Übersicht

Gesundheitswissenschaften/Medizin und Beratung

Georg Hörmann

1 Beratung im Umfeld von Gesundheit und Krankheit
2 Gesundheit und Laiensystem
3 Gesundheit im Kontext von Beratung und Bildung
4 Gesundheit und Heilungsversprechen
5 Gesundheit als Idol
6 Gesundheitspropaganda als Risiko?

Rechtswissenschaften und Beratung

Friedrich Barabas

1 Rechtsansprüche auf Beratung
2 Haftung für unsachgemäße, falsche Beratung
3 Der strafrechtliche Schutz
4 Zwischenfazit
5 Die Garantie der Vertraulichkeit
6 Zeugnisverweigerungsrechte
7 Fazit

Wirtschaftswissenschaften und Beratung

Albrecht Becker

1 Betriebswirtschaftslehre und Unternehmensberatung
2 Unternehmensberatung als Gegenstand der Betriebswirtschaftslehre
3 Kritische Beratungsforschung

Psychologie und Beratung

Annette Schröder

Beratung ist in unserer heutigen Gesellschaft zu einer allgegenwärtigen Kommunikationsform geworden. Beraten wird vom Friseur, vom Taxifahrer, vom Hausarzt, vom Rechtsanwalt und der Diätassistentin. Ca. 80 % aller Beratungen finden im Alltag durch Mitglieder des sozialen Netzwerks statt (vgl. Nestmann i.Bd.2). Für die Psychologie stellt sich daher die Frage, wie sie ihre Bedeutung in diesem Feld deutlich machen kann. Denn obwohl institutionalisierte Beratungseinrichtungen wie die Erziehungsberatungsstellen in der Mehrzahl nach wie vor von Psychologen besetzt sind oder in der Berufsberatung der Arbeitsämter eng mit Psychologen zusammengearbeitet wird und in Befragungen zu Tätigkeitsbereichen der Klinischen Psychologie beratende Einrichtungen (für Eltern, Kinder, Partnerschaft oder Sucht) an zweiter Stelle nach den freien Praxen das Hauptfeld der Berufstätigkeit von Klinischen Psychologen darstellen (Schorr, 1995), wird man eine eindeutige Zuordnung von Beratung zur Psychologie in der öffentlichen Meinung heute nicht mehr als selbstverständlich erwarten können.

Wie fließen psychologische Erkenntnisse und Methoden in beraterisches Handeln ein, durch was ist deren Stellenwert begründet? Lässt sich ein eigener Beitrag der Psychologie für das Beratungshandeln überhaupt dokumentieren, wenn doch Beratung in ihrer praktischen Ausgestaltung heute zahlreiche Überschneidungen zu anderen Berufsfeldern und Wissenschaftsdisziplinen z.B. Sozialarbeit, Pädagogik oder Psychotherapie aufweist? Eindeutige Antworten erscheinen schwierig, zumal die heute für das Beratungswesen charakteristische hochgradige Spezialisierung auf höchst unterschiedliche Problemstellungen nicht nur klinisch-psychologische Kenntnisse, Theorien und Methoden verlangt, sondern auch auf Wissensbestände aus anderen psychologischen Teilgebieten, z.B. der Pädagogischen und Entwicklungspsychologie, neuerdings auch der Organisationspsychologie und Nachbardisziplinen der Psychologie angewiesen ist.

Im Folgenden soll daher der Versuch unternommen werden, die Tätigkeit des Beratens innerhalb der psychologischen Wissenschaft zu verorten mit dem Ziel, den Beitrag, den die Psychologie für Beratung zu leisten vermag, (wieder) deutlicher zu machen. Dazu soll zunächst auf die geschichtliche Entwicklung von Beratung innerhalb der Psychologie eingegangen werden. Ausgehend von den „klassischen" psychologischen Beratungsfeldern Erziehungsberatung, Berufsberatung und Bildungsberatung werden deren über die Zeit gewandelten Bezüge zu psychologischen Theorien und Methoden aufgezeigt, um so die heute sichtbare Diversifizierung der Aufgaben und Funktionen von Beratung nachvollziehbar zu machen und um – unter Rückbeziehung auf die von Gesellschaft und Staat herangetragenen Ansprüche an die Disziplin Psychologie und der sich parallel dazu entwickelten und vergrößerten Wissensbestände – auch die Dringlichkeit neuer psychologischer Konzeptualisierungen von Beratung zu unterstreichen. Daran anschließend sollen „klassische" sowie die derzeit aktuellen psychologischen Beratungsansätze und deren theoretische und methodische Verankerung innerhalb der Psychologie erörtert werden. Den Abschluss bilden Überlegungen zum zukünftigen Verhältnis von Psychologie und Beratung.

1 Zur Geschichte der Psychologie im Kontext der Beratungstätigkeit

Sieht man einmal von den experimentalpsychologischen Anfängen der Psychologie ab, die allerdings wesentliche Grundlagen für die Nutzbarmachung psychologischer Wissensbestände für die Praxis lieferten, lassen sich bei Betrachtung der Entwicklung der psychologischen Disziplin im Wesentlichen zwei Themenbereiche erkennen, die in dem Bemühen um wissenschaftlich fundierte Erklärungen des Erlebens und Verhaltens des Menschen auch für die seitens der Gesellschaft gestellten Fragen Antworten liefern konnten.

Dies ist zum einen der Bereich der *psychologischen Messung und Diagnostik*, mit dem die Psychologie seit den 30er Jahren in der Lage war, Entscheidungen, Vor- und Ratschläge durch die Erfassung von Persönlichkeitszügen und Eigenschaften, Fähigkeiten, Leistungspotentialen etc. zu fundieren und zu legitimieren. Zum anderen trugen die Entwicklungen *psychotherapeutischer Verfahren* sowohl aufgrund ihrer Erklärungsansätze für (abweichendes) psychisches Erleben und Verhalten wie auch der Entwicklung konkreter Interventionsverfahren maßgeblich zur Etablierung des Fachs bei. Beide Entwicklungslinien innerhalb der psychologischen Wissenschaft waren gut geeignet, die bereits in der ersten Hälfte des letzten Jahrhunderts zunehmend wichtiger werdenden institutionellen Hilfestellungen zu flankieren und die von staatlicher Seite durch Gesetze verankerten Beratungsangebote theoretisch und methodisch zu fundieren.

Deutlich wird dies insbesondere an der *Erziehungsberatung* (z.B. Andre, 1983; vgl. Hundsalz i.Bd.2), die zudem ein gutes Beispiel für die mit der kontinuierlichen Ausweitung von Beratungsaufgaben im Laufe der Zeit ständig gewandelte Zielsetzung (klinisch) psychologischer Beratungstätigkeit darstellt.

So erhielt in Deutschland die „Beratung in Fragen der Erziehung" bereits im Reichsjugendwohlfahrtgesetz von 1922 eine gesetzliche Basis, die in den siebziger Jahren zur Einrichtung von Erziehungsberatungsstellen in öffentlicher und freier Trägerschaft führte. Ursprünglich ausschließlich gedacht als Hilfestellung für Eltern und Angehörige bei Erziehungsmaßnahmen, wurde der Beratungsauftrag schnell auf andere Zielgruppen ausgeweitet, nicht zuletzt, weil sich die Stellen durch die um Beratung nachsuchende Klientel dazu veranlasst sahen. Heute sind die Aufgaben psychosozialer Familien- und Lebensberatung keineswegs mehr nur auf Hilfestellungen bei Erziehungsfragen begrenzt. Die zwischenzeitlich erreichte Zielgruppen- und Methodenvielfalt ging auch einher mit der Ablehnung einer nur testdiagnostisch ausgerichteten Beratungstätigkeit hin zu einem Selbstverständnis, das bis heute deutlich von psychotherapeutischen Vorstellungen geprägt ist.

Eine andere Entwicklungslinie psychologischer Beratungstätigkeit findet sich bei der *Berufsberatung* (vgl. Haas und R. Thiel i.Bd.2). Ähnlich wie bei der Erziehungsberatung bildete zwar auch hier eine 1927 im Reichsgesetz festgelegte Regelung in Deutschland den Anfang, wonach der Berufsberatung zunächst vorrangig die Vermittlung von Lehrstellen und Arbeitskräften zukam. Gestaltete sich die Arbeit des Beraters in den Anfängen damit sehr einfach, waren mit fortschreitender Technikentwicklung und Industrialisierung Berufswahl und Berufsfindung nicht mehr nur Steuerungselemente des Arbeitskräftemarkts, sondern wurden auch zu einem gesellschaftlichen und individuellen Problem.

Aus dem gesetzlichen Auftrag heraus hatten sich schon in den 20er Jahren im Einzelnen vier Kernaufgaben der Berufsberatung herausgebildet: die Berufsaufklärung, die individuelle Einzelberatung, die Vermittlung in berufliche Ausbildungsstellen und die Förderung der beruflichen Ausbildung. Der Einzelberatung, die durch eine intensive Berufsaufklärung vorbereitet wurde, kommt dabei bis heute die größte Bedeutung zu. Die Arbeit der Berufsberatung verstand sich als Hilfe zur Selbsthilfe, d.h. sie zielte darauf ab, den jungen Menschen zu befähigen, seine Berufswahl vollständig selbständig treffen zu können (Neubert, 1977). Man kann annehmen, dass das Bedürfnis nach Gesprächsführungstechniken aus den konkreten Schwierigkeiten in den Beratungssituationen heraus entstanden ist, in denen Ratschläge von Rat Suchenden nicht angenommen wurden. Auch wandelte sich das Selbstverständnis des Berufsberaters: Dieser verstand sich nicht mehr in erster Linie als Informator und Stellenvermittler, sondern als beratender Psychologe, weshalb auch psychologische Testverfahren nicht mehr nur auf den Bereich der Eignungsdiagnostik beschränkt blieben. Hinzu kam seit den späten 50er Jahren die größere Betonung der dynamischen Persönlichkeitskonzepte, nach denen Schwierigkeiten und Zweifel in der Berufsfindung mehr und mehr als Symptom emotionaler oder neurotischer Konflikte angesehen wurden und Berufsberatung zu einer Art Kurzpsychotherapie uminterpretiert wurde. Die zunehmende berufliche Mobilität brachte schließlich neben der traditionellen Orientierung an der ersten Berufseinmündung für Jugendliche auch den beruflichen Wechsel von Erwachsenen

Vorwort und Einleitung
Beratungs-disziplinen
Geschlecht und Beratung
Alter und Beratung
Kultur und Beratung
Beratung und soziale Systeme
Perspektiven der Beratung

und damit die *gesamte berufliche Laufbahn* in das Aufgabenfeld der Berufsberatung.

Als dritte Entwicklungslinie einer deutlich durch die Psychologie geprägten Beratungstätigkeit sei abschließend die *Bildungsberatung* genannt (vgl. Schiersmann & Thiel i.Bd.2). Zwar fand der Begriff „Bildungsberatung" erst in den 60er Jahren Eingang in die deutschsprachige Literatur, doch lassen sich die Grundideen bis zu den Anfängen des letzten Jahrhunderts zurückverfolgen, als im Rahmen einer „angewandten" Pädagogischen Psychologie wesentliche psychologische und methodische Grundlagen erarbeitet wurden. In Absetzung zur Schulpsychologie versteht sich Bildungsberatung als „ein umfassendes Konzept der Beratung im Sinne von Orientierungs- und Entscheidungshilfe bei der Realisierung individueller und gesellschaftlicher Bildungsziele" (vgl. Heller, 1998, S. 44). Ohne an dieser Stelle auf die Diversifizierungen dieses Beratungsfeldes näher eingehen zu können, die als ihre Aufgabenfelder die Schullaufbahnberatung, die Einzelfallhilfe und die Studienberatung definiert, vermittelt sich der Bezug zur Psychologie – ähnlich wie schon bei den beiden anderen beraterischen Tätigkeitsfeldern – insbesondere über die diagnostischen Verfahren sowie die Beratungs- und Interventionsmethoden, wobei das klient- und/oder problemzentrierte Beratungsgespräch sowie die pädagogische Verhaltensmodifikation den Schwerpunkt der Beratungsverfahren ausmachen.

Was die Ausführungen zu den Entwicklungssträngen „klassischer", durch die Psychologie geprägter Beratungsfelder verdeutlichen können, ist zunächst zweierlei: Zum einen lässt sich konstatieren, dass Beratung in den genannten Feldern seit ihren Anfängen einen nicht unwesentlichen Bedeutungswandel erfahren hat. Die testdiagnostisch begründete Entscheidungshilfe ist zwar noch heute eines der Beratungsziele, sie tritt aber ab Mitte der 70er Jahre zunehmend hinter Zielvorstellungen zurück, die sich aus den Veränderungskonzepten der Psychotherapieschulen ableiten.

Verbunden damit ändern auch die Berater ihr Selbstverständnis: Nicht mehr (nur) Testdaten- und Informationsvermittler wollen sie sein, sondern psychologische Berater. In dieser Zeit werden die Begriffe „psychologische Beratung" und „Psychotherapie" zeitweilig annähernd synonym verwendet. Als Unterscheidungsmerkmal wird nur die zeitliche Dauer der beraterisch-therapeutischen Maßnahmen angegeben: Maßnahmen, die in kürzeren Zeitabschnitten erfolgreich abgeschlossen werden, sollen als „Beratung", alle länger dauernden Maßnahmen als „Psychotherapie" bezeichnet werden (Bommert & Plessen, 1982). Gleichzeitig nimmt aber die Diskussion über die Abgrenzung von Psychotherapie und Beratung bis heute großen Raum ein (vgl. Großmaß i.d.Bd.).

2 „Klassische" Beratungskonzepte und deren psychologische Fundierung

Angesichts dieses Bedeutungswandels von Beratung weg von einer testdiagnostischen Hilfestellung und der Bereitstellung ihrer Ergebnisse für andere Berufsgruppen hin zu einer veränderungsintendierten, letztlich psychotherapeutisch arbeitenden Beratung erhebt sich die Frage nach deren theoretischer Verankerung in der Psychologie mit neuen Vorzeichen. Dies betrifft zum einen die psychologische Fundierung der Psychotherapien selbst, zum anderen Überlegungen dazu, wie denn eine psychologische Beratungstheorie aussehen könnte. Soll sich nämlich professionelle Beratung von „Alltagsberatung" abheben, muss sie sich an rationalen Kriterien ausrichten, d.h. planvoll und kontrolliert geschehen und in ihren einzelnen Ablaufschritten auf systematisch gewonnenes Wissen gestützt sein.

Dieses für die tägliche Beratungspraxis einsetzbare Wissen liefert beispielsweise die *Entwicklungspsychologie* durch ihre Beschreibung und Erklärung universeller als auch interindividuell unterschiedlicher Entwicklungsverläufe und von deren Abhängigkeit von genetischen Determinanten, Merkmalen der Person, Umwelterfahrungen (insbesondere im Rahmen familiärer und schulischer Sozialisation) sowie von gesellschaftlichen, kulturellen und ökologischen Rahmenbedingungen. Auch die *Differentielle und Persönlichkeitspsychologie* kann durch ihre Akzentsetzung auf (testdiagnostische) Erfassung und Erklärung interindividueller Differenzen Hilfestellungen für die Praxis anbieten. Die *Sozialpsychologie* wiederum untersucht die Art und Weise, wie Menschen ihre soziale Wirklichkeit wahrnehmen und interpretieren und schärft die Aufmerksamkeit für den Einfluss sozialer Gegebenheiten – insbesondere von Gruppenprozessen. Schließlich liefern auch die Theorien und empirischen Befunde der *Allgemeinen Psychologie* über Lernen, Gedächtnis, Denkprozesse, motorische Funktionen, Emotionen und Motivation – gerade bei Problemen in diesen Bereichen – wichtige Grundlagen psychologischer Intervention und Beratung. Darüber hinaus liefert die Psychologie als empirische Wissenschaft Handlungsanleitungen für die methodische Umsetzung von Forschungsfragen und stellt auch Handwerkszeug für die kritische Reflexion theoretischer und empirischer Resultate bereit.

Wissenschaftliche Vorgehensweisen, empirische Befunde und Theorien der Psychologie stellen damit ohne Frage einen wesentlichen Grundstock für beraterisches Handeln dar – vielleicht sogar mehr als dies die Störungsmodelle aus Klinischer Psychologie und Psychotherapie können. Leider wird jedoch dieses Kompetenzprofil den Beratern aufgrund ihres Studiums der Psychologie stillschweigend unterstellt, statt – für den Bedeutungsbeibehalt der Psychologie als Beratungswissenschaft gravierend – in den Diskursen zu spezifischen Anteilen der Fachdisziplinen selbstbewusst darauf aufmerksam zu machen. Dass die psychologische Wissenschaft besondere Wissensbestände bereithält, die für die Erklärung der Problemsituation, die ein Klient schildert, und damit auch für eine wirkungsvolle Beratung von großer Wichtigkeit sein können, ist für den Bereich der Klinischen Psychologie früh erkannt worden. Es mag für die Vergangenheit aufgrund der eingangs beschriebenen Entwicklungslinien, die schließlich auch mit einer gestiegenen gesellschaftlichen Anerkennung des psychologischen Berufsstandes einhergingen, nicht weiter verwundern, dass sich in der einschlägigen Literatur fast ausschließlich Beratungsansätze finden, die sich unschwer als Derivate bekannter persönlichkeitspsychologischer oder psychotherapeutischer Modelle identifizieren lassen. Parallel zum Psychoboom der 70er Jahre entstanden immer wieder neue psychotherapeutisch orientierte Beratungsansätze. Als grundlegend für Beratungskonzeptionen erwiesen sich aber insbesondere psychoanalytische Theorien, klientenzentrierte Theorien und Theorien der Verhaltenstherapie (vgl. Scheller & Heil, 1977):

1. So gehen die Ansätze der *psychoanalytisch orientierten Beratung* von der Grundannahme aus, dass „sich ein Individuum bevorzugt solchen Inhalten zuwendet, die seiner individuellen Suche nach Belohnung entsprechen und Schutz vor Ängsten gewähren. Im Mittelpunkt ihres Beratungskonzepts steht die individuelle Psychodynamik und ihre Entwicklungsgeschichte" (ebd., S. 80). Ansatzpunkte für die Beratung liefern daher eher weiter zurückliegende und emotional bewegende Ereignisse als aktuelle Begebenheiten des Klienten (vgl. Datler, Steinhardt & Gstach i.Bd.2).
2. Die *klientenzentrierte Beratung* geht demgegenüber – bei Vorliegen eines entwicklungsförderlichen Klimas – von einem selbstgesteuerten und potentiell wachstumsfähigen Individuum aus. Dies trifft in ähnlicher Weise auch auf andere humanistische Ansätze zu. Die Selbstverwirklichung des Klienten wird insbesondere durch mitmenschlich-warmes Akzeptieren und Wertschätzen des Klienten, durch Einfühlung in den Klienten und dessen Welt sowie durch Echtheit und Transparenz des beraterischen Handelns gefördert (vgl. Straumann i.Bd.2).
3. *Verhaltenstheoretische Beratung* orientiert sich am Grundsatz der Lern- und Verhaltenstheorien, wonach alles Verhalten – auch das fehlangepasste – gelernt ist. Die Interaktionen zwischen Klient und Berater gestalten sich dabei jeweils auf Grundlage einer vorangegangenen Verhaltensanalyse, aus der sich die Anwendung von spezifischen Techniken der Verhaltensmodifikation ableitet (vgl. Borg-Laufs i.Bd.2).

Eine Fundierung eigenständiger psychologischer Beratungsstrategien wird bisher noch am ehesten durch den klientenzentrierten Ansatz erreicht. Insbesondere das hierin entwickelte Verständnis der Berater-Klient-Beziehung, die Betonung der Rolle des Gesprächs als Medium der Beratung und die dazu notwendige Gesprächshaltung – die Echtheit und Empathie des Beraters und seine Wertschätzung des Klienten als wesentliche Basisvariablen eines Beratungsgesprächs formuliert – machen bis heute einen wesentlichen Anteil psychologisch fundierter Aus- und Weiterbildungsangebote für beraterische Tätigkeit aus (vgl. z.B. Bachmair, Faber, Hennig, Kolb & Willig, 1998).

Bei der verhaltenstheoretischen Beratung handelt es sich um eine theoretisch und empirisch begründete Beratungs- und Interventionsstrategie, die zudem noch ihren Begründungszusammenhang aus den Wissensbeständen der Psychologie als wissenschaftlicher Disziplin ableitet. Für weitere Beratungsansätze ist dies zwar ebenfalls gewünscht, bis zum heutigen Zeitpunkt aber manchmal nur bruchstückweise vorhanden. Dies tat der zunehmenden Rezeption auch eher exotischer Therapieansätze ab den 70er Jahren allerdings keinen Abbruch und lässt sich wohl auch damit erklären, dass sich die Berater in den Therapiekonzepten mit ihren Auffassungen über die Klienten und deren Problemen wieder fanden. Insofern waren selbst diese zwischen Berater und Klient ablaufenden Interaktionen sicher nicht völlig willkürlich, sondern von der theoretischen Orientierung des jeweiligen Beraters geprägt.

Während die Klinische Psychologie und die aus ihr entwickelten Psychotherapieverfahren wichtige theoretische und methodische Anregungen für die Beratung lieferten und auch die Pädagogische Psychologie beraterisch relevante Befunde, z.B.

durch theoretisch begründete und praktisch erprobte Modelle der erzieherischen Einflussnahme und Führung zur Verfügung stellen konnte, blieben andere Anwendungsfächer der Psychologieausbildung für die Fundierung von Beratung lange Zeit weitgehend unbeachtet. Insbesondere die Arbeits-, Betriebs- und Organisationspsychologie kann Wissen über psychosoziale Bedingungen, Prozesse und Auswirkungen organisierten Arbeitsverhaltens liefern, wie sie in Produktionsbetrieben, Handels- und Dienstleistungsunternehmen, aber auch bei selbstorganisierten Erwerbsformen anzutreffen sind. Auch das Wissen über Personalauswahl und Personalentwicklung und psychologische Aspekte der Arbeitsgruppe und des Führungsverhaltens sind – gerade wenn es um Probleme im Arbeitsfeld geht – wichtig, um effektive Beratungen durchführen zu können.

Versucht man, an dieser Stelle ein Zwischenresümee zu ziehen über das Verhältnis von Psychologie und Beratung, so fällt dieses für beide Seiten leider nicht sonderlich gut aus. Weder die wissenschaftliche Disziplin noch ihr so zentrales Anwendungsfeld Beratung zeigten bis weit in die 80er Jahre sonderliches Interesse an einer differenzierten Klärung ihres Verhältnisses, oder gar an der Erarbeitung von praktischen Handlungsanleitungen aus den Theoriebeständen der Psychologie, die nicht der Klinischen oder Pädagogischen Psychologie entlehnt waren. Mit der Betonung, dass der Ausgangspunkt von Beratung eine je individuelle Beratungshilfe bei einem wie auch immer gearteten Problem darstellt, die Anlässe von Beratung also höchst unterschiedlich sind und insofern eine Beratungshandlung auch einen Problemlöseprozess impliziert, in dessen Verlauf der Berater gemeinsam mit dem Klienten einen Lösungsweg sucht und erarbeitet, wurden theoretische Konzepte der Psychologie zwar als Orientierungshilfen gesehen; eine Zuordnung zwischen speziellem theoretischen Wissen und konkreten Beratungsaufgaben wurde aber für illusionär gehalten.

Psychologische Berater fanden sich deshalb zu Beginn der 80er Jahre in einer paradoxen Situation: Einerseits aufgrund ihres Eingangsstudiums als Psychologen gut qualifiziert und zumeist in mindestens einem Psychotherapieverfahren weitergebildet, wurde ihnen andererseits die Psychotherapeutenqualifikation abgesprochen, seitens der Psychologie aber auch kein alternatives Selbstverständnis vermittelt. Die Charakterisierung ihrer Arbeit als methodeneklektisch und problemorientiert wurde oft negativ bewertet, statt die Vorzüge herauszustellen, nicht notwendig einer Schule verpflichtet zu sein und sich unbeschränkt aller Interventionsstrategien und Methoden bedienen zu können, die im jeweiligen Fall angemessen sind. Das Buch vom „Vater“ des microcounseling, Allen E. Ivey & Lynn Simek-Downing (1980) liefert hierzu positives Anschauungsmaterial.

Hinzu kam, dass ab Ende der 70er Jahre zunehmend die Begrenztheiten der praktizierten Beratungskonzepte deutlich wurden: Die eher die Selbstbehandlungskompetenz der Klienten voraussetzende „psychotherapeutische“ Beratung versagte häufig angesichts weitergehender Anforderungen, wie sie insbesondere bei der Beratung von Rand-, Risiko- und Problemgruppen entstehen. Auch die Erweiterung der Zielgruppen trug zum Nachdenken über Konzeptänderung bei: Neben die Erziehungsberatung von Familien und Eltern trat die Notwendigkeit zu weiter ausdifferenzierten Beratungsformen bei spezifischen Zielgruppen wie Paaren mit Scheidungsabsicht und in der Trennungsphase, Angehörigen und Familien behinderter, psychisch gestörter oder kranker Patienten oder auch Systemen und Institutionen.

3 Neuere Entwicklungen von Beratung innerhalb der Psychologie

Die genannten Defizite bisheriger Beratungskonzepte führten bereits Ende der 70er Jahre zu einer Neudefinition der psychologischen Beratung, die Netzwerkorientierung und Prävention als neue Orientierungspunkte formulierte. 1983 erscheint im deutschsprachigen Raum die erste Publikation zu einer *Allgemeinen Beratungspsychologie*, mit der „... jene Teildisziplin der wissenschaftlichen Psychologie (bezeichnet wurde), welche die psychischen Vorgänge, die im Zusammenhang mit Beratung stehen, und die psychischen Veränderungen, die sich auf Grund von Beratung beim Klienten ergeben, beschreibt und erklärt" (Dietrich, 1983, S. 16). Der Autor versucht in diesem Buch, unter Rückbezug auf theoretische Konzepte, die sich neben sehr unterschiedlichen therapeutischen Zugängen auch auf handlungstheoretische und motivationspsychologische Modelle stützen, Fragen aus der Beratungspraxis durch die Psychologie zu beantworten. Neben der Problematik der Verursachung und Genese von Belastungen und Störungen waren dies insbesondere Fragen über die Bedingungen und die Herstellbarkeit eines förderlichen Beratungsverhältnisses. Allerdings bleibt Dietrich bei seiner Suche stark orientiert an den „klassischen" Beratungsansätzen.

Gefragt war seit den 80er Jahren aber ein neues Selbstverständnis von psychologischer Beratung, die über die bisherigen von Klinischer Psychologie und Psychotherapie sowie Pädagogischer Psychologie dominierten Ansätze und Modelle hinausgehen musste. Damit wurde ein Diskurs angeregt, der in der wissenschaftlichen Psychologie dieser Jahre noch weitgehend unbeachtet blieb. Zwar wurde der Präventionsansatz sowohl in der Klinischen wie auch in der Pädagogischen Psychologie als neues Aufgabenfeld der Teildisziplin formuliert. Auch wurden – nicht zuletzt über die sich etablierende Gemeindepsychologie – Theorien und empirische Befunde zu Prozessen von sozialer Unterstützung aufgegriffen. Dies alles geschah aber weitgehend ohne Diskussion und Einflussnahme auf Inhalte und Methoden der psychologischen Beratung. Die ab den 80er Jahren zunehmende Entwicklung alternativer, oft netzwerkorientierter Beratungskonzepte wurde daher im Wesentlichen von Beratern aus der Praxis angestoßen, ohne – wie z.B. in den USA – in der psychologischen Wissenschaft eine komplementäre Entwicklung vorzufinden.

Erst wieder – ähnlich wie in den historischen Anfängen der psychologischen Beratung – mit der Änderung gesetzlicher Rahmenbedingungen belebte sich seit den 90er Jahren auch die fachinterne Diskussion über Beratung als zentrale Aufgabe der Psychologie. Zwei Markierungssteine lassen sich besonders herausstellen:

Zum einen hat sich mit der Einführung des *Kinder- und Jugendhilfegesetzes* die Identität der Erziehungs- und Familienberatungsstellen geändert, die nun eindeutig im Kontext der Jugendhilfe verankert sind. Die allgemeine Förderung junger Menschen in ihrer individuellen und sozialen Entwicklung wird betont, womit die pädagogische gegenüber einer therapeutischen Orientierung in den Vordergrund rückt. Damit ergeben sich ganz neue Definitionserfordernisse: Nicht mehr (nur) die Frage, ob Psychotherapie in einer Erziehungsberatungsstelle überhaupt geleistet wird und werden darf, steht zur Diskussion. Auch die Unterscheidung zu anderen Hilfeleistungen auf Grundlage der Jugendhilfe, zum Beispiel des Allgemeinen Sozialen Dienstes, gewinnt an Bedeutung.

Für die psychologische Wissenschaft sollte diese neue Rechtslage als Herausforderung verstanden werden, die psychologische Fundierung der Beratungstätigkeit wieder stärker und aktiver als bisher herauszustellen, will sie dieses zentrale Arbeitsfeld nicht an andere Berufsgruppen verlieren. Dabei spielt der Ansatz, das Wohl des Kindes zum Ausgangspunkt der Tätigkeit zu nehmen, sicher eine wichtige Rolle. Erklärungen aus der Entwicklungs- und Sozialpsychologie, aber auch aus der neuen Disziplin Entwicklungspsychopathologie, die deutlicher als die älteren Konzepte individuelle und soziale Risiko- und Schutzfaktoren als Determinanten für das Gelingen von psychischer Entwicklung betont, können hier dienlich sein und gehen über die früheren, stark individuumszentrierten Konzepte hinaus.

Einen möglichen weiteren Ansatzpunkt könnte die Diagnostik liefern, verlangt doch die notwendige Feststellung des erzieherischen Bedarfs nach geeigneten Methoden. Diese psychosoziale Diagnostik hat in den letzten Jahren ebenfalls einen Bedeutungswandel erfahren, da sie mit der neuen Aufgabenstellung von Erziehungsberatung weniger der Eigenschaftsdiagnostik und der damit verbundenen Legitimationsfunktion verhaftet ist, sondern eher der Steuerung der beraterischen Arbeit förderlich sein sollte. So finden sich z.B. in jüngster Zeit Vorschläge zu einer systemischen Diagnostik, die es erleichtern soll, „... Punkte zu finden, von denen aus Bewegung und Entwicklung möglich werden“ (Gerth, 2001, S. 140). Diagnostik ist also nicht dem beraterischen Prozess vorgeschaltet, sondern begleitet ihn und macht seine Evaluation möglich. Die in letzter Zeit entwickelten Ressourcenskalen von Klemenz (2000) zielen in eine ähnliche Richtung.

Zum Zweiten haben die gesetzlichen Regelungen zur Ausübung von Psychotherapie im Sinne der Heilkunde, die seit Januar 2000 mit dem *Psychotherapeutengesetz* in Kraft traten, die psychologieinterne Debatte angeregt und z.B. – durch die starke Ausrichtung und Einengung auf eine medizinisch orientierte Heilkunde – die Frage nach Determinanten von Entstehung und Verlauf psychischer Störungen und damit auch nach Präventions- und Rehabilitationsansätzen der Psychologie wieder neu aufgeworfen. Die Auslagerung genuin psychologischer Ausbildungsinhalte in Weiterbildungsstudiengänge setzte des Weiteren an den Hochschulen Diskussionen über das Selbstverständnis des Fachs Klinische Psychologie in Gang: Wenn eine psychotherapeutische Berufspraxis nicht mehr bruchlos mit dem Diplom begonnen werden darf, zu welchen anderen Berufsqualifikationen führt dann eine Ausbildung in Klinischer Psychologie? Die jahrzehntelang stillschweigend praktizierte Annahme, dass mit einem Erwerb von psychotherapeutischen Kompetenzen quasi nebenbei auch spezielle Beratungsfertigkeiten entwickelt würden, die eine Schlüsselqualifikation für viele unterschiedliche Berufsfelder liefern könnten, muss sich jetzt einer Realitätsprüfung unterziehen.

Dabei sind die Chancen für eine Neubegründung einer psychologisch basierten Beratungstätigkeit so schlecht nicht. Folgende Punkte begründen diesen Optimismus:

Wenn weiter oben davon die Rede war, dass die Diskurse um Beratungskonzepte und Beratungsmethoden von der Psychologie weitgehend unbeachtet blieben, so ist damit andererseits auch das Verhältnis von Beratung zur Psychologie angesprochen, die ihrerseits den seit den letzten zwanzig Jahren kontinuierlichen Veränderungsprozess innerhalb der psychologischen Wissenschaft mit ihren diversen Teildisziplinen unberücksichtigt ließ. Ein paar Beispiele mögen dies verdeutlichen:

- Während sich in der einschlägigen Literatur als eines der zentralen Beratungskonzepte immer wieder die stark lerntheoretisch und an Verhaltensmodifikation ausgerichtete verhaltensorientierte Beratung findet, hat sich die verhaltenstheoretisch orientierte Psychotherapie zunehmend in eine kognitiv-verhaltenstheoretische Erklärungs- und Interventionsmethode gewandelt, die neben Lernkonzepten auch andere Modelle aus der psychologischen Wissenschaft entlehnt hat, mittlerweile selbst emotionale Aspekte berücksichtigt und gelegentlich aufgrund ihres „Umbrella"-Charakters als allgemeine psychologische Psychotherapie bezeichnet wird.
- Für die Anwendungsbereiche der Psychologie – Klinische Psychologie, Pädagogische Psychologie und Arbeits-, Betriebs- und Organisationspsychologie – wird zunehmend ein sich selbst entwickelndes Menschenbild zugrunde gelegt, das im Normalfall in der eigenen Person und in deren sozialem Umfeld ausreichende Ressourcen zur Lebensbewältigung zur Verfügung hat. In der praktischen Tätigkeit wird daher in allen Anwendungsbereichen eine Orientierung an diesen Ressourcen empfohlen.
- In psychotherapeutischen Verfahren verschiedener Couleur wird nicht mehr die (absolute) Wiederherstellung psychischer Gesundheit, sondern die Kompetenzerweiterung und damit die Fähigkeit des Individuums zur Problembewältigung zum Ziel erhoben.
- Mit der Veränderung psychotherapeutischer Konzepte stellt sich auch die Abgrenzungsdiskussion von Psychotherapie und Beratung neu. Beratung ist nicht mehr die „kleine" Therapie. Vielmehr wird umgekehrt Psychotherapie jetzt als „... eine Teilmenge von Beratung" gesehen (Baumann & Perrez, 1998, S. 314).

Zentrales Unterscheidungsmerkmal zwischen Beratung im engeren Sinne und klinisch-psychologischer Intervention ist unseres Erachtens der Stellenwert des Veränderungsprozesses: im Beratungskonzept folgt dieser Prozess nach der Beratung ohne Begleitung durch den/die ExpertIn, während beim Interventionskonzept der Veränderungsprozess selbst zentrales Thema ist und von den ExpertInnen begleitet wird (Baumann & Perrez, 1998, S. 315).

Statt kurze Therapien als Beratung aufzufassen, wird jetzt die selbstständige Veränderungsfähigkeit des Klienten als Unterschied zwischen Beratung und Psychotherapie benannt.

- Der zeitliche Aspekt als Demarkationslinie erweist sich heutzutage schon allein deshalb als nicht günstig, weil mit Hinweis auf die knappen Ressourcen des Sozial- und Gesundheitssystems lange Behandlungen gegenüber dem Kostenträger nur schwer begründbar sind. Dies wiederum führte zu Neukonzeptualisierungen im psychotherapeutischen Vorgehen und zur Entwicklung von Kurzzeitinterventionen.

- Mit der Veränderung der Berufsaufgaben in hochtechnisierten Arbeitsabläufen stellen sich auch neue Anforderungen an die Führungskräfte in Firmen, die nun weniger delegieren, stattdessen mehr kooperieren sollen. Dazu gehört es, auch Beratungskompetenzen zu entwickeln, die deshalb insbesondere innerhalb der Organisationspsychologie zum Thema werden (Bull, 1997).

4 Ausblick und zukünftige Entwicklung

Zieht man ein Resümee, so finden sich eine Reihe von wichtigen Anknüpfungspunkten für eine fruchtbare Beziehung von Psychologie und Beratung. Den Gewinn der Psychologie für beraterisches Handeln nur in der Entwicklung diagnostischer Methoden und psychotherapeutischer Interventionsmethoden zu sehen, übersieht die vielfältigen Entwicklungen der letzten zwanzig Jahre.

Auch wenn die Psychologie – trotz Netzwerkorientierung und Betonung von Präventionsansätzen, die auch die sozialen Rahmenbedingungen berücksichtigen – in ihrer Grundausrichtung individuumszentriert bleiben wird, kann sie dem Beratungsprozess neue Impulse geben, die sich gerade erst daraus ergeben, dass die je spezifischen personalen Voraussetzungen, z.B. Kausal- und Kontrollattributionen, im konkreten Behandlungshandeln reflektiert werden. Andernfalls kann es passieren, dass Beratungen – z.B. im Gesundheitsbereich zur Vorsorge und Krankheitsprävention –, die diese individuellen Annahmen zur Entstehung und Beeinflussbarkeit von Krankheiten nicht berücksichtigen, nicht zu einer veränderten Problemsicht und möglicherweise einer Verhaltensänderung des Klienten führen.

Literatur

Andre, K. (1983). Erziehungsberatung. In K. Daumenlang & K. Andre (Hrsg.), *Taschenbuch der Schul- und Erziehungsberatung* (S. 71–81). Baltmannsweiler: Pädagogischer Verlag Burgbücherei Schneider GmbH.

Bachmair, S., Faber, J., Hennig, C., Kolb, R & Willig, W. (1998). *Beraten will gelernt sein. Ein praktisches Lehrbuch für Anfänger und Fortgeschrittene* (7. Aufl.). Weinheim: Psychologie Verlags Union.

Baumann, U. & Perrez, M. (Hrsg.). (1998). *Lehrbuch Klinische Psychologie – Psychotherapie* (2. vollst. überarb. Aufl.). Bern: Huber.

Bommert, H. & Plessen, U. (1982). *Psychologische Erziehungsberatung.* Stuttgart: Kohlhammer.

Bull, A. (1997). Models of counselling in organizations. In M. Carroll & M. Walton (Eds.), *Handbook of counselling in organizations* (pp. 29–41). London: Sage Publications.

Datler, W., Figdor, H. & Gstach, J. (Hrsg.). (1999). *Die Wiederentdeckung der Freude am Kind. Psychoanalytisch-pädagogische Erziehungsberatung heute.* Gießen: Psychosozial Verlag.

Dietrich, G. (1983). *Allgemeine Beratungspsychologie. Eine Einführung in die psychologische Theorie und Praxis der Beratung.* Göttingen: Hogrefe.

Gerth, U. (2001). Befreiende Diagnosen. Systemische Diagnostik in der Erziehungsberatung. In K. Menne & A. Hundsalz (Hrsg.), *Jahrbuch für Erziehungsberatung* (Band 4) (S. 137–154). Weinheim: Juventa.

Heller, K.A. (1998). Bildungsberatung. In D.H. Rost (Hrsg.), *Handwörterbuch Pädagogische Psychologie* (S. 44–49). Weinheim: PsychologieVerlags Union.

Ivey, A. E. & Simek-Downing, L. (1980). *Counseling and psychotherapy: skills, theories, and practice*. Englewood Cliffs, NJ: Prentice-Hall.

Klemenz, B. (2000). Ressourcendiagnostik bei Kindern. In *Praxis der Kinderpsychologie und Kinderpsychiatrie, 49*, 176–198..

Neubert, A. (1977). Geschichte, Aufgaben und Organisation der Berufsberatung. In K.-H. Seifert (Hrsg.), *Handbuch der Berufspsychologie* (S. 401–425). Göttingen: Verlag für Psychologie.

Scheller, R. & Heil, F.E. (1977). Beratung. In T. Herrmann, P.R. Hofstätter, H.P. Huber & F.E. Weinert (Hrsg.), *Handbuch psychologischer Grundbegriffe* (S. 74–85). München: Kösel.

Schorr, A. (1995). Psychologen Ost und West – zwei Gesichter einer Profession? Ergebnisse einer empirischen Studie Teil 1. In *Report Psychologie, 20* (1), 18–28.

Internethinweise

www.erziehungsberatung-hessen.de
www.bke.de

Prof. Dr. Annette Schröder ist Diplompsychologin und Professorin für Klinische Psychologie und Evaluation/Forschungsmethodik an der Universität Koblenz-Landau. Ihre Arbeitsschwerpunkte sind psychologische Gesprächsführung, gemeindepsychologische Versorgungsforschung sowie Bewältigung von und Lebensqualität bei chronischen körperlichen Erkrankungen.

Anschrift:
Universität Koblenz-Landau
Abteilung Landau
Fachbereich Psychologie
Linienstr. 9
D-76829 Landau
E-Mail: schroeder@uni-landau.de

Beratungspsychologie/Counselling Psychology

Frank Nestmann

Beratungspsychologie/Counselling Psychology befasst sich als eine Teildisziplin der wissenschaftlichen Psychologie mit psychologischen Gesetzmäßigkeiten im Beratungsprozess. Beratungspsychologie verfolgt die systematische Anwendung von psychologischen Theorien, Forschungsmethoden und Forschungsergebnissen sowie von psychologischen Diagnose- und Interventionsverfahren auf Beratung, d.h. auf Berater und Klienten, auf Beratungsbeziehungen und Beratungssettings, auf Beratungshandeln und auf dadurch bewirkte Veränderungen und Beratungserfolg.

Obwohl die Psychologie (neben der Pädagogik und der sozialen Arbeit, vgl. Engel i.d.Bd., Thiersch i.d.Bd.) sicher die Disziplin ist, in der Beratung als diversifiziertes Professionalisierungs- und Praxisfeld traditionell die größte Bedeutung hat, hat sich Beratungspsychologie nur im angloamerikanischen Bereich als eigenständige Teildisziplin der Psychologie etablieren können. Im deutschsprachigen Raum bleibt Beratung als Gegenstandsbereich der Klinischen und Pädagogischen Psychologie und zunehmend der Arbeits- und Organisations- sowie Gesundheitspsychologie bisher theoretisch, empirisch, praktisch und professionspolitisch unselbstständig. Vornehmlich steht Beratung weiterhin im Schatten psychotherapeutischer Konzepte und Modellvorstellungen der klinischen Psychologie (vgl. Schröder i.d.Bd., Großmaß i.d.Bd.).

1 Die deutsche Entwicklung

Der einzige prominente Entwurf einer „allgemeinen“ und einer „speziellen“ Beratungspsychologie in Deutschland stammt von Dietrich (1983, 1987). Anliegen dieser Arbeiten war es, ein grundlegendes psychologisches Verständnis von Beratung zu entwickeln und grundlegende Basistätigkeiten und -qualifikationen von beratenden Psychologen sowie die zentralen Bedingungen von Beratungserfolg in psychologischen Beratungsprozessen zu identifizieren.

Dietrich legt in seinem bis heute nahezu allein stehenden deutschsprachigen Werk zur Beratungspsychologie eine umfassende Definition von psychologischer Beratung vor:

> Beratung ist in ihrem Kern jene Form einer interventiven und präventiven helfenden Beziehung, in der ein Berater mittels sprachlicher Kommunikation und auf der Grundlage anregender und stützender Methoden innerhalb eines vergleichsweise kurzen Zeitraums versucht, bei einem desorientierten, inadäquat belasteten oder entlasteten Klienten einen auf kognitiv-emotionaler Einsicht fundierten aktiven Lernprozess in Gang zu bringen, in dessen Verlauf seine Selbsthilfebereitschaft, seine Selbststeuerungsfähigkeit und seine Handlungskompetenz verbessert werden können (1983, S. 2).

Der Autor versucht in seinem Bestreben, das Profil psychologischer Beratung zu schärfen – eine Abgrenzung von Beratung zu psychotherapeutischem Handeln einerseits und zur Erziehung andererseits – in dem er die jeweiligen Anlässe, beteiligten Personen, Ziele, Zeitdimensionen, eingesetzte Mittel und Rollen der Beteiligten vergleichend gegenüberstellt (Dietrich, 1983). Er verortet Beratung in einer Position der „Mitte“, die je nach konkretem Fall hinsichtlich der Aufgaben, Ziele und eingesetzten Strategien einmal mehr zum „therapeutischen Pol“ und einmal mehr zum „erzieherisch edukativen Pol“ eines Kontinuums hin tendieren kann. Trotz der vielfältigen Überschneidungen und fehlenden Trennschärfe von Modellvorstellungen wie Interventionsformen wird die psychologische Beratung als ein konturierter und auch abgrenzbarer Wissenschafts- und Praxisbereich begriffen. Beratungspsychologie befasst sich in Forschung und Theoriebildung mit *strukturellen* Komponenten eines Beratungsprozesses (insbesondere mit den Klienten, ihrer psychischen Struktur, ihren Belastungen und Problemen, mit Potenzialen und Beratbarkeiten des/der Rat Suchenden, mit der Person des/der Beratenden z.B. hinsichtlich deren Einstellungen, Kompetenzen etc., mit der interaktional-kommunikativen Beziehung zwischen Hilfe Suchenden und Helfern sowie mit den rahmenden institutionell organisatorischen Dimensionen der Hilfe). Sie untersucht zudem *dynamische* Komponenten der im Beratungsprozess wirkenden Kräfte und der vonstatten gehenden Veränderungen (insbesondere beim Klienten). Die theoretische Entwicklung des Feldes diagnostiziert Dietrich als „Theorieinflation“ bei gleichzeitigem „Theoriedefizit“. Er beschreibt damit die (lange Zeit in Deutschland) einseitige Dominanz vielfältiger psychotherapeutischer Modellvorstellungen (insbesondere der tiefenpsychologischen, behavioral-kognitiven, humanistischen und systemischen Schulen) und das Fehlen adäquater Ergänzungen oder auch Gegengewichte beispielsweise aus der pädagogischen Psychologie oder der sozialpsychologischen Theoriebildung. So erschöpft sich die deutsche Konzeption von Beratungspsychologie lange in einer Aufnahme von Erkenntnissen und Wissensbeständen der *Klinischen* Psychologie zu sozial(mit)bedingten Störungen und Krisen der Psyche und des Verhaltens und mit den Formen ihrer Beeinflussung und Veränderung durch psychologische Intervention. Sie wird bis dahin bestenfalls randständig ergänzt durch Ergebnisse und Konzepte der *Pädagogischen* Psychologie, die sich erzieherisch sozialisatorischer Beeinflussung und ihren Folgen widmet (vgl. Schwarzer & Posse i.d.Bd.). Die in Erziehungsprozessen auftretenden Probleme, Konflikte und Desorientierungen werden hier studiert und aufbauend auf diese Analysen werden Vorstellungen und Wege edukativ-reflexiver Förderung entwickelt (Dietrich, 1983). Erst in jüngster Zeit öffnet sich auch eine deutschsprachige psychologische Beratungsdiskussion neueren (interdisziplinären) theoretischen Anregungen (s.a. Nestmann & Engel, 2002), die häufig aus der angloamerikanischen Counselling Psychology stammen.

2 Counselling Psychology

Spätestens seit den 80er Jahren hat sich die Counselling Psychology in den USA (mit gewisser Verzögerung auch in Australien, Kanada und Großbritannien) zu einer etablierten und renommierten Spezialdisziplin innerhalb der Psychologie entwickelt – jenseits Klinischer Psychologie und Pädagogischer Psychologie.

Beratung findet ihre Wurzeln ab den 20er Jahren nicht primär in der Entstehung nichtmedizinischer Psychotherapie (obwohl zweifelsohne in der Entwicklung grundlegend von psychologischer Diagnostik und psychologischer Therapie beeinflusst), sondern insbesondere in der Herausbildung und Etablierung professioneller psychologischer Hilfeformen und -systeme in Bildung, Beruf, Gesundheit und sozialem Zusammenleben. Die Unterstützung von jungen Menschen bei der Berufsorientierung und Berufswahl, die Anleitung von Lehrkräften zur personen- und zielorientierten Förderung von Entscheidungsfindung und Verfolgung von Bildungszielen und Laufbahnplanung ihrer SchülerInnen und StudentInnen werden als prominente Ursprungsdomäne genannt (Vacc & Loesch, 1994). Daneben liegt als weiteres entscheidendes Entwicklungsfeld ein damals noch gering konturierter Bereich der sozialmedizinischen Gesundheitsförderung in Ehe-, Partnerschafts- und Sexualberatung und im außerschulischen Erziehungsbereich (Nestmann, 1997, für die deutsche Entwicklung s.a. Großmaß, 2000).

Seit diesen Entwicklungsanstößen einer Bereitstellung psychologisch begründeter Hilfen in eher „normativen“ Orientierungs-, Entscheidungs-, Planungs- und Handlungsanforderungen „normaler“ Personen in ihrem Lebenslauf und seinen kritischen Übergängen und problemträchtigen Phasen fokussiert Counselling Psychology Klientele, die hierbei weder „Erziehung“ noch „Therapie“ benötigen.

> Counselling Psychology ist ein angewandter Bereich der Psychologie mit dem Ziel Menschen zu helfen, ein effektives und erfülltes Leben zu leben. Ihre Klienten in nichtmedizinischen Settings sind Menschen, die nicht allzu schwer gestört sind. Sie befasst sich mit der gesamten Person in allen Bereichen menschlichen, psychologischen Seins und Handelns, also mit Gefühlen und Gedanken, persönlichen, ehelichen und sexuellen Beziehungen, Arbeit und Freizeitaktivität. Ihre Methoden beinhalten Beratungsbeziehungen und Beratungsaktivitäten, Psychoedukation und Konsultation sowie Selbsthilfeförderung. Diejenigen, die die Methoden der Counselling Psychology nutzen, sind professionelle Psychologen, bezahlte und freiwillige Berater sowie Sozialarbeiter. Die Felder und Settings, in denen Counselling Psychology eingesetzt

> und angeboten wird, sind Bildung und Erziehung, Medizin, Industrie und vielfältige Gemeinde- und Freiwilligenorganisationen. Counselling Psychology unterscheidet sich von Psychiatrie, Klinischer Psychologie und Pädagogischer Psychologie vornehmlich durch die Betonung des Wohlbefindens und der Selbstaktualisierung gegenüber Krankheit, schwerer Störung und Fehlanpassung (Nelson-Jones, 1982, S. 5, Übers. d. Verf.).

In dieser Definition spiegeln sich die auch heute noch zentralen Elemente eines wissenschaftlichen und professionellen Selbstverständnisses, das die Counselling-Psychologie nicht nur von der Klinischen und Pädagogischen, sondern auch von Gemeinde-, Schul-, Arbeits- und Organisationspsychologie absetzt, auch wenn sich die Teildisziplinen in zahlreichen „Zuständigkeitsfeldern" und Handlungsorientierungen überschneiden oder gar decken (Woolfe & Dryden, 1996).

Gelso & Fretz (1992, 1999) arbeiten über „generelle Rollen und Funktionen" sowie über „vereinheitlichende Merkmale und Themen" die innere Kohärenz und die eigenständige Identität einer ebenso breiten wie vielseitigen Spezialdisziplin psychologischer Theorie und Praxis heraus.

Drei Rollenbestandteile waren und sind in der Beratungspsychologie von zentraler Bedeutung. Wenn auch in ihrer Entwicklungsgeschichte phasenweise mit verschiedener Gewichtung versehen, tragen sie doch gerade in ihrer Dreidimensionalität zum Kern des disziplinären Selbstverständnisses bei:

1. Die präventive Rolle in der Beratung versucht, Problemursachen und Probleme zu antizipieren, sie umgehbar zu machen oder ihnen vorzubeugen. Zentraler Aspekt von Counselling Psychology sei, Individuen dabei behilflich zu sein, Veränderungen in ihrer persönlichen und sozialen Umwelt vorzunehmen und so die Auftretenswahrscheinlichkeit von Problemen zu minimieren und dadurch die Notwendigkeit kurativ/heilender Maßnahmen der Wiederherstellung zu vermeiden (s.a. Nestmann i.d.Bd., 1997).
2. Die entwickelnde/wachstumsfördernde Rolle in der Beratung versucht, Individuen dabei zu unterstützen, die größtmöglichen Vorteile aus den Erfahrungen ihrer eigenen Kräfte und Potenziale zu erkennen und weiterzuentwickeln. Beratung fördert und regt an und zielt auf Ressourcenplanung, -erweiterung, -erhaltung.
3. Die kurativ/heilende Rolle, die in größter Nähe zur klinisch-psychotherapeutischen Funktion liegt, richtet sich auf die Unterstützung von Individuen und Gruppen Probleme zu bewältigen, Störungen welcher Art auch immer zu beseitigen, Schädigungen und Verletzungen zu kurieren und Defizite zu kompensieren.

Die meisten psychologischen Beratungsaktivitäten beinhalten Anteile aller drei Rollen mit verschiedener Gewichtung und phasenweiser Präferenz für die eine oder andere. Das Charakteristikum von Beratungspsychologie ist allerdings gerade die weitgehende Integration der drei Rollen, d.h. z.B. der präventive und entwicklungsorientierte Blick gilt auch für die kurative Beratungsaktivität.

Noch stärker als diese Rollenanteile Identität umschreiben und Grenzlinien verdeutlichen, bestimmen die von TheoretikerInnen der Counselling Psychology als „vereinheitlichende Merkmale und Themen" herausgearbeiteten Charakteristika die Entwicklung der Spezialdisziplin Beratung von ihren Anfängen bis heute (Brown & Lent, 1992; Gelso & Fretz, 1992, 1999).

- Beratung fokussiert die Stärken, Potenziale und Ressourcen von Personen und sozialen Umwelten und konzentriert sich auf positive Anteile psychischer Gesundheit der KlientInnen unabhängig vom Ausmaß und von der Intensität der anliegenden Problemstellungen und Störungen. Bereits Donald E. Super, einer der Klassiker der berufsbezogenen Beratungstheorie, betont 1955 den Vorrang der Gesundheitsperspektive vor der der Pathologie. Auch schwerstgestörte Personen verfügen über Restressourcen und Kräfte sowie CopingPotenziale, an denen es anzuknüpfen gilt. Beratungspsychologie ist geprägt durch eine optimistische Philosophie und Haltung, die unterstellt, dass Menschen sich ändern können. Menschen können Einfluss nehmen auf sich und ihre Umwelt, Ressourcen nutzen und ein gelingenderes Leben führen – auch wenn sie in ihren Fähigkeiten und Möglichkeiten gestört, behindert, eingeschränkt und benachteiligt sind, sei es durch Krankheit, Entwicklungsrückstand, Unterdrückung, gelernte Hilflosigkeit, Alter, Armut etc. Diese Auffassung operationalisiert sich in den edukativen und wachstumsorientierten Beratungsstrategien, in denen BeraterInnen ihre KlientInnen bei dieser Anstrengung unterstützen.
- Beratung betont die Interaktion von Person und Umwelt. Sie blickt nicht nur auf die Person (und die Persönlichkeit) und nicht nur auf die soziale Umwelt. Obwohl in ihrer Entwicklung häufig wegen ihrer zu starken Personenorientierung kritisiert, waren in der Counselling Psychology Persönlichkeits- und Veränderungstheorien, die sich nur auf intrapsychische Aspekte konzentrieren, nie besonders attraktiv und verbreitet. Im Mittelpunkt stehen interaktionistische Sichtweisen, die die wechselseitigen Einflüsse und die Transaktionen von Personen und Umwelt konzeptionell und in praktischer Beratungsarbeit berücksichtigen. Besonders deutlich werden die durchgängigen Kontextbezüge der Beratungspsychologie in den aktuellen Konzepten von psychologischer Praxisberatung/Consultation, Institutionsberatung, Gemeindeberatung und psychologischer Umweltberatung.
- Beratung befasst sich schwerpunktmäßig mit relativ „intakten", d.h. nicht schwergestörten Personen. Die Normalität des Klientels wird in den meisten Counsellingdefinitionen betont (obwohl zahlreiche Autoren und Autorinnen inzwischen auch auf zunehmend schwerere und multidimensional gestörte Klientele der psychologischen Beratungspraxis verweisen). BeratungspsychologInnen arbeiten dennoch meist mit Personen, deren Probleme zwar vielfältig sind, aber in „relativ normalen" Dimensionen bleiben und deren Persönlichkeit nicht zutiefst beeinträchtigt und gestört ist. Allgemeine Lebensprobleme, die als normative wie nicht normative kritische Lebensereignisse im Leben vieler Menschen eintreten, alltägliche psychosoziale Schwierigkeiten und Anforderungen, „normal-neurotische" und nicht-psychotische Störungen stehen im Vordergrund.
- Beratung beschränkt sich auf zeitlich überschaubare Interventionen. Beraten steht im Mittelpunkt relativ kurzfristiger Interventionen, deren durchschnittliche Dauer mit ca. 12 bis 15 Sitzungen veranschlagt wird (Vacc & Loesch, 1994). Brammer & Shostrom (1982) entwickeln ein Modell der Differenzierung von psychologischer Beratung und Psychotherapie, die sich an den Extrempolen

eines gemeinsamen Kontinuums dort unterscheiden, wo (a) der eine Pol charakterisiert wird durch kurzzeitige unterstützende und edukative Aktivitäten, Fokussierung auf situationale/kontextuelle Probleme, Problemlösungen und -bewältigungen im bewussten Bereich und bei „normalen" Individuen, (b) der andere Extrempol hingegen durch längerwährende Versuche, eine zerstörte Persönlichkeit wieder herzustellen, tiefgehende Analyse und Fokus auf Unbewusstes und unbewusste Prozesse psychisch kranker Individuen. Im breiten Mittelbereich des Kontinuums zwischen den beiden Polen finden sich Beratung und Psychotherapie als Mischung dieser Elemente. Trotz der zu eng analytisch geführten Definition Psychotherapie zeigt das gewählte Bild des Kontinuums doch die Spezifika des Beratungsverständnisses einer Beratungspsychologie.

Schließlich umreißen Gelso & Fretz (1992, 1999) als fünftes einigendes Merkmal der Counselling Psychology die Verankerung von Beratung in den Lebenskontexten und die traditionelle Betonung von Erziehung, Bildung und Arbeit/Beruf im Leben von Menschen. Schwerpunkte liegen in der Bildungs- und Karriereentwicklung häufig in akademischen Settings. Beraten werden Berufswahl, Berufsentwicklung, Karriereplanung, berufliche Probleme und ihre inner- und außerberuflichen Folgen. Für viele BeratungspsychologInnen in den USA ist dies das Zentrum ihrer Tätigkeit und es ist ein Bereich, der mit kaum einer anderen Disziplin (vor allem nicht der klinisch-psychologischen) geteilt wird. Counselling Psychology hat hier ihre Wurzeln und Traditionen und ist und war in diesen Bereichen lange Zeit zentral und erfolgreich.

Hershenson, Power & Waldo (1996), Vertreter einer relativ neuen gemeindepsychologischen Richtung des Community Counselling, sehen Beratung als einen:

> „proaktiven und ganzheitlichen Prozess, der Menschen hilft zu lernen, Lebensprobleme zu bewältigen und der gesunde Entwicklung fördert. Es ist ein zwischenmenschlicher Prozess unter Beteiligung eines professionellen Helfers/einer professionellen Helferin mit einer erforderlichen akademischen Ausbildung und mit Beratungserfahrung (der Berater/die Beraterin), der wissenschaftlich geprüfte Methoden einsetzt und mit Individuen, Familien, Gruppen, Organisationen oder Systemen einer Gemeinde arbeitet, die Beistand/Hilfe suchen (der Klient/die Klientin). Der Prozess beinhaltet, den Klienten/die Klientin in Stand zu setzen, sich für erreichbare Ziele zu entscheiden und persönliche und Umgebungsressourcen zu erkennen, zu entwickeln und zu nutzen, um diese Ziele zu erreichen. Je nach der Situation des Klienten/der Klientin können diese Prozesse:
> a) wachstumsfördernd sein (z.B. helfen, gesunde Entwicklung ungehindert zu erreichen),
> b) präventiv sein (z.B. verhindern, dass eine Schwierigkeit entsteht),
> c) auf Heilung gerichtet sein (z.B. ein unangepasstes und störendes Entwicklungsmuster auf eine gesunde Richtung lenken),
> d) rehabilitativ sein (z.B. KlientInnen helfen, existierende Bewältigungseinschränkungen und -behinderungen zu kompensieren durch die Förderung anderer Kräfte, die sie besitzen) und/oder
> e) Wohlbefinden erhöhen (z.B. durch die Verbesserung der Lebensqualität über das bisherige Maß hinaus)" (1996, S. 6, Übers. d. Verf.).

Die Autoren verdeutlichen hier die ganze Bandbreite der Interventions- und Wirkungsdimensionen einer kontextualisierten Beratung, die eine ebensolche Bandbreite psychologischen Wissens und psychologischer Handlungskompetenz voraussetzt bzw. fordert.

Belkin (1984) skizziert die umfassende und integrierende Tätigkeit von Beratungspsychologen als eine Zusammenführung und Verbindung verschiedener konzeptioneller Handlungsgrundlagen: vom Wissen um die engagierte Bearbeitung unterschiedlicher psychologischer und psychosozialer Problemstellungen über die quantitativen Hintergründe der psychologischen Diagnostik und Psychometrie, die zentralen Bestände psychodynamischer Einsichten der Tiefenpsychologie und Psychoanalyse, die wissenschaftliche Genauigkeit und Methodologie der lerntheoretischen, kognitiven und verhaltenswissenschaftlichen Forschung, die Perspektiven humanistischer Menschenbilder und Veränderungsansätze, die philosophische Basis des Existentialismus bis hin zu praktisch psychologischen Arbeitsstrategien der Berufs- oder Bildungsberatung. In ihrem Bestreben KlientInnen zu helfen, bringen Beratungspsychologen Wissen, Kompetenzen, Handlungsfertigkeiten und Techniken zum Einsatz, die sie aus ihrem Studium von menschlicher Entwicklung und menschlichem Wachstum, von Kognitions-, Emotions-, Lern-,Verhaltens-, und Motivationspsychologie etc. sowie aus Sozialpsychologie (der Einstellungsforschung, Gruppendynamik, Selbst- und Attributionstheorien, sozialer Unterstützungsforschung etc.) und aus feld- und ansatzspezifischen Beraterausbildungen ziehen. Hierbei kann ihre Beratungstätigkeit sich auf Personen, zwischenmenschliche Beziehungen, soziale und Kleingruppeninteraktionen, informelle Netzwerke bis hin zu Gemeindesystemen, aber auch auf formelle Institutionen und Organisationen und makrogesellschaftliche Bereiche, z.B. die Politik und in ihr handelnde Personen, beziehen. Hierzu beinhalten alle Beratungsbereiche – seien es psychosoziale, gesundheitliche, schulische, berufs- und laufbahnorientierte etc. – Prinzipien und Theorien zu menschlichem Denken, Fühlen und insbesondere menschlichem Verhalten sowie zwischenmenschlicher Interaktion als Basis beratungspsychologischen Handelns.

3 Felder und Institutionalisierung der Beratungspsychologie

Counselling Psychology wird in über hundert akkreditierten Ausbildungsprogrammen an amerikanischen Hochschulen (meist an Psychology Departments) gelehrt. Die Ausbildung orientiert sich an einem Wissenschaftler-Praktiker-Modell mit dem Ziel, sowohl die Theorie und Praxis der Beratungspsychologie zu vermitteln, als auch eine dezidierte Evaluations- und Forschungskompetenz der AbsolventInnen zu begründen, die ihre berufliche Identität als akademische Beratungspsychologen prägt.

Die American Counseling Association, größter Beratungsverband mit 15 Unterdivisionen, umfasst heute über 60.000 Mitglieder. Beratungspsychologen arbeiten in den Beratungsspezialisierungen: Laufbahn- und Karriereberatung, College- und Universitätsberatung, Gemeindeberatung, Beratungsausbildung, Gerontologische Beratung, Ehe- und Familienberatung, Psychosoziale Beratung, Rehabilitationsbe-

Vorwort und Einleitung
Beratungs-disziplinen
Geschlecht und Beratung
Alter und Beratung
Kultur und Beratung
Beratung und soziale Systeme
Perspektiven der Beratung

ratung und Schulberatung. Auch die Counselling Division 17 der American Psychology Association ist eine der größten Sektionen dieses Psychologenverbandes.

BeratungspsychologInnen haben sich in den unterschiedlichsten Feldern und Bereichen als führende Berufsgruppe etabliert:

- *Ehe- und Familienberatung* (Beratung von Paaren, zu Elternschaft, neuen Lebens- und Familienformen, Scheidung, von Stieffamilien, Alleinerziehenden etc.)
- *Psychosoziale Beratung* umfasst heute Beratung verschiedenster Alters- und Zielgruppen (Drogen- und Alkoholabhängige, Opfer von Gewalt und Missbrauch, Straßenkinder und Obdachlose, Trauernde und Verwitwete etc.) in verschiedensten Anforderungs- und Problemkonstellationen (Lebensbewältigung und Wachstum, Erziehung und Bildung, Sexualität und sexuelle Orientierung, soziale Beziehung etc.) über die Arbeit in unterschiedlichsten institutionellen Strukturen (Beratungsstellen, Kliniken, Hilfezentren, Krisendienste, Tageseinrichtungen, Rehabilitationszentren etc.)
- *Gesundheitsberatung* – wobei Beratungspsychologen Funktionen in der Präventions- und Gesundheitsförderung, der Beratung von gesunder Lebensführung und Gesundheitsverhalten, in unterschiedlichsten Formen der Kompetenz- oder Schmerzbewältigungstrainings für Betroffene, Unterstützungstrainings für Angehörige, in Gesundheitsförderungsprogrammen in Organisationen und Institutionen, in der Implementation von Salutogenesekonzepten und -strategien etc. übernehmen
- *Studien- und Studentenberatung*, in der Laufbahn- und Karriereplanung, bei der Fächerwahl, Stellenwahl und Stellenbesetzung, in psychosozialen Situationen und Problemen von Studierenden, spezifischen Problemlagen bestimmter Studierendengruppen wie Behinderte, ausländische Studierende etc. Deutlich wird hier, dass alle anderen Beratungsbereiche (Drogenberatung, Eheberatung, Gesundheitsberatung etc.) auch in einer Studien- und Studentenberatung für die Beratungspsychologie relevant werden.
- *Schulberatung* in Grund-, Haupt-, Mittel- und weiterführenden Schulen für alle im schulischen Bereich Tätigen und in der Schulorganisation
- *Beratung in Wirtschaft und Industrie*, neben Fragen zum Arbeitsplatz, zur Weiterbildung und Weiterqualifikation sowie Karriereentwicklung – auch in den Bereichen Stressbewältigung und Zeitmanagement, zwischenmenschlichen Beziehungen der Beschäftigten, Gesundheit und Wohlbefinden in Beruf und Freizeit, Verhältnis Familie und Arbeit etc.
- *Institutions- und Organisationsberatung* sowie *Praxisberatung und Supervision* sind mittlerweile in all den genannten Feldern etablierte Tätigkeitsbereiche von BeratungspsychologInnen.

Die Tätigkeitsfelder gehen allerdings schon heute über diese klassischen und etablierten Bereiche hinaus, wie regelmäßige Arbeitsfeldstudien der APA-Mitglieder zeigen. Schnell expandierende Bereiche der Counselling Psychology der letzten Jahre sind u.a.:

- Beratung für Männer/Beratung für Frauen
- Beratung für alte Menschen
- Lebensstil- und „Wellness"-Beratung

- Interkulturelle Beratung/Beratung ethnischer Minderheiten
- Beratung bei Gewalt und Missbrauch/Täter- und Opferberatung
- Ökologische und sozialökologische Beratung (Umweltberatung/Beratung nach Umweltkatastrophen und Kriegen)
- Beratung und neue Medien (Mediennutzung, E-Counselling) (Nestmann, 1997; Nestmann & Engel, 2002).
- Beratungspsychologische Dienstleistungen werden in Beratungseinrichtungen mit meist multiprofessioneller Besetzung in öffentlicher, staatlicher oder freier Trägerschaft angeboten.
- Psychologische Beratung wird als explizit ausgewiesenes Angebot in Kombination mit anderen Leistungen (z.B. Bildungsangeboten) bereitgestellt.
- Beratungspsychologie ist auch impliziter Bestandteil anderer Handlungsfelder (gesundheitliche Versorgung, Erziehung und Bildung, Pflege etc.).
- Beratungspsychologen lassen sich in den angloamerikanischen Ländern vermehrt in privater Praxis nieder.

Insbesondere die managed-care-Entwicklung in den USA hat auch die berufliche Institutionalisierung der Beratungspsychologie in den letzten Jahren entscheidend geprägt und die Psychotherapielandschaft in den USA erheblich verändert. Eine zunehmende Ökonomisierung und Marktorientierung der gesamten Gesundheits- und psychosozialen Versorgung führte im Zuge der managed-care-Bewegung zu einer radikalen Trendwende weg von der etablierten Psychotherapie in freier Niederlassung hin zu Konzepten einer häufig mit der Counselling Psychology verknüpften integrativen Kurzintervention. Cummings (1995) bezeichnet diese Entwicklung als „die größte Resozialisierungsmaßnahme" für die klinische Psychologie der Nachkriegszeit. Eine in ihrer Bedeutung wachsende Gesundheitsindustrie organisiert die psychosoziale und gesundheitliche Versorgung grundlegend um und verlangt eine einschneidende Umorientierung professioneller psychologischer Hilfeleistungen. Beratungspsychologie institutionalisiert sich hier im Rahmen multiprofessioneller Gruppenpraxen und bedient sich vornehmlich eines wachsenden Arsenals zeitlich begrenzter effektiver Interventionsstrategien und Unterstützungsmethoden. Diese Neuinstitutionalisierung ist mit einer Neudefinition der Helferrollen – vom „psychotherapeutischen Einzelhelfer" zum „gemeindeoffenen Beraterteam" – verknüpft. Ein Paradigmenwechsel von einem herkömmlichen „dyadischen" zu einem neuen „katalytischen" Versorgungsmodell psychologischer Beratung vollzieht sich auf unterschiedlichen Ebenen (s.a. Cummings, 1995). Psychologische Einzeltherapie und Gruppentherapie in freier Einzelpraxis verschieben sich hin zu Präventionsaktivitäten in der Gemeinde, auf die Mobilisierung und Förderung lokaler Hilferessourcen (Nachbarschaften, Selbsthilfegruppen etc.), auf Beratungsangebote für Gruppen und für andere Helfer (Konsultation, Supervision) durch ein interdisziplinäres Beraterteam, in dem Beratungspsychologen eine tragende Rolle innehaben.

Intensive Einzelberatung weniger einzelner Klienten in langen Beratungsprozessen verschiebt sich hin auf die Arbeit mit vielen Klienten in kurzen Interventionsepisoden im Rahmen von lösungsorientierten Strategien, von Trainings sozialer Kompetenz, von Stressbewältigungstrainings, von Gruppenarbeit für Paare, Eltern

Vorwort und Einleitung
Beratungs-disziplinen
Geschlecht und Beratung
Alter und Beratung
Kultur und Beratung
Beratung und soziale Systeme
Perspektiven der Beratung

etc. in psychoedukativen Programmen, zu Kursen für gesunde Lebensführung etc. Eine dauerhafte und oft langwierige Behandlung in häufigen Sitzungen verändert sich in Richtung auf kurze zeitweise wiederholte Beratungsleistungen im Laufe des individuellen Lebens.

Das Helferbild des Psychotherapieexperten und psychologischen Behandlers von psychischer Störung und Krankheit verändert sich in die Funktion eines Katalysators von psychologischer Veränderung über die Förderung persönlicher Wachstumspotenziale, die Entwicklung von individuellen Ressourcen und die Aktivierung sozialer Unterstützungskräfte.

Die Vorstellung einer Veränderung und Besserung im dauerhaften psychotherapeutischen Prozess weicht einer Vorstellung von psychologischer Beratung als einer Reihe relativ kurzer Episoden und Situationen, die ihre hilfreichen Wirkungen zwischen den professionellen Hilfesettings und nach der professionellen Hilfeinteraktion entfalten. Psychotherapeutische Behandlung bis zur erfolgten Heilung und zur Entlassung eines geheilten Klienten wird abgelöst durch eine psychologische Beratung, die Anstoß für Entwicklungen außerhalb der professionellen Beratung gibt. Beratung wird häufiger beendet und unterbrochen und kann bei Bedarf auch nach längerer Zeit wieder aufgenommen werden.

Eine Finanzierung, die die nachträgliche Abrechnung von psychotherapeutischen Dienstleistungen umstellt auf eine Pro-Kopf-, Fallzahl- oder global orientierte Vorfinanzierung von Diensten, die mit kontinuierlichen Evaluationsaufgaben und Effizienzkontrollen verknüpft werden, fordert von den Leistungserbringern eine Kosten sparende Kooperation aller Versorgungsinstanzen und Professionen, eine geplante Verbindung von Präventions-, Beratungs- und Therapiemitteln und impliziert eine „Risikoteilung" von Anbietern, privaten Versicherungen, lokaler Gemeinden, öffentlichem Gesundheitswesen und den NutzerInnen. Diese managed-care-Entwicklungen haben in den USA große Kontroversen über ihre Vor- und Nachteile, Chancen und Risiken für die Bevölkerung und NutzerInnen, insbesondere aber auch für das Selbstverständnis, die Berufsinteressen und die beruflichen Zukünfte der Helfergruppen – so auch der Beratungspsychologen – ausgelöst (s.a. Nestmann, 2002).

Trotz einer schon heute weitgehenden Verbreitung und Diversifikation beratungspsychologischer Hilfe in allen Lebensbereichen bringt ein rasanter gesellschaftlicher Wandel, bringen beschleunigte chancenreiche aber auch krisenhafte Modernisierungsentwicklungen immer neue Beratungsnotwendigkeiten für spezifische Personen und Gruppen einer Bevölkerung hervor. So sind es neben Nutzergruppen, die Beratung zur Optimierung neuer Möglichkeiten und/oder zur Bewältigung neuer Belastungen und Probleme in Anspruch nehmen, in der Versorgung bisher oft nur randständig gebliebene Gruppen, die in neue beratungspsychologische Angebote einbezogen werden müssen (Nestmann & Engel, 2002).

Kontext und Inklusion sind die zentralen Begrifflichkeiten, die die Zukunft der Beratungspsychologie bestimmen werden. Nach Whiteley (1999) fordert die Zukunft von Beratung und Beratungspsychologie ein neues Paradigma, welches als „kontextuelles" Paradigma zu bezeichnen ist. In einer veränderten Welt, geprägt durch die Entwicklung und Verbreitung neuer Technologien, neuer Formen der Massenkommunikation und bestimmt von Prozessen der Globalisierung, verändert sich das Leben der Menschen. Damit verändern sich auch die Anforderungen an Lebensführung und Lebensbewältigung und die Aufgaben von Beratungspsychologie, die diese zu unterstützen sucht. Dies trifft traditionelle Bereiche des Gesundheitswesens und der psychosozialen Versorgung, die Bereiche Bildung, Arbeit, berufliche Laufbahn, Freizeit und Beschäftigung, Gesundheit und Umwelt etc. Ein paradigmatischer Wandel in der Beratungspsychologie ist unausweichlich, wo eine Erweiterung der bisher stark eingeschränkten psychologischen und sozial interaktionalen Interpretations- und Handlungsrahmen nötig wird. Im Zentrum der klassischen beratungspsychologischen Paradigmen standen menschliches Verhalten und menschliche Interaktion in Bezug auf ihre Erfassung und Veränderung. Ein kontextuelles Paradigma der Beratungspsychologie erweitert den psychologischen und psychosozialen Blick auf die gesamten Lebensumstände von Personen und Gruppen in einer sich dramatisch verändernden Welt. Es berücksichtigt ökonomische, ökologische, kulturelle und andere Lebensdimensionen derer, die psychologische Beratung nutzen können und die psychologische Beratung suchen. Es wirft den Blick auf Menschen mit Beratungsbedürfnissen in normativen Lebensherausforderungen und Lebenskrisen, die die Angebote der Beratungspsychologie suchen, um ihr Leben besser leben zu können, ihr Leben verändern zu können, ihr Leben gestalten und ihm eine bestimmte Richtung geben zu können. Diese Funktionsanforderungen an Beratungspsychologie unterscheiden sich von früheren Aufgaben. Sie erfordern zwingend multidisziplinäre und interdisziplinäre Fundierungen ebenso wie globale Perspektiven und nachdrückliche Bezüge auf technologische Innovationen.

Literatur

Belkin, G.S. (1984). *Introduction to counseling.* DuBuque, IA: Brown.

Brammer, L.M. & Shostrom, E.L. (1982). *Therapeutic Psychology: Fundamentals of Counseling and Psychotherapy.* Englewood Cliffs, NJ: Prentice Hall.

Brown, S.D. & Lent, R.W. (Eds.). (1992). *Handbook of Counseling Psychology* (2nd edition). New York: Wiley.

Cummings, N.A. (1995). Impact of managed care on employment and training: A primer for survival. In *Professional Psychology: Research and Practice, 26* (1), 10–15.

Dietrich, G. (1983). *Allgemeine Beratungspsychologie. Eine Einführung in die psychologische Theorie und Praxis der Beratung.* Göttingen: Hogrefe.

Dietrich, G. (1987). *Spezielle Beratungspsychologie.* Göttingen: Hogrefe.

Gelso, C.J. & Fretz, B.R. (1992). *Counseling Psychology.* Fort Worth: Harcourt Brace Jovanovich.

Gelso, C.J. & Fretz, B.R. (1999). *Counseling Psychology* (2nd edition). Fort Worth: Harcourt Brace Jovanovich.

Großmaß, R. (2000). *Psychische Krisen und sozialer Raum. Eine Sozialphänomenologie psychosozialer Beratung.* Tübingen: dgvt-Verlag.

Hershenson, D.B., Power, P.W. & Waldo, M. (1996). *Community counseling. Contemporary theory and practice.* Boston: Allyn & Bacon.

Nelson-Jones, R. (1982). *The theory and practice of counselling psychology.* London: Holt, Rinehart & Winsten.

Nestmann, F. (1997). Big sister is inviting you – Counseling and counseling psychology. In F. Nestmann (Hrsg.), *Beratung. Bausteine für eine interdisziplinäre Wissenschaft und Praxis* (S. 163–179). Tübingen: dgvt-Verlag.

Nestmann, F. (2002). Zurück zu neuen Ufern. Was und wohin treibt die Klinische Psychologie und können wir sie treiben lassen? In *Verhaltenstherapie und psychosoziale Praxis, 32* (2), 231–236.

Nestmann, F. & Engel, F. (2002). Beratung. Markierungspunkte für eine Weiterentwicklung. In F. Nestmann & F. Engel (Hrsg.), *Die Zukunft der Beratung* (S. 11–51). Tübingen: dgvt-Verlag.

Super, D.E. (1955). Transition: From vocational guidance to counseling psychology. In *Journal of Counseling Psychology, 2*, 3–9.

Vacc, N.A. & Loesch, L.C. (1994). *A professional orientation to counseling* (2nd edition). Muncie, Indiana: Asselerated Development Inc.

Whiteley, J.M. (1999). The paradigms of counseling psychology. In T*he Counseling Psychologist, 27* (1), 14–31.

Woolfe, R. & Dryden, W. (Eds.). (1996). *Handbook of Counselling Psychology*. London: Sage.

Internethinweise

American Counseling Association: www.counseling.org/site/PageServer
The Counseling Psychologist: www.apa.org/journals/cou.html

Prof. Dr. Frank Nestmann ist Diplompsychologe und befasst sich seit 1976 theoretisch und empirisch mit unterschiedlichen Beratungsthemen. Seit 1993 ist er Inhaber des Lehrstuhls für Beratung und Rehabilitation am Institut für Sozialpädagogik, Sozialarbeit und Wohlfahrtswissenschaften der TU Dresden. Interessen und Publikationsschwerpunkte liegen in den Bereichen Beratung, soziale Netzwerke und soziale Unterstützung, informelle Hilfe, Gemeindepsychologie, Sozialpädagogik und Psychiatrie. Er koordiniert das Forum Beratung der DGVT und ist gemeinsam mit Hans Thiersch Herausgeber der Beratungsreihe im DGVT-Verlag.

Anschrift:
Institut für Sozialpädagogik, Sozialarbeit und Wohlfahrtswissenschaften
Fakultät Erziehungswissenschaften
Technische Universität Dresden
D-01062 Dresden
E-Mail: Frank.Nestmann@mailbox.tu-dresden.de

Pädagogische Psychologie und Beratung

Christine Schwarzer & Norbert Posse

1. **Was ist die „Disziplin Pädagogische Psychologie"?**
2. **Was ist „Beratung" aus der Sicht der Pädagogischen Psychologie?**
3. **Was kann die Pädagogische Psychologie zur Effektivierung von Beratung beitragen?**
4. **Wie stellt sich die Praxis der Beratung aus Sicht der Pädagogischen Psychologie dar?**
5. **Worin bestehen die zukünftigen Aufgaben einer Beratung aus Sicht der Pädagogischen Psychologie?**

Der folgende Beitrag beschäftigt sich mit der Sicht der Pädagogischen Psychologie als Wissenschaft bzw. als „Disziplin" im Sinne Luhmanns (Stichweh, 1994) auf die Profession „Beratung": Laut Stichweh (1994) sind Disziplinen einerseits das in lehrbare Form gebrachte Wissen, andererseits sind sie Sozialsysteme, d.h. die Kommunikationsgemeinschaft von Spezialisten, die auf die gemeinsame disziplin-konstituierende Problemstellung verpflichtet sind – Professionen sind demgegenüber keine „Wissenssysteme", sondern Handlungssysteme; ihr „Verhältnis zum Wissen definiert sich als eine Anwendung von Wissen unter Handlungszwang" (S. 368). Demnach ist die Pädagogische Psychologie keine „Beratungsdisziplin", sondern ein System von Aussagen über das Erleben und Verhalten des Menschen (Psychologie) in pädagogisch-orientierten Kontexten. Unter der Disziplin der „Pädagogischen Psychologie" verstehen wir die Wissenschaft, die sich auf der Grundlage psychologischer Theoriebildung mit „pädagogischen" Themen beschäftigt. Ein dazu gehöriges Handlungssystem, die „Profession", ist unserem Verständnis nach dann beispielsweise die „Pädagogische Beratung" (oder andere „professionelle" Handlungsformen im pädagogischen Kontext wie Erziehung im Kindergarten oder Heim, Jugendarbeit, Gesundheitsförderung, Unterricht, Training sozialer Fertigkeiten, Mediation, Supervision usw. sowie die dazu notwendigen Formen der Pädagogischen Diagnostik und der Evaluation).

1 Was ist die „Disziplin Pädagogische Psychologie"?

Gegenstand der Pädagogischen Psychologie sind Theorien, Methoden und Erkenntnisse mit dem Ziel, das Verhalten und Erleben von Personen in pädagogischen Situationen zu beschreiben und zu erklären. Dabei beschäftigt sich diese Disziplin in erster Linie mit dem Gelingen und Misslingen der folgenden Prozesse:

- dem Erziehungs- und Sozialisationsprozess,
- dem Lern- und Bildungsprozess und
- dem Organisations- und Strukturierungsprozess pädagogisch-psychologisch relevanter Institutionen (Systeme und Organisationen).

Bezogen auf die Kontexte Familie, Schule und Beruf werden zum einen Fragen der *Erziehung* und *Instruktion* behandelt. Zum anderen zielt die Pädagogische Psychologie auch darauf ab, Erziehungs- und Instruktionsvorgänge zu optimieren. Dabei richten sich Erziehung und Unterricht an Kinder, Jugendliche und erwachsene Lerner, sodass sich die Pädagogische Psychologie mit der Veränderung psychischer Eigenschaften und Fähigkeiten des Menschen im Lebenslauf befasst. Hierbei werden vor allem auf empirischer Basis die lerntheoretischen und entwicklungspsychologischen, in jüngerer Zeit auch die systemischen Voraussetzungen dieser Prozesse thematisiert sowie die Methoden und Verfahren, mit denen sich diese Prozesse diagnostizieren, steuern und evaluieren lassen. Der Bereich des (schulischen) Lernens nimmt dabei den größten Raum ein. So beschäftigte sich die Pädagogische Psychologie lange Zeit überwiegend mit dem Themenfeld Schule (vgl. Gage & Berliner, 1995; vgl. auch Liermann i.Bd.2). Erst in den letzten Jahren sind auch andere pädagogische Prozesse (Erziehung, Evaluation; Weiterbildung; Erziehung und Familienentwicklung) deutlicher in den Blick genommen worden.

Ein Blick in die aktuellen Fachveröffentlichungen der Pädagogischen Psychologie zeigt neben der deutlichen Schullastigkeit (Lernen und Unterricht) heute ein eher weit gefasstes Verständnis der Pädagogischen Psychologie. Themen und Arbeitsfelder sind u. a.:

- Die Rezeption und Anwendung der behavioristisch orientierten Lernforschung,
- die biologischen Determinanten der Begabung und Chancengleichheit,
- das Erziehungsverhalten und die Erziehungsstile von Eltern,
- Untersuchungen zur Erklärung und Vorhersage des Schul- und Berufserfolgs
- kritische Analysen im Bereich des Beurteilungswesens in Schule und Beruf und
- Untersuchungen zur Lehrerpersönlichkeit und zur Wirksamkeit von Schule und Unterricht (vgl. Krapp, Prenzel & Weidenmann, 2001, S. 11ff).

In der Pädagogischen Psychologie geht man (wie in der Pädagogik) meist von Interaktionssituationen aus, die durch ein relativ hierarchisches Gefälle gekennzeichnet sind (etwa Eltern – Kinder oder Lehrer – Schüler). Wir wollen an dieser Stelle nicht näher darauf eingehen, dass aus heutiger Sicht die in der Pädagogischen Psychologie beschriebenen Prozesse in der Regel als „Interaktionsprozesse" betrachtet werden, in denen beide Seiten sich wechselseitig beeinflussen und sich im besten Falle auch beide entwickeln (positiv verändern, reifen, wachsen …). Das angesprochene hierarchische Gefälle ist somit eher formell. Die „wahren" Machtverhältnisse stellen sich aber gerade in pädagogischen Problemsituationen oft gegensätzlich dar (z.B. definieren „tyrannische“ Kinder das Einkaufsverhalten ihrer Eltern usw.). Solche Konstellationen sind dann typische Anlässe für eine Pädagogische Beratung. Hierbei nimmt sie zwei Perspektiven in den Blick: die Sicht derjenigen, die von diesen Prozessen betroffen sind (Adressaten einer pädagogischen Handlung: also die zu Erziehenden, die Lernenden usw.) und die Sicht derjenigen, die diese Prozesse gestalten (pädagogisch Handelnde: also Erzieher/Eltern, Lehrer/Fortbildner usw.).

Betrachtet man diese beiden Perspektiven in Bezug auf die oben angesprochenen Prozesse, so ergibt sich beispielhaft eine Reihe möglicher Themen der Beratung, zu denen die Pädagogische Psychologie prinzipiell mit Hintergrundwissen beitragen kann (siehe Tabelle 1).

Tabelle 1: *Themen der Beratung im Kontext der Pädagogischen Psychologie*

		Pädagogisch Handelnde	**Adressaten der Handlung**
Erziehung und Sozialisation	Personen	Eltern, Lehrer, Sozialarbeiter, Altenpfleger, Ärzte ...	Kinder, Jugendliche, Arbeitnehmer, alte Menschen, Rekonvaleszenten ...
	Themen der Beratung	Erziehungsfragen, Gesundheitsförderung, Suchtprävention, Pflegschaft und Adoption ...	Trotz, Aufsässigkeit, Missbrauch, Mobbing (Bulling), Werteerziehung, Umgang mit Belastung und Frustration, Scheidungsfolgen, Umgang mit Handikaps ...
Lernen und Bildung	Personen	Lehrer, Erwachsenenbildner, Dozenten ...	Schüler, Auszubildende, TN in Kursen und Seminaren ...
	Themen der Beratung	Gestaltung von Lehr-/Lernprozessen, Supervision, Diagnostische Fragen ...	Lernblockaden, Prüfungsangst, Bildungsgangsentscheidungen, Berufsinteressen ...
Organisation und Bildung	Personen und Systeme	Heimleitungen, Schulleitungen, Bildungsbürokratie, Jugendamt, (Weiter-)Bildungseinrichtungen ...	Mitarbeiter, Personal, „Kunden“ ...
	Themen der Beratung	Konzeptentwicklung, Evaluation, OE ...	Mobbing, Personalentwicklung ...

2 Was ist „Beratung" aus der Sicht der Pädagogischen Psychologie?

Da das Gelingen der oben beschriebenen Prozesse mit zunehmender Komplexität der gesellschaftlichen Bedingungen schwieriger wird und sowohl die das Gelingen beeinflussenden Parameter als auch die Vielfalt der Handlungsmöglichkeiten an Zahl zunehmen, ist ein Unterstützungsangebot durch Beratung für alle am pädagogischen Geschehen Beteiligten sinnvoll. In pädagogisch-psychologischen Kontexten verdeutlichen Begriffe wie Familienberatung, Erziehungsberatung, Gesundheitsberatung, Schulberatung, Schullaufbahnberatung, Studienberatung, Berufsberatung, Trennungs- und Scheidungsberatung usw., dass auch hier die Problematik von Informationsdefiziten, Handlungs- und Entscheidungsunsicherheiten zunimmt.

Unter Beratung verstehen wir allgemein:
Eine freiwillige, kurzfristige, soziale Interaktion zwischen mindestens zwei Personen, dem oder der Rat Suchenden (Klient bzw. Klientin) und dem Berater/der Beraterin. Das Ziel der Beratung besteht darin, in einem gemeinsam verantworteten Beratungsprozess die Entscheidungs- und damit Handlungssicherheit zur Bewältigung eines vom Klienten oder Klientensystem vorgegebenen aktuellen Problems zu erhöhen. Dies geschieht in der Regel durch die Vermittlung von neuen Informationen und/oder durch die Analyse, Neustrukturierung und Neubewertung vorhandener Informationen (vgl. Schwarzer & Posse, 1986).
Damit lassen sich die „Eckpunkte" jeglicher Form von Beratung mit vier zentralen Thesen charakterisieren:

- *Beratung ist eine in unserer Gesellschaft notwendige Dienstleistung.*
- *Beratung ist ein sozialer Interaktionsprozess, der die Entscheidungsfähigkeit der Rat Suchenden würdigt und ihre Handlungssicherheit zum Ziel hat.*
- *Beratung setzt aufseiten der Beratenden Kompetenzen, aufseiten der Rat Suchenden Problembewusstsein, aufseiten des Problems Lösbarkeit und aufseiten der Situation Freiheit von Zwängen voraus.*
- *Beratung geschieht in einem partnerschaftlichen Prozess über die Vermittlung neuer oder über die (Neu-)Strukturierung, Analyse und Bewertung bestehender Informationen.*

Beratung aus der Sicht der Pädagogischen Psychologie will also – wie jede andere Beratung auch – die *Entscheidungsfähigkeit* des/der Rat Suchenden erhöhen oder herstellen, wobei sich die Beratungsprobleme auf pädagogische Handlungsfelder beziehen. In den Beratungsprozessen spielt von daher die Beratungsfähigkeit der Rat Suchenden eine besondere Rolle. Diese *Beratungsfähigkeit* selbst ist somit in manchen Situationen Gegenstand der Beratung (Ziel: Beratungsfähigkeit herzustellen, d.h. Problembewusstsein zu fördern, Reflexionsfähigkeit anzustoßen usw.). Und selbst, wenn am Ende eines Beratungsprozesses eine sichere Entscheidung getroffen werden kann, ist es möglich, dass Rat Suchende sich nicht in der Lage sehen, diese Entscheidung zu realisieren, da ihnen die *Handlungssicherheit* fehlt. So kann auch in der Beratung im Kontext pädagogisch-psychologischer Fragestellungen das Herstellen oder Anbahnen von Handlungssicherheit vorkommen.

Abbildung 1: *Beratungstrias*

Entscheidungsfähigkeit → **Beratungsfähigkeit** → **Handlungssicherheit**

Seit der Veröffentlichung vom „Strukturplan für das Deutsche Bildungswesen“ durch den Deutschen Bildungsrat im Jahre 1970 gehört das Beraten zu den definierten Aufgaben im Lehrerberuf. Diese Aufgabe, die immer mehr an Relevanz gewinnt, wurde in Zeiten von „Lehrerüberhang“ und „Pillenknick“ ihrer Bedeutung gemäß in zunehmendem Maße durch schulinterne Fachleute, Beratungslehrerinnen und Beratungslehrer ausgeübt. Diese Kolleginnen und Kollegen hatten und haben in der Regel eine besondere Ausbildung erfahren. Mit dieser Ausbildung und in ihren Rollen innerhalb der Schule ersetzen Beratungslehrerinnen und -lehrer nicht die allgemeine Beratungsverpflichtung der Lehrkräfte gegenüber ihren Schülerinnen und Schülern bzw. den Eltern, sondern sie *ergänzen* sie dadurch, dass sie für spezifische Probleme mehr Zeit haben und professionellere Methoden anwenden (ausführlich s. Schwarzer, 2001). Unter dem Druck knapper werdender Ressourcen erinnern sich in zunehmenden Maße Kultusbürokratien der Länder an die „normale“ Beratungsaufgabe von Lehrerinnen und Lehrern und versuchen, die besonders qualifizierten Beratungslehrerinnen oder -lehrer nur noch beschränkt zuzulassen. Denn sowohl die Ausbildung zur Beratung als auch die Durchführung von Beratung kosten Zeit und damit Geld, welches offensichtlich hierfür nicht vorhanden ist.

Die alltäglichen Aufgaben der Beratung aller Lehrerinnen und Lehrern sind in verschiedenen Verordnungen festgeschrieben. So weist beispielsweise der Erlass „Beratungstätigkeit von Lehrerinnen und Lehrern in der Schule“ des Ministeriums für Schule und Weiterbildung in Nordrhein-Westfalen aus:
Beratungstätigkeit in der Schule ist grundsätzlich ebenso wie Unterrichten, Erziehen und Beurteilen Aufgabe aller Lehrerinnen und Lehrer (§ 4 Abs. 1 und § 8 Abs. 1 ADO - BASS 21 - 02 Nr. 4). Sie bezieht sich vor allem auf

- die Beratung von Schülerinnen und Schülern sowie von Erziehungsberechtigten über Bildungsangebote, Schullaufbahnen und berufliche Bildungswege einschließlich der Berufswahlvorbereitung,
- die Beratung von Schülerinnen und Schülern sowie Erziehungsberechtigten bei Lernschwierigkeiten und Verhaltensauffälligkeiten (RdErl. d. Ministeriums für Schule und Weiterbildung, NRW, vom 08.12.1997; III B 2.36–20–26/0–140/97).

Beratung bleibt aber auch unter den sich verändernden Rahmenbedingungen wichtige pädagogische Aufgabe und sie wird unserer Einschätzung nach noch an Bedeutung gewinnen, um die Orientierungsmöglichkeiten zu verbessern und die mit Desorientierung verbundenen, oft „kostspieligen“ Fehlentscheidungen (z.B. durch falsche Laufbahnentscheidungen) zu minimieren. Auf diese Aufgabe, die „Beratung als ein zentrales Element der Schule“ hat, weist das Fachgutachten „Beratung in der Schule und im Schulsystem“ der Fachgruppe Schulberatung für das Kultusministerium in Nordrhein-Westfalen hin. Hier wird darauf aufmerksam gemacht, dass im schulischen Kontext Beratung „dem wirkungsvollen und befrie-

Vorwort und Einleitung
Beratungs-disziplinen
Geschlecht und Beratung
Alter und Beratung
Kultur und Beratung
Beratung und soziale Systeme
Perspektiven der Beratung

digenden Lernen, Lehren, Arbeiten und Zusammenleben in der Schule durch die Beteiligung aller mit ihr verbundenen Menschen" dient (Fachgruppe Schulberatung, 1995, S. 9).

Beratung ist aber nicht nur „Aufgabe" erzieherischer Berufe – sie ist mehr als das. Sie ist auch so etwas wie eine *pädagogische Grundhaltung*. Nehmen wir die hier zugrunde gelegte Beratungsdefinition beim Wort, so ergeben sich hieraus nicht nur Handlungsanweisungen für Beraterinnen und Berater, sondern auch Hinweise für ihre Einstellung gegenüber den Rat Suchenden. Rat Suchende kommen in einer für sie kritischen Situation zum Berater: Sie haben ein aktuelles Problem, stehen oft unter unmittelbarem Entscheidungs- und Handlungsdruck und sind nicht in der Lage, die oft schwer wiegenden Folgen ihrer Entscheidung abzuschätzen. Sie benötigen Hilfe. In dieser Phase sind sie verletzlich, angreifbar, unsicher. Hier können Beraterinnen und Berater ihren Einfluss im positiven Sinne nutzen und in einem partnerschaftlichen Prozess Hilfestellung geben, die zur Rat suchenden Person passt; sie können aber auch ihre Macht missbrauchen und Lösungen entwickeln, die ausschließlich dem (beratenden) System dienen. Diese Situation des Sich-temporär-Auslieferns erfordert Vertrauen in die beratende Person und von ihrer Seite her auch eine positive ethische Grundeinstellung. Hier sehen wir eine deutliche Analogie zur Erziehung als positivem sozialem Interaktionsprozess.

Beratung unterscheidet sich aber auch von anderen pädagogischen Aufgaben wie Erziehung, Führung, Lenkung, Unterricht usw. Bei der Beratung sind die Rat Suchenden die „Auftraggeber" für den Beratungsprozess. Erziehung und Unterricht haben dagegen ihren Auftrag und ihre Legitimation in der Regel nicht von den zu Erziehenden oder den Lernenden (im Bereich der Erwachsenenbildung rücken daher Unterrichten und Beraten unter diesem Gesichtspunkt näher aneinander), sondern durch die Gesellschaft oder zumindest durch Gruppen der Gesellschaft. Ebenso wie Erziehung und Unterricht setzen Führung und Lenkung eine asymmetrische Beziehung voraus, ein Ungleichgewicht an Macht und Wissen, während in der Beratung ein solches Ungleichgewicht nur in Bezug auf das Wissen besteht. Allerdings enthält eine am Rat Suchenden orientierte Beratung auch erzieherische Aspekte: Soll sie „Hilfe zur Selbsthilfe" sein, d.h. Rat Suchenden nicht nur helfen, ein aktuelles Entscheidungsproblem zu bewältigen, sondern aus dem Prozess der Beratung auch zu lernen, wie sie selbst in Zukunft mit solchen Problemen effektiv und ökonomisch umgehen können, dann ist (jede) Beratung gleichzeitig die implizite Anbahnung eines Lernprozesses – und damit letztendlich strukturanalog zu Erziehung und Unterricht.

Für das Gelingen Pädagogischer Beratung sind verschiedene Kompetenzen der beratenden Person unerlässlich. Solche Kompetenzen unterscheiden wir in Feld- oder Fachkompetenzen sowie Prozess- und soziale Kompetenzen. Erstere stellen aus Sicht der Pädagogischen Psychologie Kenntnisse über theoretische Hintergründe von Erziehung, Lernen und Entwicklung sowie Kenntnisse über entsprechende Angebote zur Optimierung von Erziehung und Lernen dar. Letztere beschreiben die Fähigkeiten und Fertigkeiten, Beratungsprozesse ökonomisch, sozial angemessen und effektiv auf das gemeinsam vereinbarte Ziel hin zu organisieren.

3 Was kann die Pädagogische Psychologie zur Effektivierung von Beratung beitragen?

Die Pädagogische Psychologie liefert „Gründewissen" für das Gelingen bzw. Scheitern von Lern- und Erziehungsprozessen und damit Handlungssicherheit bei der Planung pädagogischer Interventionen in der Folge von Beratung. Beispiele aus den unterschiedlichen Feldern der Pädagogischen Psychologie sollen dies verdeutlichen.

Bindungsfähigkeit

In pädagogischen Handlungsfeldern – insbesondere bei Erziehungsproblemen, aber auch bei Fragen von Pflege und Adoption – greifen Beraterinnen und Berater oft auf die Befunde der Bindungsforschung zurück, um Verhalten verstehen oder vorhersagen zu können. Unter Bindung wird im psychologischen Sinne ein spezielles affektives Band zwischen Eltern und Kind verstanden, das für die kindliche Entwicklung von besonderer Bedeutung ist. Der psychologische Bindungsbegriff enthält vor allem den Vertrauensaspekt der Eltern-Kind-Beziehung, wird aber auch als von lebenslanger und unter Umständen auch generationsübergreifender Dauer gesehen.

Nach der Bindungstheorie ist jedes Kind mit einem entwicklungsgeschichtlich entstandenen Verhaltenssystem ausgestattet, das darauf gerichtet ist, Nähe zu einer (Haupt-)Bezugsperson zu erreichen und zu sichern. Dabei wird das nähesuchende Verhalten (= Bindungsverhalten) des Kindes (wie z.B. Anklammern, Ankuscheln, Hinkrabbeln, Rufen) von der Bindungsperson normalerweise mit Fürsorgeverhalten beantwortet. Aus diesem Wechselspiel entstehen Bindungen, deren Qualität besonders von der Feinfühligkeit der Bindungsperson und ihrer Fähigkeit und Bereitschaft zur unmittelbaren und zuverlässigen Erfüllung der kindlichen Bedürfnisse abhängig ist.

Nach dem heutigen Stand der Forschung werden vier unterschiedliche Bindungsqualitäten unterschieden: *sichere, unsicher-vermeidende, unsicher-ambivalente und desorganisierte Bindungen*. Hierbei gehen verschiedene Bindungsmuster mit unterschiedlichen Entwicklungsverläufen in Kernbereichen der Persönlichkeitsentwicklung einher. So kann ein Kind auf der Grundlage einer sicheren Bindung seine Potenziale entfalten und sich entsprechend mit seiner Umwelt auseinander setzen. Es kann ein positives Selbstwertgefühl und Lebenszufriedenheit entwickeln. Zusätzlich kann Bindungssicherheit dazu beitragen, dass spätere soziale und emotionale Belastungen besser ertragen und bewältigt werden. Unsichere oder desorganisierte Bindungsmuster führen hingegen zu Störungen in der Persönlichkeitsentwicklung.

Erziehungsstilforschung

Die familiäre Sozialisation und die Bedeutung von Eltern-Kind-Beziehungen für die Entwicklung von Kindern ist vielfach untersucht worden. Hierbei ergibt sich ein überraschend einhelliges Bild. Demnach „ist nicht nur eine Konvergenz der Forschungsbefunde zu erkennen, sondern anscheinend auch festzumachen, wie die ‚richtige' Erziehung aussieht" (Kruse 2001, S. 63). „Richtige" Erziehung wird seit

Vorwort und Einleitung
Beratungs-disziplinen
Geschlecht und Beratung
Alter und Beratung
Kultur und Beratung
Beratung und soziale Systeme
Perspektiven der Beratung

den Forschungsbefunden von Diana Baumrind (1967) mit einem autoritativen Erziehungsstil beschrieben, in dem emotionale Wärme mit klaren und entwicklungsangemessenen Regeln verknüpft ist. Für eine Pädagogische Beratung ist Hintergrundwissen im Bereich des Elternverhaltens (Erziehungsstil) und seiner Auswirkungen auf die Sozialisation und Entwicklung von Kindern hilfreich. Diese Zusammenhänge sind komplex und transaktional. Zur Erklärung der Wirkung werden in der Pädagogischen Psychologie eine Vielzahl weiterer, über den Erziehungsstil hinausgehende Variablen (Persönlichkeitsvariablen von Eltern und Kindern, Qualität der Eltern-Beziehung, sozioökonomischer Status) aufgenommen. In Erweiterung des Prozessmodells von Belsky beschreibt das in der folgenden Abbildung dargestellte Modell des elterlichen Erziehungsverhaltens von Kruse (2001, S. 64) die Zusammenhänge.

Lernen und Lernarrangements

Obwohl uns die Lernforschung in der Folge der ersten Veröffentlichung von Frederic Vester „Denken, Lernen, Vergessen: Was geht in unserem Kopf vor, wie lernt das Gehirn, und wann lässt es uns im Stich?“ (1967, 1998) viele neue Informationen vor allem über die neurobiologischen Zusammenhänge zwischen Lernen, Behalten, den Einfluss von Stress auf das Lernen usw. geliefert hat, ist dieses Wissen noch relativ selten im pädagogischen Handeln angekommen. Die Ergebnisse der Pädagogischen Psychologie zum Lernen zeigen aber nicht nur, dass Lernen ein sehr individueller Vorgang ist, der leicht gestört werden kann, sondern auch, unter welchen Rahmenbedingungen Lernen besonders nachhaltig ermöglicht wird. Die „Basis“ eines erfolgreichen Lernens sind demnach die wertschätzenden **B**eziehungen, **A**nspruch an und Selbstvertrauen in die eigene Leistung, **S**icherheit in der Lernsituation, das Bewusstsein der eigenen **I**dentität und Unverwechselbarkeit sowie **S**trategien des Lernens (Smith, 1998).

Während sich diese Erkenntnisse auf den Lernprozess beziehen, beschäftigen sich andere Forschungen mit der Frage effizienter Lernarrangements. Perrenoud (2000, zit. nach Gather Thurler & Schratz, 2002) unterscheidet drei Dimensionen der Arbeitsorganisation in der Schule und Schulklasse:

(1) Der Grad der Beteiligung der Schülerinnen und Schüler an Entscheidungen und Regeln (von vorgeschrieben bis gemeinsam ausgehandelt),
(2) der Grad der didaktischen Komplexität der Lernarrangements (von einfachen Sequenzen „Erklären, Üben, Anwenden“ bis zu erweiterten Lehr- und Lernformen wie „Projektarbeit, fächerübergreifende Curricula“) und
(3) die Art, wie die Schule mit Raum und Zeit umgeht (von der ausschließlichen Beschränkung auf die Jahrgangsklasse bis hin zu mehrjährigen Lernzyklen).

Für die Pädagogische Psychologie als empirische Wissenschaft gehört es zum Selbstverständnis, sich auch mit der Wirksamkeit unterschiedlicher Lernarrangements zu beschäftigen. Die Evaluation – in jüngerer Zeit vor allem bezogen auf medienunterstütztes Lernen – prüft verschiedene Modelle gegeneinander. So konnte in der Wirksamkeitsforschung auf Unterricht bezogen nachgewiesen werden, dass der Unterricht durch Peers nahezu vergleichbare Lerneffekte brachte wie ein Einzelunterricht und deutlich effektiver war als die Veränderung klassischer Rahmenbedin-

Abbildung 2: *Erweitertes Prozessmodell elterlichen Erziehungsverhaltens nach Belsky (aus Kruse, 2001, S. 64)*

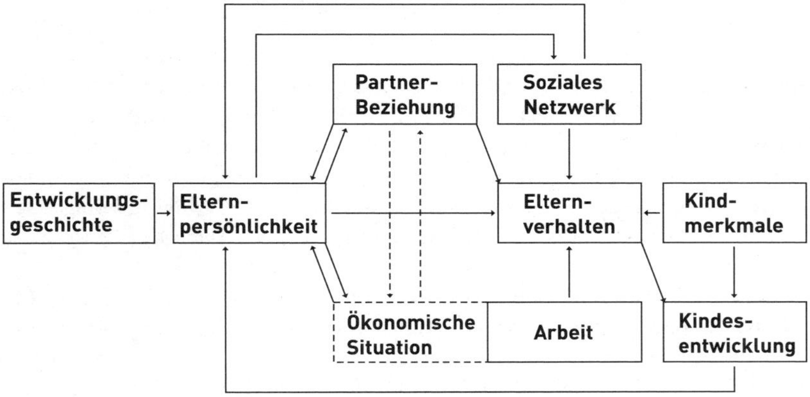

gungen wie die Reduktion der Klassenstärke, die Erhöhung der Stundenzahl oder computerunterstützte Trainingseinheiten.

Social Support
Sozialer Rückhalt oder mitmenschliche Unterstützung hat sich in vielen Studien zur Bewältigung von Lebenskrisen, Krankheiten, Entwicklungsaufgaben oder täglichen Belastungen als protektiver Faktor (Stresspuffer) bzw. als wirksame Bewältigungsressource herausgestellt. Die alte Spruchweisheit „ein guter Freund ist die beste Medizin" lässt sich also durch empirische Daten stützen (vgl. Straus i.d.Bd.). Dabei gibt es viele Arten von social support:

- Strukturelle soziale Unterstützung bezieht sich dabei auf den Familienstand, die Anzahl der Freunde, die Zusammensetzung des sozialen Netzwerkes oder die Häufigkeit sozialer Kontakte (Größe und Dichte des Netzwerkes; Frequenz der sozialen Interaktionen).
- Funktionale soziale Unterstützung dagegen nimmt eher die Qualität der Beziehungen in den Blick und stützt sich dabei nicht so sehr auf quantitative Daten als vielmehr auf subjektive Überzeugungen und die Zufriedenheit mit der Unterstützungsleistung, denn es hat sich in Forschungen auch gezeigt, dass die positive Wirkung auch dann eintreten kann, wenn sie nur in den Köpfen von Menschen existiert, ohne dass die hilfreiche Unterstützung auch schon gegeben wurde (cognitive support, der z.B. mit Fragen erhoben wird wie „wenn ich im Krankenhaus liege, wird mich bestimmt mein Freund besuchen").

Soziale Unterstützung als die Gewissheit, geliebt und geachtet zu werden und zu einem Netzwerk zu gehören, weist einmal eine große Nähe zur Bindungsforschung auf, aber auch zu personenzentrierten Beratungsansätzen, die Beratermerkmale wie Empathie und Wärme in den Mittelpunkt von Beratungsprozessen stellen. In diesem

Sinne kann soziale Unterstützung auch eine Erklärung für die Wirksamkeit unterschiedlichster Beratungsangebote sein, denn alle Berater bieten in verschiedenem Ausmaß Zuwendung, Zuhören, Wärme, Verständnis usw. an.

Burnout

Ausbrennen kann als eine spezifische Stressreaktion auf berufliche Belastungen verstanden werden, die insbesondere in professionellen Serviceeinrichtungen auftritt nach der Devise „Helfen macht müde“ (Fengler, 1998). Betroffene leiden dabei nicht nur unter emotionalen, motivationalen und kognitiven Beeinträchtigungen, sondern auch unter körperlichen Beschwerden, die bis zur völligen Erschöpfung reichen können. Die Forschung in diesem Bereich beschäftigt u. a. Fragen wie z.B.:

- Sind es überwiegend Personmerkmale, die zu Burnout führen? Gibt es z.B. spezifische Kombinationen von Stresswahrnehmung, Selbstkonzept und Bewältigungspräferenz, die vulnerabel für Burnout machen?
- Oder sind es überwiegend Merkmale der Arbeitsumwelt, wie Zeitdruck, wenig Austausch unter Kollegen, fehlende Supervision u. a., die zu Burnout führen?
- Wie lässt sich Burnout von anderen Phänomenen wie z.B. Überdruss diagnostisch sauber trennen?
- Gibt es einen typischen Burnout-Verlauf, der durch eine bestimmte Anzahl von Stufen gekennzeichnet ist?
- Ist das Burnout-Phänomen nur auf Helferberufe beschränkt oder kann jeder Mensch ausbrennen?
- Stellt social support eine Burnout-Ressource dar?

Die meisten Untersuchungen wurden bisher mit dem Burnout-Inventory von Maslach und Jackson (1986) gemacht, das die drei Subskalen „Emotionale Erschöpfung“, „Reduzierte persönliche Leistungsfähigkeit“ und „Depersonalisierung“ (Sarkasmus) unterscheidet.

Unter Lehrern und Lehrerinnen scheint Burnout besonders verbreitet zu sein. Eine aufwendige Studie von Schaarschmidt, Kieschke & Fischer (1999) an 3176 Lehrern aus Deutschland, Österreich und Polen zu den persönlichen Ressourcen, auf die Lehrer bei der Bewältigung von Arbeitsanforderungen zurückgreifen (Indikatoren für psychische Gesundheit), ergab folgende vier clusteranalytisch gewonnene Muster (Typen):

G (Gesundheit, gekennzeichnet durch Engagement, Belastbarkeit und Zufriedenheit)

S (Schonung, gekennzeichnet durch reduziertes Engagement, Ruhe und Gelassenheit sowie relative Zufriedenheit)

A (Selbstüberforderung, gekennzeichnet durch exzessive Verausgabung und verminderte Erholungsfähigkeit bei eingeschränkter Belastbarkeit und Zufriedenheit)

B (Überforderung, gekennzeichnet durch reduziertes Engagement bei eingeschränkter Erholungs- und Widerstandskraft sowie umfassende Resignation).

4 Wie stellt sich die Praxis der Beratung aus Sicht der Pädagogischen Psychologie dar?

Während sich die bisherige Darstellung überwiegend mit einigen für Beratung relevanten Konzepten der Pädagogischen Psychologie beschäftigt hat, werden in den folgenden Überlegungen Bezüge zur „Profession" der Pädagogischen Beratung hergestellt.

Beratungsanlässe in der Schule werden seit der Veröffentlichung des „Strukturplans für das Bildungswesen" durch den Deutschen Bildungsrat in Laufbahnberatung, Beratung bei psychosozialen Problemen und in Systemberatung gegliedert. Daran hat sich bis heute nichts geändert. Diese Trennung der Tätigkeitsfelder besitzt nur heuristischen Wert, denn in der Praxis ist ein kombiniertes Auftreten von Beratungsanlässen eher die Regel als die Ausnahme.

Es gibt eine andere Dreiteilung der Aufgaben Pädagogischer Beratung, die eine Vorstellung von der Vielfalt der Beratungstätigkeiten innerhalb und außerhalb der Schule vermitteln kann, nämlich die Aufteilung in Prävention, Intervention und Rehabilitation. Allerdings verbietet sich eine endgültige Aufzählung von Beratungsaufgaben, weil diese sich immer neu aus den jeweiligen Anforderungen und Bedürfnissen des jeweils Rat suchenden Systems ergeben.

So ist die im Folgenden vorgestellte Struktur auch eher als Heuristik bei der Diskussion um Ziele, Strategien und Adressaten einer pädagogischen Beratung zu verstehen.

Abbildung 3: *Der „Würfel" der Beratung (in Anlehnung an Schwarzer, 1997)*

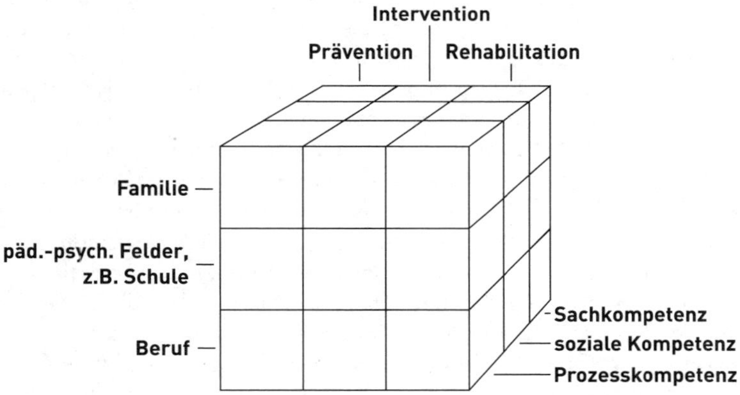

Beispiele für diese Strukturfelder lassen sich vielfältig skizzieren. So können pädagogische Beraterinnen und Berater Aufgaben haben im Bereich

der beruflichen Arbeitsfelder

- z.B. in der Erwachsenenbildung mit begleitender Lernberatung, Kurs- und Seminargestaltung (Prävention/Intervention),
- in der Beratung von Betrieben mit Burnout, Supervision oder Coaching (Intervention)

- Nachbetreuung und Begleitung bei Strukturänderungen (Rehabilitation)

der Schule
- z.B. mit Schulentwicklungsberatung und Konzeptentwicklung oder Schullaufbahnberatung (Prävention),
- Lernberatung bei Leistungsstörungen oder Verhaltensauffälligkeiten, Lehrersupervision (Intervention)
- Training von Arbeitstechniken bei Repetenten oder Quereinsteigern (Rehabilitation)

der Familie
- Beratung über die angemessene Förderungsform von Kindern (z.B. Schule), Aufklärungsarbeit zu unterschiedlichen Handlungsfeldern (Gesundheit, Leistung, Karriere) (Prävention)
- „klassische" Familienberatung bei Störungen im System (Auffälligkeiten eines Familienmitgliedes) (Intervention)
- Unterstützung und Begleitung von Pflege- oder Adoptiveltern (Rehabilitation)

und dabei jeweils auf Grundlagenwissen, welches die Pädagogische Psychologie bereitstellt, zurückgreifen.

Die Beratung selbst wird in unterschiedlichen Formen angeboten. Solche *Beratungsformen* sind vor allem: Einzelberatung, Gruppenberatung und Systemberatung. Bei der Einzelberatung, der häufigsten Form, steht der einzelne Rat Suchende im Vordergrund. Viele Fälle der psychosozialen Beratung werden in Einzelberatung durchgeführt. Werden Rat Suchende mit einem gleichen Beratungsproblem zusammengefasst, spricht man von Gruppenberatung. Studienberatungen und andere Laufbahnberatungen mit hohem Informationsanteil werden meist als Gruppenberatungen angeboten. Systemberatung findet dann statt, wenn – häufig vor dem Hintergrund der Problemsammlungen aus Einzelberatungen – das System selbst (der Kindergarten, die Schule, die Weiterbildungseinrichtung, der Betrieb) gemeinsame Problemanalysen und -lösungen plant und dabei beraten wird.

Pädagogische Beraterinnen und Berater setzen hierbei alle *Beratungsmethoden* ein, die auch in anderen Beratungskontexten verwendet werden. Hier spiegelt sich das gesamte Spektrum therapeutischer Interventionstechniken wider. Allerdings werden heute in der Pädagogischen Beratung überwiegend am Problem orientierte (direktive), an der Person orientierte (non-direktive), an der Lösung orientierte und an der Struktur und den Beziehungen orientierte (systemische) Verfahren der Beratung eingesetzt.

5 Worin bestehen die zukünftigen Aufgaben einer Beratung aus Sicht der Pädagogischen Psychologie?

In der aktuellen Diskussion innerhalb der Pädagogischen Beratung zeichnen sich zwei größere Trends (Lernen und Erziehung) ab, die wir um einen dritten Ausblick (Gesundheit) ergänzen wollen. Hieraus ergeben sich zum einen zukünftige Anforderungen an die Pädagogische Psychologie, zum anderen an die Beratungsprofession.

1. Nach der PISA-Diskussion werden wir uns mehr um die Gelingensbedingungen des Lernens kümmern müssen. Beratung in diesem Kontext bezieht sich auf die Erkenntnisse, die in der Pädagogischen Psychologie schon lange systematisch erforscht sind und nun auch anfangen, in die Köpfe von Lehrerinnen, Lehrer und Eltern zu diffundieren: Lernen ist ein individueller persönlicher Prozess, der bestimmten lerntheoretischen und lernbiologischen Gesetzen gehorcht. Lernen kann und muss also gelernt werden. Die Pädagogische Psychologie wird neben der Forschung zum Lernen mit „neuen Medien" auch stärker lerndiagnostisches Wissen und die Wirkung von Lernarrangements in heterogenen sozialen Situationen in den Blick nehmen.

2. Wertewandel und Wertepluralismus haben zur Verunsicherung von „natürlichen" und „institutionellen" Erziehungsprozessen geführt. Eltern sind sich ihrer Sache ebenso wenig sicher wie sich Lehrerinnen und Lehrer einer Schule darüber einig sind, welche Erziehungsziele verbindlich sein sollen. Diese Verunsicherung setzt sich im Handeln der nachwachsenden Generationen fort. So beschäftigen sich Beraterinnen und Berater mit Streitschlichtung in der Schule (aber auch mit dem „Trainingsraum", vgl. Balke, 2001), mit Werteerziehung, dem „Prager-Eltern-Kind-Programm" (PEKiP) oder dem „Triple P" (Positive Parenting Program). Letzteres ist ein gutes Beispiel für den Zusammenhang von Beratungspraxis (Anwendung) und Pädagogischer Psychologie (Theorie/Forschung) und wird durch das Triple-P-Konzept zurzeit ausführlich wissenschaftlich von der TU Braunschweig begleitet.

3. Gesundheitsförderung i. S. der Ottawa-Charta, die 1986 von der Weltgesundheitsorganisation (WHO) verabschiedet wurde, löst mehr und mehr die traditionelle Gesundheitserziehung mit ihrem normativen Charakter ab. Sie zielt auf ein positives, dynamisches und stark an den situativen Gegebenheiten orientiertes Gesundheitsverständnis, das auf die Stärkung der Selbstbestimmung über die Gesundheit gerichtet ist. Gesundheit ist somit charakterisiert durch produktive Anpassung, Selbstverwirklichung und Wohlbefinden. Gesundheit wird dadurch nicht so sehr zum Ziel, sondern eher zum Lebensstil. Pädagogisch-psychologische Beratung kann in diesem Sinne dazu beitragen, dass einzelne Menschen oder ganze Gruppen der Bevölkerung kognitive, emotionale und soziale Balance finden und behalten. Zahlreiche Programme für Schüler und Eltern, die eher auf Empowerment als auf Compliance setzen, sind in den letzten Jahren entwickelt und eingesetzt worden (Schwarzer & Buchwald, 2002). Auch der Netzwerkgedanke wird in diesem Bereich zunehmend wichtig genommen. Solche Netzwerke könnten eine gute Basis für eine wirksame Prävention gegen zunehmende umweltbedingte und psychische Probleme sein.

Literatur

Balke, D. (2001). *Spielregeln im Klassenzimmer: Das Trainingsraum-Programm* (2. verbesserte Auflage). Bielefeld: Karoi-Verlag.

Baumrind, D. (1967). Child care practices anteceding three patterns of preschool behavior. In *Genetic Psychology Monographs, 75,* 43–88.

Fachgruppe Schulberatung (1995). *Fachgutachten Beratung in der Schule und im Schulsystem. Landesinstitut für Schule und Weiterbildung.* Bönen: Kettler.

Fengler, J. (1998). *Helfen macht müde. Zur Analyse und Bewältigung von Burnout und beruflicher Deformation* (5. Aufl.). München: Pfeiffer.

Gage, N.L. & Berliner, D.C. (1995). *Pädagogische Psychologie* (5. überarb. Auflage). Weinheim: Beltz.

Krapp, A., Prenzel, M. & Weidenmann, B. (2001). Geschichte, Gegenstandsbereiche und Aufgaben der Pädagogischen Psychologie. In A. Krapp & B. Weidenmann (Hrsg.), *Pädagogische Psychologie* (S. 3–29). Weinheim: Beltz.

Kruse, J. (2001). Erziehungsstil und kindliche Entwicklung: Wechselwirkungsprozesse im Längsschnitt. In S. Walper & R. Pekrun (Hrsg.), *Familie und Entwicklung: Perspektiven der Familienpsychologie* (S. 63–68). Göttingen: Hogrefe.

Maslach, Ch. & Jackson, S.E. (1986). *Maslach-Burnout-Inventory. Manual.* Palo Alto, CA: Consulting Psychologist Press.

Ministerium für Schule und Weiterbildung NRW (08.12.1997). *Erlass III B 2.36–20–26/0–140/97.*

Perrenoud, P. (2000). De la gestion de classe à l'organisation du travail dans un cycle d'apprentissage. In *Revue des sciences de l'education (Montreal), 25* (3), 533–570, zit. nach: Gather Thurler, M. & Schratz, M. (2002). Effizientes Lernen als Herausforderung für Schulentwicklung. In *journal für schulentwicklung, 6* (4), 4–11.

Rost, D.H. (Hrsg.). (2001). *Handwörterbuch Pädagogische Psychologie.* Weinheim: Psychologie Verlags Union.

Schaarschmidt, U., Kieschke, U. & Fischer, A.W. (1999). Beanspruchungsmuster im Lehrerberuf. In *Psychologie in Erziehung und Unterricht, 46,* 244–268.

Schwarzer, C. & Posse, N. (1986). Beratung. In B. Weidenmann & A. Krapp (Hrsg.), *Pädagogische Psychologie* (Kap. 15). Weinheim: Beltz.

Schwarzer, C. (2001). Beratungslehrer/Beratungslehrerin. In L. Roth (Hrsg.), *Pädagogik. Handbuch für Studium und Praxis* (2. Aufl.) (S. 1172–1182). München: Oldenbourg Verlag.

Schwarzer, C. & Buchwald, P. (2002). Gesundheitsförderung und Beratung. In R. Tippelt (Hrsg.), *Handbuch Bildungsforschung* (S. 706–724). Opladen: Leske & Budrich.

Smith, A. (1998). *Accelerated Learning in the Classroom.* Stafford: Network Educational Press.

Stichweh, R. (1994). Professionen und Disziplinen: Formen der Differenzierung zweier Systeme beruflichen Handelns in modernen Gesellschaften. In R. Stichweh, *Wissenschaft, Universität, Professionen. Soziologische Analysen.* (S. 278–336). Frankfurt a.M.: Suhrkamp.

Vester, F. (1967, 1998). *Denken, Lernen, Vergessen: Was geht in unserem Kopf vor, wie lernt das Gehirn, und wann lässt es uns im Stich?* (akt. Neuausg. 1998). München: dtv.

Internethinweise

Bundeskonferenz für Erziehungsberatung mit Materialien und Adressen: www.bke.de
Ein Portal nicht nur für BeratungslehrerInnen: www.schulpsychologie.de

Das Online-Familienhandbuch, hrsg. von Fthenakis, W.E. &. Textor, M.R. (ein Internet-basiertes Handbuch zu Themen der Kindererziehung, Partnerschaft und Familienbildung für Eltern, Erzieher, Lehrer und Wissenschaftler): www.familienhandbuch.de

Link-Liste mit allen Landesbildungsservern: www.learn-line.nrw.de/nav/andere_bildungsserver/bildungsserver_der_laender/

Prof. Dr. Christine Schwarzer ist Sonderschullehrerin und hat Pädagogik, Psychologie und Psychiatrie studiert. Sie arbeitet als Leiterin der Abteilung für Erwachsenenbildung und Pädagogische Beratung der Universität Düsseldorf. Ihre Arbeitsschwerpunkte sind Stress und Stressbewältigung, Beratung und Intervention, Altern und Gesundheit.

Anschrift:
Heinrich-Heine-Universität Düsseldorf
Erziehungswissenschaftliches Institut
Abteilung für Erwachsenenbildung und Pädagogische Beratung
Universitätsstr. 1
D-40225 Düsseldorf
E-Mail: schwarzer@phil-fak.uni-duesseldorf.de

Dr. Norbert Posse ist Diplom-Psychologe und arbeitet in der Abteilung für Erwachsenenbildung und Pädagogische Beratung der Universität Düsseldorf. Seine Arbeitsschwerpunkte sind Beratung pädagogischer Systeme, Gesundheit und Bildung sowie Qualitätsmanagement und Evaluation.

Anschrift:
Heinrich-Heine-Universität Düsseldorf
Erziehungswissenschaftliches Institut
Abteilung für Erwachsenenbildung und Pädagogische Beratung
Universitätsstr. 1
D-40225 Düsseldorf
E-Mail: posse@phil-fak.uni-duesseldorf.de

Psychotherapie und Beratung

Ruth Großmaß

1 **Ein Blick in die Geschichte von Beratung und Psychotherapie**
2 **Psychotherapie: Heilung durch Kommunikation**
3 **Psychosoziale Beratung: (Neu-)Orientierung durch Kommunikation**

Psychotherapie und psychosoziale Beratung haben eine historisch und systematisch enge Verknüpfung. Sieht man auf das, was in einer einzelnen Beratungssituation oder einer psychotherapeutischen Sitzung konkret zwischen den beteiligten Personen geschieht, dann werden sich häufig kaum Unterschiede zwischen den beiden Interventionsformen feststellen lassen. Hat ein Beratungsgespräch begonnen oder eine psychotherapeutische Behandlung angefangen, dann findet in beiden Fällen ein professionelles Gespräch über die seelische Verfassung und die persönliche (Vor-)Geschichte der Klientin oder des Patienten statt. Beide, Psychotherapie wie psychosoziale Beratung, beschäftigen sich mit den emotionalen Belastungen und Konflikten ihrer Klientel. In beiden Feldern sind (wenn auch mit unterschiedlicher Gewichtung) dieselben Berufsgruppen – Ärzte, Psychologen und Sozial-/Pädagogen – anzutreffen. In beiden Bereichen wird mit einem vergleichbaren Methoden-Set gearbeitet: Es werden Gespräche geführt, die Intimes und Schmerzhaftes berühren; es werden Übungen angeboten, die ungewohntes Körpererleben ermöglichen; es werden psychogenetische Erklärungen geliefert und systemische Zusammenhänge hergestellt. Psychotherapeuten wie psychosoziale Berater beziehen sich in ihrer Arbeit auf Autoren wie Freud, Adler, Rogers, Perls, Minuchin oder Cohn. Sigmund Freud (1856–1939) ist Begründer der Psychoanalyse; auf Alfred Adler (1870–1937) geht die Individualpsychologie zurück; Carl Rogers (1902–1987) ist zentraler Bezugsautor für die Gesprächspsychotherapie wie für die klientenzentrierte Gesprächsführung; Fritz Perls (1893–1970) gilt als Erfinder der Gestalttherapie; Salvador Minuchin (*1921) hat die systemische Familientherapie wesentlich gestaltet; Ruth Cohn (*1912) schließlich ist als Begründerin der themenzentrierten Interaktion und somit wichtige Inspiratorin für Gruppenarbeit im psychosozialen Bereich. Aus den

Konzeptionen, für die diese Namen stehen, sind nicht nur die entsprechenden psychotherapeutischen Schulen mit den zugehörigen Ausbildungsinstituten hervorgegangen. Sie stehen vielmehr auch für unterschiedliche, aber jeweils in sich kohärente Vorstellungen von Abläufen und Strukturen der menschlichen Psyche sowie für methodische Inspirationen im Umgang mit helfenden Beziehungen. Die Gemeinsamkeiten zwischen Beratung und Psychotherapie sind auf dieser Ebene der methodisch-fachlichen Arbeit groß.

Unterschiede zwischen Beratung und Psychotherapie als Formen psychosozialer Hilfe lassen sich jedoch ebenso deutlich feststellen, wenn man nicht nur ein einzelnes helfendes Gespräch, sondern das Gesamtsetting – Räumlichkeiten, Zugang, Alltagsnähe, Fokussierung der Themen sowie Finanzierung – in den Blick nimmt. Bei der Psychotherapie handelt es sich um einen Bestandteil der medizinischen Versorgung; Diagnose und Anamnese einer Störung zu kennen, ist daher erforderliche Voraussetzung, will man eine professionelle psychotherapeutische Behandlung durchführen; die Nähe zum Lebensalltag spielt nicht notwendig eine Rolle; die thematische Fokussierung ist am Individuum orientiert und folgt dem Nexus von Diagnose und Behandlungsziel; die Finanzierung erfolgt – wie die anderer ärztlicher Leistungen – patientenbezogen über die jeweils zuständigen Versicherungsträger. Wer Psychotherapie in Anspruch nimmt, fühlt sich krank und belastet bzw. in wichtigen Lebensfunktionen gestört. Psychosoziale Beratung dagegen wird im Umfeld sozialer Systeme und Bewegungen – Erziehung, Bildung, Gesundheitsvorsorge, Frauengleichstellung, interkulturelle Konfliktlösung … – angeboten. Eine thematische Fokussierung entsteht durch den Kontext der Kultur oder des sozialen Systems, dem die Beratungseinrichtung zugeordnet ist; Nähe zum Lebensalltag und Ressourcenorientierung sind angestrebt; Beratung wird in der Regel nicht direkt durch die sie nutzende Klientel, sondern aus öffentlichen Mitteln finanziert. Wer Beratung in Anspruch nimmt, hat Orientierungsbedarf in bestimmten Bereichen des persönlichen Lebens und sucht aktiv nach Unterstützung.

Dieses diffizile Verhältnis zwischen Psychotherapie und Beratung – große fachliche Nähe einerseits, unterschiedliche Zielsetzung und Einbindung in verschiedene gesellschaftliche Teilsysteme andererseits – ist weder in jeder Hinsicht unproblematisch, noch ist die konstatierte Nähe in allen Entwicklungsphasen dieser beiden Disziplinen gleich gewesen. Ein Blick in die Geschichte von Beratung und Psychotherapie macht dies deutlich. Er zeigt zudem, dass sich im Verhältnis dieser beiden psychosozialen Angebote viele Phänomene der Individualisierung und der zunehmenden Bedeutung des Psychischen spiegeln, die die Entwicklungsschübe der Moderne im 20. Jahrhundert kennzeichnen.

1 Ein Blick in die Geschichte von Beratung und Psychotherapie

Betrachtet man Beratung und Psychotherapie in ihrer historischen Genese – ich beschränke mich hier auf die deutschen Verhältnisse – dann wird zunächst einmal deutlich, dass es sich bei beiden um relativ junge kulturelle Innovationen handelt.

Psychotherapie wie Beratung sind Produkte der Moderne, sie entstanden gegen Ende des 19. Jahrhunderts nahezu parallel und unabhängig voneinander (Großmaß, 2000, S. 117–135). Und die Parallelität ihres Etablierungsprozesses bestimmt das Verhältnis dieser beiden Disziplinen sowohl in der Theorie als auch in der psychosozialen Praxis.

In den 20er Jahren des 20. Jahrhunderts erleben beide Formen psychosozialer Hilfe ihren ersten Höhepunkt. Hintergrund hierfür ist nicht nur das durch den ersten Weltkrieg hinterlassene soziale und psychische Elend und die notwendig gewordene (Wieder-)Herstellung der gesellschaftlichen Infrastruktur. Der mit der Weimarer Republik neu errungene Bürgerstatus bedeutete auch für viele, die im sozialen Sektor oder im Gesundheitswesen arbeiteten, eine Freisetzung von Reformbereitschaft und Engagement und führte im kulturellen und sozialen Bereich zu einem weitreichenden Modernisierungsschub. Sowohl Psychotherapie als auch Beratung profitierten davon. Sie entwickeln sich in den 20er Jahren relativ abgegrenzt voneinander und widmen sich unterschiedlichen Themen: Die Psychotherapie beschäftigte sich in der Umsetzung der Konzepte von Freud, Jung und Adler mit den Neurosen der modernen Individualität. Probleme der Psychogenese in der Familie, sexuelle Irritationen und – als Auswirkung des ersten Weltkriegs – Kriegsneurosen sind Gegenstand psychotherapeutischen Bemühens. Den Beratungsinitiativen der 20er Jahre dagegen ging es um Aufklärung; um Aufklärung über „moderne" Verhütungsmethoden, neue berufliche Möglichkeiten, angemessene Erziehungsperspektiven und zeitgemäße Partnerschaftsmodelle.

Die Zeit des sozialen Aufbaus und der kulturellen Innovation der Weimarer Republik bedeutet sowohl für den Bereich der Psychotherapie als auch für den Bereich der Beratung eine Zeit erster Institutionalisierung: Psychotherapeutische Abteilungen in Kliniken wurden eingerichtet; Institutsambulanzen und Praxen entstanden. Träger dieser Veränderungen sind Vertreter der Heilberufe, die mit den damals neuen psychologischen Methoden in Berührung gekommen waren und Innovationen in der Medizin bewirken wollten. Für den Bereich der psychosozialen Beratung sind es vor allem Erziehungsberatungen und Sexualberatungsstellen, die in dieser Phase ihre erste institutionelle Form finden. Sozialreform ist das Ziel der diese Innovation tragenden Kräfte: Sexualreformbewegung, Reformpädagogik, Frauenbewegung (vgl. Großmaß, 2000, S. 62–65).

Beide Entwicklungen wurden durch den zweiten Weltkrieg unterbrochen. Wie stark dieser Bruch war – besonders in Deutschland, wo er durch den Faschismus auch sozialpolitisch betrieben worden war – wird deutlich, wenn man die Entwicklung in den Vereinigten Staaten zum Vergleich heranzieht (vgl. Nestmann, 1997, S. 164f). Auch hier wurde die Entfaltung psychosozialer Angebote durch die Kriegswirtschaft eingeengt; Beratung etwa war, bedingt durch die ökonomische Situation, zwischen 1940 und 1950 nahezu ausschließlich Berufs- und Bildungsberatung. Aber es gab im Beratungsbereich wie in der Psychotherapie Kontinuität, die sich auch in kontinuierlichem Professionalisierungszuwachs beider Diszipline abbildete. In Deutschland dagegen wurde nach dem zweiten Weltkrieg zunächst das Gesundheits- und Sozialsystem der „Vorkriegszeit" wieder aufgebaut, eine nach dem somatischen Modell arbeitende, sehr psychiatrienahe Psychotherapie – genauso eingeschlossen wie ein eher autoritäres Fürsorgesystem, in dem Beratung als normierende Lenkung verstanden wurde.

Ein weiterer Modernisierungsschub – die allmähliche Etablierung des Sozialstaates in der Bundesrepublik der Nachkriegszeit und die zunehmende Psychologisierung des Alltagslebens – konfrontiert dieses Sozial- und Gesundheitssystem mit neuen Themen und mit den neuen Methoden der amerikanischen Psychologie. Dieser Prozess bringt Beratung dann in die Nähe der Psychotherapie. Beratung profitiert in doppelter Hinsicht von der psychologischen Wende in der pädagogischen und sozialpädagogischen Arbeit: Zum einen sind die ausgehenden 60er und die 70er Jahre eine Phase intensiven Ausbaus des Beratungsangebotes – die Beratungslandschaft, wie wir sie heute kennen, entsteht im Wesentlichen in dieser Zeit. Zum anderen werden seit den 60er Jahren auch in der psychosozialen Beratung psychologische Methoden verwendet (vgl. Schröder i.d.Bd.); die Zusammensetzung der Teams änderte sich, Psycholog/inn/en und Pädagog/inn/en einer neuen Generation wurden eingestellt – ausgebildet in Lerntheorie, Gestaltpsychologie, z.T. von der wieder erstarkenden Psychoanalyse inspiriert, insgesamt aufgeschlossen gegenüber personennahen Zusatzausbildungen und offen für die Neuerungen der Encounterbewegung. Mit diesen Veränderungen wird das psychosoziale Beratungsangebot zu einem Hilfeangebot, das sich an den Bedürfnissen seiner Klientel orientiert; gleichzeitig gerät Beratung dadurch in Abgrenzungsschwierigkeiten gegenüber den psychotherapeutischen Verfahren.

Dieser Effekt wurde in der Bundesrepublik dadurch verstärkt, dass die stark an der somatischen Medizin orientierte Psychotherapie der 50er und 60er Jahre sich schwer damit tat, auf veränderte Problemlagen einzugehen und die Anregungen der neueren Ansätze der „humanistischen Psychologie" – Gesprächspsychotherapie, Gestalttherapie, Bioenergetik und Psychodrama – produktiv aufzugreifen. In den Erziehungs- und Familienberatungsstellen dagegen, in den mit Beginn der 70er Jahre hinzukommenden Beratungsinitiativen der Frauenbewegung und in den neu entstehenden Studentenberatungseinrichtungen experimentierte man ausgiebig und erfolgreich mit den Möglichkeiten der humanistischen Verfahren. Die Gesprächspsychotherapie wurde als „klientenzentrierte Gesprächsführung" zur Basisqualifikation von Psycholog/inn/en und Sozialpädagog/inn/en (vgl. Straumann i.Bd.2), Entspannungsverfahren und die Stressübungen der Bioenergetik hielten Einzug in die Gruppenarbeit der Einrichtungen; szenische Arbeit und familientherapeutische Verfahren (vgl. Brunner i.Bd.2) erweiterten das Repertoire. Viele fachliche Diskussionen beschäftigten sich in dieser Zeit mit der nun schwieriger gewordenen Abgrenzung von Beratung und Psychotherapie. Man bemühte sich um die Unterscheidung dessen, was „noch" Beratung ist, von dem, was „schon" Therapie genannt werden muss. Das Schlagwort von Beratung als der „kleinen Therapie" (Nestmann, 1981, S. 130) markiert einen Teil dieser Debatte; Lebensweltorientierung und Konzepte von Beratung als Begleitung von Lebenskrisen markieren einen anderen Teil. Die Diskussion um das Verhältnis von Beratung und Psychotherapie als eine Frage der Abgrenzung von Methoden und der klinischen Differenzierung wurde zunächst ausschließlich im engeren Fachkreis von Berater/inne/n geführt (vgl. Junker, 1973). In der breiteren Diskussion waren die Akzente anders gesetzt. So führten die kritischen Vertreter der sich etablierenden klinischen Psychologie zwar eine ähnliche Debatte, diese fand jedoch auf einer anderen Ebene statt; diskutiert wurden hier die Strukturen der psychosozialen Versorgung insgesamt (vgl. Keupp & Zaumseil, 1978). Zwischen psychotherapeutischen Interventionen einerseits und psychosozialer Beratung andererseits wurde in diesen Diskussionen, die auf kritischer Theorie, sozialpsychiatrischen Konzepten und Überlegungen zur Gemeindepsychologie fußten, nicht hinsichtlich der helfenden Kommunikation selbst unterschieden.

Der gesellschaftskritische Blick rückte andere Zusammenhänge ins Zentrum: Die Reformbedürftigkeit der psychiatrischen Institutionen war 1975 mit der Psychiatrie-Enquête (vgl. deutscher Bundestag 1975) öffentlich geworden und die sozialpsychiatrischen Reformen begannen mit der Umgestaltung der „totalen Institution" (vgl. Dörner & Plog, 1989). Aber auch die neuen psychologischen Therapieverfahren erwiesen sich als kritikwürdig. Das Wissen darum, dass die Wahrscheinlichkeit einer psychischen Erkrankung von Faktoren wie Einkommen, Geschlecht und Bildung abhängig ist, machte dem psychotherapeutischen Optimismus gegenüber skeptisch und ließ den individualisierenden, gesellschaftliche Strukturen ausblendenden Zugang der Psychotherapie in die Kritik geraten. Gemeindepsychologische Konzepte (vgl. Keupp, 1978), feministische Psychotherapiekritik (vgl. Psychologinnengruppe München, 1978) sowie eine intensive kritische Beschäftigung mit dem Krankheitsmodell der Psychotherapie gaben der Auseinandersetzung eine theoretische Grundlage. Psychotherapie, so die zentrale Kritik, trägt mit ihrem Störungsmodell zur Entsubjektivierung des psychischen Leidens und zur Stabilisierung gesellschaftlicher Hierarchien bei. Diese Kritik setzte zum einen Innovationen innerhalb der Psychotherapie in Gang (s. z.B. die aus der feministischen Kritik hervorgegangen Konzepte feministischer Therapie). Zum anderen kommt unter diesem Aspekt dann auch psychosoziale Beratung als eigenständiges Angebot in den Blick; Beratungsangebote bekommen auf dem Hintergrund dieser Diskussion den Stellenwert einer die Subjekte stärkenden Alternative.

Von den kritischen Debatten kaum berührt, liefen zeitgleich ständepolitische Diskussionen und Auseinandersetzungen, die eine Erweiterung des medizinischen Heilprivilegs um die psychologische Dimension anstrebten. Hierbei ging es natürlich auch darum, die Profession der Klinischen Psychologen zu stärken und Diplom-Psychologen durch Approbation und das Recht auf eigenständige Abrechnung mit den Krankenkassen den ärztlichen Psychotherapeuten gleichzustellen. Eine Neuordnung der Heilberufe schien durch die sich faktisch vollziehenden Veränderungen der 80er Jahren zunehmend dringlich zu werden, nahm doch der Bedarf an Psychotherapie zu – u.a. auch durch die einsetzenden finanziellen Einschränkungen der öffentlich finanzierten Beratungsangebote –; die Versorgung der Patient/inn/en mit Psychotherapie ließ sich innerhalb des etablierten ärztlichen Versorgungssystems nicht mehr gewährleisten. Faktisch begann sich das medizinische System zum Sozialen hin zu öffnen. Denn: In vielen Bereichen psychosozialer Praxis wurde seit Beginn der 80er Jahre die Unterscheidung zwischen intensiven psychosozialen Beratungsprozessen und psychotherapeutischen Interventionen fast ganz aufgegeben. Psychotherapeutische Zusatzausbildungen gehörten längst auch zur professionellen Qualifikation von Beratern und Beraterinnen. In den Beratungsangeboten der feministischen Projekte fand eine Verschiebung zum Therapeutischen hin statt: Etablierte Frauenberatungsstellen wurden zu „Beratungs- und Therapiezentren" (vgl. Großmaß, 1986). Selbst im traditionsreichsten Bereich psychosozialer Beratung, in den Erziehungs- und Familienberatungsstellen, zeigte sich dieser Trend, wenn auch in anderer Form: Mitarbeiter/innen wechselten – das Kostenerstattungsverfahren nutzend – in die psychotherapeutische Praxis.

Nach mehreren Anläufen wurde dann 1998 das Psychotherapeutengesetz (vgl. Behnsen & Bernhardt, 1999) verabschiedet, das den Zugang und die Qualifikation für die Approbation zum psychologischen Psychotherapeuten regelt – womit durch rechtliche Strukturen, quasi von außen gesetzt, neue Grenzen zwischen Psychotherapie und „anderen Formen psychologischer Hilfen" etabliert werden. Mit dieser gesetzlichen Reglung wurde das medizinische System wieder geschlossen – nun unter Einbeziehung der psychologischen Psychotherapeut/inn/en. Auch die Abgrenzung zwischen Psychotherapie und psychosozialer Beratung hat hierdurch insofern einen neuen Rahmen erhalten, als die Zugehörigkeit der Psychotherapie zum Gesundheitssystem sich nun auch für die psychologischen Psychotherapeut/inn/en über die Zwangsmitgliedschaft in Kammern, über etablierte Diagnoseschlüssel und diesen zugeordnete Therapiestundendeputate sowie über das Berichts- und Antragswesen der Versicherungsträger bis in jede einzelne Sitzung hinein Geltung verschafft. Beratung sieht sich demgegenüber (wieder stärker) aufgefordert, eine eigenständige Professionalisierung zu betreiben bzw. sichtbar zu machen.

Blickt man von diesem vorläufigen Endpunkt des Differenzierungsprozesses von Beratung und Psychotherapie auf den skizzierten Verlauf zurück, dann wird deutlich, dass dieser Prozess als Teil eines umfassenderen Modernisierungsprozesses gesehen werden muss – eines Modernisierungsprozesses, der der Psyche im Sozialen Geltung verschafft und die psychische Dimension ins Gesundheitssystem wie in die Sozialfürsorge einführt. Denn obwohl viele der Diskussionen und Auseinandersetzungen, die ich skizziert habe, als fachinterne bzw. politisch-kritische geführt worden sind, so ist doch im Nachhinein erkennbar, dass es sich bei den in diesen Diskussionen thematisierten Veränderungen und Verschiebungen nicht nur um die Veränderung von Bedürfnislagen und die Weiterentwicklung von Beratungsmethoden und psychotherapeutischen Verfahren handelt. Vielmehr spiegelt sich in diesem ganzen Prozess eine grundlegende Umgestaltung des Gesundheitswesens – eine Umgestaltung, die allerdings Psychotherapie und psychosoziale Beratung insofern besonders tangiert, als diese die problematisch werdende Psyche – in unterschiedlicher Weise – zum Gegenstand helfender Kommunikation machen. *Wie* dies in Psychotherapie und Beratung jeweils geschieht, soll in den beiden folgenden Abschnitten skizziert werden.

2 Psychotherapie: Heilung durch Kommunikation

Versucht man, ausgehend von den bisherigen Überlegungen, psychotherapeutisches Handeln und Denken zu beschreiben, dann kommt zunächst ein Spezifikum in den Blick, das der Psychotherapie innerhalb des medizinischen Systems einen Sonderstatus verleiht: Psychotherapie behandelt Erkrankungen der Seele (= psychische Störungen) sowie einzelne Krankheiten des Körpers (= psychosomatische Störungen) nicht mit chemischen oder physikalischen Einwirkungen auf den Körper, sondern mit einer spezifischen Form der Interaktion (= Gespräch, Gruppenprozesse, symbolische Interventionen), in der Emotionalität, Befindlichkeiten, individuelles Erleben und Intim-Persönliches eine hohe Bedeutung haben. Die Wirksamkeit psychotherapeutischen Handelns ist wegen dieser spezifischen Behandlungsform in starkem Maße abhängig von der Qualität der Beziehung zwischen Psychotherapeut/in und Patient/in, der therapeutischen Beziehung – und zwar auch dann, wenn diese nicht als methodisches Instrument der jeweils angewendeten Methode gilt. Das psychotherapeutische Handeln führt damit ein Bild vom Menschen in das medizinische System ein, das dem Psychischen, anders als die klassische Vorstellung von Bewusstsein, eine über das bewusst Gedachte, Gewollte und Gefühlte hinausgehende Bedeutung zubilligt. Frühkindliche Deprivation, Irritationen des entwicklungspsychologischen Prozesses, Gewalterfahrungen und andere Traumatisierungen, Überlastung und chronischer Stress, Eingebundensein in verquere Beziehungsstrukturen, Einübung unproduktiver Lösungsmuster, Hilflosigkeit in Konfliktsituationen – individuelle Erfahrungen dieser Art können psychisches Leiden hervorrufen, das nicht mehr mit den kompensatorischen Möglichkeiten einer Biografie bewältigt werden kann, sondern der Behandlung bedarf. Wie eine solche Störung konkret produziert wird und wie dementsprechend eine angemessene Behandlung auszusehen hat, darüber haben die unterschiedlichen psychotherapeutischen Schulen und Richtungen unterschiedliche Vorstellungen und Konzepte entwickelt:

Die klassische Psychoanalyse, das älteste professionelle psychotherapeutische Verfahren, geht in ihrem Verständnis psychischer Störungen von einem Triebmodell aus, innerhalb dessen die Psychogenese eines jeden Individuums stattfindet – geschlechtsspezifisch und in Abhängigkeit von den libidinös besetzten ersten Bezugspersonen. Um sich innerhalb der umgebenden Kultur als Erwachsener angemessen verhalten zu können, müssen alle Individuen im Verlauf der Psychogenese immer wieder Wünsche kanalisieren, Triebimpulse verdrängen und Affekte kontrollieren. Gravierende Irritationen und Belastungen führen, wenn sie an wichtigen Stellen der Psychogenese auftreten, zur neurotischen Fixierung auf infantile Muster, die auch Entscheidungen und Leistungen des Erwachsenenlebens bestimmen und zu Symptombildungen und Störungen führen. Das Entschlüsseln dieser Verstrickungen und zwar auf der Ebene des affektiven Erlebens (nicht durch kognitives Begreifen) ist der Weg zur Heilung innerhalb der psychoanalytischen Therapie. Klassisches Mittel hierzu ist die „talking cure", das unzensierte, möglichst freie, assoziative Reden des Patienten bzw. der Patientin über die eigenen Erfahrungen, Gedanken, Traumbilder, Visionen und Affekte. Deutungen des so in der therapeutischen Beziehung verfügbar werdenden Materials sind auf Seiten des Analytikers das wichtigste Instrument, um die Auflösung von Verstrickungen und neurotischen Mustern und damit Heilung zu ermöglichen.

Obwohl Freud bis heute *der* Bezugsautor für psychoanalytisches Denken geblieben ist, hat sich die psychoanalytische Theorie in den gut hundert Jahren ihres Bestehens natürlich weiterentwickelt. So ist das triebtheoretische Modell, an dem sich immer wieder Kritik entzündete – beide Frauenbewegungen haben sich daran abgearbeitet – heute längst nicht mehr das von allen der Psychoanalyse verpflichteten Psychotherapeuten geteilte Credo. Objektbeziehungstheorie (vgl. Kernberg, 1981) und Ich-Psychologie (vgl. Kohut, 1973) wurden entwickelt, Kurzpsychotherapie diskutiert und erprobt. Das durch die klassische Psychoanalyse bereitgestellte grundlegende Setting psychotherapeutischen Arbeitens dagegen hat nur wenige Veränderungen erfahren; und die Deutungspraxis ist vor allem differenziert und durch Reflexion und Supervision stärker für einen professionsspezifischen Diskurs objektiviert worden.

Die Psychoanalyse ist auch nicht lange das einzige bedeutende psychotherapeutische Verfahren geblieben. Die analytische Therapie nach Jung und Adlers Individualpsychologie kamen hinzu; beide einig in der Ablehnung der Libido als wichtigster Triebkraft psychischer Entwicklung – bei Jung wird statt dessen die Vorstellung von Archetypen zentral, bei Adler die Relation von Aggressionstrieb und Gemeinschaftsgefühl. Beide bleiben aber insofern freudianisch, als sie mit Vorstellungen vom Unbewussten und mit Symbolischem operieren. Anders das Psychodrama, das mit einem szenischen Konfliktmodell arbeitet; anders die therapeutischen Konzepte von Reich und Lowen, die davon ausgehen, dass psychische Konflikterfahrungen im Körperlichen (muskuläre Verspannungen, Körperhaltung …) aufzufinden sind. Anders auch die Gestalttherapie, die das Modell der Gestaltpsychologie auf die emotionale Dynamik überträgt. Am deutlichsten von psychoanalytischen Vorstellungen entfernt sind all die Konzeptionen und Methoden, die die Erkenntnisse der Lernpsychologie für eine Psychotherapie der Verhaltensmodifikation fruchtbar machen (= Verhaltenstherapie) oder (wie die systemische Therapie) durch Interventionen in soziale Systeme Psyche beeinflussen.

Aber auch für diese psychotherapeutischen Richtungen, die später und z.T. in explizit kritischer Distanzierung von der Psychoanalyse entstanden sind, war die psychoanalytische Arbeitsweise in drei Punkten modellbildend:

- Dass durch verstehende Kommunikation Psyche beeinflusst und verändert werden kann – diese grundlegende Annahme wird von allen psychotherapeutischen Richtungen geteilt. Sie lässt sich fast als Axiom psychotherapeutischen Handelns (wie jeder psychosozialen Beratung) bezeichnen.
- Die therapeutische Beziehung als für die Heileffekte von Psychotherapie bedeutende Ressource ist inzwischen von allen psychotherapeutischen Richtungen anerkannt. Dies schließt das Beachten von Übertragungs- und Gegenübertragungseffekten genauso ein wie die Verantwortung des Therapeuten dafür, dass die besondere Abhängigkeitskonstellation einer Psychotherapie ein Schutzraum ist, dessen Privatisierung und Sexualisierung sich verbietet.
- Die Vorstellung einer irritierbaren Psychogenese schließlich ist nicht von allen Therapierichtungen zur Grundlage ihrer Arbeit gemacht worden – alle auf Lerntheorien basierende Verfahren operieren mit nüchterneren Modellen. Alle tiefenpsychologischen Verfahren (analytische Therapie, Individualpsychologie) jedoch – sowie die Integrative Therapie (= eine Weiterentwicklung der Gestalttherapie) und das Psychodrama – arbeiten mit psychogenetischen Modellen. Die Unterschiede der verschiedenen tiefenpsychologischen Konzepte ergeben sich daraus, was jeweils für den entscheidenden Motor der Entwicklung gehalten wird und auf was Störungen im Einzelnen zurückgeführt werden können – nicht aber aus verschiedenen Vorstellungen darüber, wie psychische Dispositionen überhaupt zustande kommen.

Über diese gemeinsamen Grundlagen hinausgehend hat die empirische Therapieforschung seit den 70er Jahren einige Merkmale herausgearbeitet, die erfolgreiche Psychotherapie über alle Richtungsdifferenzen hinweg verbindet:

Dabei kommt als erstes der professionelle Rahmen in den Blick, in dem eine Psychotherapie erfolgt. In der Therapie begegnet dem Patienten innerhalb eines institutionellen Rahmens ein „... Hilfegeber mit einer speziellen Ausbildung, die ihn für diese Tätigkeit qualifiziert und in den Augen des Patienten kompetent erscheinen lässt." (Grawe, 1998, S. 21). Welche psychotherapeutische Richtung im Einzelfall auch vertreten wird, sie bietet ein kohärentes Erklärungsmodell für den Zustand, in dem sich der Patient befindet – ein Modell, aus dem sich ein Behandlungskonzept und ein reflektiertes Vorgehen ableiten. Die Tatsache, nun mit den persönlichen psychischen Problemen in einem solchen professionellen Rahmen aufgehoben zu sein, verändert die Erwartung von Patienten in eine positive, ermutigende Richtung und motiviert zu kontinuierlicher Arbeit an den Problemen. Obwohl in der konkreten Behandlung unterschiedliche Wege gehend, leisten die psychotherapeutischen Verfahren in einem solchen professionellen Rahmen dann doch Vergleichbares. Die von Grawe (1995) herausgearbeiteten Wirkfaktoren – Problembewältigung, motivationale Klärung, Problemaktualisierung und Ressourcenaktivierung – verweisen auf die in jedem psychotherapeutischen Prozess zu leistenden Schritte.

Diese und weitere Ergebnisse der Therapieforschung haben seit Beginn der 90er Jahre zu Überlegungen darüber geführt, ob sich eine für jede psychotherapeutische Arbeit nutzbare „psychologische Psychotherapie" (vgl. Grawe, 1995) entwerfen lässt, die von dem Konzeptionsmodell der klassischen psychotherapeutischen Richtungen wegführt und stattdessen indikationsorientiert innerhalb eines einheitlichen Vorgehens verschiedene Methoden zur Anwendung bringt. Durch die sich aus dem Psychotherapeutengesetz ergebenden Ausbildungsordnungen scheint ein solches Modell für die Zukunft Durchsetzungschancen zu haben. Das Modell bleibt allerdings bis jetzt auf der Ebene metatheoretischer Reflexionen und Systematisierungen (vgl. Grawe, 1998), es liefert nützliche Regularien und Reflexionskategorien für psychotherapeutisches Tun, nicht aber praktisches Know-how für die Bewältigung der psychotherapeutischen Situation selbst: Für Kontaktaufnahme, Verstehen, Aufbau einer therapeutischen Beziehung, produktives Umgehen mit den eigenen Gefühlen und das Generieren von Interventionsideen.

Hierfür bleibt die psychotherapeutische Praxis weiterhin auf die personennahen Ausbildungsmöglichkeiten der klassischen psychotherapeutischen Schulen angewiesen.

Versucht man auf der Grundlage des bis hierhin Explizierten so etwas wie eine Definition von Psychotherapie zu formulieren, dann lässt sich festhalten: Psychotherapie bezeichnet ein professionelles psychosoziales Handeln, das als Teil des medizinischen Systems psychische Störungen und psychosomatische Erkrankungen mit psychologischen Mitteln – und d.h. interaktiv – behandelt. Die gebotene Kooperation mit ärztlichen Diensten, die Pflicht zu Diagnostik und Indikationsstellung gehören genauso zum professionellen Setting wie das Herstellen einer therapeutischen Beziehung und das bewusste, planvolle (und wissenschaftlicher Reflexion zugängliche) Einsetzen von Kommunikationsstrategien zur Problemaktualisierung und -

lösung. Die spezifisch psychotherapeutischen Möglichkeiten, Problemgenesen und die psychische Struktur von Patienten und Patientinnen zu verstehen, der Arbeitsbeziehung Tragfähigkeit zu verleihen und verändernde Interventionen zu platzieren, werden durch personennahe, Selbsterfahrung einschließende Ausbildungen erworben, für die (in Bezug auf Menschenbild, Vorstellung von psychischer Struktur, Qualität von Verstehen sowie Interventionsstrategien) unterschiedliche Konzepte – die psychotherapeutischen Richtungen bzw. Schulen – zur Verfügung stehen.

Und wie lässt sich auf dieser Grundlage das Verhältnis zur Beratung bestimmen? Deutlich wird zunächst einmal, dass den meisten Versuchen, Psychotherapie von Beratung abzugrenzen, jeweils partielle Perspektiven zu Grunde liegen: Wird Psychotherapie Ärzten und Psychologen zugeordnet und „durch ihren Bezug zu relativ schwerwiegenden Störungen" und die „stringente Anwendung" diagnostischer und methodischer Prinzipien von „ anderen kommunikationsorientierten Interventionsverfahren" (vgl. Fröhlich 2000, S. 333) abgegrenzt, dann werden zwar allgemeine Formulierungen gewählt, im Blick aber ist Psychotherapie als Heilverfahren und die Grenze zwischen medizinischem System und sozialer Unterstützung. Werden Psychotherapie und psychosoziale Beratung als unterschiedliche Settings innerhalb desselben psychosozialen Arbeitsfeldes eingestuft (vgl. Rauchfleisch, 2001) – die weitaus häufigste Art der Gegenüberstellung – dann geht es um die Thematisierung professioneller Kommunikation zwischen Berater/Therapeut und Klientel, methodische Fragen und Problemeinschätzungen bestimmter Personengruppen werden verhandelt. Hier stehen die Gemeinsamkeiten hinsichtlich hilfreichen Verhaltens im Zentrum der Diskussion. Wird die Wissenschaftlichkeit psychotherapeutischer Verfahren und die Wirksamkeitskontrolle hervorgehoben, dann ist meist die empirische Therapieforschung im Blick.

Eine systematische Bestimmung des Verhältnisses von Psychotherapie und Beratung macht es erforderlich, auch die Art und Weise, in der Beratung die problematisch gewordene Psyche zum Gegenstand helfender Kommunikation macht, genauer zu betrachten:

3 Psychosoziale Beratung: (Neu-)Orientierung durch Kommunikation

Eine wichtige Differenz zur Psychotherapie wird bereits im eher Äußerlichen deutlich, wenn man sich einem Beratungsangebot nähert. Denn anders als in der Psychotherapie ist der Zugang zu einem Beratungsangebot nicht formell geregelt, sondern offen; die Zielsetzung von Beratung erfordert es, dass der Zugang zu einem Beratungsangebot für all diejenigen leicht ist, die sich von ihm angesprochen fühlen. Da Beratung freiwillig in Anspruch genommen wird und nicht angeordnet werden kann, tritt sie als Angebot auf. Beratungsangebote unterscheiden sich durch Themen und Zielgruppen, die über den Namen der Einrichtung und das öffentlich gemachte Programm bekannt gemacht werden. Erziehungsberatung etwa beschäftigt sich mit Themen und Konflikten aus Erziehung und Familie (vgl. Hundsalz i.Bd.2); Studienberatung ist mit allen studentischen Themen rund um das Studium befasst (vgl. Stiehler i.Bd.2); die Drogenberatung bietet Unterstützung bei Suchtproblemen. In ihrer institutionellen Struktur sind Beratungseinrichtungen durch den Teilbereich von Gesellschaft geprägt, dem sie zugeordnet sind bzw. dem sie sich zuordnen (vgl. Großmaß, 2000, S. 13–116). Ähnlichkeiten zur Psychotherapie ergeben sich dadurch, dass auch Beratung sich dem Persönlichen, Individuellen zuwendet. Psychosoziale Beratung will einzelnen Personen Orientierungshilfe bieten, sie arbeitet mit psychologischen Methoden und auch Beratung macht Fragen und Themen zum Gegenstand unterstützender Kommunikation, die ins Intim-Persönliche reichen und die man in der Regel nicht mit Fremden bzw. im öffentlichen Raum verhandelt. Alle psychosozialen Beratungsangebote haben daher die Aufgabe zu lösen – und hier liegt eine wichtige Differenz zur Psychotherapie –, ihr Angebot bzw. die jeweils besetzten Themen öffentlich sichtbar und zugänglich zu gestalten und dabei zugleich Räume zu eröffnen, die Vertraulichkeit gewährleisten und den oder die Rat-Suchende/n ermutigen, sich mit persönlichen, manchmal intimen Schwierigkeiten dem Gespräch mit einem professionellen Berater oder einer Beraterin zu öffnen. Um diese Aufgabe zu lösen, entwickeln Beratungseinrichtungen eine spezifische Form der Kommunikation mit ihrer Umgebung: Sie wechseln zwischen sehr großer Offenheit (etwa bei der Beschreibung ihres Angebotes), sehr großer Präzision und über die Alltagskommunikation hinausgehende Deutlichkeit (etwa bei der Thematisierung eines individuellen Problems in einem klärenden Gespräch, das auch die schmerzlichen und unangenehmen bzw. schambesetzen Anteile des individuellen Konfliktes herausarbeiten soll). Um die Anforderung der Offenheit realisieren zu können, greifen auch die heutigen Beratungseinrichtungen auf die Methoden der 20er Jahre zurück: Sie stellen einen „öffentlichen" Beratungsraum mit Informations- und Selbstaufklärungsmaterialen zu den Themenbereichen her, auf die sich ihr Angebot bezieht – je nach Aufgabenstellung und gewünschter Klientel kann es sich dabei um Infotheken, Spielgruppen, Teestuben bzw. Cafés oder Vortragsveranstaltungen handeln. In diesem öffentlichen Bereich von Beratung wird auf weitere, individuell zugeschnittene Beratungsmöglichkeiten verwiesen. Dabei kann es sich um spezielle Sprechstunden zu Einzelproblemen, um individuelle Beratungsgespräche, um Selbsterfahrungs- oder Therapiegruppen, um Trainingskurse zur Verhaltensmodifikation oder zum Erlernen von Entspannungstechniken handeln. Es werden Einladungen ausgesprochen, Tipps gegeben, Kontakte geknüpft und es wird mit dem Prozedere der Einrichtung vertraut gemacht (vgl. Großmaß zum Beratungssetting i.d.Bd.).

Erst wenn ein persönliches Beratungsgespräch (dann im nicht-öffentlichen Bereich der Einrichtung) zustande gekommen ist, beginnt der Arbeitsbereich von Beratung, der Überschneidungen mit der Psychotherapie hat. Doch auch hier ist das Vorgehen nicht identisch. In der Beratung geht es zunächst einmal darum, das Anliegen der Klientin oder des Klienten zu verstehen und abzuklären, inwieweit die Beratungsstelle Unterstützung bieten kann, in welchem zeitlichen Umfang und in welcher Arbeitsform der Beratungsprozess vor sich geht. Ein solches Gespräch erfordert von professioneller Seite sowohl Sachkunde hinsichtlich des angesprochenen Themenbereichs als auch Kenntnisse über die Lebenswelt der Klientel als auch psychologische Schulung hinsichtlich einer personenbezogenen, den Gesprächspartner fördernden Gesprächsführung. Heute bringen Mitarbeiter und Mitarbeiterinnen psychosozialer Beratungseinrichtungen meist neben einem sozialwissenschaftlichen

Studium (mit beratungsrelevantem Studienschwerpunkt) und Basiskompetenzen in klientenzentrierter Gesprächsführung auch eine psychotherapeutische Ausbildung in die Arbeit ein. Dabei kann man nicht sagen, dass eine bestimmte psychotherapeutische Richtung oder Schule besonders für Beratungsprozesse geeignet ist, lässt sich doch das psychotherapeutische Instrumentarium nur in ganz wenigen Beratungssituationen (in einer therapeutischen Gruppe vielleicht, bei einem Familiengespräch oder in bestimmten Sequenzen einer Einzelberatung) „rein" anwenden. Für die meisten Situationen im Beratungsalltag dient der psychotherapeutische Background dazu, das kommunikative Repertoire der Berater zu erweitern, eine tragfähige Beratungsbeziehung zu entwickeln, den Gefühlen ihren angemessenen Ort beim Verstehen des Problems (zurück-)zugeben, eine Vorstellung von menschlichem Wachstum und psychischer Veränderung sowie das psychologische Knowhow zu liefern, um Krisen und Verarbeitungsprozesse begleiten zu können. Das Spektrum der heute faktisch im Praxisfeld Beratung vertretenen psychotherapeutischen Richtungen ist ähnlich breit wie in der Psychotherapie selbst (vgl. tiefenpsychologische Beratungsansätze; humanistische Beratungsansätze; systemische Beratungsansätze; personenzentrierte Beratung i.Bd.2). Es ist diese im Kommunikationshabitus von Berater/inne/n und in fallbezogen dargestellten Beratungsprozessen wahrnehmbare Nähe zu psychotherapeutischen Verfahren, die die Abgrenzung situativ manchmal schwierig macht. Drei Abgrenzungskriterien haben sich in den verschiedenen Phasen der fachlichen Diskussion über Beratung als stabil erwiesen:

- Beratung geht nicht vom Krankheitskonzept aus, sondern behandelt die Schwierigkeiten ihrer Klientel als Konflikte und Desorientierungserfahrungen, die in spezifischen Lebenssituationen und -phasen auftreten können.
- Beratung hat es daher nicht mit Symptomen und Krankheitsbewältigung, sondern mit Krisen und Krisenbewältigung bzw. mit (Neu-)Orientierung zu tun.
- Beratung akzentuiert den lebensweltlichen Kontext, in dem die Orientierungsprobleme und Konflikte, für die Unterstützung gesucht wird, entstehen und bearbeitet werden können.

Als viertes Kriterium möchte ich hinzufügen:

- In Beratungsprozessen ist immer auch ein bestimmter Aspekt gesellschaftlichen Lebens (Erziehung, Berufsfindung, Studium, Illegalisierung des Drogenkonsums, Frauengleichstellung, Interkulturalität ...) besonders präsent, der durch den gesellschaftlichen Teilbereich bzw. die soziale Bewegung definiert ist, dem das Beratungsangebot zugeordnet ist (vgl. Großmaß zum Beratungssetting i.d.Bd.).

Auch für Beratung lässt sich auf der Grundlage des bis hierhin Skizzierten so etwas wie eine Definition formulieren: Psychosoziale Beratung bezeichnet ein professionelles psychosoziales Handeln, das Orientierungshilfe bei der Klärung individueller Probleme bietet, die aus sozialen Anforderungen entstehen und den persönlichen, intimen Bereich der Personen betreffen und irritieren. Beratung beruht auf der Freiwilligkeit ihrer Inanspruchnahme. Arbeitsmittel sind unterschiedliche Ebenen der Kommunikation von der Information über Sachverhalte über die Bereitstellung von pragmatischen Tipps bis zu Selbstmodifikationsangeboten und psychotherapeutischen Interventionen. Je nach Standort und sozialpolitischem Auftrag einer einzelnen Einrichtung konkretisiert sich Beratung thematisch und hinsichtlich einer bestimmten Klientel. So entstehen Beratungsangebote um bestimmte gesellschaftlich relevante bzw. problematisch gewordene Themenbereiche herum. Diese Beratungsangebote sind auf eine bestimmte Altersgruppe, soziale Schicht oder Subkultur zugeschnitten und versuchen auch vor allem Personen aus diesen Gruppen zu erreichen. Beratung ist, weil sie ein offenes Angebot bereitstellt, auf öffentliche Finanzierung angewiesen. Die Finanzierung von Beratung ist in den verschiedenen Bereichen und Regionen weder einheitlich noch kann sie als gesichert gelten. Manche Beratungseinrichtungen werden direkt über die Kommunen oder Länder finanziert, einige vermittelt über die Trägerschaft der Wohlfahrtsverbände, andere wiederum haben den Status von Trägervereinen, die öffentliche Zuschüsse immer wieder neu beantragen müssen. Die sich aus diesen Bedingungen ergebende Differenzierung und Diversifikation von Beratung ist national und regional unterschiedlich. Sie unterliegt zudem auch zeitlichen Veränderungen und ist von den jeweiligen politischen Machtverhältnissen abhängig.

Vergleicht man auf dem nun erarbeiteten Stand Psychotherapie und psychosoziale Beratung, dann scheint eine bedeutende Abgrenzung (spätestens seit Inkrafttreten des Psychotherapeutengesetzes) darin zu bestehen, dass beide unterschiedlichen gesellschaftlichen Systemen angehören. Psychotherapie ist ein Teil des medizinischen Versorgungssystems und zielt auf die Heilung psychischer Störungen ab; psychosoziale Beratung ist in verschiedenen gesellschaftlichen Feldern anzutreffen – immer mit dem Auftrag, auf der Individualebene feldspezifische Orientierungsleistungen zu erbringen. Wissenschaftlich verortet sind Beratung und Psychotherapie in unterschiedlichen Diskursen. Beiden Interventionsformen gemeinsam ist jedoch, dass sie sich mit den spezifischen psychischen Irritationen, die die Moderne produziert hat, helfend auseinandersetzen. Gemeinsam ist auch, dass sie mit psychologischen Methoden arbeiten und zur Schulung der in ihrem Bereich professionell Tätigen auf das personennahe Methodenrepertoire der psychotherapeutischen Schulen zurückgreifen.

Akzeptiert man diese grundsätzliche Differenz bei partiellen theoretischen und methodischen Gemeinsamkeiten, dann ist zwischen Psychotherapie und psychosozialer Beratung ein Verhältnis der Kooperation und der wechselseitigen Anregung vorstellbar.

Literatur

Behnsen, E. & Bernhardt, A. (1999). *Psychotherapeutengesetz (PsychThG) – erläuterte Textausgabe*. Köln: Bundesanzeiger.

Deutscher Bundestag (1975). *Bericht über die Lage der Psychiatrie in der Bundesrepublik Deutschland. Zur psychiatrischen und psychotherapeutisch-psychosomatischen Versorgung der Bevölkerung. Drucksache 7/4200*. Bonn: Heger.

Dörner, K. & Plog, U. (1989). *Irren ist menschlich. Lehrbuch der Psychiatrie und Psychologie*. Bonn: Psychiatrie.

Fröhlich, W.D. (2000). *Wörterbuch Psychologie*. München: Deutscher Taschenbuch-Verlag.

Großmaß, R. (1996). Feminismus und Therapie. In *beiträge zur feministischen theorie und praxis, 17*, 7–23.

Grawe, K. (1995). Grundriss einer Allgemeinen Psychotherapie. *Psychotherapeut, 40*, 130–145.

Grawe, K. (1998). *Psychologische Therapie*. Göttingen: Hogrefe.

Großmaß, R. (2000). *Psychische Krisen und sozialer Raum. Eine Sozialphänomenologie psychosozialer Beratung*. Tübingen: dgvt-verlag.

Junker, H. (1973). *Das Beratungsgespräch. Zur Theorie und Praxis kritischer Sozialarbeit*. München: Kösel.

Kernberg, O.F. (1981). *Objektbeziehungen und Praxis der Psychoanalyse*. Stuttgart: Klett-Cotta.

Keupp, H. (1978). Gemeindepsychologie als Widerstandsanalyse des professionellen Selbstverständnisses. In H. Keupp & M. Zaumseil, *Die gesellschaftliche Organisierung psychischen Leidens. Zum Arbeitsfeld klinischer Psychologen* (S. 180–220). Frankfurt a.M.: Suhrkamp.

Keupp, H. & Zaumseil, M. (Hrsg.) (1978). *Die gesellschaftliche Organisierung psychischen Leidens. Zum Arbeitsfeld klinischer Psychologen*. Frankfurt a.M.: Suhrkamp.

Kohut, H. (1973). *Narzißmus. Eine Theorie der psychoanalytischen Behandlung narzißtischer Persönlichkeitsstörungen*. Frankfurt a.M.: Suhrkamp.

Nestmann, F. (1981). Beratung. In G. Rexilius & S. Grubitzsch (Hrsg.), *Handbuch psychologischer Grundbegriffe. Mensch und Gesellschaft in der Psychologie* (S. 128–135). Reinbek b. Hamburg: Rowohlt.

Nestmann, F. (1997). Big Sister is Inviting you – Counseling und Counseling Psychology. In F. Nestmann (Hrsg.), *Beratung. Bausteine für eine interdisziplinäre Wissenschaft und Praxis.* (S. 161–177). Tübingen: dgvt-verlag.

Psychologinnengruppe München (1978). Spezifische Probleme von Frauen und ein Selbsthilfeansatz. In H. Keupp & M. Zaumseil, *Die gesellschaftliche Organisierung psychischen Leidens. Zum Arbeitsfeld klinischer Psychologen* (S. 221–264). Frankfurt a.M.: Suhrkamp.

Rauchfleisch, U. (2001). *Arbeit im psychosozialen Feld. Beratung, Begleitung, Psychotherapie, Seelsorge*. Göttingen: Vandenhoeck & Ruprecht.

Zeig, J.K. (Hrsg.). (1991). *Psychotherapie. Entwicklungslinien und Geschichte*. Tübingen: dgvt-verlag.

Dr. Ruth Großmaß hat Philosophie, Germanistik und Pädagogik studiert. Sie arbeitet als Beraterin für Studierende in der Zentralen Studienberatung der Universität Bielefeld. Ihre Arbeitsschwerpunkte sind Studien- und Arbeitstechniken und die Arbeit mit Frauen.

Anschrift:
ZSB–Zentrale Studienberatung
Universität Bielefeld
Postfach 100131
D-33501 Bielefeld
E-Mail: ruth.grossmass@uni-bielefeld.de

Allgemeine Pädagogik, Erziehungswissenschaft und Beratung

Frank Engel

1 Pädagogik und Beratung – Parallelen im professionellen Alltag

Dass in den pädagogischen Handlungsfeldern Beratung einen zentralen Stellenwert einnimmt, Beratung gar zu den Grundformen pädagogischen Handelns gehört, kann mittlerweile als Selbstverständlichkeit konstatiert werden. Wer möchte bestreiten, dass das alltägliche Handeln von Pädagogen in schulischen wie in außerschulischen Kontexten viele Elemente von Beratung aufweist. Es mögen „kleine" Situationen zwischen Tür und Angel sein, in denen im landläufigen Verständnis Beratung stattfindet. Es können bewusst geplante prozessorientierte Arrangements sein, die Beratung ermöglichen; Beratung kann zufällig oder geplant „passieren", kann mit Schülern, Eltern oder Kollegen stattfinden, kann im Unterricht, mit Gruppen oder in Einzelgesprächen geschehen. Mit Blick auf außerschulische pädagogische Handlungsfelder kann Beratung nahezu überall zwischen zufälligen Kontakten und geplanten Arrangements stattfinden. Auch gibt es Literatur hierzu, die darüber informiert, wie dieses Beratungshandeln zu gestalten und zu optimieren sei – nur ist diese Literatur zumeist keine genuin pädagogische, sondern beruft sich bis auf wenige Ausnahmen auf zumeist psychologisch-psychotherapeutische Definitionen von Beratung. Konzeptionell und theoretisch bleibt Beratung innerhalb pädagogischer Debatten somit weitgehend ein psychologischer und z.T. auch psychotherapeutischer Import.

Trotz dieser Breite, die Beratung als Handlungs- und Kommunikationsform einnimmt, bleibt sie aber in den pädagogischen Debatten somit eher randständig und hat nur innerhalb außerschulischer Arbeitsfelder eigene Konzepte entwickelt (vgl. Thiersch i.d.Bd.). Innerhalb genuin pädagogischer und erziehungswissenschaftlich theoretischer Diskussionen sucht man ihre Thematisierung zumeist vergebens, denn es sind die zentralen Themen wie Erziehung und Bildung oder pädagogische Professionalität (Combe & Helsper, 1996), die die Inhalte und die Identität pädagogischer wie erziehungswissenschaftlicher Theoriebildung bestimmen. Dass Beratung explizit thematisiert wird, mag zwar die Ausnahme sein, dennoch sind pädagogische und erziehungswissenschaftliche Diskurse interessant und produktiv für die Entwicklung einer pädagogischen Beratung ebenso wie für die Weiterführung von Beratung in sozialberuflichen, psychosozialen und gesundheitsberuflichen Handlungsfeldern. Pädagogik und Erziehungswissenschaft können wichtiges Wissen über die Gestaltung beratender Interaktionen ebenso liefern wie Wissen über die Besonderheiten von Professionen, die sich mit den – potenziell möglichen – Veränderungen von Menschen befassen und die nicht über Handlungstechnologien verfügen, die methodisch jederorts und in jeder Situation einzusetzen sind und zu vorhersagbaren Ergebnissen führen. Trotz aller Unterschiede, die zwischen pädagogischem Handeln allgemein und Beratung liegen, gibt es idealtypisch betrachtet weitere grundlegende Gemeinsamkeiten: Das Handeln ist nicht von der Person zu trennen; es begründet sich neben klassisch wissenschaftlichem auf ethisch-moralischem Wissen; es ist Handeln zwischen verschiedenen Personen und verschiedenen Lebenskontexten; das Handeln ist situations- oder kontextabhängig, kann nur bedingt geplant werden, muss Raum für Unvorhersehbares lassen, formuliert zwar Ziele, muss diese aber immer hinterfragen können und setzt auf Veränderung, ohne diese explizit planen zu können. Auch sind Pädagogen und Berater in ihrem professionellen Handeln in unterschiedliche Kontexte eingebettet, die möglicherweise widersprechende Loyalität – Auftraggebern, Eltern, Kindern, Institutionen etc. – erfordern. Pädagogen wie Berater verfügen über ein wie auch immer geartetes „Mehrwissen“ – wirkliches oder nur vermeintlich vorgegebenes –, beide wollen von ihrem landläufigen Selbstverständnis her nicht bevormunden, wollen Grenzen setzen und einhalten, aber auch Frei- und Möglichkeitsräume eröffnen, müssen sich auf Allgemeines (Regeln, Wissen, Strukturen) berufen und dennoch dem „Einzelfall“, dem Besonderen gerecht werden. Beide kennen die Notwendigkeit der Balance von Nähe und Distanz, Vertrauen und Misstrauen etc. – professionelle Anforderungen, die nur als Balance von Antinomien und Paradoxien sowie im reflexiven Umgang mit dem eigenen Nicht-Wissen lösbar scheinen. Auch gehen beide Professionen in ihren Interaktionen und mit ihren Interaktionspartnern professionsrelevante Beziehungen ein: Eine im weitesten Sinne interpretierbare „pädagogische“ Beziehung oder eine Beratungs-Beziehung sind relevante Aspekte des jeweiligen professionellen Tuns. Um die Liste möglicher Parallelen um einen weiteren aktuellen Aspekt zu ergänzen: Beide sind durch Neue Kommunikations- und Interaktionsmedien in ihren professionellen Handlungsbereichen herausgefordert und müssen ihr Handeln diesen neuen Medien gegenüber anpassen.

Da wundert es insgesamt schon sehr, dass sich mit Blick auf die gegenwärtige pädagogische Literatur wie auch die – zumeist psychologische – Beratungsliteratur, beide Professionen in ihren Diskursen und Konzepten nur wenig oder zumeist gar keine Aufmerksamkeit widmen. Beratung wird trotz der strukturellen Parallelität zur pädagogischen Professionalität eher als ein „Fremdkörper" behandelt und – sieht man einmal von dem großen Feld der Sozialpädagogik ab – entweder anderen Professionen, zumeist PsychologInnen, überlassen oder auf Methoden der Gesprächsführung reduziert. Beratung und Pädagogik stehen somit nicht in einem diskursiven Austausch ihrer Konzepte, Sichtweisen, Theorien und Methoden.

Letztlich kann man das Verhältnis zwischen Beratung sowie Pädagogik und Erziehungswissenschaft auch als eine *„vernachlässigte Relation"* bezeichnen – und vice versa auch Beratung als eine „vernachlässigte Relation" innerhalb pädagogischer und erziehungswissenschaftlicher Debatten.

2 Pädagogik und Beratung – ein prekäres Verhältnis zwischen „‚einfacher' und ‚abstrakter' Richtigkeit"

So war und ist Beratung in der pädagogischen Praxis auf weiten Strecken psychologischer Import. Das allein wäre ja nicht von Nachteil und entspricht durchaus pädagogischer und erziehungswissenschaftlicher Tradition, denn die Pädagogik griff immer und greift weiterhin auf das Wissen ihrer Nachbardisziplinen – primär Psychologie, Soziologie und auch Philosophie – zurück und betrachtet sie unter pädagogischer Perspektive. Es ist aber für das Verhältnis von Beratung und Pädagogik und die Einbindung von Beratung in pädagogisches Handeln weniger fruchtbar, wenn innerhalb pädagogischer Handlungsfelder Beratung ausschließlich als psychologischer Gegenstand übernommen wird und das „Pädagogische" der pädagogischen Beratung – ähnlich wie in der Pädagogischen Psychologie – nur noch auf das Anwendungsfeld verweist, ohne die Konzepte mit genuin pädagogischen Diskussionen zu verknüpfen. Eine so „psychologiereduzierte" pädagogische Beratung bleibt zwangsläufig in der Konsequenz mit ihren Konzepten der Denktradition der Psychotherapie verhaftet, ist nicht direkt anschlussfähig an pädagogische Denktraditionen – oder nimmt sie gar nicht zur Kenntnis – und kann gar die Züge einer disziplinären Diaspora annehmen, in der theoretische Konzepte isoliert von pädagogischen Handlungsfeldern und Diskussionen tradiert und gepflegt werden. So sind beispielsweise Erziehungsstilforschungen der Pädagogischen Psychologie und philosophische Erziehungsdiskurse zwei deutlich getrennte Stränge, die sich auf unterschiedliche erkenntnistheoretische Positionen ebenso gründen wie sie gänzlich unterschiedliche Inhalte thematisieren. Die Pädagogische Psychologie bezieht sich dabei deutlich auf die psychologischen Wissensbestände und ihre empirische Überprüfbarkeit wie Anwendung in pädagogischen Handlungsfeldern, während genuin pädagogische Diskurse im Kontext allgemeiner Pädagogik eher zu reflexiven wie ethisch begründeten Aussagen neigen, die die „Richtigkeit" des Handelns wenig anwendungsorientiert reflektieren. Psychologische wie auch psychotherapeutisch verkürzte Beratungspragmatik bis hin zur handlungsnormierenden Manualisierung sind somit eher der psychologische Beitrag, während der genuin pädagogische Beitrag – will man ihn ebenso verkürzt darstellen – eher reflexiv, kritisch und diskursiv in theoretische und teilweise nicht einfach zugängliche Debatten eingebunden ist. Letzterer verweigert sich somit einer einfachen Handlungspragmatik und lässt sich nicht linear ableitend in Handlung transferieren, formuliert eher professionelle Haltungen und thematisiert Basisbezüge professionell-pädagogischen Handelns.

Die Erziehungswissenschaft liefert somit eine grundlegende Reflexionsfolie professionellen Beratungshandelns und ist aufgrund ihrer Nähe zu philosophischem wie soziologischem Denken, in das sie grundlegend eingebunden ist, auch in der Lage, hier ebenso elaborierte wie handlungsrelevante Konzepte vorzulegen und dieses Wissen schnell in eigene Diskurse zu integrieren. Sie verweigert sich aber gleichzeitig vereinfachter Methodisierung und Handlungsanleitung. Dies sind aber wiederum die „Stärken" der mit der psychologischen Disziplin verbundenen psychotherapeutischen Konzepte – zumindest wenn man sie unter einer pragmatischen Perspektive betrachtet. Sie sind zumeist explizit handlungsorientiert, methodisiert und somit für berufspragmatisches Handeln von großer Attraktivität. Sie versprechen dort Sicherheit und eine zumindest *„einfache" Richtigkeit* im Sinne des Methodenhandelns, wo die pädagogischen Diskussionen eine eher *„abstrakte" Richtigkeit* entlang der Begriffe Bildung und Erziehung diskutieren. Sie legen zu unterschiedlichen pädagogischen Problemfeldern einfach lernbare und durchführbare Manualisierungen und Methoden vor wie Elternschulen, Konfliktlösungstrainings oder Gewaltpräventionsprogramme und liefern hiermit im pädagogischen Alltag auch den Pädagogen und Pädagoginnen (teilweise vermeintliche) Handlungssicherheit in Zeiten allgemeiner professioneller Verunsicherungen. Sie fördern ein pragmatisch begründetes Expertentum, jedoch verbunden mit der Gefahr, in der Methodisierbarkeit von Problemen deren Lösung zu sehen, ohne das eigene Expertenhandeln in seinen Grundhaltungen reflektieren und kritisch hinterfragen zu können oder Gesellschaft und Kultur als Grundkonstanten professionellen Handelns mitzuberücksichtigen. Diese Methoden- und Technikperspektive schlägt sich auch im verwendeten Vokabular nieder, wenn von Trainern, Trainings und Programmen gesprochen wird – alles immer unter der Prämisse, dass die Methode den Handlungserfolg garantieren kann.

Mit Blick auf Beratung haben somit Pädagogik und Erziehungswissenschaft auf weiten Strecken den pragmatischen psychologischen und psychotherapeutischen Importen ohne kritische Auseinandersetzung das Feld überlassen – eine Ausnahme liefern die hier nicht im Zentrum stehenden Beiträge zu Beratungsthematisierungen von Hans Thiersch (i.d.Bd.). Auch decken sich ebenso nicht selten Anbieter- und Nachfragerinteressen, denn die in der Praxis handelnden Pädagogen und Pädagoginnen sind zumeist froh, über quasi-therapeutische Beratungsausbildungen an der Attraktivität des therapeutischen Nimbus partizipieren zu können. So trifft man auch weiterhin auf einführende Bücher mit dem Titel „Pädagogische Beratung", die die pädagogischen Beiträge hierzu großenteils verschweigen und ausschließlich psychotherapeutische Konzepte vorstellen (Krause, Fittkau, Fuhr & Thiel, 2003). Pädagogische Beratung, so das hier vorgelegte Verständnis, ist zu allererst Beratung; die wiederum ist zu allererst psychologisch oder psychotherapeutisch fundiert, sodass die Handlungsfelder der Pädagogik für diese Konzepte nur einen weiteren Anwendungsbereich darstellen.

Zu wünschen ist perspektivisch eine deutlicher theoretische und konzeptionelle Durchdringung pädagogischer und beraterischer Professionalität, die den unterschiedlichen disziplinspezifischen Gepflogenheiten Rechnung trägt und „einfache" und „abstrakte" Richtigkeit als Paradoxie und Antinomie balancieren hilft –, denn nur in der handlungsbezogenen Verbindung beider Richtigkeitsaspekte sind Beratungshandeln und pädagogische Professionalität denkbar. Hierbei gilt es, der Reflexion wie der Handlung gleichberechtigt Raum zu geben, weder ohne pragmatisch und methodisch zu verkürzen, noch ohne sich in theoretisch abstrakte Debatten zu verlieren.

3 Die Beratungsentwicklungen in Pädagogik und Erziehungswissenschaft

Dass Beratung innerhalb des pädagogischen Denkens derart randständig geblieben ist, hat sicherlich seinen Grund auch in der Alltäglichkeit des Begriffs. So blieb es nahezu ausschließlich der klinischen Psychologie mit ihren unterschiedlichen psychotherapeutischen Schulen überlassen, hier die entsprechenden Konzepte vorzulegen und die Rahmenbedingungen für Beratungsausbildungen in pädagogischen Handlungsfeldern zu formulieren. Vereinfacht formuliert ist noch immer die Vorstellung dominant, dass Beratung entweder weiterhin Informierung ist – und die beherrscht jeder oder jede als Pädagogin oder Pädagoge allemal – oder sie ist quasitherapeutisches Handeln – und das überlässt man der psychologischen Profession. Zwischen diesen beiden Eckpunkten finden sich dann beispielsweise im schulischen Bereich die Beratungslehrer und -lehrerinnen mit ihren mehr oder weniger intensiven Beratungsausbildungen. Im außerschulischen Bereich sind es die Sozialpädagogen und Sozialarbeiterinnen, die entweder mit deutlicher Nähe zum lebensweltorientierten Ansatz oder ähnlichen alltagsnahen Konzepten ihre Beratungsarbeit organisieren und mit mehr oder weniger Nähe zu psychotherapeutischen Konzepten durchführen.

Letztere erfreuten sich in den 70er Jahren derartiger Beliebtheit, dass gar eine „Therapeutisierung" der Sozialarbeit befürchtet wurde und ein Beratungsboom, der sämtliche schulische wie außerschulische Bereiche erfasste, auch in pädagogischen Handlungsfeldern zu konstatieren war. Die Diskussionswelle über Beratung in der Erziehung führte zu Symposien, Handbüchern, einer Vielzahl von Zeitschriftenbeiträgen, erste Fernstudienlehrgänge für BeratungslehrerInnen wurden eingerichtet, Modellversuche zur Bildungsberatung und Beratungsausbildung vorgenommen. Hiermit verbunden war die Absicht, zur Aufhebung von Benachteiligungen auch mit dem Ausbau von Beratungsangeboten beizutragen. So wurde in Human- und Sozialwissenschaften aus den wenigen früheren theoretischen und meist philosophisch und allgemeinpädagogisch geprägten Auseinandersetzungen um den Beratungsbegriff und aus den zuvor wenigen Beratungsangeboten und -institutionen wie Erziehungs-, Berufs-, Rechts- und Eheberatung eine wahre „Beratungsflut", die ihren

Vorwort und Einleitung
Beratungs-disziplinen
Geschlecht und Beratung
Alter und Beratung
Kultur und Beratung
Beratung und soziale Systeme
Perspektiven der Beratung

fachöffentlichen Aufmerksamkeits-Höhepunkt im Funkkolleg „Beratung in der Erziehung" (1975/76) hatte. Dennoch erfüllte sich die hiermit verbundene reformorientierte Hoffnung des Abbaus von Bildungsbarrieren durch Beratung wie auch auf die erhoffte Reduzierung von Verhaltensauffälligkeiten durch Beratungsangebote nicht oder sie waren in der anvisierten Breite nicht finanzierbar. Beratung ist trotzdem spätestens seit dieser Zeit zu einem festen Bestandteil pädagogischen Handelns geworden – mit welchem Beratungsverständnis, das blieb und bleibt jedoch weiterhin eine ungeklärte Frage.

Ein Blick etwas weiter zurück in die 60er Jahre zeigt jedoch, dass diese Öffnung zur Beratung wie die Offenheit für Beratungsprozesse in Erziehungskontexten nicht immer gegeben war. Beratung konnte sogar von Klaus Mollenhauer als ein grundlegend „unpädagogisches Phänomen" im Sinne eines traditionellen Erziehungsbegriffs wie „alter" pädagogischer Verhältnisse apostrophiert werden (Mollenhauer, 1965). In der bisherigen Pädagogik, so Mollenhauer damals in einem noch immer sehr lesenswerten Buchbeitrag, wurde Beratung im Kontext von Erziehung nicht berücksichtigt, da der Erziehungsbegriff zu eingeschränkt war. Sie war ein Randphänomen und nur dort zu vermuten, „wo der Erziehungsauftrag im engeren Sinne des Wortes erloschen ist oder wo es sich um andere, angeblich nichtpädagogische Probleme handelt". (Mollenhauer, 1965, S. 28). Mollenhauer unternahm Mitte der 60er Jahre den damals noch riskanten Versuch, Beratung als ein „pädagogisches Phänomen" zu begründen und auf seine Bedeutung für den schulisch-pädagogischen Bereich ebenso hinzuweisen, wie auch die in der Beratungsinteraktion liegenden emanzipativen Bildungsaspekte zu betonen. Beratung wird für ihn zu einem Stilmerkmal demokratischer Erziehungspraxis. Sie hat aber ihren „erzieherisch entscheidenden Ort" nicht zentral in den mit Erwachsenen durchgeführten Beratungsgesprächen, sondern ist eine „Form der erzieherischen Hilfe, auf die nur zum Schaden der Heranwachsenden selbst verzichtet werden kann" (Mollenhauer 1965, S. 29). Insbesondere im Erziehungsalltag ist sie von besonderer Bedeutung, da sie einen „Einschnitt im kontinuierlichen Fluss des gesamten Erziehungsprozesses" (a.a.O., S. 30) darstellt. Sie ist beschreibbar als der spezielle Moment, in dem „Probleme verdichtet hervortreten, artikuliert und formuliert werden" (ebd.).

Zwar betonte Mollenhauer hier die Notwendigkeit eines an Beratung ausgerichteten Erziehungsverhältnisses, ohne jedoch auf eine pädagogische Konzipierung von Beratung zurückgreifen zu können. Seine Argumentation versteht sich vielmehr im Sinne einer emanzipatorischen oder auch kritischen Erziehungswissenschaft, die kritische Maximen erziehungswissenschaftlicher Forschung und pädagogischer Handlung diskutiert und vorlegt.

Auch noch nach dem Beratungsboom der 70er Jahre dominierten weiterhin theoretische Verortungen, die sich ausschließlich psychologischer und psychotherapeutischer Theoriemodelle und Konzepte bedienten. Wie in vielen anderen Beratungsveröffentlichungen jener Jahre auch, fanden sich Lerntheorien und verhaltenstherapeutische Konzepte neben psychoanalytischen Perspektiven und den zweifelsohne von vielen Praktikern und Praktikerinnen favorisierten humanistischen Konzepten der klientenzentrierten Handlungsweise nach Carl Rogers. Insbesondere in der Tradition des humanistischen Ansatzes ließ sich Beratung auf eine bestimmte Form des Kommunizierens reduzieren, die in jener Zeit in der von Thomas

Gordon vorgeschlagenen „Familienkonferenz“ und „Schulkonferenz“ zu Bestsellern wurden. Beratung wurde in der Folge zwar zu einer pädagogischen Selbstverständlichkeit, ohne jedoch pädagogisch-theoretisch begründet oder diskutiert zu werden. Psychologie und Psychotherapie lieferten die beraterischen Handlungskonzepte ebenso wie sie Problem- und Ursachenmodelle bereithielten, die bereitwillig übernommen wurden.

Auch das zentrale Beratungsfeld im Kontext von Erziehung – die Erziehungsberatung – konnte sich unter psychotherapeutischer und psychologischer Ausrichtung entwickeln und kam und kommt vielerorts im Rahmen eines therapeutischen Selbstverständnisses gänzlich ohne jedwelche Pädagogik aus. Das, was für Beratung über lange Jahre allgemein galt, dass sie im Schlepptau der Psychotherapie verharrt, galt und gilt insbesondere für Beratung in pädagogischen Kontexten. Beratungskonzepte im schulischen Kontext bleiben auch heutzutage, dort wo sie personenbezogen definiert werden, weitgehend psychologisch-psychotherapeutisch orientiert und gründen sich auf die hiermit verbundenen Konzepte, sodass mittlerweile systemische Konzepte (u.a. Palmowski, 1995) und lösungsorientierte Ansätze zu einer Selbstverständlichkeit geworden sind.

Im Rahmen der Schulentwicklung finden aber zunehmend auch organisationsbezogene Ansätze Bedeutung (vgl. Liermann i.Bd.2). In beiden Fällen macht Beratung in der inhaltlichen Konzipierung Anleihen bei Psychologie, Psychotherapie und hinsichtlich der Thematisierung von Organisationen auch bei der Soziologie. Demgegenüber sind sozialpädagogische Konzepte, wie das alltagsorientierte Beratungskonzept von Hans Thiersch (vgl. Thiersch i.Bd.2), keinesfalls eine Selbstverständlichkeit des hier anzutreffenden Beratungsverständnisses.

4 Beratung und Pädagogik – die Bedeutung des pädagogischen Reflexionspotentials für die Beratung

Beratung in pädagogischen Handlungsfeldern bleibt somit weiterhin wenig in pädagogisch-theoretische Diskurse eingebunden – so ein erstes Fazit. Aber der Blick lässt sich auch aus einem grundlegend anderen Blickwinkel werfen und man kann fragen, welche Bedeutung pädagogische Konzepte und Debatten für die konzeptionelle (Weiter-)Entwicklung von Beratung haben.

Die Integrationsfähigkeit der Pädagogik

Die Allgemeine Pädagogik oder auch Theoretische Erziehungswissenschaft (Vogel, 1998) verfügt über eine lange Tradition des disziplinären Umgangs mit unterschiedlichen Theorien und Konzepten. Aufgrund ihrer philosophischen Tradition wie auch aufgrund ihrer neueren Entwicklung zur Erziehungswissenschaft seit Mitte des vergangenen Jahrhunderts war sie immer von kontroversen disziplinimmanenten Debatten geprägt. Allein die Geschichte der unterschiedlichen Fassungen des Erziehungsbegriffs ist lesbar als ein Auszug der Philosophiegeschichte, in der die bedeutsamen Positionen der Antike, des Mittelalters, der Renaissance und der Moderne zur Sprache kommen. Das garantierte der Pädagogik nicht unbedingt

Vorwort und Einleitung
Beratungs-disziplinen
Geschlecht und Beratung
Alter und Beratung
Kultur und Beratung
Beratung und soziale Systeme
Perspektiven der Beratung

immer Handlungssicherheit oder eine einfache Konzeptorientierung, aber doch zumindest die Chance auf ein philosophisch begründbares Reflexionsniveau. Mit der empirischen Erziehungswissenschaft fand auch eine positivistische sowie kritisch rational begründete quantitative wie qualitative Empirie Eingang in die pädagogischen Thematisierungen. Insgesamt sind Pädagogik und Erziehungswissenschaft somit ein disziplinäres wie interdisziplinäres Feld mit unterschiedlichsten Konzepten, Theorien und engen Verbindungen zu den so genannten Nachbardisziplinen Psychologie, Soziologie und Philosophie. Verglichen mit dieser Vielfalt und Breite der Fundierung und der thematisierten Inhalte mutet die akademische Mainstream-Psychologie hinsichtlich Erkenntnistheorie, Methodologie, Forschungspraxis und Theoriedebatten wie ein monolithischer Disziplinblock an, der sich erst in den letzten Jahrzehnten zwar auch dem qualitativen Paradigma öffnete, aber im Kern keinesfalls philosophisch und soziologisch geprägt ist.

Pädagogisches Denken war und ist somit immer ein Denken innerhalb eines pluralen Konzeptgefüges aus Ansätzen, die sich auf theoretische Entwürfe der Nachbardisziplinen berufen konnten und diese für pädagogische Inhalte adaptierten. Hierbei wurden die Themen der Nachbardisziplinen zumeist nicht nur importiert – wie für Beratung aufgezeigt –, sondern in die Auseinandersetzungen um „abstrakte Richtigkeit" der Konzepte, Theorien und Modelle integriert. Die Stichworte reichen von der geisteswissenschaftlichen Pädagogik über praxeologische, phänomenologische, historisch materialistische und psychoanalytische Pädagogik bis hin zu kritischer, systemtheoretischer, strukturalistischer, interaktionistischer und postmoderner Erziehungswissenschaft (Krüger, 1997) – ohne Anspruch auf Vollständigkeit. Pädagogik und Erziehungswissenschaft sind somit grundlegend *diskursive Disziplinen*, die ihre unterschiedlichen theoretischen Zugänge auf pädagogisch relevante Themen konzentrieren und dabei mit großer Selbstverständlichkeit auf philosophische Traditionen – und das hiermit verbundene erkenntnistheoretische Reflexionsniveau – ebenso zurückgreifen können wie auf empirische Befunde einer sich reflexiv verstehenden Erziehungswissenschaft, die qualitative Methoden als Selbstverständlichkeit kennt (Friebertshäuser & Prengel, 1997).

Im Laufe ihrer Geschichte hat es die Pädagogik also verstanden, eine Disziplin zu bleiben und dennoch vielfältigen und widerstreitenden theoretischen Zugängen Raum zu geben. Es ist ebenfalls eine Selbstverständlichkeit, dass nicht nur Pädagogen über Bildung und Erziehung schreiben, sondern dass sich unterschiedliche Disziplinen an dem Diskurs beteiligen. Wenn man des Weiteren konstatiert, dass im Zentrum „Groß"-Begriffe wie Erziehung und Bildung stehen, die immer wieder als thematische Referenz diese Debatten fokussieren, dann kann man in diesem Umgang mit Pluralität deutliche Parallelen für einen ebenso transdisziplinären Umgang mit dem zwar „kleineren" Thema Beratung sehen. Die Organisierung des Wissens, die Breite der geführten Diskussionen, die Vielfalt elaborierter, d.h. im weitesten Sinne wissenschaftlich und diskursiv begründeter Positionen, der Umgang mit eben dieser Pluralität – all das liefert Ansatzpunkte für eine ebenso elaborierte Organisierung des Beratungswissens, das sich – so man sich hier ein Beispiel nehmen würde – nicht mehr nur auf das Einüben von Beratungsmethoden reduziert, sondern in seiner gesamten konzeptionellen Breite und kulturellen Konstruiertheit bewusst wird.

Bildung, pädagogisches Handeln und Beratung

Insbesondere der Begriff der Bildung kann eine auch zukünftig relevante Stellung in der Konzipierung von Beratung einnehmen (vgl. Engel, 1998). Die bildende Funktion, die Beratung hat oder haben kann, bedarf einer Verbindung zu pädagogischen Themen, um nicht nur aus einer pragmatischen und merkantilisierten, also verkaufsorientierten Perspektive formuliert zu werden.

Insbesondere in den letzten Jahren haben sich in den erziehungswissenschaftlichen Debatten Veränderungen ergeben, die zunehmend auf das Reflexivwerden dieser Disziplin verweisen (u.a. Lenzen, 1996; Krüger, 1997). Eine sich so verstehende Erziehungswissenschaft und Pädagogik begreift sich als eine „reflexive Beobachtungswissenschaft …, die sich rück- und selbstbezüglich mit der kritischen Analyse der Risiken und (den) negativen Folgewirkungen stattgehabter Erziehung befasst und für die Ausbildung professioneller Pädagogen allenfalls (zu ergänzen wäre: „nur noch", Anmerkung des Autors) den Charakter einer systematischen und kritischen Reflexionsinstanz beanspruchen kann" (Krüger & Helsper, 1995, S. 12).

Diese Erziehungswissenschaft entzieht sich schneller Performanz und Pragmatik; sie verweigert sich auch schneller Handlungsentwürfe, sieht sich als eine kritische Reflexionsinstanz und befragt das Verhältnis von Theorie und Praxis jenseits eines naiven Verständnisses von Theorie-Praxis-Transfer. Mit dieser Perspektive ist eine kritische und ebenso nachdenkliche Einstellung verbunden, die die Bedeutung grundlegender Konzepte und Handlungsorientierungen hinterfragt. Gesucht wird nach zeitgemäßen Formen pädagogischer Professionalität ebenso wie nach der Neu-Bestimmung zentraler pädagogischer Leitbegriffe.

An den Beispielen Bildung und pädagogisches Handeln lassen sich Eckpunkte dieser Neuverortungen aufzeigen.

Bildung hat sich in diesem neuen Verständnis von dem landläufigen Bild der bürgerlichen und Höheren Bildung gelöst und sich – bildlich gesprochen – in die Niederungen des Alltags begeben. So spricht das Collège de France in seinen Vorschlägen zur Zukunft der Bildung davon, dass Bildung bedeutet, sich „immer neues Wissen anzueignen und mit immer neuen Situationen zurechtzukommen" (zit. n. Hörster, 1995, S. 49). Bedeutsam sind hier die Situationen alltäglicher Ungewissheit und Unbestimmtheit, die zum Ausgangspunkt der Bildung und zu einer Bildungschance werden. Bildung wird unter einer derartigen Perspektive zu einer Form der zunehmenden Auseinandersetzung mit Neuem, sie ist das Ausprobieren möglicher Kategorien der Erfahrungsverarbeitung und ist Balance zwischen Bestimmtheit und Unbestimmtheit: „Je stärker Bildung die Herstellung von Bestimmtheit betont, je mehr also Unbestimmtheit in die Latenz gedrängt wird, desto schwieriger wird es sein, eingefahrene Routinen aufzugeben" (Marotzki, 1988, S. 330). Insgesamt werden somit die Alltagssituationen mit ihren Unbestimmtheiten, ihrer Ungewissheit, ihrem Fremdsein und ihrer Pluralität als Bildungschancen aufgefasst: Bildung also nicht nur als eine Form des Verfügens über Wissen, sondern als das genaue Gegenteil: als ein Wissen um das eigene Nichtwissen.

Ähnlich reflexiv der Umgang mit dem Begriff *pädagogisches Handeln*. Dieser Begriff wird ähnlich vorsichtig und offen wie der Bildungsbegriff diskutiert. So fällt auch hier der Blick auf das „Strukturmoment der Ungewissheit" (Combe & Helsper,

1996, S. 41), die Reflexion von Wissensgrenzen wird als zentraler Kernbereich der pädagogischen Profession anerkannt und pädagogische Professionalität wird in Abgrenzung gegenüber Nichtprofessionellen neu gefasst: Professionelle Pädagogen unterscheiden sich von Nicht-Professionellen dadurch, dass sie ihr eigenes Wissen immer wieder für Neues öffnen können. Auf der Strecke geblieben ist hier der Glaube an ein abgeschlossenes Wissen über Erziehung, Unterricht und Lernen. Aus dieser Perspektive erscheinen professionelle Gesinnungspostulate und Glaubenshaltungen nur noch als ein Ausdruck der Deprofessionalisierung (vgl. Combe & Helsper, 1996, S. 41). Auch hier wird professionelles Handeln sich selbst gegenüber reflexiv und es ist Ausdruck der Professionalität, sich offen gegenüber Neubeschreibungen zu verhalten, diese zur Kenntnis zu nehmen und das Expertentum nicht auf das Können zu beschränken, sondern das Nicht-Können als Teil professionellen Handeln immer mitzudenken.

Diese neue und selbstreflexive Thematisierung formuliert insgesamt eine deutliche Abkehr von einer Pädagogik mit ihren Verfügungsphantasien, die sich über lange Zeit nicht darauf verstand, mit ihrer eigenen Ungewissheit professionell umzugehen. Sie stellt die Hinwendung zu einer „neuen" Pädagogik dar, die hier erst beginnt und die das, was Niklas Luhmann & Eberhard Schorr (1988) als „Technologiedefizit" bezeichnen, als eine Chance zur Formulierung eines eigenständigen Professionalisierungsprofils begreift. Für diese Pädagogik, die Ungewissheit nicht verdrängt, sondern mit ihr produktiv umgeht, sind Gesellschaftstheorie oder Kulturtheorie wie auch sozial- oder moralphilosophische und erkenntnistheoretische Debatten ebenso selbstverständlich wie handlungstheoretische Reflexionen, kritische Thematisierungen des Verhältnisses von Wissenschaft und Praxis sowie die Betonung des besonderen Transfers von Wissenschaftswissen in professionelles Handlungs- und Entscheidungswissen.

Mit beiden Begriffen – Bildung wie pädagogischem Handeln – sind somit Sichtweisen verbunden, die das professionelle Handeln nicht nur in seinen Auswirkungen reflektieren helfen, sondern aufgrund von grundlegenden Perspektivwechseln zu seiner Veränderung beitragen und damit auch inhaltlich konzeptionelle Qualitätskriterien formulieren. Für die Beratung argumentiert Hans Thiersch (2002) ähnlich und gegen den Strich, wenn er der Frage nachgeht, ob denn Beratung nicht auch schaden könne und ein Leben mit Lebenslügen nicht besser wäre als beraterische Aufklärung.

Diese Außenperspektiven, die die Pädagogik formuliert, können somit in ihrer Struktur auch für Beratung bedeutsam sein. Würde beispielsweise Beratung nur unter einer betriebswirtschaftlichen Perspektive gesehen, die sich ausschließlich über Angebotsformen oder nur über die Zufriedenheit ihrer Klientel definiert, dann fallen diese wichtigen Außenperspektiven fort. So wichtig die Zufriedenheit der Rat Suchenden mit den Angeboten ist, so wenig sagt sie jedoch über Alternativen und neue Angebote aus, denn diese Zufriedenheit wird nur an dem ermittelt, was bekannt ist. Professionelles Handeln anders und neu zu begründen, alte Vokabulare aufzubrechen und einem „Weiter so" Einhalt gebieten zu können, professionskritisch zu fragen – dazu bedarf es allgemein theoretischer Reflexion, die auch eine Außenperspektive einnehmen kann. Hier liefern Pädagogik und Erziehungswissenschaft Beispiele.

5 Schluss

Allgemeine Pädagogik und Erziehungswissenschaft auf der einen und Beratung auf der anderen Seite sind in sich heterogene Diskurssysteme, in denen sich unterschiedliche Disziplinen zu Wort melden, um das professionelle Handeln reflexiv werden zu lassen, Konzepte zu überprüfen und zu Verbesserungen beizutragen. Hier bieten die pädagogischen und erziehungswissenschaftlichen Diskussionen ein Reflexionsreservoir, das bisher von der Beratung in Theorie und Praxis nicht in der vorliegenden Breite und Intensität zur Kenntnis genommen wurde. Umgekehrt fand aber auch innerhalb pädagogischer und erziehungswissenschaftlicher Theoriebildung Beratung als Handlungsform und theoretisches Konzept nur randständige Bedeutung – im Gegensatz zu ihrer weiten Verbreitung in pädagogischen Handlungsfeldern. Eine pädagogische Betrachtung von Beratung öffnet somit einen für Beratung wichtigen konzeptionellen und begrifflichen Bezugsrahmen. So lässt sie sich unter der skizzierten bildungsorientierten Perspektive nicht nur als eine Form der Orientierungs-, Planungs-, und Entscheidungshilfe entlang „schneller Effizienz" betrachten, sondern auch als nachhaltig effektive, bildungsorientierte und reflexive Auseinandersetzung mit den unterschiedlichen Orientierungs-, Planungs- und Entscheidungsformen verschiedener Beratungen.

Zu recht plädiert der renommierte englische Counsellingautor John McLeod (2003) für ein postpsychologisches Stadium der Beratung, das das Wissen anderer Disziplinen mit großer Selbstverständlichkeit integriert und fordert eine vergleichende, grundlegend kritische Analyse unterschiedlicher Beratungskonzepte, um die geschlossenen schulenspezifischen Modelle aufzubrechen. Unter einer derartigen Perspektive bieten – zumindest im Deutschsprachigen – auch Pädagogik und Erziehungswissenschaft ein relevantes Reservoire an Wissensbeständen, die beratungsrelevant nutzbar sind. Ihre zumeist philosophische wie soziologische Verortung macht sie handlungspragmatisch zwar nicht immer einfach zugänglich. Das ist und bleibt aber das Problem jedweder Reflexion, die dort innehält und nachfragt, wo andere schon längst leichte Antworten formuliert und Handlungsmanuale vorgelegt haben. Handlungsfähigkeit und Reflexivität im Sinne *einfacher und abstrakter Richtigkeit* (s.o.) bilden somit eine aus der Pädagogik übertragbare Perspektive für Beratung.

Literatur

Combe, A. & Helsper, W. (1996). Einleitung. Pädagogische Professionalität. Historische Hypotheken und aktuelle Entwicklungstendenzen. In A. Combe & W. Helsper (Hrsg.), *Pädagogische Professionalität* (S. 9–48). Frankfurt a.M.: Suhrkamp.

Engel, F. (1998). Beratung zwischen Performanz und Bildung. In *PÄDforum, 26* (5), 425–429.

Friebertshäuser, B. & Prengel, A. (Hrsg.). (1997). *Handbuch qualitative Methoden in der Erziehungswissenschaft.* Weinheim/München: Juventa.

Hörster, R. (1995). Bildung. In H.-H. Krüger & W. Helsper (Hrsg.), *Einführung in die Grundbegriffe und Grundfragen der Erziehungswissenschaft* (S. 43–52). Opladen: Leske & Budrich.

Krause, C., Fittkau, B., Fuhr, R. & Thiel, H.-U. (Hrsg.). (2003). *Pädagogische Beratung. Grundlagen und Praxisanwendung.* Paderborn: Verlag Ferdinand Schöningh.

Krüger, H.-H. & Helsper, W. (Hrsg.). (1995). *Einführung in Grundbegriffe und Grundfragen der Erziehungswissenschaft.* Opladen: Leske & Budrich.

Krüger, H.-H. (1997). *Einführung in Theorien und Methoden der Erziehungswissenschaft.* Opladen: Leske & Budrich.

Lenzen, D. (1996). *Handlung und Reflexion. Vom pädagogischen Theoriedefizit zur Reflexiven Erziehungswissenschaft.* Weinheim/Basel.

Luhmann, N. & Schorr, E. (1988). *Reflexionsprobleme im Erziehungssystem.* Frankfurt a.M.: Suhrkamp.

Marotzki, W. (1988). Bildung als Herstellung von Bestimmtheit und Ermöglichung von Unbestimmtheit. Psychoanalytisch-lerntheoretisch geleitete Untersuchungen zum Bildungsbegriff in hochkomplexen Gesellschaften. In O. Hansmann & W. Marotzki (Hrsg.), *Diskurs Bildungstheorie I. Systematische Markierungen* (S. 311–333). Weinheim: Deutscher Studienverlag.

McLeod, J. (2003). *An introduction to counselling.* Buckingham: Open University Press.

Mollenhauer, K. (1965). Das pädagogische Phänomen „Beratung". In K. Mollenhauer & C. W. Müller, *„Führen" und „Beraten" in pädagogischer Sicht* (S. 25–50). Heidelberg: Quelle und Meyer.

Nestmann, F. & Engel, F. (2002). Beratung – Markierungspunkte für eine Weiterentwicklung. In F. Nestmann & F. Engel (Hrsg.), *Die Zukunft der Beratung* (S. 11–50). Tübingen: dgvt-Verlag.

Palmowski, W. (1995). *Der Anstoß des Steines. Systematische Beratungsstrategien im schulischen Kontext.* Dortmund: Borgmann.

Thiersch, H. (2002). Beratung, von unten gesehen – Einige Fragen und Mutmaßungen. In F. Nestmann & F. Engel (Hrsg.), *Die Zukunft der Beratung* (S. 155–163). Tübingen: dgvt-Verlag.

Vogel, P. (1998). Stichwort: Allgemeine Pädagogik. In *Zeitschrift für Erziehungswissenschaft. 1* (2), 157–180.

Frank Engel hat Erziehungswissenschaften und Psychologie studiert. Er ist Diplom-Pädagoge und freischaffender Künstler, und war über lange Jahre in der Hochschule in der Beratungsforschung und Beratungsausbildung tätig. Hauptberuflich ist er Geschäftsführer des Instituts für Beratungsforschung und -weiterbildung e.V. Er ist Mitglied des Forums Beratung in der DGVT und der Weiterbildungsleitung „Ressourcen- und netzwerkorientierte Beratung" der DGVT. Sein zentrales Forschungsfeld ist die gesellschaftliche und kulturelle Entwicklung von Beratung.

Anschrift:
ibfw-beratung e.V.
Breite Straße 37
D-33602 Bielefeld
E-Mail: frank.w.engel@t-online.de

Sozialarbeit/Sozialpädagogik und Beratung

Hans Thiersch

1 Beratung als Verhandlung von Problemen im Medium von Gespräch und Freiwilligkeit

Beratung als Verhandlung von Problemen und Schwierigkeiten im Medium von Gespräch und Freiwilligkeit wird zunehmend wichtig für moderne Soziale Arbeit (dieser Begriff wird im Folgenden als Zusammenfassung für Sozialpädagogik und Sozialarbeit benützt.) Professionelle Beratung wird informell und in formellen Settings praktiziert; sie gewinnt in der modernen Sozialen Arbeit zunehmend an Bedeutung.

Vorwort und Einleitung
Beratungs-disziplinen
Geschlecht und Beratung
Alter und Beratung
Kultur und Beratung
Beratung und soziale Systeme
Perspektiven der Beratung

2 Alltagsberatung und deren Bedeutung in den Gesellschaftsstrukturen der Moderne

Um dies plausibel zu machen, scheint es mir notwendig, etwas auszuholen und zunächst den Kontext von Alltagsberatung und deren Bedeutung in den Gesellschaftsstrukturen der Moderne zu skizzieren; erst dann werde ich in deren Kontext professionelle Beratung diskutieren.

Alltagsberatung ist zentrales Moment jeder Kommunikation. Menschen brauchen Rat, beraten sich untereinander, helfen sich wechselseitig durch Rat; sie lassen sich – sich miteinander beratend – aufeinander ein, hören sich in ihren Erfahrungen, Schwierigkeiten und Problemen gegenseitig zu. Indem sie sich austauschen und erzählen, finden sie in ihren Problemen Möglichkeiten, diese zu erhellen, aufzuklären und vielleicht neue Optionen zu sehen (Thiersch, 2002).

Solche Beratung gewinnt besondere Bedeutung in unserer Moderne. Sie kann charakterisiert werden unter Stichpunkten der alten und neuen Ungleichheiten und Ausgrenzungen, der zunehmenden Ausbildung arbeitsteilig geprägter und spezialisierter Lebensfelder, der zunehmenden Bedeutung von rational strukturierten Organisationen und Institutionen und von Wissen und Information. Die Unübersichtlichkeit der Situation, in der Menschen sich vorfinden, verlangt von ihnen neue Kompetenzen der Gestaltung des eigenen Lebens. Lebensbewältigung als Arbeit am eigenen Lebensentwurf, Biographizität als Wahl und Legitimation der eigenen Biographie wird zum zentralen Thema. Mit diesen Entwicklungen einher geht der Abbau autoritär-hierarchischer Gesellschafts- und Lebensformen und die Entwicklung weicher Umgangsformen. Neben und in den alten und neuen sozialen, technischen und bürokratischen Zwängen werden Erwartungen an Transparenz und Offenheit ebenso wichtig wie Muster der Begründung und des Verhandelns. In Konsequenz dieser Entwicklung wird Beratung – als offenes, auf Freiwilligkeit basierendes Aushandeln von Positionen und Möglichkeiten – zu einem zentralen Medium der Gestaltung und Bewältigung von Lebensaufgaben. Man redet von der Verhandlungsgesellschaft, in der neue Muster der Reflexivität praktiziert werden, konkret von neuen Kommunikationsstrukturen innerhalb der Sozialen Arbeit oder von der Verhandlungsfamilie. Dem entspricht steigender Beratungsbedarf im Alltagsleben der Moderne, der sich nicht nur in der steigenden Bedeutung von Beratung in allen Lebensfeldern, sondern auch in der expandierenden Beratungsliteratur repräsentiert.

Dem entspricht auch das zunehmende Angebot professioneller Beratung. Natürlich gab es auch früher professionelle, also von Fachleuten angebotene Beratung, die dem Alltag gegenüber eigens ausgewiesen ist (z.B. in unserem christlichen Kulturkreis in der Form des Beichtgesprächs). Dem Gesetz der modernen Gesellschaft entsprechend – mit ihren Problemlösungsmustern im Zeichen von Institutionalisierung, Professionalisierung und Methodisierung – wachsen jedoch die besonderen, professionellen Angebote auch zur Beratung, als Informationsvermittlung, aber auch zur Klärung von Lebensschwierigkeiten. Neben den allgemeinen Beratungen – z.B. der Konsumberatung, der Rechtsberatung, der Gesundheitsberatung – wird Beratung auch in den Feldern wichtig, für die Pädagogik und Soziale Arbeit zuständig sind (Krüger & Rauschenbach, 1997).

3 Die spezifischen Aufgaben und Möglichkeiten professioneller Beratung in der Sozialen Arbeit

Die spezifischen Aufgaben und Möglichkeiten von professioneller Beratung in der Sozialen Arbeit bestimmen sich im Kontext der allgemeinen Aufgaben der Sozialen Arbeit.

Soziale Arbeit agiert im Widerspruch der gesellschaftlichen Verhältnisse, im Widerspruch von Aufgaben der Kontrolle und der Hilfe. Im Horizont des kühnen Projekts der Moderne, soziale Gerechtigkeit für alle zu realisieren, und als einer der Repräsentanten des modernen Sozialstaats unterstützt Soziale Arbeit Menschen darin, dass sie den Bewältigungsaufgaben und Normen der Gesellschaft gerecht werden können und ein Leben in Würde – als Subjekt ihrer Verhältnisse – leben. Soziale Arbeit praktiziert diese Aufgaben aus der Tradition heraus in Bezug auf Menschen in Lebenslagen von Armut, Ausgrenzung und Randständigkeit, von vorenthaltener Partizipation und den gesellschaftlichen Lebensmöglichkeiten; sie erweitert ihr Aufgabenspektrum neuerdings als Angebot für Menschen, die in den heutigen, brüchigen, offenen Verhältnissen und den darin gegebenen Zumutungen und Schwierigkeiten der individualisierten, reflexiven Lebensgestaltung nicht zurande kommen. In dieser Doppelaufgabe rückt Soziale Arbeit zunehmend in die Mitte der Gesellschaft – natürlich innerhalb der spezifischen Zuständigkeiten ihrer arbeitsteiligen Aufgabenzuweisung im modernen Sozialstaat.

Soziale Arbeit verfolgt ihre Aufgaben, indem sie engagiert ist an den Bewältigungs-, Lern- und Bildungsansprüchen der AdressatInnen; sie agiert in der Vermittlung zwischen den Ansprüchen der Gesellschaft und des Subjekts, indem sie – in Anlehnung an Nohl formuliert – primär parteilich ist für dieses Subjekt und seine Probleme mit der Gesellschaft und nicht für die Probleme, die die Gesellschaft mit ihm hat (Nohl, 1949). Soziale Arbeit geht von den Erfahrungen und Möglichkeiten des Subjekts aus und sucht in ihnen, Möglichkeiten der Hilfe zur Selbsthilfe zu aktivieren; sie setzt auf Empowerment.

4 Inszenieren von Beziehungsmustern und Arrangieren von Gelegenheiten und Orten

Soziale Arbeit realisiert ihr Programm, indem sie Beziehungsmuster inszeniert und Gelegenheiten und Orte arrangiert. Diese Beziehungsmuster bestimmen sozialpädagogisches Handeln. Beratung ist eine Form sozialpädagogischen Handelns neben den anderen, z.B. des Unterrichtens und Informierens, des Erziehens oder der Planung und Organisation von Ressourcen (Mollenhauer & Müller, 1965).

Sozialpädagogisches Handeln ist in seiner allgemeinen Struktur als Beziehungsmuster bisubjektives Handeln; Vorschläge des einen sind darauf angewiesen, dass der andere sie aufnimmt, annimmt, sie sich zu Eigen machen kann. Es zählt, was sich zwischen den Beteiligten in der Interaktion ergibt; es ist – in der Sprache der Dienstleistungstheorie formuliert – immer Koproduktion (Galuske, 2002; Combe

& Helsper, 1996; Hörster, 1995). Als zielorientiertes Handeln ist es gegliedert in unterschiedliche Aufgaben, also in die Phasen des Erkennens des Problems, des Entwurfs von Lösungen, der Konkretisierung von Handlungsschritten und – schließlich – der Überprüfung, ob und inwiefern das Ziel erreicht wurde oder der Prozess revidiert werden muss (Frommann, 1990; Müller, 1993). Sozialpädagogisches Handeln ist bestimmt durch Asymmetrie, durch den Unterschied zwischen Erwachsenen und Kindern, zwischen Menschen, die über Möglichkeiten zur Hilfe verfügen und solchen, die darauf angewiesen sind. Der Pädagoge agiert in dieser Asymmetrie in stellvertretender Verantwortung, in advokatorischer Ethik, im Namen also der Möglichkeiten von Gerechtigkeit und Lebensgestaltung, die dem, dem geholfen wird, zustehen (Brumlik, 1992). Ziel allen sozialpädagogischen Handelns aber ist es, die Asymmetrie aufzuheben, also die, die auf Unterstützung und Hilfe angewiesen sind, zu befähigen, sich selbst zurecht zu finden. Sozialpädagogisches Handeln ist orientiert an der Selbsttätigkeit des Anderen. Darin aber ist sozialpädagogisches Handeln immer ein Entwurf ins Offene, ein Wagnis mit offenem Ausgang (Wimmer, 1996).

Indem diese Struktur der allgemeinen Handlungsform als Beratung praktiziert wird, wird Hilfe realisiert im Medium des Gesprächs, im Medium der Freiwilligkeit, also im Respekt vor dem Eigenwillen des Anderen und im Medium des offenen Angebots zur gemeinsamen Verhandlung von Schwierigkeiten und weiterführenden Optionen. In diesen spezifischen Möglichkeiten von Beratung kann Soziale Arbeit ihre Ziele in einer Form verfolgen, die dem Selbstverständnis der Moderne und den in ihr geprägten Erwartungen und Möglichkeiten an Hilfe besonders entspricht. Beratung wird so in der Sozialen Arbeit zur Handlungsform der Wahl. Dass damit andere Formen des pädagogischen Handelns nicht einfach obsolet werden, ist evident.

5 Beratung in unterschiedlichen Arrangements

Als eine der pädagogischen Handlungsformen wird Beratung in unterschiedlichen Arrangements praktiziert. Beratung bestimmt die Arbeit in formalisierten Settings, also als eigener Beratungsprozess z.B. in Erziehungs- und Lebensberatungsstellen, in der Schuldnerberatung, in der Drogenberatung, in den Hilfeplangesprächen, in der Arbeit des Allgemeinen Sozialen Dienstes. Beratung aber wird ebenso praktiziert neben und in anderen pädagogischen Handlungsformen, also z.B. im Alltag des Erziehungsheims oder der pädagogischen Einzelbetreuung, in Projekten der Jugendberufshilfe oder der Schularbeitenunterstützung, in den Elterngesprächen in Kindertagesstätten. Beratung in der Sozialen Arbeit ist also ebenso ein eigenes, gegenüber anderen Handlungsformen abgegrenztes Hilfsangebot wie integrales Moment in anderen pädagogischen Handlungsformen. Dass sich an diesen unterschiedlichen Orten – und angesichts dessen, dass in den unterschiedlichen Institutionen auch unterschiedlich akzentuierte Ziele verfolgt werden – Beratung in ihren Möglichkeiten unterschiedlich akzentuiert, ist evident (Sickendiek, Engel & Nestmann, 2002).

6 Ein eigenes und heikles Problem: die Abgrenzung von Beratung zur Therapie

Ein eigenes und heikles Problem ist die Abgrenzung von Beratung zur Therapie. Dieses Verhältnis ist bis heute nicht deutlich geklärt und wird in diesem Handbuch an eigener Stelle ausführlich verhandelt (vgl. Großmaß i.d.B.). Zur Klärung der spezifischen Möglichkeiten von Beratung aber scheint mir ein Hinweis auch hier notwendig. Beide, Beratung und Therapie, agieren im Medium des strukturierten Gesprächs, der Freiwilligkeit und im Risiko einer offenen Verhandlung. Von da aus ist es nicht verwunderlich, dass vielfältig fließende Übergänge und prinzipielle Schwierigkeiten in der Abgrenzung konstatiert werden. Beratung und Therapie aber in eins zu setzen scheint mir angesichts der gegebenen unterschiedlichen therapeutischen und beraterischen Konzepte und vor allem angesichts von Unterschieden in der Praxis blauäugig. So notwendig aber Unterscheidungen sind, so schwierig sind sie im Einzelnen zu treffen. Ein Versuch zielt darauf, Probleme, die zum Anlass einer Hilfe im Medium des Gesprächs werden, insgesamt zu sehen und in ihnen nach dem Grad der Schwere des Problems zu unterscheiden. Für Beratung wird dann die Zuständigkeit für Probleme gleichsam mittlerer Schwierigkeit reklamiert, also für Probleme, bei denen man davon ausgeht, dass sie primär bewältigt werden können, indem man sich orientiert an Nöten und Lösungen in der Gegenwart, und sich auf die verfügbaren oder aktivierbaren individuellen, sozialen oder materiellen Ressourcen bezieht – Beratung also als Sachorientierung und Beziehungserklärung. Eine solche Unterscheidung aber, so plausibel sie in ihrer Pragmatik ist und so sinnvoll in Bezug auf spezifische Belastungen und Krankheiten, z.B. Autismus oder Psychosen, ist immer auch offen, weil sie abhängig ist von disziplinären und professionellen unterschiedlichen Interpretationsmustern – z.B. zwischen Psychoanalyse, Psychiatrie und Sozialer Arbeit – wie von gesellschaftlichen Vorgaben und Traditionen. Die Probleme z.B. von Menschen, die nicht im Stande sind, ihr Leben zu organisieren und deshalb aus allen Bezügen von Familie, Arbeit und Wohnung herausfallen und auf der Straße leben, sind, obwohl sie im Allgemeinen der Beratung zugeschlagen werden, sicher sehr gravierend. Angesichts dieser Offenheit aber auf Unterscheidungen von Anlässen zur Hilfe in Problemen ganz zu verzichten und sich darauf zurückzuziehen, dass Therapie das ist, was TherapeutInnen machen, und Beratung eben das, was SozialarbeiterInnen praktizieren, scheint mir den so vielfältigen pragmatischen Hinweisen zu Unterscheidungen nicht gerecht zu werden.

7 Professionelle Beratung in der Sozialen Arbeit im Kontext ihrer Geschichte

Die heutigen Konzepte und Praxen professioneller Beratung in der Sozialen Arbeit stehen im Kontext ihrer Geschichte. Diese war zunächst vor allem bestimmt durch immer neue Auslegungen der Klärung der unterschiedlichen Aufgaben in der Phasigkeit eines zielbestimmten Handelns, in Konzepten des Case-works in seinen unterschiedlichen Ausprägungen und der Einzelfallhilfe (Müller, 1997; Müller, 1999).

Ebenso wichtig waren psychoanalytische und psychologische Ansätze, der Entwurf einer pädagogisch-emanzipatorischen Beratung und Vorschläge zur Vermittlung individueller und gesellschaftlicher Zusammenhänge (Thiersch, Frommann & Schramm, 1977).

Heute wird Beratung in der Sozialen Arbeit vor allem im Kontext jener allgemeinen Theoriekonzepte konzipiert, die die allgemeine Diskussion und Praxis der Sozialen Arbeit bestimmen, also z.B. im Kontext von Lebensweltorientierung (vgl. Thiersch i.2.B.), von Dienstleistungstheorie mit dem Konzept der stellvertretenden Deutung, von Systemtheorie. In praxisbezogenen Entwürfen und in der Praxis selbst zeigt sich Beratung häufig eklektizistisch (vgl. Wagner i.2.B.).

Hier will ich mich im Folgenden darauf beschränken, einige Probleme zu skizzieren, die Beratung als allgemeine Handlungsform in allen unterschiedlichen Aufgaben und Konzepten bestimmen.

8 Beratung in der Sozialen Arbeit, so wie sie zurzeit organisiert ist und praktiziert wird

Beratung in der Sozialen Arbeit kann, so wie sie zur Zeit organisiert ist und praktiziert wird, die in ihrem spezifischen Zugang liegenden Chancen zur Hilfe nicht wirklich befriedigend nutzen. Gegen den neuen Primat gesellschaftlicher Anpassungserwartungen und der damit einhergehenden Gleichgültigkeit gegenüber Schwierigkeiten, die Menschen mit der Gesellschaft haben, und gegenüber den erstarkenden Tendenzen zur Restauration müssen Notwendigkeit und Chancen von Beratung als einem offenen Aushandeln von Schwierigkeiten im Medium von Freiwilligkeit – also im Respekt vor der Eigensinnigkeit derer, die Probleme haben – offensiv vertreten und ausgebaut werden. Dies kann aber nur dann Erfolg versprechend sein, wenn die in der Beratung liegenden Chancen nicht dadurch verspielt werden, dass das Konzept für Realität genommen wird und gegebene Grenzen und Widrigkeiten nicht thematisiert werden. Beratung verkommt dann zum Schein einer hilfreichen, freien Kommunikation – zum Mythos (Helsper, 1995).

8.1. Dass Beratung in ganz unterschiedlichen Formen und Arrangements praktiziert wird, bedeutet nicht nur notwendige und hilfreiche Vielfältigkeit im Angebot, sondern auch, dass unterschiedliche Ressourcen für unterschiedliche Gruppen von AdressatInnen und Problemlagen zur Verfügung stehen. Formalisierte Beratungsstellen z.B. arbeiten mit anderen und stärkeren Ressourcen als Sozialämter und erst recht als die so eingeschränkten Beratungen z.B. für Obdachlose oder MigrantInnen. In der Angebotspalette von Beratungen reproduzieren sich (ähnlich wie in anderen Feldern der Sozialen Arbeit, aber auch z.B. der Sozialpsychiatrie) noch einmal jene Ungleichheiten der Gesellschaft, gegen die sie im Anspruch sozialer Gerechtigkeit anzugehen hätte. Damit Beratung denen, die auf sie angewiesen wären, zugänglich ist, braucht es Beratungspolitik, also Strukturpolitik innerhalb der Sozialen Arbeit und eine Politik der Einmischung in andere, über Ressourcen verfügende Politikbereiche.

8.2. Beratung ist Hilfe im Medium von Freiwilligkeit. Vor dem Hintergrund einer Geschichte der Sozialen Arbeit, die geprägt war durch bevormundende, disziplinierende und stigmatisierende Interventionen, eröffnet Beratung neue Möglichkeiten des Helfens – Hilfe nämlich im Medium der Aktivierung und Unterstützung von Eigentätigkeit. Diese Betrachtungsweise darf nicht dazu verführen, zu unterschlagen, wie oft Beratungen nicht freiwillig aufgesucht werden. Beratungsbedarf in der Sozialen Arbeit ergibt sich oft in direkten und indirekten Nötigungen, z.B. von den Nachbarn her, den Arbeitskollegen, der Schule, aber auch im Zusammenhang mit Zwängen und Erwartungen im Kontext der hoheitlichen Aufgaben des Sozialamtes. In solchen Situationen kann es nur darum gehen, Freiwilligkeit herzustellen – anders formuliert: Die Einsicht und Einwilligung in die Notwendigkeit, sich auf Hilfe einzulassen. In vielen Konstellationen innerhalb der Sozialen Arbeit ist es schon der halbe Erfolg, wo dies in einem oft anstrengenden und länger währenden Prozess gelingt. Dass diese Situation nicht verschleiert wird, dass Soziale Arbeit also im Spiel von Kontrolle und Hilfe und im Respekt vor den damit für die Rat Suchenden gegebenen Probleme transparent agiert, ist Voraussetzung ihrer Arbeit. Dieser Zusammenhang von Kontrolle und Hilfe – also von Freiwilligkeit, Nötigungen und der Herstellung von Einwilligung – ist für Beratung in der Sozialen Arbeit konstitutiv. Diese allgemeine Feststellung aber darf nicht darüber hinwegsehen lassen, dass gerade hier zwischen unterschiedlichen Beratungssettings und Beratungsanlässen große Unterschiede gegeben sind. Beratungsstellen z.B. können ihre Arbeit anders im Prinzip der Freiwilligkeit fundieren als z.B. der ASD. Solche Differenzen gegeneinander auszuspielen – Schwierigkeiten zwischen Beratungsstellen und dem ASD haben hier sicher ihren Grund – ist nicht produktiv; sie müssen in Anerkenntnis arbeitsteiliger Unterschiedlichkeiten respektiert werden.

8.3. Beratung ist die Verhandlung von Problemen zwischen Rat Suchenden und BeraterInnen. Die BeraterInnen müssen sich auf die Rat Suchenden in ihren Problemen und als Personen einlassen, ihnen also das Gefühl vermitteln, vertrauen zu können und ernst genommen zu sein. BeraterInnen brauchen für die Verhandlung die Kompetenz, also Wissen und Phantasie, in den Problemen der Rat Suchenden Optionen für neue Arrangements zu sehen und realisierbar zu machen. Beratung geht ins Leere, wenn es den BeraterInnen nicht gelingt, sich in der Beratung auf die Realität, die Eigensinnigkeit der Probleme der Rat Suchenden einzulassen. Das klingt trivial, wird in der Literatur auch weithin als gegeben unterstellt, erweist sich in der Realität jedoch oft als problematisch. Berater können ihrerseits befangen sein in Wahrnehmungsmustern, die den Lebensverhältnissen der Rat Suchenden äußerlich sind. Sie agieren dann – bestimmt in Vorurteilen und ebenso auch in hintergründigen Voraussetzungen des professionellen Arbeitens – mit Erwartungen, in die der Rat Suchende sich einfügt, mit Erwartungen eines für die Ansprüche von Beratung passenden Menschen, eines „homo consultabilis“. Drei Aspekte in einem solchen geheimen Curriculum scheinen mir wichtig:

Erstens: Beratung ist als Hilfe zielorientiertes Handeln. Sie sucht, in Problemen neue Wege zu öffnen. Diese – bisher auch hier benützte – Redewendung aber ist missverständlich, weil sie suggeriert, dass die Rat Suchenden Probleme und die BeraterInnen Lösungen haben. In der Beratung geht es aber darum, dass Menschen

Schwierigkeiten hatten und versucht haben, mit ihnen zurande zu kommen, dies nun aber alleine nicht geschafft haben. Gegenstand der Beratung ist die Verhandlung zwischen Lösungsmöglichkeiten, die sich als unzulänglich erweisen und neuen, anderen Vorschlägen.
Zweitens: Beratung als zielorientiertes Handeln kann dazu verführen, zu denken und darauf zu dringen, dass in allen Schwierigkeiten weiterführende Lösungen erreicht werden. Zögerlichkeiten und Unwilligkeiten der Rat Suchenden können dabei unterschätzt, ja denunziert werden (z.B. in der Figur von Unwillen, Verweigerung oder Widerstand); es ist auch nahe liegend, die oft prekären aber offenkundigen hilfreichen Konstruktionen – die „Lebenslügen" – zu unterschlagen. In der Beratung muss es immer auch möglich sein, solche Konstrukte aushaltbar zu machen und ein Arrangement zu finden, in dem Rat Suchende in ihren Verhältnissen zurande kommen; Beratung kann auch dazu dienen, dass der Rat Suchende jemanden findet, der ihm zuhört, der bei ihm ist, seine Situation mit ihm aushält.
Drittens: Beratung als gemeinsame Verhandlung von Lösungen kann schließlich auch dadurch belastet sein, dass der Berater seinerseits bestimmt ist durch weltanschaulich und gesellschaftlich geprägte Lebensvorstellungen und –muster, z.B. in Bezug auf Geschlechterrollen, Familien- und Sozialleben oder auf Unterschiede der ethnischen Lebensformen verschiedener Kulturen oder Nationalitäten. Die Diskussion über die Notwendigkeit geschlechtsspezifischer Formen von Beratung hat Grund und Motivation in der Kritik und Aufklärung jener patriarchalen Lebensformen, die auch Deutungen und Erwartungen in der Beratung bestimmen.

8.4. Beratung ist die gemeinsame Verhandlung von Schwierigkeiten und Lösungsmöglichkeiten in der Struktur der prinzipiellen Asymmetrie. BeraterInnen agieren im Zeichen der besseren Möglichkeiten der Rat Suchenden in stellvertretender Verantwortung. In diesem Anspruch sind sie aus der Tradition der Sozialen Arbeit heraus belastet und sehen sich zudem in unserer Verhandlungsgesellschaft mit allen Schwierigkeiten konfrontiert, die mit wie auch immer konsensual verhandelten, normativen Setzungen gegeben sind. Diese Schwierigkeiten aber können kein Einwand sein gegen die Notwendigkeit von Vorgaben und Entwürfen in der Beratung. Der Berater verfehlt die Möglichkeiten von Beratung, wenn er sich dem Anspruch, im Namen auch besserer Möglichkeiten zu agieren, entzieht. Es bleibt ineffektiv, sich in der Beratung prinzipiell auf das zu beschränken, was gesagt werden will, auch wenn die Hinweise auf dahinter liegende Abgründe unüberhörbar sind (Kasakos, 1980). Das gleiche Problem zeigt sich darin, dass Beratung im Medium von Kommunikation immer auch ins Kalkül nehmen muss, dass Kommunikation benützt werden kann, um Entscheidungen und Handlungen zu vermeiden. Kommunikation dient auch – und je erfahrener Menschen in der Sprache sind, um so geschickter sind sie auch darin –, um sich zu verstecken, zu maskieren, um auszuweichen. Beratung muss deshalb – pointiert formuliert – immer auch Konfrontation, Provokation und Kampf sein können.

8.5. So zwischen Möglichkeiten und Schwierigkeiten aufgespannt, erweist sich Beratung als schwieriges, in sich widersprüchliches Geschäft. Es kommt darauf an,

- zwischen der notwendigen Offenheit des Angebots und der realen Hierarchie in den verfügbaren Ressourcen,
- zwischen Freiwilligkeit, Nötigung und der Herstellung von Einwilligung,
- zwischen Deutungsangebot und der Zurüstung des homo consultabilis, gestützt durch das geheime Curriculum im Beratungsvorgang und in sublim strukturierenden Vorannahmen, zwischen der Freiwilligkeit und der Notwendigkeit von Provokationen

zu vermitteln, also in der je konkreten Situation im Takt des beraterischen Handelns einen möglichen, gemeinsam zu verfolgenden Weg zwischen Rat Suchenden und BeraterInnen zu finden (Thiersch, 2002).

In diesem heiklen Geschäft sind BeraterInnen ihrerseits auf Unterstützung verwiesen; sie brauchen Selbstkontrolle, gestützt in Praxisberatung und Supervision, wie sie weitgehend institutionalisiert sind. Neben solcher Selbstkontrolle aber braucht es – als Gegengewicht gegen die in aller Professionalität angelegten Gefahren – dezidierte Anstrengungen, um Beratung einzubetten in jene Strukturen einer demokratischen Gesellschaft, in der Partizipation, Mitbestimmung und institutionalisierte Beschwerden möglich sind.

9 Professionelle Beratung und Alltagsberatungen

Professionelle Beratung – dies war der Ausgang meiner Überlegungen – hat sich entwickelt zugleich mit vielfältigen Formen von nicht-professioneller Beratung, von Alltagsberatungen. In dieser Szene muss professionelle Beratung ihre Funktion bestimmen. Sie muss der Versuchung widerstehen, alle nicht-professionelle Beratung außer Acht zu lassen oder sogar abzuwerten und stattdessen prüfen, wo ihre speziellen professionellen Kompetenzen unersetzbar sind und wo sie auch genutzt werden können, um nicht-professionelle Beratung – gleichsam die Beratung der AlltagsberaterInnen – zu stützen.

Literatur

Brumlik, M. (1992). *Advokatorische Ethik. Zur Legitimation pädagogischer Eingriffe*. Bielefeld: KT-Verlag.

Combe, A. & Helsper, W. (Hrsg.). (1996). *Pädagogische Professionalität. Zum Typus pädagogischen Handelns*. Frankfurt a.M.: Suhrkamp.

Frommann, A. (1990). Was geschieht eigentlich in Beratungen? In E.J. Brunner & W. Schönig (Hrsg.), *Theorie und Praxis von Beratung* (S. 28–40). Freiburg i.B.: Lambertus.

Galuske, M. (2002). *Methoden der Sozialen Arbeit. Eine Einführung* (4. Aufl.). Weinheim: Juventa.

Helsper, W. (1995). Pädagogisches Handeln in den Antinomien der Moderne. In H.H. Krüger & W. Helsper (Hrsg.), *Einführung in die Grundbegriffe und Grundfragen der Erziehungswissenschaft* (S. 15–34). Opladen: Leske & Budrich.

Hörster, R. (1995). Pädagogisches Handeln. In H.H. Krüger & W. Helsper (Hrsg.), *Einführung in Grundbegriffe und Grundfragen der Erziehungswissenschaft* (S. 35–45). Opladen: Leske & Budrich.

Kasakos, G. (1980). *Familienfürsorge zwischen Beratung und Zwang*. München: Juventa.

Krüger, H.H. & Rauschenbach, T. (Hrsg.). (1997). *Einführung in die Arbeitsfelder der Erziehungswissenschaft* (2. Aufl.). Opladen: Leske & Budrich.

Mollenhauer, K. & Müller, C. W. (1965). *„Führung" und „Beratung" in pädagogischer Sicht*. Heidelberg: Quelle & Meyer.

Müller, B. (1993). *Sozialpädagogisches Können: Ein Lehrbuch zur multiperspektivischen Fallarbeit*. Freiburg: Lambertus-Verlag.

Müller, C.W. (1997). *Wie Helfen zum Beruf wurde. Eine Methodengeschichte der Sozialarbeit 1883–1945* (Band 1) (3. Aufl.). Weinheim/Basel: Beltz.

Müller, C. W. (1999). *Wie Helfen zum Beruf wurde. Eine Methodengeschichte der Sozialarbeit 1945–1990* (Band 2) (2. Aufl.). Weinheim/Basel: Beltz.

Nohl, H. (1949). *Pädagogik aus dreißig Jahren*. Frankfurt a.M.: Schulte-Bulmke.

Sickendiek, U., Engel, F. & Nestmann, F. (2002). *Beratung. Eine Einführung in sozialpädagogische und psychosoziale Beratungsansätze*. Weinheim: Juventa.

Thiersch, H. (2002). Beratung von unten. In F. Nestmann & F. Engel (Hrsg.), *Die Zukunft der Beratung* (S. 155–164). Tübingen: dgvt-Verlag.

Thiersch, H., Frommann, A. & Schramm, D. (1977). Sozialpädagogische Beratung. In H. Thiersch (Hrsg.), *Kritik und Handeln* (S. 95–130). Neuwied/Darmstadt: Luchterhand.

Wimmer, M. (1996). Zerfall des Allgemeinen – Wiederkehr des Singulären. Pädagogische Professionalität und der Wert des Wissens. In A. Combe & W. Helsper (Hrsg.), *Pädagogische Professionalität. Zum Typus pädagogischen Handelns*. (S. 404–477). Frankfurt a.M.: Suhrkamp.

Prof. Dr. Dr. Hans Thiersch ist Hochschullehrer und war bis zu seiner Emeritierung im Jahr 2002 Professor für Erziehungswissenschaften an der Universität Tübingen. 1996 wurde er zum Ehrendoktor der TU Dresden und der Universität Leipzig ernannt. Seine Arbeitsschwerpunkte sind: Theorie der Sozialpädagogik, des abweichenden Verhaltens, der Beratung, der alltagsorientierten Sozialpädagogik, der Heimerziehung, der Sozialethik und der sozialpädagogischen Jugendarbeit. Er ist Mitglied im Kuratorium des Wissenschaftlichen Beirats des Deutschen Jugendinstituts (DJI) in München. Gemeinsam mit Frank Nestmann ist er Herausgeber der Beratungsreihe im DGVT-Verlag.

Anschrift:
Institut für Erziehungswissenschaften
Abt. Sozialpädagogik
Universität Tübingen
Münzgasse 22-30
D-72070 Tübingen

Soziologie und Beratung

Bernd Dewe

1 Die Binnenlegitimität soziologischer Beratung

Sieht man von der *schrift*gebundenen Weitergabe und Rezeption soziologischer Expertise sowie von einer institutionell-organisatorischen Verwendung ihrer Erkenntnisse ab, so bleibt der Soziologie für die *personen*gebundene Expertise in Form des Beratungshandelns ein enger Spielraum. Ihr ist durch den Grundcharakter ihres Gegenstandes – die sozialen Beziehungen – strukturell eine hohe Schwelle für die Vermittlung praktischer Entscheidungen gesetzt, die es Soziologen schwer macht, den „Übergang von einer gelehrten zu einer beratenden Profession“ (Beck, 1980, S. 415) zu bewältigen, um sich als „beratende Wissenschaft“ (Dewe, 1991) zu etablieren.

Dieser strukturellen Aporie entspricht der empirische Tatbestand, dass in berufspraktischen Feldern nur in Ausnahmefällen Soziologen anzutreffen sind, die in ihrer disziplinären Identität auch institutionell anerkannt sind.

Ein zunehmend an die Soziologie gerichteter Leistungsanspruch manifestiert sich vielmehr darin, dass soziologische Beratungsangebote als eine unverzichtbare Orientierung für das berufspraktische Handeln anderer Professionen und professionsähnlicher Berufe für erforderlich gehalten werden. Die dahinter stehende implizite Annahme ist, dass die für die Ausbildung und Beschäftigung solcher Berufsgruppen zuständigen Institutionen davon ausgehen, dass diese ihre professionellen Leistungen nur dann hinreichend erbringen können, wenn die Berufsinhaber ihr Handeln in umfassendere gesellschaftliche Kontexte einordnen können. Sozio-

Vorwort und Einleitung
Beratungs-disziplinen
Geschlecht und Beratung
Alter und Beratung
Kultur und Beratung
Beratung und soziale Systeme
Perspektiven der Beratung

logisches Wissen im Modus beratenden Handelns findet typischerweise über diesen Mechanismus eine „indirekte Verwendung", die sich außer in den verschiedenen Formen eines Nebenfachstudiums besonders in Gestalt situationsbezogener Beratungsangebote ihre faktische Relevanz für professionelle Berufspraxis sucht, die der Soziologie selber fehlt. Dieses Muster entspricht der Wirkungsweise soziologischer Expertise, die im Zuge der „Sekundärverwissenschaftlichung" (Beck & Bonß, 1989) an bereits scientifizierter beruflicher und politischer Praxis mit der wesentlichen Funktion einer Aufklärung über nicht-intendierte Folgen sozialen Handelns ansetzt.

Man kann soziologische Beratung als einen Wirkungszusammenhang verstehen, in dem soziologische Deutungsangebote darauf Einfluss nehmen, wie Praktiker in der Wahrnehmung und Begründung ihrer Handlungsalternativen vorgehen. Soziologische Erkenntnisse werden beratungsrelevant, „wenn sie sich in die Handlungsperspektiven und Handlungsmöglichkeiten der beurteilenden Akteure einordnen lassen" (Weber, 1980, S. 302). Dieses „Einordnen" bringt aber notwendigerweise mit sich, dass die soziologischen Erkenntnisse in praktische Deutungsmuster integriert und von diesen auch in ihrer Begrifflichkeit aufgesogen werden. Dieser Sachverhalt ist verschiedentlich als „Laisierung" oder als „Trivialisierung" bzw. „Veralltäglichung" des sozialwissenschaftlichen Wissens charakterisiert worden. Während naturwissenschaftliches Wissen sich in seiner Verwendung in messbaren Veränderungen des praktischen Umgangs mit der Naturwelt manifestiert, kann ein solches Ursachen-Wirkungsverhältnis zwischen Wissenschaft und Praxis für die Sozialwissenschaften bei einer ausschließlichen Betrachtung der praktischen Verwendungsseite nicht unterschieden werden. Hier erschließen sich Ursachen-Wirkungszusammenhänge nur, wenn es gelingt, auf der einen Seite sozialwissenschaftliche Argumentationssysteme und ihre Ergebnisse und auf der anderen Seite rezipierende praktische Handlungskontexte gegeneinander abzugrenzen.

Es sind die gesellschaftlichen Erwartungen, die jeweils bestimmen, was soziologische Beratung ist. Wenn andere an der Handlung Beteiligte das Handeln eines Akteurs als soziologische Beratung akzeptieren, handelt es sich somit um die Erbringung soziologischer Expertise. Um diese identifizieren zu können, muss der Inhalt von Aussagen protokolliert werden, die ein in diesem Sinn soziologisch Beratender macht, was zudem voraussetzt, Situationen festzumachen, in denen Sprecher bzw. Akteure unter der Erwartung, soziologische Berater zu sein, handeln.

Es wäre allerdings vereinfacht, die konventionalistische Bestimmung soziologischen Beraterwissens auf außerwissenschaftliche Erwartungsstrukturen zu reduzieren. Disziplinen haben in diesem Ausgrenzungsprozess selber eine Definitionsmacht, indem sie der Öffentlichkeit und den Verwendern des wissenschaftlichen Wissens Erwartungen anbieten, die an dieses Wissen von außen zu richten sind:

> Jede Wissenschaft erfordert insofern eine Binnen- und eine Außenlegitimität. Die Binnenlegitimität bezieht sich auf Wertvorstellungen, die sowohl den Objektbereich einer Wissenschaft betreffen als auch ihre Methoden, und läßt die Fragestellung einer Wissenschaft als gerechtfertigt für jene erscheinen, die solche Wissenschaft betreiben. Die Außenlegitimität hingegen bezieht sich auf Wertvorstellungen, die jenen eine wissenschaftliche Tätigkeit gerechtfertigt erscheinen lassen, die diese weder in ihrer Vorgehensweise noch in ihren vorhersehbaren Ergebnissen überblicken können. Die

> Chance für eine autonome Wissenschaft beruht insofern auf dem Aufbau und der gegenseitigen Vermittlung von institutionalisierten Wertvorstellungen für die Rechtfertigung einer Wissenschaft nach innen gegenüber denjenigen, die sie betreiben, wie nach außen gegenüber denjenigen, die sie alimentieren und ihre Folgen hinzunehmen bereit sind (Lepsius, 1973, S. 106f).

Einen Vergleichsfall einer Disziplin, den auch Lepsius der Soziologie gegenüberstellt, stellt die Medizin dar, der eine entsprechende „Vermittlung von institutionalisierten Wertvorstellungen" weitreichend gelungen ist und die ihr „medizinisches Modell" eines wesentlich organischen Gesundheitsverständnisses auch für die Öffentlichkeit und die Patienten verbindlich machen konnte. Dies ist der Medizin nicht nur dadurch gelungen, dass sie innerhalb der Disziplin eine einheitliche Binnenlegitimität herzustellen verstand. Dies geschah vor allem durch die „Elimination von Kurpfuschern" und dadurch, dass die Verwendung ihrer Expertisen durch die professionelle Ausübung der ärztlichen Praxis gegenüber der Öffentlichkeit disziplinintern kontrolliert werden konnte. Dadurch gelang es der Medizin nämlich, die Perspektiven, unter denen Wissenschaftler und Laien den Gegenstand der Disziplin wahrnehmen, argumentativ zu vermitteln und geschlossen zu halten.

Für die Soziologie stellt sich das zentrale Dilemma, dass sie über eine entsprechende professionelle Praxis nicht verfügt. Im Unterschied zu anderen Humanwissenschaften, wie der Medizin, der Psychologie, der Jurisprudenz und – mit Einschränkungen – der Pädagogik, hat die Soziologie bislang nur in Rudimenten ein institutionelles Muster gefunden, in dem sie ihr Wissen durch Professionsinhaber unmittelbar an die mit praktischen Handlungsproblemen konfrontierten sozialen Akteure weitergeben kann. Diese fehlende Verzahnung zwischen dem Diskurs der scientific community und dem Handeln einer Klientel macht für die Sozialwissenschaften, speziell für die Soziologie, das Verwendungsproblem in hohem Maße virulent. Sicherlich liegt in dieser weitgehend fehlenden professionellen, das heißt personengebundenen und fallbezogenen Praxis ein Grund dafür, dass vor allem die Soziologie ihr Wissen in weit höherem Maße als andere Humanwissenschaften in schriftgebundener Form an die Öffentlichkeit weitergibt und weniger in der Form personengebundener Beratungskommunikation.

Für die Soziologie dokumentiert sich dieser Zustand intern darin, dass die Disziplin noch keine einheitliche Binnenlegitimität in Form von allgemein anerkannten Standards der Gültigkeit und von leitenden Erkenntnisfragen ausbilden konnte, was sich an der bis heute ununterbrochenen Methodendebatte und an den wiederholten Versuchen eines „Theorievergleichs" aufzeigen lässt. Gleichwohl hat die Soziologie zumindest in der institutionellen Dimension eine disziplinäre Identität, die sie von nicht-wissenschaftlichen Argumentationssystemen und denen anderer Disziplinen abgrenzbar macht. Innerhalb dieses institutionellen Rahmens, den das akademische System – vor allem in der universitären Lehre und Forschung – der Soziologie anbietet, hat sie kognitive Strukturen einer Binnenlegitimität ausarbeiten können.

In ihrer schriftlichen Form manifestiert sich soziologische Expertise am klarsten in der einschlägigen Fachliteratur, in Büchern und Fachzeitschriften, die sich vor allem an Fachvertreter selbst und an einen Kreis interessierter Vertreter anderer Disziplinen sowie an Intellektuelle richten. Eine weitere Diffundierung schriftlich gefasster Expertise in der Öffentlichkeit findet durch Medien, politische Parteien, Verbände sowie seit den 70er Jahren offenkundig auch durch soziale Bewegungen statt. Schließlich finden sich auch Beispiele für von Sozialwissenschaftlern selber unternommene Versuche einer essayistischen oder popularisierenden Übersetzung des Wissens in terms einer Bildungssprache. Problemgerichtete Transmissionen schriftlichen Wissens liefern vor allem die Gutachten und die Auftragsforschung, die von verwendungsinteressierten Agenturen initiiert werden. In letzterem Fall liegen augenscheinlich nachzeichenbare Verwendungszusammenhänge vor, in denen sozialwissenschaftliche Expertise in einen unmittelbaren Bezug zur Lösung von Handlungsproblemen vor allem innerhalb des politisch-administrativen Systems gesetzt wird. In den anderen Fällen einer weniger deutlich problembezogenen Diffundierung lassen sich die Leistungen schriftlich verbreiteten Fachwissens wohl eher in einem allgemeinen kulturellen Wert bei der öffentlich veranstalteten Reflexion über die Gesellschaft veranschlagen bzw. mit einem Beitrag zu den Informationen einer laufenden „Sozialberichterstattung" verbinden.

Während sozialwissenschaftliche Expertise über die genannten Kanäle einer schriftlichen Verbreitung besonders seit Ende der sechziger Jahre in den öffentlichen Sprachgebrauch eingesickert ist, sodass bereits von einer „Versozialwissenschaftlichung" des Alltagswissens, insbesondere des politischen Vokabulars gesprochen wird, sind die Bahnen, in denen sich soziologisches Beratungswissen als personengebundene und fallbezogene Form über die Qualifikationen formal ausgebildeter Soziologen und deren unmittelbaren Kontakt zu einer Klientel beratungswirksam bewegt, weniger zahlreich und enger gezogen. Untersuchungen über den Verbleib ausgebildeter Soziologen auf dem Arbeitsmarkt (vgl. Alemann v., 1996) zeigen, dass es ihnen nur in relativ geringer Zahl und zum Teil unter großen Zugeständnissen gegenüber dem Anspruch, die erworbene soziologische Kompetenz zu verwerten, gelungen ist, Zugang zu beratenden Tätigkeiten zu finden.

Dies war in der Vergangenheit am ehesten möglich im Bereich der öffentlichen Verwaltung und der Stabsabteilungen großer Organisationen, wo für planende und konzipierende Funktionen ausdrücklich soziologisches Wissen nachgefragt wurde. An vielen dieser Arbeitsplätze vermischt sich das Anforderungsprofil jedoch mit beträchtlichen Bestandteilen eines juristischen, kaufmännischen und allgemeinen Organisationswissens, wodurch sich ein Berufshandeln nach Maßgabe disziplinärer Standards teilweise ausschließt. Bei vielen dieser Tätigkeiten ist daher zu bezweifeln, ob auf Seiten der Abnehmer dieser Arbeitsleistungen die Erwartung besteht, es handle sich um eine spezifische soziologische Beratungskompetenz.

2 Klinische Soziologie

Ein definitiv personen- und fallbezogenes Handlungsmuster beratender Soziologen ist das des „klinischen Soziologen", das bereits seit längerer Zeit in der Professionalisierungsdiskussion immer wieder als ein Verwendungsmodus sozialwissenschaftlicher Expertise benannt wird (vgl. Oevermann, 1990). Dieses der Psychologie und der Medizin nachgeformte Modell hätte nicht nur Funktionen einer Diagnose sozialer Bedeutungszusammenhänge zu erbringen, sondern wirkt im unmittelbaren Umgang mit Klienten an deren Gestaltung von Lebensverhältnissen mit nach dem Muster von „Therapie", wobei klinische Soziologie als Prototyp einer fallorientierten Beratung (Behrend & Wienke, 2001) verstanden wird.

Im Rahmen „klinischer Soziologie" verwendet idealtypischerweise der Berater die Grenzen des Klientensystems bzw. die manifesten praktischen Handlungsprobleme der zu beratenden Klienten zur Definition seiner Aufgabe. Das Klientensystem wird dabei im Prinzip als ein geschlossenes System behandelt, dessen interne Handlungsweise jedoch optimiert werden kann. Dabei wird beabsichtigt, Handlungsentwürfe und Sinninterpretationen der Klientel im Hinblick auf eine verbesserte Verarbeitung und Umsetzung ihrer Probleme zu rekonstruieren. Verallgemeinert schließt dies ein, dass alle „von außen" kommenden Probleme im Interaktionsprozess als strukturelle Probleme der Wahrnehmung, der Werte und der Fertigkeiten des Klienten interpretiert werden. So können sie auch legitimerweise innerhalb des Klientensystems angesiedelt bleiben.

Der „klinische Soziologe" ist also in erster Linie an Kommunikationen und Wahrnehmungen interessiert – so, wie sie stattfinden und deren Auswirkungen auf Beziehungen und Werthaltungen von Individuen und Gruppen. Aus diesem Grunde ist im klinischen Ansatz der ideale Handlungs- und Entscheidungsprozess als partizipatorisch anzusehen. „Klinische Soziologie" ist mithin zielperspektivisch weniger an sozialtechnologischer, sondern vielmehr an „sozialer Rationalität" interessiert.

Der Klient wird weder als naiv angesehen, noch als eine völlig rational auf Handlungsdruck reagierende Person. Vielmehr stellt er sich als ein soziales System dar, das wegen seiner Komplexität und Belastung im Alltag Schwierigkeiten hat, sein Handlungspotential voll zu entfalten. „Klinische Soziologie" ist folglich stark an individueller Autonomie seiner Klientel orientiert. Dies zwingt sie, sich sowohl mit der Ethik von Interventionen als auch mit gesellschaftlichen und subjektiven Handlungszielen zu befassen. Eine solche Orientierung lässt sie aber auch für die Verbesserung kreativer und außerrationaler Komponenten der Entscheidungsbegründung bzw. ihrer Entwicklung geeignet erscheinen.

Die Handlungslogik „klinischer Soziologie" impliziert, dass die Klienten ihre Handlungsprobleme nicht hinreichend gut kennen bzw. – wenn sie sich ihrer bewusst sind – verständlicherweise Hemmungen haben, diese dem Berater tatsächlich auch mitzuteilen, sodass ein wesentlicher Bestandteil beratender Tätigkeit in der Explikation latenter Sinnentwürfe für lebenspraktische Handlungsentscheidungen besteht. „Klinische Soziologie" muss also bemüht sein, durch selbständige Exploration herauszufinden, wo die Ursachen für mögliche Nichtbegründbarkeiten von Handlungsentscheidungen des Klienten liegen.

Eine weitere bedeutsame Differenz zu sozialtechnologischen Konzepten besteht in gewisser Analogie zur Psychotherapie darin, dass die Ursache für Spannungen und Konflikte zwischen dem soziologischen Berater und dem Klienten dadurch begründet wird, dass der Klient dazu neigt, den Deutungen und Befunden desto mehr Widerstand bzw. Aggression entgegenzusetzen, je zutreffender diese tatsächlich sind, d.h. je mehr sie sein Image, seine Selbstdeutung etc. in Zweifel ziehen. „Klinische Soziologie" wird im Bereich der normativen Orientierungen jeweiliger

Handlungsbereiche nicht nur die Angemessenheit, sondern auch die Richtigkeit von Handlungen thematisieren müssen.

Ein dritter Unterschied zu sozialtechnologischen Ansätzen besteht darin, dass in der „klinischen Soziologie" – nun in deutlicher Differenz zum Psychotherapeutenbild – als Klient nicht nur der zu Beratende selbst gesehen wird, sondern auch sämtliche an dem betreffenden Problemkreis mit ihren unter Umständen durchaus verschiedenen Schwierigkeiten, Handlungsorientierungen und Interessenlagen Beteiligte. Damit ist angesprochen, dass Wert- und letztendlich auch Wahrheitsproblematiken im klinischen Ansatz eine weitaus bedeutendere Rolle spielen als üblicherweise angenommen. Das Prekäre einer so gearteten Handlungspraxis besteht aber unter anderem darin, dass dabei den soziologischen Beratern häufig eine ihre disziplinäre Identität stützende Außenlegitimität nicht in hinreichendem Maße als selbstverständlich zugestanden wird, sie also die Angemessenheit ihres Wissens- und Methodenrepertoires für die Bearbeitung der anstehenden Handlungsprobleme jeweils in der Situation des „klinischen Handelns" unter Beweis stellen müssen.

Zwar sind die Formen einer Vermittlung personengebundenen Wissens unter direktem oder zumindest sehr nahem Bezug zu manifesten Handlungsproblemen im Prinzip die interessantesten, weil sich hier die Bedingungen einer praktischen Umsetzung theoretischen Wissens in der Interaktion mit sozialwissenschaftlichen Laien beobachten lassen. Gleichwohl hängt es aber vom Gelingen des Einzelfalls ab, ob eine Legitimation aufgebaut werden kann, die die Akzeptanz des betreffenden soziologischen Beraters und damit seines Wissens als eines sozialwissenschaftlichen möglich macht.

Die Wirksamkeit der Soziologie im Sinne einer klinischen Handlungskonzeption lässt sich also faktisch nur über Diskurse zwischen Soziologen und seinen Klienten rekonstruieren, in denen neben Situationsdeutungen ein manifest folgenreicher Einsatz soziologischer Expertise erwartbar ist, ohne dass es dabei zu einer Verkürzung interpretativer, stellvertretender Sinnauslegung kommt.

Voraussetzung dafür ist, dass der Klient des soziologischen Beraters sich auf eine handlungsentlastete Erörterung eines Falles einlässt, obwohl der Handlungs- und Problembezug fortbesteht. „Klinische Soziologie" nimmt hier Strukturdeutungen vor und adressiert sie in der personalen Interaktion an ihre jeweiligen Klienten, wobei neben der hermeneutischen eine spezifisch rhetorisch argumentierende Kompetenz eingesetzt wird (vgl. Dewe, 1991).

Es stellt sich jedoch die Frage, ob das Handlungsmodell „klinischer Soziologie", das sich primär im Feld der nachträglichen Begründung abgelaufener Handlungen bewegt, überhaupt in den Bereich der Entscheidungsrationalität praktischen Handelns vordringen kann. Der unproblematische Prozess der Reflexion, der zu Erfahrungswissen führt, müsste in der klinischen Operation umgekehrt werden. Aus Erfahrungen und Wissensapplikationen sollen veränderte praktische Entscheidungen folgen, die der Autonomie der Handelnden unterliegen. Von einem erfolgreichen Handlungseinsatz „klinischer Soziologie" könnte nur dann gesprochen werden, wenn dieser Transformationsprozess nachprüfbar abgeschlossen würde.

Diese auf fallorientierte Beratung (vgl. Behrend & Wienke, 2001) abzielenden Tätigkeitsprofile ausgebildeter Soziologen, die sich auf unterschiedlichste soziale Probleme richten, gewinnen aktuell dadurch an Bedeutung, dass eine steigende Zahl diplomierter Soziologen aufgrund der stagnierenden bzw. rückläufigen Entwicklung von soziologischer Forschung und Lehre in diesem voll professionalisierten Arbeitsfeld keine Beschäftigung mehr findet und weiterhin auch in der öffentlichen Verwaltung aufgrund der restriktiven Personalpolitik und des immensen Stellenabbaus kaum noch Beschäftigungschancen bestehen, sodass sich die Absolventen gezwungen sehen, ihre Qualifikationen außerhalb dieser Institutionen zu verwerten. Dabei haben sich teilweise in Form „grauer Arbeitsmärkte“, vor allem aber über freiberufliche und Honorartätigkeiten, Soziologen innerhalb der Familienberatung, Erzieherberatung, Mieterberatung, Lehrerfortbildung, Teamsupervision, Erwachsenenbildung und auch bei Selbsthilfegruppen Tätigkeiten mit einem Anwendungscharakter erschlossen, die zunächst den Erwartungen an den Typus des „klinischen Soziologen“ entsprechen. Die Schwierigkeiten eines so gearteten Einsatzes soziologischer Expertise liegen aber unter anderem darin, dass den Soziologen häufig eine ihre disziplinäre Identität stützende Außenlegitimität nicht in hinreichendem Maße als selbstverständlich zugestanden wird, sie also die Angemessenheit ihres sozialwissenschaftlichen Wissens- und Methodenrepertoires für die Bearbeitung der anstehenden Handlungsprobleme jeweils in der Situation unter Beweis stellen müssen.

Das beschriebene Problem stellt sich zunächst nicht für diejenigen Soziologen, die qua Einstellungsvoraussetzungen und Arbeitsplatzbeschreibungen als solche ausgewiesen sind, was überwiegend auf solche Professionsvertreter zutrifft, die innerhalb der universitären Lehre und Forschung und in einem weiteren Sinne innerhalb des Ausbildungs- und Fortbildungsbereichs beschäftigt sind. Es sind vor allem diese Institutionen, die den disziplinären Charakter der Soziologie in Form einer anerkannten Außenlegitimität als ein Kriterium ihrer Personalpolitik übernommen haben. Darum kann man zunächst sagen, dass in diesem Bereich zumindest auf der Ebene institutioneller Strukturen soziologisches Wissen als solches festgeschrieben ist und erwartet wird.

Im Kontext von Verwendungszusammenhängen interessiert hierbei sicherlich nicht jener Ausschnitt universitärer Ausbildung, in dem Fachvertreter mit der Ausbildung des Nachwuchses der Disziplin selber, also der Hauptfachsoziologen, befasst sind. Diese Selbstrekrutierung der Disziplin lässt das Verwendungsproblem nämlich noch unbeantwortet.

Im Rahmen einer Betrachtung der Nutzung sozialwissenschaftlicher Expertise sind jene soziologischen Tätigkeiten bedeutsam, bei denen im Rahmen einer Beratungskommunikation die Vermittlung sozialwissenschaftlichen Wissens an andere Professionen oder professionsähnliche Berufe betrieben wird. Die Aufgabe der Soziologie besteht hier darin, das berufliche Fachwissen ihrer Klientel um eine soziologische Orientierung zu ergänzen, das heißt zum Beispiel, der didaktischen Perspektive von Lehrern eine Sichtweise für die strukturelle Bedingtheit von schulischen Interaktionsprozessen oder über die funktionale Einbettung der Schule in das soziale System hinzuzufügen oder die organmedizinische Denkweise von Ärzten auf die Einbettung von Krankheit und therapeutischem Erfolg in ein soziales Umfeld hinzuweisen.

Solche Orientierungsleistungen für andere Berufe werden von der Soziologie heute in unterschiedlichster Form erwartet. Hier dürfte somit eines der quantitativ breitesten Felder für anerkannte soziologische Tätigkeiten liegen.

Wichtigstes Tätigkeitsfeld von Soziologen bleibt die Vermittlung von Wissen. Und diese Vermittlung richtet sich in zunehmendem Maße an Nicht-Soziologen, die dieses Wissen in ihr berufliches Fachwissen als eine zusätzliche Orientierung integrieren sollen. Diese Entwicklung wird seit ungefähr Mitte der sechziger Jahre getragen von den Ideen einer auf Berufsbezug achtenden Hochschulreform und von einer Modernisierung der gesellschaftlichen Institutionen, vor allem der öffentlichen Verwaltung, in deren Vollzug die Qualifizierung des Personals sich loslöste vom bloßen berufspraktischen Erfahrungswissen und organisationsinternen Konditionalprogrammen und eine Orientierung an weitergreifenden sozialen Zusammenhängen forderte. Teilweise in einer euphorischen Einschätzung des Problemlösungspotentials der Soziologie wurde diese realiter oder versuchsweise zum Bestandteil der Ausbildung der akademischen Professionen der Mediziner, Juristen, Pädagogen, Ökonomen und auch Theologen gemacht und des Weiteren in die Curricula der helfenden und verwahrenden Tätigkeiten von Sozialtherapeuten, Erziehern, Katecheten, Pflegepersonal, betrieblichen Ausbildern usw. eingebaut. Schließlich gewinnt diese Form einer indirekten Verwendung soziologischen Wissens über das Berufswissen anderer Professionen und akademischer Berufe für die Soziologie aktuell an Bedeutung dadurch, dass die Ausbildung von Hauptfachsoziologen an den Hochschulen zunehmend in Zweifel gezogen und in einigen Hochschulen bereits eingestellt wurde.

3 Soziologische Beratung im Kontext professionalisierter Berufsgruppen

Es ist typisch für die Ausbildung praktischer Professionen, dass ihre Sozialisation die beiden Schnittstellen zwischen Erklärung, Begründung und Entscheidung zum Thema macht: Das „Wissen" erfahren sie in den Hörsälen, Seminaren und Bibliotheken, während ihre auf die Dimension des „Könnens" bezogene Begründungskompetenz in den klinischen Phasen der Ausbildung (klinische Semester der Mediziner, Referendariate der Lehrer und Juristen, die Lehranalyse der Psychotherapeuten usw.) eingeübt wird. Die Soziologie hat in ihrer Hauptfachausbildung eine solche klinische Phase nicht realisieren können. Auch die diversen Modelle einer praxisbezogenen Soziologenausbildung scheinen dies nicht geleistet zu haben (vgl. Oevermann, 1990).

Wenn diese Ergänzung um eine klinische Phase für die Soziologie aufgrund der Eigentümlichkeit dieses Gegenstandes und des handlungslogischen Status ihres Erkenntnisprozesses strukturell erschwert, wenn nicht gar unmöglich gemacht wird, dann bleibt die Disziplin in der Verwendung ihres Wissens auf die erste Schnittstelle, die Erzeugung von Begründungskompetenz durch theoretische Erklärungen, verwiesen. Dies aber wurde in letzter Zeit zugleich auch ein Spielraum, der Verwendungsbezüge soziologischen Wissens in breiterem Umfang eröffnet: In dem Maße, wie gesellschaftliche Erwartungen das disziplinäre Erklärungswissen der Professionen, wie diese es in ihrem innerwissenschaftlichen Diskurs verwalten, nicht mehr voll anerkannten, beispielsweise durch die Forderung nach interdisziplinärer Problembearbeitung, wurde auch die Forderung laut, die Soziologie in die Ausbildungscurricula der Professionen zu integrieren. Dahinter stand unter anderem die Kritik an professionellem und professionsähnlichem Handeln, dass dieses, wenn es einer bloßen Fachlichkeit verpflichtet bleibe, die „nichtintendierten Folgen sozialen Handelns" außer Acht lasse und damit dem Prinzip der Gemeinwohlorientierung nicht entspreche. Diese Argumentation trat deutlich zutage in der Debatte über die Sozialmedizin, aber auch bei den Versuchen einer Ergänzung des Jurastudiums und der Lehrerausbildung um sozialwissenschaftliche Anteile. Ähnliche Tendenzen gab es im Fall der Psychologenausbildung, der Theorieausbildung und teilweise auch in der Ökonomie.

In quantitativer Hinsicht war für die Ausbreitung einer „indirekten Verwendung" der Soziologie aber vor allem die Systematisierung der Ausbildung professionsähnlicher Berufe ausschlaggebend, die vom Typus ihrer Tätigkeit her gesehen Professionsprobleme bearbeiten, nicht aber über deren Arrangements professioneller Selbstkontrolle verfügen. Es sind dies die als Semi-Professionen oder auch als would-be-professions bzw. minor professions abgegrenzten Tätigkeiten mit helfenden, pflegenden, erziehenden und verwahrenden Funktionen, die in Abhängigkeit von den Normen der beschäftigenden Organisationen und unter gleichzeitigem, häufig widersprechenden Anspruch von Fachlichkeit zu erbringen sind.

Dahinter ist zum einen ein Wandel bürokratischer Handlungsstrukturen zu vermuten, der zum anderen in der Expansion und Systematisierung der Ausbildung solcher neuer Professionen seinen Niederschlag gefunden hat. Dieser Wandel hat offenkundig eine Ursache darin, dass sich die Klientel der Bürokratie in ihrer existentiellen Situation zunehmend nicht mehr den als durchschnittlich angenommenen Verläufen von Sozialbiographien fügt. Zumindest in den Fällen abweichenden Verhaltens und bei jenen gesellschaftlichen Gruppen, die aufgrund ihres Alters noch nicht (Schüler, Jugendliche) oder nicht mehr (Rentner) am Leistungsaustausch des Arbeitsmarktes teilnehmen können bzw. von diesem vorübergehend wegen physischer Behinderung, qualifikatorischer Defizite oder wirtschaftlicher Krisen ausgeschlossen sind (Kranke, Rehabilitanden, Arbeitslose, Strafgefangene usw.), können pauschalisierende Maßnahmen nach Maßgabe bürokratischer Effizienz keine Lösungen erzeugen, die für die Stabilität politischer Herrschaft funktional wären. Folglich gerät bürokratisches Handeln unter den Zwang, die Regeln der Anonymität aufzugeben und den einzelnen Verwaltungsfall unter Berücksichtigung „privater" Bedingungen der Klientel – als Einzelfall – zu behandeln. Dadurch kommen professionelle Elemente in bürokratische Berufsrollen, wie dies für zahlreiche Berufe kennzeichnend ist, etwa den Beruf des Lehrers, des Sozialarbeiters, des Bewährungshelfers, des zur Resozialisierung angehaltenen Strafvollzugsbeamten, des Rechtswahrers, des Berufsberaters usw. Diese Entwicklung verläuft jedoch zum Teil äußerst konfliktreich, da die Berufsrollen formal weiterhin im bürokratischen Kontext definiert sind und die neu hinzugetretenen professionellen Tätigkeitselemente im Unterschied zu den traditionellen Professionen nicht durch soziale Schutzmechanismen wie Berufsverbände oder das Zeugnisverweigerungsrecht usw. abgesichert werden.

Soziologische Beratung findet also besonders im Kontext dieser professionalisierten Berufsgruppen, die ihrerseits im Medium der Personenveränderung arbeiten, ihr praktisches Einsatzfeld. Sie zeichnet sich dadurch aus, dass sie explizit als struktur- und fallorientierte Arbeit mit Klienten konzipiert und unmittelbar an Praktiker in lehrenden, helfenden und heilenden Professionen adressiert ist. In dieser unmittelbaren Beratungskommunikation werden keineswegs sozialwissenschaftliche Wissensinhalte transferiert. Die Verwendung soziologischen Wissens geschieht vielmehr qua Verfahren. Es dient als Form und Reflexionsfolie bei der Rekonstruktion berufspraktischer Handlungsweisen.

Beratung für Professionsangehörige zielt auf die Sensibilisierung für jene die alltägliche Berufspraxis konstituierenden sozialen Strukturen praktisch-professioneller Arbeit. Das Typische am Einzelfall wird hier zu einer reflexiven Strukturdeutung verallgemeinert. Soziologische Beratung löst bei dem zwingend notwendigen Fallbezug ihre Arbeit von jeglichem Therapieanspruch ebenso wie von psychosozialen oder fachlich orientierten Beratungsvorstellungen. Im Mittelpunkt steht vielmehr die Analyse und Konzeptualisierung des Verhältnisses zwischen Handlung und Reflexion, Können und Wissen, praktisch-intuitiver Entscheidungs-/Urteilssteuerung und theoretischer Rationalisierung professioneller Praxis.

Im Gegensatz zu Konzeptionen, die den Fallbegriff im Sinne einer solipsistischen Einzelfallorientierung verstehen, wird in der soziologischen Beratung der Fallbegriff im Sinne einer rekonstruktiven sozialwissenschaftlichen Kategorie (vgl. Luhmann, 1993) benutzt. Insofern ist Falldarstellung, -geschichte, -bericht und -rekonstruktion nicht auf die jeweilige Person (eines Klienten) in ihrer individuellen Existenz – also nicht auf den Einzelfall als solchen – bezogen, sondern orientiert sich im Gegensatz zum klassischen casework an den sozialen Kontexten und Konstellationen, unter denen Individuen leben und nimmt in dieser Perspektive Familien, sonstige Primärgruppen, Organisationen wie Schulen, Betriebe, Kliniken etc. in den Blick.

Die Beantwortung der beiden Fragen „Was ist der Fall?“ und „Was steckt dahinter?“ (vgl. Luhmann, 1993, S. 245) im Rahmen soziologischer Beratungstätigkeit ist stets auf die Verpflichtung zur *Kontextualisierung* verwiesen. Insofern geht die Soziologie in ihren Falldeutungen über die intrapersonalen, individualspezifischen und partikularen Orientierungen des einzelnen Klienten hinaus. Das Einsatzfeld fallrekonstruktiv orientierter beratender Soziologie erstreckt sich weit über die personalen Interaktionsbeziehungen mit einzelnen Adressaten hinaus auf soziale Milieus, „kleine Lebenswelten“, Institutionen etc.

In der soziologischen Beratung vollzieht sich die „Wissenserzeugung“ und die „Wissensverwendung“ *situativ*, auf den jeweiligen Fall bezogen, gleichsam *uno actu* (vgl. Dewe, 1991). Dabei lässt sich zeigen, dass prinzipiell zu unterscheiden ist zwischen dem *Wissen* einerseits und dem *Kontext* der Wissensnutzung andererseits. Die Unterscheidung zwischen dem „Experten“ und dem „Laien“ liegt im Kern darin, dass es sich in der Kommunikation zwischen beiden stets um Handlungssituationen dreht, in denen die zugemutete Handlungskompetenz *nicht* identisch ist mit der *routinisierten Wissenskomponente*. Beratendes Handeln beinhaltet systematisch stets Kompetenzanteile, die über die Wissenskomponente hinausgehen.

Der Fallbezug soziologischen Beratungshandelns schließt nur solche Fälle ein – unabhängig davon, ob es sich um mikrologische, dialogisch strukturierte Interaktionskontexte, lebensweltliche Krisen, sozialbiographische Verläufe oder kommunale Strukturprobleme handelt –, die *vorgefallen sind* und insofern sich einer professionellen Rekonstruktion und Kontextualisierung im gesellschaftlichen Zusammenhang erst öffnen.

4 Soziologische Beratung zwischen Wissenschaftswissen und Alltagswissen

Die zwingend notwendige perspektivische Distanz des beratenden Soziologen gegenüber der sozialen Wirklichkeit ist nicht nur für die Erzeugung soziologischer Expertise konstitutiv, sondern ebenfalls für seine Vermittlung und Übernahme durch die Klienten. Diese Distanz macht somit die handlungslogisch bedingte Einheit von Erzeugung und Verwendung der Erkenntnisse, Deutungen etc. aus.

Die Diskrepanz der Perspektiven von soziologischem und alltagsweltlichem Wissen führt nun zu der Konsequenz, dass eine erzeugende Vermittlung soziologischer Expertise als Prozess gedacht werden muss, in dem Reziprozität der Perspektiven als Bedingung des Möglichwerdens von Verstehensprozessen zwischen beratenden Soziologen und Klienten *situativ praktisch hergestellt* wird. Die Vernachlässigung des immanenten Reziprozitätsanspruchs bei der Erzeugung wie bei der Verwendung sozialwissenschaftlichen Wissens ist jedoch für die Soziologie selbst fatal, hat sie doch zur Folge, dass eine unmittelbare Übernahme soziologischer Begrifflichkeiten und eine handlungsanleitende „sozialtechnische" Anwendung soziologischer Expertise, die ihrerseits ja nur möglich wird unter der Bedingung der Geringschätzung der handlungslogischen Implikationen einer Bevormundung von Alltagspraxis durch Profession, nicht nur einer „Trivialisierung" sozialwissenschaftlichen Wissens Vorschub leistet, sondern auch das Alltagswissen professionstheoretisch prägt, nicht aber zu Erkenntnischancen im Alltagsleben führt.

Zudem kann die Ignoranz gegenüber der handlungslogischen Differenz zwischen Profession und Alltagspraxis den soziologischen Berater bestenfalls dazu verleiten als Professioneller ohne Inanspruchnahme seiner spezifischen Kompetenz unmittelbar lebenspraktisch zu handeln. Das *situativ praktische Herstellen reziproker Perspektiven zwischen soziologischem Berater und Klienten* setzt jedoch voraus, dass die professionstheoretische Wissensvermittlung als ein Handlungszusammenhang betrachtet wird, in dem sich die Beteiligten über die Divergenzen ihrer Perspektiven ausdrücklich verständigen und sich eine *gemeinsam getragene Perspektive* erarbeiten, innerhalb derer soziologisches Wissen erst im eigentlichen Sinne zu handlungsrelevanten Deutungsalternativen von Alltagshandelnden werden kann.

Unter der Zurückweisung der These von der „Psychopathologie des Alltagslebens" (Leithäuser & Volmerg, 1979) und der damit verbundenen Notwendigkeit der therapeutischen Kritik des Alltagswissens und der Alltagssprache werden im Prozess einer soziologischen Beratungskommunikation nicht im Sinne ärztlichen Heilens oder juristischer Belehrungen für den Klienten stellvertretend lebenspraktische Deutungen und Entscheidungen getroffen, sondern unter der erkenntnislogischen Bedingung einer prinzipiellen Rationalitätssymmetrie zwischen soziologischen und alltagsweltlichen Sinnkonstruktionen argumentative Begründungen und Deutungsalternativen für vergangene oder geplante Handlungsentscheidungen angeboten, die aufgrund der handlungslogisch bedingten unengagierten und handlungsentlastenden Perspektive des soziologischen Beraters Einblicke vermitteln können in die „losgelöste Sozialität" (Matthes, 1973), von der die Klienten im Alltag unter der Bedingung eines prinzipiell nicht suspendierbaren Begründungs- und Entscheidungszwanges für ihre praktischen Handlungen lediglich implizite Vorstellungen haben. Die aufgrund der handlungslogischen Differenzen zwischen soziologischem Berater und Klienten nur *unzureichend* vorhandene Reziprozität der Perspektiven wird hier im Prozess *„persuasiver Kommunikation"* (Kopperschmidt, 1976) *praktisch realisiert.*

Die Konzeption der „persuasiven Kommunikation" beziehungsweise der „überzeugenden Rede" (Kopperschmidt, 1976) beinhaltet ein Verfahren, das dem Dialogpartner des Beraters einen Spielraum von Entscheidungsfreiheit lässt, den dieser für sich selbst beansprucht. Die durch rhetorische Kommunikation ausgelöste mittelbare Realisation ist die humane Möglichkeit, kooperativ auf Zukunft hin zu handeln. Rhetorik gilt herkömmlicherweise als die Kunst, einen Konsens in Fragen herbeizuführen, die nicht mit zwingender Beweisführung entschieden werden können. Die von ihr verwaltete persuasive Leistung der Sprache erinnert gewissermaßen die Hermeneutik daran, dass „im Medium umgangssprachlicher Kommunikation nicht nur Mitteilungen ausgetauscht, sondern handlungsorientierte Einstellungen gebildet und verändert werden" (Habermas, 1971, S. 75).

Die in der Beratung explizierten Begründungsstrukturen sind notwendigerweise solche alltagspraktischer Entscheidungen. Für den soziologischen Berater schließt dieses notwendig ein, dass er „Zusammenhänge" aufzeigt, „welche diejenigen, die in einer Tradition aufgehen, die direkt betroffenen, wegen der Unmittelbarkeit ihrer Betroffenheit nicht sehen können" (Kriesi, 1982, S. 754). Es sind aber Begründungsstrukturen, deren sich die Handlungssubjekte bewusst werden müssen, wenn sie reflektierter handeln wollen. Es ist zudem durchaus fraglich, warum beziehungsweise ob die Handlungssubjekte sich ihrer Begründungsstrukturen auch bewusst werden wollen. Die Explikation von Begründungsstrukturen alltagspraktischen Handelns im Sinne des Herausfindens der „optimalen", das heißt lebenspraktisch adäquaten und – auf das jeweilige Referenzsystem oder die jeweilige Referenzgruppe des Handelns bezogen – relativ wahren Begründungen stößt im Alltagshandeln zumindest auf das andere Problem, dass Handlungssubjekte bei der Auswahl der von ihnen akzeptierten Begründungen eben nicht nur nach dem Prinzip der „Wahrheit", sondern auch der emotionalen Verträglichkeit vorgehen.

Dieses Phänomen, das in der Kategorie des „Widerstands" von der Psychoanalyse gefasst worden ist, wirkt sich auch bei der erzeugenden Vermittlung soziologischen Wissens aus. Subjektiv ist die Annahme professionstheoretischer Kritik und die darin angebotene Explikation von Begründungsstrukturen, die dem Alltagshandelnden nur implizit beziehungsweise latent verfügbar sind – auch von Angst geprägt – wobei Angst operationalisiert eben heißt, dass Verhaltenssicherheit abgebaut wird, indem für gültig erachtete Begründungsstrukturen ihren Überzeugungswert verlieren („Lebenslügen sind Überlebenswahrheiten").

Geht man davon aus, dass das soziologische Begründungswissen als „Theorie" seinerseits lediglich in einer (konstruierten) perspektivischen Distanz zu einem Gegenstand qua Abstraktion aus universell lebenspraktischen Erfahrungen gewonnen werden kann im Sinne der Explikation von vorgängigen Verstehensprozessen, so wird einsichtig, dass sich die Interpretationsangebote zur Selbstvergewisserung, die die soziologische Deutung hervorbringt, stets aus einem dem Alltagshandelnden aufgrund der Situationsinvolviertheit, einem hohen Maße an Betroffenheit und dem nicht suspendierbaren Handlungszwang nur bedingt oder latent verfügbaren Handlungswissen (im Sinne eines tacit knowledge) speisen. Dieser Umstand verweist auf die von Gadamer (1972) reklamierte Universalität jeglicher hermeneutischer Verstehensprozesse in zweifacher Hinsicht. Klinische Wissenserzeugung ist im Prinzip an die sprachliche Verfasstheit aller Wirklichkeitsdeutungen und an die Nichthintergehbarkeit alltagssprachlich verfügbarer Kompetenzen gebunden und im Vermittlungsprozess kann soziologisches Begründungswissen nur auf die Chance der lebenspraktischen Selbstapplikation hoffen, wenn es sich im Medium von Alltagssprache reformulieren lässt.

Es gilt für die soziologische Beratungskommunikation, dass der Soziologe seine Klienten – gleichsam als Bedingung der Möglichkeit des „Gewinnens der Einsicht" zwecks Selbststrukturierung „schlecht definierter Probleme und Situationen" (Kaufmann, 1984, S. 370) – in die situativ hergestellte Position eines distanzierten Beobachters seines eigenen sozialen Wirkungszusammenhangs versetzen muss. Die intuitive Alltagserkenntnis wird in ihrer natürlichen Fähigkeit zum „abduktiven Schließen" gleichsam konditioniert. In der Handlungsunterbrechung der soziologischen Beratung wird mittels hermeneutisch-analytischer und taktisch-rhetorischer Kompetenz des Beraters verdrängtes beziehungsweise latent verfügbares Handlungswissen je problembezogen versprachlicht.

„Faktisches, das heißt jeweils Dialogpartnern unmittelbar zugängliches, kommunikatives Handeln ist in der Regel … immer schon das Produkt taktisch-rhetorischer, das heißt wirkungsorientierter Überarbeitung der zunächst hermeneutisch-analytisch angeeigneten Information" (Badura, 1972, S. 252).

Dialoghermeneutik und -rhetorik umfassen den Bereich des Beziehungsverstehens und den Bereich des Redeverstehens. Soziologische Beratungskommunikation ist folglich gebunden an die Unterbrechung des alltagsweltlichen Handlungsflusses. Sie ist eine Situation außerhalb der Alltagspraxis; ansonsten ließe sich eine handlungslogische Differenz zwischen soziologischem Berater und Alltagshandelndem schon als Bedingung der Möglichkeit einer situativ herzustellenden Reziprozität der Perspektiven zwischen beiden Parteien nicht überbrücken. Erkenntnislogisch betrachtet, unterscheiden sich die professionelle „Verstehenskunst" des Beraters als professionellem Hermeneuten von den Kompetenzen der Daseinshermeneutik und Alltagsintuition, wie sie im Vollzug der Lebenspraxis von jedermann wirksam sind, lediglich graduell und nicht qualitativ.

> „So ist die Kunst des Verstehens – was auch immer ihre Mittel und Wege seien – offenbar nicht direkt von der Bewusstheit abhängig, mit der sie ihren Regeln folgt. Hier setzt sich ein natürliches Vermögen, das jeder hat, in ein Können um, durch das einer alle anderen übertrifft und die Theorie kann bestenfalls nur sagen, warum. In beiden Fällen besteht ein Verhältnis der Nachträglichkeit zwischen der Theorie und dem, woraus sie abstrahiert ist und was wir Praxis nennen" (Gadamer, 1971, S. 60).

Begründungsalternativen für lebenspraktische Handlungsentscheidungen zu entwickeln, setzt auf Seiten des soziologischen Beraters die Fähigkeit der „Dechiffrierung des Erscheinenden" (Bonß, 1983) beziehungsweise der Dekodierung der sozialen Grammatik des repräsentierten Handlungszusammenhangs voraus, indem er das Singuläre des lebenspraktischen Handlungsproblems ins Allgemeine einer intersubjektiven Perspektive zu transformieren versucht. Auf Seiten des Alltagshandelnden setzt es die Bereitschaft zur Selbstentfremdung in der Form der Distanzierung zum eigenen Handeln voraus, denn nur so kann dieser alternative Deutungen rezipieren.

So ist die hermeneutische Ausgangssituation prägend für die beratende Wissenserzeugung und der explikative Diskurs in der Beratungssituation bleibt der persuasiven Kommunikation verpflichtet, hängt es doch vom rhetorischen Habitus des Beraters ab, ob es diesem gelingt, im Kampf um Anerkennung der Argumente sein Gegenüber in eine perspektivische Distanz zu einem Handeln beziehungsweise Handlungsproblem zu bringen, was erst Erkenntnischancen und Einsichten möglich macht.

Gelingt dieses Unternehmen, ist für die Applikation reflexiver Begründungen praktischen Handelns nur der Alltagshandelnde in seiner Lebenspraxis selbst zuständig. Dieser kann in der „Dimension der klugen Applikation" (Habermas, 1983) mehr oder weniger befangen operieren, es sind jedoch prinzipiell Lern- und Aufklärungsprozesse möglich.

Soziologische Beratung lässt sich zusammenfassend als eine auf strukturell verursachte Konfliktlagen sowie auf die autonome Lebenspraxis zugleich orientierte diskursive Handlungsfigur bestimmen. Im Unterschied zu Beratungsformen, die auf Therapie und Heilung zielen, also auf die Beschaffung bzw. Wiederherstellung der physischen und psychosozialen Integrität des privaten Einzelnen, handelt es sich bei der soziologischen Beratung um eine aufklärende Reflexionsinstanz, die nicht intendierte Folgen sozialen Handelns enthüllt.

Literatur

Alemann, H.v. (1996). Einige allgemeine Bemerkungen zur Soziologie der soziologischen Beratung. In H. Alemann & A. Vogel (Hrsg.), *Soziologische Beratung* (S. 16–26). Opladen: Leske & Budrich.

Badura, B. (1972). Kommunikative Kompetenz, Dialoghermeneutik und Interaktion. Eine theoretische Skizze. In B. Badura & K. Gloy (Hrsg.), *Soziologie der Kommunikation* (S. 246–264). Stuttgart/Bad Cannstatt: List.

Beck, U. (1980). Die Vertreibung aus dem Elfenbeinturm. Anwendung soziologischen Wissens als soziale Konfliktsteuerung. In *Soziale Welt, 31* (4), 415–441.

Beck, U. & Bonß, W. (Hrsg.). (1989). *Weder Sozialtechnologie noch Aufklärung? Analysen zur Verwendung sozialwissenschaftlichen Wissens.* Frankfurt a.M.: Suhrkamp.

Behrend, O. & Wienke, J. (2001). Zum Konzept der klinischen Soziologie als Basis einer fallorientierten Beratung. In N. Degele, T. Münch, H.J. Pongratz & N. Saam (Hrsg.), *Soziologische Beratungsforschung. Analyseperspektiven für Theorie und Praxis der Organisationsberatung* (S. 177–198). Opladen: Leske & Budrich.

Bonß, W. (1983). Empirie und Dechiffrierung von Wirklichkeit. Zur Methodologie bei Adorno. In L.v. Friedeburg & J. Habermas (Hrsg.), *Adorno-Konferenz 1983* (S. 201–224). Frankfurt a.M.: Suhrkamp.

Dewe, B. (1991). *Beratende Wissenschaft: Unmittelbare Kommunikation zwischen Sozialwissenschaftlern und Praktikern*. Göttingen: Schwartz.

Dewe, B., Ferchhoff, W., Peters, F. & Stüwe, G. (1986). *Professionalisierung – Kritik – Deutung. Soziale Dienste zwischen Verwissenschaftlichung und Wohlfahrtsstaatskrise*. Frankfurt a.M.: ISS.

Gadamer, H.-G. (1971). Replik. In D. Wunderlich (Hrsg.), *Hermeneutik und Ideologiekritik*. Frankfurt a.M.: Suhrkamp.

Gadamer, H.-G. (1972). *Wahrheit und Methode. Grundzüge einer philosophischen Hermeneutik*. Tübingen: Mohr.

Habermas, J. (1971). Der Universalitätsanspruch der Hermeneutik. In D. Wunderlich (Hrsg.), *Hermeneutik und Ideologiekritik* (S. 120–159). Frankfurt a.M.: Suhrkamp.

Habermas, J. (1983). Diskursethik – Notizen zu einem Begründungsprogramm. In J. Habermas, *Moralbewußtsein und kommunikatives Handeln* (S. 29–52). Frankfurt a.M.: Suhrkamp.

Kaufmann, F.-X. (1984). Soziologie im Nebel. In *KZfSS, 36*, 366–371.

Kopperschmidt, J. (1976). *Allgemeine Rhetorik. Einführung in die Theorie der persuasiven Kommunikation*. Stuttgart: Kohlhammer.

Kriesi, H. (1982). Soziologische Methodologie und die Rebellion der Betroffenen. Überlegungen zur Lage der Soziologie. In *KZfSS, 34*, 748–766.

Leithäuser, T. & Volmerg, B. (1979). *Anleitung zur empirischen Hermeneutik. Psychoanalytische Textinterpretationen als sozialwissenschaftliches Verfahren*. Frankfurt a.M.: Suhrkamp.

Lepsius, M.R. (1973). Gesellschaftsanalyse und Sinngebungszwang. In G. Albrecht, H.-J. Daheim & F. Sack (Hrsg.), *Soziologie – Sprache, Bezug zur Praxis, Verhältnis zu anderen Wissenschaften. Festschrift für René König* (S. 105–116). Köln: Westdeutscher Verlag.

Luhmann, N. (1993). „Was ist der Fall?" und „Was steckt dahinter?" Die zwei Soziologien und die Gesellschaftstheorie. In *Zeitschrift für Soziologie, 22* (4), 245–260.

Matthes, J. (1973). Sozialarbeit als soziale Kontrolle? In H.-U. Otto & S. Schneider (Hrsg.), *Gesellschaftliche Perspektiven der Sozialarbeit* (S. 107–128). Neuwied/Berlin: Luchterhand.

Oevermann, U. (1990). *Klinische Soziologie. Konzeptualisierung, Begründung, Berufspraxis und Ausbildung*. Frankfurt a.M. Unveröffentlichtes Manuskript.

Weber, K. (1980). Produktion, Kontrolle, Verteilung und Verwendung sozialwissenschaftlichen Wissens. In *Schweiz. Z. f. Soz., 6*, 249–308.

Prof. Dr. Bernd Dewe ist Soziologe, Pädagoge und Professor für betriebliche Weiterbildung an der Universität Halle-Wittenberg. Seine Arbeitsschwerpunkte sind Beratungsforschung, Berufs- und Professionsforschung und Wissenssoziologie

Anschrift:
Martin-Luther-Universität Halle-Wittenberg
Philosophische Fakultät
Institut für Pädagogik
Franckeplatz 1, Haus 6
D-06099 Halle
E-Mail: dr.bernd-dewe@planetinternet.de

Philosophie und Beratung

Eckart Ruschmann

1 Traditionen und Entwicklungsgeschichte der philosophischen Beschäftigung mit Beratung
2 Zentrale Begriffe in der Diskussion um Philosophische Beratung
3 Erste Versuche einer methodischen Orientierung
4 Beratungsfelder in der Disziplin
5 Fragen der Institutionalisierung und Professionalisierung
6 Entwicklungsperspektiven

1 Traditionen und Entwicklungsgeschichte der philosophischen Beschäftigung mit Beratung

Dass Philosophie etwas mit Beratung zu tun hat bzw. sogar in einem zentralen Sinne *als Beratung* aufgefasst werden kann, findet sich als Aussage in der zeitgenössischen Philosophie nicht selten – so schrieb z.B. Jürgen Mittelstraß: „Philosophieren ist eine Form der Beratung". Ausgehend von seinem Verständnis von Philosophie, als deren Aufgabe er es sieht, „Klarheit in allen Bereichen unserer Selbst- und Situationsverständnisse" herzustellen, geht es für ihn in der Philosophie darum, Probleme zu lösen: „Probleme, die sich dem Handeln stellen, werden auf der Grundlage von *Beratungen* gelöst" (Mittelstraß, 1982, S. 140).

In der Philosophie der Antike war Beratung ganz selbstverständliche, in manchen Richtungen zentrale Aufgabe des Philosophen. So stellte Seneca in einem der Briefe an Lucilius (Briefe an Lucilius, Buch 5, Brief 48,7) die rhetorische Frage: „Willst du wissen, was die Philosophie dem Menschengeschlecht verspricht?" Und antwortete: „Beratung" (lt. *consilium*).

Vielfach wird Sokrates als „Ahnherr" moderner Psychotherapie und Beratung bezeichnet; die sokratische „Hebammenkunst" (Maieutik) sollte – so wird dieses Vorgehen meist beschrieben – im Dialog dem Gesprächspartner dazu verhelfen, seine *eigenen Gedanken* hervorzubringen, so wie die Hebamme der Gebärenden nur Hilfestellung gibt, ihr Kind zur Welt zu bringen. Die Parallele wäre jedoch unzureichend, würde man unbeachtet lassen, dass diese Hebammenkunst keineswegs auf die Geburtshilfe beschränkt war: Sie umfasste auch (beim Sokrates der platonischen Dialoge sogar hauptsächlich) das Umgehen mit nicht lebenskräftigen Hervorbringungen – man könnte mit einem heutigen Begriff von „ungünstigen mentalen Abläufen oder Mustern“ sprechen –, die geprüft und bei Nichtbestehen „beseitigt“ werden (Platon, Theätät, 149–151d).

Fehlender Praxisbezug war für Epikur ein Kritikpunkt an der aristotelischen Philosophie, dessen Schüler nur in ihren Wandelgängen herumgingen und dabei auf leere Weise über das Gute schwätzten, so sein Vorwurf, der an die ca. 2.300 Jahre später geübte Kritik philosophischer Praktiker an der akademischen Philosophie erinnert. Ein berühmtes Epikur-Zitat findet sich als Motto in manchem Text bzw. Praxisraum Philosophischer BeraterInnen und hat dort wohl auch einen angemessenen Platz:

> „Leer ist jenes Philosophen Rede, durch die keine ungünstigen psychischen Prozesse (*pathos*) des Menschen geheilt werden. Denn wie die Heilkunde unnütz ist, wenn sie nicht die Krankheiten aus dem Körper vertreibt, so nützt auch die Philosophie nichts, wenn sie nicht die Leiden (*pathos*) der Seele vertreibt“ (Usener 221).

Auch die stoische philosophische Praxis lässt sich in ihrer Vermittlung als *philosophische Beratung* charakterisieren; Pierre Hadot beschrieb sie folgendermaßen:

> „Für den Stoiker bedeutet philosophieren also, zu ‚leben‘ üben, das heißt bewusst und frei zu leben: bewusst, indem er die Grenzen der Individualität durchbricht, um sich als Teil des Kosmos zu erkennen, der von der Allvernunft belebt wird; frei, indem er darauf verzichtet, etwas zu begehren, was nicht in seiner Macht steht und ihm zu entgleiten droht und indem er sich nur für das interessiert, was in seiner Macht steht – für das rechte Handeln also – das im Einklang mit der Vernunft ist“ (Hadot, 2002, S. 20).

Hadots Buch, in dem er auf den Lebens- und Praxisbezug der antiken Philosophie hinwies, wurde nicht umsonst zu einem wichtigen Bezugspunkt der Vertreter der seit etwa zwei Jahrzehnten entstehenden philosophischen Beratungspraxis. Der von ihm akzentuierte Begriff der *Selbstsorge* wurde von Foucault aufgegriffen und erhielt so eine neue Bedeutung. Im deutschsprachigen Raum hat Wilhelm Schmid (1999) diese Linie fortgeführt und mit seinem Buch „Philosophie der Lebenskunst“ die lebenspraktische Seite der Philosophie vermittelt.

Die Tradition der *Philosophie als Beratung* ist allerdings mit dem Eintritt in die christlich dominierte Phase der Philosophie abgerissen – diese Aufgaben wurden von der bis heute lebendigen Form seelsorgerlicher Beratung übernommen. Im Zuge der Wiedergewinnung philosophischer Eigenständigkeit in der Neuzeit wurde dieser Bereich nicht wieder aufgenommen – nach Einschätzung von Hans Krämer (1992) ein schwerwiegendes Versäumnis, das erst in der jüngsten Vergangenheit als solches erkannt wurde.

Das Philosophieren wurde zu einer eher monologischen Angelegenheit, deren Ergebnis schriftlich als Text hinausging; es wurden Weltsichten ausgearbeitet und Systeme entwickelt, in denen der Bezug zum anderen Menschen nur ein theoretisches Element bedeutete, das z.B. bei der Gewinnung ethischer Grundsätze eine Rolle spielte (etwa als „der andere Mensch“ bei Kant).

In der Philosophie der Neuzeit kam das *Du* erst im 19. Jahrhundert (wieder) in den Blickpunkt (Fichte, Feuerbach). Wichtige Impulse zu einer dialogorientierten Philosophie gingen dann Anfang des 20. Jahrhunderts von jüdischen Denkern aus (am bekanntesten: Martin Buber), die allerdings von den akademischen Philosophen wenig beachtet wurden.

Seit etwa zwei Jahrzehnten gibt es nun – inzwischen weltweit – auch Versuche, mit der Philosophie als Hintergrunddisziplin eine Form der Beratung (als Individualberatung sowie als Arbeit mit Gruppen) zu etablieren. Allerdings verlief diese Entwicklung zunächst – jedenfalls in Europa – weitgehend außerakademisch, entstanden aus dem Wunsch von Absolvent(inn)en eines Studiums der Philosophie, sich außerhalb des universitären Rahmens mit der Philosophie eine selbständige Tätigkeit aufzubauen. In Anlehnung an den Sprachgebrauch von Gerd B. Achenbach, der mit seiner 1981 erfolgten Eröffnung einer *Philosophischen Praxis* diesen Begriff prägte und damit die Aufmerksamkeit einer breiteren Öffentlichkeit auf dieses neue Feld zog, bezeichnen sie sich oft als *Philosophische Praktiker*. Odo Marquard beschrieb in einem kleinen Artikel im „Historischen Wörterbuch der Philosophie" (1989, Sp. 1307–1308) diese Möglichkeit philosophischer Tätigkeit als „professionell betriebene philosophische Lebensberatung", die „in der Praxis eines Philosophen geschieht".

Tatsächlich macht jedoch die Beratung meist nur einen Teil der Tätigkeit philosophischer Praktiker aus; manche, die darauf gesetzt hatten, mit einer Beratungspraxis ihren Lebensunterhalt zu verdienen, mussten diesen Versuch nach einiger Zeit wieder abbrechen. Die erfolgreiche selbstständige Tätigkeit als Philosoph ist in der Regel schwerpunktmäßig eher dem Bereich der Bildung als dem der Beratung zuzuordnen (Kurse, Seminare, Vorträge, Philosophische Cafés etc.); manche üben neben ihrer Beratertätigkeit einen anderen Beruf aus, um den Lebensunterhalt zu sichern.

Insofern ist die Philosophische Beratung noch weit davon entfernt, eine bemerkbare Rolle im Feld der Beratung einzunehmen. Das liegt allerdings nicht nur daran, dass die Zahl der Philosophischen Praktiker noch relativ klein ist und zudem, wie erwähnt, ihre Arbeit als Berater meist nur einen bescheidenen Teil ihrer Tätigkeit ausmacht. Es kommt hinzu, dass diese Entwicklung ganz aus der Praxis heraus geschah. Es gab anfangs kaum theoretische Konzepte und Orientierungen – teilweise wurde es sogar ganz explizit abgelehnt, Konzepte und Modelle zu entwickeln. Solch „skeptizistische" Ansätze versteht die philosophische Praxis als den je persönlichen und individuellen Versuch, den Einengungen und Begrenzungen vorgegebener Theorien zu entgehen, wie sie sich etwa im Bereich der Psychotherapie mit ihrer anfangs fast dogmatischen Theorienbildung und den später sich entwickelnden konkurrierenden Richtungen und Schulen feststellen ließen. Negative Abgrenzungen im Sinne einer (nicht immer gut begründeten) Psychotherapiekritik gehören meist mit zu dieser Haltung.

Wird bei Versuchen einer umfassenderen Darstellung diese Sichtweise übernommen (wie z.B. in den kürzlich publizierten Dissertationen von Schuster, 1999, und Neubauer, 2000), so bleibt die Beschreibung des Vorgehens in der philosophischen Beratung notwendigerweise relativ vage und unbestimmt, als eine Art des freien Philosophierens; in letzter Konsequenz ist dann die Methode hauptsächlich durch die Persönlichkeit des Beraters bestimmt, seine Bildungsgeschichte und sein Hintergrundwissen, die persönlichen Erfahrungen im Sinne der eigenen Lebenspraxis sowie das Vorhandensein oder Fehlen kommunikativer Fähigkeiten.

Inzwischen sind nun auch erste umfangreichere Darstellungen erschienen (Marinoff, 1999; Ruschmann, 1999; Raabe, 2001), die den Versuch unternehmen, eine Übersicht über die bisherigen Ansätze zu geben, eine Art Bestandsaufnahme zu erbringen, die unterschiedlichen Perspektiven zu sammeln und zu sichten und auf einer Metaebene strukturelle Gesichtspunkte der entstehenden Beratungsform herauszuarbeiten bzw. umfassendere Modelle und Konzepte Philosophischer Beratung zu entwickeln. (Die Darstellung von Marinoff – Philosophieprofessor am City College New York – ist allerdings recht populär gehalten und deshalb nicht frei von Vereinfachungen und „propagandistischen" Effekten.)

2 Zentrale Begriffe in der Diskussion um *Philosophische Beratung*

Beratung

Im umgangssprachlichen Kontext wird der Begriff *Beratung* oft mit dem negativen Bedeutungshof des *Ratschlages* im Sinne einer Bevormundung oder autoritären Beeinflussung verbunden. Im Feld der professionellen Beratungsdisziplinen hat man diese mitschwingende Bedeutungsnuance inzwischen klar ausgegrenzt und versteht Beratung primär als Orientierung stiftende Hilfestellung und Stärkung der eigenen Entscheidungsfähigkeit. Wenn manche Philosophen für ihre beratende Tätigkeit den Begriff *Philosophische Praxis* vorziehen, dann hat das sicher mit diesem Abgrenzungswunsch zum paternalistischen *Rat* zu tun; diese Begriffswahl hat im deutschsprachigen Raum allerdings wohl mit zu den teilweise auffälligen Unschärfen der Definitionen und Beschreibungen geführt – die Beratung ist, wie erwähnt, nur ein (manchmal bescheidener) Teil der Tätigkeit als philosophischer „Praktiker" im Sinne eines selbstständig, d.h. in der Regel freiberuflich arbeitenden Philosophen mit sehr vielfältigem Tätigkeitsbereich. (Im anglo-amerikanischen Raum ist der Begriff *philosophical counseling/counselor* gebräuchlich und weitgehend frei von vergleichbaren negativen Assoziationen.)

Eigentlicher Hintergrund dürfte dabei die Frage der Symmetrie oder Asymmetrie der Beziehung sein – hier gibt es innerhalb des Feldes philosophischer Berater ein breites Spektrum von Ansichten. Die extreme Betonung der Symmetrie der Beziehung geht teilweise bis zur Negation des professionellen Charakters philosophischer Beratung (Achenbach, 1984, z.B. formulierte das Ideal des qualifizierten [„denkbar besten"] Laien als Idealbild des philosophischen Beraters), während etwa Hans Krämer (1992), einer der wenigen akademischen Philosophen im deutschsprachigen Raum, der eigene Beiträge zur Thematik der Beratung geliefert hat, von einer eindeutig asymmetrischen Beziehung ausgeht, im Sinne eines Kompetenz- und Erfahrungsgefälles; auch Anleitung und Belehrung sind für ihn deshalb mögliche Mittel im Beratungsprozess, ganz im Sinne der antiken „beratenden Philosophen", für die Schulung und Einübung wichtige Instrumente darstellten.

In den erwähnten Übersichtsdarstellungen relativieren sich die Extreme möglicher Interventionsformen durch ihre Einordnung in ein Kontinuum; die Bestandsaufnahme der eingesetzten Mittel zeigt ein reiches Spektrum, in dem der unstrukturierte Dialog ebenso seinen Platz hat wie der Aufweis anderer Perspektiven und alternativer Sichtweisen oder der Hinweis auf Texte, Übungen, „Exerzitien" etc.

Der Wissens- und Erfahrungsvorsprung des Beraters muss kein „Gefälle" mit sich bringen – der Rat Suchende steht als Mensch gleichwertig neben dem professionellen Berater, der seine Zeit und seine philosophische Kompetenz zur Verfügung stellt.

Dialog

In diesen Zusammenhang gehört auch der Begriff *Dialog*, dessen Bestimmung ja wesentlich aus der (antiken) philosophischen Tradition stammt. Dialog im Sinne des sich Entfaltens (*dia-legein*) eines Themas im Gespräch von zwei oder mehr Personen stellt in der Zeit des Entstehens der abendländischen Philosophie einen ganz zentralen Aspekt der philosophischen Arbeitsweise dar – Platon kommentierte den damals noch greifbaren Übergang von der mündlichen zur schriftlichen Überlieferung und sah darin die Gefahr von Erstarrung und Dogmatismus.

Gerade aus dem derzeit stattfindenden Wiederanknüpfen an die „Mündlichkeit" in der Philosophie wird der Verlust gegenüber der antiken dialogischen Tradition deutlich. Erst im 20. Jahrhundert fand hier – wie erwähnt – eine Neubesinnung statt. Die ersten Versuche der Begründung einer „dialogischen Philosophie" (Buber) bringen das Wissen um die Bedingungen gelingender Kommunikation und konstruktiver Beziehung (bzw. „Begegnung") auch für die Philosophie (wieder) in Erinnerung. Eine unmittelbare, lebendige Beziehungsgestaltung (*Begegnung* statt eines objekthaften Umganges mit dem anderen) bedarf bestimmter verwirklichter Grundhaltungen, etwa klare Präsenz im Augenblick, Aufgeben einer zu starken Ichbezogenheit sowie die Aufrichtigkeit oder Authentizität als „Wahrheitsaspekt von Beziehung". Buber betont auch die Bedeutung der „Akzeptation der Andersheit" im Sinne einer liebevollen Grundhaltung, die aber in einer „existenziellen Kommunikation" auch die Auseinandersetzung und Konfrontation nicht scheut.

Theorien und Methoden

Ein weiterer wichtiger und ebenfalls extrem kontrovers diskutierter Themenbereich bezieht sich auf Theorien und Methoden. Soll die philosophische Beratung, die ja eher als Beratungs*praxis* je eigenen Entwurfes entstand, durch eine Beratungs*theorie* mit weitergehendem Geltungsanspruch vertieft und fundiert werden oder geht es gerade darum, im Unterschied zu theorie-abhängigen Methoden der sonstigen Formen von Beratung oder Psychotherapie, der Aufstellung von leitenden Prinzipien und der Entwicklung von spezifischen Methoden zu entsagen, um so diesen Gefahren zu entgehen?

Auch hier erweist eine differenziertere Betrachtungsweise, dass es sich eher um Scheingegensätze handelt. Die „‚Beyond-Method'-Methode", wie Raabe (2001) diese Position treffend bezeichnet, ist selbst von vielen impliziten Hintergrundannahmen und handlungsleitenden Orientierungen mit Theoriecharakter bestimmt. Diese Theorien lassen sich auch relativ leicht aus den vorliegenden Texten rekonstruieren – oft handelt es sich um allgemeine Prinzipien konstruktiver Kommunikation, die vielfach nicht einmal als philosophie-spezifisch betrachtet werden können. Es ist sogar – darauf weist z.B. Raabe nachdrücklich hin – geradezu ein Kennzeichen philosophischer Beratung, dass die *Methoden*, die der Berater anwendet, als *Instrumente* schließlich auch dem Klienten zur Verfügung stehen; er soll die Fähigkeit der *Selbstberatung* entwickeln, wie man in diesem Zusammenhang den erwähnten Begriff der *Selbstsorge* präzisieren könnte.

Hier liegt vielleicht auch der eigentliche Hintergrund der Symmetrie-Forderung oder Symmetrie-Annahme: Der philosophische Berater betrachtet den Klienten als einen ebenfalls philosophierenden Menschen. Seinen Wissensvorsprung (Inhalts- und Prozesswissen) möchte er dazu einsetzen, dem anderen bessere Mittel und Instrumente, evtl. auch Inhalte und Sichtweisen/Perspektiven an die Hand zu geben, damit diese(r) sie in der eigenen Reflexion anwenden kann. Raabe führt eine ganze Liste solcher methodischer „Instrumente“ an, die dem philosophischen Kontext angehören und die ein philosophischer Berater anwenden sowie auch dem Klienten für die Selbstanwendung vermitteln kann – und das nicht nur auf dem Wege der Übernahme und Nachahmung, sondern durchaus auch als Anleitung und Belehrung im methodischen Sinne. Raabe nennt u.a.:

- Begründungen geben; dabei gute Gründe von schlechten unterscheiden,
- Schlussfolgerungen durchführen,
- Argumente einschätzen,
- Verallgemeinerungen und Analogien benutzen,
- Annahmen in Frage stellen und rechtfertigen,
- Widersprüche bzw. falsche Argumente erkennen,
- nach Konsistenz streben,
- Unterscheidungen und Verbindungen herstellen (Teil/Ganzes, Mittel/Ziele, Ursache/Wirkung),
- Fragen stellen,
- Voraussagen machen,
- Hypothesen formulieren und prüfen,
- Beispiele und Gegenbeispiele anbieten,
- Kriterien formulieren und benützen,
- Vagheit und Zweideutigkeit entdecken,
- nach Beweisen fragen,
- offen sein für verschiedene Perspektiven und Sichtweisen,
- Empathie und moralische Vorstellungskraft üben,
- sensibel für den Kontext sein,
- der Suche nach Wahrheit verpflichtet sein,
- andere Menschen und ihre Sichtweise respektieren (Raabe, 2001, S. 154).

Reflexion/Reflexivität/Transzendieren

Ein weiterer zentraler Begriff soll noch vorgestellt werden, der in den meisten Ansätzen philosophischer Beratung genannt und vielfach als ein besonderes Kennzeichen philosophischer Beratungspraxis bezeichnet wird: der Vorgang der Reflexion bzw. die Haltung der Reflexivität, die Raabe in seinem Phasenmodell philosophischer Beratung als letzte Stufe charakterisiert, wobei er das angestrebte Ziel mit der Bezeichnung „Transzendieren“ (*transcendence*) charakterisiert.

Auch in der Darstellung von Ruschmann (1999), der sein Modell philosophischer Beratung anhand der klassischen philosophischen Disziplinen entwickelt, kommt der Reflexion eine wichtige, ja zentrale Rolle zu. Anhand der Beschreibung eines Bewusstseins-Kontinuums wird zunehmende Reflexivität als ein Prozess weg von Selbsttäuschung und illusionärer Selbstwahrnehmung und Selbsteinschätzung beschrieben, der bis hin zu der Möglichkeit führt, sich quasi auch mit den Augen anderer zu sehen. Auf diese Weise ist es möglich, aus den festen Bahnen starrer Denk-, Gefühls- und Verhaltensmuster herauszukommen und zu einer flexibleren und freieren Denk- und Lebensform zu finden.

In diesem Ziel und dem beschriebenen Vorgang dürften sich wohl auch die Vertreter der unterschiedlichen Positionen im Felde philosophischer Beratung wieder finden, denn um diese Freiheit und Offenheit (beim Berater ebenso wie beim Klienten) geht es sicher primär, wenn vor den möglichen Einengungen durch fest gefügte Theorien, Modelle und Methoden gewarnt wird.

3 Erste Versuche einer methodischen Orientierung

Die bisherigen Texte zur philosophischen Beratung sind vielfach eher Praxisberichte und stammen meist aus dem Kontext kollegialen Austausches (insbesondere den regelmäßig stattfindenden nationalen Tagungen und internationalen Kongressen) – der Bezug auf Ansätze anderer Praktiker ist eher die Ausnahme als die Regel. Überblicksreferate oder gar umfassendere Versuche von Theorienbildung auf der Basis des bisher vorgelegten Erfahrungsmaterials gab es bis vor kurzem nicht, denn sie verlangen einen Arbeitsaufwand, zu dem Praktiker kaum in der Lage sind. So ist es auch verständlich, dass die ersten inzwischen vorgelegten umfangreicheren Arbeiten nun doch im akademischen Umfeld entstanden, z.B. als Dissertationen (Schuster, Neubauer, Raabe) bzw. gefördertes Forschungsprojekt (Ruschmann).

Eine Möglichkeit, verschiedene Vorgehensweisen und methodische Zugänge in einen systematischen Zusammenhang zu bringen, besteht darin, vom prototypischen Ablauf eines Beratungsprozesses auszugehen. So beschreibt Lou Marinoff (1999) z.B. in seiner Darstellung einen fünfstufigen Prozessverlauf, den er nach den Anfangsbuchstaben der verwendeten Oberbegriffe PEACE nennt (Problem, Emotions, Analysis, Contemplation, Equilibrium).

Auf vergleichbare Weise versucht der kanadische Philosoph Peter B. Raabe (2001) in seinem „neuen Modell", wie er es nennt, eine Synthese grundlegender Vorgehensweisen in der philosophischen Beratung herauszuarbeiten, indem er sie verschiedenen Phasen des Beratungsprozesses zuordnet.

Beratungsgespräche nehmen ihren Ausgangspunkt meist von dem jeweils vorgebrachten Thema des Klienten/der Klientin. Raabe bezeichnet dieses Stadium als das des **freifließenden Prozesses** und sieht darin die meisten Ähnlichkeiten zu den Vertretern eines methodenfreien, offenen und unstrukturierten Vorgehens.

Andere Ansätze betonen besonders den Aspekt der **unmittelbaren Problemlösung** (so Raabes Bezeichnung der zweiten Phase) mittels philosophischer Methoden und Vorgehensweisen. Ruschmann (1999) bezieht sich zur Charakterisierung des Übergangs von der ersten zur zweiten Phase auf die hermeneutische Abfolge von anfänglichem *Verstehen* (Rekonstruktion des Mitgeteilten und Gemeinten) und *Kritik* und knüpft an die von Ran Lahav (Lahav & Tillmanns, 1995, S. 3ff.) beschriebene Form der Analyse von „Weltsichten“ an, im Sinne einer Untersuchung der Kohärenz von *Theorie* und Weltsicht (persönliche Lebensphilosophie) in Bezug auf das Problem und die Lebens*praxis* (Erfahrung) des Individuums.

In einem dritten Abschnitt kann **Unterweisung als intentionaler Akt** hinzukommen – die z.B. von Krämer (1992) akzentuierten Methoden der Anleitung und Selbstexploration bzw. *Selbstberatung* gehören in diese Phase. Durch die Entwicklung der notwendigen Fähigkeiten und Fertigkeiten entwickelt sich der Klient hin zu mehr Freiheit und denkerischer Autonomie, Philosophieren wird so zu einer „Lebensform“. Schließlich kann der Ablauf in einen Prozess des **Transzendierens** einmünden. Diese Phase ist gerade in den neueren Beiträgen verschiedentlich beschrieben worden – es geht um eine höhere Bewusstheit in Denken und Wahrnehmen, die größeren Abstand zu sich selbst mit tieferem Kontakt zum Kern des eigenen Wesens verbindet. Ein Vorgang des Transzendierens ist es in einem ersten Sinne, weil die bisherigen Grenzen der Erfahrung und des Denkens überschritten werden. Häufig finden sich hier Bezüge auf die antiken Definitionen von Weisheit, gerade auch im Sinne eines Freiwerdens von unreflektierten Mustern und Reaktionsweisen.

Raabe (2001) scheut sich nicht, das platonische Höhlengleichnis als Analogie heranzuziehen und beschreibt in fast poetischen Worten, wie Klienten in einen anderen Bewusstseinszustand „hineinblühen“, der ihnen nicht nur erlaubt, sich selbst und ihre Welt mit weitaus größerer Genauigkeit zu sehen als gewohnt, sondern in Farbe zu sehen, wo sie vorher nur in dichotomem Schwarzweiß sahen.

Gleichzeitig wird dabei auch die in der zweiten Phase vorherrschende Ebene des rational-diskursiven Denkens überschritten – hier sollen in stärkerem Umfang auch gefühlsmäßige Prozesse und Intuitionen zur Geltung kommen. Häufig finden sich hier auch Bezüge zur östlichen Philosophie, z.B. dem Zen-Buddhismus oder dem Taoismus; ein in Taiwan lehrender Philosoph (Jesse Fleming) bezieht das *I Ging* als Instrument des Beratungsprozesses ein.

Ruschmann (1999) zieht Parallelen vom philosophischen Weisheitsbegriff zur empirischen Weisheitsforschung, indem er auf die Bedeutung einer Integration von Denk- und Gefühlsprozessen als Möglichkeit eines komplexeren und tieferen Erfassens in Selbst- und Weltbezug hinweist. Intuition stellt eine noch umfassendere und übergreifendere Form der Informationsverarbeitung dar; um diese Ebene zu erreichen, ist es notwendig, zu einem Punkt innerer Ruhe zu gelangen und – zumindest für eine Zeit – den ununterbrochenen Strom des assoziierenden Denkens zum Schweigen kommen zu lassen.

Ruschmann (1999) weist in seinem Beratungskonzept auf eine weitere Form des Transzendierens hin, die für viele Klienten einen wichtigen Aspekt der persönlichen Sinnkonstitution darstellt und als „Einbettung“ konkreter Erfahrungen bzw. einer ganzen „Lebensgeschichte“ in einen größeren Kontext beschrieben werden kann. Das lässt sich als *transpersonale Bewegung* bezeichnen, die „horizontal“, zum anderen Menschen bzw. hin zur Welt als Ganzem, erfolgen kann oder „vertikal“ im Sinne einer Öffnung und Ausrichtung zur Transzendenz.

Wenn dieses Stadium erreicht wird, geht es um mehr als den kurzen Fokus einer Problemlösung mit der Frage, was zu tun sei. Es werden tiefergehende Fragen gestellt, etwa: Wer bin ich? oder Wie sollen wir leben? Das Leben *als Ganzes* wird dem prüfenden Blick unterzogen – auch in diesem Zusammenhang werden in den Texten der philosophischen Praktiker häufig Bezüge zur antiken Philosophie hergestellt, z.B. zu dem berühmten Satz des Sokrates, ein ungeprüftes Leben sei nicht lebenswert.

Erst das Wissen um die eigene Weltsicht erlaubt es, in einen Raum der Freiheit einzutreten und echte Wahlmöglichkeiten zu gewinnen. In diesem Prozess wird der Klient zu einem ebenfalls philosophierenden Menschen: Es findet ein gemeinsames *dialogisches Erforschen* statt.

Der Entwurf von Ruschmann (1999) nimmt seinen Ausgangspunkt von dieser Annahme. Er betrachtet die individuelle Lebensphilosophie des jeweiligen Klienten als Gesamt der persönlichen (subjektiven) Theorien im Kontext der eigenen Lebenspraxis und geht damit vor dem Hintergrund der vorliegenden philosophischen Theorien in ihrer historischen Vielfalt und gegenwärtigen Gestalt um. Es ist die strukturelle Ähnlichkeit individueller Lebensphilosophien und philosophischer Theorien und Konzepte, die den Transfer philosophischer Wissensbestände auf die individuelle Lebenspraxis ermöglicht; damit ist zugleich ein wesentliches methodisches *Instrument* philosophischer Beratung beschrieben.

Ruschmann (1999) geht dabei primär von der systematischen Philosophie mit ihren Disziplinen aus – er sieht sie quasi als einen kollektiven Entwurf menschlicher Weltsichten, in denen die vielfältigen Sichtweisen und Perspektiven repräsentiert sind.

Unter erkenntnistheoretischem Gesichtspunkt wird der Klient als ein welt-konstituierendes Wesen betrachtet, wobei die Erkenntnisprozesse rekonstruierbar und damit zugleich veränderbar sind. Manche Konzepte sind allerdings in wesentlichen Aspekten noch kaum sprachlich symbolisiert oder gar reflektiert worden; durch solch implizite Hintergrundannahmen sind jedoch konkrete Handlungsweisen oft wesentlich mitbestimmt.

Auch das Umgehen mit implizitem Wissen im Sinne von Prozesswissen ist ein wichtiger Faktor bei der Arbeit an der eigenen Weltsicht; Weisheit verstanden als Expertentum im Umgang mit Lebensfragen ist in wesentlichen Aspekten prozesshaftes Erfahrungswissen und stellt somit eine zentrale Zielvorstellung philosophischer Beratung dar – für den Berater ebenso wie für den Klienten.

Ruschmann (1999) bezieht in diesem Zusammenhang auch die erkenntnisstiftende Funktion der Gefühle ein; dieser Aspekt philosophischer Epistemologie fand erst in jüngster Zeit (wieder) Aufmerksamkeit.

Eine individuelle Weltsicht als *Lebensphilosophie* enthält persönliche Antworten auf die meisten Fragen, die in den philosophischen Disziplinen gestellt und erörtert werden.

So besteht etwa die jeweilige „Individualethik“ aus einer komplexen und dynamischen Konfiguration von Werten, die handlungsleitende Wirkung haben. Werte können aber in einem konkreten Fall auch in Konflikt geraten (Werte-Dilemma); sie können bzw. müssen dann geprüft und evtl. in ihrer Bedeutung bzw. Gewichtung modifiziert werden. Das ist möglich, wenn man Zugang zum Ort der inneren Wertung findet und sich zugesteht, tradierte Werte kritisch zu hinterfragen und auf Stimmigkeit im eigenen Wertesystem zu prüfen.

Auch die jeweiligen anthropologischen Hintergrundannahmen („Menschenbild") sind wichtig und bilden oft die Ausgangsbasis für Annahmen über Ziel und Sinn des menschlichen Lebens.

Weiterhin werden häufig Fragen erörtert, die in den Kontext der klassischen philosophischen Metaphysik gehören. Gibt es Transzendenz-Konzeptionen, die einen „tragenden Grund" der eigenen Welt bilden? Oder wird der Lebensweg ausschließlich auf immanente Elemente bezogen, vielleicht sogar als „Gehen ohne Grund" symbolisiert?

So kann die Beschäftigung mit den Disziplinen der Philosophie wertvolle Hintergrundinformation für den Umgang mit persönlichen Lebensphilosophien geben, weniger im Sinne auf den Einzelfall übertragbarer Inhalte, sondern vielmehr als strukturelle Matrix und heuristische Orientierung im dialogischen Beratungsprozess.

Vielleicht erscheint die aufgezeigte Strukturähnlichkeit und Analogie individueller Lebensphilosophien mit den Konzepten, Theorien und Systemen der Philosophie allzu weitgespannt und es mögen Zweifel aufkommen, ob hier nicht ein überhöhter Anspruch entsteht, der an den Bedürfnissen der Klienten vorbeigeht. Philosophische Berater sind sich meist durchaus bewusst, dass ihr Angebot nicht für jeden von Interesse ist und ohne ein gewisses aktives Engagement und ein Minimum an geistiger Beweglichkeit ist tatsächlich diese Art der Arbeit erschwert bis unmöglich. Andererseits ist es immer wieder überraschend, in welcher Differenziertheit Menschen auch ohne besonderen Bildungshintergrund ihre persönliche Lebensphilosophie und Weltsicht „ausgearbeitet" haben, auch wenn das häufig bisher kaum reflektiert und expliziert wurde.

Philosophische Beratung strebt als Ziel zudem eher einen Reifungsprozess an als eine Problemlösung bzw. Problembeseitigung. Wenn Probleme gelöst werden, stellt das eine erwünschte, vielleicht sogar eine therapeutische Wirkung dar, aber es geht vielen philosophischen Berater(inne)n mehr um einen Entwicklungsprozess, bei dem die jeweiligen Schwierigkeiten eher Anlass und Herausforderung sind als primäres und zentrales Thema im Sinne eines zu lösenden Problems. Der Begriff der Weisheit fällt oft in diesem Zusammenhang. Philosophische Beratung will sozusagen die Liebe zur Weisheit als menschliches Entwicklungsziel wecken, im Sinne einer Erkenntnisweise und Lebensform, die über bloß kognitives bzw. inhaltliches Wissen hinausgeht und emotionale Komponenten, Prozesswissen und komplexes, intuitives Erfassen mit einbezieht.

> „So lässt sich der Versuch einer Bewegung ‚von Wissen zu Weisheit' als allgemeines Ziel Philosophischer Beratung formulieren – ein Entwicklungsziel, das für Berater und Klienten in gleicher Weise gilt und ein *Lebensziel* im besten Sinne darstellt, dessen Höhepunkt nach allgemeiner Einschätzung oft erst in fortgeschrittenem Alter erreicht wird" (Ruschmann, 1999, S. 360).

4 Beratungsfelder in der Disziplin

Neben der Form der Einzelberatung haben sich im Kontext Philosophischer Beratung auch unterschiedliche Formen der philosophischen Gruppenarbeit entwickelt.

Es gibt hier Möglichkeiten, die in der Zweiersituation nicht bestehen, etwa Formen der Argumentation, der Prüfung von eigenen Ansichten und Konzepten durch andere Menschen, Aufzeigen von impliziten Konzepten und Hintergrundannahmen aufgrund der Interaktion in der Gruppe etc.

In diesen Zusammenhang gehören auch die an vielen Orten entstandenen „Philosophischen Cafés", die allerdings nicht ausschließlich von Philosophen durchgeführt werden.

Die philosophische Arbeit mit Kindern (*Kinderphilosophie*) hat sich schon seit längerer Zeit und unabhängig von der hier beschriebenen Form Philosophischer Beratung einen ganz eigenständigen Platz erworben – es gibt inzwischen eine Reihe von Querverbindungen zwischen Philosophischen Praktikern und Beratern sowie Vertretern der Kinderphilosophie. Der Satz „Kinder sind Philosophen" hat eher und früher Akzeptanz gefunden und entsprechende Vorgehensweisen und Methoden hervorgebracht als die Grundprämisse der Philosophischen Berater, dass dies auch für den erwachsenen Menschen gilt.

Manche philosophischen Berater haben sich auf die Arbeit im Wirtschaftsbereich spezialisiert; sie führen etwa Manager-Coaching mit philosophischen Mitteln und Methoden durch oder sie beraten Firmen. Diese Art der Arbeit ist in besonderem Maße von den jeweils vorliegenden spezifischen Qualitäten und Qualifikationen geprägt. Es gibt noch kaum übergreifende Konzepte oder Modelle.

5 Fragen der Institutionalisierung und Professionalisierung

Waren es anfangs vor allem Einzelpersönlichkeiten, die sich mit dem neuen Thema einer konsiliarischen Anwendung der Philosophie befassten, so gab es in manchen Ländern auch Versuche einer kollegialen Zusammenarbeit. Es bildeten sich teilweise Gruppen bzw. Gruppierungen. Hier sind vor allem die holländischen Praktiker zu nennen, die einen regen kollegialen Austausch pflegen und denen es durch ihre offene und undogmatische Haltung auch am besten gelungen ist, sich in ihrem Land einen Platz im Beratungsfeld zu erarbeiten (vgl. die Artikel von Jongsma und Boele in Lahav & Tillmanns, 1995), so z.B. auch im Bereich von Wirtschaft und Gesellschaft, wo sich im Einzelfall für Philosophen günstige Möglichkeiten bieten können.

Die Situation im deutschsprachigen Raum ist seit der Anfangszeit auch durch Polemik und Dissens mitgekennzeichnet. Es gibt bisher keinen organisierten Zusammenschluss der philosophischen Praktiker und wenig Kooperation und Austausch untereinander. Die 1982 von Achenbach gegründete „Gesellschaft für Philosophische Praxis" (GPP, später „Internationale Gesellschaft für Philosophische Praxis" = IGPP) hat diese Funktion nicht leisten können. Im universitären Rahmen nimmt Klagenfurt eine spezielle Rolle ein; die Gruppe um Peter Heintel zeigt eine besondere Affinität zum Praxisbezug der Philosophie.

In England gibt es eine aktive Gruppe von Praktikern, die auch eine Zeitschrift („Society for Philosophy in Practice"; nähere Informationen s. Internet-Angabe) herausgeben und sich um die Erarbeitung von Qualitätsmerkmalen und Standards für eine Beraterausbildung bemühen.

Ähnliches gilt auch für Nordamerika (USA und Kanada) – seit den Kongressen in Vancouver (1994) und New York (1997) ist das Interesse dort sehr rasch gewachsen. Im Unterschied zur Entwicklung in Europa sind dabei auch eine Reihe von akademisch tätigen Philosophen engagiert; eine internationale Zeitschrift ist im Entstehen.

Die internationalen Kongresse und die im Anschluss publizierten Vorträge (Vancouver, Leusden, Oxford) bilden eine wesentliche Informationsquelle, die „lingua franca" der Philosophischen Beratung ist Englisch, ihre Vertreter(innen) gehören vielen Nationen an.

In den USA gibt es auch Versuche einer Institutionalisierung und Anerkennung als „licensed counselor"; andere lehnen diesen Weg ab. Leider hat auch dies zu Polarisierung und Polemik geführt.

6 Entwicklungsperspektiven

Philosophie und Beratung stehen in einem spezifischen Zusammenhang, dessen Überschneidungsbereich sich von beiden Seiten her bestimmen lässt. Philosophie *als* Beratung ist gelebte bzw. praktizierte Form: Philosophie als Lebensvollzug. Beratung als *Philosophische* Beratung in ihrer zeitgenössischen Form – entstanden aus der Praxis (meist durch *learning by doing*) – befindet sich in einem anfänglichen Stadium und gewinnt durch erste Fundierungsversuche und metatheoretische Reflexion zunehmend inhaltliche und strukturelle Konturen.

Von Bedeutung für die Zukunft wird auch sein, ob und in welcher Form die akademische Philosophie sich diesem neuen Anwendungsfeld zuwenden wird; dadurch würde sich zugleich die Gestalt der Universitätsphilosophie erweitern.

Menschen suchen immer wieder Antworten auf Fragen, die im Grunde als philosophisch bezeichnet werden müssen. Auch wenn das Umgehen mit solchen Aspekten gewiss nicht nur mit der Philosophie als Hintergrunddisziplin möglich ist, gibt es doch eine Reihe von Themen, die die Kompetenz anderer Ansätze überschreiten bzw. diese ergänzen, z.B. aus dem Bereich der Ethik (etwa moralische Dilemmata), Fragen der Lebensorientierung und des Lebenssinnes in einem weiteren (nicht konfessionell gebundenen) Kontext und das Bedürfnis nach Überschreiten (Transzendieren) der Grenzen der persönlichen individuellen und mustergebundenen Individualität.

So könnte sich Philosophische Beratung bald einen – wenn auch sicherlich quantitativ bescheidenen – Platz in dem Gesamt beraterischer Disziplinen erarbeiten.

Literatur

Achenbach, G.B. (1984). *Philosophische Praxis*. Köln: Dinter.

Hadot, P. (2002). *Philosophie als Lebensform. Antike und moderne Exerzitien der Weisheit*. Frankfurt a.M.: Fischer Taschenbuch Verlag.

Historisches Wörterbuch der Philosophie. (1989). Praxis, Philosophie. In *Historisches Wörterbuch der Philosophie* (Bd. 7). Basel.
Krämer, H. (1992). *Integrative Ethik*. Frankfurt a.M.: Suhrkamp.
Lahav, R. & Tillmanns, M.d. Venza (Eds.). (1995). *Essays on Philosophical Counseling*. New York: Univ. Press of America.
Marinoff, L. (1999). *Plato not Prozac*. New York: HarperCollins.
Marinoff, L. (2000). *Sokrates' Couch. Philosophie als Medizin der Seele*. Düsseldorf: Patmos.
Mittelstraß, J. (1982). *Wissenschaft als Lebensform*. Frankfurt a.M.: Suhrkamp.
Neubauer, P. (2000). *Schicksal und Charakter. Lebensberatung in der „Philosophischen Praxis"*. Hamburg: Dr. Kovac.
Platon, Theätät, 149–151d.
Raabe, P.B. (2001). *Philosophical Counseling. Theory and Practice*. Westport: Praeger.
Ruschmann, E. (1999). *Philosophische Beratung*. Stuttgart: Kohlhammer.
Schmid, W. (1999). *Philosophie der Lebenskunst. Eine Grundlegung*. Frankfurt a.M.: Suhrkamp.
Schuster, S. (1999). *Philosophy Practice. An Alternative to Counseling and Psychotherapy*. Westport: Praeger.
Seneca. *Briefe an Lucilius, Buch 5, Brief 48,7*.
Witzany, G. (Hrsg.). (1991). *Zur Theorie der Philosophischen Praxis*. Essen: Blaue Eule.
Zdrenka, M. (1997). *Konzeptionen und Probleme der Philosophischen Praxis*. Köln: Dinter.

Internethinweise

www.philosophischepraxis.de
www.society-for-philosophy-in-practice.org (viele wichtige Informationen, auch über die Zeitschrift „Practical Philosophy")

Dr. Eckart Ruschmann hat Philosophie und Psychologie studiert. Er arbeitet im Beratungs- und Bildungsbereich. Seine Arbeitsschwerpunkte sind die philosophische Praxis und Beratung und das Seniorenstudium.

Anschrift:
Dr. E. Ruschmann
Postfach 60
A-6010 Innsbruck
E-Mail: ruschmann@aon.at

Beratung als Begegnung von Person zu Person – Zum Verhältnis von Theologie und Beratung

Peter F. Schmid

Beratung, verstanden als Ausdruck zwischenmenschlicher Solidarität, gehört zum Urbestand von Seelsorge (Pastoral) und hat in den Kirchen eine lange und erprobte Tradition sowie einen zentralen Stellenwert. Sie reicht vom Gespräch mit dem Beichtvater bis zur Telefonseelsorge, von der Besprechung von Glaubensfragen bis zur Krisenintervention, von der Aussprache mit dem Spiritual in den Priesterseminaren bis zum Pastoral Counseling, von der Beratung im Umfeld der individuellen und der Gruppen-Katechese bis zur Gemeindeberatung. Auch im kirchlichen und generell im religiösen Bereich hat der Bedarf an Beratung in den letzten Jahren deutlich zugenommen. Beratungsstellen für die verschiedensten Situationen wachsen aus dem Boden, das Erlernen hilfreicher Gesprächsführung gehört mittlerweile weitgehend zum Standard der pastoralen Ausbildung. Heute können die Seelsorge und ihre Theorie, die Praktische Theologie, einerseits auf ihre eigenen Quellen, ihre lang bewährten Erfahrungen und Reflexionen zurückgreifen und an ihre spirituelle und karitative Kompetenz anschließen, andererseits sind sie selbst Bestandteil der modernen Human- und Sozialwissenschaften in Praxis und Theorie geworden, deren Ergebnisse gleichzeitig eine Herausforderung für sie bedeuten.

„Seelenführung“ – heute würde man dies wohl „Lebensberatung“ nennen – war lange eine Domäne der Seelsorger. Psychologie, Psychotherapie und Beratung haben diesen jahrhundertelang unangefochtenen Alleinzuständigkeitsanspruch längst obsolet gemacht; die daraus resultierende Spannung ist, wenigstens zum Teil, dem Dialog und der Kooperation gewichen, wenngleich sich noch bis heute Rivalität und eifersüchtige wechselseitige Ablehnung bzw. Ignoranz und Ahnungslosigkeit finden.

1 Beratung im theologischen und pastoralen Kontext

Besondere Herausforderungen für die pastorale Beratung ergeben sich gegenwärtig unter anderem durch die veränderte Lebens- und Arbeitswelt in der postmodernen Gesellschaft, die damit einhergehende Flexibilitätserfordernis und die Notwendigkeit lebenslangen Lernens inmitten eines weltanschaulichen Pluralismus bisher ungekannten Ausmaßes. Parallel nimmt bei anhaltendem, wenn nicht sogar steigendem religiösen und „spirituellen" Interesse gleichzeitig die Kirchenbindung stark ab und innerhalb der Kirche eine kritische Einstellung ebenso deutlich zu. Angesichts verschiedenartiger Modelle zwischenmenschlichen Zusammenlebens im partnerschaftlichen Bereich ebenso wie generationenübergreifend, in Anbetracht einer Unübersichtlichkeit und bisweilen zwangsläufig damit verbundenen Orientierungslosigkeit bei gleichzeitig ansteigenden Informationsangeboten entstehen Identitätskrisen und zwangsläufig erhöhter Informations-, Orientierungs- und Begleitungsbedarf. Die kommunikationstechnologischen Umwälzungen, die Möglichkeiten der neuen Medien und – last but not – least Finanzierungsprobleme und Sparbedarf verändern Beratung.

Zum Verständnis von Beratung

Im Zeitalter der Spezialisierung und Professionalisierung ist gerade auch im theologischen und pastoralen Bereich genau zu unterscheiden zwischen professioneller Beratung und geregelter Ehrenamtlichkeit auf der einen Seite und jenen Formen von Hilfestellung und Begleitung, die, oft unbemerkt und unbesehen, im Alltag und vermischt mit anderen Tätigkeiten oder eingebettet in sie erfolgen.

In diesem Kapitel ist die Rede von der Beratung durch professionell Ausgebildete und von jener, die in geregelter Tätigkeit durch ausgebildete, ehrenamtlich tätige Personen erfolgt. Wie auch sonst im psychologischen, sozialen, sozialarbeiterischen und pädagogischen Beratungsbereich kann hier „unter einer professionell gestalteten Beratung [...] eine wissenschaftlich qualifizierte Problem-, Konflikt- oder Krisenbewältigungshilfe verstanden" werden, „die über fachliche Informationsvermittlungen, konkrete Hilfen, Ratschläge und Handlungsanweisungen hinausgeht, ganzheitlich orientiert ist und subjektbezogen ansetzt" (Straumann, 2000, S. 65). Sie ist zu verstehen als gemeinsame Suche zur Problemlösung auf der Basis von definierten Qualifikations- und Qualitätsstandards unter Anwendung theoretischen Wissens und methodischen Könnens durch kontextgebundene und zielorientierte Stärkung persönlicher Kompetenzen, Erschließung sozialer Potenziale und, soweit möglich, Veränderung problemverursachender Verhältnisse. Ihr Ziel kann als erreicht angesehen werden, wenn Entscheidungen und Alternativen zur Problem-, Konflikt- oder Krisenbewältigung erarbeitet sind, welche die Beratenen bewusst und eigenverantwortlich in ihrem Umfeld treffen und umsetzen können. Qualifizierte Beratungen sollen solcherart die Führung eines gesunden und menschenwürdigen Lebens und eine freie Entfaltung der Persönlichkeit auch in schwierigen Lebenslagen ermöglichen und sichern. (vgl. ebd., Sander, 1999).

Über diese Definition hinaus ist – zweifellos nicht nur im pastoralen Bereich – die Hilfestellung und Begleitung in Fragen der Lebensgestaltung generell als Feld der Beratung anzuführen, will man sie nicht per definitionem auf Krisen-, Konflikt- und Problemberatung einschränken bzw. den Begriff „Problem" nicht auf alle Lebenssituationen bzw. -fragen ausdehnen. Denn zweifellos ist die Beratung etwa in Fragen der Einrichtung der eigenen Wohnung oder die spirituelle Begleitung im Rahmen von Exerzitien zur Vertiefung des Glaubenslebens ebenso Gegenstand professioneller Beratung wie dies für konflikthafte und problembeladene Situationen gilt. Beratung setzt also nicht nur in Krisen an; sie ist auch in dieser Hinsicht ganzheitlich am Leben der Menschen orientiert.

Zum Verständnis pastoraler Beratung

Pastorale Beratung lässt sich damit vorläufig, in altbekannten, nichtsdestoweniger zutreffenden Worten ausgedrückt, als Hilfe zur Selbsthilfe in Lebens- und Glaubensfragen beschreiben. Je nach dem Kontext, den beteiligten Personen, den Inhalten und den methodischen Ansätzen sind die einzelnen Beratungskonzepte zu differenzieren. Entscheidendes Kriterium jedweden Beratungsansatzes stellt jedoch das Menschenbild dar, das als Fundament und Kriterium für Beratung und ihre Professionalität und Qualität anzusehen ist.

2 Theologische Grundlagen der Beratung

Theologie und Anthropologie: substanziales und relationales Personverständnis

Nach jüdisch-christlichem Verständnis ist der Mensch, von Gott geschaffen, „Bild Gottes" (Gen 1, 27), womit die Frage nach dem Menschen immer zugleich die Gottesfrage ist und umgekehrt. Die christliche Theologie der Menschwerdung (Inkarnation) ist der radikalste Ausdruck dieser Frage nach dem Menschen und nach Gott.

Menschliches und göttliches Sein werden einerseits als unauslotbares Geheimnis der jeweiligen Existenz „aus und für sich" verstanden: Damit werden Autonomie, Selbstständigkeit, Souveränität, „Mysterium" und Gott als der Grund allen Seins angesprochen. Andererseits werden sie, und zwar gleichursprünglich, als „Sein-Mit" und als „Sein-Für" verstanden: Das Miteinander-Sein kommt unter anderem in den theologischen Begriffen Schöpfung, Bundestheologie, Inkarnation und Koinonia (Communio, Gemeinschaft) zum Ausdruck, das Füreinander-Sein schlägt sich beispielsweise in der Rede von Offenbarung, Proexistenz oder Liebe nieder.

So bedeutet der Gottesname „Jahwe" (Ex 3), als Antwort auf die Frage genannt, wer dieser Gott sei, wörtlich „Ich bin der Ich-Bin" und betont damit die Souveränität. Er wird dem Mose aber in einem eindeutig dialogischen Kontext mitgeteilt und heißt somit gleichzeitig „Ich bin der, der ich für dich bin, der ich für dich da bin und da sein werde". Ebenso weisen seine Bezeichnung als „Immanuel" (= „Gott-mit-uns") oder der Name „Jesus" (= „Gott hilft") auf die konstitutive Verbundenheit und Solidarität Gottes mit den Menschen hin.

In der Reflexion der Erfahrungen mit Jesus von Nazareth, der als das Wort Gottes an die Menschen verstanden wird, wurde die Beziehungs- und Gemeinschaftsnatur Gottes (Trinität) und des Menschen näherhin durch den in der Theologie entwickelten und von ihr und der Philosophie weiterentwickelten Personbegriff charakterisiert. Mit der Trinitätstheologie („Drei-Einigkeit") wurde der einzige und einzigartige Gott, „der in unzugänglichem Licht wohnt" (1 Tim 6, 16), gleichzeitig als von Anfang an gemeinschaftlicher verstanden, und zwar sowohl in sich selbst als auch in Bezug auf sein Verhältnis zu den Menschen: Er ist selbst Gemeinschaft, hat Gemeinschaft mit den Menschen und stiftet deren Gemeinschaft (Koinonia).

Für den Personbegriff entwickelten sich über die Jahrhunderte dementsprechend zwei Traditionsstränge: ein substanzialer und ein relationaler.

Wo immer mit Person vorrangig ihre Selbstständigkeit und unaustauschbare Einzigartigkeit, ihre Freiheit und Würde, ihre Einheit, ihre Souveränität und Selbstbestimmung, ihre Verantwortlichkeit, die von den Vereinten Nationen deklarierten Menschenrechte usw. verbunden werden, wird die Tradition des substanzialen Personbegriffs sichtbar. Das ist auch gemeint, wenn der Mensch von Anfang an und unabhängig von seiner physischen oder psychischen Gesundheit und Entwicklung als Person bezeichnet wird. Personsein heißt, so verstanden, Aus-sich-Sein und Für-sich-Sein.

Wenn Person von der Beziehung her verstanden wird, aus der Partnerschaft, aus dem Dialog, aus der Verbindung zur Welt, von ihrer Angewiesenheit auf Andere her, wenn sie im Ganzen der Gemeinschaft und damit in ihrer Verantwortung gesehen wird, geschieht dies in der Tradition des relationalen Personbegriffs. Personsein heißt demnach Aus- und In-Beziehung-Sein, Von-Anderen-her- und Für-Andere-Sein, Auf-Andere-angewiesen-Sein.

Der in der jüdisch-christlichen Tradition entwickelte Begriff der Person bezeichnet somit dialektisch Individualität und Beziehungsorientierung, Solidarität und Autonomie, Souveränität und Engagement und bietet die Grundlage für die im 19. und 20. Jahrhundert ausgearbeiteten existenz- und begegnungsphilosophischen Orientierungen, die neben der Phänomenologie zu den wichtigsten Wurzeln der Humanistischen Psychologie im Allgemeinen, des Personzentrierten Ansatzes im Besonderen zählen (Rogers & Schmid, 1991; Schmid, 1994, 1998).

Theologie und Epistemologie: An-Erkennung der Person

Da menschliche Erfahrungsdeutung immer als Interpretation der Wirklichkeit und somit auch als Konstruktion verstanden wird, liegen auch die Wurzeln konstruktivistischen Denkens, das etwa für analytische oder humanistische Erkenntnistheorie konstitutiv ist, in einem Glauben, der die Wahrheits- und Wirklichkeitsfrage einzig an Gott festmacht: In Bezug auf den allein Absoluten ist alles menschliche Denken und Verstehen relativ und vorläufig, kann kein Einzelner und keine Gruppe die Wahrheit für sich beanspruchen.

Damit werden von vornherein deutende und interpretierende Beratungskonzepte ebenso relativiert wie das Verständnis der Beraterin oder des Beraters als eines Experten, der weiß, was für andere gut, richtig und heilsam ist. Wenn also angesichts des Verständnisses, dass alle „Söhne und Töchter“ desselben Gottes sind, von einer prinzipiellen Gleichrangigkeit der Menschen untereinander ausgegangen wird, werden „hierarchische Beratungskonzepte“ fragwürdig und letztlich obsolet. Dies spiegelt sich geschichtlich in der Entwicklung zu einem begegnungsorientierten Verständnis von Seelsorge wie pastoraler Beratung ebenso wider wie in der zunehmenden Bedeutung der Gruppe in der Seelsorge allgemein und für die Gemeinden im Besonderen; ebenso ist es in jenen Ansätzen von Beratung reflektiert, die als Selbsterfahrung in und aus der Begegnung verstanden werden (siehe unten).

Im Gegensatz zu autoritär-interpretativen Ansätzen werden christlich-theologisch bzw. personal Erkennen und Verstehen als gesamtpersonale Handlung aus der Haltung des Mitseins in Liebe begriffen, sind also, anders ausgedrückt, nur durch Empathie aus der Begegnung möglich. Statt der Erkenntnis (über den anderen) wird epistemologisch die An-Erkennung zur Grundlage des Verstehens und der Förderung personaler Entwicklung. Parallel dazu wird „Selbsterfahrung“ als Selbsterkenntnis in Beziehungen in der Tradition von Augustinus als die je größere Offenheit für das eigene Innere verstanden, wodurch sie mit der Erfahrung Gottes, der „mir näher ist als ich mir selbst bin“, zusammen gesehen wird.

Unter anderem in der jüdisch-christlichen Anthropologie und Epistemologie liegen also die – von den Theoretikern und Praktikern in Psychotherapie und Beratung freilich höchst selten thematisierten – Grundlagen des Verständnisses der Basiseinstellungen zur Förderung von Selbstverständnis, Persönlichkeits- und Beziehungsentwicklung, wie sie radikal von Carl Rogers (1961) nicht nur als „notwendig“, sondern ausdrücklich als „hinreichend“ beschrieben und für die Beratung operationalisiert wurden: Authentizität, bedingungsfreie Wertschätzung (die Rogers selbst als „Liebe“ im Sinne der biblischen Agape identifiziert) und Empathie (vgl. u.a. Joh 8, 32; Röm 15, 7; Hebr 5, 2.) Diese können als Aspekte respektive Dimensionen einer Grundhaltung der Person gesehen werden, die als Gegenwärtigkeit bzw. Präsenz die Voraussetzung für personale Begegnung und kairotisches Handeln (d.h. offen für den jeweiligen fruchtbaren Augenblick und seine Möglichkeiten) bildet (vgl. Schmid, 1996; ebd., 1998).

Theologie und Praxeologie: Praktische Theologie als theologische Handlungstheorie

Wie das Gottesverständnis erfahrungsbezogen entwickelt wurde (Israels Volkwerdung als Identitätsentwicklung durch die Selbstmitteilung Jahwes; das christliche, trinitarische Gottesbild als Reflexion der Beziehungserfahrungen mit Jesus und „in seinem Geist“), ist auch die daraus entwickelte Handlungstheorie christlicher Praxis erfahrungsorientiert: Praktische Theologie (auch Pastoraltheologie, d.h. Seelsorgetheorie genannt – wobei „Seele“ ebenso den ganzen Menschen meint, wie es für „Psyche“ in der Psycho-Therapie gilt) als Reflexion der (implizit oder explizit) in der Tradition Jesu stehenden Praxis nimmt die jeweilige Praxis selbst als Ausgangspunkt theologischer Theorieentwicklung. Im methodischen Dreischritt „sehen – urteilen – handeln“ verfolgt sie ihr Ziel, nämlich durch kritische Gegenwartsanalyse (Kairologie: „sehen“), gemessen am Handeln Jesu sowie an dem daraus erwachsenden Menschen- und Gottesverständnis (Kriteriologie: „urteilen"), zu einer je menschengerechteren Praxis weiterzuentwickeln (Praxeologie: „handeln"). Dieses wissenschaftstheoretische Selbstverständnis als Handlungswissenschaft (d.h. sie beruht auf einem induktiven Ansatz, bedient sich empirischer Methoden, ist interdisziplinär orientiert und vermittelt Orientierungshilfen) teilt die Praktische Theologie unter anderem mit Beratungs- und Psychotherapietheorien. Als empirische Handlungswissenschaft ist sie zum Teil selbst an der Entwicklung der Human- und Sozialwissenschaften beteiligt und tritt ansatzgemäß mit den anderen Disziplinen in Dialog (siehe unten) (Schmid, 1998, vgl. Haslinger, 1999/2000).

Pastorale Praxis: Seelsorge als personale Begegnung

Das pastoraler Praxis zugrunde liegende Seelsorgeverständnis hat sich in den letzten Jahrzehnten bedeutsam weiterentwickelt: Seelsorge wird in einem personalen Sinn („personale Seelsorge") nicht länger als Belehrung und Betreuung durch die eigens dafür von der Hierarchie bestellten Experten (bis vor kurzem vornehmlich Priester), auch nicht als Beratung im Sinn des „Rat Gebens", sondern als Begegnung begriffen.

Dieser Paradigmenwechsel zu einem Verständnis von „Seelsorge als personaler Begegnung" entstand auf der Basis eines sozialen Verständnisses der Trinität, der Communio-Ekklesiologie und eines am Begriff der Person mit seiner substanziellen wie relationalen Dimension orientierten Menschenbildes (z.B. bei Romano Guardini, Bernhard Welte, Josef Goldbrunner, Hans Rotter, Martin Buber und Emmanuel Levinas) im Gefolge von Personalismus und Existenzphilosophie sowie in der Tradition des Personzentrierten Ansatzes der Humanistischen Psychologie. Seelsorge ist demnach die Einzel-, Gruppen- und Gemeinde-Pastoral umfassende, wechselseitige, herausfordernde und Leben fördernde Begegnung von Christinnen und Christen als solidarische Praxis der Sorge um und Begleitung von personaler Entwicklung im Glauben und im entsprechenden Handeln. Mit einem Wort: Seelsorge ist die wechselseitige Unterstützung der Christinnen und Christen beim Christsein (vgl. Lk 10, 9; 24, 17; Röm 1, 12; 1 Joh 3, 16; 1 Petr 5, 3).

So ist in erster Linie jeder Christ Seelsorger, jede Christin Seelsorgerin. Diejenigen, die Seelsorge als Beruf oder ehrenamtliche Tätigkeit praktizieren, haben vor allem fördernde Aufgaben. Dem Amt, nunmehr tatsächlich als Dienst statt als „(heilige) Herrschaft" („Hierarchie") verstanden, kommt eine die Kommunikation der Vielfalt ermöglichende („einheitsstiftende") und somit die geistgewirkten Ressourcen mobilisierende Aufgabe zu. Macht wird daher als Ermächtigung im Sinne des Empowerment-Konzepts verstanden.

In der Praxis der Seelsorge bedeutet dies eine Hinwendung zu Gespräch und Gruppe, zu Communio und Communicatio, ein neues Selbstverständnis von christlicher Lebenspraxis in ihrerseits aus Face-to-Face-Gruppen bestehenden Gemeinden, deren Koinonia sich konkret zeigt in Martyria (wechselseitige, zeugnishafte Verkündigung durch Praxis und Lehre), Leiturgia (Feier und symbolhafte [„sakramentale"] Vergegenwärtigung, „Gottesdienst") und individueller wie politischer Diakonia (solidarisches Engagement, „Dienst am Nächsten und an der Gesellschaft") (Schmid, 1998).

3 Theorie und Praxis pastoraler Beratung

In diesem emanzipatorisch-inkarnatorischen Kontext, besonders natürlich im diakonalen Bereich, ist Beratung theologisch und pastoral anzusiedeln, wobei die tatsächlich vorfindbare kirchliche Praxis in vielen Fällen (und nicht selten auch weit) hinter den theologischen Ansprüchen und Vorgaben zurückbleibt – ein Befund, den sie allerdings mit Beratung in anderen Feldern teilt.

Denn auch wenn vieles an de facto vorzufindender Praxis in der Kirche und in der von wenig erleuchteten Hierarchen als alleinig wahr ausgegebener kirchlicher Lehre den biblischen Grundlagen allzu oft zu widersprechen scheint – auch wenn es ernsthafter theologischer Prüfung nicht standhält, prägt es doch die öffentliche Meinung von Theologie und Kirche nachhaltig und hat auch immer noch bedeutenden politischen Einfluss.

Pastorale Beratung als personale Begegnung und Begleitung – eine Definition

Der angeführten Theologie und Anthropologie entsprechend versteht sich die Beraterin bzw. der Berater in der Seelsorge als Begleiter auf dem (Lebens- und Glaubens-)Weg ihrer bzw. seiner Mitchristen und -christinnen, d.h. als Facilitator („Erleichterer, Ermöglicher") zur Persönlichkeitsentwicklung und Problembewältigung.

Professionelle pastorale Beratung ist demnach eine auf der Basis des christlichen Menschen- und Gottesbildes stattfindende, personale Begegnung, die Menschen bei ihren Lebensfragen (die die Glaubensfragen einschließen) begleitet und sie in Emanzipation fördernder Weise unterstützt. Das bedeutet, dass das Ziel dieser wissenschaftlich fundierten, methodisch praktizierten und an Qualifikations- und Qualitätsstandards orientierten Tätigkeit die eigenverantwortliche Gestaltung des Lebens und die möglichst selbstständige Lösung von Problemen ist. Die Beraterin bzw. der Berater verstehen sich dabei als Facilitator im Sinne einer Fördererin bzw. eines Förderers, zu deren Aufgaben in subsidiärer Weise auch die Hilfestellung bei fachlichen Informationen und in konkreten Situationen und, falls möglich, die Veränderung problemverursachender Verhältnisse zählen. Pastorale Beratung ist ein seelsorgerlicher Dienst, der als Einzel- wie als Gruppen- und Gemeindeberatung, stets, zumindest implizit, im sozialen und theologischen Kontext der Koinonia der Gemeinde stattfindet. Sie wird in verschiedenen Kontexten, zu verschiedenen Inhalten und Anlässen, einmalig, kurz-, mittel- oder langfristig, nach verschiedenen methodischen Ansätzen und in unterschiedlichen Settings angeboten.

Pastorale Beratung ist von anderen Interventionsformen in der Seelsorge, wie Religionsunterricht, Katechese, Verkündigung (innerhalb und außerhalb der Liturgie), Gruppendynamik, Sozialarbeit, Psychotherapie, vielen Formen des karitativen Engagements usw. zu unterscheiden, wenngleich die Trennlinien nicht immer exakt zu ziehen sind.

Vom Pastoral Counseling zur personalen Pastoral – ein geschichtlicher Abriss

Die Entwicklung im 20. Jahrhundert zeigt signifikante Parallelen und Interdependenzen zwischen Theologie, philosophischer Anthropologie und Psychologie. Eigenständige pastoraltheologische und pastoralpsychologische Ansätze trafen sich mit der Psychologie und Psychiatrie. Neben psychoanalytischen und systemischen Konzeptionen waren es vor allem die Konzepte der Humanistischen Psychologie, und hier wieder besonders der Personzentrierte (Klientenzentrierte) Ansatz, die den meisten Einfluss auf das Selbstverständnis pastoraler Beratung ausgeübt haben (vgl. Baumgartner, 1990a, b).

Die besondere Bedeutung des Personzentrierten Ansatzes, begründet vom US-amerikanischen Psychologen Carl R. Rogers (1961) um die Mitte des 20. Jahrhunderts, für die pastorale Beratung ergibt sich unter anderem aus der Erfahrungsorientiertheit, Praxisnähe und Verständlichkeit in der Terminologie, aber insbesondere aus der in vielem verwandten Anthropologie: So sind beides ganzheitlich-personale Ansätze; die Parallelen zwischen dem Konzept der Persönlichkeitsentwicklung durch eine konstruktiv-aktualisierende Tendenz bei entsprechenden Beziehungsbedingungen und der redemptiven (erlösenden), inkarnatorischen Theologie sind tief gehend; die Bedeutung der sozialen und politischen Dimension von Beratung bzw. Seelsorge wird auf beiden Seiten hervorgehoben usw. Freilich müssen hier auch die Unterschiede betont werden, wie sie sich aus der Natur der beiden Disziplinen ebenso ergeben wie in den jeweiligen konkreten Ansichten (etwa über das Phänomen und den Stellenwert des Bösen). Von jeder billigen wechselseitigen Vereinnahmung muss dabei natürlich Abstand genommen werden.

Analog zur Entstehung der Humanistischen Psychologie gab es in den USA eine breite so genannte Seelsorgebewegung („Pastoral-Counseling-Bewegung“), die unter anderem das Clinical Pastoral Training (CPT) als selbsterfahrungsorientiertes Klinisches Praktikum für die Aus- und Weiterbildung der Seelsorger generell, für die pastorale Beratung („Pastoral Counseling“) im Besonderen, entwickelte. Ihre Wurzeln reichen sogar in die 20er Jahre des 20. Jahrhunderts, also vor die Anfänge der Humanistischen Psychologie zurück. Im Gegensatz zu etlichen humanistischen Ansätzen standen dabei aber – nicht zuletzt unter den Einflüssen Martin Bubers und Paul Tillichs – von allem Anfang an kommunikative und interaktionelle Aspekte im Zentrum des Seelsorgeverständnisses; somit lag von Beginn an das Hauptaugenmerk auf der Beziehung („relationship“). Dies gilt sowohl für die Individualseelsorge (Anton T. Boisen, Richard Cabot und Russel Dicks, Wayne E. Oates) wie für die Gruppen- bzw. Gemeindeseelsorge (Howard J. Clinebell, Joseph W. Knowles, Thomas C. Oden), die ihre Entsprechung in der Encounter-Bewegung findet. So kam es bald zu einer Reihe fruchtbarer Querverbindungen (Seward Hiltner) und kritischer Auseinandersetzungen (Paul Johnson, Thomas C. Oden), wie dies im Übrigen auch mit der ähnlich eigenständigen Entwicklung in der Sozialarbeit (Casework) stattfand (vgl. Stollberg, 1969).

In den deutschen Sprachraum fanden die *personzentrierten Pastoralkonzepte* – lange vor der breiten Rezeption von Rogers im psychotherapeutischen Bereich – Eingang über die Benelux-Länder (Heije Faber, Ebel van der Schoot, Wybe Zijlstra, Wiel Claessens, Raymond Hostie, André Godin) und es entstanden seit den 70er Jahren die Klinische Seelsorgeausbildung (KSA) und ein pastorales und pastoraltheologisches Verständnis mit einer beträchtlichen Nähe zu humanistischen Prinzipien, zunächst vor allem im evangelischen (z.B. Dietrich Stollberg, Matthias Kroeger, Helga Lemke), später auch im katholischen Bereich (z.B. Alwin J. Hammers, Heinrich Pompey,

Josef Schwermer, Peter F. Schmid). Die Telefonseelsorgestellen haben dabei oft Pionierarbeit geleistet (z.B. Helmut Harsch, Wilfried Weber). In der Praxis finden sich allerdings nicht selten technikorientierte Wünsche nach Rezepten für Gesprächsführung und Gruppenleitung, die auch durch verkürzende Rezeptionen entsprechend befriedigt werden (und beide Seiten in Misskredit bringen).

Weniger bekannt als die Pastoral-Counseling-Bewegung wurde die im protestantischen Raum angesiedelte Interpersonale Theologie (Ross Snyder, Robert C. Leslie, Arnd Hollweg), die von allem Anfang an die Gruppe und deren Prozess sowie die damit zusammenhängende ekklesiologische Orientierung in den Mittelpunkt rückte. Sozialpsychologisch an Kurt Lewin und seinem Versuch der Überwindung des Gegensatzes von Metaphysik und Positivismus orientiert und der Gruppendynamik verbunden, wurde sie mit verschiedenartigen theologischen Richtungen verknüpft. Sie entfaltete eine Theologie des Gemeindeprozesses („dynamische Ekklesiologie"), den sie in Entsprechung zum Gruppenprozess als dynamisches Feld interpersonaler Beziehungen und Wechselwirkungen versteht. Die Klassische Gruppendynamik wurde auch im deutschen Sprachraum für die Gruppenberatung rezipiert (Karl Frielingsdorf, Günther Stöcklin, Karl-Wilhelm Dahm u.a.). Erwähnt sei auch noch der Einfluss der Themenzentrierten Interaktion (TZI) nach Ruth Cohn (Matthias Kroeger, Matthias Scharer) und der Gestalttherapie (Karl Heinz Ladenhauf).

Auch im psychoanalytischen Bereich, in dem unter anderem die Balintgruppen für Seelsorger entstanden sind, finden sich zahlreiche einschlägige pastoralpsychologische Beratungskonzepte (ausführliche Literaturangaben zu den Autoren in Schmid, 1998).

Von der Beichte zur Online-Seelsorge – Felder pastoraler Beratung

Exemplarisch seien neben den bereits genannten einige traditionelle und neu entstandene Beratungsfelder erwähnt: Ehe- und Familienberatung bzw. Partnerschaftsberatung, Beratung in Schwangerschaftskonflikten, Erziehungsberatung, Beratung für Alleinerziehende und Alleinstehende, Frauen- und Männerberatung, Beratung in Krisensituationen, Beratung für den Umgang mit Schuld und Schuldgefühlen, für Senioren, Trauerbegleitung, in Glaubensfragen, für geistliche Berufe (Seminare, Noviziate), Beratung in der Krankenseelsorge, Beratung in der Arbeit mit Randgruppen (Obdachlose, Suchtpatienten usw.), bei Suizidgefahr, für Behinderte, Strafentlassene, Migranten und Asylwerber usw.

Ein „klassisches" Modell pastoraler Beratung, lang vor jedem Beratungsboom entstanden, stellt das beratende Einzelgespräch bei der Beichte (Bußsakrament) dar. In Zusammenhang mit Sakramenten (etwa das Taufgespräch mit Eltern und Taufpaten) und Lebenswenden (z.B. Ehevorbereitung, Todesfall bzw. Begräbnis) wird seelsorgliche Beratung traditionell angeboten. Die „geistliche Begleitung" als spirituelle Beratung hat eine uralte Tradition und bot eine qualifizierte Begleitung, lange bevor die Beschäftigung mit Spiritualität und Esoterik zur Mode wurde.

Ein aktuelles, bewährtes und exemplarisches Modell pastoraler Beratung, das sich in kurzer Zeit großflächig etabliert hat, bietet etwa die Telefonseelsorge als Notrufdienst und Krisenberatung. Ähnlich haben sich Beratungs-„Inseln" in Großstädten, die, zentral gelegen, anonym aufgesucht werden können, bewährt.

Neueren Datums sind das systematische Angebot zur Supervision (für Einzelpersonen, Gruppen und Teams) bzw. zum Coaching (zumeist für Personen in Leitungsfunktionen) sowie die Gemeindeberatung als Organisationsberatung im kirchlichen Kontext. Gegenwärtig in Entwicklung begriffen sind Angebote pastoraler Mediation. Online-Beratung, bislang zum Teil von Telefonseelsorgestellen wahrgenommen, ist auf dem Weg, sich zu einem eigenständigen Sektor zu entwickeln und wird in Bedeutung und Umfang gewaltig zunehmen, die traditionellen Settings jedoch nicht ablösen, sondern ergänzen. Ebenso wie in der Telefonseelsorge bietet dabei die Möglichkeit, anonym zu bleiben, einen wichtigen Anreiz (Baumgartner & Müller, 1990).

In der Praxis spielt in allen diesen Fällen die Frage der Indikation eine wichtige Rolle: Personal formuliert muss sie lauten: Kann sich die Beraterin bzw. der Berater mit der Klientin, dem Klientin oder den Klientinnen und Klienten auf eine förderliche Beratungsbeziehung derart einlassen, dass unter den gegebenen Umständen diesen kompetente Hilfestellung geboten werden kann?

Institutionell sind die Träger organisierter Beratung im pastoralen Bereich neben privaten Vereinen einerseits die Caritas bzw. Diakonie, andererseits die Pastoral- bzw. Seelsorgsämter. Daneben sind die Pfarreien mit ihren haupt- und ehrenamtlichen Mitarbeitern eine bedeutsame Anlaufstelle für Beratung verschiedenster Art. Längst werden zahlreiche Einrichtungen auf ökumenischer Basis von mehreren Kirchen gemeinsam getragen, in zahlreichen Fällen auch kooperativ von kirchlichen und öffentlichen Einrichtungen.

Klinische Seelsorgeausbildung durch Selbsterfahrung, Theorie und supervidierte Praxis – Aus- und Fortbildung für pastorale Beratung

Die Wichtigkeit professioneller Ausbildung wurde im pastoralen Bereich relativ früh erkannt. Die bereits erwähnten Ausbildungsgänge in der Klinischen Seelsorgeausbildung, wie sie seit dem frühen 20. Jahrhundert entwickelt wurden, boten die Grundlage und das Modell für einschlägige Lehrgänge in Seminaren und an Hochschulen bzw. Universitäten, die die erforderliche pastoralpsychologische Kompetenz in Theorie und Praxis vermitteln.

Universitär und diözesan organisierte Ausbildungskurse zur Her-Aus-Bildung und Weiterentwicklung sozial-kommunikativer und spirituell-begleitender Kompetenz fördern durch Selbsterfahrung, theoretische Inhalte und supervidierte Praxis und Praktika (z.B. Klinisches Praktikum) die nötige Entwicklung der Persönlichkeit und vermitteln die entsprechenden Kenntnisse für eine qualifizierte Beratungstätigkeit. In diesem Zusammenhang findet durch die Verbindung mit der theologischen Ausbildung die Vernetzung der Praxis mit den anthropologisch-philosophischen und ethischen Grundlagen (Menschenbild) meist grundlegender und nachhaltiger statt, als dies in vielen anderen Beratungsausbildungen der Fall ist.

An dieser Stelle sei auf den wichtigen Unterschied zwischen psychotherapeutischer und Beratungsausbildung (und -tätigkeit) hingewiesen. Bei einer psychotherapeutischen Ausbildung zusätzlich zum theologischen Studium und zur Seelsorgepraxis allein fehlt es an der Vermittlung und Erprobung beratungsspezifischer Charakteristika, wie sie zuvor dargestellt wurden. Eigene Beratungsausbildungsgänge für den pastoralen Dienst sind daher unabdingbar.

Die entscheidende Bedeutung von Fort- und Weiterbildung zur Qualitätsentwicklung und Qualitätssicherung steht in diesen Zusammenhängen außer Frage. Für Qualität und Professionalität ist außerdem die wissenschaftlich fundierte Forschung im Bereich pastoraler Beratung und Ausbildung wichtig.

Vom Goodwill zum kompetenten Engagement in strukturiertem Rahmen – Chancen und Probleme der Ehrenamtlichkeit in der pastoralen Beratung

Der grundlegende Strukturwandel in der Arbeitsgesellschaft bringt unter anderem auch ein neues Verständnis sozialer wie pastoraler ehrenamtlicher Tätigkeit mit sich. Nach wie vor gibt es freiwilliges, unbezahltes Engagement; die alten, traditionellen Formen und Aufteilungen der Arbeit jedoch sind brüchig geworden: etwa, dass Männer bezahlt, Frauen aber unbezahlt in Gesellschaft und Kirche arbeiten oder dass Männer in leitender Position und Frauen nachgeordnet sind. Immer mehr ersetzt Selbstbestimmung die Unterordnung und das Gefühl moralischer Verpflichtung. Ehrenamtliche lassen sich nicht mehr ohne weiteres als Lückenbüßer für fehlende bezahlte Arbeitskräfte einsetzen. Umgekehrt ist selbstständiges Handeln von Freiwilligen dort verstärkt zu finden, wo die traditionellen Seelsorgeformen zerfallen, wie dies beispielsweise durch den Priestermangel bedingt ist. Eigeninitiative in überschaubaren und flexiblen Sozialformen, z.B. Initiativ- und Projektgruppen, tritt oftmals anstelle fix geregelter Mitarbeit in Großorganisationen. Die zunehmende theologische Reflexion und das Wissen um Ausbildung und Qualitätsbedarf lassen jene Formen von Tätigkeit fraglich werden, die „bloß gut gemeint, aber nicht gut gemacht" sind.

Wer sich in der Kirche im Beratungsbereich unentgeltlich engagiert, muss erwarten können, dass ihm die Rahmenbedingungen zur Verfügung gestellt werden, die für qualitativ wertvolle Arbeit erforderlich sind, wie z.B. Ausbildung, Praxisanleitung, Supervision, Fortbildung, genaue Arbeitsbeschreibung bzw. Absprache über den Tätigkeitsbereich und Zeitaufwand usw. Dabei ist es besonders wichtig, darauf zu achten, dass Supervision und Fortbildung durch Außenstehende angeboten werden, um eine subtile Kontrolle der Ehrenamtlichen durch deren „vorgesetzte" Hauptamtliche zu vermeiden. Höchst problematisch ist auch die Ersetzung bezahlter professioneller Tätigkeit durch ehrenamtlich Tätige, besonders wo dies zur Überforderung führt.

Das pastorale Ehrenamt lässt sich damit als selbst gewähltes, kompetentes, unbezahltes, strukturiertes, öffentlich akzeptiertes Engagement in der Seelsorge zugunsten anderer definieren. Es hat im pastoralen Beratungsbereich eine zentrale Bedeutung; viele Angebote, etwa die Telefonseelsorge, sind davon abhängig. Eine große Bedeutung kommt ihm auch zu, weil die unbezahlte Tätigkeit Unabhängigkeit und Freiraum und damit ein wichtiges institutionskritisches Potenzial ermöglicht.

4 Zukunftsperspektiven der Beratung in Theologie und Pastoral

Eröffnung neuer Beratungsfelder

Es ist davon auszugehen, dass der Stellenwert und die Bedeutung von Beratungsangeboten und -vorgängen in der Seelsorge aufgrund des gesellschaftlichen und kirchlichen Wandels im Sinne der zuvor dargestellten praktisch-theologischen Perspektive weiter zunehmen. Wie bisher wird der pastorale Sektor dabei sensibel für neuen Beratungsbedarf und gesellschaftlich noch nicht abgedeckte Bereiche sein und vielfach dort subsidiär einspringen, wo ein entsprechendes Manko besteht; umgekehrt werden jene Felder weniger abzudecken sein, die auf der Basis staatlicher oder privater Institutionalisierung oder durch Selbsthilfe anderweitig inzwischen ausreichend versorgt sind.

Neben den schon erwähnten Bereichen wird generell der Beratungsbedarf für die „Modernisierungsverlierer" in den verschiedensten Gebieten zunehmen und für die Kirchen im Sinne der Option für die „Armen" eine bleibende Herausforderung darstellen. Wie in anderen Beratungsbereichen wird sich der Bedarf auch im präventiven Bereich deutlich verstärken und es wird sowohl aus diesem Grund als auch in Einklang mit der beschriebenen theologischen und anthropologischen Konzeption das Angebot an ressourcenorientierten, persönlichkeitsfördernden und auf Empowerment basierenden Beratungsangeboten stark zu steigern sein.

In vielen Bereichen werden die pastoralen Beratungsangebote mit der Glaubwürdigkeit der Kirchen und ihrer Institutionen stehen und fallen. Überall dort, wo lebens-, gesellschafts- und entwicklungsfremde Positionen dogmatisch vertreten werden, ohne den Fortschritt in Wissenschaft und Gesellschaft zu berücksichtigen, werden die entsprechenden Dienste immer weniger in Anspruch genommen. Dies ist gegenwärtig etwa im Bereich der Sexualität in der katholischen Kirche vielfach der Fall. Wo sich der Verdacht auf ideologisch festgefahrene Positionen bzw. Doppelmoral einstellt, kommt es rasch zu einem generellen Vertrauensverlust. Andererseits ist, beispielsweise im geschlechterspezifischen Bereich, gerade im kirchlichen und theologischen Kontext (Feminismus, neues Selbstverständnis der Männer) viel geschehen und es sind entsprechende Impulse ausgegangen, die die Glaubwürdigkeit zu fördern und zu stärken vermögen.

Zum Spezifikum pastoraler Beratung

Für die Beziehung zwischen den Humanwissenschaften und der Theologie ergeben sich neben den befruchtenden Parallelen eine Reihe von wechselseitigen kritischen Anfragen aus dem jeweiligen Menschenbild, dem jeweiligen Wirklichkeitsverständnis und den Sinnentwürfen.

Statt gegenseitiger Vereinnahmung ist Respekt voreinander, kritischer Diskurs und gegenseitige Lernbereitschaft angesagt. Dem arroganten Klischee auf der einen Seite, dass Psychotherapie und Beratung die Seelsorge ersetzten, entspricht auf der anderen Seite das Klischee, dass diese bloß Hilfswissenschaften bzw. -tätigkeiten seien. Während einerseits Seelsorge nicht selten auf Beratung reduziert wird, ist andererseits in Theorie und Praxis eine nahezu völlige Tabuisierung religiöser Themen vorzufinden. Weder ist Seelsorge bloß Psychotherapie und Beratung im kirchlichen Kontext, noch sind Psychotherapie und Beratung ärztliche (oder laikale) Seelsorge; das jeweilige Proprium ist verschieden. Dieser Unterschied ist auch nicht vorschnell an der „Jenseits"-Dimension oder einem „spirituellen" Inhalt festzumachen (wiewohl dies auch Dimensionen pastoraler Beratung sind).

Psychotherapie und Beratung gehen vielmehr im Gegensatz zur Seelsorge – bei aller Postulierung prinzipieller Gleichheit – von einem Beziehungsgefälle zwischen

Berater und Klient in Hinblick auf die beratungsrelevante Lebenssituation und Betroffenheit und von zeitlich begrenzter Intervention aus und sind bei aller Wechselseitigkeit auf eine Person (oder Personengruppe) fokussiert. Seelsorge als Begegnung von Person zu Person aus christlichem Selbstverständnis ist lebenslanges Miteinander.

Wo die Beratungsansätze jenseits therapeutischer oder beratender Tätigkeit menschliches Zusammenleben als solches in den Blick nehmen, somit personale Ansätze werden und sich damit anthropologischen, gesellschaftlichen und politischen Fragen stellen, ist der Unterschied zwischen Lebensberatung im Allgemeinen und pastoraler Beratung im Wesentlichen in der je spezifischen Interpretation der Erfahrungen zu sehen. Hier ist es die individuelle Lebensdeutung, der Sinnentwurf einer Person oder Gruppe, der dann personal zu nennen ist, wenn er den Wert der Person über alles stellt und Erkenntnisgewinn auf Begegnung basierend versteht. Christlich wird er, indem er sich auf den Lebensentwurf des Jesus von Nazareth und damit dessen Menschen- und Gottesbild bezieht und seine Praxis daran messen lässt – gleich, ob dies nun explizit thematisiert wird oder nicht.

Zum interdisziplinären Diskurs

Für den Diskurs zwischen Theologie und Beratungswissenschaften, die in vielem inhaltlich und formal verwandt sind (z.B. der Mensch als „Gegenstand", Theorie-Praxis-Problem, Selbstverständnis als Handlungswissenschaft, Hermeneutik), in anderen Bezügen ganz unterschiedlich (z.B. inhaltliche und methodologische Voraussetzungen und Grundannahmen zum Wirklichkeitsverständnis, Gottesfrage, Umgang mit Empirie, Deutungsperspektiven), sind jedenfalls die Paradigmata von „Hilfswissenschaft" und „Anwendung" (und zwar von beiden Seiten her) ebenso ungeeignet wie vonseiten der Theologie jenes der „Fremdprophetie" (d.h. außerhalb der Kirche wird Wesentliches des Eigenen in Erinnerung gerufen), weil sie erneut instrumentalisieren und funktionalisieren. Ebenso greifen von Beratungsseite die Paradigmata „Entmythologisierung" und „Säkularisierung" zu kurz und die Ausflüge in die „Spiritualität" durch Berater entlarven diesbezüglich nicht selten eine beträchtliche Naivität (Schmid, 1998).

Sowohl die Psychologisierung theologischer und pastoraler Themen als auch die „Taufe" psychologischer Inhalte stellen, wissenschaftstheoretisch gesehen, eine simple Reduktion dar, was auch für Versuche zur Verschmelzung der beiden verschiedenartigen Disziplinen gilt. Quasireligiöse Metaphern in der Beratungstheorie führen ebenso wenig weiter wie pseudopsychologische Seelsorgetheorien.

An dieser Stelle zeigt sich, dass oft die der Beratung zugrunde liegende Anthropologie eine (im Vergleich zur jahrtausendealten Theologie angesichts einer einige jahrzehntealten Geschichte verständliche) relative Oberflächlichkeit und einen mangelnden Tiefgang aufweist und, etwa in Bezug auf die Sinnfrage, die Institutionenreflexion, die Ethik, die Frage nach dem Bösen oder nach kollektiver Verfasstheit und Verhaftetheit, um nur einige Beispiele zu nennen, noch einen gewaltigen Denkbedarf hat. Umgekehrt ist von Beratung, Psychotherapie und Sozialpsychologie in einem säkularen Kontext und praxisrelevant herausgearbeitet worden, wovon theologische Rede voll, Handeln von Christen jedoch viel zu oft geradezu skandalös leer oder den Anspruch konterkarierend ist.

Wo das disziplinenverbindende Gespräch gelingt, kann es geradezu als Musterbeispiel für interdisziplinäre Zusammenarbeit gelten. Die Auseinandersetzung im Dialog mit wechselseitiger Respektierung der jeweiligen Identität und Integrität, die gegenseitige Anerkennung der jeweiligen Unterschiede sowie der kritische Diskurs bilden auch hier nicht nur die Voraussetzung, sondern auch eine Herausforderung zur Begegnung.

Was für den wissenschaftlichen Diskurs gilt, gilt ebenso für die Praxis: Auch hier ist ein interdisziplinäres und kooperatives Berufsverständnis – von beiden Seiten – erforderlich. Modellhaft ist solche Vernetzung im pastoralen Bereich bislang vielfach geschehen.

Unverzichtbare Voraussetzung für die weitere Entwicklung ist die Anerkennung der Bedeutung von Methoden- und Settingvielfalt, die auch im Bereich pastoraler Beratung dem Bedürfnis nach einfachen Lösungen und Konzepten querliegt.

Wie in anderen Beratungsbereichen ist also der interdisziplinäre Diskurs zur Theorieentwicklung und Praxisoptimierung und die Fortführung der Konzipierung eines eigenständigen Selbstverständnisses nötig, wenn pastorale Beratung in Professionalität und Qualität angeboten, weiterentwickelt und optimiert werden soll.

Der Beitrag der pastoralen Beratung zur Beratungswissenschaft und -praxis

Nicht nur aufgrund gelungener Kooperationsmodelle, sondern auch durch die reichhaltige Erfahrung und vor allem die Grund-legende Anthropologie können die Erfahrungen und Reflexionen aus dem pastoralen Beratungsbereich einen Beitrag zur Beratungswissenschaft insgesamt leisten. Eine der Konsequenzen aus der metatheoretischen Betrachtung und der anthropologisch-epistemologischen Grundlegung pastoraler Beratung ist, die Bedeutung der Ethik für die Beratung einzumahnen.

Beratung ist unter ethischen Gesichtspunkten als Ant-Wort auf den An-Spruch hilfsbedürftiger Personen zu verstehen, woraus sich der Aufforderungscharakter für Beratung und die Ver-Antwort-lichkeit des Beraters ergeben (Schmid, 1996).

Wo immer Beratung „philosophiefeindlich" oder einseitig effektivitäts- und effizienzorientiert zur Technologie und Ware am Psychomarkt zu degradieren droht, wird gerade aus ethischen Gründen Einspruch anzumelden sein. Dies gilt für verantwortungsbewusste Ausbildung ebenso wie für qualitätssichernde und -steigernde Maßnahmen. Qualität und Professionalität zeigen sich nämlich, zumindest auf der Basis des hier skizzierten Beratungsverständnisses, nicht in der Ansammlung und Optimierung von Methoden und Techniken aufseiten der Beraterin oder des Beraters oder in der vorschnellen Bedürfnisbefriedigung aufseiten des Klienten oder der Klientin und in der Bedarfsbefriedigung des Marktes, sondern im emanzipatorischen Anspruch von Beratung – eine ethische Herausforderung, die sich für alle Bereiche von Beratung ergibt.

Literatur

Baumgartner, I. (1990a). *Pastoralpsychologie. Einführung in die Praxis heilender Seelsorge.* Düsseldorf: Patmos.

Baumgartner, I. (Hrsg.). (1990b). *Handbuch der Pastoralpsychologie.* Regensburg: Pustet.
Baumgartner, K. & Müller, W. (Hrsg.). (1990). *Beraten und begleiten. Handbuch für das seelsorgliche Gespräch.* Freiburg i.Br.: Herder.
Haslinger, H. (Hrsg.). (1999/2000). *Praktische Theologie* (2 Bde.). Mainz: Grünewald.
Rogers, C.R. (1961). *On becoming a person.* Boston: Houghton Mifflin.
Rogers, C.R. (1973). *Entwicklung der Persönlichkeit.* Stuttgart: Klett.
Rogers, C.R. & Schmid, P.F. (1991). *Person-zentriert. Grundlagen von Theorie und Praxis* (4. Aufl.). Mainz: Grünewald.
Sander, K. (1999). *Personzentrierte Beratung. Ein Arbeitsbuch für Ausbildung und Praxis.* Köln/Weinheim: GwG-Verlag & Beltz.
Schmid, P.F. (1994). *Personzentrierte Gruppenpsychotherapie. Ein Handbuch* (Bd. I: Solidarität und Autonomie). Köln: EHP.
Schmid, P.F. (1996). *Personzentrierte Gruppenpsychotherapie in der Praxis. Ein Handbuch* (Bd. II: Die Kunst der Begegnung). Paderborn: Junfermann.
Schmid, P.F. (1998). *Im Anfang ist Gemeinschaft. Personzentrierte Gruppenarbeit in Seelsorge und Praktischer Theologie. Beitrag zu einer Theologie der Gruppe.* Stuttgart: Kohlhammer.
Stollberg, D. (1969). *Therapeutische Seelsorge. Die amerikanische Seelsorgebewegung. Darstellung und Kritik* (2. Aufl.). München: Kaiser.
Straumann, U. (2000). *Professionelle Beratung. Bausteine zur Qualitätsentwicklung und zur Qualitätssicherung.* Heidelberg: Asanger.

Internethinweise

www.pastoralpsychologie.de
www.pastoraltheologie.de
www.pca-online.net
www.ips-online.at

Uni.Doz. Prof. Mag. Dr. Peter F. Schmid ist Praktischer Psychologe, Pastoralpsychologe, Personzentrierter Psychotherapeut und Supervisor. Er arbeitet als Leiter des Referats für Psychotherapie, Supervision und pastorale Beratung der Erzdiözese Wien und als Leiter und Ausbilder an der Akademie für Beratung und Psychotherapie des Instituts für Personzentrierte Studien in Wien. Seine Arbeitsschwerpunkte sind Pastoralpsychologie, Gruppenarbeit und Grundlagenforschung zum Personzentrierten Ansatz

Anschrift:
P. F. Schmid
Koflergasse 4
A-1120 Wien
E-Mail: pfs@pfs-online.at

Gesundheitswissenschaften/Medizin und Beratung

Georg Hörmann

1 Beratung im Umfeld von Gesundheit und Krankheit

An einem alltäglichen Beispiel, nämlich der Situation nach einem Zeckenstich, schildert der Erziehungswissenschaftler Dieter Lenzen in der Einleitung zu seinem Buch „Krankheit als Erfindung" (1991, S. 9ff.) anschaulich die Vielfalt volksmedizinischer Ratschläge aus dem Laiensystem ebenso wie die abenteuerliche Odyssee auf der Suche nach einer angemessenen Beratung bei Diensten des Gesundheitswesens wie Arztpraxen, Kliniken und Apotheken. Bemerkenswert ist nicht nur die verwirrende Vielfalt irritierender Hinweise, Verhaltensregeln und Behandlungsvorschläge, sondern vor allem der Umstand, dass diese Dienstleistung bekanntlich als „eingehende, das gewöhnliche Maß überschreitende Beratung" mit dem Faktor 2,3 in der privatärztlichen Liquidation abgerechnet wird (vgl. Rosenbrock, 1997). Während im angeführten Beispiel eine Beratung freiwillig nachgefragt worden ist und somit dem Ideal der Autonomie des Rat Suchenden formal Rechnung getragen wird, mag sich mancher Privatpatient anhand der zugestellten Rechnungen gelegentlich gefragt haben, ob das Merkmal der Freiwilligkeit und der eigenen Nachfrage konstitutiv für Beratung ist. Da beispielsweise kaum jemals auf einer Rechnung des Zahnarztes die Abrechnung einer Beratungsgebühr fehlt, ohne dass sich der Patient etwa bei der Zahnsteinentfernung an Form und Inhalt der angeblichen Beratung, geschweige denn an deren Beauftragung erinnern kann – es sei denn, jegliches Gespräch gilt bereits als Beratung – wird rasch klar, dass es sich nicht nur bei der Schwangerschaftskonfliktberatung, sondern auch häufig bei der (zahn-)ärztlichen Beratung um eine unfreiwillige Zwangsberatung handelt. Neben der Beratung von Kranken im „Gesundheitssystem“ sei daher der Beitrag von Beratung zur „Entmystifizierung der Gesundheit" (vgl. Antonovsky, 1997) skizziert.

Obwohl die Bezeichnung für unser Gesundheitswesen wohl zutreffender Krankheitswesen hieße, da es hauptsächlich um die Behandlung von Krankheiten geht und die aktuelle Debatte um die – inzwischen dritte Stufe der – Gesundheitsreform weniger die Förderung von Gesundheit als die Eindämmung von Krankheitskosten anvisiert, ist gleichwohl gegenüber der in der etablierten Medizin favorisierten Heilung von Krankheit bzw. Pathogenese in neuerer Zeit die Herausbildung eines positiven Gesundheitsideals bzw. der Salutogenese (Antonovsky, 1997) populär geworden. Wohl am bekanntesten ist die quasi offiziellste aller Umschreibungen, nämlich die berühmte Definition der WHO von Gesundheit als „ein Zustand vollständigen körperlichen, geistigen und sozialen Wohlbefindens und nicht nur die Abwesenheit von Krankheit und Gebrechen“. Diese Definition hat wegen des Einbezugs sozialer und psychischer Dimensionen zwar begeisterten Beifall, aber auch berechtigte Kritik gefunden, nicht zuletzt wegen ihres statischen und perfektionistischen Anspruchs, welcher letztlich eine gigantische Therapeutisierung all jener Menschen, die dem hehren Ideal eines Zustands vollständigen körperlichen, geistigen und sozialen Wohlbefindens nicht genügen, bewirken würde. Gegenüber der Gefahr oder dem vielleicht auch unbeabsichtigten Missverständnis, als unterstelle die WHO-Definition eine Art „dauerhaftes Super-Wohlbefinden“, ist bereits hier zu betonen, dass Gesundheit Schwächezeiten, Erfahrungen von Erschöpfung, Anfälligkeit oder Trauer ebenso umfasst wie Zeiten des Überschwangs und kraftstrotzender Energie.

2 Gesundheit und Laiensystem

Neben fließenden Übergängen von Gesundheit und Krankheit wird nicht zuletzt angesichts einer Vielzahl differenzierter medizinischer Modellvorstellungen und Krankheitstheorien deutlich, dass durch die Wissensanreicherung der fortschreitenden klinischen Lehre und Forschung sich nicht nur in den Wissenschaften zwei Kulturen (Science, Humanities) ausbilden (Snow, 1964), sondern auch in unserem Kulturgebiet zwei mehr oder weniger voneinander getrennte Vorstellungs- und Erfahrungswelten zu Gesundheit und Krankheit: einerseits eine Laienwelt, die in überlieferten Kategorien denkt und handelt und andererseits eine professionelle Welt der Fachmedizin, welche eine reichhaltige Krankheitslehre auf erfahrungswissenschaftlicher Basis bildet – selbstverständlich mit wechselseitigen Überschneidungen. Das in den meisten Gesellschaften vorfindbare duale System der Krankheitsbewältigung, nämlich Experten wie Heiler und Ärzte auf der einen Seite und volksmedizinische Praktiken und Hausmittel auf der anderen Seite, unterliegt freilich erheblichen historischen und gesellschaftlichen Verschiebungen (Flick, 1998). Aufgrund einer Vielzahl empirischer Untersuchungen, die belegen, dass die Großzahl aller krankheitsbedingten Episoden im Laiensystem bearbeitet werden und durch klassische berufsmäßige medizinische Vorgehensweisen nicht bewältigbar wären, wurde die Berechtigung eines Perspektivenwechsels propagiert, wonach das offizielle System lediglich als Ergänzung des Laiensystems zu betrachten sei. Zusehends deutlicher kristallisiert sich danach die Erkenntnis heraus, dass die Laienentscheidung, eine Art Selbstdiagnose, der wichtigste Schritt auf dem Weg zum professionellen Gesundheitssystem ist. Bis zu diesem Schritt wirken jedoch eine Reihe von Filtermechanismen zusammen mit verfügbaren Bewältigungsmustern, die das Krankheitsverhalten modulieren und steuern. Die eigene Wahrnehmung von Symptomen hängt etwa von der bisherigen Erfahrung mit Krankheit und der Beeinträchtigung der persönlichen Bedürfnisstruktur ab; die Wahrnehmung kann jedoch auch von anderen Personen – je nach Vorhandensein bedeutsamer Bezugspersonen – erfolgen. Je nach Informationsniveau und subjektiver Orientierung erfolgt eine Reaktion entweder in eigener Entscheidung oder zusammen mit anderen Laien unter Rückgriffsmöglichkeiten auf Netzwerkstrukturen (Bekannte, Verwandte) und soziale Unterstützungssysteme (Nestmann, 1988, 1997). Vor der Konsultation des professionellen medizinischen Systems, die vom Grad der subjektiven bzw. objektiven Erreichbarkeit und bisherigen Erfahrungen mit diesem System abhängt, wird zuvor möglicherweise paraprofessionelle Hilfe in Anspruch genommen, sodass hier wiederum die Bedeutsamkeit des Laiensystems als Zugangsfilter zu professionellen medizinischen Diensten greifbar wird.

3 Gesundheit im Kontext von Beratung und Bildung

Allerdings wäre das Laiensystem trotz seiner prinzipiellen Bedeutung (Faltermaier, Kühnlein & Burda-Viering, 1998) gänzlich überfordert, wollte man von ihm eine umfassende Hilfe in sämtlichen gesundheitlichen Belangen erwarten. Bei der Unübersichtlichkeit und Unüberschaubarkeit medizinischer und außermedizinischer Heilweisen rückt folglich **Beratung** zunehmend in den Mittelpunkt, was etwa an der rapiden Zunahme vielfältiger „Ratgeber"-Literatur in Sachen Gesundheit sichtbar wird. Angesichts der allgegenwärtigen Verbreitung von Beratung in vielen Bereichen des öffentlichen Lebens weckt der Begriff Beratung zumeist positive Erwartungen: Beratung wird von sachkundigen Spezialisten durchgeführt und meistens freiwillig für begrenzte Zeit in Anspruch genommen; angesichts der Vielzahl unterschiedlicher Möglichkeiten werden Alternativen und Entscheidungskriterien angeboten, um die individuell passende Lösung zu finden. Beratung mit dem Element der Wahlfreiheit ermöglicht so beispielsweise eine Orientierungs-, Planungs-, Entscheidungs- und Handlungshilfe zu Ernährungsfragen oder beim Problem, ob und wie angesichts einer bestehenden Krankheit zwischen einem konservativen oder operativen Vorgehen oder dem Verzicht auf eingehende Behandlungsmaßnahmen zugunsten der Begleitung des Kranken und Erhaltung einer angemessenen Lebensqualität gewählt werden kann. Fachkundige Beratung ist beispielsweise in der Bundesrepublik, welche hinsichtlich der Arzneimittelsicherheit im internationalen Vergleich als das „Arzneimitteltollhaus Europas" (arznei-telegramm 4/1988, S. 33) gilt, nicht nur erforderlich zu Wirkungen und Nebenwirkungen medikamentöser

Therapie, sondern auch angesichts gestiegener Bedürfnisse nach Selbstbehandlung und Selbstmedikation, Krankheitsbewältigung (Petermann, 1997), Patienten- und Verbraucherberatung (Reibnitz, Schnabel & Hurrelmann, 2001). Dies gilt besonders „in dem durch verdeckte Geldzahlungen und Sponsoring korrumpierten Medizinbetrieb", wo „Fälschungen wissenschaftlicher Daten keine Ausnahme zu sein" scheinen (arznei-telegramm 9/1999, S. 90). Der verstärkte Ruf nach Good Clinical Practice (GCP) und Evidenzbasierter Medizin (EBM) muss sich allerdings vor dem Missverständnis hüten, dass im deutschen Alltagsverständnis „Evidenz" etwas suggeriert, was keinerlei Bestätigung bedarf, wogegen Evidence vor dem angelsächsischen kulturellen Hintergrund genau das Gegenteil meint, nämlich die Notwendigkeit, Behauptungen mit Daten zu unterlegen (vgl. www.ebm-net.de oder www.evidence.de). Informationen zu Impffragen oder im sexualpädagogischen Kontext zu Methoden der Empfängnisverhütung, wie sie nicht zuletzt im Streit um die Zulassung der „Pillen der dritten Generation" angesichts supponierter schwerwiegender Nebenwirkungen wie Blutgerinnungsstörungen sichtbar wurde. Weitere Beispiele sind höchst kontrovers diskutierte Fragen der Prävention etwa am Beispiel des Mammographie-Screenings, der Hormonersatztherapie (HET), einer Osteoporoseprophylaxe oder des Verhaltens angesichts der reißerischen Propaganda angeblicher medikamentöser Fortschritte. Rückt nämlich die Respektierung der Selbstverfügung des Betroffenen unter der „Leitidee des souveränen Patienten" (Reibnitz, Schnabel & Hurrelmann, 2001, S. 25ff) in das Blickfeld, die im § 65 des Gesetzes zur Reform der gesetzlichen Krankenversicherung (GKV – Gesundheitsreform 2000) ausdrücklich angesprochen und zunächst im Rahmen von Modellvorhaben mit mindestens 10 Mio. DM pro Jahr zu fördern ist (§ 65b SGB V), wird im Beratungsangebot besonders die Eigenverantwortlichkeit und Mündigkeit von Individuen angesprochen. Einem „autoritativen Konzept von Verhaltenskorrektur" zur Änderung des Gesundheitsverhaltens wird ein „partizipatives Konzept der Kompetenzförderung" zur Bewältigung von Gesundheitsstörungen gegenübergestellt (Hurrelmann, 2000).

Gegenüber dem traditionellen Feld *Gesundheitserziehung*, dem häufig im Alltagsverständnis ein eher belehrender und autoritärer Charakter zugeschrieben wird, orientiert sich *Gesundheitsberatung* am Leitbild von *Gesundheitsbildung* (Haug, 1991). Als Bereiche solcher Gesundheitsbildung für Körper und Seele seien hier stellvertretend die Bereiche Ernährung, Bewegung, Entspannung, Selbsterfahrung und Verhalten, Gesellschaft und Umwelt, Erkrankung, Heilung sowie Leben mit Krankheiten und Abhängigkeiten mit jeweils zugeordneten Aktivitätsformen genannt. Die Bedeutung von Erkrankungen und der Blick auf unterschiedliche Heilweisen ergeben sich aus einer Verschiebung des Krankheitspanoramas zu den sog. „Zivilisationskrankheiten" und einer mit zunehmendem Alter steigenden Anzahl chronischer Krankheiten wie etwa der Dialyse. Medizinischer Erfolg wird in gewisser Hinsicht zum Pyrrhussieg, wenn chronische Krankheiten als Ergebnis des medizinischen Fortschritts zunehmen. Auch die Bedeutung von Risikofaktoren für die Entstehung von Krankheiten ist offensichtlich, wie dies selbst in offiziellen Statistiken zu den Kosten von Überernährung regelmäßig dokumentiert wird. Dass sich neben dem finanziellen und volkswirtschaftlichen Aspekt Überernährung auch nachteilig auf das Wohlbefinden auswirkt, kann am Beispiel der Mehrbelastung der

Gelenke, des Herzens, der Gefäße und der Verschlechterung der Stimmung leicht verdeutlicht werden.

Um jedoch zu verhindern, dass im Sinne von „Healthismus“ (Kühn, 1993) mit Hilfe einer individuellen Verantwortungsethik von Gesundheitsbildung das Opfer zum Täter stilisiert wird, wurde in neuerer Zeit von der WHO in der Ottawa-Charta 1986 das Konzept der *Gesundheitsförderung* (health promotion) propagiert (Franzkowiak & Sabo, 1993, S. 96ff.), welche sich in ihrer programmatischen Leitorientierung inzwischen auf breiter Ebene durchgesetzt hat, ohne dass deshalb die praktische Einlösung des inaugurierten Konzepts unterstellt werden kann (Hörmann, 1997).

Für Gesundheitsberatung im Sinne von Gesundheitsförderung folgt daraus, dass ihre Programme auf individueller, kollektiver, gemeinde- bzw. organisationsbezogener und sozialpolitischer Ebene anzusiedeln sind, als unlösbares Wechselspiel von Verhaltens- und Verhältnisprävention (Waller, 2002). Es handelt sich also nicht allein um Maßnahmen, die primär auf das Bewusstsein des Individuums zielen, sondern um bestimmte Formen der Gestaltung des öffentlichen Lebens, die in ihren Wirkungen den Einzelnen und ganze gesellschaftliche Gruppen animieren, ihre Potentiale an gesellschaftlicher Teilnahme auszuschöpfen.

Zur Konkretisierung von Gesundheitsberatung, die sich nicht bloß als didaktisch aufbereitete Medizin zum Gehilfen von jeweiligen Fachdisziplinen degradiert (*„Medicopädagogik“*, Hörmann, 1999), ist daher Fach- und Reflexionswissen unabdingbar. So erfordert beispielsweise die Gesundheitsberatung zu Ernährungsgewohnheiten – nicht nur unter der eingeengten Perspektive der Adipositas-Prävention – neben Kenntnissen zu der bereits medizinisch teils kontroversen Zieldimension zu gesundem Verhalten, z.B. in der Cholesterinkontroverse (Borgers, 1993) oder der Diskussion um die Gesundheit von Vegetariern bzw. der Problematik des Fleischkonsums, die reflektierte Berücksichtigung ethischer und politischer Aspekte (etwa in der Kritik an Methoden industrialisierter Massentierhaltung). Eine nicht minder eigenständige Auseinandersetzung ist etwa erforderlich in der Stellungnahme zu Präventionsmaßnahmen (z.B. bei Impfprogrammen die allgemeine Propagierung einer Hepatitis-B-Impfung für alle Kinder und Jugendliche als öffentlich empfohlene Schutzimpfung mit Übernahme der Kosten durch die Krankenkassen) oder gar die unter dem Lobbyisten-Druck der Reproduktionsmedizin bislang unangefochtene Betrachtung von Kinderlosigkeit als Krankheit im bundesdeutschen Krankenversicherungsrecht (vgl. Fertilisationsmaßnahmen unter „Kosten der Krankenbehandlung im SGB V, § 27a). Die Herauslösung entsprechender Behandlungsmaßnahmen aus der gesetzlichen Krankenversicherung und deren Gleichstellung mit anderen Life-Style-Medikamenten – wie etwa Potenzmittel, Anti-Aging-Produkte, männliche Hormonsubstitution über die Therapie des Hypogonadismus bei männlicher Seneszenz (Eckardstein & Nieschlag, 2000) nach dem erfolgreichen Modell der Medikalisierung des weiblichen Körpers – in den lukrativen Seitenzweig Individueller Gesundheitsdienstleistungen (IGEL, Krimmel, 1998) schafft lediglich einer Zwei-Klassenmedizin Vorschub.

Trotz der Bedeutsamkeit von Gesundheitsförderung ist letztlich vor einem grassierenden „Gesundheitskult“ zu warnen, in dessen Gefolge eine zwar gut gemeinte, aber unaufgeklärte Beratungsideologie, welche lediglich Handlangerin vorwaltender Trends und Interessen ist, ohne „Verbraucher, Versicherte und Patienten als handelnde Subjekte" zu betrachten, die im Spannungsfeld von Compliance (als Therapie- oder (Quasi-)Expertentreue) und kompetenter Eigensteuerung Entscheidungen zu treffen haben, lediglich einem törichten „Gesundheitsfanatismus" Vorschub leistet (Hörmann, 1992). Gleichzeitig ist darauf zu achten, dass Gesundheit nicht zur bloßen Ware verkommt, die der Patient als Kunde nicht mehr allein vom Arzt als Händler kauft, sondern in einer modernen partnerschaftlichen Beratungsbeziehung einfordert. Es reicht folglich keineswegs, beispielsweise pränatale Diagnostik (PND), Prä-Implantations-Diagnostik (PID) oder In-Vitro-Fertilisation (IVF) als Standard zu setzen mit Beratung als persuasiver Stützungshilfe nicht nur für Frauen, sondern auch für Männer, denen der Kriegseinsatz durch kostenlose Lagerung von Sperma-Proben in Samenbanken schmackhaft gemacht werden soll. Vielmehr ist gegenüber der inzwischen zur soziokulturellen Norm avancierten PND zuallererst eine zwangfreie Entscheidungsmöglichkeit herzustellen, ohne dass Beratung zum bloßen Erfüllungsgehilfen des nachfragenden Kunden (beispielsweise mit überwertigem Kinderwunsch) wird oder sich den Interessen der großen Pharma- und Medizinindustrie oder dem Diktat purer Wirtschaftlichkeit unterwirft. Ansonsten würde Beratung selbst dazu beitragen, dass Maßnahmen zur Gesundheitsförderung mit dem Hinweis auf Geldmangel an den Schluss des Medizinsystems gestellt werden und Armut angesichts einer Gesundheit als käufliche Ware, wie sozial-epidemiologische und gesundheitswissenschaftliche Studien (Schwartz, 1998) zeigen, ein gesundheitlicher Risikofaktor bleibt.

4 Gesundheit und Heilungsversprechen

Während bei den Herz-Kreislauf-Krankheiten durch den Verbund von Individual- und Massenstrategien sowie vorbeugenden Maßnahmen (Hörmann, 1988) zumindest hoffnungsvolle Trends einer Verringerung entsprechender Krankheitsverläufe sichtbar werden, sind die Erfolge auf anderen Gebieten bescheidener. So hat ein kritischer Zeitgenosse bereits zu Beginn der heroischen Krebsfeldzüge gespöttelt, „dass mehr Menschen vom Krebs leben als am Krebs sterben" (Halter, 1981, S. 95). An diesem Boom wirkt allerdings nicht nur die etablierte Medizin kräftig mit; nicht weniger geschäftig beteiligt sich die alternative Szene, wie etwa die Aufzählung und Gegenüberstellung teilweise gänzlich konträrer Empfehlungen zu „Krebsdiäten" belegen könnte. Wenn allerdings die Unsinnigkeit teilweise obskurer Krebsdiäten konstatiert wird, ist damit selbstverständlich der Wert einer sinnvollen Ernährung ebenso wenig angezweifelt wie der mit großer Wahrscheinlichkeit belegte Beitrag des Faktors Ernährung zu einigen Krebsformen wie etwa dem Dickdarmkrebs. Gleiches gilt trotz Vorbehalten gegenüber prophylaktischem Übersoll für sinnvolle Vorsorgemaßnahmen wie etwa Schwangerenvorsorge- und Kinder-/Jugenduntersuchungen (U1 bis U9, J1) oder Früherkennungsmaßnahmen und Gesundheitsuntersuchungen (vgl. § 20ff. SGB V) bei nüchterner Bilanzierung von Effektivität und Effizienz. Auch soll keineswegs der grundsätzliche Einfluss der Lebensweise auf die Krebshäufigkeit geschmälert werden, ohne dass jedoch deren Bedeutung unbestritten ist. Weiterhin soll der Sinn und Zweck anderer Empfehlungen wie etwa des Joggings nicht gänzlich in Frage gestellt werden; ob aber gerade die Drohung mit Krebs eine angemessene Motivationshilfe ist, mag doch mit Fug und Recht bezweifelt werden. Offensichtlich ist die Konjunktur der Heilsucht im Verbund mit magischen Vorstellungen indes nicht auf unseriöse Massenliteratur oder sensationsgierige Boulevard-Blätter beschränkt; vielmehr werden alte Traditionen von Heilen wach, welches ursprünglich nicht nur Heilkunde, sondern auch Heilskunde und Magie vereinigte.

5 Gesundheit als Idol

Wo Gesundheit zum ideologischen Leitbegriff und höchsten Wert einer säkularen Ethik und gar der Körper zum Gegenstand des Heils oder unerschöpflicher Leistungsfähigkeit wird, resultiert entweder die verbissene Sucht nach unaufhörlicher Fitness oder ein ständiger Kampf gegen den Körper. Denn je mehr Aufmerksamkeit die Anhänger der Gesundheitsgemeinde dem Körper zuwenden, desto mehr entdecken sie, dass der Körper ein ständiger Gefahrenherd für den Bestand des Lebens ist. Der radikale Einsatz für die Gesundheit entwickelt sich zum verbissenen Kleinkrieg gegen den eigenen Körper, der so weit geht, dass über dem gesamten Lebenswandel wie unter einem Schuldfluch das eiserne Gesundheitsdiktat waltet. Seit beschlossen wurde, dass Sport gesund zu sein habe, überziehen unzählige Fitness-Studios mit Missionierungsfeldzügen zur muskulären Aufrüstung das Land. Man kasteit sich dort, rackert sich an den Maschinen ab, durchläuft sein Pensum – einsam und unerschütterlich – und geht dann gestärkt wieder nach Hause. „Jogging ist kein Spaß, sondern Initiative zur Vermeidung des frühen Herztodes, Götzendienst am kardiovaskulären System“ (Hacke, 1987, S. 72). Die Vorstellung der Machbarkeit von Jugendlichkeit und unerschöpflicher Fitness führt etwa zu dem Umstand, dass die plastische Chirurgie (zur Verhinderung des Alters oder unvorteilhafter Ästhetik) eine Hochkonjunktur erlebt. Der Rummel um die als „Erotik-Killer“ (Emma, 1998, Nr. 4) charakterisierte Potenz-Pille Viagra und weitere Life-Style-Medikamente dokumentiert die Perversion des Gesundheitsbegriffs, der in der Nachfolge Freuds von der Umschreibung als Arbeits- und Liebesfähigkeit zum Dank sexueller Revolution, gnadenlosen und ohne „Skeptische Sexualpädagogik“ (Müller, 1992) aufgeklärten hemmungslosen Glücksversprechen degeneriert ist.

6 Gesundheitspropaganda als Risiko?

Hektische oder zwanghafte Sorge um den Körper resultiert letztlich aus der Angst vor dem eigenen Körper, dass er schädlichen Einflüssen Zutritt in die inneren Organe gewähren könne. Hierbei wird übersehen, dass die ständige Beschäftigung mit der Unversehrtheit des eigenen Körpers dem Wohlbefinden und der Gesundheit mehr schadet als nützt. Verschiedene Studien (vgl. Barsky, 1988) haben nämlich gezeigt, dass vermehrte körperliche Selbstwahrnehmung, Aufmerksamkeit und Selbstbeobachtung mit der Tendenz einhergehen, somatische Symptome überzubewerten und sich durch weitaus mehr organische Symptome beunruhigen zu lassen. Außerdem wird die Schwelle gesenkt, milde Störungen und isolierte Symptome zu ertragen und umgekehrt die Neigung verstärkt, unangenehme Symptome als pathologisch oder als Zeichen von Krankheit zu sehen. Je mehr sich die Menschen auf ihren Körper und seine Merkmale konzentrieren, umso negativer und ängstlicher schätzen sie diese ein. Wenn nämlich jeder Missempfindung medizinische Aufmerksamkeit geschenkt wird, jedes Zwicken oder Beißen ein Vorläufer einer bösartigen Krankheit sein kann, wenn wir belehrt werden, dass jedes Muttermal oder eine sonstige Auffälligkeit chirurgische Behandlung verdient, werden Gefühle von schlechter Gesundheit und Unpässlichkeit massiert. Sofern Beratung als Orientierungs-, Planungs-, Entscheidungs- und Handlungshilfe „Konsumentensouveränität im Gesundheitswesen" (Reibnitz, Schnabel & Hurrelmann, 2001) intendiert, bleibt das handelnde Subjekt zwar Ko-Produzent seiner Gesundheit, allerdings im Spannungsfeld zwischen Souveränitätsansprüchen und Unterwerfungszwängen, wie sie sich im Gesundheitswesen nicht nur mittels Machtstrukturen von Pharma- und Industriebetrieb und standespolitischer Lobby medizinischer Berufsgruppen durchsetzen, sondern auch im – ursprünglich für abhängig Arbeitende mit geringem und mittlerem Einkommen geschaffenen – Pflichtversicherungssystem gesetzlicher Krankenkassen (GKV), die nicht nur ein Solidarpakt ist, sondern auch ein Machtinstrument, um die Art und Weise der angewandten Medizin zu bestimmen – zweifellos nicht immer aus der Sicht der Betroffenen oder Versicherten. Deshalb ist im Gesundheitswesen nicht schlecht beraten, wer gerade in Gesundheitsfragen fachliche Qualitätsstandards für eine kompetente Beratung einfordert, welche sich nicht auf die Einhaltung formaler Ablaufprozesse beschränkt, sondern kritische Solidarität impliziert.

Literatur

Antonovsky, A. (1997). *Salutogenese.* Tübingen: dgvt-verlag.

Barsky, A.J. (1988). The Paradox of Health. In *New England Journal of Medicine, 318,* 414–418.

Borgers, D. (1993). *Cholesterin – Das Scheitern eines Dogmas.* Berlin: edition sigma.

Eckardstein, S.v. & Nieschlag, E. (2000). Therapie mit Sexualhormonen beim alternden Mann. In *Deutsches Ärzteblatt, 97,* A 3175–3182.

Faltermaier, T., Kühnlein, I. & Burda-Viering, M. (1998). *Gesundheit im Alltag. Laienkompetenz in Gesundheitshandeln und Gesundheitsförderung.* Weinheim Juventa.

Flick, U. (Hrsg.). (1998). *Wann fühlen wir uns gesund? Subjektive Vorstellungen von Krankheit und Gesundheit.* Weinheim: Juventa.

Franzkowiak, P. & Sabo, P. (Hrsg.). (1993). *Dokumente der Gesundheitsförderung.* Mainz: Sabo.

Hacke, A. (1987). *Muskuläre Aufrüstung.* In *Kursbuch 88* (S. 69–78). Berlin.

Halter, H. (Hrsg.). (1981). *Vorsicht Arzt.* Reinbek: Rowohlt.

Haug, Ch.V. (1991). *Gesundheitsbildung im Wandel.* Bad Heilbrunn: Klinkhardt.

Hörmann, G. (1988). Psychosoziale Aspekte medizinischer Intervention. In G. Hörmann & F. Nestmann (Hrsg.), *Handbuch psychosozialer Intervention* (S. 14–23). Opladen: Westdeutscher Verlag.

Hörmann, G. (1992). Erziehung zur Gesundheit – Kult oder Kultur? In H. Maaß (Hrsg.), *Gesundheitsthemen im Fachunterricht* (S. 104–116). Bielefeld: Oberstufenkolleg.

Hörmann, G. (1997). Von der Gesundheitsaufklärung zur Gesundheitsförderung. In H. Seelbach, J. Kugler, & W. Neumann (Hrsg.), *Von der Krankheit zur Gesundheit* (S. 73–86). Bern: Huber.

Hörmann, G. (1999). Gesundheitserziehung. In *Zeitschrift für Erziehungswissenschaft, 2,* 5–30.

Hurrelmann, K. (2000). *Gesundheitssoziologie.* Weinheim: Juventa.

Kühn, H. (1993). *Healthismus.* Berlin: edition sigma.

Krimmel, L. (1998). *Kostenerstattung und individuelle Gesundheitsleistungen.* Köln: Deutscher Ärzte Verlag.

Lenzen, D. (1991). *Krankheit als Erfindung.* Frankfurt: Fischer Taschenbuch.

Maienborn, A. (2001). Neue Modelle der Patienteninformation über das Internet. In C.v. Reibnitz, P.E. Schnabel & K. Hurrelmann, *Der mündige Patient* (S. 249–2634). Weinheim: Juventa.

Müller, W. (1992). *Skeptische Sexualpädagogik.* Weinheim: Deutscher Studienverlag.

Nestmann, F. (1988). *Die alltäglichen Helfer.* Berlin: de Gruyter.

Nestmann, F. (Hrsg.). (1997). *Beratung. Bausteine für eine interdisziplinäre Forschung und Praxis.* Tübingen: dgvt-verlag.

Reibnitz, C.v., Schnabel, P.E. & Hurrelmann, K. (2001). *Der mündige Patient.* Weinheim: Juventa.

Petermann, F. (Hrsg.). (1997). *Patientenschulung und Patientenberatung.* Göttingen: Hogrefe.

Rosenbrock, R. (1997). PKV und Armenkasse? Die GKV nach der „Dritten Stufe der Gesundheitsreform". In *Die Krankenversicherung, 49,* 242–247.

Schwartz, F.W. (Hrsg.). (1998). *Das Public Health Buch.* München: Urban & Schwarzenberg.

Snow, C.P. (1964). *The two cultures and a second look.* Cambridge: University Press.

Waller, H. (2002). *Gesundheitswissenschaft.* Stuttgart: Kohlhammer.

World Health Organization (WHO) (1998). *Obesity. Preventing und Managing the Global Epidemic.* Geneva: Word health Organization.

Internethinweise

Ärztliche Zentralstelle für Qualitätssicherung (ÄZQ). Verfügbar unter: http://www.patienten-information.de.

Bundesministerium für Gesundheit. Verfügbar unter: http://www.bmgesundheit.de.

Bundeszentrale für gesundheitliche Aufklärung. Verfügbar unter: http://www.bzga.de.

Deutsches Institut für Medizinische Dokumentation und Information. Verfügbar unter: http://www.dimdi.de.

Robert-Koch-Institut. Verfügbar unter: http://www.rki.de.

Prof. Dr. Dr. Georg Hörmann ist Diplom-Psychologe, Professor und Lehrstuhlinhaber für Pädagogik an der Universität Bamberg. Seine Arbeitsschwerpunkte sind Gesundheitspädagogik, Systemische Erziehungswissenschaft sowie pädagogisches und therapeutisches Handeln.

Anschrift:
Universität Bamberg
Lehrstuhl Allgemeine Pädagogik
D-96045 Bamberg
E-Mail: georg.hoermann@ppp.uni-bamberg.de

Rechtswissenschaften und Beratung

Friedrich Barabas

Zwischen dem Rechts- und dem Beratungssystem besteht ein spannungsreiches Verhältnis. Dies beruht auf unterschiedlichen Aufgabenstellungen, Handlungslogiken und Perspektivendifferenzen. Das Recht arbeitet im Allgemeinen ergebnisorientiert und streitentscheidend, reduziert die Lebenswirklichkeit auf einen abgeschlossenen Tatbestand, der prinzipiell nicht veränderbar ist. Das Recht ist konditional orientiert: Liegt ein bestimmter tatsächlicher Sachverhalt vor, dann hat er eine im Prinzip vorhersehbare rechtliche Konsequenz. Dagegen können Beraterinnen nicht wie Juristen agieren, da ein komplexes, subjektiv geprägtes Ereignis wie z.B. eine Familie in einer Krisensituationen oder ein Paar in der Trennungsphase für das Beratungssystem kein abgeschlossener Tatbestand, sondern ein Prozess ist. Für Berater sind derartige Lebenssachverhalte veränderbar, eine Krise durch professionelle Beratung differenziert lösbar. Abschließende Streitentscheidung ist nicht Aufgabe der beratenden Berufe.

Trotz dieser erheblichen Differenzen spielt das Recht eine zunehmend wichtigere Rolle für die Beratung – eine Tatsache, die durchaus auch Skepsis hervorruft. Die Befürchtung, juristische Regelungen blockierten die Kreativität im Beratungssektor und lähmten die Eigeninitiative und Selbstverantwortung, ist gelegentlich zu lesen. Qualität im Beratungssektor lasse sich nicht mit dem Recht durchsetzen und sichern. Andererseits wird eingeräumt, dass der Beratungssektor auch nicht dem freien Spiel des Marktes überlassen bleiben dürfe, denn die Fehlentwicklungen im Psychosektor seien beträchtlich.

Die wachsende gesellschaftliche Bedeutung der Beratung ist unbestritten. Nicht nur in Krisen- und Konfliktsituationen besteht die Notwendigkeit, Rat einzuholen, schon alltägliche, triviale Lebensereignisse überfordern häufig die Menschen in modernen Gesellschaften. Gleichwohl existiert kein eigenes Beratungsrecht (vgl. Barabas i.Bd.2). Vielmehr ist es so, dass – verglichen mit anderen Rechtsgebieten – die Regelungsdichte der Beratung noch gering ist. Dennoch: Die unterschiedlichen Beratungssysteme werden rechtlich ausgebaut und abgesichert. Dieser Verrechtlichungsprozess ist insbesondere abzulesen an:

- der Verankerung von Rechtsansprüchen auf Beratung,
- der Schadensersatzpflicht für unsachgemäße und falsche Beratung,
- dem strafrechtlichen Schutz sowie
- der zunehmenden Absicherung des Vertrauensverhältnisses in der Beratung.

1 Rechtsansprüche auf Beratung

In den vergangenen Jahrzehnten ist ein System von Rechtsansprüchen auf Beratung geschaffen worden. Vor allem durch die Sozialgesetze sind differenzierte Formen von Beratungsarten gesetzlich normiert worden. Je nach den gesetzlichen Vorgaben hat der Bürger Anspruch auf eine rechtliche Beratung oder aber auf eine Beratung in persönlichen Angelegenheiten. Im Kinder- und Jugendhilfegesetz (KJHG) sind darüber hinaus Beratungsformen geschaffen worden, die auch therapeutische Angebote und Methoden beinhalten.

§ 14 Sozialgesetzbuch – Allgemeiner Teil – (SGB I) bestimmt, dass jeder Anspruch auf Beratung über seine Rechte und Pflichten nach dem Sozialgesetzbuch hat. Dieser Rechtsanspruch gilt für alle Gebiete des Sozialrechts: von der Arbeitsförderung bis zur Rentenversicherung. Der Anspruch, der die Leistungsträger zu einer individuellen, umfassenden und sorgfältigen Beratung über die Rechte und Pflichten des Bürgers nach dem Sozialgesetzbuch verpflichtet, ist Ausdruck der im Grundgesetz verbürgten Sozialstaatlichkeit. Die Beratung soll sicherstellen, dass möglichst jeder Bürger die Sozialleistungen erhält, die der Gesetzgeber vorgesehen hat.

Das Bundessozialhilfegesetz (BSHG) normiert im § 8 Abs. 2 einen Anspruch auf Beratung in Fragen der Sozialhilfe und auf Beratung in sonstigen sozialen Angelegenheiten. Persönliche Hilfe gemäß § 8 BSHG umfasst auch die sich an individuellen Erfordernissen auszurichtende Beratung sowie allgemeine Lebenshilfe und persönliche Betreuung.

Die besonderen Beratungsverpflichtungen und -angebote des Kinder- und Jugendhilfegesetzes sind vielfältig und umfangreich: Das Gesetz sieht präventive und professionelle Beratung der Betroffenen für die unterschiedlichsten Lebens- und Krisensituationen vor. Das KJHG berücksichtigt die Tatsache, dass ohne umfangreiche Beratungs- und Unterstützungssysteme die Familien ihre Aufgaben nur noch schwerlich erfüllen können. Von Müttern und Vätern werden Verhaltens- und Umgangsformen erwartet, durch die sie häufig überfordert sind. Partnerschaftlicher Umgang mit ihren eigenen und auch fremden Kindern, kooperatives Verhalten zwischen Frau und Mann, die wechselseitige Respektierung der jeweils anderen Persönlichkeit und Individualität ist offenbar schwierig. Viele Erwachsene haben noch keineswegs akzeptiert, dass das Wohl des Kindes, die Entwicklung seiner Persönlichkeit im Zentrum des Erziehungsprozesses zu stehen hat. Beratungsangebote nach dem KJHG sind neben anderen:

- Beratung für Kinder und Jugendliche nach § 8 Abs. 3 KJHG,
- Beratung in allgemeinen Fragen der Erziehung und Entwicklung junger Menschen nach § 16 Abs. 2, Ziffer 2 KJHG,
- Beratung in Fragen der Partnerschaft, Trennung und Scheidung nach § 17 KJHG,
- Beratung und Unterstützung bei der Ausübung der Personensorge nach § 18 KJHG,
- Erziehungsberatung nach § 28 KJHG,
- Beratung in Fragen der Ausbildung und Beschäftigung sowie der allgemeinen Lebensführung im Rahmen der Heimerziehung nach § 34 KJHG,
- Beratung für eine Entscheidung über die Inanspruchnahme einer Hilfe zur Erziehung nach § 36 Abs. 1 KJHG,
- Beratung bei der Inobhutnahme eines Minderjährigen nach § 42 Abs. 1 KJHG sowie
- Beratung für ehrenamtlich tätige Personen nach § 73 KJHG.

Durch den Beratungskatalog des KJHG, vor allem aber durch die Konzeption des Gesetzgebers zur elterlichen Zusammenarbeit bei Trennung und Scheidung, ist ein manifester Wechsel im staatlichen Interventionsansatz zu konstatieren. An die Stelle von justiziellen Entscheidungen sollen sozialrechtliche Hilfen treten. Das bedeutet, dass ein neuer Funktionsbereich für die Jugendhilfe mit eigenständiger, fachlich beraterischer Kompetenz geschaffen wurde.

Mit der Reform des Kindschaftsrechts im Jahre 1998 sind an die Beratung neue Anforderungen gestellt. Die Jugendhilfe „erhält im Kontext familienrechtlicher Verfahren einen deutlich erweiterten und zudem eigenständigeren Auftrag als beratende, vermittelnde und Kinderinteressen vertretende Instanz. Der mit dem Kinder- und Jugendhilfegesetz 1990 vollzogene Perspektivenwechsel vom staatlichen Eingriff zur sozialen Dienstleistung wird im familienrechtlichen Kontext verstärkt. In einer auf mehr Dialog, Aushandlung, Toleranz, Flexibilität und Verantwortung ausgerichteten Beziehungskultur treten an die Stelle staatlicher Reglementierung und Einmischung zunehmend Eigenverantwortung und eigenständige Problemlösungen. Gerichtliche Interventionen mit Gewinnern und Verlierern treten zurück zugunsten von Beratung, Vermittlung und Konsensförderung“ (Arbeitsgemeinschaft für Jugendhilfe, 1999, 134).

Dieser Bedeutungszuwachs der Beratung wird auch durch die Gerichte betont. Das OLG Zweibrücken hat entschieden, dass es ein Teil der Elternpflicht ist, Trennungs- und Scheidungsberatung anzunehmen. Vor einer Entscheidung des Familiengerichts auf Übertragung der elterlichen Sorge ist festzustellen und zu begründen, warum eine Kooperation unter den Eltern nicht funktioniert. Das Familiengericht hat sicherzustellen, dass die Beratungsphase ohne Vermengung mit dem gerichtlichen Verfahren stattfinden kann. Es hat weiterhin die Aufgabe, die Beratungsbedürftigkeit der beteiligten Eltern festzustellen und auf die Bedeutung der Beratung hinzuweisen. Falls erforderlich, soll das Familiengericht mit seiner Autorität die Bereitschaft zur Annahme der Hilfe erzeugen. Die Verweigerung einer Beratung kann sogar als Kindeswohl feindliche Unterlassung zu werten sein (OLG Zweibrücken, FamRZ, 2000, 627). Diese Entscheidung hat den Stellenwert der Trennungs- und Scheidungsberatung unterstrichen und macht ihre Inanspruchnahme vor einem gerichtlichen Verfahren zu einer echten Mitwirkungspflicht der beteiligten Eltern.

2 Haftung für unsachgemäße, falsche Beratung

An die Qualität der Beratung in den Berufsfeldern der sozialen Arbeit werden durch das Rechtssystem professionelle Anforderungen gestellt. Die allgemeinen Grundsätze des Haftungsrechts gelten prinzipiell auch für beratende Tätigkeiten. Fehlerhafte, unvollständige, aber auch pflichtwidrig unterlassene Beratungen können zur Folge haben, dass dem Beratenen ein Schaden entsteht. Lediglich bei einer reinen Gefälligkeit, bei einem Gespräch unter Freunden, bei der Alltagsberatung führt die unbeabsichtigte Falschauskunft nach § 676 BGB zu keiner Haftung.

Die Frage, unter welchen Voraussetzungen eine Fachkraft in der sozialen Arbeit gegebenenfalls für eine „falsche“ oder „schlechte“ Beratung haftet, ist nicht pauschal zu beantworten, sondern sie richtet sich nach der Art der Beratung und danach, bei welchem Leistungsträger bzw. privaten Verband die Beratung durchgeführt wird.

Berät ein Beamter fehlerhaft oder unterlässt er eine Beratung, kann er nach den Grundsätzen über die *Amtshaftung* zum Ausgleich des Schadens herangezogen werden. Bereits 1957 hat der Bundesgerichtshof entschieden, dass es im sozialen Rechtsstaat zu den Amtspflichten der mit der Betreuung der sozial schwachen Volkskreise betrauten Beamten gehört, diesen zur Erlangung und Wahrung der ihnen vom Gesetz zugedachten Rechte und Vorteile nach Kräften beizustehen (BGH, NJW, 1957, 1873).

Zu den Amtspflichten des Jugendamtes gehört es, minderjährige Kinder bei der Geltendmachung ihrer Unterhaltsansprüche zu beraten und zu unterstützen (OLG Celle, ZfJ, 1998, 220).

Unterbleibt ein Hinweis auf die Möglichkeit, Mittel für die Erstausstattung einer Pflegestelle beantragen zu können, so ist Schadensersatz zu leisten. Im sozialen Rechtsstaat ist ein Beamter im Rahmen seines Aufgabengebietes dazu verpflichtet, sozial schwache und rechtsunkundige Rat suchende Bürger vor vermeidbaren Schäden zu bewahren. Er darf nicht zulassen, dass der bei ihm vorsprechende Bürger einen Schaden erleidet, den er durch eine kurze Belehrung abwenden kann (LG Itzehoe, Urteil vom 4.6.1998, 6 0 523/97).

Es ist ebenfalls eine Amtspflichtverletzung, wenn Antragsteller erst verspätet darauf hingewiesen werden, dass sie Leistungen nach dem Unterhaltsvorschussgesetz beantragen können. Bei Sozialleistungen ergibt sich aus §§ 14, 16 Abs. III SGB I die Verpflichtung des zuständigen Leistungsträgers, über sozialrechtliche Ansprüche zu beraten. Diese Pflicht kann auch unabhängig von einem Beratungsverlangen oder einem konkreten Leistungsantrag dann bestehen, wenn aus konkretem Anlass of-

Vorwort und Einleitung
Beratungsdisziplinen
Geschlecht und Beratung
Alter und Beratung
Kultur und Beratung
Beratung und soziale Systeme
Perspektiven der Beratung

fenbar wird, dass ein Leistungsanspruch gegeben ist. Erfahrungsgemäß ist nämlich davon auszugehen, dass allgemeine Informationen der Öffentlichkeit über Gesetzesänderungen im Sozialleistungsbereich den anspruchsberechtigten Personenkreis nicht oder nur unvollkommen erreichen (OLG Celle, FamRZ, 1999, 785).

Bei einer Trennungs- und Scheidungsberatung ist das Jugendamt, was die Konflikte der Eltern betrifft, zur strikten Neutralität und Objektivität verpflichtet und verletzt seine Amtspflicht, wenn es bei der Erforschung des Sachverhalts die Einwendungen, Anregungen und Vorschläge eines Elternteils nicht berücksichtigt (BGH, FamRZ, 1999, 1499).

Neben den Schadensersatzansprüchen aus der Amtshaftung hat die Rechtsprechung im Wege der höchstrichterlichen Rechtsfortbildung den sog. *Herstellungsanspruch* geschaffen. Ein derartiger Anspruch liegt dann vor, wenn eine Behörde eine Betreuungspflicht gegenüber Sozialleistungsberechtigten verletzt, insbesondere fehlerhaft berät oder falsche Auskünfte erteilt. Im Gegensatz zum Amtshaftungsanspruch erfordert der Herstellungsanspruch kein schuldhaftes Verhalten des Beraters. Vorausgesetzt wird lediglich die objektive Pflichtwidrigkeit der Beratung.

Wenn ein *privater Träger* Erziehungs-, Ehe-, Trennungs- und Scheidungsberatung, Drogen- oder Aidsberatung anbietet und falsch berät, richtet sich die Haftung nach dem Bürgerlichem Gesetzbuch (BGB). Es gelten die allgemeinen Bestimmungen zur Schlechterfüllung und zum Schadensersatzrecht aus unerlaubten Handlungen. Darüber hinaus haftet man nach § 826 BGB, wenn wissentlich falscher Rat oder falsche Auskunft erteilt wird, um dem Rat Suchenden Schaden zuzufügen. Der Beratung in den Einrichtungen der freien Träger liegt in aller Regel ein Vertrags- oder ein ähnlich zu bewertendes Vertrauensverhältnis zugrunde. Wird für die Beratung ein Entgelt vereinbart oder eine Gebühr erhoben, so besteht die Verpflichtung zur Haftung im Schadensfall. Aber auch wenn die Beratung unentgeltlich erfolgt, ist bei einer professionellen Beratung davon auszugehen, dass sie innerhalb des Rechts stattfindet. Beratungen und Auskünfte werden in Erfüllung einer vertraglichen Aufklärungs-, Beratungs- oder Warnpflicht erteilt.

Bei *psycho-sozialen Beratungen*, die helfen sollen, individuelle Problemlagen zu überwinden, haben wir es mit der Besonderheit zu tun, dass diese Art der Beratung auf den ersten Blick nur schwerlich justiziabel erscheint. Eine fehlerhafte Auskunft kann bei einer eher rechtlichen bzw. fachlichen Beratung ursächlich für einen Schaden sein. Das ist im Einzelnen nachweisbar und führt zur Verpflichtung, den Schaden zu ersetzen. Wie aber ist zu entscheiden, wenn es um die Frage geht, ob eine Beratung zum Beispiel in einer Krise die „richtige" oder ob sie „fehlerhaft" war? Bei derartigen psycho-sozialen Beratungen wird kein ‚Erfolg' geschuldet. Die Beraterin kann und muss nicht vertraglich garantieren, dass durch die Beratung die Krise beseitigt, der Drogenkonsum beendet, der Bestand der Ehe gesichert wird. Wenn eine Beratung daher ohne das gewünschte Ergebnis geblieben ist, so haftet man nicht für den ausgebliebenen Erfolg. Maßstab für eine Haftung, vorausgesetzt die sonstigen Haftungsvoraussetzungen liegen vor (Schadensersatzanspruch oder Vertragsverletzung), ist § 276 BGB. Danach haftet, wer die im Verkehr erforderliche Sorgfalt außer Acht lässt (Fahrlässigkeit). Es gilt ein objektiver Sorgfaltsmaßstab und nicht etwa eine individuelle Betrachtungsweise. Fehlende Fachkenntnisse entlasten den Haftenden keineswegs. Die Sorgfaltsanforderungen richten sich nach

Vorwort und Einleitung
Beratungs-disziplinen
Geschlecht und Beratung
Alter und Beratung
Kultur und Beratung
Beratung und soziale Systeme
Perspektiven der Beratung

den jeweiligen Verkehrs- bzw. Berufskreisen (BGH, NJW, 1970, 1038). Die berufsspezifische Konkretisierung der Sorgfaltspflichten bezieht sich auf besonnene und gewissenhafte Angehörige der jeweiligen Berufsgruppe.

Für die Fachkräfte in der psycho-sozialen Beratung gelten die Grundsätze des fachlichen Könnens. Sie enthalten Standards für die psycho-soziale Beratung und geben damit Anhaltspunkte für die Qualität und den Sorgfaltsmaßstab. Diese Maßstäbe sind mit Aufmerksamkeit und Sorgfalt zu beachten. Das bedeutet indessen nicht, dass durch das Prinzip der Fachlichkeit schematische Handlungsmuster festgelegt sind. Professionelle Beratung erweist sich am Einzelfall und muss auf die individuellen Besonderheiten ausgerichtet sein. Im Rahmen der Einzelfallerfordernisse sind professionelle Standards zu beachten.

Der *Bruch des Beratungsgeheimnisses* kann ebenfalls zivilrechtliche Schadensersatzansprüche nach sich ziehen. Ein Berater – soweit er nach § 203 Strafgesetzbuch (StGB) schweigepflichtig ist – kann sich strafbar machen. Eine Bestrafung des Beraters bringt jedoch keinen finanziellen Ausgleich, ersetzt dem Geschädigten weder den materiellen noch immateriellen Schaden. Bei einem Bruch des Vertrauensverhältnisses kommt neben den strafrechtlichen Konsequenzen auch eine Haftung nach den Grundsätzen des Schadensersatzrechts in Frage. Nach § 823 Abs. 1 BGB ist schadensersatzpflichtig, wer vorsätzlich oder fahrlässig das Leben, den Körper, die Gesundheit oder ein sonstiges Recht verletzt. Zu diesen Rechtsgütern gehört das umfassende Recht auf Achtung und Entfaltung der Persönlichkeit, insbesondere die Intimsphäre eines Menschen ist absolut geschützt. Ein Beispiel: Das LG München verurteilte einen Psychologen zu einem Schmerzensgeld von 1000,–DM, weil er ohne Einwilligung seines Klienten Befunddaten an dessen Hausarzt weitergeleitet hat (Az.: 23 2157/91).

Daher darf es weder zu ungenehmigten Veröffentlichungen von Informationen aus vertraulichen Gesprächen kommen (BGH, NJW, 1987, 2667), noch dürfen ungenehmigt Tonbandmitschnitte aus einem vertraulichen Gespräch veröffentlicht werden. Die ungenehmigte Weitergabe von Tonbandaufzeichnungen durch den Gesprächspartner, auch wenn das Gespräch mit dessen Zustimmung aufgezeichnet worden ist, verletzt grundsätzlich das Recht der Person zur Selbstbestimmung über das gesprochene Wort.

3 Der strafrechtliche Schutz

In beraterischen bzw. psychotherapeutischen Verfahren kommt es immer wieder zu Grenzüberschreitungen der unterschiedlichsten Art. Die Berater oder Therapeuten versuchen, das Machtgefälle zwischen ihnen und den Rat und Hilfe Suchenden auszunutzen. Auf sexuellem Gebiet werden nicht selten die ethischen und professionellen Grundsätze verletzt. Soweit es sich um Sexualdelikte nach den §§ 174 ff StGB (u.a. Sexueller Missbrauch von Schutzbefohlenen, Sexuelle Nötigung, Vergewaltigung, Sexueller Missbrauch widerstandsunfähiger Personen) handelt, wird der Berater oder der Psychotherapeut strafrechtlich zur Verantwortung gezogen.

Der Gesetzgeber war der Auffassung, dass dieser strafrechtliche Schutz in bestimmten beraterischen und therapeutischen Verfahren nicht hinreichend ist. 1998 ist der strafrechtliche Schutz geistig und seelisch beeinträchtigter oder behinderter Menschen vor sexuellen Handlungen im Rahmen von Beratungs-, Behandlungs- und Betreuungsverhältnissen verbessert worden. § 174 c StGB bestraft den Sexuellen Missbrauch unter Ausnutzung eines Beratungs-, Behandlungs- oder Betreuungsverhältnisses. Als Täter kommt u.a. das beratende Personal von Suchtberatungsstellen oder psycho-sozialen Beratungsstellen aller Art in Frage. Die Bestrafung hängt nicht davon ab, ob der Täter eine Amtsstellung innehat, eine spezielle Ausbildung durchlaufen hat oder eine Approbation nach dem Psychotherapeutengesetz vorweisen kann. Für die Strafbarkeit ist es auch ohne Bedeutung, ob der Täter ehrenamtlich, selbständig oder als Angestellter handelt.

Für alle sexuellen Handlungen unterhalb der Strafrechtsschwelle gilt das Gebot der Abstinenz. Beratern und Psychotherapeuten ist es strikt untersagt, emotionale persönliche Beziehungen – vor allen Dingen sexuelle Beziehungen zu ihren Klienten – aufzunehmen. Der Grund ist einleuchtend. Die Methoden der Beratung und der Psychotherapie verlangen, dass die Fachleute die Persönlichkeit des Klienten umfassend kennen lernen müssen. Dies führt in der Trennungs- und Scheidungsberatung, der Familienberatung etc. notwendig zu einem engen Verhältnis zwischen den Beteiligten. Der Rat Suchende und der Klient müssen sich in Gesprächen und Interviews den Beratern und Therapeuten mit ihren Problemen offenbaren. Seine Aufgabe kann die Fachkraft nur wirksam wahrnehmen, wenn sie jeden privaten Kontakt mit dem Klienten meidet. Persönliche Beziehungen mit emotionaler Bindung sind daher unverantwortlich und grob fehlerhaft (zu den rechtlichen Konsequenzen der Verletzung des Gebotes der Abstinenz vgl. OLG Düsseldorf, NJW, 1990, 1543; OLG Köln, 15 U 186/91; LG Hannover, Streit, 1999, 21).

4 Zwischenfazit

Als ein wirksames Instrument, die Qualität der Beratung zu sichern, erweisen sich die unterschiedlichen Formen der Schadensersatz- und Wiederherstellungspflichten bei fehlerhafter oder unterlassener Beratung. Die Amtshaftung, der sozialrechtliche Wiederherstellungsanspruch und der zivilrechtliche Schadensersatzanspruch sind geeignete Instrumente, Professionalität von Beratungsprozessen zu garantieren. Beratung findet daher keineswegs in einem rechtsfreien Raum statt. Flankierend sollen strafrechtliche Normen gewährleisten, dass Beratungsprozesse frei von sexuellen Übergriffen bleiben.

5 Die Garantie der Vertraulichkeit

Der Vertrauensschutz in der Beratung ist in den vergangenen Jahren durch Gesetzgebung und Rechtsprechung konkretisiert und nicht unerheblich erweitert worden.

Vorwort und Einleitung
Beratungs-disziplinen
Geschlecht und Beratung
Alter und Beratung
Kultur und Beratung
Beratung und soziale Systeme
Perspektiven der Beratung

Er basiert auf strafrechtlichen Normen, den §§ 203 ff StGB, datenschutzrechtlichen Vorschriften sowie dem Prozessrecht.

§ 203 Abs. 1 StGB folgt alten Berufstraditionen: der *strafrechtlichen Absicherung der Vertrauensverhältnisse*. Dieser Geheimnisschutz richtet sich als persönliche Verpflichtung an die Mitglieder bestimmter Berufsgruppen. Hierzu zählen auch Berufspsychologen, Ehe-, Familien-, Erziehungs- oder Jugendberater sowie Berater für Suchtfragen, Mitglieder oder Beauftragte einer Beratungsstelle nach dem Schwangerschaftskonfliktgesetz sowie staatlich anerkannte Sozialarbeiter und Sozialpädagogen. In einer 1994 getroffenen Entscheidung des Bayerischen Obersten Landesgerichts wurde nachdrücklichst die Einhaltung der strafrechtlichen Schweigepflicht eingefordert. In einem Strafverfahren wurde ein Psychologe, der in einem Heim tätig war und der in einer internen Supervisionsgruppe, deren Mitglieder alle selbst schweigepflichtig waren, ein Geheimnis aus einem Beratungsgespräch offenbart hat, wegen Verletzung von Privatgeheimnissen nach § 203 StGB zu einer Geldstrafe verurteilt (BayOblG, NJW, 1995, 1623).

Der *Schutz des Sozialgeheimnisses* wird neben dem strafrechtlichen Schutz durch § 35 SGB I sowie §§ 67 ff SGB X und für die Jugendhilfe durch die §§ 61 ff KJHG geregelt. Normadressat des § 35 SGB I sind allein die dort genannten Sozialleistungsträger. Sie sind zur Wahrung des Sozialgeheimnisses verpflichtet. Der Vertrauensschutz bei den persönlichen und erzieherischen Hilfen durch die Träger der öffentlichen Jugendhilfe wird durch § 65 KJHG gewährleistet. Bei kirchlichen und anderen privaten Trägern sowie bei Personen, die eine beraterische Praxis betreiben, ist im Hinblick auf die Garantie der Vertraulichkeit zu differenzieren.

Soweit die einzelne Fachkraft zu einer Berufsgruppe nach § 203 StGB gehört, ist sie nach dem Strafgesetzbuch schweigepflichtig. Der die einzelne Person verpflichtende Geheimnisschutz gilt uneingeschränkt in privaten Berufsvollzügen.

Der institutionell ausgerichtete Datenschutz des § 35 SGB I und der Datenschutz des KJHG richten sich gegen die öffentlich-rechtlichen Leistungsträger und kommen daher unmittelbar für die privaten Träger nicht zur Anwendung. Allerdings müssen sich die Privaten an den verlängerten Sozialdatenschutz des § 78 SGB X halten. Nach dieser Vorschrift müssen andere Personen oder Stellen, denen Sozialdaten nach den Grundsätzen der §§ 67 ff SGB X übermittelt worden sind, das Sozialgeheimnis wahren. Hat demnach ein freier Träger Daten von einem öffentlich-rechtlichen Leistungsträger erhalten, rückt er kraft Gesetzes in dessen datenschutzrechtliche Stellung ein.

Im Kinder- und Jugendhilfegesetz ist eine weiterreichende Regelung vorhanden. Nach § 61 Abs. 4 KJHG gilt das Folgende: Werden Einrichtungen und Dienste der Träger der freien Jugendhilfe in Anspruch genommen, so ist über § 78 SGB X hinaus sicherzustellen, dass der Schutz personenbezogener Daten – wie bei dem Träger der öffentlichen Jugendhilfe selbst – gewährleistet ist. Der öffentliche Träger muss garantieren, dass der Datenschutz eingehalten wird, wenn er Aufgaben der Jugendhilfe durch freie Träger besorgen lässt.

Neben diesem – gleichsam in den Privatbereich hineinwirkenden öffentlichrechtlichen Datenschutz – gilt bei den kirchlichen Trägern der kirchliche Datenschutz und bei den anderen privaten Trägern oder privaten Leistungsanbietern ein vertraglicher Datenschutz.

6 Zeugnisverweigerungsrechte

Aus der strafrechtlich gebotenen Schweigepflicht ergibt sich nun aber keineswegs automatisch ein *Zeugnisverweigerungsrecht*, also ein Recht, vor Gerichten das Zeugnis zu verweigern. Ein solches Recht muss vielmehr ausdrücklich in den jeweiligen Prozessordnungen verankert sein.

In den Verfahren vor den Zivilgerichten und verwandten Prozessgebieten wird einem Teil der beratenden Berufe nunmehr ein Zeugnisverweigerungsrecht eingeräumt. Nach § 383 Abs. 1 Nr. 6 ZPO sind zur Zeugnisverweigerung diejenigen berechtigt, denen kraft ihres Amtes, Standes oder Gewerbes Tatsachen anvertraut sind, deren Geheimhaltung durch ihre Natur oder durch gesetzliche Vorschriften geboten ist. Das bedeutet, dass jedenfalls staatlich anerkannte Sozialpädagogen und Sozialarbeiter in Zivilprozessen, Ehe- und Kindschaftssachen, Sozial- und Arbeitsgerichtsverfahren sowie Verwaltungsprozessen ein Zeugnisverweigerungsrecht haben, soweit von ihnen Informationen, die mit ihrer Berufsausübung im Zusammenhang stehen, erfragt werden sollen. Eine Sozialpädagogin, die eine Familie beraten hatte, sollte als Zeugin vernommen werden. Das OLG Hamm hat 1991 entschieden, dass keine überzeugenden Gründe dafür bestehen, das zu einer Sozialpädagogin bestehende Vertrauensverhältnis generell von dem Schutz durch das zivilrechtliche Zeugnisverweigerungsrecht auszunehmen. „Der Wertungswiderspruch zwischen dem Schutz des Bankgeheimnisses einerseits und dem im Regelfall vorwiegend die private Lebensführung und die Intimsphäre betreffenden Vertrauensbereich zwischen einem Sozialarbeiter bzw. Sozialpädagogen und dem jeweiligen Klienten, der ohne Schutz durch das Zeugnisverweigerungsrecht bliebe, wäre unverkennbar" (OLG Hamm, FamRZ, 1992, 201).

Das *strafprozessuale Zeugnisverweigerungsrecht* ist enger und steht im Prinzip nur den in § 53 Strafprozessordnung (StPO) genannten Personen zu. Ein erhebliches Manko für einen Teil der beratenden Berufe ist die Tatsache, dass die Berater u.U. vor den Strafgerichten noch als Zeugen zum Nachteil ihrer Klienten aussagen müssen. Das Recht in einem Strafverfahren, die Aussage zu verweigern, räumt § 53 StPO im Wesentlichen nur den Geistlichen, den Ärzten, den Anwältinnen und steuerberatenden Berufen ein.

Fachkräften aus dem Bereich der psycho-sozialen Beratung und der Therapie wird durch das Gesetz nur in einigen Berufsfeldern ein Zeugnisverweigerungsrecht zugestanden. Nach § 53 Abs. 1, Ziffer 3b StPO haben Berater für Fragen der Betäubungsmittelabhängigkeit in einer Drogenberatungsstelle, die eine Behörde oder eine Körperschaft, Anstalt oder Stiftung des öffentlichen Rechts anerkannt oder bei sich eingerichtet hat, ein Zeugnisverweigerungsrecht. Ein strafrechtliches Zeugnisverweigerungsrecht aus beruflichen Gründen nach § 53 Abs. 1, Ziffer 3a StPO haben ebenfalls Mitglieder oder Beauftragte einer anerkannten Beratungsstelle nach dem Schwangerschaftskonfliktgesetz. Seit Inkrafttreten des Psychotherapeutengesetzes gehören zu den Berufen, die das Zeugnis verweigern dürfen, auch die Psychologischen Psychotherapeuten sowie die Kinder- und Jugendlichenpsychotherapeuten.

Diese Eingrenzung des Kreises der Zeugnisverweigerungsberechtigten, vor allen Dingen der Ausschluss derjenigen, die nach § 203 StGB schweigepflichtig sind, wird seit langem kritisiert. Vorschläge, eine Übereinstimmung des Strafgesetzbuches mit der Strafprozessordnung durch die Zuerkennung eines Zeugnisverweigerungsrechtes für alle Schweigepflichtigen herzustellen, wurden nicht realisiert. Bislang ist die Rechtslage noch so, dass nur ausnahmsweise Beraterinnen ein Zeugnisverweigerungsrecht in strafrechtlichen Verfahren besitzen. Dieser Umstand ist für viele Beratungsverhältnisse bedrohlich, da er geeignet ist, das Vertrauensverhältnis zu den Klienten zu untergraben. In vielfältigen Beratungssituationen ist der Schutz des Vertrauensverhältnisses geradezu konstitutiv für den Erfolg der Beratung. Der Ausschluss der im psycho-sozialen Bereich beratenden Berufe aus dem Kreis der Zeugnisverweigerungsberechtigten ist nicht mehr zu vertreten.

Das hat auch das LG Freiburg erkannt. Ganz ähnlich wie das Bundesverfassungsgericht in den 70er Jahren ein Zeugnisverweigerungsrecht für Drogenberater unmittelbar aus der Verfassung herleitete, hat 1996 das Landgericht einer Psychologin, die in einer Anlaufstelle für sexuell missbrauchte Frauen tätig ist, ein solches Recht eingeräumt. Auch bei Anlaufstellen für die Opfer von Sexualdelikten besteht „ein – im Sozialstaatsprinzip angelegtes – Interesse der Allgemeinheit an ihrer wirksamen Arbeit. Die Diskussion über die oft lebenslangen einschneidenden psychischen und psychosomatischen Folgen von Sexualstraftaten – insbesondere wenn sie an Kindern begangen wurden – für die Opfer zeigt die Notwendigkeit therapeutischer Beratungsstellen im Rahmen der allgemeinen Gesundheitsfürsorge. Auch wenn die Opfer von Sexualstraftaten nicht wie die Betäubungsmittelabhängigen Gefahr laufen, im therapeutischen Gespräch über eigene Straftaten berichten zu müssen, so steht auch bei diesen Einrichtungen die Vertraulichkeit und deren Zusicherung als unabdingbare Voraussetzung für die therapeutische Arbeit jedenfalls solange außer Frage, als sich das Opfer nicht selbst zu einem strafgerichtlichen Vorgehen gegen den Täter entschließt“ (LG Freiburg, NJW, 1997, 813 f). Diese Entscheidung hat deutlich gemacht, wie überfällig ein allgemeines Zeugnisverweigerungsrecht für beratende Berufe auch im Strafverfahren ist.

7 Fazit

Rechtsansprüche, d.h. die Verdrängung der relativen Beliebigkeit der Nächstenliebe durch Rechtssicherheit, Schadensersatzleistungen bei fehlerhafter Beratung und die Garantie der Vertraulichkeit in Beratungsprozessen sind im Interesse der Klienten aber ebenso auch der Beraterinnen ausgebaut worden. Die Einwände, juristische Regulierungen seien kontraproduktiv und für beraterische Tätigkeiten sinnlos, sind wenig überzeugend und nicht stichhaltig. Es wird vergessen, dass mit der Verrechtlichung vor allem erwartbare Leistungen aber auch fachliche und methodische Standards im Beratungssektor durchsetzbar sind.

Allerdings wird es darauf ankommen, diese gleichsam externen rechtlichen Kontrollen durch fachliche und methodische Qualitätsstandards (vgl. Vogel i.Bd.2), die von den beratenden Professionen selbst definiert werden müssen, teils zu ergänzen oder zu ersetzen. Dieser Qualitätsdebatte müssen sich die beratenden Berufe in aller Ernsthaftigkeit stellen, da anderenfalls die Interpretationshoheit bei fachfremden Disziplinen verbleibt.

Literatur

Arbeitsgemeinschaft für Jugendhilfe (1999). Reform des Kindschaftsrechts, Stellungnahme der AGJ zu den Konsequenzen für die Jugendhilfe. In *Zentralblatt für Jugendrecht*, 134–136.

Barabas, F. (2003). *Beratungsrecht* (2. Aufl.). Frankfurt a.M.: Fachhochschulverlag Frankfurt am Main.

Bundeskonferenz für Erziehungsberatung e.V. (1997). *Rechtsfragen in der Beratung*. Fürth.

Bundesminister für Familie und Senioren (Hrsg.). (1993). *Familie und Beratung. Gutachten des Wissenschaftlichen Beirats für Familienfragen beim Bundesministerium für Familie und Senioren*. Stuttgart/Berlin/Köln: Kohlhammer.

Fieseler, G. & Schleicher, H. (2000). *Kinder- und Jugendhilferecht. Gemeinschaftskommentar zum SGB VIII*. Neuwied/Kriftel: Luchterhand.

Kurz-Adam, M. (1998). Modernisierung durch Recht. In *Recht der Jugend und des Bildungswesens*, 426–435.

Maas, U. (1998). Beratung nach § 14 SGB I im Bereich der Jugendhilfe. In *Recht der Jugend und des Bildungswesens*, 406–418.

Menne, K. (Hrsg.). (1998). *Qualität in Beratung und Therapie*. Weinheim/München: Juventa.

Wiesner, R., Mörsberger, T., Oberloskamp, H. & Struck, J. (2000). *Kommentar zum SGB VIII, Kinder und Jugendhilfe* (2. Aufl.). München: Beck.

Abkürzungen

BayOblG	Bayerisches Oberstes Landesgericht
BGB	Bürgerliches Gesetzbuch
BGH	Bundesgerichtshof
BSHG	Bundessozialhilfegesetz
FamRZ	Zeitschrift für das gesamte Familienrecht
KJHG	Kinder- und Jugendhilfegesetz
LG	Landgericht
NJW	Neue juristische Wochenschrift
OLG	Oberlandesgericht
SGB	Sozialgesetzbuch
StGB	Strafgesetzbuch
StPO	Strafprozessordnung
ZfJ	Zentralblatt für Jungendrecht
ZPO	Zivilprozessordnung

Prof. Dr. Friedrich Barabas ist Jurist und Professor für Recht an der Fachhochschule Frankfurt am Main im Fachbereich Sozialpädagogik. Seine Arbeitsschwerpunkte sind Beratungs-, Familien- und Jugendhilferecht.

Anschrift:
Fachhochschule Frankfurt am Main
Fachbereich Sozialpädagogik
Baustr. 7
D-60322 Frankfurt am Main

Vorwort und Einleitung
Beratungs-disziplinen
Geschlecht und Beratung
Alter und Beratung
Kultur und Beratung
Beratung und soziale Systeme
Perspektiven der Beratung

Wirtschaftswissenschaften und Beratung

Albrecht Becker

Die Disziplin Wirtschaftswissenschaften wird im deutschsprachigen Raum institutionell in die beiden Teildisziplinen Betriebswirtschaftslehre und Volkswirtschaftslehre differenziert. Die Betriebswirtschaftslehre befasst sich im weitesten Sinne mit dem Funktionieren und dem Management von Unternehmen und anderen Organisationen, beispielsweise Verwaltungen und Non-Profit-Organisationen. Entsprechend konzentriert sie sich im Bereich der Beratung und Beratungsforschung systematisch auf Unternehmensberatung. Die Volkswirtschaftslehre, deren Gegenstand ganze Volkswirtschaften sind, findet ihr beratungsbezogenes Anwendungsfeld klassischer Weise in der Politikberatung. Eine systematische Auseinandersetzung mit dem Beratungsprozess findet hingegen nicht statt. Die folgenden Ausführungen beziehen sich daher auf die betriebswirtschaftliche Beratungsforschung und stellen deren wichtigsten Ansätze vor. Im Kern lassen sich vier Ansätze unterscheiden: die rationalistisch-normative, klassisch-betriebswirtschaftliche Beratungsforschung; auf der Transaktionskosten- und der Pricipal/Agent-Theorie beruhende institutionenökonomische Ansätze; die Organisationsentwicklung sowie die systemische Unternehmensberatung. Sie werden im Abschnitt „Unternehmensberatung als Gegenstand der Betriebswirtschaftslehre“ diskutiert. Anschließend wird auf die kritische Beratungsforschung eingegangen. Sie nimmt in der Betriebswirtschaftslehre zwar nur eine Randstellung ein, trägt jedoch Entscheidendes zum Verständnis der Funktion von Unternehmensberatung bei. Zuvor ist allerdings ein kurzer Überblick über die Bedeutung der akademischen Disziplin Betriebswirtschaftslehre für die Praxis der Unternehmensberatung sinnvoll.

1 Betriebswirtschaftslehre und Unternehmensberatung

Unternehmensberatung ist nicht nur Gegenstand betriebswirtschaftlicher Forschung, sondern die Betriebswirtschaftslehre hat umgekehrt auch erhebliche Bedeutung für die Beratungspraxis. Zunächst einmal sind Unternehmensberatungen wichtige Abnehmer von Absolventen/innen betriebswirtschaftlicher Studiengänge. Da der Markt für Unternehmensberatung noch immer wächst, besteht bei den Beratungsunternehmen ein ständiger Personalbedarf, der bevorzugt aus Absolventen/innen wirtschaftswissenschaftlicher Studiengänge gedeckt wird. Unternehmensberatungen sind an vielen wirtschaftswissenschaftlichen Fachbereichen präsent und werben aktiv um Bewerber/innen.

Für die Absolventen/innen sind Unternehmensberatungen in der Regel interessante Arbeitgeber. Erstens ist das Gehaltsniveau vergleichsweise hoch und zweitens ermöglicht die Beratungstätigkeit gerade Diplom-Kaufleuten mit noch geringer Praxiserfahrung, unterschiedliche Unternehmen und Branchen kennen zu lernen. Allerdings ist die Arbeitsbelastung in den Beratungsgesellschaften zumeist überdurchschnittlich hoch. Dies gilt gerade für Einsteiger/innen. Auch sind die persönlichen Einflussmöglichkeiten besonders in den großen und renommierten Beratungsunternehmen äußerst gering; nicht selten verkaufen diese Standardlösungen, die nur minimal an die Spezifika der Klientenorganisation angepasst und implementiert werden. Berufsanfänger/innen werden, so hört man immer wieder, häufig „verheizt". Andererseits sind die weiteren Karrierechancen bei einem Wechsel in ein anderes Unternehmen durchaus gut.

Unternehmensberatungen sind ein zentrales Anwendungsfeld für betriebswirtschaftliche Theorien und Modelle. Eine gesellschaftliche Funktion von Unternehmensberatung besteht im Transfer wissenschaftlicher Erkenntnisse in die Unternehmenspraxis. Dies geschieht sowohl durch Personaltransfer, als auch durch die Rezeption des wissenschaftlichen Diskurses durch Unternehmensberater. Während im deutschsprachigen Raum die Grenze zwischen Beratung und Wissenschaft recht deutlich gezogen wird, ist sie in den angelsächsischen Ländern, insbesondere in den USA, sehr viel durchlässiger. Bei zentralen Managementmoden der letzten Jahre – beispielsweise Business Process Reengineering, Balanced Scorecard, Six Sigma – ist die Grenze zwischen Beratungstätigkeit und wissenschaftlichen Aktivitäten der maßgeblichen Autoren kaum noch deutlich zu ziehen. Insbesondere für die deutschsprachige Betriebswirtschaftslehre kann daraus ein Legitimationsproblem entstehen (wenn es nicht bereits existiert): Wichtige Anstöße für die Managementpraxis gehen nicht von der akademischen Disziplin Betriebswirtschaftslehre aus, sondern eher von Unternehmensberatern. Gerade für eine anwendungsorientierte Disziplin wie die Betriebswirtschaftslehre spielt aber ein Mindestmaß an Praxisrelevanz eine große Rolle für ihre gesellschaftliche Legitimität. Dabei ist es zunächst einmal unerheblich, ob die beratungsnahen oder die wissenschaftsnahen Konzepte „besser", „zutreffender" oder „viabler" (Glasersfeld, 1987) sind.

Neben Beratungsunternehmen agieren eine ganze Reihe von Professoren/innen der Betriebswirtschaftslehre als Berater/innen. Teilweise haben sie eigene Beratungsgesellschaften gegründet, teilweise gibt es punktuelle Beratungs- und Weiterbildungsangebote auf Honorarbasis.

2 Unternehmensberatung als Gegenstand der Betriebswirtschaftslehre

Obwohl Unternehmensberatungen ein zentrales Anwendungsfeld betriebswirtschaftlicher Erkenntnisse und bedeutsame Abnehmer ausgebildeter Diplom-Kaufleute sind, hat sich die akademische Betriebswirtschaftslehre überraschend wenig mit dem Phänomen Unternehmensberatung befasst. Das ist zumindest teilweise darauf zurückzuführen, dass sich die Betriebswirtschaftslehre klassischer Weise stärker für die (normative) Entwicklung von Modellen interessiert hat, als für deren (empirisch zu erforschende) Implementation in der Unternehmenspraxis. Der Beratungsprozess als Prozess der Implementation von Lösungen steht nicht im Fokus. Allerdings steigt in den letzten Jahren das Interesse der Betriebswirtschaftslehre an der Unternehmensberatung. Ursachen sind die zunehmende Bedeutung von Dienstleistungstätigkeiten – wie Unternehmensberatung – und eine veränderte Perspektive auf Dienstleistungen.

Dienstleistungen werden in moderner betriebswirtschaftlicher Perspektive als integrative Leistungsprozesse verstanden. Das bedeutet, dass die Erstellung von Dienstleistungen ein hohes Maß an Integration externer Faktoren erfordert. Die Leistung einer Unternehmensberatung ist nicht nur von ihr selbst – bzw. den internen Faktoren – abhängig, sondern in starkem Maße von der Kooperation der Klientenorganisation. Damit wird die Aufmerksamkeit auf den Prozess der Unternehmensberatung und die Interaktion zwischen (Mitgliedern der) Beratungs- und Klientenorganisation gelenkt. Es besteht allerdings weiterhin ein deutliches Defizit an empirischer Erforschung des Prozesses der Unternehmensberatung.

Klassisch-betriebswirtschaftliche Ansätze der Beratungsforschung
Klassisch-betriebswirtschaftliche Ansätze betrachten Unternehmensberatung im Kern als sachlich-rationalen Problemlösungsprozess. Exemplarisch sei auf die Definition von Hoffmann (1991, S. 40) verwiesen: „Unter Unternehmensberatung verstehen wir eine von einem unabhängigen, eigenverantwortlichen, professionellen Berater individuell für die Klientenorganisation marktmäßig erbrachte Dienstleistung, welche darauf ausgerichtet ist, in einem interaktiven Prozess gemeinsam mit dem Klienten ein Lösungskonzept für eine komplexe betriebswirtschaftliche Problemstellung zu erarbeiten und auf Wunsch auch dessen Implementierung zu unterstützen". Die Vertreter eines klassisch-betriebswirtschaftlichen Ansatzes der Beratungsforschung sehen dabei, dass sich Unternehmensberatung für das konsultierende Unternehmen nicht auf die reine Problemlösungsfunktion beschränkt. Es werden hier beispielsweise „Prestigemehrung", „Anwaltschaft für eine Partei" oder eine „Alibifunktion" (Grün, 1984) genannt. Sie werden in der einschlägigen Literatur allerdings entweder explizit aus der Behandlung ausgeklammert oder als im Grunde illegitim behandelt. Die klassisch-betriebswirtschaftliche Beratungsforschung orientiert sich normativ am Ideal von Unternehmensberatung als sach-rationalem Problemlösungsprozess; andere Funktionen werden als Pathologie behandelt. Dies wird beispielsweise daran deutlich, dass die „Beratungsreife" der Klientenorganisation als wichtiger Erfolgsfaktor betrachtet wird. Sie zeige sich u.a. darin, dass

ausschließlich die Problemlösungsfunktion Motiv für die Beratung ist (Hoffmann, 1991, S. 182).

Ein typisches Effizienzmodell von Unternehmensberatung stammt von Hoffmann (1991). Nach diesem Modell ist eine Beratung dann effizient, wenn ein *fit* zwischen Kliententyp und Beraterrolle besteht. Anhand der jeweils dichotomisierten Dimensionen „Problemdruck" und „Bereitschaft zu Lernen und Wandel" werden vier Kliententypen unterschieden: Der Typ „Krisenbewältiger" ist hohem Problemdruck ausgesetzt und zeichnet sich durch eine hohe Lernbereitschaft aus; der Typ „Kooperativer Problemlöser" ist hoch lernbereit bei geringem Problemdruck und nimmt Beratung eher antizipativ in Anspruch. Diese beiden Typen weisen die bereits angesprochene Beratungsreife auf. Durch geringe Lernbereitschaft zeichnen sich hingegen die beiden anderen Kliententypen aus: „Getriebener" bei hohem, „Imagepfleger" bei geringem Problemdruck. Beraterrollen werden in dem Modell nach den Dimensionen „Fach- vs. Prozessberatung" und „direktives vs. nicht-direktives Beraterverhalten" klassifiziert. Idealtypische Ausprägungen (mit einer Reihe hier nicht weiter zu diskutierender Mischformen) sind: Realisator (direktive Fachberatung), Prozesspromotor (direktive Prozessberatung), Gutachter (nicht-direktive Fachberatung) und Coach (nicht-direktive Prozessberatung). Tendenziell, so wird argumentiert, ist bei hoher Lernbereitschaft ein nicht-direktives, bei geringer Lernbereitschaft ein direktives Beraterverhalten effizient (Grün, 1984). Bei hohem Problemdruck werde eher eine Fachberatung, bei geringem Problemdruck eine Prozessberatung erfolgreich sein.

Diese Herangehensweise der klassisch-betriebswirtschaftlichen Beratungsforschung ist in mehrfacher Hinsicht problematisch. Zunächst besteht keine Einigkeit darüber, wie der Erfolg bzw. die Effizienz der Beratung bestimmt werden kann. Legt man ökonomische Kennzahlen zu Grunde, besteht das Problem der (anteiligen) Zurechnung des Ergebnisses auf einen bestimmten Beratungsprozess. Legt man die formal abgeschlossene Implementation einer Lösung zu Grunde, so muss unterstellt werden, dass die vom Unternehmensberater erarbeitete Lösung sachlich angemessen ist. Dies ist aber ebenfalls problematisch, weil unklar bleibt, wer die Angemessenheit der Lösung beurteilt. Häufig bestehen innerhalb der Klientenorganisation erhebliche Konflikte darüber, was in einer Problemsituation als adäquate Problemlösung zu betrachten ist. Implizit schlagen sich die Vertreter der klassisch-betriebswirtschaftlichen Ansätze auf die Seite der Auftrag gebenden Stellen im beratenen Unternehmen, in der Regel das obere Management. Nur unter der Voraussetzung, dass die Lösung des Unternehmensberaters, die in aller Regel mit den Interessen des oberen Managements konform geht, korrekt ist, kann Nicht-Kooperation und Widerstand als pathologisch oder illegitim gekennzeichnet werden. Empirische Studien über Innovations- und Reorganisationsprozesse zeigen aber deutlich, dass es erstens unklar sein kann, was eine angemessene Lösung ist, dass zweitens Interessenkonflikte in solchen Prozessen eher der Normal- als der Ausnahmefall sind und dass drittens die normalerweise erfolgende Personalisierung von Widerständen zu kurz greift, weil Interessenkonflikte zumeist auf strukturellen Widersprüchen beruhen.

Ökonomische Ansätze der Beratungsforschung

Ökonomische Ansätze der betriebswirtschaftlichen Beratungsforschung basieren auf Ansätzen der so genannten Neuen Institutionenökonomie, insbesondere dem

Transaktionskostenansatz und der Pricipal/Agent-Theorie (vgl. für einen Überblick über die Institutionenökonomie Ebers & Gotsch, 1999). Die Transaktionskostentheorie geht davon aus, dass die Abwicklung ökonomischer Transaktionen – etwa die Wahrnehmung einer Beraterleistung – nicht kostenlos sind. Transaktionskosten als Kosten der Abwicklung und Organisation von ökonomischen Transaktionen sind damit Vereinbarungskosten des Vertragsabschlusses (Informations-, Verhandlungs- und Vertragskosten) sowie Kosten der Überwachung, Durchsetzung und ggf. Anpassung von Verträgen. Sind die Transaktionskosten der Eigenerstellung einer Leistung geringer als die des Zukaufs, so wird ein Unternehmen die Leistung selbst erbringen; sind sie höher, wird das Unternehmen die Leistung von einem Fremdanbieter beziehen. Transaktionskosten sind damit Bestimmungsgrößen für Make-or-Buy-Entscheidungen. Im Falle der Unternehmensberatung ist die in Frage stehende Leistung eine Problemlösung, die intern erarbeitet oder von einem Berater erworben werden kann.

Drei Charakteristika von Transaktionen bestimmen die Höhe der Transaktionskosten: die Spezifität der Leistung, ihre Unsicherheit und ihre Häufigkeit. Bei hoher Spezifität der nachgefragten Beratungsleistung in Hinblick auf klientenspezifische Besonderheiten sind die Transaktionskosten der Eigenerstellung der Leistung tendenziell geringer als die der Einschaltung eines Unternehmensberaters, weil insbesondere eine aufwendige Kontrolle durch die Klientenorganisation notwendig ist. Zudem entstehen der Unternehmensberatung gegebenenfalls höhere Kosten durch die Einarbeitung in die spezifischen Probleme, sodass auch die Produktionskosten tendenziell steigen. Je größer die Unsicherheit über die Qualität der Beratungsleistung, desto höher werden die Transaktionskosten der Einschaltung einer Unternehmensberatung sein. Wenn es für einen Problembereich beispielsweise kein ausgewiesenes Beratungsinstitut gibt, wird die Klientenorganisation die Problemlösung eher selbst erarbeiten. Je häufiger schließlich bestimmte Beratungsleistungen nachgefragt werden, desto eher sind die Transaktionskosten des Fremdbezugs geringer als die der Eigenerstellung; zudem werden die Produktionskosten der Unternehmensberatung bei standardisierbaren Problemlösungen geringer sein. Ein Hauptproblem der Transaktionskostentheorie besteht darin, dass es bislang nicht gelungen ist, die Transaktionskosten zu operationalisieren.

Überlegungen auf Basis der Pricipal/Agent-Theorie gehen zunächst von der bereits angesprochenen Bestimmung von Unternehmensberatung als Dienstleistung mit dem Merkmal der Integration des externen Faktors aus. Das Gut Unternehmensberatung bzw. die Problemlösung als Ergebnis des Beratungsprozesses entsteht erst in der Kooperation zwischen Anbieter und Abnehmer. Die Klientenorganisation kauft also ein Leistungsversprechen. Spezifische, komplexe und hochwertige Leistungen, die in der Kooperation zwischen Anbieter und Abnehmer entstehen, werden Kontraktgüter genannt. Aus diesem Charakter von Unternehmensberatung als Kontraktgut lässt sich eine wechselseitige Intransparenz der Beziehung zwischen Unternehmensberater (Agent) und Klientenorganisation (Pricipal) ableiten. Für die Klientenorganisation ist das Gut „Unternehmensberatung" nicht *ex ante* wahrzunehmen und zu beurteilen. Vertrauenseigenschaften spielen daher eine große Rolle und Klienten orientieren sich bei der Wahl einer Beratungsorganisation zu einem großen Teil an deren Reputation. Für Unternehmensberatungen ist daher die Reputation eine zentrale Ressource bei der Akquisition von Kunden. Die Reputation wird nun aber nicht von der Beratungsorganisation allein kontrolliert, sondern hängt von erfolgreich realisierten Projekten ab – und damit von einer funktionierenden Kooperation mit der Klientenorganisation. Einschlägige betriebswirtschaftliche Veröffentlichungen beschäftigen sich nun mit dem Marketing von Unternehmensberatungen; ein solches Kontraktgütermarketing von Beratungsfirmen umfasst im Prinzip die komplette Organisation der Beziehungen mit der Klientenorganisation (Schade & Schott, 1993).

Aus agency-theoretischer Perspektive stellt die asymmetrische Informationsverteilung zwischen Beratungs- und Klientenorganisation ein zentrales Problem für das Marketing von Beratungsunternehmen dar. Die Klientenorganisation verfügt in der Regel über einen Informationsvorsprung bezüglich der zu bearbeitenden Problemsituation. Das Beratungsunternehmen muss daher Anreize bereitstellen, dass die Klientenorganisation ausreichende und korrekte Information über die Problemsituation liefert (vor Vertragabschluss) und dass sie während der Beratung (nach Vertragabschluss) den externen Produktionsfaktor Information zur Verfügung stellt. Gleichzeitig besteht das Problem, dass das Beratungsunternehmen vor Vertragsabschluss ausreichend Information zur Verfügung stellen muss, um seine Kompetenzen zu signalisieren, dass es gleichzeitig aber auch darauf achten muss, nicht zu viel zu offenbaren, weil dann die Klientenorganisation das Wissen der Unternehmensberatung ohne Vertragsabschluss und Bezahlung nutzen kann. Ein weiteres Marketingproblem besteht in der Produkt- und Potenzialpolitik. Unternehmensberatungen sind in der Regel an der Problemdiagnose beteiligt. Sie können dabei ein gezieltes „Management der Problemdefinition" (Schade & Schott, 1993) betreiben und Probleme in den eigenen Kompetenzbereich „hineindefinieren". Weitere Überlegungen zum Marketing von Unternehmensberatungen betreffen den Aufbau von Vertrauen, das Vertrags- und Risikomanagement sowie die Bindung an den Kunden durch spezifische Investitionen in die Geschäftsbeziehung (vgl. für einen Überblick Schade & Schott, 1993).

Die institutionenökonomische Betrachtung zeichnet ein differenzierteres Bild von Unternehmensberatung als die klassisch-betriebswirtschaftlichen Ansätze. Gerade die Überlegungen zum „Management der Problemdefinition" weisen dabei aber über die auch hier zu Grunde gelegte Konzentration auf die Problemlösungsfunktion von Unternehmensberatung hinaus. Denn implizit bedeutet die Verhandelbarkeit der Problemdefinition, dass die Frage, was das zu bearbeitende sachliche Problem ist, nicht objektiv gegeben, sondern von Interessenkonstellationen und Interaktionen abhängig ist. Verhandlungsprozesse und mögliche weitere Funktionen von Unternehmensberatung – neben der Problemlösung – werden allerdings von den ökonomischen Ansätzen nicht reflektiert.

Organisationsentwicklung

Der Beratungsansatz der Organisationsentwicklung (vgl. Fatzer i.d.Bd.) wird hauptsächlich in der verhaltenswissenschaftlich orientierten Betriebswirtschaftslehre rezipiert (vgl. für einen Überblick Wohlgemuth, 1991). Organisationsentwicklung ist eine auf dem soziotechnischen Systemansatz basierende, beratergestützte Interventionsstrategie, die sowohl die Entfaltungsmöglichkeiten der Organisationsmitglieder als auch die organisationale Anpassungs-, Wandel- und Leistungsfähigkeit erhöhen soll. Der Berater soll als *change agent* organisationale Wandelprozesse anstoßen und begleiten und dabei eher prozessorientiert beraten als fertige Lösungen präsentieren. Die Vertreter der Organisationsentwicklung orientieren sich konzeptionell an Lewins dreistufigem Gleichgewichtsmodell des „Auftauen – Verändern – Stabilisieren".

Problematisch ist das grundlegende Verständnis organisationalen Wandels (vgl. zur Kritik Schreyögg & Noss, 1995). Der Organisationsentwicklungsansatz geht nämlich davon aus, dass die Stabilität der Organisation der Normalfall sei und Veränderung bzw. Wandel einen periodisch wiederkehrenden Sonderfall darstelle. Aus dem Verständnis von Stabilität als Normalfall folgt dann in der Konzeption der Organisationsentwicklung, dass Wandel als fest umschriebenes und zeitlich deutlich abgrenzbares Phänomen konzipiert wird. Wandel wird zur Spezialistensache der Organisationsentwickler erklärt und das Management und die Beschäftigten werden tendenziell entmündigt. Dieses Gleichgewichtsmodell entspricht zudem nicht mehr dem *state of the art* organisationstheoretischer Erkenntnis. Im Gegenteil geht man heute davon aus, dass Stabilität und Gleichgewicht den Sonderfall und Veränderung und Lernen die Regel darstellen (Schreyögg & Noss, 1995).

Systemische Unternehmensberatung

Die Rezeption der neueren Systemtheorie in der Betriebswirtschaftslehre findet auch in ihrer Beschäftigung mit Unternehmensberatung ihren Niederschlag: Das Konzept der systemischen Beratung (vgl. Brunner i.Bd.2) wird auch in der betriebswirtschaftlichen Beratungsforschung rezipiert (vgl. für einen Überblick Wimmer, 1995). In Anknüpfung an das Konzept der Autopoiese von Maturana und Varela und seiner Anwendung auf soziale Systeme (Luhmann, 1988) werden Organisationen als autopoietische Systeme verstanden. Dies verändert die Vorstellung von Unternehmensberatung grundlegend.

Autopoietische Systeme zeichnen sich dadurch aus, dass sie operativ geschlossen sind und die Elemente, aus denen sie bestehen, als Systemelemente selbst hervorbringen. Luhmann (1988, S. 168) definiert Organisationen als „Systeme, die aus Entscheidungen bestehen und die Entscheidungen, aus denen sie bestehen, durch die Entscheidungen, aus denen sie bestehen, selbst anfertigen". Operative Geschlossenheit bedeutet dabei, dass sich die Operationen des Systems Organisation auf andere Systemoperationen beziehen. So werden Umweltveränderungen und -einwirkungen in der Organisation stets durch die Interpretations- und Übersetzungsleistungen von Systemelementen vermittelt wahrgenommen, die dabei nur ihrer systemspezifischen Logik folgen können. Auf diese Weise entsteht Sinn als organisationaler Mechanismus der Komplexitätsreduktion und wird gleichzeitig reproduziert. Das System Organisation beobachtet sich selbst und seine Umwelt mittels systemspezifischer Unterscheidungen und kommuniziert in einem systemspezifischen Code.

Für den Prozess der Unternehmensberatung wirft diese Sichtweise ein zentrales Problem auf: Wenn beide, Klientenorganisation und Beratungsorganisation, autopoietische und operativ geschlossene Systeme sind, die mit je spezifischen Unterscheidungen und Codes operieren, wird die Kommunikation zwischen den Systemen problematisch. Wie können sich Berater und Beratene verständigen? Die systemorientierte Beratungsforschung argumentiert, dass Berater und Klient – also die miteinander interagierenden Mitglieder der Beratungs- und der Klientenorganisation – einen eigenen Interaktions- und Kommunikationszusammenhang konstituieren: das Beratungssystem. Beratung findet ausschließlich in diesem Beratungssystem statt, egal, ob es sich um erste Vorgespräche oder um Sitzungen eines gemeinsamen Projektteams handelt. Eine erste Konsequenz dieser Sichtweise besteht in der Einsicht, dass jede Interaktion zwischen Beratung und Klientenorganisation bereits eine Intervention ist. Des Weiteren hat die systemische Sichtweise Konsequenzen für die Konzeptualisierung der Leistungen der Berater und ihres Selbstverständnisses.

Zwar unterliegen Berater prinzipiell den gleichen Begrenzungen wie das beratene System, aber: „Berater können ... in ihrer Arbeit den Umstand nutzen, daß sie auf Grund ihrer Ausbildung, ihres Erfahrungshintergrundes, des Reflexions- und Diskussionszusammenhanges, in den sie eingebunden sind, daß sie also auf Grund ihrer spezifischen professionellen Merkmale anderen Begrenzungen unterliegen als ihre Klientensysteme" (Wimmer, 1995, S. 253). Sie können damit beobachten, wie das beratene System sich selbst und seine Umwelt beobachtet und seine Welt sozial konstruiert. Auf dieser Basis kann das Reflexionspotenzial des beratenen Systems erhöht werden: Eingespielte Interpretationen und Problemsichten können wahrgenommen und überprüft werden. Systemisch orientierte Organisationsberatung produziert also nicht Problemlösungen für von der Klientenorganisation definierte Probleme, sondern zielt auf die Erweiterung der Handlungs- und Erkenntnismöglichkeiten der Klientenorganisation. Systemisch orientierte Unternehmensberatung verfügt auch nicht über die „bessere" Problemlösung als die beratene Organisation. Vielmehr unterliegt sie den strukturell identischen Beschränkungen wie diese. Ihr spezifischer Problemlösungsbeitrag liegt daher in der Beobachtung zweiter Ordnung – in der Beobachtung, wie das beratene System beobachtet.

Ebenso wie der Organisationsentwicklungsansatz ist der systemorientierte Ansatz der Beratungsforschung primär ein normatives Konzept. Er formuliert Handlungsanweisungen für Unternehmens- und Organisationsberater, die unter der Annahme arbeiten, dass Organisationen autopoietische Systeme seien. Über solche Beratungsprozesse systemisch arbeitender Unternehmensberater existieren empirische Studien in der einschlägigen Literatur. Studien über Beratungsprozesse, die von nicht systemtheoretisch arbeitenden Beratern durchgeführt werden, existieren dort meines Wissens nicht. Erst sie könnten aber das deskriptive Erklärungspotenzial des systemtheoretischen Ansatzes demonstrieren.

Zusammenfassung

Die vorgestellten vier Hauptrichtungen der betriebswirtschaftlichen Beratungsforschung spiegeln vier generelle Ansätze der betriebswirtschaftlichen Forschung wider. Die klassisch-betriebswirtschaftliche Beratungsforschung orientiert sich an der klassischen, von Gutenberg geprägten Sichtweise des Unternehmens als ein produzierendes System. Dieses stark maschinenhafte Verständnis wird ergänzt durch Elemente eines situativen Ansatzes. Es wird nicht mehr von einem generellen, sondern von einem situationsadäquaten *one best way* der Beratung ausgegangen. Die ökonomischen Ansätze der Beratungsforschung beruhen auf der institutionenökonomisch orientierten Richtung der betriebswirtschaftlichen Forschung, während die Rezeption der Organisationsentwicklung auf die heute ebenfalls zum betriebswirtschaftlichen Mainstream zu zählende verhaltenswissenschaftliche Öffnung der Betriebswirtschaftslehre seit den 70er Jahren zurück geht. Die Rezeption der systemischen Beratungsforschung innerhalb der Betriebswirtschaftslehre basiert schließlich auf der Herausbildung einer systemtheoretisch orientierten Betriebswirtschaftslehre, die ihre Anfänge bereits in den 60er Jahren mit den Arbeiten Hans Ulrichs in St. Gallen nahm und sich in den 80er und 90er Jahren verstärkt der Theorie sozialer Systeme Luhmannscher Provenienz (1985) zuwandte.

Der klassisch-betriebswirtschaftliche, der Organisationsentwicklungs- und der systemtheoretische Ansatz sind eindeutig normativ orientiert. Ihr primäres Ziel ist die Anleitung und Verbesserung der Beratungspraxis. Dafür werden mehr oder weniger operationale Rezepte formuliert. Während die klassisch-betriebswirtschaftliche Richtung eher allgemein auf einen *fit* von Beraterverhalten und KlIententypus abhebt, formulieren Organisationsentwicklungs- und Systemansatz ausgefeilte Handlungskonzepte und Methodologien der Beratungspraxis. Die institutionenökonomische Beratungsforschung erhebt hingegen den Anspruch, deskriptiv zu arbeiten. Ihr Erklärungspotenzial ist jedoch durch zwei generelle Schwächen der ökonomischen organisationstheoretischen Ansätze eingeschränkt (Ebers & Gotsch, 1999): Das rationalistisch-opportunistische Menschenbild der institutionenökonomischen Theorien ist fragwürdig und eine zentrale Erklärungsvariable, nämlich die Transaktions- und Informationskosten, die im Beratungsprozess auftreten, ist nicht operational formuliert bzw. formulierbar.

Bei allen Unterschieden lässt sich aber eine Gemeinsamkeit der vier skizzierten Ansätze der Beratungsforschung konstatieren: Sie konzentrieren sich primär auf die Problemlösungsfunktion von Unternehmensberatung. Allerdings unterscheiden sie sich darin, was als Problem angesehen wird. Während der klassisch-betriebswirtschaftliche und der ökonomische Ansatz von Sachproblemen ausgehen, sind in der Perspektive des Organisationsentwicklungsansatzes eher die Wandlungsfähigkeit und die Organisation des Wandelprozesses die von der Beratung zu lösenden Probleme. In systemtheoretischer Perspektive geht es in noch allgemeinerer Weise um die Erhöhung der Lebensfähigkeit der Klientenorganisation. Bei dieser Konzentration auf die Problemlösungsfunktion von Unternehmensberatung gerät aus dem Blick, dass für die beratene Organisation die Einschaltung eines Beratungsunternehmens noch weitere Funktionen erfüllen kann, die in Konkurrenz zur Problemlösungsfunktion von Beratung treten können, aber nicht müssen. Aus klassisch-betriebswirtschaftlicher Perspektive spricht Grün (1984, S. 16) sichtlich abschätzig von „sonstige[n] Funktionen" der Unternehmensberatung: „Schubladisieren von Problemen", „Prestigemehrung" für Manager und „Anwaltschaft einer Partei". Dahinter verbergen sich aber – etwas analytischer formuliert – Aspekte der Interpretation, Legitimation und Macht, die in organisationstheoretischer Sicht konstitutiv für das Funktionieren von Organisationen sind. Eine neuere Richtung der Beratungsforschung, die ich kritische Beratungsforschung nennen werde, reflektiert nun die Rolle von Beratern in organisationalen Prozessen umfassender als es die referierten Ansätze tun.

3 Kritische Beratungsforschung

Die hier als „kritische Beratungsforschung" apostrophierte Forschungsrichtung nimmt innerhalb der etablierten Betriebswirtschaftslehre sicherlich eine Randposition ein. Im deutschsprachigen Raum hat sich Kieser (1998) am ausführlichsten mit Funktionen der Unternehmensberatung jenseits der Problemlösungsfunktion auseinander gesetzt. Die kritische Beratungsforschung ist zunächst einmal deskriptiv orientiert und interpretiert Beratungsprozesse vor dem Hintergrund organisationstheoretischer Erkenntnisse und Theorien. Zur Systematisierung und Integration unterschiedlicher Perspektiven innerhalb der Organisationstheorie hat sich die Theorie der Strukturation von Anthony Giddens bewährt. Die Prozesse in sozialen Systemen bzw. Organisationen lassen sich demnach als Zusammenspiel von drei Dimensionen des Sozialen beschreiben: Bedeutung, Legitimation und Macht. Entsprechend kann die Rolle externer Berater in organisationalen Prozessen anhand dieser drei Dimensionen beschrieben und analysiert werden (vgl. zum Folgenden Becker, in Vorbereitung). Berater sind (1) an der Interpretation der organisationalen Realität beteiligt; das Hinzuziehen von Beratern bzw. Beratungsunternehmen kann (2) die Legitimität der Organisation bzw. des Unternehmens erhöhen und Berater sind (3) Akteure in politischen Prozessen innerhalb der Organisation.

(1) Die soziale Realität bzw. das Geschehen in Organisationen und Unternehmen wird durch das Handeln von Akteuren hervorgebracht. Dieses Handeln orientiert sich allerdings nicht einfach an objektiven Fakten bzw. objektiv gegebenen Dingen, sondern an den Bedeutungen, die die Akteure Dingen, ihrem eigenen Tun und dem Handeln Anderer zuschreiben. Dabei ist es häufig keineswegs eindeutig, was bestimmte Phänomene bedeuten. Unternehmensberatungen werden gerade in Krisensituationen engagiert, die für die Klientenorganisation mehrdeutig sind. Die externe Unterstützung durch eine Unternehmensberatung ist in dieser Hinsicht zunächst einmal ein Interpretationsangebot. Konzepte von Unternehmensberatern – Business Process Reengineering, Total Quality Management, Six Sigma etc. – verwandeln Mehrdeutigkeit in Eindeutigkeit, indem sie Interpretationsmuster zur Verfügung stellen. Unternehmensberater verkaufen Interpretationsschemata; sie sind „merchants of meaning" (Czarniawska-Joerges, 1990, S. 137–150)). Solche Konzepte von Unternehmensberatungen treten zunächst neben die in der Klientenorganisation üblichen Interpretationsschemata. Sie erlauben der Klientenorganisation – genauer: bestimmten Akteuren in der Klientenorganisation -, ihre Situation in anderer oder neuer Weise zu interpretieren und zu analysieren. Nicht zuletzt dadurch wird organisationaler Wandel ermöglicht. Solche abweichenden Interpretationen der Situation kennzeichnen einen Vorteil, der externer Unternehmensberatung zugeschrieben wird: die Vermeidung von Betriebsblindheit.

(2) Die von Unternehmensberatern vertretenen Interpretationsschemata beinhalten gleichzeitig Leitbilder. Sie transportieren daher auch normative Vorstellungen. Durch das Leitbild wird der Raum „zulässiger" und „unzulässiger" Problemdefinitionen und -lösungen abgesteckt. Damit wird der Aspekt der Legitimität von Problemlösungen und organisationalen Verfahren berührt. Organisationen sind einem doppelten Einfluss ihrer Umwelt(en) ausgesetzt. Neben das Erfor-

dernis der Produktivität, das von den im vorangegangenen Abschnitt vorgestellten betriebswirtschaftlichen Ansätzen der Beratungsforschung thematisiert wird, tritt das Erfordernis der Legitimation gegenüber der Umwelt. Problemlösungen und Verfahren müssen mit gesellschaftlichen Wertvorstellungen vereinbar sein. Die hier einschlägige institutionalistische Organisationstheorie weist vor allem auf die Bedeutung der Norm der Rationalität hin. Von Organisationen, insbesondere Unternehmen, wird erwartet, dass sie ökonomisch und technisch rational agieren. Das ist allerdings häufig nicht möglich, weil keine Zeit zur Verfügung steht, um einen formal rationalen Entscheidungsprozess durchzuführen, weil die beteiligten Akteure nur über begrenzte Rationalität verfügen oder weil in mehrdeutigen Situationen prinzipiell unklar ist, was rational sein könnte. Daher benutzen Organisationen häufig formale Verfahren, um Rationalität gegenüber der Umwelt zu signalisieren, während die produktiven Prozesse nach anderen Regeln ablaufen; es wird eine rationale Fassade aufgebaut.

Unternehmensberatungen kommt in dieser Hinsicht eine doppelte Funktion zu. Erstens legitimiert sich das Unternehmen durch die Hinzuziehung von Unternehmensberatern gegenüber seiner Umwelt. Von einem guten Management wird erwartet, dass es bei schwierigen Problemen mit großer Sorgfalt, Umsicht und Rationalität vorgeht und dass es die besten und anerkanntesten Verfahren anwendet. Die Beratung durch Unternehmensberater signalisiert genau diese Vorgehensweise. Dabei steigt die Legitimität des Managements bzw. des Unternehmens tendenziell mit dem Grad der Modernität der angewandten Management- und Beratungskonzepte (oder ihrer Übereinstimmung mit der neuesten Managementmode). Die Bedingung dafür ist die gesellschaftliche Akzeptanz von Unternehmensberatung als legitimes Instrument der Unterstützung der Unternehmensführung – und nicht als Zeichen des Versagens des Managements. Zweitens kann die Legitimität einer Unternehmensberatung unternehmensintern dazu genutzt werden, Problemlösungen zu legitimieren und besser durchzusetzen. Die gesellschaftlich anerkannte Institution Unternehmensberatung bürgt quasi für die Angemessenheit einer Lösung und Widerstand gegen sie gilt als illegitim.

(3) Der Aspekt der Durchsetzung von Problemlösungen verweist auf die politische Funktion von Unternehmensberatung. Organisationen bzw. Unternehmen sind interessenpluralistische Gebilde, in denen Akteure oder Gruppen von Akteuren ihre jeweiligen Interessen verfolgen. Interessenkonflikte entstehen zumeist vor dem Hintergrund widersprüchlicher organisationaler Strukturen. Zentrale Konfliktlinien bestehen nicht nur zwischen Management und Beschäftigten bzw. ihrer Interessenvertretung, sondern ebenso innerhalb des Managements (und zwischen unterschiedlichen Gruppen von Beschäftigten). Das Machtpotenzial der einzelnen Akteure innerhalb der Organisation hängt dabei von ihrer Möglichkeit ab, auf die Zielerreichung Anderer einzuwirken. Unternehmensberater werden nun geradezu zwangsläufig zu einer Machtressource und damit zum „Anwalt einer Partei" (Grün, 1984), denn ein Unternehmensberater wird ja nicht von „der Unternehmung" engagiert, sondern von konkreten Akteuren – in der Regel dem oberen Management – mit konkreten Interessen gezielt und interessengeleitet ausgewählt. Unternehmensberater werden aber nicht nur in-

strumentalisiert, sondern sie lassen sich auch instrumentalisieren, weil dies ja in der Regel nicht gegen ihre eigenen Interessen geht. Unternehmensberater verkaufen Dienstleistungen. Da die Reputation die zentrale Ressource von Beratern für die Akquisition neuer Kunden ist, sind sie darauf angewiesen, von ihren Auftraggebern weiterempfohlen zu werden.

Damit treten neben die Problemlösungsfunktion der Unternehmensberatung ihre Interpretations-, Legitimations- und politische Funktion. Diese drei letztgenannten Funktionen widersprechen nun der Problemlösungsfunktion keinesfalls. Im Gegenteil gilt es in der Perspektive der kritischen Beratungsforschung herauszustellen, dass die Interpretations-, Legitimations- und Machtfunktionen der Unternehmensberatung nicht nur untrennbar mit der Problemlösungsfunktion verbunden sind, sondern dass eine Problemlösung ohne sie überhaupt nicht möglich wäre; Problemlösungen basieren selbst auf Interpretationsschemata, Normen und Machtmitteln. Sie reflektieren eine spezifische Sicht auf die Welt, die bestimmt, was als Problem wahrgenommen wird und was nicht. Sie reflektieren Normen darüber, wie eine erfolgreiche Organisation zu funktionieren hat. Sie reflektieren schließlich, welche Ressourcen Unternehmensberater und Klient haben, um in organisationale Prozesse einzugreifen.

Kritische Beratungsforschung hat das Potenzial, unterschiedliche Ansätze der Beratungsforschung innerhalb der Betriebswirtschaftslehre zu integrieren. Es ist aber nochmals deutlich herauszustellen, dass eine solche Perspektive in der akademischen Disziplin Betriebswirtschaftslehre eine Minderheitenposition ist, die noch um Anerkennung ringt. Ein wesentliches Motiv der Zurückweisung einer solchen Perspektive liegt sicherlich darin, dass auf der Basis einer solchen kritischen Forschung keine klaren Handlungsanweisungen und Rezepte formuliert werden können. Die Betriebswirtschaftslehre als anwendungsorientierte Wissenschaft legitimiert sich aber zu einem guten Teil über ihren Anspruch der Praxisrelevanz. Aus der Perspektive der kritischen Beratungsforschung wiederum kann allerdings Praxisrelevanz nicht als Formulierung von Rezepten und *one-best-way*-Lösungen verstanden werden, sondern als die Erarbeitung von *frameworks* und „Redeinstrumenten" (Osterloh & Grand, 1994) für die betriebliche bzw. organisationale Praxis. Wie Unternehmensberatung kann die Wissenschaft der Praxis die konkrete Anwendung ihrer Konzepte in ihren konkreten Handlungssituationen nicht abnehmen.

Literatur

Becker, A. *Funktionen der Unternehmensberatung.* In Vorbereitung.

Czarniawska-Joerges, B. (1990). Merchants of meaning: Managing consulting in the Swedish public sector. In B. Turner (Ed.), *Organizational Symbolism* (pp. 137–150). Berlin: de Gruyter.

Ebers, M. & Gotsch, W. (1999). Institutionenökonomische Theorien der Organisation. In A. Kieser (Hrsg.), *Organisationstheorien* (3. Aufl.) (S. 199–251). Stuttgart: Kohlhammer.

Glasersfeld, E.v. (1987). Die Begriffe der Anpassung und Viabilität in einer radikal konstruktivistischen Erkenntnistheorie. In E.v. Glasersfeld, *Wissen, Sprache und Wirklichkeit. Arbeiten zum radikalen Konstruktivismus* (S. 137–143). Braunschweig: Vieweg.

Grün, O. (1984). Die Gestaltung des Beratereinsatzes durch den Mandanten. In *Zeitschrift Führung & Organisation, 53*, 13–20.

Hoffmann, W.H. (1991). *Faktoren erfolgreicher Unternehmensberatung*. Wiesbaden: Deutscher Universitäts-Verlag.

Hummel, T.R. & Zander, E. (1998). *Erfolgsfaktor Unternehmensberatung: Auswahl, Zusammenarbeit, Kosten*. Köln: Wirtschaftsverlag Bachem.

Kieser, A. (1998). Immer mehr Geld für Unternehmensberatung – und wofür? In *Organisationsentwicklung, 17* (2), 63–69.

Luhmann, N. (1985). *Soziale Systeme: Grundriß einer allgemeinen Theorie* (2. Aufl.). Frankfurt a.M.: Suhrkamp.

Luhmann, N. (1988). Organisation. In W. Küpper & G. Ortmann (Hrsg.), *Mikropolitik: Rationalität, Macht und Spiele in Organisationen* (S. 165–185). Opladen: Westdeutscher Verlag.

Osterloh, M. & Grand, S. (1994). Modelling oder Mapping? Von Rede- und Schweigeinstrumenten in der betriebswirtschaftlichen Theoriebildung. In *Die Unternehmung, 48*, 277–294.

Schade, C. & Schott, E. (1993). Instrumente des Kontraktgütermarketing. In *Die Betriebswirtschaft, 53*, 491–511.

Schreyögg, G. & Noss. C. (1995). Organisatorischer Wandel: Von der Organisationsentwicklung zur lernenden Organisation. In *Die Betriebswirtschaft, 55*, 169–185.

Wimmer, R. (1995). Wozu benötigen wir Berater? – Ein aktueller Orientierungsversuch aus systemischer Sicht. In G. Walger (Hrsg.), *Formen der Unternehmensberatung: Systemische Unternehmensberatung, Organisationsentwicklung, Expertenberatung und gutachterliche Beratungstätigkeit in Theorie und Praxis* (S. 239–283). Köln: Verlag Dr. Otto Schmidt.

Wohlgemuth, A.C. (1991). *Das Beratungskonzept der Organisationsentwicklung: Neue Form der Unternehmensberatung auf Grundlage des sozio-technischen Systemansatzes* (3. Aufl.). Bern: Haupt.

Dr. Albrecht Becker ist Diplom-Sozialwissenschaftler und Privatdozent an der Freien Universität Berlin im Fachbereich Wirtschaftswissenschaften. Seine Arbeitsschwerpunkte sind Organisationstheorie, Organisationales Lernen und Wissensmanagement sowie Accounting & Control Systems.

Anschrift:
Freie Universität Berlin
Fachbereich Wirtschaftswissenschaften
Institut für Allgemeine Betriebswirtschaftslehre
Garystr. 21
D-14195 Berlin
E-Mail: abecker@zedat.fu-berlin.de

III Geschlecht und Beratung

Übersicht

Frauen und Beratung

Irmgard Vogt

1 Zur Bedeutung der Dimension Geschlecht

Das Geschlecht gehört zu den zentralen Dimensionen, an denen Männer und Frauen in allen Kulturen ihr Weltbild ausrichten. So gesehen differenzieren Menschen immer und ständig zwischen den Geschlechtern, ordnen zu und ordnen ein und ziehen daraus Schlüsse für künftiges Handeln. Geschlecht ist als Strukturkategorie (Becker-Schmid & Knapp, 1995) von grundlegender Bedeutung für die Wahrnehmung und die kognitive Verarbeitung der Welt, für die Identitätsbildung, für die Ausarbeitung eines Repertoires von Verhaltensmustern sowie von konkreten Interaktionsformen zur Bewältigung des Alltags. Unabhängig von Zeit und Kultur lassen sich Konstanten der Rollenzuordnungen feststellen: Männer sind pauschal betrachtet für die Produktion zuständig und Frauen für die Reproduktion. Die Rollenzuordnungen haben Konsequenzen auf allen Ebenen, den strukturellen ebenso wie den personalen. Wie die Geschlechterrollen konkret auszufüllen sind, wird dann im jeweiligen kulturellen Setting immer von neuem ausgehandelt (im Sinne von „doing gender"). So gesehen sind Geschlechterrollen nicht starr fixiert, sondern unterliegen in Zeit und Raum Veränderungen (vgl. Tatschmurat i.d.Bd.).

Strukturell betrachtet geht die Zuordnung der Geschlechter zu den Bereichen Produktion und Reproduktion bis heute mit einem starken hierarchischen Gefälle zwischen Männern und Frauen einher. Da Produktion gesellschaftlich höher geschätzt wird als Reproduktion, haben Männer allein wegen ihrer Zugehörigkeit zu dem Geschlecht, dem eher die Produktion zugeordnet ist, ein höheres Prestige und einen höheren Status als Frauen. Das ist die Basis für weitreichende Ansprüche der Män-

Vorwort und Einleitung
Beratungsdisziplinen
Geschlecht und Beratung
Alter und Beratung
Kultur und Beratung
Beratung und soziale Systeme
Perspektiven der Beratung

ner auf Herrschaft und Macht in der Gesellschaft ganz allgemein und im Besonderen gegenüber Frauen sowie deren Kindern.

Die Sonderstellung des männlichen Geschlechts war über Jahrtausende juristisch abgesichert, ist aber im Zuge von Aufklärung und Modernisierung abgebaut worden. Das Deutsche Grundgesetz geht vom Gleichheitssatz (§ 3 GG) aus, der die Gesellschaft dazu verpflichtet, Männer und Frauen in jeder Hinsicht und in allen Lebensbereichen gleich zu behandeln. Die Umsetzung des Gleichheitssatzes im Alltag ist jedoch schwierig und erst in Ansätzen gelungen. Analysen zur sozialen Lage von Frauen und Männern in Deutschland belegen, dass sich strukturelle Diskriminierungen hartnäckig behaupten. Diese führen notwendig zu Ungleichheiten, die von der Gesellschaft vielfach hingenommen und oft auch als Norm akzeptiert werden. Männer profitieren von dieser Praxis, Frauen werden dadurch benachteiligt. Auf die Bedeutung dieses Sachverhalts für die personale Ebene komme ich gleich zurück.

Der Verweis auf die Reproduktion legt die Frauenrolle bis heute strukturell fest. Damit verbunden werden Vorstellungen von Weiblichkeit, die teils als kontrastierend zu Vorstellungen von Männlichkeit gedacht sind, teils aber auch darüber hinaus auf spezifische Erwartungen an Mütterlichkeit und Mutterliebe weisen. Merkmale von Weiblichkeit sind Passivität, Emotionalität, Kommunikationsfähigkeit und -bereitschaft und davon abgeleitet ein höheres Maß an Beziehungsfähigkeit als man es gewöhnlich von Männern erwartet. Man geht davon aus, dass gerade Letzteres Frauen zur Beziehungsarbeit prädestiniert, die insbesondere in der Reproduktion verlangt wird. Diese kommt den Kindern zugute, um die sich Frauen als Mütter oft ein Leben lang sorgen, ebenso den Männern, die sich von Frauen umsorgen lassen.

Die Zuordnung der Geschlechter zu den Sektoren Produktion und Reproduktion funktioniert allerdings nur dann, wenn beide den Erwartungen, die mit den dazugehörenden Geschlechterrollen verbunden sind, in gewissem Umfang nachkommen. Im Zuge von Individualisierung und Pluralisierung haben sich aber die Aufgabenteilungen zwischen den Geschlechtern erheblich verändert. Frauen haben heute einen sehr viel größeren Handlungsspielraum als noch vor 50 Jahren, den sie für ihre Lebensgestaltung auch nutzen. Im Zuge dieser Veränderungen sind Frauen in den Produktionsbereich vorgedrungen, in dem sie sich mittlerweile fest etabliert haben. Dazu kommt, dass Frauen ihre Reproduktionsfähigkeit heute selbst kontrollieren können. Sie sind damit weniger auf die Produktionsleistungen von Männern angewiesen, die damit bis zu einem gewissen Grad ihren Status im Geschlechterverhältnis einbüßen. Der Umbau der Geschlechterrollen geht, wie es scheint, zunächst zu Lasten der Männer. Tatsächlich sind es aber die Frauen, die zunehmend höhere Belastungen zu bewältigen haben. Entsprechend wächst ihr Bedarf an Beratung.

2 Institutionelle Rahmenbedingungen

Wir befinden uns in mancher Hinsicht noch ganz am Anfang der Auflösung der Geschlechterrollen. Das belegen u.a. Studien über die Stellung von Frauen in der Erwerbsarbeit sowie über die Stellung von Männern und Frauen im Produktions- bzw. Dienstleistungssektor der professionellen sozialen Beratung. Leider liegen dazu nur einige wenige Studien vor (Harlow, 1996; Vogt 1993, 2001), die immerhin grobe Schätzungen erlauben. Danach sind ca. 40 % der Beratenden Männer und 60 % Frauen. In der Regel werden die Leitungspositionen in den Institutionen von Männern eingenommen, nicht von Frauen. Gewöhnlich stehen daher Männer formal an der Spitze der Hierarchie, nicht selten auch informell. Frauen sind meist Mit- oder Zuarbeiterinnen und stehen hierarchisch unter den Männern. Vor allem die relativ große Gruppe von Frauen, die halbtags in Beratungsstellen arbeitet, hat keine Aufstiegschancen, zumal die Institutionen sie nicht für Leitungsfunktionen qualifizieren. Auf diesem Wege werden Statusdifferenzen zwischen den Geschlechtern konserviert und mit ihnen alte Geschlechterrollen tradiert. Es gibt gute Gründe zu vermuten, dass sich das auf das Beratungsangebot auswirkt.

Betrachtet man weiterhin die Klientel der professionellen sozialen Beratung, dann ergibt sich Folgendes: In ambulanten Einrichtungen, die sich an ein breites Publikum wenden wie Lebens- oder Erziehungsberatungsstellen, machen Frauen zwischen 65 % und 75 % der Klientel aus, Männer 25 % bis 35 %. Frauen mit einem mittleren bis hohen Grad an Schulbildung sind in den Beratungsinstitutionen überrepräsentiert und Frauen mit schlechter Schulbildung und sozial stark benachteiligte Frauen unterrepräsentiert. In Einrichtungen, die auf eine spezifische Klientel zugeschnitten sind, liegen die Geschlechterrelationen anders. Extreme Beispiele sind hier die Frauen- und Männerberatungsstellen, die sich mit ihren Angeboten exklusiv an ein Geschlecht wenden (vgl. Stecklina i.d.Bd.). In anderen Sektoren, wie z.B. in den Sucht- und Drogenberatungsstellen, machen die Männer drei Viertel der Klientel aus und die Frauen ein Viertel. Es scheint so zu sein, dass der Status, den Ratsuchende aus der Sicht der Beratenden einnehmen, mit dem Geschlecht verknüpft ist, nicht mit der Mehrheits- oder Minderheitsposition. Männer sind im allgemeinen Fall die Klientel, die mehr wertgeschätzt wird als Frauen. Ausnahmen von dieser Regel stellen lediglich Männer dar, die Kinder sexuell missbraucht haben.

Diese wenigen Daten belegen, wie mächtig die strukturelle Diskriminierung ist und wie stark sie das Handeln auf allen Ebenen und in allen Bereichen bestimmt. Der Beratungssektor unterscheidet sich in dieser Hinsicht nicht von anderen Produktions- und Dienstleistungssektoren. Allerdings darf man die strukturelle Ebene nicht mit der personalen verwechseln; im Einzelfall können Beraterinnen mächtiger sein als Berater und Klientinnen erheblich besser ankommen als Klienten. An der strukturellen Diskriminierung von Frauen im System ändert das aber nichts.

3 Beratung

Professionelle soziale Beratung, die sich speziell an Frauen richtet, bedient sich aller theoretischen Strömungen, die zur Fundierung von Beratung und Psychotherapie herangezogen werden. Es gibt so gesehen keine geschlechtsspezifische Beratungstheorie und auch keine davon abgeleiteten geschlechtsspezifischen Beratungsmethoden. Auch feministische Beratung, die sich explizit nur an Frauen wendet, bedient sich aller vorhandener theoretischen Ansätze und entsprechender praktischen Methoden (vgl. Sickendiek i.Bd.2). Allerdings unterscheidet sich feministische

Beratung von allen anderen Beratungsangeboten, weil sie ausgehend von dem Postulat „Das Persönliche ist politisch" die Geschlechterungleichheit in den Blick genommen hat. Erst damit wurde es möglich, alltägliche Formen der Diskriminierung im Haus, in der Familie und zwischen den Geschlechtern genauer zu beschreiben und zu analysieren. Weiterhin forderte sie die Parteinahme für die Frauen ein, die über eine auch sonst in der Beratung übliche Anteilnahme hinausging. Im Zentrum der Beratung sollten die Bedürfnisse der Rat suchenden Frauen stehen, denen alle anderen Bedürfnisse nachzuordnen sind. Der radikale Ansatz der Parteinahme allein für die Frauen als Klientinnen ist mittlerweile stark differenziert worden, vor allem angesichts der Tatsache, dass nicht nur die Interessen der Frauen zur Diskussion stehen, sondern auch die ihrer Kinder und der Familie insgesamt (Enns, 1993). Als besonders bedeutsam für die Beratung von Frauen haben sich die im Folgenden etwas ausführlicher dargestellten Themenbereiche herausgestellt.

Hierarchie im Beratungsverhältnis

Die Lage von Frauen als Beratende wie als Klientinnen in Einrichtungen der psychosozialen Beratung macht verständlich, warum Fragen nach der Hierarchie in der konkreten Beratungssituation so wichtig sind. Wie gezeigt worden ist, ist es zunächst die Geschlechtszugehörigkeit, die Statusdifferenzen schafft. Diese verschärft sich, wenn man in der Rolle einer Rat suchenden Frau in eine Institution kommt. Sie wird zur Bürde, wenn man dazu noch das Gefühl hat, man sei selbst an den Problemen oder den psychischen Störungen schuld. Frauen leiden oft sehr unter Schuldgefühlen, wenn sie ihre eigenen Probleme und die der Familie nicht aus eigener Kraft lösen können. Umso sensibler reagieren sie, wenn sie es mit Mitarbeitern zu tun haben, die auf die Hierarchie schon im Vorfeld der Beratung pochen.

Im dualen Beratungssetting begegnet eine Rat suchende Frau einem Berater oder einer Beraterin. Automatisch stellt sich Hierarchie ein, die im ersten Fall zu einem starken Hierarchiegefälle zwischen dem Berater und der Ratsuchenden führt, im zweiten Fall zu einem weniger starken. In der Folge hängt vieles vom Vorgehen des Beraters oder der Beraterin ab; je nachdem kann sich das Gefälle verschärfen oder abflachen.

Feministische Beratung setzt auf einen Abbau des Machtgefälles zwischen den Interaktionsparteien (Chaplin, 1999; Taylor, 1996). Beide Seiten sollen darauf hinarbeiten, Machtungleichheit abzubauen und eine Gleichverteilung von Macht herzustellen. Die Beraterin soll die Ratsuchende so in ihren Interessen, Fähigkeiten, Handlungen stärken, dass sie Konzepte zur Veränderung ihrer Lebenslage entwickeln und diese dann mit entsprechender Unterstützung Schritt für Schritt im Alltag umsetzen kann. Die Beraterin nimmt am Beginn des Beratungsprozesses durchaus die Rolle der Expertin ein, die sie jedoch systematisch abbaut. Allerdings bleibt sie in der Rolle; sie ist Beraterin, nicht Freundin der Ratsuchenden. In schwierigen Fällen kann das zu einem Balanceakt werden, wenn die Ratsuchende sich nicht an Grenzen halten kann oder will und wenn sie alles daran setzt, die Beraterin aus ihrer Rolle zu locken. Umso wichtiger ist es für die Beraterin, ethische Standards einzuhalten (Bond, 2000).

Wie gesagt ist die hierarchische Distanz zwischen den Beraterinnen und den Ratsuchenden geringer als die zwischen den Beratern und KlientInnen, weil Frauen in der Gesellschaft ganz allgemein weniger Macht und damit auch weniger Prestige haben als Männer. Das hat Vor- und Nachteile.

Ein Vorteil liegt pauschal betrachtet darin, dass Beraterinnen gerade aus diesem Grund der Klientel näher sind, es daher leichter haben, den emotionalen Kontakt mit den Ratsuchenden herzustellen, was zunächst das Gespräch über Belastungen, Ängste und Verstörungen erleichtert. Quer dazu liegen schichtspezifische und kulturspezifische Differenzen. Aber auch dann gilt, dass die Beraterinnen der Klientel näher sind als die Berater.

Allerdings begegnen Beraterinnen stets Frauen und Männern, die allemal geschlechtsspezifisch auf das Beziehungsangebot in der Beratung reagieren. Sieht man von individuellen Unterschieden und Befindlichkeiten ab und bleibt man auf der strukturellen Ebene, dann belegt die Alltagserfahrung ebenso wie die Forschung, dass sich deutsche Männer emotional vor allem gegenüber Frauen öffnen. Beraterinnen können also mit Rat suchenden deutschen Männern leichter ins Gespräch kommen, auch wenn es sich dabei um heikle Themen handelt, z.B. um Gewalttätigkeiten gegenüber Frauen und Kindern. Anders betrachtet profitieren Rat suchende deutsche Männer davon, wenn sie auf eine Beraterin treffen und das besonders dann, wenn der emotionale Kontakt zwischen beiden hergestellt ist. Ob das auch für Rat suchende Männer mit anderem kulturellen Hintergrund gilt, insbesondere für denjenigen aus Ländern, in denen Frauen besonders stark diskriminiert werden, ist allerdings nicht sicher.

Beraterinnen haben es im Vergleich zu Beratern auch leichter, die Beziehung zu Rat suchenden Frauen aufzunehmen. Allerdings können sich dann sehr schnell Spannungen einstellen, denn die Begegnung mit Frauen belebt auch Konkurrenzverhältnisse, die das Beratungsgespräch belasten können. Gelingt es den Beraterinnen, mit den Gefühlen von Konkurrenz und den damit verbundenen Aggressionen umzugehen und diese für die Beratung nutzbar zu machen, kann sich die geringere hierarchische Distanz wiederum sehr positiv auf den Beratungsprozess auswirken.

Aus der emotionalen Nähe entstehen aber auch Nachteile. Gerade weil den Beraterinnen ein im Vergleich mit den Beratern geringerer Status zugeschrieben wird, stehen die Ratsuchenden ihnen skeptischer gegenüber, trauen ihnen weniger Kompetenz zu und verhalten sich entsprechend. Beraterinnen müssen also ihre Kompetenz ganz anders unter Beweis stellen als Berater. Oft werden sie von den Ratsuchenden erst einmal auf die Probe gestellt, um zu erkunden, ob sie den Aufgaben gewachsen sind. Da Ratsuchende ohnehin nur begrenztes Vertrauen in den Beratungsprozess haben, das zudem eher instabil ist (Straus, Höfer & Gmür, 1988), stehen Beraterinnen unter einem starken Druck, sich als Expertinnen zu präsentieren, wobei das dann besonders schwierig wird, wenn sie zum Beispiel Männer, die noch stark in andere Kulturen eingebunden sind, beraten sollen. Das kann den Beratungsprozess behindern und in manchen Fällen zum Scheitern bringen.

Berater haben es in dieser Hinsicht leichter, was sie manchmal dazu verleitet, zu stark zu dominieren. Zeichen von Dominanz nehmen viele verbale und nonverbale Formen an; zu letzteren zählen auch Berührungen der Klientinnen an Kopf, Haar, Schultern und Arm, ebenso Umarmungen zur Begrüßung oder zur Verabschiedung (Goffman, 1994; Vogt, Arnold & Sonntag, 1999). Geht das Bedürfnis des Beraters zu dominieren einher mit Druck auf Anpassung an Verhaltensweisen, die typisch sind für die klassische Frauenrolle, dann hemmt das sehr oft die Entwicklung der Rat suchenden Frau.

Personale Gewalt, sexueller Missbrauch, Traumatisierung

Strukturelle Diskriminierung schafft Rahmenbedingungen für personale Gewalt, also für unterschiedliche Formen von Gewalthandlungen einer Person gegenüber einer anderen. Gewalttäter sind in der Regel diejenigen, die ihren Opfern überlegen sind. Statushöhere oder einfach nur körperlich stärkere Männer lassen ihr Gewaltpotential besonders gegenüber unterlegenen Männern aus und beide, starke wie schwache Männer, besonders gegenüber Mädchen und Frauen, Frauen schließlich gegenüber Kindern. Feministische Beraterinnen und Therapeutinnen haben sich als erste intensiv mit dem Thema Gewalt im Leben von Mädchen und Frauen auseinander gesetzt; sie haben das Thema in die Beratungsarbeit aufgenommen und Standards gesetzt, wie damit in der Beratungsarbeit umzugehen ist. Mit gutem Grund haben sie immer wieder betont, dass man Mädchen und Frauen, die über Gewalterfahrungen in der Beratung berichten, Glauben schenken muss, damit sie den Mut aufbringen, sich mit diesen auseinander zu setzen.

Formen und Ausmaß der Gewalt gegen Mädchen und Frauen variieren sehr stark zwischen den Kulturen. Sie sind am aggressivsten in den Ländern, in denen die Diskriminierung von Frauen sehr stark ausgeprägt ist wie in Mittel- und Südostasien, aber auch in Afrika. Die schlimmsten Formen der Diskriminierung sind die Beschneidung der weiblichen Genitale und die physische Vernichtung von Mädchen und Frauen wegen ihres Geschlechts. Dazu kommen typische Misshandlungen im Kontext von Kriegen, insbesondere Massenvergewaltigungen. In westlichen Ländern und in Friedenszeiten kommen diese Formen von Gewalt gegen Frauen zwar auch vor, aber vergleichsweise seltener. Dafür nimmt der emotionale Druck zu, unter den Frauen gesetzt werden, sich so zu verhalten, wie es die andere Seite wünscht.

Die Forschung hat mittlerweile nachgewiesen, dass Gewalterfahrungen, die die Opfer überleben, mit erheblichen gesundheitlichen Beeinträchtigungen sowie mit psychischen Störungen einhergehen (Steinbach, 2001). Ausmaß und Stärke der gesundheitlichen Beeinträchtigungen variieren systematisch mit der Beziehung zwischen Täter und Opfer, der Brutalität der Gewalthandlung bzw. der damit verbundenen Erinnerung und – wenn auch in geringerem Maß – mit dem Alter des Opfers. Vor allem sexuelle Gewalterfahrungen können zu psychischen Störungen führen und das vor allem dann, wenn Täter und Opfer in einem engen Vertrauens- und Abhängigkeitsverhältnis zueinander stehen.

Viele Frauen, die Beratungsstellen aufsuchen wegen ganz konkreter aktueller Problemlagen, haben in ihrer Biographie Gewalterfahrungen. Zu unterscheiden ist dabei zwischen der Gruppe von Frauen, die diese Erfahrungen relativ gut verarbeitet hat und derjenigen, die dadurch traumatisiert wurde. Für die Beratungsarbeit sind vor allem Traumatisierungen von Belang, da sie gesundheitliche Langzeitfolgen haben. Nun ist die Behandlung von psychischen Traumata nicht unbedingt Aufgabe der Beratung, jedoch lassen sich entsprechende Themen in manchen Arbeitsbereichen kaum umgehen. Typisch dafür ist u.a. der Suchtbereich, weiß man doch, dass der Anteil der drogenabhängigen Frauen, die als Kinder oder Jugendliche sexuell missbraucht wurden, bei ca. 60 % liegt (Schmidt, 2000) und dass der Anteil der süchtigen Frauen, die als Erwachsene geschlagen wurden, bei ca. 70 % liegt (Vogt, 1994). Im Ansatz sollten die Beratenden in diesem Arbeitsbereich also mit den Auswirkungen von Traumata vertraut sein.

Tatsächlich haben jedoch Berater und Beraterinnen in der Sucht- und Drogenberatung oft erhebliche Schwierigkeiten, mit Berichten von Frauen über ihre Gewalterfahrungen umzugehen. Berater fühlen sich von den Klientinnen häufig selbst angeklagt, einfach weil sie selbst Männer sind. Beraterinnen reagieren einerseits mit übermäßiger Betroffenheit oder andererseits mit Abwehr darauf. Damit verbauen sich die Beratenden die Chance, Gewalterfahrungen zu thematisieren und erste Schritte in Richtung auf die Bearbeitung des Traumas einzuleiten.

In der feministischen Beratung und Therapie wird darüber hinaus diskutiert, ob Frauen mit Gewalterfahrungen, insbesondere jedoch sexuell missbrauchte Frauen, überhaupt von Beratern bzw. Therapeuten behandelt werden sollen oder nur von Beraterinnen und Therapeutinnen. Da sich nur sehr wenige Berater und Therapeuten überhaupt mit den feministischen Ansätzen von Beratung und Therapie beschäftigen, hat sich die Diskussion sozusagen von allein erledigt.

Andere Beratungs- und Therapieschulen stellen die Geschlechterfrage nicht, erwarten jedoch, dass die HelferInnen für die Behandlung entsprechender Störungen gut ausgebildet sind und insbesondere mit sexualisiertem Verhalten, das die Opfer häufig als eine Art Selbstschutz entwickeln, professionell umgehen können (Teegen, 1997).

Beratungssettings

Frauen reagieren empfindlicher als Männer auf das Setting, in dem Beratung stattfindet (Chaplin, 1999; Seus-Seberich, 1992). Das bezieht sich sowohl auf die äußeren Gegebenheiten wie auf die Arrangements in der konkreten Beratungssituation. Wichtig sind u.a. die Lage einer Beratungsstelle in einem Stadtteil bzw. in einer Stadt sowie die Erreichbarkeit mit öffentlichen Verkehrsmitteln. Steuerfunktionen haben auch die Prozeduren der Anmeldung. Beratungsstellen mit langem Vorlauf, die zudem mit komplizierten technischen Anlagen sowie mit Anrufbeantwortern arbeiten, schrecken vor allem sozial benachteiligte Frauen ab.

Frauen nehmen Beratungsstellen dann besonders leicht an, wenn sie die Atmosphäre anspricht. Dazu gehört neben der Lage der Einrichtung in der Stadt oder Region vor allem die Art und Weise, wie die Frauen dort aufgenommen und behandelt werden, der Umgangston und der Kommunikationsstil. Ein freundliches Ambiente, einfache Möglichkeiten der Anmeldung, kurze Wartezeiten, im Krisenfall aufsuchende Hilfen und ähnliches mehr ermutigen Frauen aus allen Schichten, das Angebot anzunehmen. Andererseits schwindet die Bereitschaft, sich auf einen langwierigen Beratungs- und Betreuungsprozess einzulassen, schnell, wenn sie auf unausgesprochene Vorurteile stoßen, auf Unverständnis, wenn es um Fragen von Schwangerschaft, Mutterschaft und Kindererziehung geht, aber auch nach der Vereinbarkeit von Familien- mit Berufsarbeit usw.

Wiederum waren es feministische Beraterinnen, die auf die Bedeutung des Settings für Frauen als Klientinnen als erste aufmerksam gemacht haben. Allerdings spielen Überlegungen zum Setting bei der Einrichtung von Beratungsstellen bis heute eine sekundäre Rolle, was insgesamt sehr bedauerlich ist.

4 Empowermentprozesse für und mit Frauen

Strukturelle und personale Diskriminierung, die bis heute in gewissem Umfang das Leben von Mädchen und Frauen prägt, wirken sich auf das Selbstbild mit den dazugehörigen Kontrollüberzeugungen und Selbstwirksamkeitserwartungen aus. In Adaptation an die gesellschaftlichen Bedingungen entwickeln Mädchen und Frauen im Vergleich zu Jungen und Männern generell weniger internale Kontrollüberzeugungen und weniger hohe Selbstwirksamkeitserwartungen. Vielmehr sehen sie sich externalen Einflüssen ausgesetzt, denen sie sich schwer entziehen können. Zudem meinen sie, dass sie an den gesellschaftlichen Bedingungen nicht allzu viel ändern können. In kritischen Lebenslagen allgemein und bei ausgeprägter sozialer Benachteiligung im Besonderen verstärken sich bei ihnen daher Gefühle von Hoffnungslosigkeit und Hilflosigkeit. Mit diesen Einstellungen und Gefühlen kommen sie in die Beratung, die gefordert ist, Veränderungen in Gang zu bringen.

Als erste Schritte in Richtung auf Einstellungsänderungen im Hinblick auf Kontrollüberzeugungen, Kompetenz- und Selbstwirksamkeitserwartungen haben sich Trainings von Selbstsicherheit und Selbstwirksamkeit bewährt. Diese können in der Einzelberatung vorgenommen werden, sind aber meist effektiver, wenn sie in einer Gruppe durchgeführt werden. Feministische Beratung setzt daher u.a. auf Arbeit mit Gruppen und den Aufbau von Selbsthilfegruppen. Letztere funktionieren wiederum dann besonders gut, wenn die Gruppenmitglieder sich als gleichwertig erleben und es folglich nur wenig Statusgefälle gibt. Das Beispiel zeigt, wie wichtig Fragen nach der Hierarchie auch für die Arbeit mit Gruppen sind und wie sehr es sich in manchen Fällen bewährt, auf den Abbau des Statusgefälles hinzuarbeiten. Weiter ist festzustellen, dass die Gruppe oft auch Nukleus ist für die Herausbildung von neuen Netzwerken mit eigenen Beziehungsangeboten, die über diejenigen der professionellen Beratung hinausgehen.

Im Weiteren geht es darum, über eine Verbesserung der Qualität und Dichte der Netzwerke die Ressourcen zu stärken, auf die Frauen im Alltag wie in Krisensituationen zurückgreifen können. Die Ausgangslage ist hier besonders günstig, denn Frauen lassen sich gerne in Netzwerke mit anderen Frauen einbinden. Sie sind auch bereit zu Hilfeleistungen, wenn diese von Mitgliedern des Netzwerkes eingefordert werden. Im Vergleich zu Männern sind es Frauen in gewisser Weise gewöhnt, miteinander zu arbeiten und sich gegenseitig zu unterstützen (Engel, Nestmann, Niepel & Sickendiek, 1996). Im Einzelfall will das aber auch gelernt sein und die Beratung kann dazu ihren spezifischen Beitrag leisten.

Das Konzept von Empowerment geht aber über die Bewältigung individueller Problemlagen hinaus; es zielt auf die politische Ebene. Frauen sollen sich zusammenschließen, ihre Interessen formulieren und diese auf der jeweiligen politischen Ebene nach demokratischen Spielregeln durchzusetzen suchen. Sie sind darauf verwiesen, diesen Weg zu gehen, wenn sie strukturelle Diskriminierungen mit den damit einhergehenden Beschränkungen der Autonomie von Frauen abbauen wollen. Das ist jedoch nicht mehr Sache von Beratung sondern von politischen Bewegungen bzw. Parteien.

Literatur

Becker-Schmidt, R. & Knapp, G.-A. (Hrsg.). (1995). *Das Geschlechterverhältnis als Gegenstand der Sozialwissenschaften*. Frankfurt: Campus.

Bilden, H. (Hrsg.). (1991). *Das Frauentherapie Handbuch*. München: Frauenoffensive.

Bond, T. (2000). *Standards and Ethics for Counselling in Action*. London: Sage.

Brownmiller, S. (1975). *Against Our Will. Men, Women and Rape*. New York: Bantam.

Chaplin, J. (1999). *Feminist Counselling in Action*. London: Sage.

Engel, F., Nestmann, F., Niepel, G. & Sickendiek, U. (1996). *Weiblich, ledig, kinderlos und alt*. Opladen: Leske & Budrich.

Enns, C.Z. (1993). Twenty Years of Feminist Counseling and Therapy. From Naming Biases to Implementing Multifaceted Practice. In *The Counseling Psychologist, 21*, 3–87.

Goffman, E. (1994). Das Arrangement der Geschlechter. In I. Goffman (Hrsg.), *Interaktion und Geschlecht*. Frankfurt: Campus.

Harlow, E. (1996). Gender, Violence and Social Work Organizations. In B. Fawcett, B. Featherstone, J. Hearn & C. Toft (Eds.), *Violence and Gender Relations* (pp. 61–71). London: Sage.

Schmidt, S.A. (2000). *Prävalenz sexuellen Kindesmissbrauchs bei Opiatabhängigen*. Berlin: VWB.

Seus-Seberich, E. (1992). Gemeindespsychologische Perspektiven der Familienarbeit. In I. Böhm, T. Faltermaier, U. Flick & M. Krause Jakob, *Gemeindepsychologisches Handeln: ein Werkstattbuch* (S. 133–144). Freiburg: Lambertus.

Steinbach, B. (2001). Sexuelle Gewalt gegen Frauen – Risikofaktor für psychische Erkrankungen. In A. Riecher-Rössler & A. Rohde (Hrsg.), *Psychische Erkrankungen bei Frauen* (S. 115–138). Zürich: Krager.

Straus, F., Höfer, R. & Gmür, W. (1988). *Familie und Beratung*. München: Profil.

Taylor, M. (1996). The Feminist Paradigm. In R. Woolfe & W. Dryden (Eds.), *Handbook of Counselling Psychology* (pp. 201–218). London: Sage.

Teegen, F. (1997). Behandlung dissoziativer Symptome – Ein kognitiv-behavioraler Ansatz. In G. Amann, & R. Wipplinger (Hrsg.), *Sexueller Missbrauch. Überblick zu Forschung, Beratung und Therapie. Ein Handbuch* (S. 537–557). Tübingen: dgvt-verlag.

Vogt, I. (1993). *Gewaltsame Erfahrungen*. Bielefeld: Kleine.

Vogt, I. (1994). *Alkoholikerinnen*. Freiburg: Lambertus.

Vogt, I. (2001). Perspektiven einer geschlechtsspezifischen Psychotherapie-Forschung. In M. Hermer (Hrsg.), *Psychotherapeutische Perspektiven am Beginn des 21. Jahrhunderts* (S. 93–106). Tübingen: dgvt-verlag.

Vogt, I., Arnold, E. & Sonntag, U. (1999). Körperkontakte und sexuelle Kontakte im psychotherapeutischen Setting. In *Report Psychologie, 24*, 754–763.

Wipplinger, R. & Amann, G. (Hrsg.). (1997). Verhaltenstherapie mit Opfern eines sexuellen Missbrauchs. In G. Amann & R. Wipplinger (Hrsg.), *Sexueller Missbrauch. Überblick zu Forschung, Beratung und Therapie. Ein Handbuch* (S. 439–464). Tübingen: dgvt-verlag.

Priv. Doz. Prof. Dr. Irmgard Vogt hat Psychologie und Soziologie studiert und arbeitet an der Fachhochschule Frankfurt am Main im Institut für Suchtforschung. Ihre Arbeitsschwerpunkte sind Drogen und Drogenpolitik, Beratung und Frauen-Gesundheitsforschung.

Anschrift:
Fachhochschule Frankfurt am Main
FB Soziale Arbeit und Gesundheit
Institut für Suchtforschung – ISFF
Nibelungenplatz 1
D-60318 Frankfurt am Main
E-Mail: vogt@fb4.fh-frankfurt.de

Beratung von Männern

Gerd Stecklina & Lothar Böhnisch

1 Beiträge der Männerforschung und Geschlechterforschung

Der sozialwissenschaftliche Forschungsstand zum Zusammenhang von männlicher Geschlechtsidentität und Beratung von Männern ist in sich differenziert und uneinheitlich. Eine intensivere Auseinandersetzung mit individuellen Problemlagen von Männern, mit Ängsten und Bewältigungsverhalten von Männern sowie der allmählichen Veränderung männlicher Geschlechtsspezifik beginnt erst im letzten Jahrzehnt stärker Raum zu greifen (vgl. Brandes, 1992; Böhnisch & Winter, 1993). Im Beratungskontext werden von den Autoren insbesondere Fragen der Gewalt von Männern gegen Frauen und andere Männer, die Täter-Opferproblematik von Männern, der sexuelle Missbrauch von Frauen durch Männer, Fragen der Vaterschaft sowie Versagens- und Konkurrenzängste im Beruf thematisiert (vgl. Brandes & Bullinger, 1996; Möller, 1997; Lenz, 2000; Böhnisch, 2001; Böhnisch & Funk, 2002). Dabei gehen die Autoren von dem zumeist unhinterfragten Faktum aus, dass es eine spezifische Beratung von Männern geben muss, da die gesellschaftlichen Geschlechterbilder wesentlich den jeweils konkreten Beratungsprozess mitbestimmen (Berater-Klient-Verhältnis; Handlungsweisen und Bewältigungsstrategien des Klienten) und ein geschlechtsspezifischer Beratungsprozess eine auf das männliche Geschlecht ausgerichtete Perspektive entwickeln kann.

Jedoch kann die intensivierte Beschäftigung mit männlicher Geschlechtsidentität und Beratung von Männern in den letzten Jahren nicht verdecken, dass speziell die sozialwissenschaftliche Forschungslage zu Männern weiterhin Lücken und wenig miteinander vergleichsfähige – empirisch abgesicherte – Paradigmen aufweist. Insgesamt lassen sich im Kontext der aktuellen Geschlechterforschung zu Männern vier Forschungsschwerpunkte ausmachen, die auch für die Beratungsperspektive von Männern von Bedeutung sind:

a) Von der Frauenforschung initiierte Studien zum Verhalten von Männern, vor allem gegenüber Frauen. Hier überwiegen Studien zum männlichen Gewaltverhalten in der Familie bzw. in Partnerbeziehungen wie auch Untersuchungen zum sexuellen Missbrauch von Mädchen und Jungen sowie zu Sexualdelikten gegenüber Frauen.
b) Materialien aus dem therapeutischen Bereich der Arbeit mit Jungen und Männern (Männerberatung, Männertherapie), die sich insbesondere mit Fragen der Arbeit mit Männern, die gegenüber anderen gewalttätig bzw. selbst Opfer von Gewalt oder Missbrauch geworden sind, auseinandersetzen.
c) Surveys zu Selbstbildern, sozialen Einstellungen und Genderverhalten von Männern, die seit den 70er Jahren in Deutschland mit einer gewissen Periodizität durchgeführt werden.
d) Empirische Studien und Analysen zur Vaterschaft in der Moderne, die von einer veränderten Vateridentität und einer Diversifizierung von Vaterschaft ausgehen sowie individuelle Lebenslagen von Vätern zum Forschungsgegenstand haben.

Die immer noch vorhandene allgemeine Schwierigkeit der Sozialwissenschaften, sich der psychosozialen Beratung von Männern zu nähern, resultiert dabei nicht nur aus der Tatsache, dass zum Gegenstand nur wenige Untersuchungen existieren, sondern auch aus der (traditionellen) männlichen Geschlechterrolle an sich. Teil dieser ist, dass Hilfeinanspruchnahme von Männern als „männeruntypisches" Verhalten erfasst und deklariert wird, ebenso wie das Faktum, sich zu Männergruppen zusammenzuschließen bzw. sich in einen Beratungsprozess zu begeben, der das eigene Mann-Sein, die eigenen Befindlichkeiten, die männliche Geschlechterrolle und männliches Bewältigungsverhalten zum Kommunikationsgegenstand erhebt (vgl. Brandes, 1992, 2002). Zwar existieren in zahlreichen Städten Deutschlands inzwischen mehr oder minder stark vernetzte Männerzentren, Männerbüros, Männergruppen und Männergesprächskreise, die über Informationsdienste verfügen bzw. Beratungsangebote für unterschiedliche soziale und individuelle Problemlagen von Männern anbieten, jedoch werden die Beratungsofferten von Männern nur bedingt bzw. schichtspezifisch unterschiedlich angenommen. Ausschlaggebend hierfür ist nach Brandes & Bullinger nicht die „geringere Bedürftigkeit nach Hilfestellungen" von Männern gegenüber Frauen, sondern die im Laufe des männlichen Sozialisationsprozesses sozial erworbene und individuell realisierte „Schwellenangst" von Männern (Brandes & Bullinger, 1996, S. 5). In dieser kommt vor allem die fehlende Bereitschaft von Männern zum Tragen, sich in den für sie existenziellen Krisenmomenten und individuellen Belastungen mit den eigenen Befindlichkeiten, Schwächen und Bewältigungsstrategien auseinander zu setzen und hierfür alltägliche, aber vor allem professionelle Hilfe in Anspruch zu nehmen.

In den Materialien zur männlichen Sozialisation und zur Charakterisierung des männlichen Habitus wird dies mit dem Einstellungs- und Verhaltenstypus der *Externalisierung*, der Außenorientierung des Mannes in sozialen und personal-intimen

Beziehungen – mit einer typischen Variationsbreite von Einstellungs- und Verhaltensmustern (Kontroll-, Funktions-, Rationalisierungs-, Konkurrenzorientierung etc.) – in Verbindung gebracht, zumeist jedoch, ohne deren Bedeutung für Bewältigung und damit für den Beratungsprozess zu thematisieren. In der Frauenforschung und -beratung stehen im Gegensatz dazu die Einstellungs- und Verhaltensmuster im Vordergrund und sind mit einem pädagogischen Aufforderungscharakter unterlegt. In den Surveys und vor allem in den therapeutischen Erfahrungsmaterialien zu Männern werden mithin die Ambivalenzen und Konflikte offenbar, die in der Spannung zwischen männlicher Geschlechterrolle (als Set gesellschaftlicher habitualisierter Erwartungen an den Mann) und individuellem Mann-Sein (als habituelle Verschmelzung von leibseelischer Geschlechterbefindlichkeit und sozialer Orientierung) liegen. So zeigt sich in Surveys zu Genderverhalten und Selbstbildern von Männern (Zulehner & Volz, 1999), die in den letzten drei bis vier Jahren erschienen sind, dass Männer aus bestimmten sozialen Kontexten bestrebt sind, sich mehr in den Familienalltag einzubringen und an der Erziehung des Kindes teilzuhaben, was ihnen aber zugleich die gesellschaftlichen Bedingungen und engeren sozialen Netzwerke immer wieder in Frage stellen, wenn nicht gar verwehren (z.B. Widerspruch zwischen den Erfordernissen der Partnerschaft und den Erfordernissen des Arbeitsmarktes). Diese „Verwehrtheit" kommt in den therapeutischen Berichten mitunter zur Sprache. Wir fassen sie in den Begriff der „Bedürftigkeit", der ausdrückt, dass das Bedürfnis nach Bindung und Care bei Männern existiert und zum individuellen Handlungsmotiv wird, aber immer wieder sozial zurückgenommen werden muss. So entwickelt sich eine ambivalente Befindlichkeit bei diesen Männern, die als unbewusster Antrieb genauso wirkt wie als habituelles Interaktionsverhalten (zum Begriff Habitus vgl. Bourdieu, 1997).

Auffällig ist – vor allem in den therapeutischen Materialien – die schichtspezifische Verteilung und Ausprägung, die durch die neuere Segmentierung der Arbeitsgesellschaft noch deutlicher hervortritt. Männer aus den sozialen Gruppenbildungen der Ober- und Unterschicht leben Maskulinität als selbstverständliches Interaktionsmuster aus und eine „fraglos gegebene und habituelle Sicherheit garantierende traditionelle Existenz als Mann" wird produziert („traditioneller Mann"). In den mittleren Segmenten scheint der „verunsicherte", aber auch der „pragmatisch" orientierte Mann vorherrschend, der zwar eine neue Männerrolle sucht, ohne jedoch die traditionelle ganz aufgeben zu müssen (Zulehner & Volz, 1999; Hollstein, 1999). Bei der Bewältigung von Krisensituationen kann sich dies dann entsprechend regressiv auswirken. Berufliche und individuelle Krisen von Männern können dabei unmittelbare Folgen für familiale Beziehungsstrukturen sowie für das Generationen- und Geschlechterverhältnis haben.

Krisen bzw. verunsichernde Erfahrungen können aber auch – und hier kann ein professioneller Beratungsprozess unterstützend für das männliche Selbstverständnis und die männliche Geschlechterrolle wirken – zu einer Erweiterung des eingeschränkten männlichen Selbst- und Handlungskonzeptes führen. Bartjes zeigt in einer qualitativen Studie (Bartjes, 1996), wie junge Männer im Zivildienst – als Männer in „weiblichen" Arbeitszusammenhängen – mit ihrer eigenen Geschlechtsidentität konfrontiert und z.T. massiv verunsichert werden. In den Aussagen der jungen Männer wird aber auch deutlich, dass die Arbeit in den in der Regel ungewohnten Tätigkeiten der Pflege und Betreuung ein neues „Geschlechterpotential" eröffnet: Sie entwickelt, fördert und aktiviert Kompetenzen und Eigenschaften, die in ihrer bisherigen Sozialisation tendenziell weniger gefragt wurden: Geduld, Empathie, Für-Andere-Da-Sein, Pflegen, Betreuen, hauswirtschaftliche Tätigkeiten.

In der Beratungs- und Therapieforschung wird männlichem Bewältigungsverhalten in Krisensituationen zwar Rechnung getragen, jedoch sind die Aussagen zumeist nicht mit fundierten sozialwissenschaftlich-empirischen und analytischen Forschungsergebnissen abgestützt. Der Begriff „männerorientierte Therapie und Beratung" selbst wird zuerst von Brandes & Bullinger im Kontext von Therapieangeboten für Männer erörtert (Brandes & Bullinger, 1996; Lenz, 2000). Vor allem in der angloamerikanischen Literatur werden Männer zunehmend als besonderer Problemfall in Therapie und Beratung beschrieben. In diesem Kontext wird der Geschlechterdimension eine zunehmende Relevanz als Beratungs- und Interventionskategorie beigemessen (z.B. Scher, Stevens & Good, 1987; Kupers, 1993). Dabei wird die Bestandsaufnahme von psychologisch-psychotherapeutischen Grundannahmen aus vorgenommen und auf männliche Identitäts- und Lebensprobleme abgestellt, die in einem individuellen Lebenszusammenhang und Bewältigungsparadigma kontextualisiert sind. Die Diskrepanz zwischen habitualisierten Interaktionsmustern einerseits, die vor allem ein berufliches Fortkommen ermöglichen und andererseits den geschlechterdemokratischen Anforderungen der Partnerschaft sowie einem anderen Umgang mit dem eigenen Kind wird hierbei zunehmend als Gegenstand therapeutischer Beratungen erfasst. Als Formen der Krisenbewältigung in Beruf und Familie sowie bei Verwehrung des eigenen Selbst werden Gewalt gegen Schwächere sowie Versuche der Problemverdrängung durch ein verstärktes berufliches Engagement angesehen. In der deutschsprachigen Literatur zu männerorientierten therapeutischen Ansätzen wird zwar zunehmend auf die Dimension des Geschlechts als zentrale Kategorie von Beratung verwiesen (Brandes & Bullinger, 1996). Zugleich wird jedoch auf den Umstand rekurriert, dass Therapie, Beratung und Intervention mit Männern im Zusammenhang mit der berufsorientierten Modernisierung der Männerrolle gesehen werden muss.

Über die Problematik des Bewältigungsverhaltens von Männern und geschlechtstypische Reaktionen in Krisensituationen im engeren Sinne erhält man aus der therapeutischen Literatur nur wenige in sich differenzierte Angaben. Der Widerspruch zwischen männlicher Geschlechterrolle und Mann-Sein wird dahingehend beschrieben, dass Männer an Selbstwertverlust leiden und psychische Stabilität des Einzelnen in Verbindung mit einer offeneren, flexibleren Männlichkeitsrolle im Zentrum des Beratungsprozesses steht (Brandes 1996, S. 151f). Kaum Berücksichtigung findet der Zusammenhang von männlichen Hegemonialstrukturen, männlicher Dividende (Connell, 1999) und individuellen Formen der Bewältigung von Konflikt- und Krisensituationen. Empirisch untersucht wurde bereits mehrfach männliches Bewältigungsverhalten im Zusammenhang mit männlicher Rollenidentität und Gesundheit. Kolip analysiert in ihrer Studie Krankheitsfälle von Jungen und Mädchen sowie Frauen und Männern und belegt mittels Materialien, dass eine Geschlechtsspezifik bei Krankheiten und der Mortalitätsrate empirisch erfassbar ist (1998). Sie weist nach, dass Jungen ab dem 6. Lebensjahr durchschnittlich weniger ärztlich diagnostiziert krank sind als Mädchen, jedoch im Kids-, Jugend- und jungen

Erwachsenenalter bei Sportunfällen überdurchschnittlich präsent sind sowie eine höhere Todesrate im Verkehrsgeschehen – u.a. unter Alkoholeinfluss – aufweisen. Von Kolip wird dies in den Kontext geschlechtsspezifischer Sozialisation gebracht, wobei sie von der Annahme ausgeht, dass exzessiver Alkoholkonsum sowie riskantes Verhalten im Alltag und Sport eng mit dem männlichen Prinzip der Externalisierung korrelieren. Darüber hinaus werden männliches Risikoverhalten und Externalisierung wesentlich von der psychischen Befindlichkeit von Jungen und Männern bestimmt. Hierbei sind nach Kolip Stress, Unzufriedenheit mit der persönlichen Situation, fehlende Beziehungsstrukturen und fehlende Netzwerke für Männer entscheidende Faktoren, die sie bestimmte Konfliktsituationen mit expressiven Handlungsangeboten bewältigen lassen. Die im Prozess der Sozialisation habitualisierten Verhaltens- und Handlungsmuster, einschließlich des Denkens in den Kategorien von Konkurrenz und Durchsetzungsvermögen, haben nach Kolip Konsequenzen für die Zeit der Berufstätigkeit von Männern. Aber auch für den Beratungsprozess selbst kommt dieser Tatsache eine erhebliche Relevanz zu. Die Spezifik des Suchtverhaltens von Männern ist bis heute nur bedingt Teil des geschlechtsspezifischen Beratungsprozesses von Männern, ebenso wie Sprachlosigkeit, Angst vor Kontrollverlust sowie die nur bedingte Bereitschaft von Männern, Hilfe in Anspruch zu nehmen, die aber alle den Beratungsprozess wesentlich mitbestimmen bzw. vom Berater aufgeschlossen werden müssen.

Männer im Berufsalter nehmen und hierzu liegen Studien zum Zusammenhang von Geschlecht und Gesundheit vor, weniger ärztliche Hilfe in Anspruch als Frauen; Beratungs- und Therapieangebote werden kaum aufgesucht. In beiden Fällen wäre dies mit einem Verlust an Ansehen und „Männlichkeit" in der Öffentlichkeit verbunden (Klotz, 1998). Für Kolip heißt dies aber nicht, dass Männer nicht weniger krank sind als Frauen, zumal in bestimmten berufsbedingten Krankheitsfeldern (Herzinfarkte, Herz-Kreislauferkrankungen etc.) Männer deutlich überrepräsentiert sind. Bründel & Hurrelmann beschreiben dieses Phänomen ebenfalls und kommen zu dem Schluss, dass Männer im Erwerbsalter „Raubbau mit ihrem Körper" (1999, S. 111) treiben. Die Autoren beziehen sich dabei in ihrer Untersuchung auf das Verhalten von jungen Männern im Bereich des Sports, des Drogenkonsums und „männlicher Krankheiten" (Bründel & Hurrelmann, 1999). Zudem achten Männer weniger als Frauen auf „erste Symptome einer Krankheit" (ebd., S. 131), was zentral mit habitualisierten sozialen Verhaltensmustern und der Berufsfixierung von Männern in Zusammenhang gebracht wird.

Auf die Problematik der Wahrnehmung von Beratungsangeboten durch junge Männer und Männer im Berufsalter macht Trio Virilent in einer Studie aufmerksam, die davon ausgeht, dass Beratungssituationen – aus dem Alltagsverständnis der zu beratenden Männer – sowohl inhaltlich als auch interaktionell an den männlichen Diskussionszusammenhang anschließen, als auch die Berater selbst durch ein negatives Bild vom ‚normalen Mann' geprägt sind, was der Beratungssituation abträglich sei (vgl. Trio Virilent, 1995). Auf den Aspekt der Verwurzelung von geschlechtsspezifischen Stereotypen bei Anbietern von Hilfsmaßnahmen – auch von psychosozialen Beratungsangeboten – weisen Heyne und Engelfried hin, die aufzeigen, dass Beratungssituationen mitunter von der stereotypen Zuordnung von Männern als Tätern und Frauen als Opfern geprägt sind (Heyne, 1993; Engelfried, 1997). Nach

Böhnisch & Funk werden die Beratungssituationen mit Männern wesentlich durch die sich aus dem männlichen Lebenszusammenhang und aus der männlichen Sozialisation ergebenden Konstellationen strukturiert (Böhnisch & Funk, 2002). Sie können deshalb nicht als geschlechtsneutrale Beratungslagen verstanden werden. Männer sehen, wie dies Richter dokumentiert, Beratungsdienste als weibliches Handlungsfeld. Die Kommunikations-, Konflikt- und Kooperationsfähigkeit, die wesentlich die Beratungssituation mitbestimmen, werden von Männern oft als weibliche Fähigkeiten angesehen. Zudem sind Beratungssituationen für Männer mit der Forderung verbunden, sich in der Beratung gegenüber einem Professionellen zu öffnen und über Probleme zu sprechen, die zwischen Männern bisher zum unhinterfragten Tabubereich gehörten (Trio Virilent, 1995).

2 Männliche Lebensbewältigung und Beratung

Sozialpädagogische Beratung ist essentiell durch ihren Bezug auf den Alltag der Klienten charakterisiert und setzt an Bewältigungspraktiken der Klienten an. Dieses Konzept von Beratung ist eingebettet in das Konzept der alltags- bzw. lebensweltorientierten sozialen Arbeit (Thiersch, 1995; vgl. auch Thiersch i.Bd.2). Lebensweltorientierung meint hier den Bezug auf die gegebenen Lebensverhältnisse der Adressaten, in denen Hilfe praktiziert wird, und bezieht sich auf die personalen und sozialen Ressourcen, sprich die sozialen Netzwerke im lokalen und regionalen Umfeld, über die der Adressat verfügt.

Alltagsorientierte Beratung zielt im Allgemeinen auf die Wiederherstellung der psychosozialen Handlungsfähigkeit des Klienten ab, auf Neuaufbau von Ressourcen, die in kritischen Lebenssituationen verloren gegangen sind. Hier ist auch die Schnittstelle zwischen Lebenswelt- und Bewältigungskonzept. Im Falle männlicher Lebensschwierigkeiten lautet deshalb die Grundhypothese: Da das durchschnittliche männliche Bewältigungsvermögen sehr stark von sozialen Außenbeziehungen abhängig ist und sich Männer in der Regel vornehmlich über dieses Außen definieren, kann bei krisenhaften Lebensereignissen ein gewisses „Bewältigungsvakuum" entstehen, in dem die jeweilige leibseelische Befindlichkeit des Mann-Seins das Bewältigungsverhalten bestimmt (black box). Dies ist wesentlich für die Frage, ob von Männern Beratungsangebote in Anspruch genommen werden oder nicht und mit welchen Intentionen.

Der geschlechtsspezifisch mitbestimmte Zusammenhang von sozialem Druck und innerem Antrieb zur Erlangung von Handlungsfähigkeit ist im sozialpädagogischen Bewältigungskonzept aufgeschlossen. In der subjektiven Perspektive der Bewältigung tritt die Frage nach der Handlungsfähigkeit des Menschen in ambivalenten Belastungskonstellationen in den Vordergrund. Sozialstrukturelle Probleme sozialer Desintegration vermitteln sich in biografischen Integrations- und Integritätskrisen und entsprechenden kritischen Lebensereignissen. Lebensbewältigung meint also in diesem Zusammenhang das Streben nach subjektiver Handlungsfähigkeit in kritischen Lebenssituationen, in denen das psychosoziale Gleichgewicht – Selbstwert und soziale Anerkennung – gefährdet ist. Lebenskonstellationen werden von den Subjekten dann als kritisch erlebt, wenn die bislang verfügbaren personalen und sozialen Ressourcen für die Bewältigung nicht mehr ausreichen. Darin zeigen sich Gesetzmäßigkeiten, die sich in Anlehnung an das aus der Stressforschung entstammende Coping-Konzept (vgl. Lazarus, 1981) herausarbeiten lassen. Die Coping-Theorie geht von dem Befund aus, dass die Bewältigung von Stresszuständen bei Problembelastungen und kritischen Lebensereignissen so strukturiert ist, dass der Mensch aus somatisch aktivierten Antrieben heraus nach der Wiedererlangung eines homöostatischen (Gleichgewichts-)Zustandes um jeden Preis strebt. An diese Logik wird im sozialpädagogischen Bewältigungskonzept im Sinne des Strebens nach unbedingter sozialer Handlungsfähigkeit angeknüpft. Dabei wird – um die physiologisch/psychologische Begrenztheit des Konzepts überwinden zu können – ein Bezugsrahmen entwickelt, in dem das Zusammenwirken von sozialstrukturellen und psychosozialen Einflussfaktoren thematisiert und strukturiert werden kann. Drei Grunddimensionen haben sich herauskristallisiert, an denen entlang die Bewältigungsproblematik in ihrer Komplexität aufgeschlossen und der sozialpädagogischen Analyse zugeführt werden kann:

- die tiefenpsychisch eingelagerte Erfahrung des Selbstwertverlustes
- die Erfahrung sozialer Orientierungslosigkeit und fehlenden sozialen Rückhalts und
- die Suche nach Handlungsfähigkeit und Formen sozialer Integration, in die das Bewältigungshandeln sozial eingebettet und in diesem Sinne normalisiert werden kann.

In diesem Mehrebenen-Modell können unterschiedliche theoretische Konzepte (Theorien des Selbst, Anomietheorie, Alltagsparadigma, Konzepte zu Milieu und sozialer Unterstützung, sozialisationstheoretische Integritätskonzepte etc.) interdisziplinär aufeinander bezogen und miteinander verschränkt werden.

Die gesellschaftliche Verfügbarkeit des Mannes in der technologisch expandierenden Industriegesellschaft mit steigenden Externalisierungsanforderungen führt dazu, so unser gesellschaftlich rückgebundener Erklärungsversuch, dass in kritischen Lebensereignissen die innere Hilflosigkeit wieder aufbrechen kann und externalisiert wird (Böhnisch, 2000, S. 74), auch wenn die Tendenz zu beobachten ist, dass ein steigender Prozentsatz von Männern ein stärker selbstbezogenes, innengeleitetes Mann-Sein anstrebt. Die große Diskrepanz zwischen dem Wunsch nach höherer Bindung an die familiale (Erziehungs-) Arbeit und die tatsächliche niedrige Beteiligungsrate ist ein empirisches Indiz für diese These. Innere Hilflosigkeit wird in der Tendenz von Männern somit verleugnet, abgespalten bzw. auf Schwächere projiziert. Die Spannung von Bedürftigkeit und Gewalt, die Verwehrtheit des Innens bei gleichzeitiger Externalisierung der leibseelischen Befindlichkeiten und sozialen Austauschbeziehungen, zeichnet deshalb den männlichen Habitus in kritischen sozialen Situationen aus.

Wir unterscheiden im Bewältigungsparadigma zwischen ‚Männerrolle' und ‚Mann-Sein'. Während der soziologische Begriff der ‚Geschlechterrolle' sich auf jenen Ausschnitt der gesellschaftlichen Erwartungen und Verhaltenszumutungen bezieht, die man ‚dem Mann' entgegenbringt, umfasst der Begriff des ‚Mann-Seins' das Insgesamt der psychosozialen Befindlichkeiten des Mannes, seine biografische

Integrität ‚als Mann' und enthält mithin die somatischen, psychischen und sozialen Bewältigungsbezüge (vgl. Böhnisch, 1997).

Vor diesem Hintergrund wird auch der kategoriale Zusammenhang von Bewältigungsansatz und Beratungskonzeption deutlich: Die beratende Intervention ist in diesem Sinne nicht primär auf das Verhaltensproblem (z.B. Sucht, Gewalt etc.) ausgerichtet, sondern auf das Selbst bei der Bewältigung des jeweiligen Problems. Dadurch tritt auch das Geschlechtstypische im Bewältigungsverhalten und in der Beratungsinteraktion hervor. Entsprechend werden auch die geschlechtstypischen Bezüge der Gegenseitigkeit und Übertragung zwischen Ratsuchendem und Berater sichtbar. Beratung wird so von einem fallbezogenen Interventions- zu einem das personale Selbst aufschließenden Interaktionsmodell. Beratungsziel ist der Aufbau und die Stabilisierung eines männlichen Selbst, das nicht mehr abhängig ist von der Abspaltung und Projektion der Gefühle von Hilflosigkeit und Schwäche (die in kritischen Lebensereignissen auftreten) auf Schwächere, welches nicht mehr angewiesen ist auf abwertende Ausgrenzung anderer (vgl. Böhnisch & Winter, 1993). Unsere Beratungsannahme lautet: Wenn die betroffenen Männer mit sich selbst ins Reine kommen, d.h. ihre Hilflosigkeit annehmen und positiv wenden, erhalten sie einen Zugang zu ihrem Krisenproblem, der nicht mehr von Außen diktiert ist, sondern sich aus ihrem nun wieder gefundenem Selbst heraus neu strukturiert. Daraus ergibt sich der Grundsatz der Trennung von Person und Problem, wie er in der Praxis der Krisenintervention üblich ist. Der pädagogisch-therapeutische Zugang zielt auf die biografische Befindlichkeit des Mannes und nicht auf die kognitive ‚Bearbeitung' des Problems ab.

Wird jedoch von den betroffenen Männern das „archaische Maskuline" zur Bewältigung von Krisensituationen aktiviert, so wird sich die Beratung langwieriger und im Beziehungsaufbau zum Berater komplizierter gestalten. Der Berater steht vor der Aufgabe, dem zu beratenden Mann seine Angst vor dem Eingeständnis der eigenen Hilflosigkeit und des Kontrollverlustes zu nehmen. Deshalb ist für die Einschätzung der Beratungssituation mit Männern von Bedeutung, zwei grundlegende Beratungskonstellationen zu unterscheiden:

1. Der Mann ist in der Lage, seine sozial erworbene und individuell erlebte Hilflosigkeit selbst zu thematisieren und sich Beratung – entweder Alltagsberatung bei Freunden oder professionelle Beratung – zu suchen. Der Mann ist bereit, über sich zu sprechen, sich gegenüber dem Berater zu öffnen, hat aber zugleich auch das Bedürfnis nach einem Gegenüber, das ihn dabei – emotional und sozialräumlich – unterstützt und eine entsprechend offene und verstehende Atmosphäre innerhalb einer Beratungssituation schafft. Dies ist, wie die Beratungsliteratur zeigt, kein rationaler Entscheidungsvorgang. Der Berater ist genauso den Anfechtungen seiner verborgenen Maskulinität ausgesetzt. Wichtig ist aber für die Einschätzung der Ausgangssituation der Beratung, dass der Klient den Ausbruch dieser Maskulinität mehr fürchtet als seine Hilflosigkeit.
2. Der männliche Externalisierungsprozess ist voll im Gange, die Angst vor Hilflosigkeit und Kontrollverlust ist abgespalten und auf Feindbilder hin projiziert. Rationalisierungen und Kontrollstrategien beherrschen das Verhalten des zu beratenden Mannes, die eigene Hilflosigkeit wird entsprechend hartnäckig ignoriert, externalisiert. Die Beratung, die der Mann in Anspruch nehmen möch-

te (mitunter geschickt von Freunden, Bekannten und/oder dem/der PartnerIn) wird als letzter Strohhalm bzw. letzte Versicherung für das eigene (geschlechtsspezifische) Handeln und Verhalten gesehen. Dieser Ambivalenz im Verhalten und Handeln des zu Beratenden – der Klient signalisiert seine Hilflosigkeit wie seinen unbedingten Anspruch sie zu negieren – sieht sich der Berater ausgesetzt.

Die als zweite beschriebene Beratungskonstellation verdeutlicht die Schwierigkeit, mit der der Berater in einer psychosozialen Beratungssituation mit einem Mann konfrontiert ist. Für den Berater ist es von Bedeutung, die Externalisierungsprozesse beim Rat Suchenden aufzuschließen. Als Prinzipien der Männerberatung lassen sich aus der Literaturlage und der Beratungspraxis erfassen:

1. Der zu beratende Mann muss spüren sowie nach und nach erkennen können, dass der externalisierte Kampf um etwas und gegen andere letztlich ein unverdrossener Kampf gegen die eigene Hilflosigkeit – als Teil der sozial erworbenen und individuell realisierten Geschlechterrolle – ist. Was ihn in der konkreten Beratungssituation erwartet, kann für ihn ein schmerzlicher Prozess sein: Beratung soll ja gerade das zutage fördern und spiegeln, was er bisher abgespalten, projiziert, rationalisiert und verdrängt hat. Er hat nur die Prognose des Beraters: Sie werden im Laufe der Beratung oder später die Bewältigungslage mit anderen Augen betrachten können, sich dabei wohl fühlen und die Situation neu beurteilen können. Sie werden aus sich heraus über die Ängste sprechen können, die die Bewältigungskonstellation bei ihnen hervorruft, und dabei spüren, dass Sie nicht mehr auf Rationalisierungseffekte, Abwertung anderer oder gar Gewalt gegenüber anderen angewiesen sind. Nach Nini u.a. wird dies bereits in der Praxis der Männertherapie mit gewalttätigen Männern umgesetzt: „In dem Moment, wo sie eine Sprache finden, für das, was hinter der Gewalt steckt, können sie auf Gewalt verzichten" (Nini, Bentheim, Firle, Nolte, & Schneble, 1995, S. 338).
2. Der Berater muss eine akzeptierende Haltung einnehmen können. Das heißt, er muss dem Klienten deutlich machen, dass er als Mann sein Verhalten versteht, sich hineinfühlen kann, dass er aber neugierig auf den „anderen Mann" ist, der im Klienten steckt. Natürlich nutzt der Berater letztlich die momentane Abhängigkeit des Klienten, für den er erst einmal den letzten Ausweg aus einer nicht mehr individuell bewältigbaren Krisen- und Konfliktsituation darstellt und die es dem Berater erlaubt, dieses Doppelspiel zu variieren. Die Kunst besteht darin, die Abspaltungen und Rationalisierungen des Klienten eine Zeit lang auszuhalten und sich so weit darauf einzulassen, dass sich der Klient nicht ganz ungeschützt sowie machtlos fühlt und dadurch in seinen Handlungsalternativen blockiert ist. Gleichzeitig kann dem zu beratenden Mann gezeigt werden, muss er spüren, dass seine Haltung – wenn er sie nicht ändert – schon im Gespräch, in der Beziehung zum Berater, in die Enge führen wird und dass er das, was sich in der Beratungsbeziehung an Neuem entwickelt, gleich wieder erstickt.
3. In der Beratung müssen Person und Problem (bei gewalttätigen Männern: Person und Delikt) auseinander gehalten, voneinander getrennt werden. Es wird über den Mann gesprochen und nicht über das Problem. Der Mann soll über sich

berichten, über die Ängste, über seine Bemühungen diese zu überwinden, über Erinnerungen an das Wohlfühlen in den eigenen Entscheidungen und Handlungsstrategien. Das biografische Interview wird in der Beratung zum therapeutischen Zugang, der Klient kommt immer wieder in den Erzählzwang, eine neue Verlaufskurve des bisherigen Lebens bildet sich heraus, in der die „anderen" Anteile des Mann-Seins aufscheinen und festgehalten werden können.

4. Da bei der Beratung von Männern oft ein „Bewältigungsdreieck" beim Ratsuchenden im Zentrum des Beratungsprozesses steht (massive Selbstwertstörungen – Kampf um Herstellung von Anerkennung – Versuch, dieses über männliche Dominanz zu erreichen), ist für den Berater von Bedeutung, einerseits die Beratungseinheiten als Schutz- und Beziehungsraum zu gestalten und andererseits die Bestrebungen des Ratsuchenden, den Berater, in seine Männlichkeit einzubinden, im Beratungsprozess nicht zu negieren. Dies setzt voraus, dass der Berater ebenfalls ein Mann ist. Brandes, Franke & Rasper plädieren dafür, dass vorwiegend Männer die Beraterfunktion übernehmen sollten, da in die Beratung Männer kommen, die zumeist über ein gestörtes oder irritiertes männliches Selbstbild verfügen, die zugleich mit einer „diffusen Abwehrhaltung Frauen gegenüber" verbunden ist (1996, S. 115). Jedoch kann es auch – zumindest bei einer therapeutischen Konstellation – von Vorteil sein, wenn eine Frau die Therapie leitet, da Männer in die Lage versetzt werden könnten, sich „mit den autonomen Seiten einer Frau zu identifizieren und sich mit ihr als anerkanntem Gegenüber in Beziehung" zu setzen (ebd., S. 115). Von Bedeutung ist vor allem für den Beratungsverlauf, den Machtaspekt in der Berater-Klient-Konstellation niemals außer Acht zu lassen, ebenso wie vom Berater gemeinsam mit dem Rat Suchenden abzuwägen ist, ob der Beratungsprozess günstiger als Einzelberatung und bzw. oder Gruppenberatung zu gestalten ist.
5. Es kann nicht davon ausgegangen werden, dass sich die Resultate einer erfolgreich verlaufenen Einzelberatung automatisch in eine Gruppenberatung verlängern. In der Gruppenberatung entwickelt sich eine eigene Dynamik, die eine männerbündlerische sein kann, in der auch wieder die Abwertung des Weiblichen, Angst vor intimen Themen und männliches Dominanzstreben zentral werden können. Es liegt am Geschick des Gruppenleiters, hierarchische Situationen zu meistern und den an der Gruppensitzung teilnehmenden Männern ein Forum zu bieten, eine selbstbestimmte innengeleitete Männlichkeit zu entwickeln und Bewältigungssituationen nicht durch die Abwertung anderer und durch Gewalthandeln zu lösen.

Literatur

Bartjes, H. (1996). *Der Zivildienst als Sozialisationsinstanz. Theoretische und empirische Annäherungen*. Weinheim/München: Juventa.

Böhnisch, L. & Winter, R. (1993). *Männliche Sozialisation*. Weinheim/München: Juventa.

Böhnisch, L. (1997). Möglichkeitsräume des Mann-Seins: Zur sozialisationstheoretischen und historischen Begründung einer Jungen- und Männerarbeit. In K. Möller (Hrsg.), *Nur*

Macher und Macho? Geschlechtsreflektierende Jungen- und Männerarbeit (S. 61–88). Weinheim/München: Juventa.

Böhnisch, L. (2000). Männer als Opfer – ein paradigmatischer Versuch. In H.-J. Lenz (Hrsg.), *Männliche Opfererfahrungen* (S. 70–78). Weinheim/München: Juventa.

Böhnisch, L. (2001). Männlichkeiten und Geschlechterbeziehungen. Ein männertheoretischer Durchgang. In L. Böhnisch & M. Brückner (Hrsg.), *Geschlechterverhältnisse* (S. 39–118). Weinheim/München: Juventa.

Böhnisch, L. & Funk, H. (2002). *Soziale Arbeit und Geschlecht.* Weinheim/München: Juventa.

Bourdieu, P. (1997). Die männliche Herrschaft. In I. Dölling, & B. Krais (Hrsg.), *Ein alltägliches Spiel. Geschlechterkonstruktion in der sozialen Praxis* (S. 153–217). Frankfurt a.M.: Suhrkamp.

Brandes, H. (1992). *Ein schwacher Mann kriegt keine Frau. Männer unter sich. Therapeutische Männergruppen und Psychologie des Mannes.* Münster: Votum.

Brandes, H. & Bullinger, H. (1996). *Handbuch der Männerarbeit.* Weinheim: Psychologie Verlags Union.

Brandes, H., Franke, Ch. & Rasper, B. (1996). Aspekte der Übertragung und Gegenübertragung in der Psychotherapie. In H. Brandes & H. Bullinger (Hrsg.), *Handbuch der Männerarbeit* (S. 103–119). Weinheim: Beltz Psychologie Verlags Union.

Brandes, H. (2002). *Der männliche Habitus. Männerforschung und Männerpolitik* (Bd. 2). Opladen: Leske und Budrich.

Bründel, H. & Hurrelmann, K. (1999). *Konkurrenz, Karriere, Kollaps. Männerforschung und der Abschied vom Mythos Mann.* Stuttgart/Berlin/Köln: Kohlhammer.

Connell, R.W. (1999). *Der gemachte Mann.* Opladen: Leske & Budrich.

Engelfried, C. (1997). *Männlichkeiten. Die Öffnung des feministischen Blicks auf den Mann.* München/Weinheim: Juventa.

Heyne, C. (1993). *Täterinnen. Offene und versteckte Aggressionen von Frauen.* Zürich: Kreuz-Verlag.

Hollstein, W. (1994). Macht und Ohnmacht der Männer. In H. Bullinger, (Hrsg.), *Männer erwachen* (S. 13–32). Freiburg/Basel/Wien: Herder.

Hollstein, W. (1999). *Männerdämmerung.* Göttingen: Vandenhoek & Ruprecht.

Klotz, T., Hurrelmann, K. & Eickenberg, H.U. (1998). Der frühe Tod des starken Geschlechts. In *Deutsches Ärzteblatt 95* (9), 460–464.

Klotz, T. (1998). Der frühe Tod des starken Geschlechts: Unterschiede im Gesundheits- und Krankheitszustand von Männern und Frauen. In *Forum Männergesundheit, 1.* Göttingen.

Kolip, P. (1998). *Geschlecht und Gesundheit im Jugendalter. Die Konstruktion von Geschlechtlichkeit über somatische Kulturen.* Opladen: Leske & Budrich.

Kupers, T.A. (1993). *Revisioning men's lives gender, intimacy and power.* New York: Guilford Press.

Lazarus, R.S. (1981). Streß und Streßbewältigung. Ein Paradigma. In S.-H. Filipp (Hrsg.), *Kritische Lebensereignisse.* München: Urban & Schwarzenberg.

Lenz, H.-J. (Hrsg.) (2000). *Männliche Opfererfahrungen. Problemlagen und Hilfeansätze in der Männerberatung.* Weinheim/München: Juventa.

Möller, K. (Hrsg.) (1997). *Nur Macher und Macho? Geschlechtsreflektierende Jungen- und Männerarbeit.* Weinheim/München: Juventa.

Nini, M., Bentheim, A., Firle, M., Nolte, I. & Schneble, A. (1995). Abbau von Beziehungsgewalt als Konfliktlösungsmuster. *Abschlußbericht der Schriftenreihe des Bundesministeriums für Familie, Senioren, Frauen und Jugend, 102*. Stuttgart/Berlin/Köln: Kohlhammer.

Scher, M., Stevens, M., Good, G. & Eichenfield, G.A. (1987). *Handbook of counselling & psychotherapy with men*. Newbury Park (Calif.)/London: Sage Publications.

Thiersch, H. (1995). *Lebensweltorientierte Soziale Arbeit* (2. Aufl.). Weinheim/München: Juventa.

Trio Virilent (Beier, S., Jungnitz, L. & Walter, W.) (1995). Überraschend Beraten. *Niedrigschwellige Sexual- und Lebensberatung von Männern*. Tübingen: Neuling.

Zulehner, P.M. & Volz, R. (1999). *Männer im Aufbruch* (2. Aufl.). Ostfildern: Schwabenverlag.

Dr. Gerd Stecklina ist Diplom-Pädagoge und wissenschaftlicher Mitarbeiter am Institut für Sozialpädagogik, Sozialarbeit und Wohlfahrtswissenschaften der TU Dresden. Seine Arbeitsschwerpunkte sind Geschlechterpädagogik/-sozialisation, historische Sozialpädagogik und Sozialarbeit sowie jüdische Sozialarbeit.

Anschrift:
TU Dresden
Fakultät Erziehungswissenschaften
Institut für Sozialpädagogik, Sozialarbeit und Wohlfahrtswissenschaften
D-01062 Dresden
E-Mail: Gerd.Stecklina@mailbox.tu-dresden.de

Prof. Dr. Lothar Böhnisch ist Soziologe und Professor für Sozialpädagogik und Sozialisation der Lebensalter am Institut für Sozialpädagogik, Sozialarbeit und Wohlfahrtswissenschaften der TU Dresden. Seine Arbeitsschwerpunkte sind Sozialisationsforschung, Gender Studies, abweichendes Verhalten und Sozialpolitik.

Anschrift:
Technische Universität Dresden
Fakultät Erziehungswissenschaften
Institut für Sozialpädagogik, Sozialarbeit und Wohlfahrtswissenschaften
D-01062 Dresden

Gender Troubles in der Beratung

Carmen Tatschmurat

1 Die Konstruktion von Gender in der wissenschaftlichen Diskussion

Gender bezeichnet die Ausformung dessen, wie Geschlecht in einer bestimmten Kultur, in einer konkreten historischen Situation allgemein interpretiert und gelebt wird bzw. gelebt werden soll. Der Begriff umfasst den Bereich der kultur-, schicht- und milieuspezifischen Normierungen von Lebensentwürfen und Verhaltensweisen. In der feministischen Theoriebildung wurde bis in die 80er Jahre des vergangenen Jahrhunderts davon ausgegangen, dass – auf der Basis des biologischen Geschlechtsunterschiedes (sex), vermittelt über gesellschaftliche Strukturen und asymmetrische Machtverhältnisse – Frauen und Männer zu dem, wie sie sich verhalten, „gemacht" werden. Die sog. „Täter-Opfer-Diskussion" und der Konstruktivismus der 80er Jahre führten schließlich zu einem Paradigmenwechsel. Danach sind Weltdeutungen und Handlungsmöglichkeiten des Subjekts nicht nur von den sozialen Konnotationen der Kategorie Geschlecht abhängig, sondern auch von den vorherrschenden Diskursen, die in einer konkreten Gesellschaft über Frauen- und Männerkörper geführt werden. Beide Geschlechter arbeiten sowohl an der Aufrechterhaltung wie an der Veränderung der Geschlechterbilder mit (s. Begriffe wie: doing gender, doing masculinity, girling usw.). Die Diskurs-Milieus werden durch ein komplexes Symbolsystem gestützt, an dessen Ausdeutung die einzelnen Subjekte stets mitbeteiligt sind. Dies betrifft das gesamte Spektrum von Narrationen, von Werbung bis Medizin, von religiösen Riten über öffentliche Inszenierungen (Love Parade) bis hin zu virtuellen Identitäten, mit denen sich Frauen und Männer in Chatrooms darstellen. Erst durch sprachliche Benennung und durch Prozesse der Performanz (Darstellung, Zur-Schau-Stellung) wird das Geschlecht real. „Natürliche" Tatsachen werden zu diskursiven Tatsachen (Höhler, 1997, S. 36ff). Die Sprachspuren erstrecken sich auch darauf, wie in einer konkreten Gesellschaft Frauen- und Männerkörper bestimmt werden. Letztendlich begreifen manche radikale KonstruktivistInnen selbst den Körper als Objekt der Konstruktion (Butler, 1991).

Die vermeintliche Sicherheit der Anatomie, die bei Freud noch „das Schicksal" war, löst sich damit in die Flüchtigkeit rein diskursiver Konstrukte auf. Vor diesem Hintergrund stellt sich die Frage nach dem Verhältnis von Form und Funktion von Gender-Zuschreibungen letztendlich nicht mehr. Die Sinnkomponente ist auf der personalen Ebene nicht mehr die identitätsstiftende Leitlinie. Nicht mehr Tiefschürfendes ist gefragt, sondern das Surfen auf der Oberfläche wird zur neuen Metapher. Wer und was ich bin, zeigen die Selbstinszenierungen, die tätowierte Haut, die Piercings. Oder man zeigt sich überhaupt nur noch virtuell, ist nur noch auf dem Schirm identifizierbar: Räumlich-zeitlich verortbare Auseinandersetzungen werden durch kurzlebige Chats zwischen imaginierten Personen ersetzt. Dort kann dann auch mit Geschlechtsattributen eher spielerisch umgegangen werden. Die sog. Differenzthese, die das ontologische Anderssein der Frauen in den Mittelpunkt stellte, wird damit endgültig ad acta gelegt. Allerdings wird die Existenz von Wirklichkeit an sich kaum je bestritten. Es wird lediglich gesagt, dass der Zugang zu ihr intersubjektiv nur über sprachliche (und andere) Bilder möglich ist. Gender-Inszenierungen zeichnen sich jedoch meist nicht durch ganz neue, andere Aspekte aus, sondern bleiben weitgehend im traditionellen, angepassten, auch kommerzialisierbaren Rahmen verhaftet. Die Vision postfeministischer Theoretikerinnen ist die Dekonstruktion der Zweigeschlechtlichkeit als Ausgangspunkt von Theorie und Politik, die Denk- und Lebbarkeit von drei, vier, fünf, vielen Geschlechtern (Tatschmurat, 1996; Höhler, 1997, S. 42). Vision ist dies insofern, als damit die Hoffnung verbunden ist, einen Weg aus den engen Begrenzungen der asymmetrischen Dichotomien der Geschlechterpolaritäten zu finden.

2 Gender als Strukturkategorie

Die Schwierigkeit besteht darin, dass jenseits dieser wissenschaftstheoretischen Debatten Gender alltäglich erfahrbar ist als eine wesentliche Strukturkategorie unserer Gesellschaft. Das heißt, alle sozialen, kulturellen, politischen und normsetzenden Systeme sind in ihren formellen und informellen Strukturen „vergeschlechtlicht". Weder kann jenseits der Durchformung durch Geschlechtsattribuierungen gearbeitet noch geliebt, weder getrauert noch gebetet werden. Dies gilt auch für das System der Wissenschaft, ja es gilt bis hinein in die vermeintlich abstrakten und allgemeingültigen Moralsysteme. Ebenso folgt das Unbewusste den Dichotomien, Asymmetrien und Polaritäten des Geschlechterverhältnisses. In den vielfältigen Ausprägungen der Gender-Konstruktion geht es vor allem um Macht und Dominanz, um Ausschluss oder Teilhabechancen. Insofern in der Gender-Konstruktion ein hierarchisches System zur Organisierung von Macht enthalten ist, hat das Geschlecht „Platzanweiserfunktion" (Schaeffler, 1999, S. 182). Noch immer sind es die männlichen Wertvorstellungen und Verhaltensweisen, die trotz aller Aufweichungen an den Rändern die Kernbereiche unserer Gesellschaft dominieren.

Am Beispiel von Erwerbsarbeit sei verdeutlicht, was dies bedeuten kann. Frauen bleiben bei beruflichen Karrierewegen meist in den mittleren Rängen stecken bzw. gehen selbst nicht weiter. Dies ist nicht nur eine individuelle Entscheidung, sondern hier sind wesentliche Nadelöhre (noch) nicht zugänglich, bzw. der individuell zu zahlende Preis für Teilhabe an der Gestaltungsmacht ist für Frauen (im Durchschnitt) zu hoch. Dies hat seine Gründe auch in der Sozialisation, die nach wie vor auf unterschiedliche Handlungsbereiche und Verhaltensweisen für die Geschlechter abzielt. Aber es ist auch eine Frage der Ermöglichung von bestimmten Haltungen. Forschungen zum Führungsverhalten von Frauen und Männern haben ergeben, dass sozialbezogenes Verhalten von Frauen mit steigender beruflicher Position ab- und autonomes Verhalten zunimmt. Frauen zeigen im Führungsverhalten keine signifikant unterschiedlichen Verhaltensweisen zu Männern. Daraus kann gefolgert werden, „… dass sich geschlechtsspezifisches Verhalten verringert, wenn Frauen in Systemen und Kontexten qua Position und Status anerkannt werden." (ebd., S. 189). Was jedoch passiert, ist, dass Frauen eindeutige Copingstrategien wählen, d.h., dass sie sich dem dominanten männlichen Muster angleichen. In einer Untersuchung über Frauen und Männer an der Universität wurden für die Situation der Frauen Chiffren aus der Migrationsforschung gewählt: Akkulturation, fremdes Terrain, Leben in kulturellen Zwischenwelten (ebd.). Da die Arbeitswelt Universität (wie viele andere auch) kaum symbolische Präsentationen für Weiblichkeit hat, muss sich eine Frau in ihrer Identität so darstellen, dass dies sowohl den Strukturprinzipen der Organisation wie auch ihren eigenen Identitätsbedürfnissen angemessen ist. Dies auszubalancieren ist eine täglich zu bewältigende Aufgabe. Die berufliche Identität der Männer ist (noch) bruchloser. Auch wenn bei einigen IndividualisierungsgewinnerInnen und in einigen Milieus analog zum Wissenschaftsdiskurs spielerische De- und Neukonstruktionen zu beobachten sind, die Hoffnung auf Veränderung machen – die Strukturen sind dafür kaum offen. Organisationen sind Bestandteil des geschlechtssegregierten Arbeitsmarktes und reproduzieren ihn beständig neu; das Leben in ihnen prägt das Erleben der Frauen und Männer.

Die prinzipiell vorhandenen Möglichkeiten zur Chancengleichheit treffen auf eine Schnittstelle von persönlicher Identität und strukturellen Mustern, die nicht immer zusammenpassen, z.B. dann nicht, wenn Männer in ursprünglich weiblichen Berufen arbeiten (Engelhard, 1999). Noch immer werden Weiblichkeit als Unterordnung und Männlichkeit als Dominanz im Doing Gender symbolisch und real verstärkt. Das macht auch bestimmte Männergruppen zu Verlierern – sofern sie dem hegemonialen Modell von Männlichkeit nicht entsprechen – und setzt sie ähnlichen Diskriminierungen wie Frauen aus (Homosexuelle, körperlich Schwache, ethnische Minderheiten). Die Organisation kontrolliert den Umgang mit Geschlecht, Körperlichkeit und Sexualität sehr eindeutig. Es gibt sehr subtile Kleidervorschriften für Frauen und Männer in bestimmten Hierarchiestufen. Oder auch dies: Teilzeitarbeit ist für Frauen sozial erlaubt, für Männer wirkt ein solches Ansinnen meist diskriminierend. Eine gendered organization, d.h. eine Organisation, in der das Geschlecht eine wesentliche Strukturkategorie ist, zeichnet sich u.a. durch folgende Dimensionen aus: Arbeitsteilung entlang der Geschlechtergrenze, was die Hierarchie, die Aufgaben, den Zugang zu Informationen und das Berufsspektrum betrifft. Die Bilder, Attributionen und Projektionen sind geschlechtsdifferenziert angelegt und Individualität muss sich hier einfügen (bezüglich Sprache, Gesprächsthemen, kulturellen Symbolsystemen, z.B. androgyne Mode für Frauen in Top-Positionen oder auch der aufreizende Sekretärinnen-Look). Die Verhaltensmodi zwischen und unter den Geschlechtern schließen Dominanz und Unterwerfung ein.

Gender als Strukturkategorie bedeutet, dass Frauen in den letzten 100 Jahren durchaus zu aktiven Akteurinnen im Feld der Arbeitsmarkt-Individualisierung wurden und auch davon profitieren konnten. Beispielsweise gab es historisch noch nie eine formal so gut ausgebildete Frauengeneration. Gleichzeitig existiert jedoch weiterhin die Anforderung, sich um die Vor-, Zu- und Nacharbeit zum Ausbildungs- und Erwerbsbereich zu kümmern, darum, dass Frauen, Männer und Kinder leistungsfähig werden und bleiben. Dies ist alltägliche, anstrengende Herausforderung und Chance zugleich. Die Chance liegt darin, dass Frauen weit mehr als Männer dadurch in zwei Systemlogiken zu Hause sind und deren Freiheiten nutzen können.

3 Gender Troubles im Prozess der Beratung

Fragt man im Internet nach „Gender Troubles“ oder „Cross-Gender-Supervision“ und ähnlichen Begriffspaaren, so weisen Suchmaschinen im englischsprachigen Raum schnell 600 bis über 200.000 Funde aus. Im deutschsprachigen Raum dagegen ist es ein noch nahezu unbearbeitetes Feld. Der Begriff meint Verwirrungen (troubles), die entstehen, wenn erstens in einer Beratung Einschätzungen und/oder Emotionen auftreten, die mit dem gewählten Lebensmuster aufgrund des gleichen oder des anderen Geschlechts der beteiligten PartnerInnen in der Beratung zu tun haben, und wenn zweitens diese Einschätzungen/Emotionen dann entweder zu kurzschlüssigen, schnellen Einverständnissen oder zu ebenso vorschnellen scheinbar naturwüchsig unauflösbaren Missverständnissen führen. Dies kann sowohl im klassischen psychotherapeutischen Setting wie in den zahlreichen Feldern der Beratung, z.B. Coaching, Supervision, Praxisberatung, Institutionen- und Organisationsberatung, StudentInnen-Beratung, Beratung im Kontext der Sozialen Arbeit, im Kontext der Kirchen und Religionsgemeinschaften (Geistliche Begleitung) usw. geschehen, aber auch in privater Beratung von Freunden und Freundinnen während und nach lebensverändernden Ereignissen.

Ein/e professionelle/r Berater/in ist in der Regel auf die klassischen Übertragungen und Gegenübertragungen sowie auf Projektionen gefasst. Als Frau weiß sie beispielsweise, dass sie oft als Mutterbild herhalten muss, entweder für die idealisierte Mutter, die jemand nie hatte, oder für die Mutter, die in den Augen des Kindes versagt hat und der nun in der Person der Beraterin manches endlich einmal entgegengeschleudert werden kann. Darauf ist er/sie vorbereitet und mittels des Zugangs zu den eigenen Projektionen und Phantasien ist Handlungsfähigkeit gewährleistet. Gender Troubles greifen über diesen erwartbaren Kontext hinaus – und zwar aus folgenden Gründen: Die Beratungssituation ist biografisch fokussiert; Verunsicherungen sind aber auch – manchmal in erster Linie – durch gesellschaftliche Individualisierungs- und Globalisierungsprozesse induziert. Dies meint die Tatsache, dass für die Wahl der Lebensform und deren Ausgestaltung eine charakteristische Mischung von Möglichkeiten und Begrenzungen strukturell vorgegeben ist. Wenn hier die Ebenen verwechselt werden oder vorschnell nur die eine oder die andere Deutungsebene herangezogen wird, entsteht u.U. eine Interpretationskluft, die zu Blockierungen und typischen Verwirrungen führt. Ein weiterer wesentlicher Aspekt ist, dass beide, Berater wie KlientIn, betroffen sind von den gesellschaftlichen Umbrüchen und von historischen Prozessen wie Krieg und Migration (Tatschmurat, 2000). Die Mischung, in der sie all dem hilflos ausgeliefert sind oder lustvoll ihre Handlungsoptionen durch alle Verunsicherungen hindurch erweitern können, ist jedoch unterschiedlich. Drei charakteristische Fallen seien im Folgenden benannt.

Das Gleiche ist (nicht) dasselbe

Die veränderten gesellschaftlichen Wirklichkeiten spiegeln sich auch in der Beratungspraxis wider. Auch der Berater ist als Sohn und Vater u.U. Teil einer Stieffamilie, die sich aus mehreren Kindern und deren jeweiligen Eltern- und Großeltern-Teilen zusammensetzt, hat vielleicht eine berufstätige Partnerin, die in einer anderen Stadt arbeitet und mit der er eine sog. „Spagatbeziehung" lebt. Die Beraterin lebt möglicherweise in einer Ehe mit einem Partner, der beruflich weniger erfolgreich ist als sie; er kümmert sich um die Kinder und sie verdient den Löwenanteil des Haushaltseinkommens. Wenn lebensverändernde Ereignisse eintreten, z.B. die Schwiegermutter zum Pflegefall wird oder die Kinder das Haus verlassen, müssen beide ihren Lebensentwurf neu ausbalancieren und ihre ethische Wertebasis und ihr persönliches politisches, soziales, moralisches Verhalten immer wieder befragen. Dies alles unterscheidet ihn/sie in nichts von ihren KlientInnen. Beide leben in der gleichen Gesellschaft und oft noch nicht einmal in unterschiedlichen sozialen Milieus.

Die Biografien differieren allerdings erheblich, v.a. bezüglich des Grades und der Fähigkeit zur selbstbewussten Ausgestaltung der Lebensräume. Damit geht einher, dass beide Seiten auch ihre Geschlechtsrollen unterschiedlich leben – auch wenn die Vorgaben auf den ersten Blick vielleicht gleich kompliziert aussehen. Ein adäquater Umgang mit diesen Unübersichtlichkeiten des alltäglichen Lebens hängt entscheidend davon ab, dass die eigene Lebensgestaltung reflektiert wird, um angst- und widerstandsfrei – im Idealfall sogar mit Freude – Unterschiede erkennen und zulassen zu können. Und zwar nicht nur auf der individuell-biografischen Ebene.

Widersprüche zwischen der persönlichen Lebensgestaltung von BeraterInnen und KlientInnen erfordern Introspektionsfähigkeit und Flexibilität. Gegenübertragungen korrespondieren mit der jeweiligen Lebensgeschichte und sind „Störungen" und insofern hilfreiche Systembausteine der Beratungsbeziehung. Den „Störungen" können Probleme auf der Mikroebene von Familie oder Team, aber auch unterschiedliche Wert- und Normvorstellungen bezüglich der Geschlechtsrollen und Beziehungen zwischen den Geschlechtern auf der Ebene der Institutionen zugrunde liegen. Schließlich können die „Störungen" auch im Makrobereich verursacht sein. Inkonsistente, antagonistische Genderzuschreibungen, Aporien, interkulturelle Konflikte wirken tief in die Formung der Psyche von BeraterInnen und KlientInnen hinein. Enge, eindimensional verinnerlichte Bilder von Frauen- und Männerrollen binden Energie und lassen Veränderungspotentiale in der Beziehung erst dann zu, wenn sie explizit gemacht werden. Diskutiert werden müssen Einstellungen, Werte, Normen im Zusammenhang mit dem gesellschaftlichen Wandel. Beratende Personen müssen sich immer bewusst sein, dass sie durch ihre Interpretationskompetenz aktive Mit-Konstrukteure eines Konflikts und dessen Lösung sind. Ziel für beide PartnerInnen in der Beratung muss sein: Sich der persönlich vertretenen ethischen Werte bewusst zu werden, die der eigenen Lebenshaltung und dem Lebensmodus zugrunde liegen. Erst dann können Schritte in neue Lebensabschnitte mit Zuversicht und weitem Herzen gemeinsam gefunden werden.

> Familie K. lebt in einem dörflichen Milieu, die Frau hat studiert, ist Lehrerin, derzeit arbeitslos und zeigt massive Angstzustände. Der Mann ist Elektriker und in seiner Männerrolle durch die höher qualifizierte Frau verunsichert. Seit sie krank ist, geht es ihm kurzfristig besser (dann auch wieder nicht, da er in die nicht männlichkeitsadäquate Rolle des Sohnes, der die Mutter pflegen musste, zurückfällt). Er sagt, es herrsche Chaos in seiner Werkstatt: Seine Werkzeuge sind durcheinander geraten. Damit will er auch andeuten, dass seine männlichen Möglichkeiten nicht ausreichen zur Bewältigung der verwirrenden Situation: Er möchte keine Frau, die ihm überlegen ist, aber er möchte auch keine schwache, kranke Frau. Das Paar ist umgeben von einem bäuerlich-dörflichen Milieu mit traditionalen Geschlechterzuschreibungen.
> Dem Paar gegenüber steht das Beratungsteam, bestehend aus einer älteren, erfahrenen Therapeutin und einem jüngeren Co-Therapeuten. Analog zu den Klienten ist sie die intellektuell Überlegene. Es ereignen sich Spiegelungen und Gegenübertragungsphänomene. Kompetenzunterschiede im Beratungsteam werden rationalisiert, die eigene berufliche und private Lebenssituation wird zunächst nicht reflektiert, der eigene Ärger über den Mann, der nicht zu seiner Frau zu stehen scheint und über die Frau, deren Lösung in der Krankheit liegt, werden nicht zugelassen. Verstrickung passiert durch die Veränderungsbemühungen in den eigenen geschlechtsrollenspezifischen Verunsicherungen, die zunächst nicht mit der Fallbearbeitung in Verbindung gebracht werden. So kommen die eigentlichen Nöte der KlientInnen nur mühsam und auf Umwegen an die Oberfläche (Massing, 1992, S. 93ff).

Auf beiden Seiten geht es um ein Zurechtkommen damit, dass die traditionelle Arbeitsteilung sich umgekehrt hat: Die besser qualifizierte Frau steht dem unerfahreneren Mann gegenüber und beide kommen damit nicht problemlos zurecht. Dies ist als Phänomen im Rahmen des gesamtgesellschaftlichen Wandels zu deuten, in dessen Verlauf Bildung und qualifizierte Erwerbstätigkeit tendenziell beiden Geschlechtern zugänglich gemacht wurden. Die individuelle Ausgestaltung und auch die Vermittlung in das Umgebungsmilieu bleibt jedoch Privatangelegenheit. Wichtig dabei ist zu sehen, dass der „Vorsprung" des Beraterteams allenfalls ein gradueller ist.

Das Private ist politisch ist privat ...

Ebenso kann es passieren, dass BeraterIn und KlientIn sich vorschnell vermeintlich über ein Ereignis verständigen und verbünden, das zwar gender-gebunden, also in sozialen, historischen und geschlechtshierarchischen normativen Zuschreibungen zu deuten ist und insofern ebenso wie das vorhergehende Beispiel tatsächlich eine politische Komponente beinhaltet. Und dennoch ist es nur einer Person, der Klientin, widerfahren und kann auch nur im Kontext ihres Lebens verarbeitet und gelöst werden. Kurzschlüsse dieser Art können vor allem bei (sexueller) Gewalt „einschießen". Wenn einer als Beraterin etwas nur zu gut bekannt vorkommt, dann ist besondere Aufmerksamkeit geboten. Denn gerade dann stellt sich die Frage, ob die Beraterin nicht der scheinbaren Gemeinsamkeit erliegt, die da heißen kann: Frauen sind immer noch benachteiligt im Beruf, sie sind doppelt belastet, sie sind potentielle Opfer, sie sind die Schwächeren. Und in Fortsetzung dessen: Der Täter ist männlich.

In abgeschwächter Form können solche Kurzschlüsse auch auftreten, wenn Schwierigkeiten von Frauen, beruflich voranzukommen, thematisiert werden. Frauen werden dann häufig auf ihr biologisches Geschlecht reduziert, indem ihnen von Männern in Entscheidungspositionen potentielle Ausfälle aufgrund von Familienbelastung und/oder Schwangerschaft indirekt unterstellt werden. Die Sorge, sie könnten dadurch nicht unbegrenzt flexibel einsetzbar und mobil sein, wirkt sich dann bei Einstellungen, Fortbildungen und Aufstieg als Barriere aus. Männer sind in ihren Interpretationsmustern in ähnlicher Weise gefährdet, wenn es um Karrierehindernisse geht, in denen asymmetrische hierarchische Beziehungen und Frauen als Vorgesetzte Thema sind. Am Beispiel der Frauen: Die Beraterin kann und darf nicht davon absehen, dass sie im gleichen soziostrukturellen Kontext lebt wie ihre Klientin und dass daher die sozial-politische Dimension eines biografischen Ereignisses immer auch Gefühle von Wut und Ohnmacht bei ihr selbst auslösen kann. Insofern greift das systemische Konzept der Allparteilichkeit letztendlich nicht wirklich, da zunehmende Gender-Sensitivity immer auch auf zugrunde liegende Machtverhältnisse hinführt (Schlippe & Schweitzer, 1998, S. 262ff). Es ist nichts gewonnen, wenn die Beraterin die methodischen Postulate von „Parteilichkeit" und „Betroffenheit" in unreflektierter Unmittelbarkeit in ihr Interpretations- und Handlungsrepertoire überträgt und sich nur noch in der Ohnmachtsposition solidarisiert oder Ressourcen einzig in politischen Veränderungen sieht.

Frau B. wird aus vielerlei Gründen ein beruflicher Aufstieg verwehrt. Mehrmals wird ein weniger fähiger Mann vorgezogen. Dazu kommen ständige Anzüglichkeiten, weil Frau B., obwohl attraktiv, alleine lebt. – Die Beraterin hat in einer bestimmten Phase ihres Lebens Ähnliches erlebt und ärgert sich noch heute darüber, dass ihr damals keine zündenden Antworten eingefallen sind. In der Beratung wird erwogen, die Gleichstellungsbeauftragte einzubeziehen (mit der auch schon Gespräche stattgefunden haben) und öffentlich zu kämpfen. Für Frau B. persönlich geht es aber vielleicht viel eher darum, wie für sie eine neue Perspektive sichtbar werden kann.

Die Beraterin wird Frau B. also eher dabei unterstützen, den Arbeitsplatz zu wechseln, das Feld zu räumen, auch wenn dies objektiv „ungerecht" ist. Wichtig ist es, die eigenen Erfahrungen in solche Situationen mit hineinzunehmen und die gemeinsame Betroffenheit von Machtstrukturen wahrzunehmen – freilich ohne sie mit der Klientin auszutauschen – und dennoch individuelle, „unpolitische" Wege zu suchen. Der „politische" Weg ist gefährlich nahe an der Instrumentalisierung und nimmt der Person u.U. die Würde. Bei Erlebnissen von sexuellen Übergriffen oder sexueller Gewalt kann eine strafrechtliche Verfolgung des Täters systemisch angebracht sein. Beides kann aber manchmal auch eine wirkliche Lösung für die betroffene Frau verhindern. Es ist sicher auch für die Beraterin nicht einfach, ihre solidarischen Rachegefühle aufzulösen und im Sinne einer wirklich befreienden Lösung zu agieren.

Frauen und Männer können sich nicht verstehen

Die dritte Falle meint ein grundsätzliches Urteilen darüber, dass Frauen und Männer mit verschiedenen Wahrnehmungs- und Identitätskonstrukten (salopp gesagt) auf verschiedenen Planeten leben und dass eine Verständigung aufgrund der fundamental anderen Lebenserfahrungen in Frauen- und in Männerwelten letztlich nicht möglich sei. Hier lebt die alte Differenz-These wieder auf. In soziologischer Perspektive ist es nach wie vor richtig, dass Männer und Frauen im Durchschnitt von klein auf andere Lebenserfahrungen machen und die Welt aus einer anderen Perspektive sehen. All die existentiellen Themen wie Beziehung, Liebe, Transzendenz, Arbeit, Macht, Herrschaft, Gewalt, Nähe, Autonomie, Beständigkeit, Flexibilität usw. sind männlich bzw. weiblich konnotiert, betreffen die Geschlechter in unterschiedlicher Weise. Inzwischen gibt es von Seiten der Männerforschung differenzierte Ergebnisse darüber, wie Männer mit Verunsicherungen der Männerrolle umgehen. Z.B. wurde deutlich, mit welch großer Not die Erziehung zum „Kleinen Helden" für Jungen in der Regel verbunden ist (Schnack & Neutzling, 1992). Nahezu zeitgleich ist wieder eine Suche nach starken Männer- (Vater-) Figuren festzustellen. Bei vielen Vätern steht vor allem die Tradierung von Männlichkeit an den Sohn, den es in die Welt einzuführen gilt, im Vordergrund (Brendel, 1997). Für Männer gilt im Übrigen immer noch in sehr eindeutiger Weise, dass es einzig der Beruf bzw. die bezahlte Arbeit ist, die ihnen Status und Anerkennung verschafft. Dies gilt auch dann, wenn das verbal geäußerte und auch subjektiv geglaubte Selbstbild eines Mannes als Vater einen Großteil seiner Identität ausmacht und er tatsächlich relativ viel Zeit mit seinem Kind verbringt (Lehner, 1999).

Wenn die Beraterin dies nicht weiß (und zwar innerlich anerkennend weiß), wird das Beratungsgespräch scheitern. Für Frauen verschärfen sich die Widersprüche in und um „Familie" als Teil ihres Identitäts-Patchworks in dem Maße, wie es möglich wird, mehr und andere Anteile von Weiblichkeit und Männlichkeit zuzulassen und zu leben. Mehr als Männer sind Frauen gleichzeitig ratlos und rastlos – immer der Selbstverwirklichung, der Selbsterfüllung nachjagend. Familie und Beruf gelten als prinzipiell vereinbar, nicht nur für akademische Berufe. Und die Tatsache, dass in historisch neuem Ausmaß eine Revision von Lebensentscheidungen möglich ist, erleichtert das Leben nicht unbedingt. Die Alltags-Realität zeigt, dass im Trias Beruf – Kind – Mann oft eines zu viel ist. Und es ist keineswegs eindeutig, wovon dann im Zweifelsfall Abschied genommen wird.

Ein junger Physiker kümmert sich trotz eines anstrengenden Promotionsvorhabens liebevoll und verlässlich um seine dreijährige Tochter. Seine Frau ist Erzieherin und nimmt mit Unbehagen wahr, dass die Kluft zwischen ihren und seinen Wünschen und Weltdeutungen größer wird. Sie wird ein zweites Mal schwanger – ihr „Werk", mit dem sie ihn fester an sich binden will und das sie seiner Dissertation entgegensetzt (beide „Geburtstermine" liegen eng beieinander). Da bricht er aus, geht eine neue Beziehung ein, glaubt, die Liebe seines Lebens gefunden zu haben. – Der Beraterin ist seine universitäre Welt nahe, sie versteht seinen Wunsch nach intellektueller Weite. Die Art und

Weise hingegen, wie die Ehefrau ihrer beider Leben gestaltet, ist weit entfernt von dem, was der Beraterin selbst erstrebenswert erscheint. Und dennoch: Diese männliche „Lösung" aus der privaten Enge ist ihr zutiefst fremd. Allerdings wäre auch die neue Geliebte für sie kein erstrebenswerter Part in diesem Stück.

Gesellschaftlich lebbar ist dies heute alles. Moralische Ächtung ist nicht die Konsequenz – auch nicht für die Kinder. Worum geht es dann? Es geht in solchen Fällen zentral um die Offenlegung von persönlichen Wertsystemen – und zwar quer zu den Geschlechtszuschreibungen. Verantwortung, Treue, Beständigkeit, Durchhalten, das Abenteuer der Alltäglichkeit stehen der Idee der freien Selbstverwirklichung und des immer neuen Anfangen-Könnens gegenüber. Und: Auch wenn bei einer Trennung der Vater einen Großteil der Verantwortung und der zeitlichen Betreuung der Kinder übernimmt, so bleibt doch die Tatsache bestehen, dass der Hauptanteil der Gebundenheit für die nächsten 20 Jahre bei der Frau liegen wird, sofern die Kinder bei ihr leben.

4 Macht in Geschlechterverhältnissen und der Raum der Beratung

In Beratungssituationen geht es heute allgemein gesprochen um die Bearbeitung von Brüchen, um das Finden von notwendigen Neuorientierungen, um Unterstützung bei der anstrengenden Arbeit am Selbst, was auch immer eine geschlechtstypisch geprägte Identitätsfindung und -darstellung einschließt. Genauer geht es darum, wie Frauen und Männer sich sicher fühlen können in einer individualisierten Welt des scheinbaren „anything goes", das dann im Zweifelsfall doch wieder nicht zutrifft; wie Frauen und Männer alleine und gemeinsam in einer Welt ihren Weg finden können, in der Bindung – die Verpflichtung, für Kinder und Alte da zu sein – immer noch Frauensache ist und Autonomie – das einsame Schaffen großer Werke – Männersache. Dies sind noch weithin wirkmächtige Zuschreibungen, auch wenn es nicht immer mit dem eigenen Leben eingelöst wird. Es geht darum, ein eigenes Wertsystem zu finden, zu installieren, sich daran zu orientieren und schließlich mit Hilfe eines roten Fadens das Patchwork des Lebens zusammenzuhalten. Nach außen geht es darum, sich möglichst konsistent und identifizierbar darzustellen – als Einzelperson wie im sozialen Umfeld der Familie oder des Freundeskreises. Und es geht auch um die Bearbeitung sehr real erlebter Verletzungen und um Leiden an der eigenen Geschichte wie der Geschichte vergangener Generationen. Auch diese Verletzungen haben ihre geschlechtstypische Färbung. Und es geht um die immer neu zu vertiefende Beziehungsfähigkeit, um ein befriedigendes Zusammenleben in Partnerschaft, Ehe, Arbeitsteam, in kleineren und größeren Gemeinschaften. Auch da gibt es wiederum männlich und weiblich definierte Aufgaben. Die Sichtweise, dass es nicht um die konkreten Frauen und Männer, sondern eher um weibliche und männliche Anteile, Anima und Animus geht, ist in individual- und auch in organisationspsychologischer Sicht hilfreich. Eine Organisation, ein Team, in dem es nur „Mütter“ oder nur „Helden“ gibt (egal, welchen Geschlechts sie sind), wird nicht arbeitsfähig sein. Und dennoch ist das Problem der Zuschreibung und Übernahme bestimmter Verhaltensweisen zu konkreten Frauen und Männern damit nicht sozusagen historisch erledigt. Die Spannung bleibt, sie ist nicht lösbar.

Die gender-geprägten asymmetrischen Machtverhältnisse, die nicht nur die Erfahrungen selbst, sondern auch den Diskurs über Erfahrungen bis in die Theoriebildungen bestimmen, ragen in das Beratungsgespräch selbst hinein. Hier ist vom Setting her zunächst die hierarchische Struktur zwischen Ratsuchenden und BeraterIn evident – und dies unabhängig vom Geschlecht der Beteiligten. Denn der/die Berater/in hat entweder die Autorität der Institution hinter sich (etwa der Sozialen Arbeit) oder die Autorität der Rolle um sich (SupervisorIn, OrganisationsberaterIn usw.). In jedem Fall trägt er/sie die professionelle Autorität des Berufsstandes in sich. Nun ist eine wesentliche Dimension des Beratungsgeschehens immer auch die Thematisierung des Gender-Habitus. Denn habituelle Sicherheit bezieht zentral auch die Geschlechterrolle mit ein. Kern des männlichen Habitus ist eine hegemoniale Männlichkeit, während der weibliche Habitus sich wesentlich dadurch auszeichnet, den männlichen Habitus zu bestätigen (Lehner, 1999). Dies kann sich auch subtil in der Beratungssituation widerspiegeln – und sei es nur durch eingeübtes häufiges lächelndes Bestätigen gegenüber dem männlichen Klienten und ernster Strenge gegenüber der Klientin. Hier hat Beratung, Supervision, die Aufgabe, Prozesse der Herstellung, der Konstruktion und der Dekonstruktion in der Situation reflexiv wahrzunehmen und transparent zu machen.

Ein weiterer Aspekt ist es, auch hier den Blick auf die gesellschaftliche Aufrechterhaltung verborgener Machtstrukturen in Form von Männerbünden, Seilschaften und Frauen-Netzwerken zu richten. Wie entstehen Bündnisse, wer verbündet sich mit wem zu welchem Zweck? Wie und wo werden junge Männer (u.U. in ritualisierter Form) hinein genommen, wie können Frauen, die hier per se keine Chance haben, Gegenkulturen errichten? Berater und Beraterinnen können im Aufdecken solcher Muster wichtige Brücken- oder Scharnierfunktion haben, da sie sich immer sowohl innerhalb wie auch am Rande des jeweiligen Habitus-Feldes bewegen. Sie können sich auch, sofern es gegengeschlechtliche Beratungssituationen sind, bewusst dazu entschließen, aus der Schule zu plaudern, d.h., als Mann beispielsweise einer Frau in einem Arbeitskonflikt konkrete Tipps zu geben, wie ein Mann sich verhalten würde, was Mann erwartet usw.

Von Staub-Bernasconi (1994) kommt die Forderung, sensibel darauf zu achten, welche Art von Machtausübung passiert und ggf. Behinderungsmacht, d.h. eine Macht, die den Klienten hindert, sein Leben nach seinen Vorstellungen zu gestalten, überzuführen in Begrenzungsmacht, eine Machtausübung, die situations- und gegenstandsadäquat ist. Die Machtdimension wird damit nicht geleugnet, sie wird vielmehr explizit in den Blick genommen und redimensioniert auf das, was förderlich ist. Für die Beratung gilt: Es ist anzuschauen und zu fokussieren, wie Frauen und Männer sich in Teams und als PositionsinhaberInnen präsentieren und damit gleichzeitig an ihrer Geschlechtsidentität basteln. Methodologisch erfordert dies einen doppelten Blick: Den alten Blick der gelebten Zweigeschlechtlichkeit beizubehalten und gleichzeitig den Blickwinkel zu verlagern auf das, was an neuer Vielfalt möglich ist.

So wird beispielsweise erklärbar, was eine Frau tut, wenn sie gute Arbeit macht, sich aber in Sitzungen bei Macht- und Entscheidungsfragen zurückhält und sich stattdessen um ein angenehmes Betriebsklima kümmert. Das ist „doing femininity". Sie präsentiert sich als ernstzunehmende Berufstätige und gleichzeitig arbeitet sie an der Aufrechterhaltung der traditionellen Geschlechtsidentität.

5 Ausblick

Beratung unter Frauen kann viele Facetten haben. Ein Glücksfall ist es, wenn sie dem Modell des Affidamento-Ansatzes nahe kommt (Libreria delle Donne di Milano, 1988). Das Modell stammt aus der Italienischen Frauenbewegung der 80er Jahre und wurde in Anlehnung an die biblische Geschichte von Ruth und ihrer Schwiegermutter Noemi entwickelt. Eine jüngere Frau vertraut sich einer älteren Frau an und sie gehen ein Stück des Weges gemeinsam. Der Weg geht für die Ältere zurück in die Heimat, für die Jüngere ist es ein Aufbruch in die Fremde. Die Ältere muss nicht (wie in der Geschichte) wirklich älter an Jahren sein, sondern sie ist in einem bestimmten Bereich des Lebens eben gerade jetzt die Erfahrenere, vielleicht sogar die Weisere. Nicht das Lebensalter ist das Kriterium, sondern der Vorsprung in einem konkreten Segment, einem Stück der Patchwork-Teile des Lebens. Die Asymmetrie wird als Beziehungsstruktur für eine bestimmte Zeit und Wegstrecke von beiden Seiten anerkannt; daneben kann es durchaus stehen bleiben, dass die Klientin der Beraterin in anderen Bereichen weit überlegen ist (beispielsweise im Überleben auf der Straße). Im nichtprofessionellen Bereich ist ebenfalls eine wechselseitige Begleitung unter Freundinnen denkbar. Damit wird das Modell der Patchwork-Identität in den intersubjektiven Bereich übertragen. Zwei Frauen tragen Kompetenz oder Ressourcen zusammen und stabilisieren sich so gegenseitig.

Dies ist nicht ohne weiteres auf alle Beratungssituationen anwendbar. Auch ist es keine Lösung, wie Gender Troubles grundsätzlich zu entkommen ist. Weiterentwickelt könnte es dennoch ein Ansatz sein, Macht nicht unbedingt mit gender-geprägten zementierten hierarchischen Verhältnissen zu koppeln, sondern sie zum Instrument zur Erreichung eines bestimmten Zweckes, also nicht zur Macht „über" jemanden sondern wieder zur Macht „für" etwas werden zu lassen. Diese Sicht korrespondiert auch mit einer systemischen Sichtweise, die (im Anschluss an Foucault) Macht als „zirkulierende" begreift, als ein Konstrukt, das sich stabilisiert und wieder auflöst. So wird u.a. auch die Annahme relativiert, dass die höchste Position immer die mächtigste ist (Miller, 2001, S. 70ff). Damit ist der neuen Beliebigkeit von drei, vier, vielen Geschlechtern noch nicht Tür und Tor geöffnet. Aber es ist sehr wohl möglich, den zentralen Mechanismus gender-geprägter Verhältnisse etwas auszuhebeln. Denn auch (soziale) Macht ist – im Gegensatz zu Gewalt – nichts Starres, sondern wird von allen Beteiligten aktiv mitvollzogen. Wenn Beratung dies mehr in den Blick nähme, könnten Gender Troubles zum Übungsfeld neuer Beziehungsfähigkeiten werden.

Literatur

Brendel, S. (1997). Gender Troubles: „Families and Parent-Child-Relations in Processes of Social and Cultural Change" vom 25.–27.11.1996 an der Universität Bielefeld. Ein Tagungsbericht. In *femina politica, 1*, 125–128.

Butler, J. (1991). *Das Unbehagen der Geschlechter*. Frankfurt a.M.: Suhrkamp.

Engelhardt, W.J. (1999). Männliche Sozialisation, weibliche Profession und Supervision. Supervisorische Arbeit mit Männern in ursprünglich weiblichen Berufen. In *organisation-supervision-clinical management, 1*, 149–161.

Höhler, S. (1997). Unbestimmte Grenzen. Konstruktion von Geschlecht – Dekonstruktion von Differenz? In *Diskus, Zeitschrift der StipendiatInnen der Heinrich Böll Stiftung, 5*, 33–43.

Lehner, E. (1999). Arbeit, das Lebenselixier von Männern! In *organisation-supervision-clinical management, 2*, 101–116.

Libreriae delle Donne di Milano (1988). *Wie weibliche Freiheit entsteht*. Berlin: Orlanda Frauenverlag.

Massing, A. (1992). Therapeuten und Therapeutinnen im Konflikt. Ihre persönliche Lebensgestaltung, ihr professioneller Anspruch und die Lebensvielfalt im familientherapeutischen Alltag. In I. Rücker-Embden-Jonasch & A. Ebbecke-Nohlen (Hrsg.), *Balanceakte. Familientherapie und Geschlechterrollen* (S. 86–106). Heidelberg: Carl Auer-Verlag.

Miller, T. (2001). *Systemtheorie und Soziale Arbeit* (2. erw. Aufl.). Stuttgart. Lucius & Lucius.

Schlippe, A.v. & Schweitzer, J. (1997). *Lehrbuch der systemischen Therapie und Beratung* (3. Aufl.). Göttingen: Vandenhoeck & Ruprecht.

Schnack, D. & Neutzling, R. (1992). *Kleine Helden in Not*. Reinbek: Rowohlt.

Schaeffler, S. (1999). Supervision und Geschlecht. In Harald Pühl (Hrsg.), *Supervision und Organisationsentwicklung* (S. 181–195). Opladen: Leske & Budrich.

Staub-Bernasconi, S. (1994). Soziale Probleme – Soziale Berufe – Soziale Praxis. In M. Heiner, M. Meinhold, H.v. Spiegel & S. Staub-Bernasconi, *Methodisches Handeln in der Sozialen Arbeit* (S. 11–101). Freiburg: Lambertus.

Tatschmurat, C. (1996). Feministisch orientierte Soziale Arbeit: Parteilich handeln – dekonstruktivistisch denken? In T. Miller, & C. Tatschmurat (Hrsg.), *Soziale Arbeit mit Frauen und Mädchen* (S. 9–28). Stuttgart: Enke.

Tatschmurat, C. (2000). Supervision und Empowerment. Durchblick macht stark. In T. Miller & S. Pankofer (Hrsg.), *Empowerment konkret* (S. 205–220). Stuttgart: Lucius & Lucius.

Prof. Dr. Carmen Tatschmurat ist Ordensfrau (Benediktinerin) und hat Soziologie studiert. Sie ist ausgebildet in Supervision (DGsV) und Geistlicher Begleitung und arbeitet als Professorin für Soziologie in der Sozialen Arbeit an der Katholischen Stiftungsfachhochschule für Sozialberufe in München sowie als Praxisberaterin. Ihre Arbeitsschwerpunkte sind der Theorie-Praxis-Transfer (v.a. für die Bereiche Obdachlosigkeit und Straffälligkeit), Prozesse der Identitätsbildung, Coaching und Geistliche Begleitung.

Anschrift:
Katholische Stiftungsfachhochschule für Sozialberufe
Preysingstr. 83
D-81667 München
E-Mail: tatschmurat@ksfh.de

Beratung für Lesben und Schwule

Kurt Wiesendanger

1 Wo liegt das Problem? Heterosexismus und Homophobie

„Nicht der Homosexuelle ist pervers, sondern die Situation in der er lebt." (Rosa von Praunheim)

Homosexualität ist weder eine biologische, noch eine medizinische, noch eine psychische, noch sonst irgendeine *im gleichgeschlechtlich empfindenden Individuum liegende* Störung. Vielmehr handelt es sich um ein *primär soziales* Problem. So stößt die Gesellschaft im Umgang mit gleichgeschlechtlich Empfindenden an eigene psychische Grenzen, welche sie bewusst oder unbewusst in mehr oder weniger aggressiver Form am vermeintlich Verursachenden (der Lesbe, dem Schwulen) abreagiert.

Es sind nicht die Lesben oder die Schwulen selbst, die in ihrem Erleben und Verhalten krank oder gestört sind. Selbstverständlich *können* gleichgeschlechtlich Empfindende – ebenso wie Heterosexuelle – das gesamte Spektrum psychischer Störungen entwickeln. Dies hat aber – mit Ausnahme der internalisierten Homophobie, welche im Folgenden noch eingehend diskutiert wird – nichts mit ihrer Sexualorientierung zu tun, sondern beruht auf anderweitigen Ursachen. Hingegen müssen die verschiedenen Formen von antihomosexueller Gewalt seitens der Gesellschaft als gestörte Verhaltensweisen bezeichnet werden, welche ihrerseits Lesben und Schwule in ihrer Entfaltung teilweise massiv beeinträchtigen und unter welchen sich sekundär psychische Störungen entwickeln können.

Warum aber kommt es überhaupt dazu, dass ein Teil der Gesellschaft, welcher sich heterosexuell identifiziert, feindselig mit Andersfühlenden umgeht? Der Grund dafür liegt in einer unreflektierten, allgegenwärtigen Überhöhung von heterosexuellen Werten (Heterosexismus), welche sich in destruktiven Verhaltensweisen gegenüber gleichgeschlechtlich Empfindenden (Homophobie) äußern kann.

So verstehen wir unter *Heterosexismus* ein gesellschaftliches und institutionalisiertes Denk- und Verhaltenssystem, welches Heterosexualität anderen Formen sexueller Orientierung als überlegen klassifiziert (Cabaj & Stein, 1996). In unserer Kultur stellt Heterosexismus eine meist unreflektierte, omnipräsente Größe gesellschaftlicher Umgangsformen dar, in der von frühester Kindheit an (fast) alle Menschen aufwachsen und der sich kaum jemand entziehen kann.

Homophobie bezeichnet sodann eine soziale, gegen Lesben und Schwule gerichtete Aversion, welche vordergründig mit Emotionen der Abscheu und des Ärgers, tiefgründig und meist unbewusst hingegen mit Angst in Bezug auf Unsicherheiten in der eigenen sexuellen Identität einhergeht (Davies & Neal, 1996). Sie bildet die logische Konsequenz des heterosexistischen Weltbildes, welches *per definitionem* einen Allgemeingültigkeitsanspruch einfordert.

2 Internalisierte Homophobie

Heterosexismus ist ein Thema, welches sich für gleichgeschlechtlich Empfindende tagtäglich und – je nach Umfeld – mehr oder weniger stark ausgeprägt stellt. Dabei wird ausschließlich von heterosexuellen Standards ausgegangen. Niemand kann dem Heterosexismus ausweichen – weder heterosexuell Empfindende selbst, noch Lesben und Schwule, wobei die Konsequenzen für Letztere natürlich tief greifender sind.

Gleichgeschlechtlich Empfindende müssen sich dauernd damit auseinandersetzen, dass sie der heterosexuellen Rollenerwartung nicht entsprechen. Vor einem Coming-out bedeutet dies eine stetige Aushöhlung der eigenen Identität, die in dieser Entwicklungsphase sowieso oft brüchig ist. So werden von Menschen aller sexuellen Orientierungen zwangsläufig, meist unbewusst und mit einer großen Selbstverständlichkeit, heterosexistische Wertvorstellungen internalisiert, das heißt in den eigenen psychischen Innenraum aufgenommen. Dies wirkt sich bei Lesben und Schwulen natürlich besonders selbstdestruktiv aus, da es ihrem psychischen Erleben schlicht widerspricht.

In diesem Zusammenhang kann man bei Lesben und Schwulen „von einem Coming-out von alltäglich erlebten Minitraumata“ (Wiesendanger, 1998) sprechen, besonders wenn die Äußerungen nicht „bloß“ heterosexistisch, sondern im eigentlichen Sinne homophob sind, wenn also über das durch den heterosexistischen Inhalt vermittelte Nicht-Zugehörigkeitsgefühl zusätzlich abwertende Äußerungen gegenüber gleichgeschlechtlich Empfindenden vernommen werden. Auf diese Weise internalisieren Lesben und Schwule nicht nur heterosexistische, sondern darüber hinaus auch antihomosexuelle Werte. Und genau dies stellt die Hauptproblematik im psychischen Erleben gleichgeschlechtlich Empfindender, vor allem *vor* einem Coming-out, dar.

Aber auch *nach* einem Coming-out sind unreflektierte heterosexistische Botschaften der Umgebung für Lesben und Schwule ein permanentes Problem. Es stellt sich nämlich für sie laufend die Frage, ob sie ihrem Gegenüber klar machen wollen, dass sie dem eben geäußerten Bild nicht entsprechen, sich also „outen" wollen, oder ob sie nicht reagieren und die durch die Aussage verursachte Verletzung ihrer sexuellen Integrität wegstecken sollen. Gerade in Abhängigkeitsverhältnissen und Hierarchien, etwa am Arbeitsplatz oder in der Schule, ist der Umgang damit alles andere als unproblematisch.

Homophobie ist in einigen zentralen Punkten durchaus mit anderen gesellschaftlich verankerten Problemen vergleichbar, so etwa mit Sexismus, Ethnozentrismus, Rassismus oder Antisemitismus. Auf eine ähnliche Art und Weise wie gleichgeschlechtlich Empfindende werden Andersfarbige oder Andersgläubige stigmatisiert, diskriminiert und verbal oder teilweise tätlich angegriffen. So treten bei einem Teil der Gesellschaft gegenüber Lesben und Schwulen ähnliche Verhaltensmuster auf, wie etwa bezogen auf Dunkelhäutige, Juden oder Muslime: Sie werden – wie Andersfarbige oder Andersgläubige – stigmatisiert und auf subtile bis handfeste Weise diskriminiert.

Aus tiefenpsychologischer Sicht handelt es sich bei Homophobie – wie bei Sexismus, Rassismus oder Antisemitismus – um eine meist unbewusste Angst vor der Infragestellung der eigenen Identität. Diese Angst hat hintergründig mit den angegriffenen Individuen bzw. Gruppen nichts zu tun, sondern verweist auf die Unsicherheiten der Aggressoren selbst. Denn bei allen vier Formen der Identität – der sexuellen Identität (Abwehrform: Homophobie), der Geschlechtsrollenidentität (Abwehrform: Sexismus), der kulturellen Identität (Abwehrform: Rassismus) und der religiösen Identität (Abwehrform: z.B. Antisemitismus) – handelt es sich um absolut grundlegende Formen menschlicher Identität. Werden diese – meist unbewusst – in Frage gestellt, wenden sie sich in Form von aggressiven Projektionen gegen die vermeintlichen Verursacher im Umfeld (Frauen, Lesben, Schwule, Bisexuelle, Juden, Muslime, Dunkelhäutige, etc.).

So wird offensichtlich, dass Menschen, die Andersfühlende, Andersfarbige, Andersgläubige bzw. Menschen des anderen Geschlechts stigmatisieren und diskriminieren, ein großes – meist unbewusstes und damit uneingestandenes – Problem mit ihrer eigenen Identität haben. In Bezug auf gleichgeschlechtlich Empfindende handelt es sich um eine Angst im Umgang mit der eigenen (hetero-)sexuellen Identität.

3 Formen antihomosexueller Gewalt

Die sozialen Auswirkungen dieser Angst (und diese Angst in Form von Unsicherheit in der eigenen sexuellen Identität ist das Problem bei Homophobie schlechthin) zeigen sich auf besonders destruktive Weise und im Dienste der Abwehr möglicher homo- bzw. bisexueller Lebensalternativen in verschiedenen Formen antihomosexueller oder homophober Gewalt: Angefangen bei der täglich von Lesben und Schwulen erfahrenen „heterosexuellen Vorannahme" des sozialen Umfelds, reicht das Spektrum über unreflektierte Übernahmen heterosexistischer Werte, „lustige"

Lesben- und Schwulenwitze, abwertende Äußerungen bis hin zu massiven Beschimpfungen und physischen Gewaltakten. Daneben spielen juristische Ungleichheiten zwischen gegen- und gleichgeschlechtlichen Paaren weiterhin eine gewichtige Rolle, auch wenn in Deutschland und in einigen Schweizer Kantonen die Diskriminierungen nicht mehr im früheren Ausmaß zu Ungunsten von Lesben und Schwulen ausfallen.

Gleichgeschlechtlich Empfindende tragen ein hohes Risiko, Opfer von manifester physischer Gewalt zu werden, wobei Lesben häufiger Opfer von ihnen (gut) bekannten Personen sind, während Schwule eher von fremden Tätern angegriffen werden. Dem „Schwulen-Klatschen" (Verprügeln) sind natürlich insbesondere diejenigen ausgesetzt, welche an Orten der so genannten „Szene" als Schwule erkennbar werden. Täter sind meist Gruppen von Jugendlichen und jungen Erwachsenen, welche sich quasi einen „Sport" daraus machen, ihre Opfer teilweise auf brutalste Weise zu misshandeln. Für ihr Tun haben sie keinerlei Schuldbewusstsein und legitimieren es mit faschistoiden, rechtsradikalen Einstellungen, etwa das Land „von Perversen säubern" zu wollen.

Auf psychischer Ebene geschieht eine Vielzahl verschiedener Formen von Diskriminierungen, die unterschiedliche Auswirkungen auf die psychische Integrität von Lesben und Schwulen haben. Es sind einerseits Diskriminierungen, die auf dem Hintergrund einer heterosexistischen Umwelt eher unreflektiert ablaufen, andererseits aber auch Formen psychischer Gewaltanwendung, welche klar und vorsätzlich auf gleichgeschlechtlich Empfindende zielen.

Sich lesbisch oder schwul entwickelnden Kindern wird von frühester Kindheit an eine Welt vorgeführt, die ausschließlich von heterosexuellen Werten geprägt ist und in der sie sich demzufolge nicht beheimatet fühlen *können*. Sei es in ihrer Herkunftsfamilie, in der Schule, im beruflichen Alltag, in Filmen, im Theater, in Märchen, aber auch etwa in den Werbebotschaften der Print- und elektronischen Medien – dauernd werden Lesben und Schwule unausweichlich mit Lebensweisen konfrontiert, die ihren Bedürfnissen nicht entsprechen oder gar widersprechen. Und überall resultieren bei gleichgeschlechtlich Empfindenden bewusst wahrgenommene, aber auch unterschwellige, unbewusste psychische Belastungsreaktionen.

Je nach familiärem, sozialem und beruflichem Umfeld erleiden sie mehr oder weniger offensichtliche Diskriminierungen. Besonders gravierend wirkt sich antihomosexuelle Gewalt natürlich auf Kinder und Jugendliche aus. Und es braucht schon sehr viel Ich-Stärke, wenn es gelingen soll, Schimpfwörtern wie „du schwule Sau/du Lesbensau", welche auch heute noch zu den vernichtendsten in unseren Schulen gehören, die Stirn zu bieten. Viel wahrscheinlicher ist eine Identifikation mit den Aggressoren und so kommt es zum unheilvollen Internalisieren homophober Einstellungen, welche den tiefsten Gefühlen der eigenen Identität widersprechen.

Unter Erwachsenen nehmen die Formen von Diskriminierungen in der Regel subtilere, verstecktere Formen an. Dabei handelt es sich meist um Anspielungen oder um „höfliche" emotionale Distanz. Allerdings reichen Diskriminierungsformen auch in unserer „aufgeklärten Zeit" noch bis hin zu Mobbing, Übergangenwerden bei Beförderungen oder gar Entlassungen.

Schwulsein – und in einem weniger ausgeprägten Maß Lesbischsein – ist in den letzten Jahren zum Modethema avanciert. Sogar die Boulevardpresse rührt mit

Homestories von prominenten Schwulen Großmütterherzen zu Tränen. Hat die Gesellschaft also antihomosexuelle Gewalt überwunden? Ist Homophobie demnach Schnee von gestern – ein spezielles Darauf-Hinweisen also definitiv obsolet? Ich befürchte: Nein. Bei allem positiven, was hinter einer breiten und in Ansätzen wohlwollenden Thematisierung von Homosexualität steckt, bei allem, was die vordergründige Enttabuisierung von Homosexualität verspricht, glaube ich nicht, dass sie auf einer tieferen Schicht ihre Verheißungen einzulösen vermag. In vielem entpuppt sich die viel gepriesene Toleranz als Trendopportunismus und „politisch korrekte" Lippenbekenntnisse werden zu dem was sie sind, nämlich zu Worthülsen, wenn es darum geht, sie an wirklicher Akzeptanz und Wertschätzung zu messen. So lässt etwa die ja bei weitem noch nicht abgeschlossene und schon wesentlich ältere Geschichte der Frauenemanzipation grüßen, wobei die Einforderung der gleichen Rechte von Lesben und Schwulen offensichtlich noch um einiges brisanter ist und dabei die juristischen Gleichstellungsbemühungen nur die Spitze des gesellschaftlichen Eisbergs darstellen.

4 Was ist zu tun? Beratung für Lesben und Schwule – Akzeptanz, Empathie und Kongruenz

Beratung für lesbische Frauen und schwule Männern erfordert keine völlig neuen professionellen Ansätze. Insofern brauchen wir kein spezielles „pink counselling", um hilfreich mit gleichgeschlechtlich Empfindenden arbeiten zu können. Dennoch wäre der Schluss voreilig, unterstützende Beratung mit dieser Klientel würde sich überhaupt nicht von derjenigen mit heterosexuellen Klientinnen und Klienten unterscheiden (Rauchfleisch, Frossard, Roth, Waser & Wiesendanger, 2002).

Die beraterische Arbeit unterteile ich inhaltlich in folgende Grundaspekte: Die *bedingungslos akzeptierende Grundhaltung* Lesben und Schwulen gegenüber, das *einfühlende Verstehen* (Empathie) ihrer Lebensentwürfe und die *kongruente Beziehung* zwischen der Beraterin bzw. dem Berater und dem gleichgeschlechtlich empfindenden Gegenüber. Schließlich können Sachverhalte in den verschiedenen Entwicklungsphasen der schwulen Sozialisation (Prä-Coming-out, Coming-out, integriertes Coming-out) oder bezogen auf bestimmte Problembereiche durch *Aspekte spezifischen Vorgehens* unterstützt werden (Wiesendanger, 2001).

Das *bedingungslose* Akzeptieren von Homosexualität als eine der Heterosexualität gleichwertige Variante sexueller Orientierung, die nichts mit Gesundheit und Krankheit zu tun hat, ist *die* zentrale Voraussetzung in der Arbeit mit Lesben und Schwulen. In jeder professionellen Arbeit sollte es eine Selbstverständlichkeit sein, seine Klientinnen und Klienten in ihrem Erleben bedingungslos zu akzeptieren. Und dies umfasst natürlich auch das Akzeptieren der sexuellen Orientierung. Allerdings müssen Lesben und Schwule in beraterischen Gesprächen mitunter die Erfahrung machen, dass diese vermeintliche Selbstverständlichkeit keine ist. In diesem Punkt liegt denn auch ein wichtiges Spezifikum in der beraterischen Arbeit. Und hier weicht professionelle Arbeit mit gleichgeschlechtlich Empfindenden von der Arbeit mit heterosexuellen Menschen ab. Bei Letzteren bedarf es keiner speziellen Akzeptanz ihrer Sexualität. Das ist per se klar. Für die Arbeit mit Lesben und Schwulen muss hingegen prinzipiell als Minimalbedingung klar sein, dass die gleichgeschlechtliche eine der Heterosexualität gleichwertige Variante sexueller Entwicklung ist.

Wenn die professionelle Arbeit hingegen auf diskriminierende Weise erfolgt, so hat sie mit hilfreicher Beratung nichts zu tun, weil sie zu größten Verletzungen führt. Dies passierte in der Vergangenheit oft (namentlich von Seiten der Psychiatrie, der Psychoanalyse, der Verhaltenstherapie, der Seelsorge und der Erziehungsberatung) und ist leider auch in der Gegenwart – wenngleich meist auf subtilere Art und Weise als früher – bei einigen BeraterInnen immer noch Realität (Rauchfleisch, 2001).

Im Weiteren bedeutet bedingungsloses Akzeptieren von Homosexualität weit mehr als ein „politisch korrektes" und im Modetrend liegendes Bekenntnis abzugeben; Lesben und Schwule seien „ja auch Menschen wie du und ich". Vielmehr muss die Fachperson ohne wenn und aber Homo- und Heterosexualität als gleichwertig *empfinden*, um von bedingungsloser Akzeptanz sprechen zu können. Es geht darum, sich wirklich und ehrlich selbst zu prüfen, wie die eigene Einstellung zum Thema ist. Und wenn die Gleichwertigkeit keine Selbstverständlichkeit ist, so ist die Beratung gleichgeschlechtlich empfindender Menschen anderen Professionellen zu überlassen, die nicht nur kognitiv, sondern auch emotional der Homosexualität gegenüber eine offene und unbedingt akzeptierende Haltung einnehmen.

Sich in sein Gegenüber eindenken und vor allem einfühlen zu können, setzt eine Fähigkeit des Mitgehens in dessen Lebenswelt im Sinne einer suchenden Haltung voraus. In der Arbeit mit Lesben und Schwulen erachte ich es als notwendig, dass die Beraterin oder der Berater über die oben beschriebene grundlegende Fähigkeit des einfühlenden Verstehens (Empathie) hinaus ein Grundwissen über die Spezifika der lesbischen bzw. schwulen Sozialisation mitbringt. Ein solches Grundwissen hat zentral ein Wissen um den allgegenwärtigen Minoritätenstatus in einer (meist unreflektiert) heterosexistischen Alltagswelt zum Inhalt, die darüber hinaus oft durch subtile bis manifeste Formen antihomosexueller Gewalt psychischer und/oder physischer und/oder juristischer Art gekennzeichnet ist. Zu diesem Grundwissen gehört ferner ein Wissen um die selbstdestruktive Dynamik internalisierter Homophobie, unter der ein nicht zu unterschätzender Teil von Lesben und Schwulen leidet und oft hinter einer heterosexuellen Fassade versteckt bleibt (Prä-Coming-out), wobei viele keinen Ausweg im Akzeptieren ihres Erlebens (Coming-out) finden und unter dieser Last zusammenzubrechen drohen (psychisches oder somatisiertes Krankwerden bis hin zum Suizid). Und zu diesem Grundwissen gehören Kenntnisse über Lebensrealitäten und mögliche Lebensformen von Lesben und Schwulen sowie von gleichgeschlechtlichen Paaren, die sich ihre homosexuelle Identität in oft langjähriger Auseinandersetzung erarbeitet haben.

So wird denn auch keine Beraterin und kein Berater, der oder dem diese Grundgegebenheiten über die Lebensumstände von Lesben und Schwulen vertraut sind, die in den letzten Jahren populär gewordene und vordergründig wohlmeinende Haltung vertreten, Lesben und Schwule seien „Menschen wie alle andern auch" und es bestünden keine Unterschiede zu heterosexuellen Menschen. Natürlich gibt es Unterschiede – tiefgreifende sogar – und über diese Unterschiede sollten Professionelle Bescheid wissen, denn es darf nicht Aufgabe der Klientin oder des Klienten sein, ein entsprechendes Wissensdefizit in den Gesprächen ausgleichen zu müssen. Diese Arbeit hat die Expertin oder der Experte vorgängig oder zumindest parallel dazu selbst zu leisten. Sonst geht im günstigeren Fall wertvolle Zeit verloren, im ungünstigeren Fall hat die Klientin bzw. der Klient eben gerade dieses Wissen und vor allem das nötige Selbstverständnis nicht zur Verfügung (Prä-Coming-out) und gerät in eine Rechtfertigungs- oder Abwehrhaltung.

Nebst dem *unbedingten Akzeptieren* gleichgeschlechtlich empfindender Menschen, dem *einfühlenden Verstehen* und dem *Grundwissen* über lesbische und schwule Lebensentwürfe, gehört die *vertiefte Selbsterfahrung* mit der eigenen Sexualität und eigenen Abwehrformen zu den Voraussetzungen für ein hilfreiches und verantwortungsbewusstes professionelles Handeln. Dabei genügt angelesenes Wissen nicht. Dies verschafft bestenfalls ein „zoologisches" Wissen. Bei einer bloß theoretischen Auseinandersetzung mit Homosexualität besteht überhaupt keine Gewähr, dass in der Arbeit mit Lesben und Schwulen nicht ähnliche, vielleicht subtiler verpackte Diskriminierungen vorkommen, weil sich die Fachperson immer noch nicht *wirklich* in das Gegenüber einfühlen kann.

Aus diesem Grund ist es zentral, dass sich BeraterInnen ein Bewusstsein über die eigenen homoerotischen und homophoben Anteile verschaffen und sich damit eingehend auseinandersetzen. Wenn diese Auseinandersetzung nicht geschieht, besteht die große Gefahr, homosexuelle und homophobe Anteile abzuwehren, aus lauter – oftmals unbewusster – Bedrängnis, die Klientin oder den Klienten abzuweisen oder mit ihr bzw. ihm auf kränkende Art und Weise umzugehen. Wenn jemand seine eigene Angst oder seine eigene Homophobie nicht erkennt, ist die Arbeit mit Lesben und Schwulen unverantwortlich.

5 Phasenspezifisches beraterisches Vorgehen

Die Psychodynamik und die psychosozialen Gegebenheiten können in drei grundlegend verschiedene Entwicklungsphasen eingeteilt werden: erstens das *Prä-Coming-out*, d.h. die Phase von der Geburt bis *vor* den Zeitpunkt des inneren Akzeptierens lesbisch bzw. schwul und nicht heterosexuell zu sein; zweitens das *eigentliche Coming-out*, also die Phase der inneren Akzeptanz des Lesbisch- bzw. Schwulseins und der Kommunikation der gleichgeschlechtlichen Orientierung gegenüber einem mehr oder weniger ausgewählten Kreis Außenstehender; und drittens das *integrierte Coming-out*, was der Phase einer stabilen lesbischen bzw. schwulen Identität entspricht.

Beratung im Prä-Coming-out: Aufbau von Ich-Stärke

Im Prä-Coming-out gilt es, lesbische Klientinnen und schwule Klienten überhaupt als solche zu erkennen. Gerade *weil* sie vor dem Coming-out oft verschiedenste Symptome und Themen in der Beratung präsentieren und unter Umständen keinen Zusammenhang mit ihrer als unerwünscht erlebten Homosexualität herstellen oder diesen – je nach Ausprägungsgrad der Abwehr – explizit verneinen, stellt dies besonders hohe Anforderungen an das Einfühlungsvermögen des Gegenübers.

In der beraterischen Situation kann abgewehrte Homosexualität sich etwa in Form von diffuser Unzufriedenheit, Rastlosigkeit oder Lethargie, depressiven Episoden, Angststörungen, Phobien, Zwängen, psychosomatischen Reaktionen oder mitunter gar als psychotisches Erleben präsentieren. Auch Suizidalität ist in diesem Zusammenhang ein wichtiges Thema, etwa wenn die Klientin oder der Klient ihre bzw. seine unerwünschte, vielleicht noch ganz uneingestandene Homosexualität als dermaßen identitätsbedrohend erlebt, dass er keinen Ausweg aus der darunter liegenden internalisierten Homophobie sieht, als sich das Leben zu nehmen.

Lesben und Schwule im Prä-Coming-out bezeichnen sich in der Regel nicht als lesbisch bzw. schwul. Homosexuelle Identität ist ja gerade das Resultat einer meist langjährigen Identitätsentwicklung. Oft verleugnen gleichgeschlechtlich empfindende Menschen vor einem Coming-out ihre Sexualität, etwa indem sie deren Stellenwert generell hinunterspielen oder indem sie diese von sich abspalten und allenfalls in einem Doppelleben ausleben. Viele werden gegenüber außen einen heterosexuellen Lebensstil vortäuschen, einige unter ihnen eine gegengeschlechtliche Beziehung inszenieren, vielleicht gar eine Familie gründen, etwa aus falsch verstandener Anpassung oder um nicht in Verdacht zu geraten, lesbisch bzw. schwul zu sein. So gehen Schätzungen davon aus, dass etwa 30 % der homosexuell Empfindenden in heterosexuellen Beziehungen leben.

Im Prä-Coming-out geht es zentral um die Aufarbeitung internalisierter homophober Bilder, Gefühle und Kognitionen, welche sich über Jahre oder Jahrzehnte bei der Klientin oder beim Klienten verankert haben, insbesondere dann, wenn die gleichgeschlechtlichen Empfindungen als dermaßen ausgeprägt unerwünscht erlebt werden, dass sie bzw. er diese „wegtherapiert" haben möchte. In diesem Fall muss es der Fachperson absolut klar sein, dass „Umpolungen" auf der *Erlebensebene* unmöglich sind. Allenfalls ist – zum Preis einer enorm hohen Anpassungsleistung und einer ebenso hohen Verleugnung – eine kurzfristige Änderung des *manifesten Verhaltens* zu erzwingen. Dies hat aber nichts damit zu tun, dass die oder der auf diese Weise „Behandelte" jetzt heterosexuell *fühlt*. Und es bedeutet schon gar nicht, dass diese „antrainierte" Heterosexualität etwas mit psychischer Gesundheit und Ausgeglichenheit zu tun hat.

In der Arbeit mit Klientinnen und Klienten im Prä-Coming-out geht es darum zu erkennen, was bei ihnen an negativen Vorstellungen und Gefühlen im Zusammenhang mit Homosexualität besteht. Je nachdem sind es eher familiäre, religiöse oder sonstige soziale Zwänge, mit denen Lesben und Schwule sich identifizieren und demzufolge ihre Sexualität ablehnen. Und genau diese Ablehnung der eigenen Gefühle führt sekundär zu selbstdestruktivem Verhalten (Depressionen, psychosomatische Reaktionen, Angststörungen, Suizidalität) oder gegen offen lebende Lesben und Schwule gerichtete aggressive Durchbrüche, welche letztlich natürlich ebenfalls selbstabwertend sind.

Beratung im Coming-out: Wie sag' ich's meinen Eltern?

In der Begleitung der Phase des Coming-out gilt es, mit der lesbischen Klientin bzw. dem schwulen Klienten abzuschätzen, welche Konsequenzen ein Kommunizieren der gleichgeschlechtlichen Orientierung gegenüber verschiedenen Personen des sozialen Umfelds nach sich zieht. Umgekehrt soll auch besprochen werden, was es bedeutet, gegenüber dieser und jener Person *nicht* darüber zu sprechen.

Da von den meisten Lesben und Schwulen das Coming-out gegenüber den Eltern als das schwierigste empfunden wird, erfordert dieser Schritt in der Beratung besondere Aufmerksamkeit. Mit dem Coming-out gegenüber den Eltern sind Ängste des Nicht-ernst-genommen-und-akzeptiert-werdens sowie des Ausgestoßenwerdens verknüpft. Bei den Eltern wird oft ein problematischer Verarbeitungsprozess ausgelöst, wobei vielfach sowohl gleichgeschlechtlich Empfindende selbst wie auch die Eltern Unterstützung brauchen. Eltern können allenfalls ein Stück weit in das beratende Gespräch mit ihrer Tochter bzw. ihrem Sohn einbezogen werden, wobei es einerseits um Informationsvermittlung über Homosexualität und andererseits um emotionales Verstehen geht.

Auch ein Coming-out gegenüber weiteren Bezugspersonen (Freundinnen, Freunden, Vorgesetzten, Arbeitskolleginnen und -kollegen etc.) kann im beraterischen Rahmen unterstützend begleitet werden. Dabei sind die ganz spezifischen Schwierigkeiten und Abhängigkeiten, beispielsweise bei einem Coming-out am Arbeitsplatz, unbedingt zu berücksichtigen.

Einer Lesbe oder einem Schwulen, die oder der mit 30, 40 oder 50 Jahren ein Coming-out hat, erwachsen wiederum spezifische Probleme. Oft handelt es sich um lesbische Mütter oder schwule Väter, womit eine ganze Familie zentral mit einem Coming-out konfrontiert wird. Es liegt auf der Hand, dass ein solches spätes Coming-out zu Irritationen im sozialen Umfeld und – im Fall von bestehenden heterosexuellen Beziehungen – zu großen Verletzungen der jetzigen Partnerin bzw. des Partners führen kann.

Beratung im integrierten Coming-out: lesbisch/schwul – na und?

Beratung von Lesben und Schwulen mit einem *integrierten* Coming-out unterscheidet sich wesentlich von der Arbeit mit Lesben und Schwulen *vor* oder *während* des Coming-out. Der absolut zentrale Entwicklungsschritt des eigenen Akzeptierens der gleichgeschlechtlichen Orientierung ist integriert und ein mehr oder weniger großer Kreis von Bezugspersonen ist darüber informiert. Für eine eigentliche lesbische bzw. schwule Identität ist mindestens das Terrain bereitet; in vielen Fällen ist das Lesbisch- oder Schwulsein eine Selbstverständlichkeit geworden.

Lesbische Klientinnen und schwule Klienten mit einem integrierten Coming-out haben ihre internalisierte Homophobie also – wenigstens weitgehend – aufgearbeitet. Insofern geht es in der beraterischen Arbeit mit ihnen nicht mehr um diese Identitätsfindung. Vielmehr kommen irgendwelche Themen zur Sprache, mit denen heterosexuelle Klientinnen und Klienten ebenso vertraut sind und die primär mit Homosexualität nichts zu tun haben.

Unter diesem Aspekt unterscheidet sich die professionelle Arbeit mit gleichgeschlechtlich Empfindenden mit einem integrierten Coming-out nicht von derjenigen mit heterosexuellen KlientInnen. Allerdings können Erfahrungen mit Diskriminierungen als Lesbe bzw. als Schwuler – seien diese lebensgeschichtlich irgendwann einmal gemacht worden oder derzeit aktuell – wichtige Themen sein.

Indirekt kann also wiederum ein Zusammenhang zwischen psychischen Problemen und Homophobie entstehen. Allerdings läuft der *direkte* Zusammenhang nicht, wie vor dem Coming-out, primär über internalisierte homophobe Anteile, sondern – von den Klientinnen und Klienten nun klar benennbar – über die *soziale* Homophobie, also über antihomosexuelle Reaktionen aus dem Umfeld.

Durch ihre spezifische Entwicklung nehmen Lesben und Schwule den Alltag vielfach „etwas anders" wahr als Heterosexuelle. Dadurch unterscheiden sie sich durch eine „etwas andere" Optik von gegengeschlechtlich empfindenden Menschen. Dabei gilt es zu erkennen, dass dies nichts mit „gesund" oder „krank" beziehungsweise „richtig" oder „falsch" zu tun hat. Analog dem differenten psychischen Erleben bei Frauen und Männern oder bei Schwarzen und Weißen gibt es auch Unterschiede zwischen hetero-, bi- und homosexuellen Menschen, was sich natürlich auch in gleichgeschlechtlichen Partnerschaften zeigt. Und gerade in dieser spezifischen Seinsqualität liegt ein großes Potential zur Kreativitäts- und Persönlichkeitsentwicklung.

Literatur

Cabaj, R. & Stein, T. (Eds.). (1996). *Textbook of Homosexuality and Mental Health*. Washington: American Psychiatric Press.

Davies, D. & Neal, C. (Eds.). (1996). *Pink Therapy. A Guide for Counsellors and Therapists working with Lesbian, Gay and Bisexual Clients*. Buckingham: Open University Press.

Rauchfleisch, U. (2001). *Schwule, Lesben, Bisexuelle. Lebensweisen, Vorurteile, Einsichten*. Göttingen: Vandenhoeck & Ruprecht.

Rauchfleisch, U., Frossard, J., Roth, W., Waser, G. & Wiesendanger, K. (2002). *Gleich und doch anders. Psychotherapie und Beratung für Lesben, Schwule und Bisexuelle*. Stuttgart: Klett-Cotta.

Wiesendanger, K. (1998). Spezifika in der Psychotherapie mit schwulen und lesbischen KlientInnen. In *Dissertation der Philosophisch-Historischen Fakultät der Universität Basel*.

Wiesendanger, K. (2001). *Schwule und Lesben in Psychotherapie, Seelsorge und Beratung. Ein Wegweiser*. Göttingen: Vandenhoeck & Ruprecht.

Dr. Kurt Wiesendanger hat Psychologie, Psychopathologie und Pädagogik studiert und arbeitet als Psychotherapeut in selbständiger Praxis. Seine Arbeitsschwerpunkte sind humanistisch-tiefenpsychologische Psychotherapie und Beratung, speziell für Schwule und Lesben.

Anschrift:
Dr. K. Wiesendanger
Haggenhaldenstr. 15
CH- 9014 St. Gallen
E-Mail: kurt.wiesendanger@freesurf.ch

IV Alter und Beratung

Übersicht

Beratungsprozesse mit Kindern
Irmgard Köster-Goorkotte & Sergio Chow

1 Zugänge von Kindern zur Beratungsstelle
2 Subjektorientierung in der Beratung mit Kindern
3 Anlässe für die Beratung mit Kindern
4 Beratung mit Kindern im Verhältnis zur Familienberatung

Beratung für Jugendliche
Christian Reutlinger

1 Traditionelle Beratungsansätze für Jugendliche
2 Vergesellschaftungsformen Jugendlicher
3 Beratung angesichts der Biographisierung der Lebensverhältnisse
4 Orientierungsvorschläge für Jugendberatung im Strukturwandel der kapitalistischen Arbeitsgesellschaft

Beratung für alte Menschen
Fred Karl

1 Altern und Alter als soziale Konstruktion
2 Alter und Pluralisierung
3 Genese der Altenberatung
4 Altenberatung nach Einführung des SGB XI
5 Bring-Strukturen in der Altenberatung und Altenarbeit
6 Altenberatung als intergenerative Netzwerkunterstützung

Beratungsprozesse mit Kindern

Irmgard Köster-Goorkotte & Sergio Chow

Die Lebenslagen und Lebenswelten von Kindern und ihren Familien in unserer Zeit sind von einer solchen Komplexität und Vielfalt geprägt, dass alle Beteiligten zur Gestaltung und Bewältigung eines „ganz normalen Alltags“ zunehmend und länger andauernd sozialer Stützsysteme bedürfen und diese auch nutzen, wenn ihnen – insbesondere den Kindern – die Zugänge dazu erlebbar eröffnet werden.

In besonderer Weise gilt dieses für Kinder von (aktuell) in Not oder Krisen geratenen Familien und für Kinder aus mehrfach belasteten und in Armut lebenden Familien.

Nach dem Jugendalter wird Kindheit selbst zunehmend zu einer Risikophase. Armut trägt in unserer Gesellschaft mittlerweile mehrheitlich das Gesicht von Kindern. Neben gewachsenen Kinderrechten steht ein gewaltiges wirtschaftliches Verwertungsinteresse an kindlichen Ressourcen. In der widersprüchlichen Spannung konservativ gesellschaftlicher Familienideologien und weiblicher Emanzipationsinteressen an gleichberechtigter gesellschaftlicher Teilhabe drohen Kinder nicht nur zur gesellschaftlichen Randgruppe, sondern auch zur Verschiebemasse aufgrund allseitiger Unzuständigkeit zu werden. Gleichzeitig steigen die individuellen und gesellschaftlichen Ansprüche an die Lebensphase Kindheit: Nur nicht Verlierer sein und werden, ist die Tageslosung. Dabei wachsen Kinder in einer unübersichtlichen Vielzahl von sozialen, kulturellen und ethnischen Lebensformen und Traditionsmustern auf. Lebensbereiche und Medien stehen ihnen offen wie nie zuvor. Auf der anderen Seite gehören Brüche, Umbrüche und Zusammenbrüche zu ihrem Alltag und ihrer Zukunft.

Vorwort und Einleitung
Beratungs-disziplinen
Geschlecht und Beratung
Alter und Beratung
Kultur und Beratung
Beratung und soziale Systeme
Perspektiven der Beratung

Kinder heute empfinden wie Kinder in Generationen vor ihnen und leben doch ganz anders. Schon im Kindesalter steht der zeitgenössische Mensch unserer Gesellschaft vor der Herausforderung, sich als Baumeister seiner selbst kontinuierlich neu zu entwerfen. Die Anforderungen an die psychische und soziale Regulation der Wirklichkeit wachsen und schieben sich lebensgeschichtlich in immer frühere Lebensphasen.

Die Unübersichtlichkeit (nicht nur) kindlicher Lebenswelten mit ihren vielfältigen Chancen und Risiken (vgl. Keupp, 1993) hat u.a. zur Folge, dass professionelle BeraterInnen kaum mehr in der Lage sind, diese zu Beginn einer Beratung jeweils im Einzelfall nachzuvollziehen. Kindliche Lebenswelt ist somit für die professionelle Beratung immer auch eine fremde Welt. Vor dem Hintergrund selbstreflexiver Auseinandersetzung mit der eigenen Kindheit, dem Wissen um gesellschaftliche und zeitgenössische Zusammenhänge und der Rezeption wissenschaftlicher Forschung und Theorien orientiert sich Beratung (vgl. Frankfurter Erklärung zur Beratung, 2001) an der Lebenswelt, dem Alltag und den Ressourcen von Kindern und ist so angewiesen auf ein dialogisches Miteinander im Beratungsprozess von Anfang an.

Daraus ergibt sich: Eine an den Prinzipien der Lebensweltorientierung (Thiersch, 1992, vgl. auch Thiersch i.Bd.2) entwickelte Beratung kann nur gleichwertig auf der Grundlage des Respekts vor der „Selbstzuständigkeit des Kindes in seinen Lebensverhältnissen“ mit ihm – und seinen Eltern – gemeinsam gestaltet werden.

Den folgenden Ausführungen liegen langjährige Praxiserfahrungen in einer stadtteilorientierten Erziehungsberatungsstelle zu Grunde. Sie beziehen sich vorrangig auf die direkte Arbeit mit Kindern im Einzelfall oder in Gruppen, sind aber auch in (systemische) Familienberatung integrierbar. Die Aussagen lassen sich ebenso auf Beratung von Kindern in anderen Kontexten und Systemen wie dem Gesundheitswesen, der Justiz oder der Schule übertragen.

1 Zugänge von Kindern zur Beratungsstelle

Im VIII. Sozialgesetzbuch (KJHG) ist grundlegend und verbindlich der Rahmen vorgegeben, aus dem u.a. Beratungsleistungen und -verpflichtungen – auch bezogen auf Kinder – abzuleiten sind. Im Arbeitsfeld Erziehungsberatung (vgl. Hundsalz i.Bd.2) und Stadtteilarbeit ergibt sich im Wesentlichen ein Beratungsbedarf von Kindern über drei Zugänge.

1. Eine Anmeldung zur Beratung erfolgt über die Eltern (Sorgeberechtigten) entweder aus eigenem Wissen um die Möglichkeit der Inanspruchnahme von Beratungsleistungen oder durch die Vermittlung, Empfehlung oder „Überweisung“ Dritter wie Erzieherinnen, Lehrkräfte, ÄrztInnen ... oder auch als Ergebnis eines geregelten Hilfeplanverfahrens nach § 36 SGB VIII.

Hierzu ein Beispiel aus dem beruflichen Alltag:

Drei Geschwister aus einer gut situierten Mittelschichtfamilie (gleiche Herkunft, gleiche familiale und soziale Bedingungen, unterschiedliches Alter) kommen je einzeln zur Beratung. Die beiden Älteren nehmen getrennt an Präventionsgruppen für Kinder aus

Trennungs- und Scheidungsfamilien teil. Der Auftrag der Eltern lautete: „Unsere Kinder sollen Hilfe bei der Bewältigung unserer vier Jahre zurückliegenden Trennung und Scheidung erhalten."
Linda (die Namen sind fiktiv), 12 Jahre alt, befindet sich in einer Altersphase, in der sie das Geschehen über ihr Verstehen zu bewältigen sucht; sie arrangiert sich mit den Gegebenheiten. Gleichzeitig beginnt bei ihr altersentsprechend die Auseinandersetzung mit der Mutter und mit deren Anteil an der Verantwortung für die elterliche Trennung. Ihr Auftrag lautet: „Wie kann ich mit meiner Wut umgehen, damit der Alltag mit ihr besser läuft und wir uns nicht ständig streiten müssen?"
Michael, acht Jahre alt, möchte den im Alltag abwesenden Vater so häufig wie möglich treffen und ihn mit in den familiären Alltag einbeziehen. Das kostet ihn viel Energie. Sein Auftrag lautet: „Wie kann ich meine Eltern dazu bringen, dass wir Weihnachten alle gemeinsam feiern, und wie kann ich verhindern, dass ich mich später einmal trenne?"
Sarah, vier Jahre alt, möchte endlich sechs Jahre alt werden, damit sie wie ihre Geschwister endlich auch an einer „Trennungs- und Scheidungskindergruppe" teilnehmen kann. Dies erscheint ihr höchst erstrebenswert. Sie empfindet noch keine Probleme mit der Lebenssituation, da ihr Vater kurz nach ihrer Geburt ausgezogen war und sich so der Alltag für sie nie geändert hat. Ihr Auftrag lautet: „Ich will nicht allein zu Gesprächen kommen, will aber später in eine Gruppe."
Die drei Geschwister haben eines gemeinsam: Sie stehen vor der sich immer wieder neu stellenden biographischen Aufgabe, die Trennung und Scheidung ihrer Eltern zu bewältigen und lebensgeschichtlich neu zu definieren. Sie brauchen dazu entsprechend ihres Alters unterschiedliche Hilfen, die sie unabhängig voneinander erhalten.
Nach Beendigung dieser Beratungsprozesse haben sich die zwei älteren Geschwister zu späteren Zeitpunkten eigenständig bezüglich anderer Fragestellungen Beratung eingeholt. Die jüngste Tochter vergewisserte sich von Zeit zu Zeit, ob sie noch auf der Anmeldeliste für eine Präventionsgruppe steht.

2. Über aufsuchende, zum Beispiel stadtteilorientierte Arbeitsansätze, die die Präsenz von BeraterInnen an den alltäglichen Lebensorten von Kindern sichert, benennen diese ihren Beratungsbedarf unmittelbar.

Auch hierzu ein Praxisbeispiel:

Familie Meyer (der Name wurde geändert) lebt mit vier Kindern in einer 56m² großen Mietwohnung in einem so genannten Armutsviertel, fünf Minuten Gehweg von der Beratungsstelle entfernt. Die Eltern, beide ohne Schulabschluss und Berufsausbildung, arbeiten tagsüber. Die Familie lebt unabhängig von Leistungen nach dem Bundessozialhilfegesetz, was unter der Bedingung eingeschränkter Schul- und Berufsausbildung auf die elterliche Handlungsfähigkeit hinweist. Den Eltern wurde bereits mehrfach das Aufsuchen einer Erziehungsberatungsstelle empfohlen. Sie wollten aber „mit dem Psychokram nichts zu tun haben". Die Mutter kennt eine Beraterin aus den Sprechstunden und Präsenzzeiten im nahe gelegenen „Bewohnertreff", den sie häufig auch mit ihren Kindern aufsucht. Bei einem Pfarrfest sucht die älteste Tochter, 7 Jahre alt, das Gespräch mit der ihr persönlich bekannten Beraterin, zu dem im Verlauf auch die Geschwister kommen. Sie beschreiben, wie ihr Alltag aussieht, was gut und was weniger gut daran ist. Die Mutter beendet das Gespräch, um mit ihren Kindern nach Hause zu gehen. Die Beraterin vereinbart mit Erlaubnis der Mutter eine Weiterführung des Gespräches mit den Kindern im „Bewohnertreff". Ergebnis dieses Treffens sind die formulierten Wünsche der Kinder:

„Wir wollen in die Ferien fahren – einmal im Jahr."
„Wir wollen eine Gruppe haben am Nachmittag (für mich allein)."
„Mama soll nicht so viel ‚hauen' und ‚schreien'."

Nach einem folgenden Gespräch mit Kindern und Eltern, in dem auch ihr Bedarf nach Entlastung deutlich wurde, waren diese Wünsche in Kooperation mit anderen Diensten

und Einrichtungen aufgrund guter Vernetzung der Beratungsstelle im Stadtteil schnell umzusetzen.
Nach sechs bzw. acht Wochen gingen alle Kinder bis zum späten Nachmittag in unterschiedliche pädagogische Einrichtungen (Tagesstätte, Hort, Heilpädagogische Kindergruppe). Sie fuhren mit der Mutter erstmalig und dann jedes Jahr in eine Familienbildungsfreizeit. Eine Veränderung im Erleben der Kinder war ebenfalls, „dass Mama nicht mehr so viel haut“, da die Mutter einerseits ruhiger ihrer Arbeit nachgehen und andererseits das Zusammensein mit ihren Kindern am Abend ebenfalls mit professioneller Unterstützung anders gestalten konnte.
In der Folgezeit wandten sich sowohl die Kinder wiederholt eigenständig an die Beratungsstelle, wenn sie für sich wieder etwas ändern wollten, als auch die Eltern, weil „Sie uns schon einmal geholfen haben“.

3. Im Rahmen von kindbezogener Öffentlichkeitsarbeit und Werbung für Angebote zum Beispiel von themenzentrierten Präventionsgruppen für Kinder (Meine Eltern sind arbeitslos; Meine Mutter, mein Vater ist krank; Meine Eltern sind getrennt ...) werden Kinder direkt über die Verteilung von Handzetteln an die entsprechenden Altersgruppen in Schulen angesprochen. Dieses Vorgehen ist recht aufwändig, aber wirkungsvoll einzusetzen, wenn es auf einen Stadtteil oder eine Gemeinde bezogen ist und durch Informationen in entsprechenden Medien – z.B. einer Kinderseite in der regionalen Zeitung – ergänzt wird. Der Aufwand lohnt sich. Kinder machen Gebrauch von diesen Informationen und melden sich bei Bedarf selber an. Das erfordert dann das Einholen der elterlichen Erlaubnis in einem gemeinsamen Gespräch – oder sie fordern ihre Eltern auf, sie anzumelden.

Eine praktische Erfahrung:

Die achtjährige Anna meldet sich über den beschriebenen Weg telefonisch zu einer Gruppe für Kinder mit getrennt lebenden Eltern an. Sie wird mit ihrer Mutter zu einem ersten Informationsgespräch eingeladen. Die Mutter ist mehr als erstaunt, dass die Trennung der Eltern überhaupt noch ein Thema für die Tochter ist, da diese ihren Vater gar nicht kennt und in der Familie darüber schon seit Jahren nicht mehr gesprochen wird. Sie versucht, ihrer Tochter dieses Bedürfnis auszureden. Anna lässt sich jedoch nicht verunsichern und schließlich gibt die Mutter ihr Einverständnis. Anna nimmt an der Gruppe teil.
Inzwischen ist Anna mit ihrer Mutter aufs Land verzogen. Ab und zu holt sie sich schriftlich noch einen Rat, da das Telefonieren zu teuer ist. Sie hat mittlerweile Kontakt zu ihrem Vater aufgenommen und sieht ihn regelmäßig.

2 Subjektorientierung in der Beratung mit Kindern

Die Subjektorientierung in der Beratungsarbeit mit Kindern bedarf neben einer professionellen Haltung (Menschenbild, Visionen, Ziele) einer klaren Methodik sowie der dazu gehörigen Basiskompetenzen.

Kinder begeben sich in der Regel in einen Beratungskontext, weil sie leiden und dieses verändern wollen, oft auch fremdbestimmt ändern sollen. Ein vertrauensvoller Beratungsprozess kann ihnen neben der Arbeit an den Beratungsthemen gleichzeitig ein Modell für Selbstbestimmung, gelebte Gleichwertigkeit und Respekt vermitteln, wenn BeraterInnen – neben der spezifischen Methodik – der Betroffenenbeteiligung (s. § 36 SGB VIII – diese gilt auch und besonders für Kinder) besondere Aufmerksamkeit widmen. Merchel schreibt hierzu: „Das Herstellen von Betroffenenbeteiligung wird zu einer zentralen Aufgabe im Hilfeprozess selbst. ... Diese Erkenntnis ... zwingt die Fachkräfte der Jugendhilfeeinrichtungen dazu, Kommunikationsformen zu entwickeln, die eine reale Beteiligung Betroffener erlauben und diese fördern" (1994, S. 55).

Um diese Kommunikationsformen zu strukturieren, zu gestalten und für Kinder erlebbar zu machen, sind folgende Merkmale für die Praxis von Bedeutung:

Zur **Strukturqualität**

- Gemeinsame Aushandlung von Terminen:
  „An welchen Tagen kannst Du (nicht) kommen?"
  „Wann passt es Dir gut?"
  „Wie können wir das mit meinen terminlichen Möglichkeiten in Übereinstimmung bringen?"
- Orts- und Raumwahl
  „Wo sollen wir uns treffen?"
  „Ich lade Dich hierher ein. Ist das okay?"
- Gemeinsame Entscheidung des Beratungssettings
  „Soll Mama/Papa dabei sein?"
  „Soll sie/er draußen warten?"
  „Wirst Du gebracht und abgeholt?"
  „Soll ich Dich abholen (abhängig von Alter und Gegebenheiten)?"
  „Möchtest Du allein zu mir kommen oder Dich in einer Gruppe mit anderen Kindern beraten?"
  „Möchtest Du von einer Frau oder einem Mann beraten werden?"

Zur **Prozessqualität**

- Herstellen von Freiwilligkeit als Gegenmodell zur Fremdbestimmtheit
  „Weißt Du, warum Du hier bist?"
  „Willst Du denn tun, was Mama/Papa will?"
  „Was müsste denn hier geschehen, damit Du gut hier sein kannst?
  „Möchtest Du hier sein und wiederkommen?"

  In unserer Münsteraner Beratungsstelle ist es nie vorgekommen, dass einKind das Gespräch und den Kontakt gänzlich verweigerte. Selbst Jugendliche, die auf richterliche Anordnung zu Beratung kommen „mussten", haben ihre Gestaltungsmöglichkeiten wahrgenommen, wenn sie ihnen aktiv angeboten wurden.
- Transparenz bezüglich der beruflichen Rolle, des Gesprächsverlaufs, der Ziele
  „Du bist hier, weil ..., und meine Aufgabe ist es, ..."
  „Wir haben heute ... Zeit ... oder ... Du wirst wieder abgeholt, wenn dieser Zeiger dort angekommen ist."
- Verstehbarkeit der Sprache
  „Was hast Du heute besonders gut verstanden?"
  „Wozu hast Du noch Fragen?"
  „Was denkst Du ... (statt: Was fühlst Du ...)?"

Kinder teilen ihre gefühlsmäßigen Bewertungen leichter über die Frage nach ihren Gedanken (Unterscheidungen) mit. Fragen nach Gefühlen werden in der Regel eher stereotyp oder gar nicht beantwortet.

- Sicherung der Redeanteile für das Kind durch die Verwendung kindorientierter Medien

  Thematische Zeichnungen, Handpuppen, Aufstellungen, Metaphern, Externalisierung u.a.m.

  Kinder können leichter über „etwas" sprechen als über sich selbst.

- Schaffung von Schutzräumen für das Kind

  „Das, was wir besprechen, bleibt für mich in diesem Raum."
  „Du kannst natürlich darüber reden, aber ich nicht."
  „Deine Eltern erfahren von mir nichts über das, was Du hier sagst."

  Kinder erleben sich gerade in Beratungsprozessen häufig in einem Loyalitätskonflikt bezüglich ihrer Eltern oder anderer wichtiger Bezugspersonen. Kommt es im Beratungsverlauf oder zum Ende zu gemeinsamen Gesprächen mit den Eltern oder Dritten, wird dieser Schutzraum gewahrt, wenn dieses Gespräch – ebenso wie schriftliche Berichte – vorbereitet werden, sodass das Kind die Möglichkeit hat zu bestimmen, welche Themen oder Inhalte besprochen werden sollen. Der an dieser Stelle häufig formulierte Einwand, „Was ist, wenn ich selbst an Grenzen komme, weil das Kind gravierende Übergriffe offenbart?", widerlegt den Sinn eines solchen Vorgehens nicht. Es ist dann mit dem Kind auf der Grundlage von Vertrauen und gegenseitigem Respekt auszuhandeln, was nun wie zu tun ist.

Zur **Ergebnisqualität**

- Abfrage der Zufriedenheit nach jeder Beratungsstunde

  „Wie war die Stunde für Dich heute?"
  „Was nimmst Du mit nach Hause?"
  „Für mich war es heute mit Dir…"

- Zielüberprüfung

  „Haben wir (heute) erreicht, was Du wolltest?"
  „Haben wir etwas anderes gemacht, was vielleicht heute wichtiger war?"

- Zielfortschreibung

  „Was machen wir beim nächsten Mal?"
  „Was willst Du dann erreichen?"

  Und bei Beendigung des Beratungsprozesses:

  „Wie hat es Dir geholfen, hierher zu kommen?"
  „Woran merkst Du das?"

Zur **Wirkungsqualität**

Will man die Qualität der Beratung eines Kindes insbesondere bezüglich ihrer Wirkung und Nachhaltigkeit im Kontext seiner Lebenswelt und weiteren Lebensgestaltung erfahren und sichern, ist neben der Frage „Wie hat sich eine aktuelle Problemlage für das Kind verändert?" die Fragestellung wichtig, ob der Prozess so gestaltet war, dass das Kind zukünftig selbsttätig Beratung im Bedarfsfall einholen könnte. Ein Indikator dafür könnte demnach die Tatsache sein, dass das Kind sich später irgendwann wieder an der Beratungsstelle meldet. Hierzu sind allerdings Voraussetzungen nötig wie

- das gelungene Ergebnis einer ersten oder vorhergegangenen Beratung,
- die (räumliche) Erreichbarkeit der Beratungsstelle oder der MitarbeiterIn – eine Bedingung, die als Regel schon bei der Fremdanmeldung eines Kindes berücksichtigt werden kann,
- die Möglichkeit, sich dort melden zu können,
- die aktive Ermutigung und Einladung, dieses im Bedarfsfall zu tun (zum Beispiel durch die Übergabe einer kleinen Infomappe am Ende des Beratungsprozesses, die Telefonnummer, Namen, Sprechzeiten, Busverbindungen usw. enthält).

Beratungserfahrungen im Kindesalter können Modell sein zu lernen, Beratungsleistungen auch in der weiteren biografischen Entwicklung als selbstverständliche Hilfe in anderen Lebensphasen und in allen Lebensvollzügen in Anspruch nehmen zu können. Gleichzeitig wird ohne besondere Worte vermittelt, dass es gut und hilfreich ist, sich im Leben mit anderen Menschen zu beraten. Dieses kann mit bekannten und vertrauten Menschen ebenso geschehen wie mit fremden Personen, die dieses zum Beispiel beruflich tun. Wir können davon ausgehen, dass Kinder das, was sie in Beratungssituationen lernen, auch an andere (Kinder) im Rahmen ihrer persönlichen Netzwerke weitergeben.

Gerade bei Kindern verwischt die Grenze im Verständnis von Beratung als gemeinschaftlichem Problemlösungs- und Kommunikationsprozess und (entwicklungspsychologisch) notwendigem (Nach-)Lernprozess. In der Arbeit der Beratungsstelle hat sich gezeigt, dass Beratungsprozesse mit Kindern in der Regel kürzer, wirkungsvoller und nachhaltiger verlaufen, wenn sie in einer Gruppe stattfinden.

Eine (Kinder-)Gruppe ermöglicht

- die Erfahrung, sich mit anderen zu beraten,
- die Wahrnehmung, dass es anderen so wie mir oder gar noch schlechter geht,
- eine Vielfalt an Sichtweisen und Lösungserfahrungen und -optionen,
- die Gelegenheit, sich zu vernetzen und neue Beziehungen aufzubauen,
- den Freiraum, neue Schritte auszuprobieren,
- das Lernen, sich beraten zu lassen und beraten zu können.

Beratung im Gruppensetting ermöglicht die Erfahrung eines solidarischen kollektiven Problemlösungsprozesses zum Nutzen einer notwendigen Veränderung individueller kindlicher Problemlagen.

In methodischer Hinsicht hat das Gruppensetting den Vorteil, in den beraterisch kommunikativen Prozess themenzentriert Lern- und Trainingselemente integrieren zu können.

3 Anlässe für die Beratung mit Kindern

Die Frage nach den Indikationen und Anlässen von Beratung für Kinder lässt sich so beantworten:

- Kinder zeigen ihre Bedürfnisse nach Hilfe und Beratung dort, wo sie Alltag leben: in der Familie, in Tageseinrichtungen, in der Schule, im Verein, in Gruppen, mit FreundInnen ...
- Kinder spüren, dass ihnen etwas fehlt, auch wenn sie nicht immer benennen können, was das genau ist, da sie oftmals noch kein Bild und keine Sprache dafür haben.
- Kinder haben eigene und durchaus realistische Vorstellungen davon, wie sich in ihrem Leben Veränderung vollziehen könnte. Diese Vorstellungen erweitern sich mit jeder – aus ihrer Sicht – gelungenen Hilfe.
- Kinder können diese Vorstellungen ausdrücken, wenn sie Räume und Schutzräume dafür haben und ihnen für „Unaussprechbares" eine Sprache gegeben oder angeboten wird.
- Kinder brauchen für Veränderung Hilfe – auch professionelle – und natürlich das Wissen darüber, wer ihnen diese geben kann. Wie kommt also die Beratung zu den Kindern? Indem sie sich ihnen über Personen zeigt. Denn Kinder wissen in der Regel nichts über Rechtsansprüche und Paragrafen.

Bleiben Kinder als Subjekt in Beratungsprozessen zentriert und mitbestimmend, erfahren sie schon allein dadurch ihren Selbstwert und ihre Fähigkeiten als wichtige Voraussetzung für einen aktiven Umgang mit Grenzen und Einschränkungen. Sie lernen einerseits Selbstbestimmung und andererseits erhalten sie ein Modell für einen respektvollen Umgang miteinander.

Die bisherigen Ausführungen beziehen sich auf die Beratung mit Kindern ab Kindergartenalter. Unschwer ist allerdings zu erkennen, dass sie ihrem Grunde nach auch für Beratung im psychosozialen Kontext insgesamt und für Beratung mit Menschen mit vernachlässigten Rechtspositionen im Besonderen gelten (können).

4 Beratung mit Kindern im Verhältnis zur Familienberatung

Häufig werden kindorientierte Beratung und Familienberatung (vgl. Lindemann & Haid-Loh i.Bd.2) als sich ausschließend gegenübergestellt. Unabhängig davon, dass in der systemischen Betrachtungsweise die Beratung mit einzelnen Personen und ihren Wirklichkeitskonstruktionen immer auch systemverändernd wirkt, haben kindorientierte Beratungsmethoden einen besonderen Platz im Verhältnis zu familienorientierten Beratungsansätzen:

- Sie sind im Kontext familialer Beratung einzusetzen, um Kinder zu erreichen und zu beteiligen.
- Sie sind in Ergänzung zu familialer Beratung nach Bedarf und Wunsch gleichrangig neben Paarberatung oder anderen an Subsystemen orientierten Verfahren durchzuführen.
- Sie sind anstelle von familialer Beratung einzusetzen, wenn sie dem Schutz, der Vorbereitung oder ganz schlicht dem Wunsch des Kindes dienen.

Kinder erleben sich in Abhängigkeit von und in Beziehung zu ihren Eltern und Geschwistern. Dies ist besonders dann der Fall, wenn sie mit ihren Eltern oder einem

Elternteil und mit Geschwistern in einer Beratungssituation nach Lösungen für familiäre Krisen oder kindliche Problemlagen suchen.

Zwei Fallbeispiele:

Die achtjährige Lara gibt im Beisein ihres Vaters als Grund für ihren Beratungswunsch an, dass sie in der Schule häufig während des Unterrichts weinen müsse, weil sie traurig ist, dass ihre Mutter nicht mehr bei ihnen lebt. Im Beratungsverlauf mit Lara allein wird deutlich, dass sie viel mehr darüber traurig ist, dass ihr Vater so krank ist (chronische Erkrankung mit zunehmendem körperlichem Verfall) und ihre Mutter nicht mehr da ist, um ihm zu helfen. Dieses mochte sie ihrem Vater nicht sagen, weil sie Angst hatte, ihn zu kränken.

Der elfjährige Jonas erzählt in einer Gruppenstunde, dass er wiedermal ein „ganz tolles Wochenende bei Papa" verbracht habe. Während eines Elternabends berichtet die Mutter über ihr Vorhaben, mit Hilfe des Familiengerichtes die Besuchsregelung einzuschränken, da sie Jonas jedes Mal nach einem Besuchswochenende unzufrieden und unglücklich erlebe. Auf die Frage „Wie war es bei Papa?" antworte er immer „Es geht so, war nicht besonders gut.", um dann aus der Gesprächssituation mit ihr zu fliehen. Sie folgert daraus, dass es Jonas beim Vater nicht gut gehe. Als dieses über die Erzählung eines anderen Kindes in der Gruppe später zum Thema wird, erklärt Jonas, dass er seiner Mutter seine Freude über sein Zusammensein mit dem Vater niemals zeigen könne, „da Mama Papa ja hasst", und er könnte sie ja damit verletzen, wenn er gern mit seinem Vater zusammen ist, weil er ihn liebt.

Am Ende der Gruppenzeit sind beide Kinder, Lara und Jonas, in der Lage, ihren jeweiligen Elternteilen mitzuteilen, wie es wirklich für sie ist. Sie wünschen sich beide für diese Gespräche die Unterstützung und Begleitung durch die GruppenleiterInnen.

Loyalitätskonflikte bezüglich der Eltern sind für Kinder unseres Erachtens am besten kurzzeitig aufzuheben, wenn sie einen eigenen Raum haben, da sie sich dann nicht mehr in der unmittelbaren Bindung zu den Eltern erleben und so ihre eigenen Anliegen in den Blick nehmen können. Dieses Vorgehen ist nicht nur sinnvoll, wenn die Interessen von Kindern und Eltern unterschiedlich sind, sondern auch und gerade dann, wenn im Familiengespräch eine große Übereinstimmung gezeigt wird. Um kindliche Interessen wahrnehmen zu können und ihren Ausdruck zu sichern, sollte das Einzelgespräch mit dem Kind im Kontext familialer Beratung zur fachlichen Regel werden.

Alle beschriebenen Beispiele aus dem professionellen Beratungsalltag stehen stellvertretend für viele andere kindliche Lebenswelten. Sie wurden bewusst auf die Darstellung der kindlichen Bedürfnisse beschränkt, wohlwissend, dass damit die Dynamik des ganzen Familiensystems untrennbar verbunden ist.

Ziel und Anliegen dieses Beitrages ist es weniger, mögliche Beratungsanlässe und dahinter liegende Problemlagen von Kindern differenziert zu beschreiben, sondern vielmehr die Bedeutung aufzuzeigen, die die Sicherung von Beratungsräumen für kindliche Lebensgestaltung hat. Beratung im Alltag wird zu einem größeren Teil in den persönlichen und privaten Netzen durch gleichaltrige und erwachsene Menschen geleistet und nur zu einem geringeren Teil durch professionelle Hilfesysteme. Wir können also Kindern grundsätzlich zutrauen, dass sie Menschen, mit denen sie sich beraten können, in ihrem Lebensumfeld suchen, finden und auch haben. Soweit diese selbstverständlichen Netze oder Ressourcen fehlen, ist es neben der Einzelfallberatung auch professionelle Pflicht, Kindern solche Räume zu schaffen: in informellen Systemen durch die Stärkung familiärer, verwandtschaftlicher, freundschaftlicher und nachbarschaftlicher Ressourcen und in formellen Systemen wie Tageseinrichtungen, Schulen, Vereinen durch die Stärkung von kindorientierten Beratungskompetenzen.

Grundsätzlich ist eine kindzentrierte Beratungskompetenz in formellen Verfahren wie im Hilfeplanungsprozess nach § 36 SGB VIII, in Trennungs- und Scheidungsverfahren und bei Strafverfahren zu gewährleisten und zu sichern. Ihre Aufgabe ist es, den Kindern Raum und Sprache für den Ausdruck ihres Willens zu geben.

Die Erziehung von Kindern ist sowohl eine permanente alltagsrelevante wie auch immer zukunftsorientierte Aufgabe. Dies gilt im selben Maße für die so genannten Hilfen zur Erziehung und für die Förderung junger Menschen, in deren Kontext Beratung von Kindern meist stattfindet. Die Entwicklung unserer Zukunft hängt unter anderem davon ab, ob sich eine Vielzahl von Menschen an ihrer Gestaltung beteiligen kann. Das braucht Strukturen, die dieses ermöglichen, und die Kompetenzen der Einzelnen, diese handelnd zu füllen. Der Generation, die nach uns verantwortlich sein wird – also den Kindern, mit denen wir leben und die wir professionell beraten – Bedingungen zu schaffen, unter denen sie Modelle für eine Lebensgestaltung im Spannungsfeld von Subjekt-Sein und Gemeinschaftsbezogenheit erhalten können, ist somit sowohl Erziehungs- und Beratungsziel als auch politisches Ziel. Die gilt ganz besonders für in Not geratene, benachteiligte und in Armut lebende Kinder, deren Grad an Abhängigkeit und Fremdbestimmtheit gerade durch uns professionelle HelferInnen ungleich höher ist.

Literatur

Deutsche Gesellschaft für Verhaltentherapie (Forum Beratung) (2001). *Frankfurter Erklärung zur Beratung.* Frankfurt a.M.

Dreikurs, R. & Soltz, V. (1980). *Kinder fordern uns heraus.* Stuttgart: Klett.

Fthenakis, W., Chow, S., Gemar, K., Köster-Goorkotte, I., Kohlmann, N., Lehmann, F., Mayer-Gaup, G., Seibel, K., Siefert, I., Stahl, F., Walbiner, W. & Wolf, J. (1995). *Gruppeninterventionsprogramm für Kinder mit getrennt lebenden oder geschiedenen Eltern.* Weinheim: Juventa.

Keupp, H. (1993). Aufrecht gehen lernen in einer Welt riskanter Chancen – Eine Empowerment-Perspektive für die Arbeit mit Kindern und Jugendlichen. In *Blätter der Wohlfahrtspflege, 2*, 52–54.

Merchel, J. (1994). Von der psychosozialen Diagnostik zur Hilfeplanung. In Institut für soziale Arbeit (Hrsg.), *Soziale Praxis, 15.* Münster.

Thiersch, H. (1992). *Lebensweltorientierte Soziale Arbeit.* Weinheim/München: Juventa.

Zinnecker, J. (1998). *Kindheit in Deutschland.* Weinheim/München: Juventa.

Internethinweise

www.familienhandbuch.de
www.bke-elternberatung.de
www.dksb.de

Irmgard Köster-Goorkotte ist Diplom-Sozialpädagogin und Kinder- und Jugendlichenpsychotherapeutin. Sie arbeitet als Leiterin und Geschäftsführerin der Beratungsstelle Südviertel e.V. in Münster und ist als Therapeutin und Supervisorin in freier Praxis in Aus- und Weiterbildung sowie Praxis- und Konzeptionsberatung tätig. Ihr Arbeitsschwerpunkt im Rahmen stadtteilorientierter Erziehungsberatung ist die (vom Einzelfall abgeleitete) Entwicklung indirekter Interventionen zur Gesunderhaltung und Gesundung eines Stadtteils, insbesondere von Kindern und Familien.

Anschrift:
Beratungsstelle Südviertel
Friedrich-Ebert-Str. 114
D-48153 Münster
E-Mail: beratung@muenster.de

Sergio Chow ist Diplom-Psychologe und arbeitet beim Diakonischen Werk der Evangelischen Kirche Westfalen als Referent für Erziehungshilfen. Sein Arbeitsschwerpunkt ist die Beratung von Diensten und Einrichtungen

Anschrift:
Diakonisches Werk von Westfalen
Friesenring 32/34
D-48147 Münster
E-Mail: chcw@dw-westfalen.de

Vorwort und Einleitung
Beratungsdisziplinen
Geschlecht und Beratung
Alter und Beratung
Kultur und Beratung
Beratung und soziale Systeme
Perspektiven der Beratung

Beratung für Jugendliche

Christian Reutlinger

1 Traditionelle Beratungsansätze für Jugendliche
2 Vergesellschaftungsformen Jugendlicher
3 Beratung angesichts der Biographisierung der Lebensverhältnisse
4 Orientierungsvorschläge für Jugendberatung im Strukturwandel der kapitalistischen Arbeitsgesellschaft

Jugendberatung muss in ihren Rahmenbedingungen, Aufgaben und Zielsetzungen auf die jeweils aktuellen Charakteristika der Jugendphase reagieren. Mit ihrer „Mitte-Position" zwischen edukativem und präventivem Bereich sollte Jugendberatung über individuelle Konfliktbearbeitung hinaus „die Jugendlichen auch über gesellschaftliche Ursachen und Zusammenhänge aufklären" (Hofmann, 1990, S. 129). Sozialpädagogische Beratung für Jugendliche müsse stets eine „seismografische Funktion" aufweisen, „indem sie auf den Wandel von gesellschaftlichen Rahmenbedingungen" reagiert (von Wolffersdorff, 2001, S. 794). Damit sollte ein allgemeiner Beratungsansatz für Jugendliche zu Beginn des 21. Jahrhunderts vor allem den Strukturwandel der Arbeitsgesellschaft mit Entkopplungs- und Freisetzungsprozessen und die aktuellen Vergesellschaftungsformen von Jugend aus der Sicht der Lebensbewältigung der Jugendlichen selbst begreifen und darauf reagieren. Hiermit ist ein Perspektivenwechsel der Jugendberatung notwendig: Jugend kann nicht mehr einseitig als gesellschaftlich definiertes und zugestandenes Vorbereitungsmoratorium des Erwachsenenalters verstanden werden, sollen nicht die biographischen Bewältigungsformen und sozialemotionalen Bildungsaufgaben der Lebensphase Jugend in Unsichtbarkeit versinken und Jugendliche vermehrt auf sich selbst zurückgeworfen werden (Reutlinger, 2003).

Beratung für Jugendliche sollte von der derzeitigen sozialen Konstitution der biographischen Übergänge her konzipiert werden. Die gegenwärtigen Vergesellschaftungsformen von Jugend bieten Grundlagen für einen Beratungsansatz in biographischen Übergangskonstellationen.

1 Traditionelle Beratungsansätze für Jugendliche

Die bislang praktizierten Jugendberatungsansätze lassen sich in drei Gruppen einteilen:

- Allgemeine Beratungsansätze für Jugendliche, die hochgradig institutionalisiert sind,
- Beratungsansätze, die von einem bestimmten Problembereich ausgehen und
- Ansätze, die auf einem bestimmten Jugendmodell aufbauen.

Institutionalisierte Beratungsansätze

Aus dem breiten Feld von stark *institutionalisierten Beratungsansätzen*, die sich im Übrigen oft gerade mit den Konflikten zwischen Jugendlichen und Institutionen beschäftigen, lassen sich an der „institutionellen Erziehungsberatung" (vgl. Hundsalz i.Bd.2) verschiedene Probleme dieser Beratungsansätze aufzuzeigen. Auch wenn in der Erziehungsberatung oft mit Eltern und erwachsenen Betreuungspersonen gearbeitet wird, sind die eigentlichen AdressatInnen dieser Jugendhilfeleistung Kinder, Jugendliche und junge Erwachsene. Die Anlässe zur institutionellen Erziehungsberatung sind heterogen und erstrecken sich über ein breites Spektrum unterschiedlichster Auffälligkeiten, Problemlagen und Informations- bzw. Orientierungsbedarfe. Kritik an der Erziehungsberatung besteht u.a. darin, dass sie sich häufig einseitig an Psychotherapieverfahren orientiert und weniger an sozialpädagogischen Ansätzen, so dass sich „Sozial- oder Heilpädagoginnen in der Beratungspraxis nicht mehr von PsychologInnen unterscheiden" lassen (Vossler, 2003, S. 42). Kritisiert wird außerdem die Mittelschichtsorientierung der traditionellen Erziehungsberatung, die den Zugang für bestimmte Klientengruppen erschwert. Etablierte Beratungsformen führen zu einer „Selektion der Hilfesuchenden", was zur Konsequenz hat, dass „Rat Suchende, die nicht oder nur bedingt ins therapeutische Setting passen (z.B. MigrantInnen)", in Beratungsstellen unterrepräsentiert sind (ebd.). Daraus folgt laut Vossler, dass die institutionelle Erziehungsberatung in einem „Modernisierungszwang" steckt.

Vosslers kritische Überlegungen lassen sich für die institutionenbezogene Jugendberatung verallgemeinern: Beratungsansätze mit institutionellem Fokus halten an ihren Institutionsformen fest, und es ist schwierig für die MitarbeiterInnen, aus der institutionellen Logik „herauszukommen" und zum Beispiel weniger motivierte KlientInnen, die als die potenziellen „Modernisierungsverlierer" bezeichnet werden können, zu erreichen. Die „verkrusteten" Strukturen und Konzepte behindern neue Wege, etwa zu einer höheren Lebensweltorientierung oder zur Senkung der Zugangsschwellen zur Beratung. Um in den momentanen gesellschaftlichen Umbruchsituationen adäquate Antworten auf den Beratungsbedarf von Heranwachsenden geben zu können, müssen die Beratungskonzepte deshalb „vom Kopf auf die Füße" gestellt werden (Nestmann, 1996, S. 9), das heißt bei den Jugendlichen und ihren Problemlagen angesetzt werden.

Problemspezifische Jugendberatung

Für Jugendliche und junge Erwachsene gibt es mittlerweile ein ausdifferenziertes Netz von speziellen Beratungsdiensten, welche sich zum Beispiel auf Schule, das Berufsleben, Gesundheit, Sexualität und Partnerschaft richten oder „Berufsberatung" (vgl. Thiel i.Bd.2), „AIDS-Beratung" oder „Sucht- und Drogenberatung" (vgl. Vogt & Schmid i.Bd.2) bieten. Eine solche problemspezifische Beratung kann an Hand von Fragen der Sexualität und Partnerschaft dargestellt werden: Sexualität und Partnerschaft betreffen die gesamte Persönlichkeit des Jugendlichen und verbergen sich „vielfach hinter ‚Auffälligkeiten' und Konflikten in anderen Lebensbereichen" (Hofman, 1990, S. 167). Die Probleme der Jugendlichen liegen darin, dass sie erhaltene Informationen zu Sexualität und Partnerschaft nicht in ihre Lebenspraxis umsetzen und für ihre sexuelle Identitätsfindung und Beziehungsgestaltung nicht nutzen können. „Der Jugendliche will nicht wissen, was Sexualität ist, sondern was sie für ihn in seinem Leben bedeutet" (Hauke, 1977, S. 200). Anlässe zum Besuch einer Sexualberatungsstelle sind bei Jugendlichen vielschichtig: sexuelle Hemmungen, sexuelle Versagens- und Insuffizienzängste, Schuldgefühle u.a. Akute Beratungsanlässe liegen zum Beispiel vor bei ungewollten Schwangerschaften oder bei sexuellen Kontakten zwischen Kindern und Erwachsenen und den damit zusammenhängenden Problemen und Konsequenzen (vgl. U. Reutlinger i.Bd.2). Beratung hat hier die Vermittlung zwischen – zum Teil schon vorhandener – Information und der eigenen Lebenspraxis der Jugendlichen zu leisten. Eine differenzierte und offene Behandlung des Themas Sexualität trifft jedoch gerade bei Erwachsenen durch gesellschaftliche Normen auf Barrieren und Ressentiments. Daher ist auch im Rahmen der Jugendberatung eine intensive Elternarbeit notwendig, die versucht, Tabuisierung von Sexualität in der Familie aufzubrechen.

Problemzentrierte Beratungsansätze für Jugendliche stehen vor der Schwierigkeit, nicht aus der Defizitorientierung herauszukommen und durch die Orientierung z.B. an Mängeln und pathologischen Interaktionsformen den positiven Blick auf junge Menschen und ihre Lebenslagen aus dem Blick zu verlieren. Einen Ausweg bietet die „ressourcenorientierte Beratung" (vgl. Nestmann i.Bd.2), die an Stärken, Wachstums- und Entwicklungspotentiale der AdressatInnen anknüpft. „Eine Ressourcenperspektive kontrastiert den Defizit- und Risikoblick auf Personen und Umweltkontexte und befreit von der nahe liegenden Fixierung professioneller institutionalisierter Hilfe auf Probleme, Fehler im Denken, Fühlen, Handeln, auf Störung und Krankheit etc. Gesucht und gefördert werden in Personen, Kontexten und deren Transaktion Ressourcen der Bewältigung und Entfaltung, Stärken und Chancen, gelingende Anteile und Gesundheit" (Nestmann, 1997, S. 29). Jugendliche Bewältigungsformen verstärkt unter ressourcenorientierten Blickwinkeln zu betrachten kann gegen eine einseitige Defizitperspektive gesetzt werden.

Beratungsansätze auf der Basis bestimmter Jugendmodelle

Hinter den meisten Ansätzen der Jugendberatung steht eine bestimmte Konzeption des Jugendalters. Theoretische Grundlegungen von Jugendberatung und ihre Begriffsbestimmungen basieren zumeist auf einem „‚Bild' von Jugend und den Vorstellungen und Kenntnissen über die Jugendphase, auf die sich der Berater bzw. die hinter ihm stehende Institution stützen" (Hofman, 1990, S. 121). Haupt und Thiemann (1995) z.B. sehen das Jugendalter als Phase der vollständigen körperlichen und sexuellen Entwicklung. Dabei wachsen die Jugendlichen in „neue soziale Aktivitäten und Bezüge in den Bereichen der Schule, Ausbildung, des Berufs und der Freizeit hinein (…). Sie sind im Begriff, Perspektiven für ihre Zukunft und ihre

Einstellungen im politischen und gesellschaftlichen Leben zu entwickeln" (ebd., S. 212). Im Vordergrund stehen dabei u.a. der Umgang mit den neu gewonnenen Kräften, die Anpassung an die ständig neu gewonnenen Fähigkeiten und Erfahrungen, die Suche nach einer eigenen Identität, die Loslösung von den Eltern und damit im Zusammenhang von Sicherheiten und Bindungen. Das Altvertraute muss für Neues, Unsicheres aufgegeben werden. Hiermit entstehende Krisen oder Freude über wachsende Fähigkeiten wechseln sich ab mit der „Unsicherheit und Sorge, den neuen Aufgaben nicht gewachsen zu sein" (vgl. ebd.). Dieses Spannungsverhältnis findet sich im Verhältnis der Jugendlichen zu ihren Eltern und zu anderen Erwachsenen wieder: Auf der einen Seite brauchen sie die Anerkennung von den Erwachsenen und andererseits wollen sie selbständig ohne diese auskommen und selber ihren Weg gehen.

In diesem Modell wird Jugend als abgeschlossene Lebensphase gefasst – eine Idee, welche in der „industriekapitalistischen Moderne" im Zuge der Industrialisierung entstanden ist. Jugend wurde vor diesem Hintergrund als Vorbereitungsphase für das Erwachsenenleben gesehen – als Zeit, bevor das Individuum in den Produktionsprozess eingegliedert und somit in die Gesellschaft integriert wird. Der jugendliche Schonraum zum Zwecke des Lernens entspricht einer Philosophie der Moderne, die das Bild der sich ständig weiter entwickelnden Gesellschaft prägte. Er war ursprünglich als Übergangssituation, als pädagogisch gestaltetes Moratorium konzipiert, das auf die Erwachsenenwelt und auf das Leben als Arbeiter vorbereiten sollte, wie der traditionelle Leitsatz „Jugend bedeutet, heute etwas zu lernen, heute auf etwas zu verzichten, um morgen wer zu sein" zeigt (Böhnisch, 1997, S. 15). Der Abschluss der Lebensphase „Jugend" wird in diesem Modell durch den Eintritt in die Berufswelt, Heirat oder eine feste Paarbeziehung definiert.

Beratungsansätze für Jugendliche, die von diesem Jugendmodell ausgehen, lassen sich mit folgenden Leitsätzen zusammenfassen: Schwellen abbauen, indem die Jugendlichen „in ihrer Ambivalenz und Widersprüchlichkeit" ernst genommen werden und diese wiederum den Erwachsenen als „starkes und verläßliches Gegenüber", dem sie vertrauen können, wahrnehmen; auf die Jugendlichen zugehen, Öffentlichkeitsarbeit betreiben, sowie Beratungsansätze und Settings flexibel zu handhaben, sind die Handlungsleitlinien von diesen Jugendberatungen (Haupt & Thiemann, 1995, S. 214 ff.).

Die Schwierigkeit von Beratungsansätzen mit dem Modell „Integration durch Separation" (vgl. Böhnisch, 1997) liegt darin, dass das Modell nur funktioniert, wenn gesellschaftliche Sicherheit garantiert ist und die Gewähr besteht, dass die Jugendlichen auch eine verbindliche Integrationsmöglichkeit über Ausbildung und Beruf finden können. Die mit dem Strukturwandel der Arbeitsgesellschaft einhergehenden Veränderungen beruflicher Verläufe bieten diese Garantie nun eben nicht mehr. Das Jugendmodell, auf das sich klassische Jugendberatungsansätze beziehen, überlappt sich demzufolge mit der heutigen Vergesellschaftungsform von Jugend immer weniger.

In diesem kurzen Überblick über die derzeitige Landschaft der Beratungsansätze für Jugendliche wird deutlich, dass die aktuellen Problemlagen von Jugendlichen nur bedingt im Blick sind. Klassische Jugendberatungsansätze entfernen sich von den Jugendlichen und ihren Problemlagen durch das Gefangensein in den

Institutionen, durch Defizitorientierung oder durch das Festhalten an einem Jugendbild aus vergangenen Zeiten. Damit können sie Jugendliche immer weniger unterstützen. In der Praxis gibt es selbstverständlich eine beträchtliche Reihe von reflektierenden BeraterInnen, die sich der dargestellten Dilemmata bewusst sind und versuchen ihre Beobachtungen in ihrer täglichen Arbeit mit Heranwachsenden umzusetzen und ihr Beratungsangebot den aktuellen Gegebenheiten anzupassen. Das Problem liegt deshalb eher auf theoretisch-konzeptioneller Ebene: Will die Jugendberatung ihrer „seismographischen Funktion" gerecht werden, scheint ein Perspektivenwechsel notwendig. Die Grundlage eines alternativen Ansatzes bilden die biographischen Übergangskonstellationen von Jugendlichen, welche von den aktuellen Vergesellschaftungsformen von Jugend her begriffen werden können.

2 Vergesellschaftungsformen Jugendlicher

Aufgrund seiner zunehmend globalisierten Struktur und neuer technologischer Rationalisierungsmöglichkeiten ist der „digitale Kapitalismus" entbettet und nicht mehr so stark wie früher auf Massenarbeit angewiesen. Dies bedeutet, dass immer mehr Menschen in „anomische Bewältigungssituationen freigesetzt, Massen von Menschen zu ‚Nichtproduktiven', ‚Überflüssigen' abgestempelt werden" (Böhnisch & Schröer, 2001, S. 11). Dieser „neue" Kapitalismus ist weiter in seiner Funktions- und Wachstumslogik bestimmt durch typische Mechanismen der Abstrahierung (durch Digitalisierung). Über die Abstrahierungsmechanismen kann erst die heutige Besonderheit der Freisetzungsproblematik des Menschen erschlossen werden.

Trotz der radikalen Veränderungen vollzieht sich die gesellschaftliche Integration auch heute noch größtenteils über die Erwerbsarbeit und die vorgegebenen Wege zu diesem Ziel sind immer noch generell auf die Plätze im sog. ersten Arbeitsmarkt hin ausgerichtet. Damit stimmt das Modell der „Integration durch Separation" für einen immer größer werdenden Teil der jungen Bevölkerung nicht mehr, da immer mehr Jugendliche im Rahmen des Strukturwandels der Arbeitsgesellschaft freigesetzt, d.h. nicht benötigt werden. Für viele Heranwachsende ist dieses Ziel durch den ständig ansteigenden Mithaltedruck und die Gefahr der Freisetzung – bedingt durch die Konkurrenz um knapper werdende Arbeitsplätze – bedroht; d.h. auch sie müssen diese Spannung zusätzlich neben den Entwicklungsaufgaben bewältigen. Es entsteht eine zunehmende Diskrepanz zwischen gesellschaftlich vorgegebenen Zielen und den individuellen Möglichkeiten, diese zu erreichen. Diese Diskrepanz zwischen Struktur- und Handlungsebene lässt sich mit dem Anomiekonzept nach Emile Durkheim beschreiben. Mit ihm werden jene Zustände gestörter gesellschaftlicher Ordnung, sozialer Regellosigkeit und sozialer Desintegration bezeichnet, die sich aus dem diskontinuierlichen Verlauf des ökonomisch-sozialen Prozesses der Arbeitsteilung in der modernen (industrie-)kapitalistischen Gesellschaft ergeben. Durch die zu schnellen gesellschaftlichen Verschiebungen zerbricht das Gefüge zwischen den – durch soziale Strukturen produzierten – Motivationen der Menschen und den jeweils gegenwärtigen legitimen Mitteln, diese Motivationen umzusetzen. Diese Kluft muss von den Einzelnen durch die unterschiedlichsten

Formen bewältigt werden. Die Entkoppelung von Struktur- und Handlungsebene – oder, wie Böhnisch im Anschluss an Habermas formuliert, von Systemintegration und Sozialintegration – führt dazu, „... dass die Menschen die Gesellschaft nicht mehr verstehen und die Gesellschaft keinen Begriff vom Menschen mehr hat. Obwohl die Menschen im Alltag versuchen, sozial zu handeln, findet dieses Handeln aber kaum mehr gesellschaftliche Resonanz. [...] Die Menschen entwickeln im Alltag sozialintegrativen Gestaltungssinn, aber die sozialen Systeme nehmen das lebensweltliche Kapital nicht auf ...“ (Böhnisch, 1996, S. 219 f.).

Da es im digitalen Kapitalismus weder Mittelpunkt noch Kontext, d.h. weder Richtung und Sinn noch Zusammenhang zu geben scheint, müssen einerseits die Menschen einen eigenen Sinn herstellen, wobei sie jedoch immer weniger auf soziale Vermittlung und zeitliche Beständigkeit zurückgreifen können (was Sinnkonstitution tendenziell unmöglich macht); andererseits liegen die Bewältigungsprobleme auch im System selbst, da es „in sich sinnlos und chaotisch“ (Böhnisch & Schröer, 2001, S. 158) ist.

Die Kenntnis dieser Bewältigungsproblematik und die daraus hervorgehenden biographischen Konstellationen spielen insbesondere für die Konzeption einer Jugendberatung in Übergängen eine wichtige Rolle. Auf der Handlungsebene der jungen Menschen führt der Verlust des integrativen Charakters von Bewältigungshandeln zur Verstärkung der Sinnentleerung und unter Umständen zum dauernden Verlust der Handlungsfähigkeit. Zumal es den verschiedenen Einrichtungen nicht mehr darum geht, die Veränderung der Jugendlichen zu sehen, sondern die „Abgehängten“ immer wieder für den Arbeitsmarkt fit zu machen.

3 Beratung angesichts der Biographisierung der Lebensverhältnisse

Im Zentrum von Beratung für Jugendliche stehen mit dem radikalen Wandel der gesellschaftlichen Rahmenbedingungen nicht nur die vielberufenen Prozesse der Individualisierung und Pluralisierung von Lebenswelten und Lebensstilen, sondern viel mehr die zunehmende Spaltung der Gesellschaft in diejenigen, die als Modernisierungsgewinner immer flexibler, interessanter und auch vielfältiger leben und arbeiten können, und denjenigen, die als Modernisierungsverlierer zunehmend langfristig und dauerhaft ausgegrenzt und marginalisiert werden mit ihren dazugehörigen Bewältigungsformen. Chancen und Risiken sind eben nicht gleich verteilt, wie dies die neoliberal ausnutzbaren „Gesellschaftsoptimisten“ behaupten, und damit betrifft der Zustand der Anomie nicht alle Jugendlichen im gleichen Maße: Den Gewinnern der Modernisierungsprozesse, die mit dem Label der „Lebensstiltypen“ beschrieben werden können (vgl. Reutlinger, 2003), gelingt es, sich an den gesellschaftlichen Zielen zu orientieren. Bei einem „Scheitern“ werden sie durch den ökonomischen und familiären Hintergrund aufgefangen; Scheitern wird so zu „Risiko“ uminterpretierbar, das es bei der „Politik der Lebensführung“ (in Anlehnung an den britischen Soziologen Anthony Giddens) einzugehen gilt. Das „Labeling des Lebensstils“ im biographischen Rückblick ist die Form der Bewältigung der integrierten Menschen. Durch individuelle Absicherung und Rückhalt erreichen diese (mit großer Wahrscheinlichkeit) die gesellschaftlichen Vorgaben, z.B. Integration über Erwerbsarbeit. Ihnen stehen aufgrund ihrer Absicherung viele Möglichkeiten zur Verfügung, die aus ihrer Perspektive „Chancen" sind.

Jedoch bedeutet die Auflösung der vorgegebenen strukturierenden biographischen Orientierungen vor allem für die „abgehängten Jugendlichen" in erster Linie nicht zugleich mehr Möglichkeiten. Sie verfügen auch nicht über die notwendigen Ressourcen, um sich am Lebensstilideal zu orientieren bzw. beim „Scheitern" wieder aufgefangen zu werden. Ihre Bewältigungsformen werden auch nicht im biographischen Rückblick als Lebensstilformen einer „Politik der Lebensführung" interpretiert, sondern sie werden als „gescheiterte Individuen" betrachtet. Für sie bedeuten die beschriebenen Veränderungen, dass sie auf sich selbst zurückgeworfen sind. Sie sind für den Arbeitsmarkt überflüssig und haben damit keine Garantie mehr, irgendwann einmal über Erwerbsarbeit in die Gesellschaft integriert zu werden.

Der Strukturwandel der Arbeitsgesellschaft hat zudem zu einer Entstrukturierung des Generationenverhältnisses geführt. Die Stellung der Jugend im Verhältnis zu anderen Generationen – vor allem der erwachsenen Generation – gehört deshalb zu den wichtigen Fragen des modernen Jugendalters. Erwachsene sind heute in Konkurrenz zu Jugendlichen getreten und Jugendliche versuchen, die Generationenlücke von sich aus zu schließen, um mit Erwachsenen mithalten zu können. Manche Jugendliche sind so unter einen zusätzlichen Stress geraten. Dies ist ein wichtiger Faktor, den es in der Beratung von Jugendlichen und in der Auseinandersetzung mit ihren Lebenslagen zu berücksichtigen gilt.

Es lässt sich zusammenfassend einerseits eine enorme – gesellschaftlich erzwungene – formale Ausweitung der Jugendphase feststellen, die aber andererseits mit einem zunehmenden Verlust des Sinns des Jugendalters einhergeht und zwar deshalb, weil die Zukunftsbezogenheit von Jugend in der Erfahrung vieler Jugendlicher brüchig geworden ist. Diese gesellschaftlich produzierten Widersprüche lassen sich individuell immer weniger auflösen, zumal die Individuen den „Sinn" ihrer Biographien selber suchen müssen. Die Reaktionen der Jugendlichen auf diese Prozesse könnte man als individuelle „Suchbewegungen" beschreiben. Dabei werden die Handlungen von Jugendlichen beim Versuch der Bewältigung dieser Widersprüche begleitet von einer Angst vor der Zukunft, von unberechenbaren Lebensperspektiven, von Vereinzelungserfahrungen, von Handlungsunsicherheit und vom Gefühl der eigenen Ohnmacht.

Damit muss die Jugendberatung die Jugendlichen von ihren biographischen Übergangskonstellationen und den damit verbundenen Formen der Bewältigung her begreifen.

Wie die sozialwissenschaftliche Bewältigungsforschung (Böhnisch, 1997) zeigt, streben Menschen in kritischen Lebenssituationen nach psychosozialer Balance („Handlungsfähigkeit"). In diesem Prozess ist die erweiterte Handlungsfähigkeit eine Voraussetzung für gesellschaftliche Teilhabe, wie zum Beispiel eine sozial aktive Orientierung und Partizipation. Handlungsfähigkeit wird dabei als Resultat der Faktoren Selbstwert, soziale Anerkennung und Wirksamkeit („etwas bewirken können") definiert. Den Mithaltedruck, nicht in die Überflüssigkeit abzurutschen bzw. abgehängt zu werden und damit gesellschaftlich „herauszufallen", müssen die

Heranwachsenden neben den normalen Entwicklungsproblemen bewältigen. Jugendliche bewältigen die benannten schwierigen Lebenssituationen in der Regel außerhalb von Beratungsbezügen – vermehrt auf sich selbst bezogen und in der Gruppe der Gleichaltrigen (Reutlinger, 2002). Will eine Beratung für Jugendliche die aktuellen Problemlagen von Heranwachsenden verstehen und einen aktiven Beitrag zur Unterstützung der jungen Menschen leisten, so kann sie sich an den „unsichtbaren Bewältigungskarten“ (ebd.) von Heranwachsenden orientieren und lernen, die hinter den Bewältigungsformen stehenden Gründe zu verstehen und als Leistung anzuerkennen. Die Jugendlichen finden in der Unsichtbarkeit das, was sie im sichtbaren Bereich nicht oder nicht mehr erhalten, und werden oder bleiben dabei handlungsfähig. Eine Beratung für Jugendliche sollte zuerst wieder wahrnehmen lernen, welches die heutigen Probleme der Heranwachsenden sind, welche biographischen Konstellationen damit verbunden sind. Jugendliche brauchen zur Bewältigung des Mithaltedrucks und/oder des „Überflüssigseins“ unsichtbare Lebensorte, in denen sie nicht registriert und nicht kontrolliert sind. Jedoch besteht die Gefahr, dass Unsichtbarkeit zur weiteren Verstärkung des „Abgehängtseins“ führt. Deshalb ist es notwendig, dass Unterstützungsformen und Beratungskonzepte für Jugendliche und junge Erwachsene nicht an der Erwerbsarbeitsorientierung und in den sichtbaren Bereichen, sondern an ihren Kompetenzprofilen und den kulturellen und sozialen Potenzialen in den unsichtbaren Bereichen ansetzen.

BeraterInnen für Jugendliche stehen in einer Brückenfunktion zwischen der Einzelfallberatung und der Betreuung von Heranwachsenden. Es gilt, als Jugendberater die Bewältigungsleistungen der AdressatInnen lesen zu lernen, um damit der Brückenfunktion gerecht zu werden. Für ein bewältigungs- und übergangsorientiertes Beratungskonzept geht es weniger um Lebenswelt und um eine „lebensweltorientierte Beratung“ (Thiersch, 1997, vgl. auch Thiersch i.Bd.2), sondern es sollen vielmehr die Bewältigungsformen der Jugendlichen über das sozialgeographische Konzept der „unsichtbaren Bewältigungskarten“ (vgl. Reutlinger, 2002, 2003) aufgeschlossen werden. Dieses Sozialraumkonzept lehnt sich an die Idee des „wilden Lernens“ (Böhnisch & Schröer, 2001, S. 186) an, das jenseits der institutionalisierten und gesellschaftlich legitimierten Pädagogik stattfindet und in welcher Handlungen außerhalb der Sichtbarkeit der klassischen sozialräumlichen Jugendtheorien eine immer größere Rolle spielen. Das bewältigungsorientierte Beratungskonzept soll dabei von der Annahme des „wilden Aneignens von (sozial-)räumlichen Strukturen“ ausgehen, das im digitalen Kapitalismus immer weniger gesellschaftliche Integration zur Folge hat, sondern vielmehr die Jugendlichen vermehrt auf sich selbst zurückwirft. Aneignung ist jedoch vor dem Hintergrund des Strukturwandels der Arbeitsgesellschaft (bedingt durch neue Integrationsformen bzw. Exklusionsprozesse) nicht mit dem herkömmlichen integrativen Modell beschreibbar, sondern durch die zunehmende Bedeutung der Formen des „wilden Aneignens von sozialräumlichen Strukturen“ über die Bewältigungskarten aufzuschließen. Aus der Sicht der „Sozialgeographie des Jugendalters“ z.B. (vgl. Reutlinger, 2003) hat eine Beratung für Jugendliche dafür zu sorgen, dass die systemrationalen und nicht systemrationalen Bereiche, an denen die Sichtbarkeit und Unsichtbarkeit festgemacht werden können, im Gleichgewicht erlebbar bleiben. Sie hat sich zu bemühen, die jugendlichen Rückzugswelten wieder in die Sichtbarkeit zu bringen und damit andere Formen der Integration zu garantieren.

4 Orientierungsvorschläge für Jugendberatung im Strukturwandel der kapitalistischen Arbeitsgesellschaft

Zum Abschluss können als Ausblick drei Anknüpfungspunkte für zukunftsorientierte Jugendberatung genannt werden, die von den beschriebenen Vergesellschaftungsformen von Jugend ausgehen.

Erstens sollen die Jugendlichen und ihre Bewältigungsproblematik erneut verstanden werden, das heißt, die BeraterInnen sollen aus den Institutionen treten und erneut die biographische Bewältigungsproblematik von Heranwachsenden lesen lernen. Damit würden sie den Beratungsansatz vom „Kopf auf die Füße" stellen. Einen Zugang bildet wie beschrieben das sozialgeographische Konzept der unsichtbaren Bewältigungskarten. Als Ansatzpunkt zum Verständnis der individuellen Befindlichkeiten beim Schreiben von Bewältigungskarten bieten sich Ansätze aus der humanistischen Psychologie an, wie zum Beispiel das klientzentrierte Modell von Rogers (1993). Sein Modell korrespondiert in den Grundelementen mit dem Bewältigungs- und auch mit dem Kompetenzansatz insofern, als dass die Dimensionen der Anerkennung der Person und die Steigerung ihres Selbstwerts im Vordergrund stehen: So geht es um die „Schaffung einer Atmosphäre des Akzeptierens, des Verstehens und des Respekts" (ebd., S. 335). Diese vermittelt der Person das Gefühl, ernst genommen und akzeptiert zu werden, was die Grundlage zur Bearbeitung der eigenen Probleme bildet. Dabei würde in einem bewältigungsorientierten Beratungsansatz im Mittelpunkt stehen, Jugendliche in ihrer im Alltag erlebten anomischen Problematik, in der nichts mehr aufgeht und er oder sie trotzdem mithalten muss, zu verstehen.

Zweitens soll der Defizitblick ein für alle mal erblinden und die Ressourcen und Kompetenzen der Einzelnen sollen bei einem zu entwickelnden Jugendberatungsansatz im Vordergrund stehen. Mit Nestmanns ressourcen- und netzwerkorientierter Beratung (z.B. Nestmann, 1997) wird es möglich, fachlich engere Beratungskategorien auf Alltagssegmente sozialer Unterstützung zu beziehen. In der ressourcenorientierten Perspektive von Beratungsansätzen geht es darum, „Beratung als lebenswelt- und alltagsbezogenes psychosoziales Hilfeangebot zu konzipieren" (ebd., S. 15). Dabei wird herausgestrichen, dass BeraterInnen lernen müssen, ebenso Bewältigungs- und Entwicklungspotentiale der materiellen Lebenswelt, der objektiven Lebensbedingungen und -umstände und der kognitiven und emotionalen Repräsentation zu analysieren, wie auch „ressourcenreiche persönliche Merkmale der Betroffenen und ihrer Netzwerkmitglieder" (ebd., S. 30) zu erkennen.

Den dritten Anknüpfungspunkt bildet der Ansatz des differenziellen Lernens von Bandura (1977). Nach der „sozial-kognitiven" Lerntheorie lernt man am Verhalten anderer, in welcher Situation, wie und mit welchem Erfolg man entsprechende Verhaltenskomponenten so aufbauen und verbinden kann, dass man situationsgerecht agiert und handlungsfähig bleibt bzw. wird. Die bei anderen beobachteten Verhaltensmuster werden jedoch nicht einfach übernommen, sondern entsprechend dem eigenen biographischen Erfahrungshintergrund selektiv aufgenommen und mit dem eigenen Vermögen verknüpft. Wenn für Jugendliche ein Lernprozess möglich sein soll, so muss eine Spannung aufgemacht werden, auf welche die Jugendlichen einsteigen können. Dies ist nach dem Bandura-Modell möglich, indem ein Differenzraum entsteht zwischen den Jugendlichen und ihrer Lebenslage und einer Situation, die konträr zu ihnen liegt.

Das Bandura-Modell gibt dabei entscheidende Hinweise, wie die Beratung in Prozesse der Stärkung des Individuums in seinem Selbstwert eingebunden werden kann. Die von Rogers eingeführte basale Struktur der Beratung mit den Elementen Empathie, Akzeptanz und Kongruenz verbunden mit dem Bandura-Modell des differenziellen Lernens beschreibt die interaktiven Bedingungen eines lernorientierten Hilfeprozesses in biographischen Übergangssituationen und kann die Dimensionen Selbstwert, Anerkennung und Wirksamkeit in die Interaktionsstrukturen verlagern und diese sowohl einer themenzentrierten Aktivierung wie Evaluation zuführen. Die Netzwerkperspektive ermöglicht eine Beratungs-Umwelt-Reziprozität, welche sowohl Status und Rolle der Jugendlichen und jungen Erwachsenen als auch der BeraterInnen verändert: Die jungen Menschen treten im sozialräumlichen Umweltbezug aus ihrer Klientenrolle heraus und werden zu Bürgern mit langfristigen Lebensperspektiven, die BeraterInnen zu „social agents", die nun selbst in Lernprozesse eintreten und damit wie die „KlientInnen" über die Situation der Beratung hinaus eine neue Rolle einnehmen, wodurch gleichzeitig das Verhältnis der Jugendlichen und jungen Erwachsenen zu den BeraterInnen eine neue Gestaltungsqualität erhält.

Literatur

Bandura, A. (1977). *Social learning theory.* Englewood Cliffs, New Jersey: Prentice Hall.

Böhnisch, L. (1996). *Pädagogische Soziologie. Eine Einführung.* Weinheim/München: Juventa.

Böhnisch, L. (1997). *Sozialpädagogik der Lebensalter.* Weinheim/München: Juventa.

Böhnisch, L. & Schröer, W. (2001). *Pädagogik und Arbeitsgesellschaft.* Weinheim/München: Juventa.

Durkheim, E. (1973). *Der Selbstmord.* Neuwied/Berlin: Luchterhand.

Hauke, H. (1977). Sexualität und Partnerbeziehung. In R. Schwarzer (Hrsg.), *Beraterlexikon. Ein praktisches Nachschlagewerk für Erziehung und Unterricht* (S. 198–201). München: Kösel-Verlag.

Haupt, D. & Thiemann, G. (1995). Erziehung(sberatung)? Nein danke! In A. Hundsalz, H.-P. Klug & H. Schilling (Hrsg.), *Beratung für Jugendliche. Bundeskonferenz für Erziehungsberatung* (S. 211–222). Weinheim/München: Juventa.

Hofmann, C. (1990). *Jugendberatung in der Bundesrepublik Deutschland.* Bad Heilbrunn: Klinkhard.

Nestmann, F. (1996). Die gesellschaftliche Funktion psychosozialer Beratung in Zeiten von Verarmung und sozialem Abstieg. In *Verhaltenstherapie und psychosoziale Praxis, 28* (1), 5–16.

Nestmann, F. (1997). Beratung als Ressourcenförderung. In F. Nestmann (Hrsg.), *Beratung: Bausteine für eine interdisziplinäre Wissenschaft und Praxis* (S. 15–38). Tübingen: dgvt-verlag.

Reutlinger, C. (2002). Vom Aneignungshandeln zum Schreiben von unsichtbaren Bewältigungskarten – aktueller sozialräumlicher Fokus in der Kinder- und Jugendarbeit. In *Unsere Jugend, 2*, 363–374.

Reutlinger, C. (2003). *Jugend, Stadt und Raum. Sozialgeographische Grundlagen einer Sozialpädagogik des Jugendalters.* Opladen: Leske & Budrich.

Rogers, C.R. (1993). *Klientenzentrierte Psychotherapie.* Frankfurt a.M.: Fischer.

Thiersch, H. (1997). Soziale Beratung. In F. Nestmann (Hrsg.), *Beratung: Bausteine für eine interdisziplinäre Wissenschaft und Praxis* (S. 99–110). Tübingen: dgvt-verlag.

Vossler, A. (2003). *Perspektiven der Erziehungsberatung. Kompetenzförderung aus der Sicht von Jugendlichen, Eltern, und Beratern.* Tübingen: dgvt-Verlag.

Wolffersdorff, C.v. (2001). Beratung und Betreuung. In P. Fülbier & R. Münchmeier (Hrsg.), *Handbuch Jugendsozialarbeit*, 790–807.

Dr. Christian Reutlinger ist Diplom-Geograph und wissenschaftlicher Mitarbeiter am Institut für Sozialpädagogik, Sozialarbeit und Wohlfahrtswissenschaften der TU Dresden. Seine Arbeitsschwerpunkte sind die Sozialgeographie der Kindheit und des Jugendalters, Sozialraumorientierung der Kinder- und Jugendhilfe, Partizipations- und Exklusionsformen von Heranwachsenden und europäische Jugendforschung.

Anschrift:
TU Dresden
Institut für Sozialpädagogik, Sozialarbeit und Wohlfahrtswissenschaften
01062 Dresden
E-Mail: christian.reutlinger@mailbox.tu-dresden.de

Beratung für alte Menschen

Fred Karl

1 Altern und Alter als soziale Konstruktion

Wie „Kindheit" und „Jugend" ist auch „das Alter" eine gesellschaftliche und soziale Konstruktion. Diese Lebensphasen haben sich geschichtlich herausgeprägt; von neuen Zwischenstufen ist heute schon die Rede (verlängerte Jugend; junge Alte, neue Alte; Drittes Alter, Viertes Alter). Mit der Ausweitung der Jugendphase und der Spanne des „Alters" vom älteren Arbeitnehmer mit 45 Jahren bis zum hochaltrigen Betagten fragt man sich außerdem, wo das mittlere „Erwachsenenalter" bleibt. Ist es überhaupt möglich, eine Schwelle vom „Erwachsenenalter" zum „Alter" zu markieren? Auftretende „Alterserlebnisse" werden subjektiv erfahren und zwar sequentiell und bereichsspezifisch, also ungleichzeitig.

Im Sozialstaat ist die Definition einer „objektiven" Altersgrenze mit der Gestalt der Arbeitsgesellschaft verbunden. Das Alter beginnt demnach mit dem Übergang in den „wohlverdienten Ruhestand". Wie die öffentlichen Diskussionen um neue (nach oben zu verschiebende) Altersgrenzen und über die Finanzierung des Rentensystems zeigen, ist diese Definition seit längerem Gegenstand heftiger politischer Auseinandersetzungen. Real variiert außerdem der Eintritt in den Ruhestand nach Geschlechtern, Berufsgruppen und Qualifikationsstufen und hängt schließlich von den Bedingungen des Arbeitsmarktes ab.

Auch innerhalb der wissenschaftlichen Betrachtung artikulieren sich die Ungleichzeitigkeiten des Alternsprozesses. Folgt man den Stichworten, mit denen der

„Strukturwandel des Alters“ beschrieben wird, so lässt sich zeigen, dass in der Verjüngung des Alters, in Singularisierung, Feminisierung und Hochaltrigkeit unterschiedliche Kombinationen sowohl von Gefährdungsbereichen als auch von Entwicklungspotenzialen stecken. Solche Vielgestaltigkeiten, manche Paradoxien, dürften nicht geringer werden (z.B. leistungsfähige, aber „zum alten Eisen“ gelegte junge Alte im „Dritten Alter“ und weiter steigende Lebenserwartung, d.h. „gewonnene Lebensjahre“ im „Vierten Alter“, aber dann mit zunehmender Abhängigkeit und Hilfsbedürftigkeiten verschiedenster Art: Verarmung, Verlusterlebnisse, Demenz). In Zukunft könnten einerseits die immateriellen Niveaus (Bildung, Altersbilder, soziale Kompetenzen) bei der älteren Generation sich durchweg verbessern, während es andererseits im materiellen Bereich (v.a. im Rentenniveau) bald wieder mehr Verlierer als Gewinner geben wird. Dies bedeutet für die Beratungsbedürfnisse älterer Menschen, dass entsprechende Angebote außerordentlich ausdifferenziert und „multidirektional“ (sowohl in Richtung auf Unterstützung bei Hilfebedarf als auch auf Förderung von Entwicklung und Empowerment) und gleichzeitig ganzheitlich bündelnd gestaltet werden müssen.

2 Alter und Pluralisierung

Auf dem Hintergrund der Individualisierung und Pluralisierung von Lebensstilen unterliegt auch die Altersphase Freisetzungsprozessen aus traditionellen Lebensformen und ist zusätzlichen inneren Differenzierungen ausgesetzt. Letztlich ähneln die lebenslangen Bedürfnisse der Älterwerdenden denen anderer Altersgruppen: Neben der Befriedigung der Alltagsbedürfnisse suchen sie Orientierung, Identität, Sinn und Eingebettetsein. Die Bewältigung der Altersphase stellt Anforderungen an die Gestaltungskompetenz der Individuen, wobei in einer modernen Gesellschaft (in der „anything goes“) die Alternden kaum auf historisch erprobte Vorgaben zur Ausfüllung und Bewältigung eines langen Lebens zurückgreifen können.

Die Altersphase wird zunehmend biografisiert. Geht man von der Prozesshaftigkeit des Alters aus, dann sollte sich aus dieser Sicht Altenarbeit und Altenberatung am Konzept der Lebensbegleitung orientieren. Entsprechende Angebote beziehen sich auf jeweilige Lebenssituationen und Bedarfslagen: Während der Statuspassage in das nachberufliche Leben können z.B. Bedürfnisse der Orientierung und Sinnfindung im Vordergrund stehen, zu anderen Zeitpunkten Bedürfnisse der sozialen Integration, zu wieder anderen Zeiten Bedürfnisse nach Hilfe und Unterstützung (Schweppe, 1996). „Alter“ als vereinheitlichende Kategorie für die sog. Dritte Lebensphase sagt aber immer weniger über entsprechende Beratungsbedürfnisse aus. Die Kumulation von Problemlagen und Krankheitsbildern im höheren Alter und daraus folgende besondere Beratungsbedürfnisse, die sich aus der Wechselwirkung psychischer, sozialer und somatischer Prozesse angesichts mehrerer „Vulnerabilitätsfaktoren“ (potenziell schädigender und belastender Faktoren) ergeben (Hirsch, 1997), charakterisieren nicht die Altersphase generell. Dimensionen sozialer Ungleichheit sind oft wirksamer als Altersunterschiede.

3 Genese der Altenberatung

Wurden aber, bis in die 1980er Jahre, alte Menschen per se zu den „Risikogruppen" unserer Gesellschaft mit besonderen Gefährdungsmerkmalen des Alters gezählt, so folgerte man daraus, dass die älter werdenden und alten Menschen in besonderem Maß der Beratung und Hilfestellung bedurften (Bracker, 1982). „Altenberatung" stellt in dieser Sicht ein spezialisiertes Angebot dar, resultierend aus sozialen, psychischen und materiellen Problemen und Notlagen, die mit der Lebenssituation im Alter als solcher typischerweise verbunden seien. Retrospektiv musste „Altenberatung" auch zur nachgeholten Lebensberatung werden, da zahlreiche Anlässe der Beratungsbedürftigkeit in vergangenen gesellschaftlichen und politischen Strukturen gründen.

Im Bundessozialhilfegesetz 1961 fand die „Altenhilfe" im § 75 eine gesetzliche Verankerung. Beratung – als eine Form persönlicher Hilfe, die allen alten Menschen ohne Rücksicht auf Einkommen oder Vermögen zu gewähren sei – zählt demnach zu einem Katalog präventiver und rehabilitativer Maßnahmen, um zu verhindern, dass gefährdete Lebensbereiche in manifeste Problemzuspitzungen umschlagen.

> Da sich ein System der Altenberatung in dieser Zeit noch nicht institutionalisiert und ausdifferenziert hatte, wird sie in zeitgenössischen empirischen Untersuchungen vor allem dort ausgemacht, wo andere Angebote bestehen. Information und Beratung sind oft Teil allgemeiner Sozialarbeit mit Älteren, ohne gleich den Terminus „Beratung" beanspruchen. Nach einer Anfang der 80er Jahre durchgeführten bundesweiten Befragung bei Kommunen, Landkreisen und freien Verbänden, die im Bereich der Altenhilfe tätig sind, bietet zu diesem Zeitpunkt ein Viertel dieser Institutionen „Beratung/Gespräche" an. Diese Beratung wird bei der Hälfte der anbietenden Institutionen in zentralen Geschäftsstellen bzw. im Amt, bei knapp einem Viertel in Außenstellen durchgeführt. Nur ein geringer Teil der Beratungseinrichtungen spricht tatsächlich speziell alte Menschen an. Beratungsangebote sind meist nach Einzelbereichen (Sozialhilfeberatung, Rechtsberatung, Familienberatung usw.) organisiert und weisen einen hohen Zersplitterungsgrad auch innerhalb eines Trägers auf. Damit werden sie Problemkumulationen nicht gerecht. Das auf Sachauskunft konzentrierte Beratungsangebot und die Zurückhaltung der älteren Menschen, wegen persönlicher Probleme institutionelle Hilfe zu beanspruchen, wird als ursächlich dafür gesehen, dass hinter diesen aufgesplitterten Sachfragen persönliche Gespräche und psychosoziale Beratung in Lebenssinnfragen eher nachrangig genutzt wurden (Bracker, 1982).

Für das Angebotsspektrum dieser Zeit ist außerdem charakteristisch, dass die meisten Kontakte in Einrichtungen wie Altenclubs und Altentreffs stattfinden, weil die alten Menschen diese Einrichtungen auch ohne ein konkretes Beratungsanliegen aufsuchen. Auf diesen Erkenntnissen basierend, wurde in einem Modellversuch in der ersten Hälfte der 80er Jahre das Konzept einer „integrierten psychosozialen Beratung" (Radebold u.a., 1985) entwickelt und in das Setting der mit einem Dienstleistungszentrum kombinierten Altenbegegnungsstätte implementiert.

Dieses Beratungskonzept geht von folgenden Zielsetzungen aus:

- Die Information und Beratung erfolgt bürgernah vor Ort, in einer vertrauten, den Älteren bekannten und leicht erreichbaren Umgebung unter Vermeidung eines Behörden- oder Amtscharakters.

- Die Durchführung der Beratung erfolgt durch eine fachlich qualifizierte Bezugsperson, die den Beratungsprozess von Anfang bis zum Abschluss führt und alle nötigen Weiterverweisungen mit der entsprechenden Rückmeldung tätigt.
- Der an den Bedürfnissen des Klienten orientierte Beratungsprozess umfasst das weite Spektrum von der Information über die Vermittlung von Hilfsdiensten und Aktivierungsangeboten bis hin zur therapeutisch orientierten psychosozialen Hilfestellung.
- Das Angebot soll auch längerfristig orientierte Einzelhilfe und Gruppenarbeit umfassen und besonders Ältere mit Problemkumulationen und psychischen Problemen und Schwierigkeiten erreichen.

Die für die Beratung zuständige Sozialarbeiterin im Modellversuch führte die Gespräche als Teil der weiteren professionellen Dienstleistungsangebote (mobiler Hilfsdienst, Fahrt- und Besuchsdienst) durch und machte die Erfahrung, dass die Annahme eines institutionalisierten Beratungsangebotes erst nach einer längeren „Klientenkarriere“ erfolgt. Die Ratsucher hatten sich zu einem großen Teil bereits vorher um Hilfe bei sehr unterschiedlichen Institutionen, v.a. bei Ärzten, bemüht. Diese konnten ihren Bedürfnissen nach „ganzheitlicher“ Beratung aber nicht nachkommen.

Aus der Einschätzung, dass viele Rat Suchende auf diesem langen Weg aufgegeben haben dürften und aus der Annahme, dass es den Betroffenen in ihrer gewohnten Umgebung wesentlich leichter fallen würde, ihre persönlichen Schwierigkeiten und Probleme anzusprechen, wurde in den 80er Jahren auch nach neuen Wegen aktiv angebotener Beratung gesucht. Intensiver als bisher sollte versucht werden, die Beratung im sozialen Umfeld und damit noch näher an den komplexen Alltagserfahrungen und an der Alltagsproblematik der älteren Rat Bedürftigen anzusiedeln. Tatsächlich ergeben die Auswertungen der Begleitforschung, dass bei diesem Zugang Themen der Alltagssituation prioritär sind: die sozialen Beziehungen, die gesundheitliche Befindlichkeit und die Tagesstrukturierung (Karl u.a., 1990). Im Unterschied dazu stehen bei institutionellen Beratungsangeboten Anfragen zur Einleitung konkreter Maßnahmen (Sozialhilfe, Wohngeld, Erholungsmaßnahmen, Kuren) im Vordergrund. Obwohl in diesen Beratungsstellen erkannt wird, dass sich hinter solchen „vordergründigen Anliegen“ auch persönliche Probleme verbergen können, bleiben bei dem Beratungssetting der „Komm-Struktur“ psychosoziale Beratungen nachrangig.

Die Vielfalt dieser Beratungszugänge spiegelt sich auch in der Palette des Hilfe- und Versorgungsangebots für ältere Menschen und der daran beteiligten Berufsgruppen. Dazu gehören insbesondere Sozialarbeiter und Sozialpädagogen, Psychologen, Ärzte, Theologen, Pflege- und Rehabilitationsfachkräfte sowie Mitarbeiter weiterer Institutionen, z.B. in der Renten-, Ernährungs- und Wohnberatung – alle mit entsprechenden Fort- und Weiterbildungserfordernissen für den Altersbereich (Radebold u.a., 1999). Beratung geschieht insgesamt nicht nur in Beratungsstellen, sondern überall da, wo es um den Eintritt in das Versorgungsnetz, um Weitervermittlungen und um die Passung formeller (professioneller) und informeller (familiärer, nachbarschaftlicher, ehrenamtlicher) Hilfen geht.

4 Altenberatung nach Einführung des SGB XI

Mitte der 90er Jahre erfährt die „Altenberatung“ eine weitere Fokussierung durch die Einführung der Pflegeversicherung (SGB XI), die vor allem die körpernahen pflegerischen Bedarfe bedient. Dies führte dazu, dass in den pflegespezifischen Einrichtungen und Diensten sozialarbeiterische und beraterische Tätigkeiten aus den Finanzierungsstrukturen herausfielen. Den Kommunen, die sich angesichts der Pflegeversicherung zunächst (bei den Sozialhilfekosten) „entlastet“ fühlten, wuchsen damit koordinierende und informierende Funktionen zu. Gesetzlich verankert sind diese Aufgaben in einigen Landespflegegesetzen, in denen mit unterschiedlicher Akzentuierung die Beratung von Pflegebedürftigen und von Pflegebedürftigkeit Bedrohten und ihren Angehörigen als notwendige Aufgabe gesehen werden. Damit wird die sich aus dem § 75 BSHG ergebende breite Aufgabenstellung um die Beratung und Hilfestellung für Hilfs- und Pflegebedürftige und ihre Bezugspersonen ergänzt.

In einigen Bundesländern wurde diese Zielsetzung mittels neuer Angebotstypen konkretisiert, so z.B. die „Beratungs- und Koordinierungsstellen“ (BEKO) in Rheinland-Pfalz und der „Beratungsverbund Pflege“ in Hessen (Kassel). In anderen Bundesländern bleibt die Gestaltung der Umsetzung dieser landesgesetzlichen Zielsetzungen den Anbietern vor Ort überlassen. In Nordrhein-Westfalen wurde der Weg gewählt, im Rahmen eines Modellprogramms den in verschiedenster Benennung agierenden Altenberatungen („Beratungsstelle für ältere Menschen und ihre Angehörigen“, „Altenbüro“, „Seniorentreff“, „Bürgerberatung für Familien und Senioren“) durch Finanzzuschüsse, Angebote zur Qualifizierung des Personals und Konzeptbildung sowie evaluierender Maßnahmen einen gemeinsamen Ziel- und Handlungsrahmen zu geben.

„Seniorenberatung“ in NRW zielt nach den Ergebnissen der Begleitforschung (Heinemann-Knoch, 2000) auf verschiedene Gruppen von Nutzern, die Beratung in Anspruch nehmen: Es sind sowohl Ältere und ihre Angehörigen als auch andere Träger von Angeboten und Instanzen der Sozial- und Gesundheitspolitik.

Die große Zahl der Einzelnutzer unterteilt sich in zwei Gruppen:

- „Jüngere” rüstige Senioren und „leicht Hilfebedürftige”: Sie fragen nach präventiven Informationen sowie nach Angeboten aus den Bereichen der Kommunikation, Freizeit und Bildung.
- Ältere und sehr alte Menschen und deren Angehörige: Sie benötigen Hilfen zur Weiterführung des Haushalts und Vermittlung von ambulanter Pflege, Beratung in Fragen einer Heimplatzvermittlung, hinsichtlich von Reha-Maßnahmen und vor allem zu deren Finanzierung (die Finanzierungsfrage steht bei den Anliegen älterer Menschen und ihrer Angehörigen an der Spitze der Liste). Bei dieser Nutzergruppe werden des Öfteren erhebliche Diskrepanzen in der Bedarfsermittlung und Situationseinschätzung zwischen dem Medizinischen Dienst der Krankenkassen (MDK; Einstufung der Antragsteller in Pflegestufen) einerseits und der ganzheitlichen Einschätzung im Verlauf der Gespräche mit den Beratern andererseits ersichtlich.

Selbstverständlich benötigen somit auch Anbieter und politische Entscheidungsträger überblickverschaffende und vertiefende Information und Beratung: Deren

Mitarbeiter müssen spezifische Koordinations- und Vernetzungserfordernisse bewältigen und suchen nach konkreten Hilfestellungen für ihre Entscheidungsprozesse und für die fortlaufende Anpassung von Versorgungskonzepten an sich verändernde Rahmenbedingungen.

An diesem Nutzerspektrum (Klientenberatung und institutionenbezogene Beratung) wird auch der Tätigkeits- und Leistungskatalog der Altenberatung anschaulich:

- „Auskunft, Information, Aufklärung und Beratung" wird in mehr als der Hälfte aller Kontakte erbracht.
- Angeboten zur „Prävention und Prophylaxe" zusammen mit Information und Vermittlung von Rehabilitation kommen nach § 5 des Pflegeversicherungsgesetzes Vorrang im Leistungskatalog zu, um den erstmaligen oder erneuten Eintritt von Pflegebedürftigkeit zu vermeiden.
- Beratung und Vermittlung von Hilfen und Diensten zur Sicherung der Haushaltsführung (Haushaltshilfen, häusliche Pflege, Pflegegeld und Pflegehilfsmittel, Kurzzeit- und Tagespflege) und zur Wohnberatung (z.T. gibt es hierfür bereits eigenständige Beratungsstellen zur Wohnraumanpassung)
- Fachberatung von Trägern und Einrichtungen der Altenhilfe
- Organisation und Beratung zur trägerübergreifenden Zusammenarbeit
- Öffentlichkeitsarbeit inklusive innovativer Formen der Information und Beratung (z.B. mittels neuer Medien)

Vor Ort sind die Arbeitsschwerpunkte und Beratungskonzepte recht unterschiedlich. Manche Beratungsstellen verzeichnen einen überdurchschnittlich hohen Anteil kurzer Face-to-Face-Kontakte und Telefongespräche und damit eine sehr hohe Zahl von Kontakten insgesamt. Andere Beratungsstellen mit relativ wenig Kontakten pro Woche legen ihren Schwerpunkt in die Fachberatung von Institutionen und Selbsthilfegruppen sowie in „zugehende Beratung" und Hausbesuche. Solche Beratungstätigkeiten erfordern einen hohen Zeitbedarf.

Bei allen Schwierigkeiten der Messbarkeit von „Beratungserfolgen" ist von Interesse, welche Ergebnisse von der Begleitforschung hierin gefasst werden. An oberster Stelle steht die „Erhaltung des häuslichen Milieus älterer Menschen" sowie die „Vermeidung und Verzögerung von Heimplatzeinweisungen". Als weitere Beratungserfolge werden genannt:

- Hilfen in aktuellen Krisen und chronischen Zuständen gesundheitlicher und pflegerischer Art
- Rehabilitationserfolge
- Förderung der Lebenszufriedenheit
- Förderung der Selbstständigkeit; Förderung von Solidarität zwischen Alt und Alt bzw. Alt und Jung
- Vermittlung von Sicherheitsgefühlen
- Ersparnis von Zeit, Weg und Kosten
- Ressourcenallokation und Qualitätsverbesserung der Angebote der Altenhilfe
- Gestaltung und Verbesserung der Kooperation und Koordination in der Versorgungskette u.a. (Heinemann-Knoch, 2000)

Man mag in dieser Liste eine Funktionalisierung von Beratung für die vorgegebenen sozialpolitischen Ziele der Politik und der Kostenträger sehen (ältere Menschen sollen möglichst lange Kosten sparend zu Hause leben und mit Hilfe eines Mix von formellen und informellen Diensten unterstützt werden; Einrichtungen und Dienste sollen effektiver und effizienter zusammenarbeiten). Bei der Analyse solcher Funktionen, die Seniorenberatungsstellen erfüllen, wird aber auch ihre außerordentlich wichtige Bedeutung und ihre Notwendigkeit erkennbar. Das Modellprogramm „Seniorenberatung in NRW" konnte belegen, dass sich der Beratungsprozess nicht in einfacher Informationsweitergabe erschöpft, sondern wegen der Ausdifferenzierung der Lebenslagen älterer Menschen und ihres Kontexts, in dem sich der Beratungs- und Hilfebedarf artikuliert, immer umfassender wird und werden muss. Beratung für Ältere und ihr Umfeld (Angehörige, Nachbarn, Gemeinde) soll außerdem zur Stärkung von Solidarität und bürgerschaftlichem Engagement und zur Unterstützung von Selbstbestimmung, von „Verbrauchersouveränität" beitragen. Für dieses Ziel muss Beratung auch diskursive Prozesse zwischen Professionellen, den in den Lebenswelten Agierenden und freiwillig Helfenden sowie den Unterstützungsempfängern herstellen.

5 Bring-Strukturen in der Altenberatung und Altenarbeit

Die Notwendigkeit von „Seniorenberatung" ist offensichtlich, aber gleichzeitig sollte auch einer Tendenz der zunehmenden Aufsplitterung der psychosozialen Arbeit auf immer mehr und speziellere Zielgruppen entgegengewirkt werden. Durch Koordination und Vernetzung kann verhindert werden, dass dieselben Personen zum Klientenkreis mehrerer Dienste werden. Die übergreifende sozialökologische Perspektive „Von der Fallorientierung zur Feldorientierung" schließt eine Orientierung an Möglichkeiten des Empowerment (statt zunehmender Klientelisierung) der Adressaten ein. Ein Weg hin zu dieser Ressourcenstärkung bzw. zum Ressourcenaufbau ist die Ergänzung der „Komm-Struktur" durch eine „Bring-Struktur". Zur Vermeidung einer Defizitorientierung bemüht sich gemeindebezogene Altenarbeit mit ihren Informations- und Beratungsangeboten bereits frühzeitig um Kontaktaufnahme mit älter werdenden Personen, um ins Gespräch zu kommen und die Zielgruppen für eine aktive Mitgestaltung zu gewinnen.

Formen zugehender Altenarbeit und -beratung im Stadtteil und der Gemeinde dienen dazu, auch die zurückgezogenen, sozial benachteiligten Teile der älteren Bevölkerung zu erreichen. Zugehende Altenarbeit kombiniert möglichst unaufdringliche Zugangs- und Angebotsformen im Rahmen von Straßen- und Informationsständen im Wohnumfeld, Präsenz bei Vereins- und Mieterversammlungen und bei kirchlichen Veranstaltungen und Festen miteinander. Ein indirekter, vermittelter Zugang bietet sich über bekannte Schlüsselpersonen (wie dem Postboten, Pfarrer, Allgemeinarzt, Kaufleuten) an. Weiterhin können Gruppen- und Gesprächsangebote einen Wechselbezug zwischen „niedrigschwelligen" Bildungsveranstaltungen und Beratungsmöglichkeiten herstellen (Karl, 1992). Dies erleichtert es älteren Menschen, die sonst keine Beratungseinrichtung aufsuchen würden, im Verlauf oder im Anschluss an die Gruppe qualifizierte Beratung „unter vier Augen" quasi nebenbei einzuholen.

In solchen Gesprächen wird oft erst die besondere Problematik familiärer Beziehungen in pflegenden Privathaushalten und die labile und überlastete Struktur in engen Wohnverhältnissen deutlich. Es ist somit wichtig, dass Pflegehaushalte, allein stehende immobile ältere Menschen und solche Personen rechtzeitig erreicht werden, die aufgrund eines (biographisch erklärbaren) niedrigen Anspruchsverhaltens bisher keinen Beratungs- und Unterstützungsbedarf nach außen artikulierten. Die Professionalität dieser zugehenden und immer die umgebenden Netzwerke einbeziehenden Moderations- und Beratungsangebote liegt darin, nicht nur technokratisch-organisierend an die Hilfenvermittlung heranzugehen und „case" (Fall) und „care" (pflegerische und hauswirtschaftliche Maßnahmen) zu „managen", sondern inhaltlich eine fortlaufend herzustellende Abstimmung zwischen Lebenswelten und Institutionen zu leisten.

Das Spektrum gemeindebezogener Altenarbeit und -beratung hat bisher verschiedene projektmäßige Ausgestaltungen und inhaltliche Schwerpunktsetzungen erfahren. Im Vorfeld professioneller Angebote legen manche Kommunen den Schwerpunkt auf Beratung als Engagementförderung durch Verankerung von Beratung bei „Bürgerbüros", „Seniorenbüros" oder „Seniorengenossenschaften". In diesem Setting sollen sich ortsnahe „Infrastrukturen der Kommunikation" entwickeln können, die es dem Einzelnen ermöglichen, an viele Mitmachgelegenheiten (für nachberufliche Tätigkeiten in Werkstätten, Erzählcafes, Wissensbörsen usw.) heranzukommen und dabei gleichzeitig „etwas für sich und für andere" zu tun.

6 Altenberatung als intergenerative Netzwerkunterstützung

Die Lebensverhältnisse älterer Menschen dürfen nicht unabhängig von denen anderer Altersgruppen gesehen werden; eine isolierte Altenarbeit würde die vorhandenen Verbindungen eher stören denn fördern. Gerade in der professionellen Altenberatung sind Interaktionsspezifika zu berücksichtigen, die sich aus der Altersdifferenz zwischen jüngerem Berater und Älteren (und möglichen Übertragungs- und Gegenübertragungssituationen) ergeben. Andererseits sind im Alltagsbereich und in vielen Gruppenkonstellationen Ältere als Träger von Erfahrungswissen und als Zeitzeugen selbst oft in einer Beraterrolle. Altersfragen und -beziehungen müssen also auch als generationenübergreifende Aufgaben erkannt werden, um Angebote für verschiedene Gruppen inhaltlich aufeinander zu beziehen sowie soziale und kulturelle Angebote miteinander zu verbinden. Die Notwendigkeit der generationenübergreifenden Perspektive kann sich des Weiteren auch darin zeigen, wenn sich in spezialisierte Stellen der „Altenberatung" ebenso Personen jüngeren Alters begeben, die ein Problem *mit* einem alten Menschen in Familie oder Nachbarschaft haben (Boettner, 1996). In der Problemdefinition können die Ansichten und der „Eigensinn" der (jüngeren und älteren) Beteiligten auseinander gehen. Umso wichtiger werden moderierende Strukturen.

Eine Netzwerkorientierung erfährt zusätzlich eine Begründung aus der besonderen Entwicklung der Wohnsituation im höheren Alter, wenn nach Partnerverlust der Ein-Personen-Haushalt dominierend wird. Gerade unter Bedingungen der Singularisierung wächst der Bedarf an kommunikativen Gelegenheiten. Altenberatung sollte also ihren Schwerpunkt nicht nur auf die Stützung des Alleinseins in den „eigenen vier Wänden" (mit entsprechenden Diensten und besonderen technischen Hilfen) legen und sich auf eine Vermittlungsfunktion reduzieren lassen, sondern muss umfassend die Qualität auch einer Netzwerkunterstützung erlangen. Das Ziel „selbstständigen" Wohnens isolierter Individuen greift zu kurz. Netzwerke dagegen vermitteln neben instrumenteller und emotionaler sozialer Unterstützung auch Identität, Sinn und soziale Integration (Nestmann, 1988).

Altenberatung auf individuell-sozialer Ebene zielt somit neben individueller Hilfe auf eine Steigerung des Potentials vorhandener persönlicher und alltäglicher Netzwerke, auf eine explizite Förderung der Familien und Nachbarschaften. Weiterhin muss sie bemüht sein, Netzwerke neu zu schaffen und weitere Beteiligte für tragfähige Netzwerkstrukturen zu gewinnen, wobei es im höheren Lebensalter durchaus nicht einfach ist, neue Beziehungen aufzubauen und verloren gegangene zu ersetzen. Solche Verknüpfungen hinsichtlich des zeitweisen, also begrenzten Aufeinanderbeziehens verschiedener Lebensformen (z.B. Absprachen gegenseitiger Unterstützung zwischen allein erziehenden jungen Müttern mit älteren Menschen, die die Funktion von Paten-Großeltern übernehmen) entstehen nicht von selbst und brauchen entsprechende lebensnahe Anregung, Förderung und Stützung.

Auch auf der Ebene der Institutionenberatung geht es dann darum, netzwerkförderliche Voraussetzungen herzustellen und die Lebensweltorientierung des Hilfesystems selbst zu stärken, sodass die Fachkräfte eine höhere Sensibilität für die Bedürfnisse der Kontaktpersonen und für ein Akzeptieren deren Eigensinns entwickeln können (Otto, 1995).

Somit ist es das Spezifikum einer präventiven und zugehenden, stadtteilorientierten Altenberatung, dass ältere Menschen und das Angebot sozialer Dienste nicht erst unter dem Druck von hoher Hilfebedürftigkeit und fremddefinierter Intervention in Kontakt miteinander kommen. Sind ältere Menschen und in der Altenarbeit Tätige bereits im Vorfeld von Situationen der Hilfsbedürftigkeit in Austausch miteinander getreten, so ist eine Hilfestellung im Bedarfsfall leichter herzustellen und kann auf einer solchen Vertrauensbasis adäquater im Detail „ausgehandelt" werden. Aus diesem Grunde sollten deshalb auch die Anbieter daran interessiert sein, dass die Beratungsangebote in eine partizipative Gemeindearbeit (z.B. als Gemeinwesenarbeit) eingebettet sind (Steiner-Hummel, 1989).

Literatur

Boettner, J. (1996). Chancenorientiert und intermediär – Perspektiven beratender Altenarbeit im Stadtteil. In C. Schweppe (Hrsg.), *Soziale Altenarbeit. Pädagogische Arbeitsansätze und die Gestaltung von Lebensentwürfen im Alter* (S. 231–245). Weinheim/München: Juventa.

Bracker, M., Hackewitz, W., Pressel, I. & Radebold, H. (1982). *Aspekte heutiger Altenberatung.* Hannover: Vincentz.

Buijissen, H. & Hirsch, R.D. (Hrsg.). (1997). *Probleme im Alter. Diagnose, Beratung, Therapie, Prävention.* Weinheim: Psychologie Verlags Union.

Heinemann-Knoch, M. & Korte, E. (2000). *Seniorenberatung in Nordrhein-Westfalen. Studie über Erfolg und Effizienz eines Modellprojekts. Teil I: Organisationsformen, Leistungsbilanz, Erfahrungen.* Düsseldorf: Ministerium für Frauen, Jugend, Familie und Gesundheit NRW.

Hirsch, R.D. (1997). Beratung und Psychotherapie alter Menschen in der Bundesrepublik Deutschland. In H. Buijissen & R.D. Hirsch (Hrsg.), *Probleme im Alter. Diagnose, Beratung, Therapie, Prävention* (S. 1–10). Weinheim: Psychologie Verlags Union.

Jansen, B., Karl, F., Radebold, H. & Schmitz-Scherzer, R. (Hrsg.). (1999). *Soziale Gerontologie – ein Handbuch für Lehre und Praxis.* Weinheim/Basel: Beltz.

Karl, F. (1992). Beratung und Bildung im Rahmen einer „Bring-Struktur". Die Stellung der zugehenden Beratung hinsichtlich von Bildungsangeboten für ältere Menschen. In A. Niederfranke, U. Lehr, F. Oswald & G. Maier (Hrsg.), *Altern in unserer Zeit* (S. 164–171). Aachen: Quelle & Meyer.

Karl, F., Engelmeyer, E., Lude-Meckbach, G., Lutze, B., Nittel, D., Reim, T., Schütze, F. & Straus, P. (1990). *Modellprogramm Zugehende stadtteilorientierte Beratung älterer und alter Menschen.* Stuttgart: Kohlhammer.

Nestmann, F. (1988). Alltägliche psychosoziale Intervention. In G. Hörmann & F. Nestmann (Hrsg.), *Handbuch der psychosozialen Intervention* (S. 160–169). Opladen: Westdeutscher Verlag.

Otto, U. (1995). *Seniorengenossenschaften. Modell für eine neue Wohlfahrtspolitik?* Opladen: Leske & Budrich.

Radebold, H., Prinzing, L., Sohm, C. & Pleichinger, I. (1985). Altentreff Ulm/Neu-Ulm. *Dienstleistungszentrum für Ältere. Entwicklung, Struktur, Angebote und Nutzung.* Stuttgart: Kohlhammer.

Radebold, H., Ostermann, K. & Teising, M. (1999). Beratung, Psychotherapie, Soziotherapie/Milieutherapie und Rehabilitation. In B. Jansen, F. Karl, H. Radebold & R. Schmitz-Scherzer (Hrsg.), *Soziale Gerontologie – ein Handbuch für Lehre und Praxis* (S. 683–706). Weinheim/Basel: Beltz.

Schweppe, C. (1996). Altern im Strukturwandel der Moderne. In C. Schweppe (Hrsg.), *Soziale Altenarbeit. Pädagogische Arbeitsansätze und die Gestaltung von Lebensentwürfen im Alter* (S. 11–32). Weinheim/München: Juventa.

Steiner-Hummel, I. (1989). Tendenzen in der Altenberatung. Gemeinwesenorientierung und Vernetzung als Stichworte neuer Beratungskonzepte. In *Blätter der Wohlfahrtspflege, 136*, 7–8, 193–196.

Internethinweise

www.soziale-gerontologie.de

Prof. Dr. Fred Karl ist Diplom-Soziologe und Hochschullehrer an der Universität Gesamthochschule Kassel im Fachbereich Sozialwesen. Seine Arbeitsschwerpunkte sind Soziale Gerontologie, Generationenbeziehungen und Soziale Bewegungen.

Anschrift:
Universität Kassel, FB 4
Arnold-Bode-Str. 10
D-34109 Kassel
E-Mail: fredkarl@soziale-gerontologie.de

Vorwort und Einleitung
Beratungs-disziplinen
Geschlecht und Beratung
Alter und Beratung
Kultur und Beratung
Beratung und soziale Systeme
Perspektiven der Beratung

V Kultur und Beratung

Übersicht

Beratung: Interkulturell

Paul Mecheril

1 Von der interkulturellen Beratung zur interkulturellen Perspektive auf Beratung

Seit auch in der Bundesrepublik Deutschland anerkannt wird, dass Phänomene der Ein- und Auswanderung konstitutiv für gesellschaftliche Realität sind, hat sich das Stichwort „interkulturell" zu einem Signum für zweierlei entwickelt: einerseits für die prinzipielle Affirmation kultureller Pluralität und weiterhin für das Bewusstsein um die durch Vielfalt und Differenz gestellten Herausforderungen, die an gesellschaftliche Strukturen und Prozesse gestellt werden. „Interkulturell" meint: Lebensformen und -äußerungen haben sich diversifiziert; von diesem Punkt der Diversität aus gibt es kein Zurück zu „vor-pluralen" Regelungen; der Umgang mit Diversität ist prekär, insofern den negativen Einsichten, dass weder ein „anything goes" noch „(mono-)kulturelle Hegemonie" Bezugspunkte interkulturellen Tuns darstellen können, keine definitiven, positiven Einsichten korrespondieren. Mit der Affirmation kultureller Diversität eröffnet sich ein Handlungsraum, dessen Kennzeichen in normativer, epistemischer und praktischer Hinsicht zunächst Unsicherheit und Unbestimmtheit sind.

Wenn im Rahmen psychosozialen Handelns, psychosozialer Arbeitsfelder und Institutionen von „interkulturell" die Rede ist, dann ist zumeist doppelt klar, wovon die Rede ist: Erstens handelt es sich um eine Situation kultureller Differenz, die aufgrund dieser Differenz mit spezifischen Anforderungen an professionelles Tun einhergeht; zweitens werden Orte psychosozialen Handelns dann zu „interkulturellen" Orten, wenn so genannte „Andere" oder „Fremde", die zum Beispiel als „Ausländerinnen", „Migranten", „Allochthone", „Menschen mit Migrationshintergrund", „Türken", „Aussiedler", „Menschen kroatischer Herkunft" etc. bezeichnet werden, diese Orte aufsuchen.

Unter „interkultureller Beratung" wird üblicherweise die Situation verstanden, dass eine professionelle Person, die Repräsentantin der kulturellen Mehrheit ist, es mit Klienten zu tun hat, die kulturellen Minderheiten angehören. Von „interkultureller Beratung" wird beispielsweise gesprochen, wenn eine türkische Mutter eine Erziehungsberatungsstelle aufsucht, in der deutsche Beraterinnen arbeiten, oder ein deutscher Sozialarbeiter seine aus Russland stammende Klientel im Hinblick auf rechtliche oder administrative Fragen berät.

Dieses gängige Bild interkulturellen Handeln ist aber doppelt problematisch. Die Problematik sei als doppelte Selbstverständlichkeitsverkürzung des üblichen Verständnisses von interkultureller Beratung bezeichnet. Die gängige Sichtweise betreibt eine Gleichsetzung von Kulturdifferenzen mit nationalen oder ethnischen Differenzen. Mit „interkulturell" werden gemeinhin solche Situationen und Themen bezeichnet, für die die national-ethnische Differenz der beteiligten Akteure kennzeichnend ist. Zum zweiten bleibt im Rahmen des üblichen Verständnisses interkulturelles Handeln auf den Typ personeller Konstellation beschränkt, in dem nationale oder ethnische Mehrheitsangehörige als professionelle Berater nationalen oder ethnischen Minderheitsangehörigen fürsorgliche Angebote machen.

Ein kurzer Blick auf die Geschichte von Beratung und Interkulturalität ist sehr bald mit diesem Verständnis von „interkulturellem Handeln" konfrontiert. Frank Nestmann (1999, S. 179–186) unterscheidet mit Bezug auf den Zusammenhang von Beratung und Interkulturalität vier Entwicklungsphasen: Phase 1: Der Spezialdienst und die These „Ausländer haben keine psychosozialen Probleme"; Phase 2: Modellversuche – erste Annäherung der Beratungsdienste an ausländisches Klientel; Phase 3: „Ausländische BeraterInnen für ausländische KlientInnen – Ruhe den Deutschen"; Phase 4: Die Spaltung der Landschaft – die Umkehrung der Perspektiven – interkulturelle Beratung.

Allgemein können drei idealtypische Ansätze des professionellen Umgangs mit kultureller Differenz in der Beratung im deutschsprachigen Raum analytisch unterschieden werden. In etwa können – letztlich anlog der Entwicklung des pädagogischen Diskurses über kulturelle Differenz (siehe etwa Krüger-Potratz, 1999) – diese Ansätze auch als Phasen der Entwicklung des Verhältnisses von Beratung und kultureller Differenz betrachtet werden (in der Abfolge der Phasen ist jede Phase empirisch allenfalls durch die Vordergründigkeit je eines Ansatzes charakterisiert, nicht aber durch seine Alleingültigkeit). Der erste Ansatz ist der der Ausländerberatung, in dem Beratung, ganz den Handlungsverständnissen der Ausländerpädagogik verpflichtet, sich daran orientiert, einen Beitrag zur Behebung von Problemen zu leisten, die als Defizite der Ausländer verstanden werden. Die Ausländerberatung zementiert nicht nur die Vorherrschaft des Differenzschemas „Ausländer-Inländer", sie geht auch davon aus, dass das Phänomen „Ausländer" letztlich durch Assimilation oder Rückkehr aufgelöst werden sollte. Mit der Krise der fraglosen Verwendung des Schemas „Ausländerin-Inländerin" und mit der Kritik an der Defizitorientierung der Ausländerberatung wird ein zweiter Ansatz bedeutsam, der in dem

Label der interkulturellen Beratung zum Ausdruck kommt. Mit dieser Bezeichnung wird dem Umstand Rechnung getragen, dass kulturelle Differenzen anzuerkennen seien und Beratung – sowohl was seine institutionelle und kommunikative (insbesondere linguale) Angebotsstruktur, aber auch seine Zielsetzung angeht – nicht selbstverständlich einer Assimilationsanforderung verpflichtet bleiben dürfe. Der dritte Ansatz ist durch die Einsicht gekennzeichnet, dass eine Fokussierung der Kulturdimension in der Arbeit mit Migrantinnen und Migranten zu einer Ausblendung von Verhältnissen sozialstruktureller Ungleichheit beiträgt und somit das Label „interkulturelle Beratung" die Dimension gesellschaftlicher Benachteiligung kulturalistisch verschleiert. Zudem stellt die Kulturalisierungskritik an inter- und multikulturellen Ansätzen heraus, dass hier Differenzkategorien in einer quasi essentialistischen Weise Verwendung finden. Im Zuge dieser Kritik findet dann entweder eine inhaltliche Neufassung des Ausdrucks „interkulturelle Beratung" statt, die an einer kritischen Reflexion des Verständnisses von „Kultur" in der Rede von „interkultureller Beratung" ihren Ausgangspunkt findet (Mecheril, 1998); oder aber die Kritik an der Kulturalisierungstendenz „interkultureller Beratung" führt ganz zum Verzicht auf diese Bezeichnung; es beginnt die Differenzierung zwischen Migrant(inn)enberatung (vgl. Pavkovic i.d.Bd. und H. Wagner i.Bd.2) und interkultureller Beratung als generellem Typ von Beratung. Hier macht es dann Sinn, nicht mehr von interkultureller Beratung, sondern von der interkulturellen Dimension von Beratung (Mecheril & Castro Varela, 2000) zu sprechen.

Unter dieser Perspektive ist das „Interkulturelle" in Beratung nicht allein auf die Klischeekonstellation „deutsche" Professionelle arbeiten mit „nicht-deutschen Klientinnen" beschränkt. Andererseits ist die Situation, in der „deutsche" Beraterinnen mit „nicht-deutschen Klienten" arbeiten, nicht notwendig eine „interkulturelle" Situation. Vielmehr muss die Bezeichnung „interkulturell" in diesem Zusammenhang als eine Perspektive verstanden werden, die für die Erhellung bestimmter interpersoneller Beratungskonstellationen (die durch faktisch oder imaginiert unterschiedliche „kulturelle" Zugehörigkeiten der Beteiligten gekennzeichnet sind) und bestimmter Beratungsthemen (etwa Fremdheit, Nicht-Verstehen, Diskriminierungserfahrungen) angemessen und fruchtbar sein kann. Beratungssituationen sind also nicht „an sich" interkulturell (oder nicht interkulturell); erst unter der Perspektive „interkulturell" können die behandelten Themen und die interpersonellen Beziehungen auf interkulturelle Gesichtspunkte befragt werden. Wie diese Befragung aussehen kann, oder anders: was unter „interkulturell" verstanden werden kann, soll nun angesprochen werden.

2 Was heißt „interkulturell"? Differenz und Ungleichheit als Schlüsselbegriffe

Aus dem Feld der „cultural studies", der „postcolonial studies", und auch der „gender studies" ist bekannt, wie problematisch die unbedachte Verwendung üblicher Einteilung von Menschen in etwa Männer und Frauen, Deutsche und Migrantinnen, Schwarze und Weiße etc. ist. Die Probleme, die mit der unbedachten

Verwendung der kulturellen Differenzkategorie einhergehen, sind mannigfaltig und können vielleicht im Ausdruck „Essentialisierung und Kulturalisierung von Zugehörigkeit“ zusammengefasst werden. Damit ist gemeint, dass über den Rückgriff auf das Differenzschema „Kultur“ die Vorstellung von der sozusagen „natürlichen“, wesenhaften, unveränderbaren Zugehörigkeit der und des Einzelnen zu kulturellen Gruppen stark gemacht wird – eine Vorstellung, die zudem Kultur vornehmlich als symbolisches Deutungssystem und nicht auch als Praxis denkt. Diese Vorstellung verkennt vor allem:

- die Heterogenität innerhalb von „kulturellen” Gruppen,
- den Umstand, dass Gruppen erst durch die operative Vorstellung, dass es sie gäbe, erschaffen werden (anders gesagt: dass es sich bei kulturellen Gruppen nicht um die Repräsentation einer Art kollektiven Wesens, sondern vielmehr um ein Phänomen der Konstruktion handelt),
- die Spielräume von Menschen, sich von Zugehörigkeiten abzusetzen,
- die „multidimensionale” Beschaffenheit des gesellschaftlichen Raumes (Dimensionen sind etwa: Alter, Gender, Klasse, Sexualität), der als Raum mehrdimensionaler Ungleichheit und Differenz zu denken ist, in dem sich die Einzelnen verorten und in dem sie verortet werden,
- den Umstand, dass „Kultur” nicht ausschließlich auf die symbolische Dimension sozialen Handelns bezogen ist, auf der Bedeutung und Sinn im Kontext eines symbolischen Regelsystems reproduziert wird, sondern auch als Machtphänomen gedacht werden muss.

Wenn die Kritik an der Perspektive „kulturelle Differenz“ ernst genommen werden soll, ohne auf den Begriff der Kultur zu verzichten, bedarf es eines Verständnisses von Kultur, das zweierlei leistet: Es müsste „Kultur“ als flüssige, veränderliche, umkämpfte und perspektivenproduzierte Dimension zur Geltung bringen und zudem „Kultur“ als Dimension verstehen, für die das ungleiche Verhältnis der Einflussnahme sozialer Akteure aufeinander kennzeichnend ist und in der diese Ungleichheit zum Ausdruck gebracht wird.

Kulturwissenschaftlich wird „Kultur“ oft als System von Symbolen definiert, als ein Bedeutungszusammenhang, in den Individuen verstrickt sind und den sie hervorbringen. Das symboltheoretische Verständnis von „Kultur“ verengt jedoch dann seinen Gegenstand, wenn neben Sinn- und Symbolbeständen nicht auch Handlungsweisen in den Blick rücken. Eben diesen Zusammenhang rückt ein Verständnis in den Vordergrund, das Kultur als Praxis versteht. Der Praxisbegriff betont den Vollzug und die Erfahrung von Tätigkeiten. Praxis meint nicht allein eine Sinneserfahrung und nicht allein eine Erkenntniserfahrung, sondern eine Erfahrung im Tun und den Vollzug dieses Tuns.

Die Muster des Handelns, die als (auch imaginierte) Muster kollektiven Handelns kulturelle Praxis begründen, können als Muster der Differenz und Ungleichheit verstanden werden. Das heißt: Der Binnenraum eines kulturellen Kontextes kann gedacht werden als eine Praxis der Unterscheidung, in der Bedeutungen als Unterschiede und Verhältnisse zwischen Menschen als Ungleichheiten (re)produziert werden. Differenz und Ungleichheit sind die zentralen Begriffe eines Verständnisses von „Kultur“, das auch für psychosoziales Handeln bedeutsam ist.

Differenzen sind Relationen zwischen Elementen. Differenzverhältnisse verleihen den Elementen ihre Bedeutung. Bei diesen Relationen handelt es sich um dynamische Phänomene: Kulturelle Bedeutungen sind veränderlich. Differenzen sind real in den Köpfen, dem Handeln und den Institutionen von Menschen. Die Differenzen – etwa zwischen „Mann“ und „Frau“, „alt“ und „jung“, „reich“ und „arm“ – sind nun nicht einfach da, sondern werden in der alltäglichen Praxis hergestellt. Genau dies meint das Verständnis von Kultur als einer Praxis der Unterscheidung. Menschen unterscheiden (und meinen in einer bestimmten Art und Weise zu unterscheiden); dies konstituiert ihre Art zu leben. Kultur bringt zum Ausdruck, wie Menschengruppen was unterscheiden.

Bei dem „Was“ des kulturellen Differenzierens können nun zwei allgemeine Gegenstandsbereiche unterschieden werden: der Bereich der „Gegenstände“ und der Bereich der „Personen“. Im Kontext kultureller Differenzen werden materiale und symbolische Gegenstände spezifiziert, entwickelt und verändert. Regeln des Gebrauchs leiten den Umgang mit den Gegenständen an. Im Kontext kultureller Differenzen werden aber auch Personen bestimmt, insofern kulturelle Differenzen beispielsweise Aussagen über die soziale Struktur der Menschengruppe machen und die Mitglieder aufgrund erworbener und zugeschriebener Merkmale spezifischen Plätzen, Funktionen, Aufgaben, Pflichten und Rechten zuordnen. So weisen Kulturen ihren Mitgliedern unterschiedliche öffentliche und private Handlungsspielräume, Partizipations- und Zugangsmöglichkeiten zu kollektiven Gütern zu. Die Unterscheidung von Personen beispielsweise auf der Ebene von Recht und Status differenziert Möglichkeiten der Teilnahme an der Lebensform der Menschengruppe. Diese Möglichkeiten der Teilnahme sind nicht gleich. Lebensformen von Menschengruppen zeichnen sich durch Ungleichheit aus und diese Ungleichheit ist konstitutiv für die jeweilige kollektive Praxis des Unterscheidens.

Wichtig ist hierbei, Verhältnisse der Differenz und Ungleichheit auch als Verhältnisse der Imagination zu begreifen. Je komplexer und diffuser auf einer räumlichen und zeitlichen Dimension Lebensformen sind, desto schwieriger wird es, die Lebensform empirisch als vorhandene zu erfahren, zu begründen und zu begreifen. Insbesondere unter Verhältnissen dieser Komplexität ist es attraktiv, die Schwierigkeit der Bestimmung phantasmatisch zu kompensieren, das heißt auf eine imaginierte „Eigentlichkeit“, ein imaginiertes „Schon-immer“ und ein imaginiertes „Wesen“ der Kultur zurückzugreifen. Imaginationen stellen den Versuch dar, die Undefinierbarkeit der definierenden Zugehörigkeit zu heilen. In kulturellen Imaginationen aktualisieren sich Bilder, die in kollektiven Praxen und Wissensbeständen gepflegt, entwickelt und reproduziert werden und in die Individuen verstrickt sind. Diese Bilder haben die Eigentümlichkeit, diffus und unklar zu sein. Sie stehen nur sehr selten explizit im Mittelpunkt der alltäglichen Kommunikation. Gleichwohl beeinflussen sie das Kommunizieren – gleichsam nebenbei und selbstverständlich. Imaginationen sind Bilder, in denen ein Gegenüber erzeugt, gedacht, definiert, festgeschrieben und der Behandlung durch „uns“ zugänglich gemacht wird. Imaginationen sind Bilder über andere, die ihnen bestimmte Orte und Plätze zuweisen. Dies sind Orte der Differenz und Orte der Ungleichheit.

Kulturelle Imaginationen sind Bilder, in denen, indem zwischen „Wir“ und „Nicht-Wir“ unterschieden wird, Selbstkonstitutionen stattfinden. Mit seinem Buch

Vorwort und Einleitung
Beratungs-disziplinen
Geschlecht und Beratung
Alter und Beratung
Kultur und Beratung
Beratung und soziale Systeme
Perspektiven der Beratung

Orientalismus hat Edward Said (1981) ein bekanntes Beispiel für Imaginationen thematisiert. Said zeigt, wie der westliche Diskurs einen anderen Ort – den Orient – konstruiert, eine Konstruktion, die nicht nur den eigenen Machtinteressen dient, sondern das Eigene ko-konstruiert. Der so genannte Orient wird dabei ebenso geografisch erfunden wie auch mit kulturell-sozialen Bedeutungen belegt. So werden Bilder vom „Orient" als einem Ort voller Geheimnisse und Abenteuer kreiert. Diese Darstellungen entwerfen das, was Said eine „imaginative Geografie" nennt.

„Kultur" bezeichnet zusammengefasst eine imaginative, im Fluss befindliche und umkämpfte, kollektive Praxis der Erzeugung, Bewahrung und Veränderung von symbolischen Differenzen und Ungleichheitsverhältnissen. „Interkulturell" meint vor dieser begrifflichen Folie Situationen, in denen unterschiedliche kollektive (Imaginations-)Praxen der Differenz und Ungleichheit miteinander in Kontakt kommen, wobei dieser Kontakt immer in einem konkreten sozialen Raum stattfindet und somit nicht „frei", sondern vom Kontext der Begegnung präformiert ist.

Wenn wir diese Überlegungen auf psychosoziale Beratung beziehen, dann ist zunächst bedeutsam, dass der Beratungsort als kultureller Ort Vorgaben macht, die das Handeln unter interkulturellen Vorzeichen präformieren und restringieren. Der Kontext, in dem „interkulturell" gehandelt wird, nimmt auf das Handeln Einfluss. Zu fragen ist hier, welchen Einfluss der gesellschaftliche und auch der institutionelle Beratungskontext auf das interkulturelle Handeln nimmt. Anders formuliert: Welche Vorgaben macht der Ort der (interkulturellen) Kommunikation für die Kommunikation? Wie wird professionelle Kommunikation, verstanden als das Thematisieren von Inhalten, als das Herstellen einer Beziehung und das Strukturieren einer Situation von den kulturellen Vorgaben des Beratungsortes bestimmt?

Der Ausdruck „interkulturell", so wie er bisher entwickelt wurde, wird mit Bezug auf Beratung in zwei Hinsichten bedeutsam. Beratung ist zum einen dann durch eine interkulturelle Dimension gekennzeichnet, wenn sie um „interkulturelle" Gegenstände und Themen kreist, wenn also das Verhältnis von kulturellen Praxen der Differenz und Ungleichheit thematisch wird. Häufig wird dies dann der Fall sein, wenn die Lebenssituation des Klienten oder der Anlass, Beratung in Anspruch zu nehmen, von den Akteuren in einen direkten oder indirekten thematischen Zusammenhang mit kollektiven Unterscheidungspraxen gebracht wird und diese Praxen und ihre Beziehungen zueinander als „Problem" oder „Problembedingung" verstanden werden. Zum anderen kann von einer „interkulturellen" Dimension psychosozialer Beratung gesprochen werden, wenn die Beratung in einer als interkulturell bezeichenbaren Kommunikationssituation stattfindet, wenn also die an der Beratungssituation beteiligten Akteure sich in einer für den Beratungsvorgang relevanten Weise unterschiedlichen kulturellen Unterscheidungspraxen zurechnen.

Wichtig an der Einschätzung „interkulturell" ist, dass sie immer das Produkt eines perspektivengebundenen Deutungsprozesses darstellt. Dies heißt zweierlei: Zum einen kann es darüber, ob eine der angeführten interkulturellen Dimensionen in der jeweiligen Beratungssituation relevant ist, unterschiedliche Einschätzungen (etwa zwischen Beraterin und Klient) geben. Zum anderen bedarf jede Aussage über die „interkulturelle" Qualität der Beratungssituation der Prüfung und der Argumentation. Hiermit ist bereits ein erstes Merkmal interkultureller Professionalität angesprochen. Dieses verfügt nämlich über das Vermögen anzugeben, inwiefern es angemessen ist, eine Beratungssituation im Hinblick auf die Differenz der beteiligten Akteure oder die thematisierten Inhalte als „interkulturell" zu bezeichnen. Bei der Frage der Angemessenheit sind insbesondere jene Effekte in den Blick zu nehmen, die weiter oben als „kulturalistisch" bezeichnet wurden. Inwiefern, so lautet hier die bedeutsame Frage, trägt die Bezeichnung „interkulturell" tatsächlich zu einer Aufklärung der relevanten Verhältnisse bei und inwiefern wird durch diese Perspektive die Relevanz anderer (Differenz-)Perspektiven wie etwa Klasse, Geschlecht, Sexualität, Alter in den Hintergrund gerückt oder verdeckt?

3 Beratung als Anerkennungshandeln im Medium von Nicht-Verstehen

Eine der prominentesten Aufgaben interkulturellen Handelns, insbesondere unter professionellen Bedingungen, wird darin gesehen, das Gegenüber „zu verstehen". Texte zu „multicultural counseling" (etwa Pedersen, 1994) oder „interkultureller Kompetenz" (etwa Hinz-Rommel, 1994) verweisen immer wieder auf die Wichtigkeit von Fertigkeiten wie „kulturelle Sensibilität", „Fremdverstehen", „Empathie" etc. Aus der pädagogischen Debatte um das professionelle Verstehen ist jedoch seine Ambivalenz bekannt. Einerseits scheint es insbesondere in Beratungszusammenhängen, in denen „erfahrungsgesättigtes Wissen" (Dewe, 1995, S. 125) um die jeweilige Klientengruppe, Wissen um typische Problemlagen sowie um in der jeweiligen Alltagswelt anerkannte Muster des Umgangs mit Problemen erforderlich ist, keine Alternative zum wissensbegründeten Verstehen zu geben, da ansonsten die professionelle Beziehung aufgekündigt würde. Kommunikation und damit auch Beratung gründen in einem grundlegenden Sinne auf Verstehensprozessen. Andererseits wohnt dem Verstehen eine Machtförmigkeit inne. Verstehen findet in den Kategorien desjenigen statt, der versteht. Verstehen tendiert dazu, Prozesse der Begegnung abzuschließen und nicht zu eröffnen. In dieser Hinsicht ist Verstehen einerseits eine Fiktion, andererseits eine Bemächtigung. Sobald ich jemanden verstehe, verschwindet seine Fremdheit. „Verstehen", schreibt Christoph Wulf (1999, S. 62), „zielt auf Assimilation des Fremden". Und so stellt Wulf den üblichen Ausgangspunkt interkultureller Prozesse auf den Kopf, wenn er schreibt: „Nicht der Anspruch, den Anderen zu verstehen, sondern die Erkenntnis, dass der Andere different und nicht verstehbar ist, muss zum Ausgangspunkt interkultureller Bildung werden" (ebd., S. 61). Freilich kommt in einer solchen Formulierung bereits die Verschränktheit von Verstehen und Nicht-Verstehen zum Ausdruck. Denn ganz offensichtlich muss der Andere ja als Anderer erkannt und verstanden werden, ehe das Nicht-Verstehen als Ausgangspunkt gewählt werden kann.

Vor diesem Hintergrund ist es sinnvoll, die Verschränkung von Verstehen und Nicht-Verstehen als Grundlage interkulturellen Handelns auch in Beratungszusammenhängen zu betrachten. Die Verschränkung kündigt die Beziehung zum anderen nicht auf, begegnet aber der für Beziehung notwendigen Möglichkeit des Verstehens skeptisch, stellt sie kommunikativ und reflexiv in Frage. Der Sinn der Verschränkung von Verstehen und Nicht-Verstehen als professionelle Disposition erhellt sich letztlich durch eine normative Reflexion, die deutlich macht, dass interkulturelles Handeln in Beratungszusammenhängen auf Ermöglichung, Förderung und Differenzierung der Handlungsfähigkeit des Gegenübers zielt.

Die Verschränkung von Verstehen und Nicht-Verstehen kann im Begriff der Achtung und in einer Moral der Anerkennung gefasst werden – allerdings nur unter der Voraussetzung, dass Anerkennung als prekäres Phänomen der Gleichzeitigkeit der Erkennbarkeit und Nicht-Erkennbarkeit des Anderen verstanden wird. „Anerkennung im Medium von Nicht-Verstehen" bringt meines Erachtens in kürzester Weise auf den Punkt, welche Anforderung an Beratung gestellt wird, dann wenn sie ihre interkulturelle Dimension in den Vordergrund rückt. Es geht um die Wahrnehmung und das Erkennen des Gegenübers, welches das Gegenüber nicht auf dieses So-Sein festlegt; es geht um Handlungsfähigkeit auslotende, professionelle Differenzsensibilität, die Differenz nicht festschreibt, sondern als perspektiven- und kontextabhängiges Produkt versteht.

Worin, so können wir fragen, besteht das allgemeine Ziel von psychosozialer Beratung, die ihre interkulturelle Dimension fokussiert? Die Antwort, die hier präferiert wird (vgl. Mecheril, Miandashti & Kötter, 1997), lautet: Interkulturelle Beratung sollte in einem doppelten Sinne auf „Anerkennung" bezogen sein. Unter einer anerkennungstheoretischen Ausrichtung trägt psychosoziale Beratung einerseits zur Anerkennung von Klienten und Klientinnen in ihrem Status als Handlungssubjekte bei, und andererseits stärkt sie das Vermögen von Klientinnen, sich wechselseitig in ihrem Status als Handlungssubjekte anzuerkennen.

Anerkennung umfasst immer zwei Momente: das der Identifikation und das der Achtung. An-Erkennung beschreibt eine Art von Achtung, die auf einem Erkennen gründet. Um jemanden zu achten, ist es notwendig, ihn und sie zunächst erkannt zu haben. Jeder Prozess der Identifikation einer Person leitet zu der Frage über, ob wir die Identifizierte auch respektieren wollen. Identifikation und Achtung sind Momente der Begegnung und Auseinandersetzung, die in subjektiver und intersubjektiver Hinsicht von Bedeutung sind. Wir können die Anerkennung durch Andere von der Selbst-Anerkennung unterscheiden. Hierbei ist davon auszugehen, dass Selbst-Anerkennung sich letztlich nur in Strukturen intersubjektiver Anerkennung entwickeln kann. Die Anerkennung durch Andere ist der Selbst-Anerkennung vorgelagert und gewinnt damit – auch für psychosoziale Zusammenhänge – einen zentralen Stellenwert. Psychosoziales Handeln kann sinnvollerweise als Handlungsform verstanden werden, die grundsätzlich bestrebt ist, zur Entwicklung und dem Erhalt von Strukturen der Anerkennung beizutragen. Hierbei bezieht sich Anerkennung auf drei Sphären der Subjektivität: die personale, die soziale und die politische. Beratung kann zur Anerkennung von Klientinnen in ihrem Subjektstatus beitragen, indem sie beispielsweise Möglichkeiten der stellungnehmenden Einflussnahme auf relevante Lebenskontexte und Partizipationsstrukturen untersucht, stärkt und ermöglicht (politische Ebene), indem sie weiterhin Möglichkeiten der Pflege und Darstellung der sozialen Identität – Kultur und Sprache – untersucht, stärkt und ermöglicht (soziale Ebene) und indem sie z.B. Möglichkeiten der Pflege und Darstellung seiner und ihrer selbst als handlungsfähige und unabhängige Person untersucht, stärkt und ermöglicht (personale Ebene).

Der anerkennungstheoretische Subjektbegriff zielt auf zweierlei: Zum einen darauf, dass das Individuum sich in unterschiedlichen Sphären der intersubjektiven Realität selbst entfalten und darstellen kann; zum anderen darauf, dass es an den Auseinandersetzungen teilnehmen kann, die zu vorläufig verbindlichen intersubjektiven Resultaten führen und die zum Thema haben und regeln, welche Formen individueller oder gemeinschaftlicher Darstellung anerkennbar sind und welche nicht.

Gewendet auf die interkulturelle Dimension von Beratung bedeutet „Anerkennung von Individuen in ihrem Subjektstatus" allgemein, dass Beratung einerseits einen Beitrag dazu leisten sollte, dass Individuen sich auf sich selbst und auf andere in einer Weise beziehen können, die ermöglicht, dass die jeweils subjektiv als angemessen erachtete Differenzpraxis zur Geltung kommen kann. Andererseits geht es darum, Strukturen zu thematisieren, die dies verhindern und ermöglichen, und Möglichkeiten der Stärkung ermöglichender Strukturen sowie Möglichkeiten der Veränderung verhindernder Strukturen zu erörtern (wobei Strukturen, die das Zur-Geltung-Bringen der je relevanten Differenzpraxen verhindern oder ermöglichen, sowohl auf der Ebene der Lebenssituation und Erfahrungen der Klienten zu thematisieren sind als auch auf der Ebene der Interaktion zwischen Beraterin und Rat Suchender). „Professionelles Anerkennungshandeln" ist mithin eine Bezeichnung, die (gesellschaftlich ermöglichtes und institutionell gerahmtes) Handeln von psychosozialen Professionellen meint, das für innere und äußere Strukturen in der Alltagswelt und in der Beratungssituation eintritt, in denen Klienten und Klientinnen sich als Handlungssubjekte erkennen und achten sowie als Handlungssubjekte erkannt und anerkannt werden.

Literatur

Castro Varela, M.d.M., Schulze, S., Vogelmann, S. & Weiß, A. (Hrsg.). (1998). *Spurensuche. Interkulturelle Beratung und Therapie.* Tübingen: dgvt-verlag.

d'Ardenne, P. & Mahtani, A. (1989). *Transcultural counselling in action. London Hosp, Principal Clinical Psychologist.* London: Sage.

Dewe, B. (1995). Beratung. In H.-H. Krüger & W. Helsper (Hrsg.), *Einführung in Grundbegriffe und Grundfragen der Erziehungswissenschaft* (S. 119–130). Opladen: Leske & Budrich.

Hinz-Rommel, W. (1994). *Interkulturelle Kompetenz. Ein neues Anforderungsprofil für die soziale Arbeit.* Münster: Waxmann.

Krüger-Potratz, M. (1999). Stichwort: Erziehungswissenschaft und kulturelle Differenz. In *Zeitschrift für Erziehungswissenschaft, 2* (2), 149–165.

Mecheril, P. (1998). Angelpunkte einer psychosozialen Beratungsausbildung unter interkultureller Perspektive. In M.d.M. Castro Varela, S. Schulze, S. Vogelmann & A. Weiß (Hrsg.), *Spurensuche. Interkulturelle Beratung und Therapie* (S. 287–310). Tübingen: dgvt-verlag.

Mecheril, P., Miandashti, S. & Kötter, H. (1997). „Anerkennung als Subjekt" – eine konzeptuelle Orientierung für die psychosoziale Arbeit mit Migrantinnen und Migranten.

In *Verhaltenstherapie & psychosoziale Praxis, 4*, 559–575. [auch erschienen in: Die Brücke (1998/1999). *Forum für Antirassistische Politik und Kultur, 1*, 43–50.]

Mecheril, P. & Castro Varela, M.d.M. (2000). *Die interkulturelle Dimenison psychosozialer Beratung.* Studienbrief der Fernuniversität Hagen.

Nestmann, F. (1999). Psychische Störungen in der Migration und interkulturelle Beratung. In M . Gemende, W. Schröer & S. Sting (Hrsg.), *Zwischen den Kulturen. Pädagogische und sozialpädagogische Zugänge zu Interkulturalität* (S. 171–193). Weinheim: Juventa.

Pedersen, P. (1994). Multicultural Counseling. In R.W. Brislin & T. Yoshida (Hrsg.), *Improving Intercultural Interactions.* London: Sage.

Said, E.W. (1981). *Orientalismus.* Frankfurt a.M.: Suhrkamp.

Sue, D.W. (1981). *Counseling the culturally Different.* New York: John Wiley & Sons.

Wulf, C. (1999). Der Andere: Perspektiven zur interkulturellen Bildung. In P. Dibie & C. Wulf (Hrsg.), *Vom Verstehen des Nicht-Verstehens. Ethnosoziologie interkultureller Begegnungen* (S. 61–75). Frankfurt a.M.: Campus.

Internethinweise

AG „Gegen Rassismus und Antisemitismus in der psychosozialen Versorgung“ in der Deutschen Gesellschaft für Verhaltenstherapie e.V.: www.dgvt.de/fachgruppen/ag_rassismus.htm

HD Dr. Paul Mecheril ist Diplom-Psychologe und arbeitet als Hochschuldozent im Fachbereich Pädagogik der Universität Bielefeld. Seine Arbeitsschwerpunkte sind interkulturelle Bildung, pädagogisches Handeln und qualitative Forschung.

Anschrift:
Universität Bielefeld
Fakultät für Pädagogik
Postfach 100231
D-33501 Bielefeld
E-Mail: paul.mecheril@uni-bielefeld.de

Beratung für Migranten

Gari Pavkovic

Die veränderte Einwanderungsrealität in Deutschland stellt die Dienste der Regelversorgung vor neue Anforderungen. Migranten sind ein fester Bestandteil der heterogenen Bevölkerungsstruktur geworden. Im Jahr 2000 lebten ca. 7,3 Millionen ausländische Staatsbürger in Deutschland. Das entsprach einem Anteil von etwa 9 Prozent der Gesamtbevölkerung. Deutschstämmige Spätaussiedler bilden mit über 1,627 Millionen Zuwanderern in den Jahren 1991 bis 2000 eine weitere große Migrantengruppe, die als solche in der Statistik meistens gar nicht auftaucht (Die Beauftragte der Bundesregierung für Ausländerfragen, 2001).

Migranten mit und ohne deutschen Pass haben – wie alle anderen Bürger – Anspruch auf einen gleichberechtigten Zugang zu den sozialen und gesundheitlichen Versorgungsstrukturen im Sinne der Chancengleichheit.

Die Beratungsdienste betrachten sich von ihrem Selbstverständnis her in der Regel als offen für alle Bevölkerungsgruppen, das heißt auch für Migranten (zumindest für solche mit einem festen Aufenthaltsstatus). Die in vielen Feldern nach wie vor geringe Inanspruchnahme der Beratungsangebote durch Zugewanderte wirft die Frage auf, ob und in welcher Weise die Versorgungsstrukturen verändert werden müssen, damit sie die Menschen anderer kultureller und sprachlicher Herkunft besser erreichen können. Das heißt: Die Anforderung liegt in einer verstärkten *interkulturellen Öffnung der Dienste*, damit der Gesamtversorgungsauftrag „Beratung für alle" auch tatsächlich umgesetzt werden kann.

Darüber hinaus stellt sich die Frage nach der Qualität der erbrachten Beratungsleistungen in der Arbeit mit Migranten, sowohl bezogen auf den Beratungsprozess als auch auf die Ergebnisse der Beratung. Ein Sozialer Dienst kann beispielsweise einen hohen Migrantenanteil am Gesamtklientel haben, weil die Beratungsfachkräfte für einen Stadtteil mit überproportional hohem Ausländeranteil zuständig sind und gesetzliche Pflichtaufgaben haben, die sie auch im Falle der Migranten wahrnehmen müssen. Die Frage ist, ob diese Fachkräfte über die erforderliche interkulturelle Kompetenz verfügen und wie erfolgreich sie mit Rat Suchenden anderer kultureller und sprachlicher Herkunft tatsächlich arbeiten.

Die Überprüfung der Effektivität und Effizienz der Arbeit stellt sich bei muttersprachlichen Mitarbeitern der Migrationsdienste genauso wie bei deutschen Kollegen der Regeldienste.

1 Interkulturelle Qualität der Beratung

Die Frage nach der *interkulturellen Qualität der Beratung* (vgl. auch Mecheril i.d.Bd.) und der damit verbundenen *interkulturellen Handlungskompetenz* impliziert – wie zuvor das Postulat nach einer verstärkten interkulturellen Öffnung der Strukturen –, dass Migranten besondere sprachliche, kulturelle, soziale und migrationsspezifische Merkmale aufweisen (können), die im Beratungsprozess als solche systematisch berücksichtigt werden müssen, damit diese Zielgruppe adäquat und effektiv erreicht und bedient werden kann.

Oder anders formuliert: Eine gleichberechtigte Versorgung von Migranten erfordert spezifische fachliche Standards, Kompetenzen und Beratungsmethoden.
Der Auftrag

1. Gleichberechtigte Teilhabe aller Bevölkerungsgruppen an der Versorgung

umfasst

2. Orientierung der Angebote an den Bedarfslagen der Nutzer mit ihren besonderen sprach-, kultur- und migrationsspezifischen Merkmalen

und hat zur Folge

3. Interkulturelle Öffnung der Dienste und interkulturelle Qualität der erbrachten Leistungen

durch

4. Qualifizierung des Personals und Diversifizierung der Angebote („Managing-Diversity-Konzepte“, „multiperspektivische Beratungsansätze“, „interkulturelle Teamarbeit“).

Die bisher spärliche Auseinandersetzung mit interkulturellen Fragestellungen in der psychosozialen Arbeit hierzulande lässt vermuten, dass die Mehrzahl der Praktiker diese Thesen nicht teilen – oder ihnen zumindest keine hohe Priorität einräumen.

Tatsächlich sind Migranten nach wie vor als Rat Suchende in den meisten Beratungsfeldern unterrepräsentiert. Das gilt sowohl für Beratungsdienste der Jugendhilfe als auch für Erziehungsberatungsstellen und allgemeine und besondere Soziale Dienste der Jugendämter (BMFSFJ, 2000). Es gilt noch stärker für Beratungsdienste für Erwachsene wie Psychologische Ehe- und Lebensberatungsstellen, Suchtberatungsstellen und Sozialpsychiatrische Dienste (Laijos, 1993).

Auf der anderen Seite sind Migranten verstärkt in den „Endstationen" der Versorgung zu finden: teil- und vollstationäre Jugendhilfeeinrichtungen, Frauenhäuser, Heime und Justizvollzugsanstalten (Gaitanides, 1995).

Einige Beratungsstellen haben in den letzten zehn bis 20 Jahren einzelne „muttersprachliche" Fachkräfte eingestellt, d.h. Berater mit Migrationshintergrund und Kenntnissen einer der Herkunftssprachen der großen Zuwanderergruppen. Diese Entwicklung ist vor allem in westdeutschen Großstädten zu beobachten, vorrangig in der Erziehungs- und Familienberatung, neuerdings auch stärker in der Suchtberatung (Salman, Tuna & Lessing, 1999).

Durch die insgesamt jüngere Bevölkerungsstruktur und die größere Kinderzahl sind nichtdeutsche Zuwanderer in vielen Großstädten und Ballungsräumen keine Minderheit mehr. In Stuttgart sind beispielsweise 33 % aller Kinder und Jugendlichen Pass-Ausländer (bei einem Gesamtausländeranteil in der Stadt von 23 %, Zahlen von 2001). In Stadtteilen mit preisgünstigeren Wohnungen und niedrigerer Wohnqualität stellen Nichtdeutsche bis zu 60 % aller Kinder und Jugendliche. Entsprechend hoch ist ihr Anteil in Kindertagesstätten und Schulen, sodass die Problemlagen der Migrantenkinder in den öffentlichen Bereichen stärker wahrgenommen werden als beispielsweise die von psychisch kranken oder alkoholabhängigen Erwachsenen sowie von älteren Migranten.

2 „Muttersprachliche" Fachkräfte und interkulturelle Teamarbeit

Dies war auch der Grund, warum Erziehungsberatungsstellen schon seit Anfang und Mitte der 80er Jahre einzelne Psychologen oder Sozialpädagogen mit Migrations- und Sprachkenntnissen eingestellt haben, um die Familien und da insbesondere die Eltern mit schlechten Deutschkenntnissen besser zu erreichen. Dies geschah dann auch mit großem Erfolg: „muttersprachliche" Fachkräfte konnten den Zugang von gleichsprachigen Familien vervielfachen. Dies führte jedoch selten zu einer interkulturellen Öffnung für andere Migrantengruppen und zu einer nachhaltigen Steigerung der interkulturellen Kompetenz bei allen Teammitgliedern (Nestmann, 1999).

Dieselbe Tendenz konnte in den Suchtberatungsstellen und in den Sozialpsychiatrischen Diensten mit mehrsprachigem Personal beobachtet werden. Das *Vorhandensein von zusätzlicher Sprachkompetenz* ist eine notwendige, aber nicht hinreichende Voraussetzung für eine generelle Verbesserung der interkulturellen Öffnung und Qualifizierung der Beratungsdienste. Zu einer spezifischen interkulturellen Kompetenz (z.B. türkischsprachige Beratung von Familien mit Herkunft aus der Türkei, Kenntnisse der Wertorientierung in diesen Familien) muss eine *allgemeine interkulturelle Kompetenz* hinzukommen (kultursensible Ansätze und Methoden generell in der Arbeit mit Familien anderer Herkunft, Sensibilität für gesellschaftliche Macht- und Ausgrenzungsmechanismen in Bezug auf Minderheiten). Dafür ist ein *Transferprozess* erforderlich, der vom Träger und der Führungsebene gewollt, strukturell verankert, konzeptionell entwickelt und im Rahmen der Teamarbeit praktiziert und evaluiert werden muss (Pavkovic, 2000).

Hierbei spielt vor allem die *interkulturelle Teamarbeit* eine Schlüsselrolle (Kunze, 1998; Lanfranchi, 1996; Pavkovic, 2001a). Gemeinsame Fallbearbeitung und Fallbesprechungen von deutschen und nichtdeutschen Kollegen mit besonderer Berücksichtigung der kultur- und migrationsspezifischen Dynamik bilden das wichtigste Lernfeld für die Arbeit in kulturellen Überschneidungssituationen. Die kulturelle und die migrationsspezifische Dynamik können genauso wie psychosoziale Faktoren eine Rolle bei der Entstehung, Aufrechterhaltung und Lösung von Problemen spielen, aber auch bei der Gestaltung der Beziehung zwischen Beratern und Rat Suchenden.

3 Statistische Erfassung des Migrantenanteils an der Gesamtklientel

In der Beratung von Migranten kommen einige Dinge erschwerend hinzu: Zum einen sind es *methodische Probleme*. Ein aussagekräftiges Berichtswesen ist Voraussetzung für ein interkulturell ausgerichtetes Qualitätsmanagement. Das heißt, die Beratungsdienste müssen in ihrer Statistik den Migrantenanteil an der Gesamtklientel und deren Prozessverläufe (Abbrüche, einvernehmliche Abschlüsse, Erfolgsraten) erfassen.

Doch wer wird nach welchen Kriterien als Migrant definiert und entsprechend in den Statistiken der Beratungsdienste erfasst? Diesbezüglich gibt es derzeit noch keine einheitlichen Standards über die zu erhebenden Merkmale.

Kriterium Migrationshintergrund:
Betrifft dies Personen mit eigener Migrationserfahrung (Arbeitsmigranten aus den ehemaligen Anwerbeländern, Aussiedler, Flüchtlinge) oder auch deren hier geborene Kinder? Ist ein Spätaussiedler aus Kasachstan in Stuttgart ein Migrant? Ist es der Zuwanderer aus Hamburg auch?

Kriterium kulturelle Herkunft:
Gilt der Migrant aus Hamburg in Stuttgart als kulturell vertraut und der aus Kasachstan als fremd (v.a. wenn er sich schlechter in Deutsch verständigen kann als in Russisch)? Das Fremdheitsmoment in der Beratung wird am schnellsten bei *sprachlichen Barrieren* erfahrbar. Auch *sichtbare ethnische Unterschiede* (Hautfarbe usw.) können auf kulturelle Unterschiede hinweisen, müssen es aber nicht (z.B. bei in Deutschland geborenen Kindern eines Elternteils schwarzafrikanischer Herkunft, die sich selbst als Deutsche betrachten). Dasselbe gilt für *andere Religionszugehörigkeiten*. Der Stellenwert der religiösen Praxis ist für laizistische Bildungsbürger oder für Aleviten türkischer Herkunft ein ganz anderer als für konservative Islamisten.

Besonders unübersichtlich ist die kulturelle Orientierung der früheren Jugoslawen geworden. Muss man die ehemaligen „Jugos" entsprechend ihrer kulturellen Selbstdefinition einteilen in Kroaten, Bosniaken, Serben usw. unabhängig von ihrer territorialen Herkunft und ihrer kulturellen Praxis im Alltag?

Kriterium Staatsangehörigkeit:
Beschränkt man sich im Berichtswesen auf Pass-Ausländer (unabhängig vom Grad ihrer Akkulturation) oder auch Zuwanderer mit deutschem Pass? Taucht der deutschstämmige Spätaussiedler aus Kasachstan in der Statistik als Deutscher auf und der hier aufgewachsene Türke als Ausländer? Was ist mit den hierzulande geborenen Kindern ausländischer Eltern, die nach dem neuen Staatsangehörigkeitsrecht automatisch deutsche Staatsbürger werden, was mit Kindern aus binationalen Ehen?

Kriterium Aufenthaltsstatus:
Welchen ausländerrechtlichen Status hat der Migrant (EU-Bürger, Drittstaatsangehöriger mit verfestigtem oder mit befristetem Aufenthalt, geduldeter Flüchtling) und welchen Stellenwert hat der Status für die Beratung?

In den meisten Beratungsstellen werden Zuwanderer aus dem Ausland und deren hier geborene Kinder als Migranten wahrgenommen und statistisch erfasst, v.a. wenn diese durch andere sprachliche, kulturelle und/oder religiöse Merkmale auffallen. Die methodischen Probleme bleiben jedoch bestehen, weil das objektive statistische Merkmal Staatsangehörigkeit allein für sich wenig aussagekräftig ist und weil es keine Übereinkunft über die eine allgemein verbindliche Kategorisierung der Migranten in den Dimensionen „Kulturelle Wertorientierung", „Migrationserfahrung" sowie „Verhältnis Minderheit/Mehrheitsgesellschaft" gibt.

Die immer größer werdende Heterogenität der nichtdeutschen Rat Suchenden schafft nicht nur methodische Probleme im Berichtswesen, sondern vor allem Schwierigkeiten im Transfer des gelernten kulturellen Wissens in der *Beratungspraxis*.

In Stuttgart leben beispielsweise derzeit Menschen mit Herkunft aus 170 Staaten. Reflektiertes Erfahrungswissen im Umgang mit türkischstämmigen Familien lässt sich nur sehr bedingt auf andere ethnische Minderheiten übertragen. Zum anderen steigt bei Migranten – genauso wie bei Deutschen – die Diversität innerhalb einer ethnischen Gruppe. Es gibt nicht „die Türken" oder „die Kroaten".

4 Anforderungen an Berater

Bildungsniveau, sozialer und ökonomischer sowie ausländerrechtlicher Status, Geschlecht, Alter, Migrationsverläufe und verschiedene Ausprägungen von Akkulturation prägen in ganz verschiedener Weise die kulturelle Wertorientierung eines Menschen türkischer oder kroatischer Herkunft, sodass sich der Berater in jedem Einzelfall auf einen dialogischen Erkundungsprozess einlassen muss, um die besonderen kulturellen Weltsichten, Kommunikationmuster und Handlungsstrategien seines Gegenüber verstehen zu können (Hegemann, 1996; Österreich, 1998).

Beratungsteams müssen deshalb einen *„multiperspektivischen Ansatz"* entwickeln, um alle für Diagnostik und Beratung/Therapie relevanten Faktoren zu erfassen. Dafür müssen sie entsprechende Konzepte und Manuale entwickeln, die es in einer allgemein anerkannten standardisierten Form noch nicht gibt. Somit ist die Vergleichbarkeit der Beratungsansätze und -ergebnisse nur bedingt herstellbar.

Ansätze für elaborierte interkulturelle Konzepte sind hierzulande v.a. in Psychologischen Beratungsstellen entwickelt worden, die ihre Arbeit mit Rat Suchenden anderer Herkunft in multiethnisch zusammengesetzten Teams systematisch reflektiert und dokumentiert haben (Kunze, 1998; Lanfranchi, 1996).

Beratungsarbeit mit Migranten setzt ferner eine persönliche Bereitschaft der Berater für Lernprozesse in kulturellen Überschneidungssituationen voraus. Vor allem in multikulturell zusammengesetzten Teams werden die eigenen kulturellen Muster zwangsläufig stärker reflektiert (die man sich als Person im Laufe der Sozialisation angeeignet hat, aber auch die des Berufsstandes und der Organisation, in der man arbeitet), vorausgesetzt das Team lässt einen solchen Reflexionsprozess zu, d.h. es entwickelt eine kreative Balance von Homogenität (Kohäsion) und Heterogenität (Diversität) (Pavkovic, 2001b).

Das In-Frage-Stellen der eigenen Arbeitstradition und das Transparentmachen der eigenen Beratungsprozesse und Ergebnisse kann verunsichern. Deswegen benötigt ein derartiger kultureller Reflexionsprozess ein offenes und vertrauensvolles Klima sowie Freiräume.

Strukturelle Besonderheiten in der deutschen Beratungslandschaft schränken die Freiräume für kreatives Arbeiten teilweise ein. Neue Organisationsentwicklungsprozesse und Stellenkürzungen haben bei Mitarbeitern von Beratungsstellen in den letzten Jahren Ängste ausgelöst und können die Bereitschaft zu fachlicher Auseinandersetzung mit neuen Themen und Zielgruppen reduzieren. Hinzu kommt eine wachsende gesamtgesellschaftliche Verunsicherung im Zusammenhang mit Zuwanderung und internationalem Terrorismus. Das spannende, aber unübersichtliche Arbeitsfeld der interkulturellen Beratung findet in diesem Kontext nicht überall die notwendige Resonanz.

Die Beratung von Migranten hängt deshalb auch nach jahrzehntelanger Zuwanderungsrealität sehr stark von dem unterschiedlich ausgeprägten Engagement der Mitarbeiter in den Regeldiensten ab. Eine entscheidende Rolle spielt hierbei die Führungsebene. Organisationen, die die interkulturelle Ausrichtung ihrer Leistungen als eine Gesamtaufgabe und als ein Querschnittsthema in allen Arbeitsfeldern definiert haben, bestimmen derzeit die Entwicklung auf diesem Gebiet (Handschuck & Schröer, 2000).

Literatur

Die Beauftragte der Bundesregierung für Ausländerfragen (2001). *Migrationsbericht der Ausländerbeauftragten im Auftrag der Bundesregierung.* Berlin/Bonn: Eigenverlag.

Bundesministerium für Familien, Senioren, Frauen und Jugend (BMFSFJ) (2000). *Familien ausländischer Herkunft in Deutschland* (Sechster Familienbericht). Berlin: Eigenverlag.

Gaitanides, S. (1995). Interkulturelle Öffnung sozialer Dienste. In K. Barwig & W. Hinz-Rommel, (Hrsg.), *Interkulturelle Öffnung sozialer Dienste* (S. 65–81). Freiburg: Lambertus.

Handschuck, S. & Schröer, H. (2000). Interkulturelle Öffnung sozialer Dienste. Ein Strategievorschlag. In *iza Zeitschrift für Migration und Soziale Arbeit 3–4*, 86–95. Frankfurt a.M: ISS.

Hegemann, T. (1996). Transkulturelle Kommunikation in Beratung und Therapie. In Pro Familia Magazin, 1, 20–21.

Kunze, N. (1998). Interkulturelle psychologische Beratung. In *Wege zum Menschen, 4*, 195–205.

Lajios, K. (1993). *Die psychosoziale Situation von Ausländern in der Bundesrepublik*. Opladen: Leske & Budrich.

Lanfranchi, A. (1996). Unterwegs zur multikulturellen Gesellschaft. In *iza Zeitschrift für Migration und Soziale Arbeit, 3–4*, 30–37. Frankfurt a.M.: ISS.

Nestmann, F. (1999). Psychische Störungen in der Migration und interkulturelle Beratung. In M. Gemende, W. Schröer & S. Sting (Hrsg.), *Zwischen den Kulturen* (S. 174–191). Weinheim: Juventa.

Österreich, C. (1998). Systemische Therapie an den Grenzen unterschiedlicher kultureller Wirklichkeiten. In T. Heise (Hrsg.), *Transkulturelle Psychotherapie* (S. 143–158). Berlin: VWB.

Pavkovic, G. (2000). Interkulturelle Beratungskompetenz – Ansätze für eine interkulturelle Theorie und Praxis in der Jugendhilfe. In Arbeitsgemeinschaft für Jugendhilfe (Hrsg.), *Interkulturelle Jugendhilfe in Deutschland* (S. 68–109). Bonn: AGJ.

Pavkovic, G. (2001a). Erziehungsberatung mit Migrantenfamilien. In *Praxis der Kinderpsychologie und Kinderpsychiatrie, 4* (1), 252–264.

Pavkovic, G. (2001b). Interkulturelle Teamarbeit. In T. Hegemann & R. Salman (Hrsg.), *Transkulturelle Psychiatrie* (S. 206–220). Bonn: Psychiatrie-Verlag.

Salman, R., Tuna, S. & Lessing, A. (Hrsg.). (1999). *Handbuch interkulturelle Suchthilfe.* Gießen: Psychosozial.

Gari Pavkovic ist Diplom-Psychologe und arbeitet als Integrationsbeauftragter der Stadt Stuttgart. Seine Arbeitsschwerpunkte sind die Gesamtkoordination von integrationspolitischen Maßnahmen mit den Schwerpunkten Sprach- und Bildungsförderung von MigrantInnen, die Verbesserung des Zusammenlebens in den Stadtteilen und die interkulturelle Ausrichtung der Verwaltung.

Anschrift:
LHS Stuttgart
Stabsabteilung für Integrationspolitik
Eberhardstr. 61
D-70173 Stuttgart
E-Mail: gari.pavkovic@stuttgart.de

Interkulturelle Kompetenzen in der Beratung

Stefan Gaitanides

1 Die Notwendigkeit zur interkulturellen Ausrichtung der Migrationsdienste

Die traditionellen Migrationsdienste sehen sich schon lange nicht mehr in der Lage, den Bedarf der Einwanderer nach qualifizierten sozialen und psychosozialen Dienstleistungen zu decken. Sie sind generalistische Dienste. Theoretisch liegt ihre Stärke im Case-Work-Management, d.h. darin, dass sie für ihre Klienten die Ressourcen der übrigen Dienste erschließen (vgl. Pavkovic i.d.Bd.).

Praktisch funktionierte die Zusammenarbeit aber in der Vergangenheit eher schlecht als recht. Die Kooperation litt auch – aus der Perspektive der MigrationsberaterInnen – unter einem Statusgefälle. Außerdem kamen die Klienten immer wieder auf ihre muttersprachlichen Berater zurück, weil sie sich bei den Regeldiensten nicht wohl fühlten oder auf interkulturelle Verständigungsschwierigkeiten stießen. Dieser Drehtüreffekt war auch bedingt durch die Neigung der MitarbeiterInnen der Regelangebote der Beratung, Migranten bei Kommunikationsproblemen an die Sonderdienste weiterzuleiten, ohne die weitere Kooperation zu suchen, d.h. sie mehr oder weniger „abzuschieben".

Die institutionelle Trennung der Migrations- und Regeldienste in der Beratungslandschaft erleichterte diese Überweisungspraxis. Es entwickelte sich faktisch eine

Allzuständigkeit der Migrationsdienste für „ihre" Klientel und ein System organisierter Verantwortungslosigkeit bei den Regeldiensten. Die Migrationsdienste dienten als ein Alibi für die unterlassenen Integrationsmaßnahmen im Regelbereich.

Diese Praxis der Delegation an die Migrationsdienste lässt sich nicht länger aufrechterhalten.

- Die generalistischen Migrationsdienste können den wachsenden Bedarf an spezialisierten Hilfen und Beratungen nicht abdecken (präventive psychosoziale Beratung, Psychiatrienachsorge, Erziehungshilfen, Schuldnerberatung usw.).
- Die „Sozialdienste für Ausländer", wie sie in der Vergangenheit hießen, waren auf die Anwerbeländer beschränkt. Die gewachsene nationalitätenspezifische Personalstruktur lässt auch nach der Entkoppelung der Migrationsdienste von bestimmten Nationalitäten keine rasche Umsteuerung auf den muttersprachlichen Bedarf der Neueinwanderer zu. Über ein Drittel der Einwandererpopulation fiel bisher durch die Maschen dieses Versorgungsnetzes. Zudem ist der Versorgungsgrad nach Nationalitäten sehr unterschiedlich.
- Seit dem 1.1.1999 gelten die neuen Rahmenrichtlinien der Bund-Länder-Kommission „Ausländerpolitik" für die Arbeit der Migrationsdienste. Sie beinhalten eine schrittweise Aufhebung der bisherigen Arbeitsteilung der Verbände nach Nationalitäten. In Zukunft sollen auch die „neuen" Einwanderer-Nationalitäten, „die über einen auf Dauer angelegten Aufenthaltsstatus verfügen", in den Genuss der Beratungsangebote kommen. Wie schon in den früheren Richtlinien wird die Instrumentalisierung dieser Dienste als kostenloser Dolmetscherservice ausdrücklich missbilligt. In den neuen Richtlinien wird die Brückenfunktion zu den Regeldiensten besonders herausgestellt. Die Migrationsdienste werden aufgefordert, Initiativen zur besseren Vernetzung mit den Regeldiensten zu ergreifen (Bund-Länder-Kommission, 1998).

Die Veränderung der Nationalitätenstruktur der Klientel sowie die veränderte Aufgabenbestimmung der Migrationsdienste zwingen letztere, die ethnospezifische bzw. muttersprachliche Arbeit stärker mit interkulturellen Beratungsansätzen zu verknüpfen.

Migranten haben außerdem „Interkulturelle Kompetenz" nicht automatisch durch ihre Migrationserfahrung oder ihre Sozialisation in Einwandererfamilien erworben. Viele etablierte Einwanderer grenzen sich gegenüber den Neuankömmlingen durch negative Zuschreibungen ab – z.B. Angehörige der Anwerbenationalitäten gegenüber den Flüchtlingen. Auch innerhalb der Anwerbenationalitäten kursieren bei den etablierten Einwanderer-Generationen negative Stereotype über die neu einwandernden Landsleute (Gaitanides, 1999). Auch die deutschen MitarbeiterInnen der Migrationsdienste haben sich nicht immer ausreichend mit interkulturellen Kommunikations- und Machtproblemen auseinander gesetzt (Gaitanides, 2003). Von daher gibt es einen Nachholbedarf an interkultureller Qualifizierung auch bei den traditionellen Sonderdiensten für Migranten. Freilich haben deren MitarbeiterInnen den Beschäftigten der Regeldienste einige Lektionen im interkulturellen Lernen voraus – dank ihrer tagtäglichen Auseinandersetzung mit Multikulturalität bzw. ihrer Herkunftskompetenz.

2 Dringlicher Handlungsbedarf zur interkulturellen Öffnung der sozialen Regeldienste

Bisher hat sich die interkulturelle Lernbereitschaft bei der Mehrheit der deutschen MitarbeiterInnen des sozialen und psychosozialen Berufsfeldes noch sehr in Grenzen gehalten. Die Zugangsprobleme wurden in der Vergangenheit von den MitarbeiterInnen der Regeldienste kaum thematisiert oder ausschließlich den sprachlichen und kulturellen Zugangsproblemen der Migrantenklientel zugeschrieben, die nur von Spezialisten gelöst werden könnten.

In der jahrzehntelangen Verdrängung der Probleme steht das soziale Berufsfeld den Regierungen nicht nach. Sie haben bis zur Jahrtausendwende hartnäckig an der Lebenslüge festgehalten, Deutschland sei kein „Einwanderungsland". Der öffentlich lizensierte kollektive Verdrängungsvorgang reduzierte den Handlungsdruck von oben.

Das Phänomen der Verdrängung erklärt sich aber auch sozialpsychologisch: Nicht nur die Migranten-Klienten haben Schwellenängste – auch MitarbeiterInnen in Beratungsstellen haben innere Barrieren den Migranten gegenüber. Die Migrantenklientel wurde und wird – z.T. unbewusst – abgewehrt durch eine Gemengelage von Fremdenangst und Aktivierung kollektiver Schuldgefühle, von Vorurteilen und unbewusst wirkendem Ethnozentrismus, von Mangel an Kultursensibilität, Kompetenzverlust- und Überforderungsängsten.

Zugangsbarrieren der deutschen MitarbeiterInnen Sozialer Dienste zur Migrantenklientel können sein:

- Nationalistische Verteidigung sozialstaatlicher Privilegien (vereinzelt)
- Abweisende Hilfe durch ethno- und soziozentrische Ressentiments
- Überbetonung und klischeehafte Generalisierung kultureller Unterschiede
- Colour-blindness – Leugnung der kulturellen Differenz, rassistischer und struktureller Ausgrenzung: „Wir behandeln alle gleich!"
- Aktivierung und Abwehr verdrängter kollektiver Schuldgefühle
- Furcht vor Mehrbelastung durch eine besonders „schwierige" und „belastete" Klientel – Entlastung durch Delegation an Sonderdienste
- Professionelle Überforderungsgefühle, Kompetenzverlustängste
- Mangelnde Bereitschaft und Energie umzulernen (Routine, Burn-Out-Syndrom)

Ebenso sind den meisten MitarbeiterInnen von Beratungseinrichtungen die strukturellen Ausgrenzungsmechanismen nicht bewusst (Informationsdefizite, Befürchtung ausländerrechtlicher Konsequenzen bei Inanspruchnahme, Komm-Struktur und Wohnortferne, Geschlechterstruktur der Mitarbeiterschaft, keine flexiblen Zeitstrukturen bei hohen Alltagsbelastungen v.a. von Frauen, Gebühren z.B. bei Kursen in der Familienbildung usw., vgl. Gaitanides, 1999).

Die Fokussierung auf die erforderlichen Kompetenzen der MitarbeiterInnen in diesem Beitrag darf nicht vergessen machen, dass erfolgreiches professionelles Handeln in interkulturellen Überschneidungssituationen flankierende strukturelle Reformen zum Abbau struktureller Zugangsbarrieren zur Voraussetzung hat.

Allerdings wachsen auch ohne interkulturellen Kompetenzerwerb und strukturelle Öffnungsmaßnahmen die Migrantenanteile v.a. in *den* Regeldiensten, die die britische Forscherin Lena Dominelli als den „exclusive channel" der sozialen Arbeit bezeichnet (bei gleichzeitig andauernder Unterrepräsentanz im präventiven Bereich – „inclusive channel"): Hilfeangebote für Frauen und Mädchen, in der Psychiatrie, im Sonderschulbereich, bei den Beratungsstellen für Mütter in schwierigen Lebenslagen, bei den niedrigschwelligen Einrichtungen der Drogenberatung usw. (Dominelli, 1992). Die teilweise Überrepräsentanz in diesen Bereichen ist allerdings kein Zeichen für deren interkulturelle Qualifizierung. Die Zunahme scheint schlicht eine Folge der wachsenden Probleme der Klientel und auch des Versagens des präventiven Netzes der Sozialen Dienste. In diesen Bereichen wächst allerdings der Handlungsbedarf zur Vermittlung interkultureller Kompetenz merklich, weil die MitarbeiterInnen nicht angemessen und erfolgreich mit der Migrantenklientel arbeiten können. Infolgedessen wachsen der Stress und damit allmählich auch die Bereitschaft, Fortbildungsangebote wahrzunehmen, die die Arbeit erleichtern könnten.

3 Was ist „interkulturelle Kompetenz" in der Beratung?

Mitarbeiter des Forschungsschwerpunktes „Interkulturelle Kompetenz" an der Fachhochschule Köln/Fachbereich Sozialpädagogik haben in einer Synopse der zahlreichen Definitionen und Einzelziele interkultureller Kompetenz der – im Vergleich zur deutschsprachigen – weit fortgeschrittenen Debatte in den klassischen angelsächsischen Einwanderungsländern folgende umfassende Definition und die am häufigsten verbreiteten Einzelziele herausgefiltert:

„Unter interkultureller Kompetenz wird ein ‚set' von Fähigkeiten verstanden, die es einer Person ermöglichen, in einer kulturellen Überschneidungssituation unabhängig, kultursensibel und wirkungsvoll zu handeln" (Grosch, Groß & Leenen, 2000, S. 8).

Einzelziele interkultureller Kompetenz (ebd.):

- Die generelle Kulturgebundenheit menschlichen Verhaltens erkennen und akzeptieren
- Fremdkulturelle Muster als fremd wahrnehmen können, ohne sie (positiv oder negativ) bewerten zu müssen
- Eigene Kulturstandards identifizieren und ihre Wirkung im Kulturkontakt abschätzen (kulturelle Selbstwahrnehmung)
- Fremde Kulturstandards identifizieren und dazu weitere Sinnzusammenhänge herstellen
- Verständnis und Respekt für fremdkulturelle Perspektiven entwickeln
- Zwischen kulturellen Optionen situationsgerecht und begründet wählen
- Zu und mit Angehörigen einer fremden Kultur konstruktive und wechselseitig befriedigende Beziehungen aufbauen

Im Groben lassen sich diese Anforderungen in „kognitive Kompetenzen" (kulturelles Hintergrundwissen; Kenntnisse über Historie, Struktur und Funktion von Migration, über die soziale, rechtliche und sozialpsychologische Situation von Einwanderern, über kontextspezifische Bewältigungsstrategien, über Erscheinungsformen und Erklärungsansätze ethnischer Vorurteile und Rassismus usw.) und in interkulturelle „Handlungskompetenzen“ aufteilen (Empathie, Rollendistanz, Ambiguitätstoleranz, Kommunikative Kompetenz) – zumindest auf der analytischen Ebene.

Nun könnte man/frau sagen, Handlungskompetenz sei eine notwendige Voraussetzung für die Arbeit mit *allen* Klienten. Dies ist richtig, aber sie ist in einem besonderen Maße in interkulturellen Überschneidungssituationen gefordert, da die Differenzerfahrung und die Machtasymmetrie hier besonders groß sind.

Warum ist die Entwicklung von Handlungskompetenz für den Erwerb interkultureller Kompetenz von so großer Bedeutung (vgl. auch Mecheril i.d.Bd.)?

Die Ansammlung von Wissensbeständen über die Zielgruppe *allein* – ohne die Ausbildung von Handlungskompetenz – kann sogar kontraproduktiv sein. Ohne die selbstreflexive Auseinandersetzung mit den eigenen unbewussten kulturellen Befangenheiten und der gesellschaftlich/politischen Interessengebundenheit von Fremdbildkonstruktionen laufen wir Gefahr, die in Seminaren und Fachtagungen erworbenen Informationen selektiv zu verarbeiten. Wir neigen dann dazu, alle Informationen, die unser Vorurteil stören, an uns vorbeirauschen zu lassen oder sie so umzuinterpretieren, dass sie in das vorgefasste Bild passen, an dem wir aus psychodynamischen oder Ungleichheit legitimierenden Gründen festhalten.

Es ist zudem schwer möglich, ein halbwegs fundiertes Wissen über die zahlreichen Herkunftsländer und Einwanderer-„Communities“ zu sammeln.

BeraterInnen mit entwickelter Handlungskompetenz, die Ungewissheiten aushalten können, die sich durch Fremdheitserfahrungen, Mehrdeutigkeiten und Widersprüche nicht aus dem Gleichgewicht bringen lassen, die der distanzierten Selbst- wie Fremdwahrnehmung fähig sind, die den kulturell und sozial „Anderen“ Akzeptanz und Wertschätzung entgegenbringen können – ohne die eigene Identität aufzugeben –, die in der Lage sind, sich empathisch einzufühlen, Zuzuhören und Fragen zu stellen, sind auch bei Sprachschwierigkeiten und mangelhaften kulturellen Hintergrundkenntnissen in der Lage, eine tragfähige Kommunikationsbeziehung zur Migrantenklientel aufzubauen und sie zu Experten ihrer selbst zu „ermächtigen“. Durch die Anbahnung eines Dialogs können sie von den Betroffenen selbst sehr viel über deren Problemdefinitionen und Bewältigungsstrategien erfahren.

Die Entwicklung von interkultureller Handlungskompetenz ist ein lebenslanger Lernprozess. Sie kann sich einerseits naturwüchsig durch Lebens-, Welt- und Berufserfahrung entwickeln – dabei v.a. durch die erfolgreiche Bewältigung von Fremdheitssituationen, Widerständen und Identitätskrisen. Andererseits kann man/frau diesem Lernprozess durch professionell angeleitete Reflexion und Übung nachhelfen.

Leider wird die systematische Vermittlung von Handlungskompetenz in der wissenslastigen Grundausbildung der sozialen und psychosozialen Berufe noch viel zu wenig berücksichtigt, sodass die Fachkräfte später auf Zusatzausbildungen und Fortbildungen angewiesen sind. Die Vermehrung von entsprechenden Angeboten im grundständigen Studium – z.B. zur Selbsterfahrung und Praxisreflexion im Rollenspiel in interkulturellen Überschneidungssituationen – würde der Vermittlung von interkultureller Handlungskompetenz zugute kommen.

Offenheit und Akzeptanz sind keine für immer feststehenden Kompetenzen. Sie können auch im Laufe des Lebenszyklus' verfallen. Der kompetente Umgang in interkulturellen Überschneidungssituationen muss auch bei jeder neuen Zielgruppe erneut auf den Prüfstand gestellt werden.

Die Trennung von kognitiver Wissensaneignung und Erwerb von Handlungskompetenz ist indessen rein analytisch. Im Begriff der „Reflexion von Selbsterfahrung und Praxis" sind beide Dimensionen miteinander verschränkt. Vorurteilhafte Einstellungen können letztlich nur durch die Revidierung kognitiver Deutungsmuster überwunden werden. Die in der Sozialisation erworbenen und unter Medieneinfluss täglich verfestigten Bilder der eingewanderten ethnischen Minderheiten können nicht allein durch die Vermittlung alternativer Erfahrungen – z.B. in Form von Begegnungsveranstaltungen – aufgebrochen werden. Um die verfestigten kognitiven Verarbeitungsmuster von Erfahrung zu verändern, müssen diese mit alternativen theoretischen Deutungsmustern konfrontiert werden. Die Distanzierung von den ethnozentrischen alltagstheoretischen Deutungsmustern wird begünstigt durch eine allgemeine theoretische Beschäftigung mit dem Kulturbegriff, mit typischen subkulturellen Lebenswelten und Verarbeitungsmustern des sozialen Wandels, mit dem rechtlichen und sozialpsychologischen Minderheitenstatus, mit dem Phänomen des Ethnozentrismus und den psychodynamischen wie den Machtaspekten von Rassismus und Vorurteilen – um nur das Wichtigste zu nennen.

Was die Vermittlung von kulturellem Hintergrundwissen anbetrifft, unterscheidet sich der Verfasser von den radikalen Konstruktivisten im Berufsfeld und in der Wissenschaft, die meinen, der Schleier des Nichtwissens sei für den unbefangenen Umgang mit Menschen anderer Kulturen und Subkulturen und die Erforschung ihrer Lebenswirklichkeit besser als typisierendes Vorwissen (vgl. u.a. Diehm & Radtke, 1999).

Professionelle Beratung ohne lebensweltliche Kenntnisse, ohne die Kenntnis der sozialen Lagen, der Gruppenidentitäten und der subkulturellen Bewältigungsstrategien kann wohl kaum zum Erfolg führen. Freilich ist bei den wissenschaftlich reflektierten Deutungsmustern auch immer die Typisierungsgefahr im Auge zu behalten. Sie gilt jedoch für jedwede Beziehungsarbeit, die im hermeneutischen Verstehensprozess die Lebensmuster ihrer Klientel auf dem Hintergrund hypothetischen Vorwissens herauszufinden versucht.

Um der ethnisierenden Typisierungsgefahr zu entgehen, ist es wichtig, sich von einem statischen, essenzialistischen Kulturverständnis zu verabschieden. Mit Auernheimer ist der Verfasser der Auffassung, dass kulturelle Orientierungssysteme keine starren Grenzen haben, historisch variabel sind und von den individuellen wie kollektiven Akteuren in Auseinandersetzung mit den je konkreten gesellschaftlich-historischen Bedingungen eigensinnig interpretiert und verändert werden (Auernheimer, 1988, S. 120).

Jedoch sprechen die Soziologen vom „cultural lag", d.h. von der Ungleichzeitigkeit gesellschaftlicher und kultureller Entwicklung. Die einmal im Sozialisationsprozess erworbenen kulturellen Einstellungs- und Verhaltensmuster haben eine gewisse Schwerkraft im Verlaufe der weiteren Biografie und sie werden im Erziehungsprozess an die Kinder weitergegeben – wenngleich mit nachlassender Wirkung (vgl. Nauck, 2000).

Hinzukommt, dass kulturelle Traditionen auch im Zuge kollektiver und individueller Identitätskrisen und Identitätsfindungsprozesse immer wieder neu erschaffen, konstruiert werden. Viele Migranten erklären ihre gesellschaftliche Randstellung mit der Ablehnung, auf die ihre Herkunftskultur bei der Mehrheitsgesellschaft stößt. Diesen Entwertungsvorgang versuchen viele durch die Aufwertung ihrer Herkunftskultur zu kompensieren, was dann zu den empirisch beobachteten Reethnisierungstendenzen führen kann (Heitmeyer, Müller & Schröder, 1997).

Daraus folgt: Ethnizität und interkulturelle Kommunikationsprobleme dürfen nicht überbewertet werden. Sie sind aber auch keine zu vernachlässigende Größe und in der Arbeit mit Migranten gleichrangig zu behandeln mit anderen Aspekten der Problemgenese (Rechtsstatus, Schicht, institutionelle Rolle, Geschlecht, individuelle Biografie, lokale Besonderheiten usw.). Die zeitgenössische Sozialwissenschaft hütet sich vor monokausalen Erklärungsansätzen und vor dem Reduktionismus einer bestimmten „theoretischen Erzählung“.

4 Plädoyer für einen ressourcenorientierten Ansatz

Die kritische Auseinandersetzung mit den dominanten Fremdbildern eröffnet auch einen Blick auf Selbsthilferessourcen.

"Ressourcenorientierung“ ist mittlerweile zu einem anerkannten Arbeitsprinzip der sozialen und psychosozialen Beratung avanciert (vgl. Nestmann zu Ressourcenorientierter Beratung i.Bd.2). Aber wie bei so vielen anderen Leitvorstellungen ist die Praxis weit entfernt von der konsequenten praktischen Anwendung dieses Arbeitsansatzes auf die Zielgruppe der Migranten. Vorherrschend scheint – trotz der schon seit einem Jahrzehnt artikulierten wissenschaftlichen Kritik an der paternalistischen „Ausländerpädagogik“ – immer noch eine „Defizitorientierung“ (vgl. u.a. Auernheimer, 1995; Diehm & Radtke, 1999).

Migranten werden in der Praxis nach wie vor als eine Klientel mit großen Modernitätsdefiziten wahrgenommen. Das Kollektivbild von der rückständig patriarchalen Migrantenfamilie hält sich hartnäckig in den Köpfen auch der MitarbeiterInnen des sozialen Berufsfeldes: ein Bild von Familien, die aus einer „ganz anderen Kultur“ kommen, und deren vorgestellte starre autoritäre Strukturen den Handlungsspielraum für die professionelle Beratung und Hilfe extrem einengen. Kinder und Frauen erscheinen als hilflose, den „Machos“ und Patriarchen ausgelieferte Opfer. Die ethnischen Gruppenbeziehungen werden eher von ihrer negativen Seite wahrgenommen: als kontrollierend und die Selbstständigkeits-Entwicklung behindernd.

Ein ganz anderes Bild durchschnittlicher Migrantenfamilien zeichnen die empirischen familiensoziologischen Untersuchungen Naucks, die im „Sechsten Familienbericht der Bundesregierung“ zusammengefasst sind. Dort werden erstmals anhand sorgsamer neuerer empirischer Untersuchungen die positiven Leistungen und Unterstützungspotenziale der Migrantenfamilien einer breiteren Öffentlichkeit vor Augen geführt und die Klischees von den starren autoritären Familienstrukturen grundlegend in Frage gestellt (BmFSFJ, 2000 und Nauck, 2000). Zwar scheinen die

Migrantenfamilien auch in der Generationenfolge den traditionellen Familienzusammenhalt zu bewahren – nicht nur qua Tradition sondern v.a. auch als Stütze in der prekären Minoritätensituation –, andererseits versuchen sie sich aber dem sozialen Wandel durch Annäherung an die „modernen" Geschlechterrollen und Erziehungswerte anzupassen – und zwar eher im „Generationenkonvoi" als durch krasse Distanzierung der jüngeren von der älteren Generation – wie es das Klischee von der destruktiven Dynamik extremer intergenerationeller Kulturkonflikte unterstellt. Auf der Einstellungsebene jedenfalls identifizieren sich die meisten befragten Migranteneltern mit „modernen" Erziehungswerten wie „Empathie" und „Leistung" (Nauck, 2000, S. 380f). Damit ist noch nicht gesagt, dass ihre Erziehungspraktiken zur Verinnerlichung dieser Prinzipien geeignet sind, aber immerhin scheint zumindest auf der Einstellungsebene ein Wertewandel stattgefunden zu haben, an dem professionelle BeraterInnen appellativ anknüpfen können.

Die Fixierung auf defizitäre Bilder der Migrantenfamilien wird auch durch die „Betriebsblindheit" der sozialen Dienste begünstigt. Der Blick auf die Migrantenbevölkerung insgesamt wird durch die Generalisierung der Erfahrungen mit einer sehr belasteten Klientel verzerrt, unter der vermutlich Familien mit geringerer Anpassungsfähigkeit – d.h. auch unflexiblen bzw. dogmatisch verhärteten traditionellen Einstellungen und Verhaltensmustern – überrepräsentiert sind. Sie nehmen z.B. die Angebote der Beratung in der Kinder- und Jugendhilfe oft nicht freiwillig in Anspruch – der Not gehorchend oder unter dem Druck der Institutionen der öffentlichen Erziehung (Kindertagesstätte/Schule/Jugendamt). Die weniger belasteten Familien haben den Zugang zu den präventiven Beratungseinrichtungen noch nicht gefunden (Gaitanides, 1999).

Eine ressourcenorientierte Sicht auf die Migrantenbevölkerung eröffnet nicht nur Einblicke in die Modernisierungspotenziale der Migrantenfamilien, sondern auch in die traditionellen Selbsthilfenetze und Problemlösungsstrategien, die im Einwanderungskontext ein wichtiges, nicht zwangsläufig dysfunktionales Unterstützungspotenzial darstellen (vgl. Straus i.d.Bd.). Ein ressourcenorientierter Blick führt zu Schlüsselpersonen (key persons) aus dem Umfeld, die ein konstruktives Bewältigungsmuster entwickelt haben und einen positiven Einfluss auf die nahe stehenden Klienten ausüben können. Der Sechste Familienbericht hebt z.B. die starke Bedeutung von Geschwistern als emotionale Bezugspersonen und Vorbilder hervor (BmFSFJ, 2000, S. 111). Überträgt man/frau die vergleichsweise geringere Bedeutung der Geschwisterbeziehungen in der individualisierteren Mehrheitsgesellschaft auf die Migrantenfamilien, wird dieses wichtige Detail des persönlichen Netzwerkes außer Acht gelassen.

Ressourcenorientierung bedeutet auch, einen Blick für die besonderen lebenspraktischen Kompetenzen entwickeln, die Menschen mit Migrations- und Minderheitenerfahrung erworben haben. So kann z.B. das so genannte „Gastarbeiterdeutsch" nicht nur als ein Handicap betrachtet werden, sondern auch als die Kunst, mit geringsten sprachlichen Mitteln durch originelle und kreative Kombinatorik ein relatives Maximum an Verständigung zu erreichen.

Menschen, die im Laufe ihres Lebens mehrfach den sozialen und kulturellen Kontext wechseln mussten, erweitern durch diese Erfahrung häufig zentrale Handlungskompetenzen wie Empathie, Rollendistanz und Flexibilität.

Die klischeehafte und auf Defizite fixierte Sicht führt zwangsläufig auch zu einer pessimistischen Einschätzung der eigenen professionellen Handlungsmöglichkeiten. Viele MitarbeiterInnen meinen, sie könnten ihr erlerntes Handwerkszeug bei Migranten vergessen, weil diese aus einer ganz anderen Epoche kämen bzw. in eine ganz andere (unterentwickelte) Kultur eingeschlossen seien, d.h. die defizitorientierte Wahrnehmung fällt zurück auf die sozialen Helfer. Sie lässt sie auf ihren defizitären Kenntnisstand und die vorgestellten eingeschränkten Handlungsspielräume fremder Kulturen starren. So stehen sie den Problemen hilflos gegenüber und sehen nicht, dass sie doch etwas machen können, und dass nicht alle erlernten Beratungsgrundlagen und Techniken untauglich sind im Umgang mit dieser Klientel.

5 Reflexion der Asymmetrie der Machtbeziehung und Abgabe von Macht

Das interkulturelle Paradigma läuft Gefahr, sich auf die horizontale Ebene bei der Reflexion von Kommunikationskonflikten zu beschränken. Eine einseitige Fokussierung auf die kulturelle Dimension kann zur Verschleierung der vertikalen Machtaspekte von Kommunikationsstörungen beitragen. Deshalb ist es unerlässlich, für Beratung das Thema „Macht“ in interkulturellen Praxisreflexionen und Fortbildungen gründlich zu bearbeiten (vgl. u.a. Kalpaka, 1994). Oft ist es z.B. die schwache Position des Klienten – was die Verfügung über sprachliche Ressourcen und das Wissen über Rechte, Prozeduren und Institutionen anbetrifft – oder es sind die durch die dominante Kultur vermittelten Minderwertigkeitskomplexe, die die Migrantenklientel als abhängig, unterwürfig und unselbstständig erscheinen lassen, und weniger die autoritäre Prägung durch die Herkunftskultur. Angesichts des Machtgefälles regredieren viele auf ein infantiles Niveau. Das geht vielen Deutschen nicht anders, die z.B. ohne Sprachkenntnisse im Ausland in eine kindliche Hilf-mir-Haltung verfallen.

Auch ist es nicht immer Ausdruck eines traditionellen Tabus, wenn Migrantenfamilien spektakuläre familiäre Konflikte nicht mit einer Erziehungs- oder Familienberatungsstelle besprechen. Sie müssen bei manchen Problemlagen aufenthaltsrechtliche Folgen befürchten – wie z.B. bei grober Vernachlässigung der erzieherischen Pflichten oder bei Verstößen ihrer Kinder gegen das Betäubungsmittelgesetz.

Bei der Analyse der Machtbeziehung in der Beratung geht es nicht um eine eindimensionale Identifizierung und Zuordnung von Macht- und Ohnmachtspositionen. Auch die nicht-deutschen Klienten ziehen als Überlebensstrategie sämtliche ihnen zu Verfügung stehenden Register, um im unterschwelligen Machtkampf Punkte zu sammeln. Beliebt ist z.B. die Mobilisierung von kollektiven Schuldgefühlen der Deutschen, indem die „Ausländerfeind“-Karte gezogen wird und die Berater damit in die Defensive getrieben werden. In Großbritannien nennt man/frau dies „victimism“: durch Opferrhetorik schlechtes Gewissen machen, um damit Forderungen mehr Nachdruck zu verleihen (Cohen, 1994). Ebenso sind abwertende Bemerkungen professioneller Helfer oft weniger ein Zeichen der Überheblichkeit als ein Hinweis auf überspielte Ohnmachtsgefühle und Kompetenzverlustängste.

Die Reflexion asymmetrischer Interaktionsbeziehungen – das wissen wir spätestens aus dem „Empowerment"-Ansatz – ist die Vorraussetzung für den Abbau bevormundender Expertenmacht, durch die die Selbsthilfekräfte der Klienten blockiert werden. Der Verzicht auf den manipulativen Gebrauch dieser Macht dient letztlich der Verbesserung der Wirksamkeit der Professionellen und damit der „Selbstermächtigung" in einem nicht unterdrückenden Sinne (Pinderhughes, 1998).

Die Thematisierung der Machtbeziehungen ist auch wichtig für die Entwicklung interkultureller Teams in Beratungsstellen. Eine empirische Untersuchung über die Interaktionsbeziehungen in multiethnischen Teams ergab einen engen Zusammenhang zwischen hierarchischen Teamstrukturen und negativen Etikettierungen der nicht-deutschen Teammitglieder durch die deutsche Teammehrheit (Marburger, Rösch, Dreezens-Fuhrke, Hoch & Riesner, 1998). In hierarchischen Organisationen wird die Nichteinhaltung von Regeln bei den MigrantenmitarbeiterInnen selektiver wahrgenommen. Sie werden unverhältnismäßig häufiger zur Einhaltung der Regeln ermahnt und durch die autoritäre Leitung infantilisiert. Außerdem werden sie als chaotisch und unwissend hingestellt und bei Normalleistungen herablassend belobigt. Bei Konflikten werden die nicht-deutschen MitarbeiterInnen von den KollegInnen häufiger im Regen stehen gelassen.

Die Marginalisierung im Team scheint umso leichter möglich, je weniger nicht-deutsche MitarbeiterInnen beschäftigt sind. Dann neigen auch die nicht-deutschen MitarbeiterInnen eher zu einer angepassten Haltung und tragen ihre Konflikte auf der Sach- bzw. Beziehungsebene weniger aus. Das Gesamtteam hat dann den trügerischen Eindruck, die MigrantInnen seien voll ins Team integriert.

Je mehr MigrantInnen in einem Team beschäftigt sind, desto stärker fühlen sie sich und tragen Konflikte eher aus. Sie solidarisieren sich dabei eher über den gemeinsamen Minderheitenstatus als über die ethnische Herkunft (Marburger, Rösch, Dreezens-Fuhrke, Hoch & Riesner, 1998). Ungelöste Machtkonflikte begünstigen eine kontraproduktive Gruppenbildung entlang der Achse Deutsche/Ausländer. Es kommt zu einer destruktiven Polarisierung, die eine sachliche Auseinandersetzung erschwert: „Ihr wollt uns euren rigiden deutschen Arbeitsstil aufzwingen" und „was wisst ihr denn schon über unsere Klientel", so lauten dann die typischen Vorwürfe der einen Seite. Und die andere Seite kontert: „Eure Vorgehensweise ist nicht professionell", „es ist schwer mit euch zusammenzuarbeiten, wenn ihr uns ständig Ignoranz und Rassismus vorwerft" (Gaitanides, 2003). Es kommt zur Selbstblockade des Teams und die kreativen Potenziale der im Team repräsentierten Vielfalt der Perspektiven können nicht genutzt werden.

Daraus folgt: Interkulturelle Synergieeffekte können sich nur innerhalb eines Settings partnerschaftlicher Teamstrukturen einstellen – durch die Institutionalisierung eines herrschaftsfreien, fairen und damit konstruktiven Austausches der unterschiedlichen Perspektiven. Zudem zählt auch die Zahl: Migranten sollten in der Mitarbeiterschaft die „kritische Masse" erreichen, ab der sie den Mut fassen, auch Kritik einzubringen und mit der Empathie und der Solidarität anderer MigrantenmitarbeiterInnen rechnen können (Besamusca-Janssen & Scheve, 1999, S. 215ff).

Es gibt aber noch andere strukturelle Faktoren, die die Implementation interkultureller Kompetenz in das Berufsfeld der Regeldienste in der Beratung behindern.

MitarbeiterInnen, die durch Sparmaßnahmen zur Mehrarbeit verpflichtet werden, können ihre Beratungs- und Hilfsangebote unter dem wachsenden Zeitdruck immer weniger an den individuellen – also auch ethnisch differenzierten – Bedürfnissen der Klienten ausrichten. Sie müssen ihre Arbeit auf das Nötigste beschränken und sie standardisieren, damit sie sie überhaupt bewältigen können.

6 Reformperspektiven

Bei allem Verständnis für das Problem der Verknappung der Mittel im Zuge einer von der Sozialverwaltung einseitig zu Sparzwecken genutzten „Neuen Steuerung" darf die Mittelknappheit aber nicht zur Standardausrede für die Verschiebung der Reform der interkulturellen Öffnung der Beratung instrumentalisiert werden. Es gibt auch trotz Ressourcenknappheit viele Spielräume für die Implementation interkultureller Kompetenz in den Regelbereich.

Räumt man/frau der interkulturellen Öffnung hohe Priorität ein, dann wird man/frau dies erst einmal nach innen als Leitbild artikulieren und dann nach außen in der Öffentlichkeitsarbeit deutlich erkennbar machen. Das kostet nichts. Und es kostet auch nichts, wenn die nächste frei werdende Stelle mit einer nicht-deutschen Fachkraft besetzt wird und nicht erst Migranten eingestellt werden, wenn Mittel für zusätzliche Mittel zur Verfügung gestellt werden.

Der finanzielle Aufwand erhöht sich auch nicht dadurch, dass die knappen Fortbildungsressourcen stärker für den Erwerb interkultureller Kompetenz verwendet werden und die Angebotsstruktur stärker an den Lebenswirklichkeiten der Migranten ausgerichtet wird, z.B. durch flexible Arbeitszeiten und aufsuchende Methoden. Kostenneutral sind auch die Kontaktaufnahme und die Entwicklung von Kooperationsbeziehungen mit den migrantenspezifischen Diensten und den Selbstorganisationen der Einwanderer-Communities.

Allerdings wird die Reform ohne die Investition zusätzlicher Mittel weiterhin viel zu langsam vorangehen. Viel mehr Mittel als bisher sollten für die Praxisbegleitforschung, für die Qualifizierung der Fortbildung, für den Einsatz von Koordinatoren mit Querschnittsfunktion („Veränderungsagenturen") und für Ombuts-Stellen als Anlauf- und Beschwerdestellen für die Migrantenklientel im Rahmen einer breit angelegten Gleichstellungspolitik bereitgestellt werden.

Es bleibt zu hoffen, dass die inzwischen erleichterte Einbürgerungsmöglichkeit das politische Gewicht der Staatsbürger nicht-deutscher Herkunft erhöht und die längst überfälligen Reformen konsequenter angegangen werden – als Form des Krisenmanagements und um Migrantenstimmen zu mobilisieren. Es ist wichtig, dass im Rahmen neuer Prioritätensetzungen auch die notwendigen finanziellen Mittel dafür bereitgestellt werden.

Ohne deutliche politische Signale und Steuerungseingriffe – im Sinne einer offiziell proklamierten und institutionell abgesicherten Antidiskriminierungs- und Gleichstellungspolitik nach angelsächsischem bzw. niederländischem Muster – wird die Reform wohl ihr bisheriges Schneckentempo fortsetzen (vgl. Braham, Rattansi & Skellington, 1992). Der inzwischen von allen Parteien gepflegten Integrationsrhetorik müssen entsprechende Taten und verbindliche Maßnahmen auf der gesetzgeberischen, der administrativen und finanzpolitischen Ebene folgen.

Literatur

Auernheimer, G. (1988). *Der sogenannte Kulturkonflikt.* Frankfurt/New York: Campus-Verlag.

Auernheimer, G. (1995). *Einführung in die Interkulturelle Erziehung* (2. überarbeitete Aufl.). Darmstadt: Wissenschaftliche Buchgesellschaft.

Besamusca-Janssen, M. & Scheve, S. (1999). *Interkulturelles Management in Beruf und Betrieb.* Frankfurt a.M.: Anti-Rassismus Informations-Centrum Duisburg.

Braham, P., Rattansi, A. & Skellington, R. (Eds.). (1992). *Racism and Antiracism. Inequalities, Opportunities and Policies.* London: Sage.

Bundesministerium für Familie, Senioren, Frauen und Jugend (2000). *Familien ausländischer Herkunft in Deutschland* (Sechster Familienbericht). Berlin.

Bund-Länder-Kommission „Ausländerpolitik" (1998). *Grundsätze für Aufgaben, Arbeitsweise und Organisation der Sozialberatung für in Deutschland lebende Ausländerinnen und Ausländer in Trägerschaft von Spitzenverbänden der Freien Wohlfahrtspflege.* Bonn.

Cohen, P. (1994). *Verbotene Spiele. Theorie und Praxis antirassistischer Erziehung.* Hamburg: Argument.

Diehm, I. & Radtke, F.-O. (1999). *Erziehung und Migration. Eine Einführung.* Stuttgart: Kohlhammer.

Dominelli, L. (1992). An uncaring Profession? An Examination of Racism in Social Work. In P. Braham, A. Rattansi & R. Skellington (eds.), *Racism and Antiracism. Inequalities, Opportunities and Policies* (pp. 164–176). London: Sage.

Gaitanides, S. (1992). Psychosoziale Versorgung von Migrantinnen und Migranten in Frankfurt, Gutachten im Auftrag des Amtes für multikulturelle Angelegenheiten der Stadt Frankfurt. In Institut für Sozialarbeit und Sozialpädagogik Frankfurt (ISS), *Informationsdienst zur Ausländerarbeit 3* (4), 1992, 127–146.

Gaitanides, S. (1996). Stolpersteine auf dem Weg zur interkulturellen Öffnung der Sozialen Dienste. In *Zeitschrift für Migration und Soziale Arbeit (IzA), 3* (3), 42–46.

Gaitanides, S. (1999). Arbeit mit Migrantenfamilien – Aktivitäten der Wohlfahrtsverbände und der Selbstorganisationen (Unveröffentlichte Expertise zum 6. Familienbericht der Bundesregierung). Kurzfassung in Sachverständigenkommission 6. Familienbericht (Hrsg.), *Familien ausländischer Herkunft in Deutschland.* (Materialien Bd. II: „Lebensalltag") (S. 107–144). Opladen: Leske & Budrich.

Gaitanides, S. (2003). Ergebnisse der wissenschaftlichen Begleitung eines Projektes zur Einführung des Qualitätsmanagements in der interkulturellen Kinder-, Jugend- und Familienarbeit in München. In *Landeshauptstadt München, Sozialreferat/Jugendamt (Hrsg.), Offen für Qualität. Interkulturell orientiertes Qualitätsmanagement in Einrichtungen der Migrationssozialarbeit* (S. 53–104). München.

Grosch, H., Groß, A. & Leenen, W.R. (2000). *Methoden interkulturellen Lehrens und Lernens.* Saarbrücken: ASKO Europa-Stiftung.

Heitmeyer, W., Müller, J. & Schröder, H. (1997). *Verlockender Fundamentalismus. Türkische Jugendliche in Deutschland.* Frankfurt a.M.: Suhrkamp.

Kalpaka, A. (1994). Theaterworkshops zum Thema „Macht – Ohnmacht – Alltagsrassismus" als selbstreflexive Lernform. In S. Jäger (Hrsg.), *Aus der Werkstatt: Anti-rassistische Praxen.* Duisburg: DISS.

Marburger, H., Rösch, H., Dreezens-Fuhrke, J., Hoch, A. & Riesner, S. (1998). *Interkulturelle Kommunikation in multiethnischen PädagogInnenteams.* Frankfurt: IKO-Verlag für Interkulturelle Kommunikation.

Nauck, B. (2000). Eltern-Kind-Beziehungen in Migrantenfamilien. In Sachverständigenkommission 6. Familienbericht (Hrsg.), *Familien ausländischer Herkunft in Deutschland* (Materialien Bd. I: „Empirische Beiträge zur Familienentwicklung und Akkulturation") (S. 347–392). Opladen: Leske & Budrich.

Pinderhughes, E. (1998). Die Bedeutung von „Rasse", Ethnizität und Macht für die klinische Arbeit. In M.d.M. Castro Varela, Schulze S., Vogelmann, S. & Weiss, A., *Suchbewegungen. Interkulturelle Beratung und Therapie* (S. 269–274). Tübingen: dgvt-verlag.

Prof. Dr. Stefan Gaitanides ist Professor am Fachbereich „Soziale Arbeit und Gesundheit" der FH Frankfurt am Main. Seine Arbeitsschwerpunkte sind Interkulturelle Sozialarbeit, Migrationssoziologie, Analyse und Bearbeitung von Rassismus und Diskriminierung.

Anschrift:
FB 4, Soziale Arbeit und Gesundheit
Fachhochschule Frankfurt am Main
Nibelungenplatz 1
D-60318 Frankfurt am Main
Website: www.fb4.fh-frankfurt.de/whoiswho/gaitanides

VI Beratung und soziale Systeme

Übersicht

Personzentrierte Beratung

Klaus Sander

1 Allgemeine Begriffsbestimmung

Unter *personzentrierter Beratung* (früher auch: nicht-direktive Beratung) versteht man die Anwendung des von Carl Rogers begründeten klientenzentrierten Konzepts auf das Anwendungsgebiet „Beratung". Personzentrierte Beratung umfasst dabei das von Rogers formulierte Konzept einer förderlichen Beziehung sowie dessen Wertkonzepte zur Person. Darüber hinaus umfasst es inhaltlich-praktische Vorgehensweisen in der Beratung. Klientenzentrierte *Gesprächsführung* bezieht sich dagegen auf einen Teilausschnitt der personzentrierten Beratung, im Wesentlichen auf den Aspekt der überwiegend verbal gehaltenen Gesprächsinterventionen des Beraters.

Klientenzentrierte Beratung wird von den meisten Autoren als weitgehend synonym mit personzentrierter Beratung verstanden. Dennoch steht bei der Benennung *„klientenzentrierte Beratung"* die Rollenbetonung des Klienten und Beraters im Vordergrund, so wie sie im Rahmen einer professionalisierten Umsetzung des organisierten Beratungswesens ausgestaltet wird. Wesentliche Probleme des Beratungsgeschehens lassen sich demnach nicht allein aus dem Erleben der am Beratungsprozess beteiligten Personen ableiten, sondern erklären sich aus den Problemen, die mit der Professionalisierung des Beratungsberufes einhergehen (vgl. auch Straumann, 1992 und i.2.Bd.).

Personzentrierte Beratung knüpft – so gesehen – stärker am Begriff der Person an und an den damit verbundenen letztlich humanen Fähigkeiten, Einschränkungen und Entwicklungsmöglichkeiten. Per definitionem ergeben sich Übereinstimmungen mit einem humanistischen Beratungsbegriff. Da Konflikte, persönliche Probleme und psychische Leidenszustände ihren Ursprung in sozialen Bezügen haben, liegt die wichtigste Aufgabe des Beraters darin, sich im Verlassen auf die eigene Menschlichkeit auf die Zentrierung der Hilfe suchenden Person mit ihren Zielen, Wünschen und Wertvorstellungen einzustellen. Entsprechend den von Rogers formulierten Wertvorstellungen wie Offenheit für Erfahrungen, Fähigkeit zur Selbstbestimmung und Autonomie sowie zur Ganzheitlichkeit menschlicher Erfahrung wird dem Klienten prinzipiell die Lösung seiner Probleme zugetraut, wenn er in der Beratung geeignete Anregungsbedingungen erhält und zwar im Rahmen einer förderlichen zwischenmenschlichen Beziehung. Durch zentrale Basisvariablen wie Empathie (Mitteilung dessen, was der Berater beim Klienten verstanden hat), Echtheit und Selbstkongruenz des Beraters und dessen unbedingte Wertschätzung und Akzeptanz wird eine vertrauensvolle Atmosphäre geschaffen, die den Klienten angstfreier macht und es ihm ermöglicht, sich mit den unterschiedlichen internen und externen Problembedingungen zu beschäftigen und sie einer Lösung zuzuführen.

Im Unterschied zur *Klientenzentrierten Psychotherapie (Gesprächspsychotherapie)* ist die personzentrierte Beratung als relativ kurzzeitiges Angebot problem- und lösungsorientiert und greift aktiv auf methodische Vorgehensweisen zurück, die in der Psychotherapie weniger häufig verwendet werden. Zielsetzung der personzentrierten Beratung ist die Beeinflussung der Selbst- und Fremdexploration, d.h. die gezielte Förderung der *inneren* Erkundung der Person mit all ihren Gefühlen, Wahrnehmungen, Affekten und Motiven sowie – nicht weniger relevant – die Erkundung der *äußeren* Problemaspekte, die Förderung realistischer Sichtweisen des Klienten sowie die Vermittlung wirksamerer Handlungs- und Bewältigungskompetenzen.

Viele in dem personzentrierten Beratungskonzept ausgebildete Beraterinnen und Berater wenden personzentrierte Beratung in folgenden Feldern an: Partnerberatung, Erziehungsberatung, Familienberatung, Suchtberatung, interkulturelle Beratung, Pastoralberatung, pädagogisch-therapeutische Beratung, schulpsychologische Beratung, Organisationsberatung, Praxisberatung und Supervision. Sie arbeiten in klassischen Feldern der pädagogischen und klinischen Psychologie, der Rehabilitation, Heil- und Sonderpädagogik und den zahlreichen Feldern der Sozialarbeit und Sozialpädagogik. In jüngster Zeit ergeben sich immer mehr Anwendungsfelder aus dem Bereich des Gesundheitswesens: sozialtherapeutische Betreuung, Krisenintervention, Arbeit mit schwer kranken Menschen, Sterbehilfe, Gesundheitsförderung und Gesundheitserziehung sowie Anwendungsbereiche aus den pflegerischen Bereichen.

2 Leitvorstellungen zum Personbegriff

Die oben beschriebenen Vorstellungen zum Personbegriff erfahren in neuerer Zeit zunehmende Bestätigungen durch Leitvorstellungen und daraus abgeleitete Handlungspraktiken in den Sozial- und Erziehungswissenschaften. So stellt sich aus systemtheoretischer Sicht (Kriz, 2001, S. 219ff) die Person als einzigartig vernetztes System sowohl in dem innerweltlichen wie auch außerweltlichen Austauschprozess dar (vgl. Brunner i.Bd.2). Der einzigartige und für das Individuum jeweils sinnhafte Austauschprozess kann nicht durch von außen kommende vorgeschriebene Maßnahmen und Planungen des Therapeuten und des Beraters beeinflusst werden, sondern muss den Systemeigenheiten Rechnung tragen (den Eigenheiten der Person und ihrer Mikro-, Makro- und Mesosysteme).

Dieser Vorstellung von der Verbundenheit und auch der Einzigartigkeit der Person kommt ein weiterer Aspekt hinzu, der sich auf die Veränderbarkeit bezieht. Personen und ihre Bezugsgruppen entfalten aus sich heraus dann ihre besten Kräfte, wenn sie ihre Ressourcen aktivieren und eine Art Selbstbekräftigung einsetzt: Empowerment ist ein Sammelbegriff, der diesen Vorgang zu beschreiben versucht. In den Sozialwissenschaften hat sich Empowerment als Handlungskonzept bei der Aktivierung beeinträchtigter, benachteiligter und betreuungsbedürftiger Menschen herausgestellt (vgl. Stark i.d.Bd.). Klassische Konzepte der Versorgung, Lenkung, Verhaltenskontrolle und Fürsorge weichen dem Anspruch an selbstgesetzte Möglichkeiten einer personorientierten Zielsetzung. Schließlich zeigen auch eine bestimmte Art der Handlungspraxis wie die Niederschwelligkeit bei der Beratung von Süchtigen oder Verhaltensauffälligen sowie die verschiedenen Formen „akzeptierender“ Sozialarbeit, dass sich paradigmatische Veränderungen entwickeln, die den Grundgedanken des Rogers'schen Person- und Wertebegriffes nahe stehen, obwohl diese von Carl Rogers bereits in der Mitte des vorigen Jahrhunderts entwickelt wurden.

3 Personzentrierte Beratung und Psychotherapie

Rogers macht in seinen Büchern keine klare Unterscheidung zwischen Beratung und Therapie. Er ist der Meinung, dass die gleichen Wirkungskräfte in beiden Anwendungsgebieten die bewegenden Kräfte sind. In neuerer Zeit hat sich eindeutig die Sicht eingebürgert, Beratung von Therapie zu trennen. Während sich Psychotherapie auf die Behandlung seelisch gestörter Menschen bezieht, geht es bei der Beratung um Hilfestellung bei der Bewältigung persönlicher Probleme, die sich aus der Erfahrung des Klienten mit sich *selbst*, aus der *Lebenswelt* (Beruf, Ausbildung, Arbeit, Institutionen und Gesellschaft) und aus der *Beziehungswelt* (Partnerschaft, Ehe, Familie, soziale Bezugsgruppen) ergeben (Sander, 1999, S. 36ff). Rogers selbst hat auch im Rahmen der Weiterentwicklung seines Ansatzes über ein erweitertes Vorgehenskonzept gesprochen, das weit über die ursprünglich formulierten Basisvariablen wie Empathie, Akzeptanz und Kongruenz hinausgeht. So hat er sich zum Thema erweiterter Methoden so geäußert, „... dass der Berater, der in der klientenzentrierten Therapie erfolgreich tätig ist, über ein zusammenhängendes und ständig sich weiter entwickelndes, tief in seiner Persönlichkeitsstruktur verwurzeltes Sortiment von Einstellungen verfügt, ein System von Einstellungen, das von Techniken und Methoden, die mit diesem System übereinstimmen, ergänzt wird“ (Rogers, 1972, S. 34).

Und schließlich noch – bei der Frage an Carl Rogers, was er wohl als zu dem personzentrierten Ansatz zugehörig und nicht zugehörig erachte: Für ihn scheinen, wie gleich deutlich wird, Beratung, Erziehung und Therapie nur Spezialformen eines hilfreichen Verhaltens zu sein. Das Setting und unterschiedliche Vorgehensweisen treten zurück hinter das eigentliche Ziel der Persönlichkeitsentfaltung: „... dass die Techniken relativ unwichtig sind, außer in dem Ausmaß, in dem sie als Kanäle für die Erfüllung der genannten Bedingungen dienen“ (Rogers, 1961, S. 182).

Die obigen Äußerungen machen deutlich, dass Rogers' Interesse an einer klaren Unterscheidung von Organisationsformen und Setting-Bedingungen sehr gering ist. Deutlich wird aber sein Credo für eine Flexibilität und Pluralität von in der Person des Beraters liegenden und mit ihm kongruenten Vorgehensmöglichkeiten und Techniken.

Viele Bedingungen, wie oben aufgezeigt, sprechen nun dafür, Beratung als eine andere Form der Hilfestellung abzugrenzen: die Probleme des Klienten, das Setting mit seinem unterschiedlichen Aufgabencharakter, institutionelle und juristische Unterscheidungen der Arbeit usw. Im Wesentlichen geht es Beratungsklienten ja darum, die durch ihre spezifische Lebenswelt bedingten Schädigungen zu beheben und ihre Handlungsfähigkeit (wieder) zu erlangen. Die Probleme bestehen in übergroßen Stressbedingungen, in Benachteiligung, Einschränkung und Überforderung und den damit einhergehenden fehlenden Handlungs- und Lösungskompetenzen. Damit einhergehende Ängste, Gefühle der Wertlosigkeit und Hemmung sind nicht primär ein Ergebnis der *negativen Selbstentwicklung* wie beim Psychotherapieklienten, sondern stärker ein Ergebnis aktueller Belastungssituationen.

Natürlich gibt es eine Fülle von Überschneidungen zwischen den Anliegen von Psychotherapieklienten und denen von Beratungsklienten: Auch in der Therapie stehen Alltagsprobleme und konkrete Alltagsbelastungen manchmal oder oft im Vordergrund. Ebenso können in einem einstündigen Beratungsgespräch, wie es Carl Rogers am Beispiel des Falles „Gloria“ zeigte, wesentliche Veränderungen des Selbst und der Beziehung zu wichtigen Bezugspersonen gelöst werden, Veränderungen, die man als „therapeutisch“ kennzeichnen muss.

Im Folgenden soll das klassische Erklärungsmodell des personzentrierten Ansatzes für psychische Störungen angeführt werden, zugleich aber auch, was Beratungsklienten im Namen dieses Störungskonzeptes im Hinblick auf die *Inkongruenzproblematik* von Therapieklienten unterscheidet.

4 Zu den Ursachen von Störungen bei Beratungsklienten

Erleben von Inkongruenz

Laut Speierer (1994, S. 52) sind Inkongruenzen erhebliche und andauernde Erfahrungen von Unstimmigkeit. Demgegenüber lassen sich auch Inkongruenzerfahrungen denken, die konfliktfrei sind, wenngleich sie einen Teil der Alltagserfahrungen ausmachen: Immer erleben wir Grenzen unserer Möglichkeiten; Sichtweisen und Wünsche stoßen sich an der Realität. Erfahrungen des Ungenügens und nicht veränderbare Ereignisse und daraus resultierende unangenehme Gefühle begleiten uns.

Bei Beratungsklienten steht im Vordergrund das Erleben innerer Spannungen und Ängste, die Nicht-Übereinstimmung wichtiger subjektiver Erfahrungen mit dem Selbstkonzept. Ursachen für das Erleben von massiven Inkongruenzerfahrungen sind aber nicht so sehr – wie beim Therapieklienten – die biografische Entwicklung eines „falschen Selbst" einschließlich eines fehlenden bzw. schlecht funktionierenden organismischen Wertungssystems auf Grund defizitärer sozialkommunikativer Bedingungen z.B. seitens der Eltern.

Beim Beratungsklienten sollte man mehr von lebensereignisbedingten Inkongruenzen sprechen. Der Beratungsklient kann die Anforderungen der für ihn wichtigen Aspekte seiner Lebenswelt nicht in Einklang mit seinen (vielleicht bisher bewährten und brauchbaren) Einordnungs- und Bewältigungskompetenzen bringen.

Angstentwicklung

Wie beim Therapieklienten führen starke Emotionen wie Angst, körperlich erlebte Spannung usw. zu vereinfachten Kognitionen und Einordnungsschemata von Umgebung und Personen. Er findet sich nicht mehr durch und greift auf unbrauchbare und einfache Erklärungsmuster und Handlungsmuster zurück. Dies ist jedoch nicht Folge eines „falsch entwickelten Selbst", sondern Folge mangelnder Durchschaubarkeit der Umgebung und der chronischen Überforderung.

Schlechte und fehlangepasste Handlungs- und Lösungskompetenzen

Im klassischen personzentrierten Theoriekonzept wird menschliches Verhalten weitgehend als von „innen" angeregt verstanden. Es wird als der zielgerichtete Versuch angesehen, die wahrgenommenen Bedürfnisse zu befriedigen (Rogers, 1957). Das Individuum sucht also das Verhalten auf, das seinem Selbst, seinen Bedürfnissen und seinem Wertungssystem entspricht. Wenn ein Klient nun einer Gesellschaft und bestimmten Lebensbedingungen ausgeliefert ist, die in schnellem Wandel neue Orientierungsmuster und Handlungskompetenzen verlangen, sind die Ursachen für sein Versagen und für massive Verhaltensdefizite nicht eine falsche Selbstentwicklung, sondern Anforderungen, die dem Selbst fremd erscheinen und von ihm nicht integriert werden können. Kennzeichnend ist hier z.B. die Problematik, die sich aus der Zugehörigkeit zu unterschiedlichen Kulturen ergibt. Die Komplexität der Lebenswelt macht es schwer, neue angemessene Reaktionen auf ständig neue Umweltforderungen zu erwerben. Das entsprechende ineffektive Problem- und Lösungsverhalten wird weitaus mehr von außen als durch widrige bisherige Lebenserfahrungen und daraus resultierende innere Entwicklungen und Prozesse beeinflusst.

Welche Wirkungsprozesse spielen bei der Beratung eine wesentliche Rolle?

Tausch (1996) hält die folgenden drei Wirkungsbereiche für relevant bei Problemgesprächen im Alltag:

1. Reziproke Gefühle
2. Angstminderung (unsystematische Desensibilisierung)
3. Klärung von Kognitionen und Emotionen des Belasteten

Die Vermittlung positiver Gefühle (im Sinne von Echtheit, Empathie, Anteilnahme usw.) führt zu mehr Selbstachtung, zu Verminderung von Ängsten und zu mehr Sicherheit. Eine unsystematische Desensibilisierung liegt in dem Sinne vor, dass angsterregenden Belastungen und Gedanken mit Verständnis begegnet wird, sodass diese schrittweise wahrgenommen und integriert werden können und in ihrer Bedrohlichkeit abnehmen. Schließlich führen die körperliche Entspannung und die nicht-bewertende Haltung des Beraters zur Möglichkeit, Dinge auch anders zu sehen, andere Bedeutungen wahrzunehmen usw. (Tausch, 1996).

Meiner Meinung nach passt die Darstellung von Tausch mehr zu dem stressbelasteten und verängstigten Menschen, jedoch weniger gut zu dem Menschen, der umweltverursachte Orientierungs- und Informationsdefizite aufweist und dem es an einem geeigneten Handlungsrepertoire mangelt. Gerade die zuletzt genannten Defizite (fehlende Handlungs- und Orientierungskompetenzen) stellen einen wichtigen Aspekt der Beratungsarbeit dar. Informationsvermittlung und Übungsanweisungen, Rollenspiel und die Aneignung eines effektiveren Sozialverhaltens sind – neben der Vermittlung von Angstfreiheit – wichtige Arbeitsinhalte bei der Beratung.

Das folgende Modell verdeutlicht die Unterschiede von Beratung und Therapie (siehe Abbildung 1)(s.a. Sander, 2001).

Zu dieser Abbildung: Bei Psychotherapie-Klienten geht es im Wesentlichen um die Bearbeitung von Inkongruenzen zwischen organismischem Erleben und dem Selbst, wobei das Selbst der Niederschlag vergangener Erfahrungen von Elternpersonen und deren Geboten, von Bezugsgruppen und vergangenen Lebenswelterfahrungen ist. So weist ein Psychotiker Wahnwahrnehmungen auf, die mit der Einschätzung seiner Person nicht übereinstimmen, ein anderer spürt Körpervorgänge, die nicht zu seinem Körperselbst passen oder ein süchtiger Mensch wird von Antrieben beherrscht, die mit seinem Selbst und seinem organismischen Wertungssystem nicht übereinstimmen (Voraussetzung für eine klar gespürte Inkongruenz ist jeweils, dass der betreffende Klient sein Selbst und die bedrängenden Erfahrungen und Gefühle annähernd wahrnehmen und artikulieren kann). Aus dieser beschriebenen Inkongruenzdynamik lässt sich – wie die Tabelle zeigt – eine Vielzahl pathologischer Symptome deutlich machen.

Bei der Beratung geht es einmal um die Wahrnehmung von gegenwärtigen Anforderungen aus den Erlebensbereichen intimer Bezugspersonen, Bezugsgruppen und Lebenswelt-Anforderungen, zum anderen um das Eigenerleben im Bereich Beziehungsverhalten, Sozialverhalten und eigener Handlungen. Wenn sich hierbei eine deutliche Inkongruenz ergibt, leidet der Klient an Symptomen und Problemen der Kategorien „Partnerprobleme", „soziale Fehlanpassungen" und „Stress- und Leistungsprobleme". Selbstverständlich ergeben sich auch hier – wie auch bei individuellen pathologischen Problemen und Symptomen – Überschneidungen jeglicher Art: Lebensweltprobleme sind nicht ohne Bezugsgruppenprobleme denkbar und inkompetentes Sozialverhalten ist nicht ohne fehlende alternative Handlungskompetenzen vorstellbar.

Die Situation bei Beratungsklienten ist damit noch einmal enger zu beschreiben: Forderungen, die sich von Seiten enger Bezugspersonen, der sozialen Bezugsgruppen und aus den Lebenswelten (Beruf, Arbeit, Ausbildung, Alltag, Wirtschaft usw.) ergeben, treffen auf eine inadäquate Verarbeitung innerer Erfahrungen (z.B. Angst,

Abbildung 1: *Inkongruenzerfahrungen*

Psychotherapie

Vergangenheit		*Gegenwart*	*Störungen*
Intime Bezugspersonen (Eltern, Geschwister)		**Innere Erfahrungen** Kognition Wahrnehmung	Psychot. Symptome Angst, dissoziative Störungen
Bezugsgruppen (Familie, Nachbarn)	**Selbstkonzept** (organism. Wertungssystem)	Emotion-Affekt Motivation Körpererfahrung	depressive Symptome Suchtprobleme Somatisierungsprobleme
Lebenswelterfahrung (sozial, materiell, ökologisch)		**Verhalten**	Anpassungsprobleme

Beratung

Probleme mangelnder Übereinstimmung von gegenwärtigen Umweltforderungen und Person

Forderungen	Person	Probleme	
Intime Bezugspersonen (Eltern, Partner, Kinder)		**Beziehungsverhalten** (Bindungsverhalten)	Partnerprobleme
Bezugsgruppen (Familie, Freunde, Nachbarschaft, Kontakte)	**Selbstkonzept** (organism. Wertungssystem)	**Sozialverhalten** (Kommunikation, Kontaktfähigkeit)	Soziale Fehlanpassung
Lebenswelt (gesellschaftliche Forderungen)		**Handlungskompetenzen** (Stressbewältigung, Ressourcen)	Arbeitsprobleme

Wahrnehmungsverzerrungen, Defizitmotive), auf ein defizientes Sozialverhalten (z.B. Kommunikations- und Beziehungsstörungen) und auf inkompetente Handlungs- und Bewältigungsformen (mangelnde Stressbewältigungstechniken). In der Regel kann das Selbst – wie beim Therapieklienten – mehr oder weniger beeinträchtigt sein und die sinnvolle Verarbeitung von Umweltanforderungen noch zusätzlich erschweren. Inkongruenzerfahrungen bei Beratungsklienten können sich aber auch dann einstellen, wenn ein ansonsten bisher intaktes Selbst auf nicht zu bewältigende Umwelterfahrungen trifft: z.B. traumatische Erfahrungen, Kriegsereignisse,

Misshandlungen, interkulturelle Probleme durch Folgen der Migration, Fremdenfeindlichkeit in der unmittelbaren Umgebung usw.

Bei der Beratung spielt die Bearbeitung des Selbst, in dem sich ja all die gegenwärtigen Einflüsse spiegeln, eine Rolle, wenngleich nicht so wie in der Psychotherapie. Die Gesprächsthemen der Beratung sind an den konkreten Forderungen der Außenwelt, Belastungen, Beziehungsproblematiken usw. angesiedelt. Die Entwicklung von Handlungskompetenzen und Lösungsmöglichkeiten spielt in der Beratung eine ungleich größere Rolle.

5 Didaktik und Methodik des personzentrierten Beratungsgesprächs

Ein Beratungsgespräch kann – wie jeder Lehr- und Lerninhalt – in einen inhaltlichen und einen methodischen Aspekt aufgeteilt werden. Darüber hinaus beschreibt der Beziehungsaspekt, wie diese Inhalte und Vorgehensweisen von Sender und Empfänger aufgefasst werden sollen (vgl. Sander, 1999).

Die *Didaktik* des Beratungsgesprächs (das *„Was"*) bezieht sich auf die Probleminhalte. Drei Typen von Probleminhalten und entsprechenden Erfahrungsfeldern lassen sich auseinander halten:

a) Selbst
b) Beziehung
c) Lebenswelt

Diese drei Erfahrungsfelder sind auch vom entwicklungspsychologischen Verlauf her phasentypisch bedeutsam und daher plausibel. So entwickelt sich das Kind vom egozentrischen Verhalten in Richtung eines mehr gleichgewichtigen Verhaltens zur Mutter und einer angemessenen Einstellung zu seiner unmittelbaren Lebenswelt. Ähnlichkeiten ergeben sich auch aus Einteilungen im Sinne von Mikro-, Meso- und Makrosystemen in der Ökopsychologie.

Die *Methodik* des Beratungsgesprächs (das *„Wie"*) bezieht sich auf die methodisch-instrumentellen Angebote des Beratungsprozesses. Hier sind drei übergreifende *Methoden* zu unterscheiden:

a) Information und Orientierung
b) Deutung und Klärung
c) Handlung und Bewältigung

Als gewissermaßen drittes Element muss die *Beziehungssetzung*, die im Rogers-Ansatz besonders wichtig ist, genannt werden. Sie ist aber *unabhängig* von den Methoden und Inhalten und bestimmt eigentlich erst deren Bedeutung (Watzlawick, Beavin & Jackson, 1969).

Die drei (bzw. mit der Beziehungsdefinition vier) Aspekte umfassen den kommunikativen Austauschprozess in einem Beratungsgespräch. Es sind fast identisch die Aspekte des „Vier-Seiten-Modells" von Schulz von Thun (1985) zur Beschreibung allgemein-kommunikativer Prozesse, der die Grundfunktionen mit den Begriffen

„Inhalt", „Beziehung", „Appell" und „Selbstoffenbarung" kennzeichnet (Information und Orientierung, Beziehung, Handlung und Bewältigung sowie Deutung und Klärung). Ordnet man die didaktischen und methodischen Aspekte wie oben aus-

Abbildung 2: *Problem-Erfahrungsfelder*

Lösungsangebote

	Lebenswelt-Erfahrung	**Beziehungs-Erfahrung**	**Selbst-Erfahrung**
Information und Orientierung	**– Typ 1 –** Sachberatung in den Gebieten Beruf, Arbeit, Recht, Verwaltung, Institutionen, Gesundheit usw.	**– Typ 2 –** Ehevorbereitungsberatung, Sexualberatung, klassische Erziehungsberatung usw.	**– Typ 3 –** Berufsberatung, Begabungsberatung, diagnostische Beratung, Gesundheitsberatung, Eignungsberatung
Deutung und Klärung	**– Typ 4 –** Klärende und überschaubar machende Beratung in Verwaltung, Politik, Gemeinwesen, Wirtschaft usw.	**– Typ 5 –** Paarberatung, Familienberatung, Personalberatung, Organisationsberatung, Institutionsberatung usw.	**– Typ 6 –** Psychotherapeutische Beratung, Krisenberatung, Sterbeberatung, Selbstklärung, existenzielle Beratung usw.
Handlung und Bewältigung	**– Typ 7 –** Schuldnerberatung, Beratung über effektiven Umgang mit Institutionen, Behörden, Verwaltungen usw.	**– Typ 8 –** Mediationsberatung, Trennungsberatung, lösungsorientierte Familienberatung, Verhaltensmodifikation bei Paaren und Familien	**– Typ 9 –** Gesundheitsberatung, Stressberatung, Meditationstechniken, Verhaltensmodelle bei seelischen und körperlichen Störungen usw.

geführt zusammen, ergibt sich eine Typologie von neun Typenfeldern, auf denen man die Vielzahl unterschiedlichster Beratungsgespräche zuordnen kann:

Die Beratungsbeziehung ist als *unabhängig* von diesen Typen zu sehen, z.B. ist personzentrierte Beziehung in allen Feldern möglich.

Möglichkeiten der Verwendung dieser Typologie:

1. Die *Typenfelder* ermöglichen die Darstellung von Beratungsabläufen. In der Beratung sind in der Regel mehr als ein Typenfeld anzutreffen: z.B. sucht die Mutter mit Kind in der Erziehungsberatungsstelle nach Information und Orientierung im Bereich der Gesundheitsförderung wegen der Neurodermitis des Kindes (Typ 1, Typ 7), möchte die Beziehung zu dem Kind und dessen erzie-

Vorwort und Einleitung
Beratungs-disziplinen
Geschlecht und Beratung
Alter und Beratung
Kultur und Beratung
Beratung und soziale Systeme
Perspektiven der Beratung

hungsbedingten Auffälligkeiten klären (Typ 5) und sucht in einer Einzelstunde nach Klärung in Bezug auf ihr negatives Selbstkonzept als Mutter und Frau (Typ 6).
2. Das Schema ermöglicht die Zusammenschau vernetzter Beratungen, d.h. unterschiedliche Hilfsangebote in unterschiedlichen Einrichtungen und Diensten der sozialen Arbeit.
3. Fehlende Passung im Hinblick auf Problemdefinition des Klienten und des Beraters: Der Klient sucht nach Sachinformationen und Orientierung, der Berater versucht, auf dessen Gefühle einzugehen (Typ 6 statt 1); oder der Berater geht auf das Problem des „identifizierten" Patienten in der Familienberatung als Persönlichkeitsdefizit ein, ohne die am Aufrechthalten und Entstehen beteiligten anderen Familienmitglieder einzubeziehen (Typ 6 statt 5).
4. Fehlende Passung im Hinblick auf die anstehenden Beratungsmethoden: Die Methoden passen nicht zur Annahmebereitschaft des Klienten. Er bekommt Bewältigungsangebote in der Beratung, noch ehe er sich klärend mit seiner persönlichen Situation beschäftigt hat. Die für Beratungen z.T. typischen Entwicklungsverläufe und Phasen werden missachtet.

Der personzentrierte Beratungsansatz zeigt seine hervorragende Wirkung vor allem in den Typenfeldern 5 und 6: der explorativen Klärung und Deutung der Beziehung zu wichtigen Personen und zum Selbst.

6 Phasenmodelle von Beratungsverläufen und typische Interventionsmuster

Das praktisch-methodische Vorgehen in der personzentrierten Beratung geht über die Verwirklichung der Basismerkmale Einfühlung, Akzeptanz und Kongruenz weit hinaus. In der Literatur werden die Vorgehensweisen unter Begriffen wie „differenzielle Interventionen", „produktive Vorgehensweisen", „aktivierende Elemente in der Gesprächsführung" usw. beschrieben und diskutiert (z.B. Tscheulin, 1992; Weinberger, 1988). Für die praktisch-beraterische Einübung unterschiedlicher Formen der Gesprächsführung einschließlich der Bewältigung so genannter „kritischer Situationen" in der klientenzentrierten Beratung haben sich besonders auch Weinberger (1988) und Weber (2001) verdient gemacht.

Weiterführende, differenziell begründete Vorgehensweisen berücksichtigen zum einen stärker die Art der Probleme des Klienten: Entscheidungsprobleme, Klärungsfragen, Orientierungsanliegen, Bewältigungsproblematiken und zum Beispiel Sinn- und Existenzkrisen erfordern ein unterschiedliches Vorgehen in der Gesprächsführung. Dies betrifft ebenso die Unterschiedlichkeit der Klientel: Klienten in unterschiedlichen Alters- und Lebensphasen, mit unterschiedlichen Lebensproblemen bei unterschiedlicher Herkunft und Gruppenzugehörigkeit machen ein flexibles Vorgehen nötig.

Bei der Frage des angemessenen Vorgehens ist auch wichtig, den Phasenablauf des Problemlöseprozesses zu beachten. Derartige Phasenmodelle sind in der Literatur des personzentrierten Ansatzes selten. Vermutlich scheuen personzentrierte Vertreter die Festlegung auf Regelhaftigkeiten in der Beratung, weil zu Recht die Gefahr besteht, sich daran in der Praxis schematisch zu orientieren.

D'Zurilla und Goldfried (1971) sowie Egan (1996) beziehen sich auf regelhafte Abläufe in der Sequenz von Beratungsgesprächen im Sinne von:

Allgemeine Orientierung – Problemformulierung und Definition – Entwicklung von Alternativen – Entscheidung und Verifikation im beraterischen Feedback.

Eine Einteilung der verschiedenen Interventionsstrategien, die sowohl die Phasenabläufe als auch die inhaltlichen Themen berücksichtigt, unterscheidet die Vorgehensangebote: am Anfang mehr „Information und Orientierung", später mehr „Deutung und Klärung" von Problemen, schließlich die Betonung auf mehr Anregungen in den Bereichen „Handlung und Bewältigung". Dabei bleibt offen, ob sich die Angebote des Beraters mehr auf die thematischen Problemfelder Selbst, Beziehungen oder Lebenswelt beziehen (vgl. Sander, 1999).

Differenziell beraterische Vorgehensweisen lassen sich unter Zuhilfenahme derartiger Phasenmodelle und Methodentypologien auf folgende grundlegende Gesprächsintentionen beziehen:

1. Phasenunabhängige Interventionen zur generellen Förderung der Kommunikation und der beraterischen Beziehung:
   Verwirklichung eines empathischen, kongruenten und akzeptierenden Verhaltens; die Fähigkeit des Beraters, sich in entscheidenden Situationen einzubringen; die Bereitschaft, die Beziehung zu klären, wenn darüber bei einem der Beteiligten Unklarheit besteht; die Fähigkeit, auch konfrontierende Vorgehensweisen zu praktizieren; Bereitschaft sich auf die Hier- und Jetzt-Situation einzulassen (im Unterschied zum Ausweichen in abstrakte erlebensferne Darstellungen).
2. Interventionen zur Information und Orientierung:
   Förderung der Konkretheit von Erfahrungen, Gefühlen und Einstellungen; Informationsvermittlung zu den Sachaspekten der Problemsituation; Vermittlung von Kenntnissen und Hinweisen.
3. Interventionen im Hinblick auf Deutung und Klärung:
   Anregungen zum Perspektivenwechsel; Hinterfragen von Einstellungen, Erfahrungen und Verhaltensweisen; Konfrontation mit eigenen Stärken (Ressourcenorientierung); Inkongruenzerleben erweiternde Interventionen; Unterstützung einer differenzierteren Wahrnehmung der sozialen Umwelt; Unterstützung sinngebender neuer Erfahrungen.
4. Interventionen, die auf die Entwicklung von Handlung und Bewältigung gerichtet sind:
   Anregung von Zukunftsprojektionen; Handlungsplanung; Zielformulierung; selbstexplorative Bearbeitung von Lösungsmöglichkeiten (Weinberger, 1988, S. 125); Strategienentwicklung (Egan, 1996, S. 156); Verhaltensübungen und Verhaltensmodifikation; Stressminderungstechniken.
5. Interventionen, die sich auf die Begleitung der Handlung beziehen:
   Durchführung und Begleitung des veränderten Verhaltens des Klienten; Ermutigung zu veränderten Erfahrungen in neuen Situationen; Hindernis-Bewertung

und Umbewertung; Verhaltensbekräftigung; Rollenspiel; Visualisierungstechniken schwieriger Situationen für den Klienten.

Die oben genannten, z.T. aus anderen theoretischen Positionen übernommenen Interventionen sind nur soweit einsetzbar, wie sie im Einklang mit personzentrierten Wert- und Beziehungskonzepten stehen.

7 Lösungs- und Veränderungsorientierung in der personzentrierten Therapie und Beratung

Aus der Theorie von Rogers ist abzulesen, dass Menschen dazu tendieren, Inkongruenzerfahrungen, wenn diese erst mal eine gewisse Deutlichkeit, Stärke und Spannung verursachen, durch ein besseres Gleichgewicht und eine bessere innere und äußere Anpassung abzubauen. Eine wichtige Aufgabe der Beratung und der Therapie ist daher die Steigerung des Inkongruenzerlebens des Klienten.

Das Inkongruenzerleben ist der wichtigste Motor für Veränderungen. In einer Studie aus den 80er Jahren hat Terjung (1987) erstmalig in ihrer Arbeit mit Obdachlosen in Göttinger Slum-Siedlungen die Steigerung von Inkongruenzerfahrungen beschrieben, die sie durch bestimmte Vorgehensweisen erreichte: U.a. hat sie Diskrepanzerlebnisse dadurch hergestellt, dass tatsächliche Leistungen die bisherige negative Leistungseinschätzung und das damit verbundene negative Selbstbild konterkarierten (Einhaltung eines Tagesplanes in Zusammenhang mit Nachbarschaftshilfe der Beteiligten, Einhaltung von Pflichten und Tagesaktivitäten). Die Obdachlosen waren selbst überrascht, da dies im Gegensatz zu ihrer alltäglichen Selbst-, Fremd- und Gruppenerfahrung stand. Die Erfolge, die sie durch bestimmte Aktionen erzielte, kollidierten mit der Selbstwahrnehmung als „asozial", „nichtsnutzig" usw. Erst nach einer Reihe ähnlicher diskrepanter Erfahrungen waren diese Menschen bereit, erfolgreich in eine gute therapeutisch-beraterische Zusammenarbeit einzutreten. Terjung selbst hat ihr Vorgehen als „Inkongruenz-generierendes Arbeiten" bezeichnet.

Die folgenden Hinweise für eine gezielte Gesprächsführung fassen die Befunde zur Bedeutung der Inkongruenzerfahrungen zusammen:

1. Steigerung des Inkongruenzerlebens auf der Ebene der Selbstinstanzen
   - Diskrepanzen verdeutlichen zwischen Selbst- und Idealkonzept
   - zwischen Erleben und Selbstkonzept
   - zwischen Handeln und Selbstkonzept
   - Unklarheiten und mangelndes Erleben des organismischen Wertungssystems verdeutlichen
2. Steigerung des Inkongruenzerlebens auf der Ebene der Wahrnehmung (Lebenswelt, Beziehungserfahrung, Problemsituationen)
   - Zuwendung zu äußeren Problemaspekten
   - Konkretisierung der Problemaspekte, Verdeutlichung und Differenzierung
   - Konfrontieren und Diskrepanzen aufgreifen

- unterschiedliche Sichtweisen und Wahrnehmungen anbieten, Sichtweise anderer Personen einbeziehen

3. Steigerung des Inkongruenzerlebens auf der Ebene von Planung, Entscheidung und Handlung
   - veränderungsorientiert statt zustandsorientiert verbalisieren (die Intention, die hinter einer Äußerung steht, aufgreifen, statt den Zustand benennen)
   - Entscheidungsalternativen darlegen lassen und in einem selbstexplorativen Prozess durcharbeiten
   - Zeitprojektion des Problemanliegens („Was wäre, wenn wir uns in zwei Jahren wieder treffen und du bist mit deiner Situation zufrieden; was wäre anders?“)
   - Probierverhalten ermutigen und unterstützen, um neue Erfahrungen zu machen und neue Bewertungsmuster zu erwerben

Das Aufgreifen derartiger Vorschläge in Beratungssituationen wirkt verändernd, weil der Klient in seiner Innen- und Außenwahrnehmung, in seinen Handlungskompetenzen und seinen Lösungsvorstellungen gefördert wird. Es erfordert ein anregendes, bisweilen konfrontierendes, konfliktbereites Gesprächsverhalten. Wichtig ist auch, dass der Klient nicht nur sensibler für eigene innere, oft abgewehrte Erfahrungen wird (s. Psychotherapie), sondern sensibel wird für unterschiedliche Sichtweisen, Lösungswege und Handlungsformen, wie sie andere Menschen praktizieren. Dieses Vorgehen bleibt personzentriert, weil es vom Inkongruenzprinzip des personzentrierten Ansatzes ausgeht. Damit ist das Erleben des betroffenen Klienten die wesentliche Richtschnur für personzentriertes beraterisches Handeln – nicht aber theoretisch, diagnostisch oder institutionell begründete und abgeleitete und damit von außen herangetragene Interventionsstrategien.

Literatur

Egan, G. (1996). *Helfen durch Gespräch.* Weinheim: Beltz.

Kriz, J. (2001). *Grundkonzepte der Psychotherapie.* Weinheim: Beltz.

Kröger, C. & Sanders, R. (2002). Klärung und Bewältigung von Partnerschaftsstörungen in und mit Gruppen. Effektivität und Effizienz des paartherapeutischen Verfahrens Partnerschule. In *Beratung Aktuell, 4* (S. 176–195). Paderborn: Junfermann.

Rogers, C. (1957). The necessary and sufficient conditions of therapeutic personality change. In *Journal of Consulting Psychology, 21*, 95–103.

Rogers, C. (1961). *On becoming a person.* Boston: Houghton & Mifflin.

Rogers, C. (1972). *Die nicht-direktive Beratung.* München: Kindler.

Sander, K. (1998). Personzentrierte Krisenintervention und Konfliktberatung. Modell eines integrativen Beratungskonzeptes. In *Zeitschrift Gesprächspsychotherapie und Personzentrierte Beratung, 29* (3), 13–16.

Sander K. (1999). *Personzentrierte Beratung.* Köln/Weinheim: GwG-Verlag & Beltz.

Sander, K. (2001). Problem-, Lösungs- und Handlungsorientierung in der personzentrierten Beratung. In *Festschrift zum 80. Geburtstag von R. Tausch* (S. 445–461). Köln: GwG-Verlag.

Schlippe, A.v. & Schweitzer, J. (1998). *Lehrbuch der systemischen Therapie und Beratung.* Göttingen: Vandenhoeck & Ruprecht.

Schulz von Thun, F. (1985). *Miteinander Reden. Störungen und Klärungen.* Reinbek: Rowohlt.

Speierer, G.W. (1994). *Das Differenzielle Inkongruenzmodell.* Heidelberg: Asanger.

Straumann, U. (Hrsg.) (1992). *Beratung und Krisenintervention.* Köln: GwG-Verlag.

Tausch, R. (1996). *Hilfreiche Gespräche im Alltag – Positionsreferat auf dem Kongress der Deutschen Gesellschaft für Psychologie.* München.

Terjung, B. (1987). Personzentrierter Ansatz in der sozioökonomischen Randschichtgruppe. In *Zeitschrift für Personzentrierte Psychologie und Psychotherapie, 6* (4), 393–405.

Tscheulin, D. (1992). *Wirkfaktoren psychotherapeutischer Intervention.* Göttingen: Hogrefe.

Watzlawick, P., Beavin, J.H. & Jackson, D. (1969). *Menschliche Kommunikation.* Bern: Huber.

Weber, W. (2001). *Wege zum helfenden Gespräch.* München: Reinhard.

Weinberger, S. (1988). *Klientenzentrierte Gesprächsführung.* Weinheim: Beltz.

D'Zurilla, T.J. & Goldfried, M.R. (1971). Problem solving and behavior modification. In *Journal of Abnormal Psychology, 78*, 107–226.

Internethinweise

www.gwg-ev.org
Gesellschaft für wissenschaftliche Gesprächspsychotherapie

www.pce-europe.org
Network of the European Associations for Person-Centred and Experiential Psychotherapy and Counselling

Prof. Dr. Klaus Sander hat Psychologie studiert und arbeitet als Dozent an der Fachhochschule Düsseldorf im Fachbereich Sozialpädagogik. Seine Arbeitsschwerpunkte sind Kommunikation, Beratungspsychologie und empirische Erhebungen in der Gesprächspsychotherapie.

Anschrift:
Fachhochschule Düsseldorf
Fachbereich Sozialpädagogik
Universitätsstr. 1
D-40225 Düsseldorf

Systemische Paarberatung

Andrea Ebbecke-Nohlen

1 Paarbeziehungen – eine Vielfalt von Lebensentwürfen

Paarbeziehungen stellen für viele Menschen die wichtigsten aller Beziehungen im Erwachsenenleben dar. Sie durchlaufen in ihrer Geschichte Entwicklungen: Sie reifen, welken, stagnieren, wachsen, scheitern oder gelingen. Sie machen Höhen und Tiefen durch. Letztere werden häufig als Krisen begriffen, die durchlebt und überwunden werden. Paarkrisen werden von den Paaren in der Regel als Chancen für Weiterentwicklung genutzt – meistens in Selbstorganisation und ohne professionelle Einmischung. Relativ selten wird eine Beratung von außen hinzugezogen. Wenn eine BeraterIn aufgesucht wird, soll diese dann allerdings aus Sicht der Paare vor allem Folgendes nicht tun: möglichst keine Ratschläge geben, nicht belehren, sie selbst nicht bloßstellen oder auf etwas Bestimmtes festlegen, sich nicht mit einer Seite verbünden oder so intervenieren, dass alles noch schlimmer wird. Wenn sich Paare, die eine Paarberatung aufsuchen, in Einem einig sind, dann in der Ablehnung unerwünschter beraterischer Einmischungen.

Bei den meisten Paaren, die in Beratung kommen, haben sich die Bedürfnisse beider Partner im Laufe der Zeit gewandelt und sind oft weiter auseinander gedriftet. In der Regel hat ein Paar unterschiedliche Erwartungen darüber, was in einer Beratung besprochen und was nach einer erfolgreichen Beratung anders werden soll. Manchmal geht es eher um die Symptome eines der beiden Partner oder um die Paarbeziehung selbst, manchmal soll die Erziehung der Kinder im Mittelpunkt stehen. Dann wieder soll die Beziehung zur Schwiegermutter besprochen werden, die Arbeitsteilung im Haushalt oder die Sexualität. Die Vielzahl der Bedürfnisse von Partnerin und Partner bringt eine große *Themenvielfalt* mit sich, die für die Paarberatung eine große Herausforderung darstellt.

2 Paartypologie

Die Kunst systemischer Paarberatung liegt darin, sowohl diesen unterschiedlichen Vorstellungen gerecht zu werden als auch die Gemeinsamkeiten beider Partner wieder in das Blickfeld des Paares zu rücken, d.h. über den gesamten Beratungsverlauf Unterschiede und Gemeinsamkeiten herauszuarbeiten und so mit ihnen zu spielen, dass eine Bewegung beider Partner hin auf eine für beide passende und akzeptable Entwicklung möglich wird.

Für die Beraterin bedeutet dies, selbst immer wieder die Perspektive zu wechseln und auch, das Paar kontinuierlich immer wieder zum Perspektivenwechsel einzuladen. Konkret heißt dies, das Paar dazu zu bewegen, die gemeinsamen und getrennt erlebten Geschichten aus der Vergangenheit neu zu sehen und gemeinsame und unterschiedliche Visionen für die Zukunft zu entwerfen. Dies heißt auch, Aspekte im Paarleben zu suchen, die erhalten bleiben, und solche, die sich verändern können. Es beinhaltet ebenfalls, Raum zu geben und sowohl Bindung und Zusammenhalt als auch Selbstverwirklichung und Autonomie anzusprechen.

Paare finden sich unter sehr unterschiedlichen Motiven. Manche suchen im anderen eher die ideale Ergänzung des Selbst und finden sich unter dem Motto: „Gegensätze ziehen sich an“. Andere begegnen sich unter dem Motto: „Gleich und gleich gesellt sich gern“ und nehmen eher die Ähnlichkeit ihrer Weltbilder als Basis für ein gemeinsames Leben (Ebbecke-Nohlen, 1996). So lassen sich verschiedene *Grundkonstellationen* von Paarbeziehungen unterscheiden. In der folgenden *Paartypologie* werden anhand der Parameter Nähe und Distanz die vier möglichen Formen dargestellt, Ähnlichkeiten und Unterschiede in einer Partnerschaft zu organisieren. In den Feldern 1 und 2 der folgenden Tabelle sind die Paarmuster abgebildet, die eine *unterschiedliche Organisation* in Bezug auf Nähe und Distanz vorzuweisen haben. In den Feldern 3 und 4 sind die *Paarmuster* dargestellt, die sich durch eine *ähnliche Organisation* in Bezug auf Nähe und Distanz auszeichnen.

Paartyp 1 organisiert den Alltag unterschiedlich. Die Partnerin sorgt für die Nähe zu ihrem Partner und möchte etwas mehr davon, wohingegen der Partner durch sein Verhalten eher die Distanz betont. Die gemeinsamen Interessen treten in den Hintergrund.

Paartyp 2 organisiert den Alltag ebenfalls unterschiedlich. Hier steht der Partner auf der Seite der Nähe und will sie intensivieren, wohingegen sich die Partnerin eher auf der Seite der Distanz befindet. Auch hier werden die gemeinsamen Interessen seltener gelebt.

Tabelle 1: *Organisation von Nähe und Distanz bei Paaren*

	Typ	Nähe	Distanz
unterschiedlich organisiert	1	♀	♂
	2	♂	♀
ähnlich organisiert	3	♀ ♂	
	4		♀ ♂

Paartyp 3 stellt in vielen Bereichen des Alltags Nähe her. So teilt das Paar z.B. einen gemeinsamen Haushalt und Arbeitsplatz und verbringt auch noch große Teile der Freizeit miteinander; individuelle Interessen werden seltener gelebt.

Paartyp 4 lebt den Alltag mit viel Distanz und Eigenständigkeit. Das Paar führt z.B. eine Wochenend-Ehe und sieht sich selten. Beide Partner haben viel Zeit für ihre eigenen Belange. Die gemeinsam verbrachte Zeit ist knapp bemessen.

Die vier verschiedenen Paartypen sind idealtypisch zu verstehen. Paare entsprechen diesen Typen selten in Reinform, sie lassen sich jedoch häufig in Hinblick auf bestimmte Lebensthemen, wie z.B. Sexualität, Kindererziehung oder Gestaltung des beruflichen Lebens, und in Bezug auf konkrete Lebensphasen einem der vier Paartypen zuordnen.

Die Typologie ermöglicht es, *Beziehungsmuster in Partnerschaften* zu unterscheiden. Sie gibt zudem ein *ressourcenorientiertes Diagnostikum* und ein *lösungsorientiertes Ideenpotenzial* an die Hand, dadurch dass sie das Verhalten beider Partner in seiner Wechselwirkung betrachtet. Der wertschätzende Blick auf den Status Quo und der Perspektivenwechsel in Richtung Veränderung werden dadurch erleichtert. Jede Geschichte, die im Rahmen einer Beratung erzählt wird, kann unmittelbar dahingehend überprüft werden, ob sie eher Nähe oder Distanz ausdrückt oder – etwas differenzierter betrachtet – inwiefern sie sowohl Nähe als auch Distanz beziehungsweise jeweils unterschiedliche Ebenen schafft.

Mit Hilfe der Paartypologie wird es möglich, jegliche Form von Symptomatik, die im Rahmen einer Partnerschaft auftritt, unter lösungsorientierter Perspektive zu betrachten. So können z.B. depressive Verstimmungen, Ängste, Alkoholprobleme etc. auf *ihre beziehungsgestaltenden Funktionen* hin untersucht und als *Lösungsversuche* in schwierigen Beziehungskonstellationen angesehen werden. Bei einem überwiegend unterschiedlich organisierten Paar nach „Typ 1" können z.B. die depressiven Verstimmungen der Frau vor allem die Rolle spielen, Nähe durch Krankheit herzustellen, Trennung zu vermeiden und gleichzeitig doch Unerreichbarkeit für den Partner zu signalisieren. Die Alkoholprobleme des Mannes können in einer überwiegend ähnlich nach „Typ 3" organisierten Partnerschaft z.B. unter anderem die Funktion erfüllen, Abstand in einer engen Beziehung zu ermöglichen, ohne sich ganz verabschieden zu müssen und gleichzeitig doch nah zu bleiben. Symptome können also je nach Paartyp Ähnlichkeiten oder Unterschiede betonen und damit je nach Bedarf zur Regulierung von Nähe und Distanz eingesetzt werden.

Ein wichtiger Schlüssel zur Lösung liegt in den beiden Beispielen darin, die verschiedenen beziehungsgestaltenden Funktionen oder – anders ausgedrückt – die vielen „guten Gründe“ einer Symptomatik zusammen mit dem Paar herauszuarbeiten, um dann gemeinsam herauszufinden, welche anderen möglicherweise mit weniger Leidensdruck verbundenen Lösungswege es noch geben könnte, um das erwünschte Ziel zu erreichen. Sind auf diese Weise verschiedene Lösungen in das Blickfeld eines Paares gerückt, können Vor- und Nachteile gegeneinander abgewogen und gangbare Wege von beiden Partnern gefunden werden. Durch die *Fokussierung auf die Ressourcen des Beziehungsmusters* kann der oft zusätzlich pathologisierende Effekt einer Konzentration auf die Symptomatik vermieden werden.

Keiner der vier Paartypen stellt die ideale Partnerschaft dar, sondern weist sowohl spezifische Vorzüge als auch Nachteile auf. In der Regel führen jedoch die unerwünschten Nachteile einer spezifischen Organisation von Partnerschaft in die Beratung und die ebenso vorhandenen Vorzüge werden als selbstverständlich angesehen. Die Erfahrung zeigt zudem, dass fest vereinbarte Rollen zwar auf der einen Seite Sicherheit vermitteln, auf der anderen Seite jedoch oft als einengend erlebt werden.

Ziel einer Paarberatung kann es demnach nicht sein, ein Paar zu bewegen, von dem einen in einen anderen Organisationstypus zu wechseln, sondern je nach Lebensphase und Bedürfnislage zwischen den verschiedenen Organisationstypen zu pendeln. Nicht das homöostatische Gleichgewicht, sondern das Balancieren der *Heterostase* wird zum erwünschten Normalzustand einer Partnerschaft (Antonovsky, 1998). Durch die Bewegung von einer Konstellation zur anderen können Paare erstarrte „Entweder-Oder-Muster“ zugunsten von „Sowohl-Als-Auch-Mustern“ aufgeben (Ebbecke-Nohlen, 2000b).

3 Auftragsklärung

Angesichts dieser Überlegungen legt *systemische Paarberatung* besonderes Augenmerk auf eine ausführliche *Auftragsklärung* nicht nur zu Beginn einer Beratung, sondern während des gesamten Beratungsverlaufs, da sich die Erwartungen an eine Beratung im Laufe des beraterischen Prozesses häufig ändern. Im Prinzip gilt es, für jedes Gespräch und für jedes Thema den Auftrag zu klären.

Wenn auf die Frage nach den Erwartungen an die Beratung nur von einem Partner ein eindeutiges Anliegen geäußert wird, dann liegt oft noch lange kein gemeinsamer Beratungsauftrag vor. Für Paarberatungen macht es einen großen Unterschied, ob die Suche nach dem gemeinsamen Beratungswunsch des Paares im Vordergrund steht oder ob den *unterschiedlichen Wünschen beider Partner* Bedeutung gegeben werden kann. Scheinbare Vorteile eines gemeinsamen Paarauftrages sind die Vermeidung von Ambivalenzen und die Herstellung von Eindeutigkeit. Unübersehbare Nachteile sind, dass sich bei der Formulierung des Anliegens der ohnehin verbal dominante Partner durchsetzt und dass der „unerhörte“ Partner zum Schein gute Miene zum bösen Spiel macht und in der Folge Veränderungen boykottiert.

Wenn andererseits nur die konträren Anliegen beider Partner fokussiert werden, besteht die Gefahr, dass sich die unterschiedlichen Bestrebungen gegenseitig blockieren und keiner der beiden Partner seinem Ziel näher kommt. Die *Lösung* liegt daher in einer dritten Möglichkeit, nämlich in einer Auftragsklärung, die sowohl die unterschiedlichen Bedürfnisse beider Partner als auch die gemeinsamen Wünsche erfragt und *sowohl die Unterschiede als auch die Gemeinsamkeiten eines Paares positiv konnotiert.*

Auftragsklärung heißt allerdings nicht nur, Vorstellungen darüber zu erfragen, was in einer Beratung ablaufen soll, sondern auch, sich über die Dinge kundig zu machen, die nicht geschehen sollen. Menschen kommen nicht nur mit der *Erwartung* von Veränderung in Beratung, sondern mindestens ebenso häufig mit der *Befürchtung*, dass auch eine Beratung nichts ändern kann oder dass vielleicht etwas Unerwünschtes geschieht. Manchmal steht auch der mehr oder weniger verborgene Wunsch im Vordergrund, die Beratung möge die Beibehaltung des Status Quo gewährleisten und eine eigene Veränderung überflüssig machen.

Darüber hinaus ermöglicht die Auftragsklärung ein *gezieltes Aushandeln der für die Paarberatung relevanten Aufträge.* Die BeraterIn kann hier deutlich machen, welche Aufträge sie annehmen will und welche nicht und nähert sich auf diese Weise den jeweiligen Fragestellungen eines Paares an. Im folgenden Beispiel stehen die Klärung eines Beratungskontextes und seine lösungs- und ressourcenorientierte Gestaltung im Mittelpunkt. Ort des Geschehens ist die Praxis für systemische Therapie und Beratung der Beraterin.

„Die gemischten Gefühle" des Paares – Die Skepsis

Beraterin: „Wofür ich mich zunächst interessiere, das sind Ihre gemischten Gefühle, mit denen Sie vermutlich hierher gekommen sind. Ich gehe davon aus, dass es Ihnen da auch nicht anders geht als anderen, die zum ersten Mal in eine Beratung gehen. Diese gemischten Gefühle sind für mich wie zwei Seiten einer Medaille. Auf der einen Seite sehe ich da wahrscheinlich Skepsis und Befürchtungen, dass hier etwas geschieht, das Ihnen nicht gefällt, und auf der anderen Seite erkenne ich da vielleicht auch Hoffnungen und Erwartungen, dass bei diesen Gesprächen etwas herauskommen kann, das Sie einen Schritt weiterbringt. Ich frage Sie zunächst einmal, wer von Ihnen beiden der oder die Skeptischere diesen Gesprächen gegenüber ist?"
Herr Müller meint, dass er der Skeptischere sei. Seine Skepsis beziehe sich auf das Ergebnis der Sitzung. Er sei zwar offen für die Gespräche und habe eigentlich keine Befürchtungen, doch frage er sich, ob sich in der Beratung wirklich eine Lösung für ihr Problem finde. Auf Nachfragen der Beraterin sagt er, dass er eine mögliche Erfolglosigkeit daran merken würde, dass sich seine Frau nicht ändere und dass er selbst genauso aus der Beratung herausgehe, wie er hereingekommen sei.
Frau Müller hält ebenfalls ihren Mann für den Skeptischeren. Sie selbst habe die Befürchtung, dass sich die Dinge, die sie jetzt als Probleme ihres Mannes *sehe, am Ende des Gesprächs als* ihre Probleme *erweisen und dass die Situation dann noch verfahrener sei als sie es jetzt schon ist. Auf die Frage der Beraterin, wer was tun müsse, um die gegenwärtige Situation zu verschlimmern, antwortet Frau Müller, ihr Mann müsse sie nur wieder beschuldigen und sie mit seinen Vorwürfen konfrontieren.*
Beraterin: „Ich kann ja Ihren Mann nicht ändern, und ich kann Sie nicht ändern. Und Sie beide können einander ebenfalls nicht ändern ... Sie können Ihren Mann nicht ändern und Sie nicht Ihre Frau ... Das haben Sie vermutlich schon eine Weile vergeblich versucht. Aber etwas können Sie – und das ist schon eine ganze Menge: Sie können sich jeweils selbst *ändern. Sie beide können sich jeweils für sich entscheiden, etwas selbst anders zu*

machen und wenn Sie das tun, hat das auch Auswirkungen auf die anderen. Lassen Sie uns daher auf die andere Seite der Medaille schauen. Was müssten wir besprechen, damit sie beide sagen können: Dieses Gespräch hat mich einen Schritt weitergebracht?"

„Die gemischten Gefühle" des Paares – Die Erwartungen

Frau Müller antwortet, dass das Thema Eifersucht, worum es in ihrer Beziehung gehe, für sie ein „rotes Tuch" sei. Doch fühle sie sich durch ihren Partner genau damit konfrontiert und in die Enge getrieben. So wäre es für sie schon ein Erfolg, wenn sie erkennen könne, warum ihr Mann so reagiere, wie er reagiere. Ein Erfolg wäre es außerdem, wenn im Gespräch herauskomme, welche Schritte man aufeinander zugehen könne, sodass Eifersucht zwischen ihnen kein Thema mehr sein müsse. Auf die Frage der Beraterin, was sie selbst anders machen würde, wenn das Thema so besprochen wäre, dass sie zufrieden sei, antwortet Frau Müller, dass sie dann wieder spontaner erzählen könne, was sie erlebt habe und wer ihr begegnet sei. Da sie mit ihrem Mann „gewisse Erfahrungen" gemacht habe, beiße sie sich im Augenblick auf die Zunge, damit sie keine Dinge sage, die Anlass zum Streit geben. Sie wäre dann wieder offener und natürlicher.
Herr Müller erwidert auf dieselbe Frage, dass Eifersucht zwar schon ein Thema für ihn sei, er das Ganze jedoch anders einschätze als seine Frau. Er habe viele Bücher über Eifersucht gelesen und dabei festgestellt, dass es viele Formen von Eifersucht gebe. Die typische Eifersucht – festhalten, Besitz ergreifen, haben wollen – könne er bei sich nicht feststellen. Auf die Frage der Beraterin, was er anders machen würde nach einem erfolgreichen Gespräch, meint Herr Müller, wenn er die Dinge gelassener sehen könne und sich nicht mehr so aufwühlen lasse und wenn er zu Hause nicht mehr so viel Streit vom Zaun brechen würde, dann hätten die Gespräche für ihn etwas gebracht.

4 Kommentar: Gender-sensitivity, Transparenz, Allparteilichkeit, Perspektivenwechsel, flache Hierarchien

Es fällt auf, dass die BeraterIn sowohl die weibliche als auch die männliche Sprachform benutzt, um Klientin und Klient die Möglichkeit zu geben, angemessen angesprochen zu werden. Die häufig anzutreffende ausschließliche Verwendung männlicher Sprachformen erschwert es vor allem in der Paarberatung, beiden Partnern gleichen Raum zu geben und den beraterischen Prozess gender-sensitiv zu gestalten (Ebbecke-Nohlen, 2000a). Auch die Transparenz des beraterischen Vorgehens ist wichtiger Bestandteil dieses Beratungsgesprächs. Manchmal sind z.B. zirkuläre Fragen nicht auf Anhieb zu beantworten oder rufen Irritationen hervor. Dann ist es angemessen und darüber hinaus sehr hilfreich, das beraterische Vorgehen zu erläutern und zwischen den Fragen die „Methode des laut Denkens" zu nutzen.

In der systemischen Paarberatung wird bewusst nicht direkt nach dem Problem gefragt. Die in Beratungen häufig gestellte Frage: „Was hat Sie zu mir geführt?" hat in Paarberatungen eher zur Folge, dass sich die schon bestehenden Uneinigkeiten der beiden Partner nach einem „Mehr-desselben-Muster" erneut manifestieren. Für das Paar würde dabei nichts Neues herauskommen und die PaarberaterIn würde vermutlich bald zusammen mit Klient und Klientin in einer Problemhypnose versinken. Durch das *Ritual der unerwarteten Anfangsfragen* nach Befürchtungen und Erwartungen wird die sonst leicht herstellbare Klagerunde über den schlimmen Anderen unterbunden und zusammen mit dem Paar eine neue Wirklichkeit geschaffen.

Die von beiden Partnern geäußerte Idee, der oder die andere müsse sich ändern, ist typisch für Paarberatungen. Mit diesem Ansinnen einher geht häufig der Auftrag an die BeraterIn, sie möge doch dem anderen begreiflich machen, dass er sich ändern müsse, wenn die Beziehung eine Chance haben solle. Damit verbunden ist oft auch der Wunsch, man selbst müsse nichts verändern und könne so bleiben wie man ist. An dieser Stelle ist es daher von Bedeutung, hervorzuheben, dass *instruktive Interaktion* nicht möglich ist und dieser Auftrag daher so nicht angenommen werden kann. Neben dieser Erwartungsenttäuschung macht die BeraterIn allerdings das Angebot, das Paar bei einem Perspektivenwechsel zu begleiten – weg von der Idee, der andere müsse sich ändern hin zu der Reflexion des eigenen Handelns (Ebbecke-Nohlen, 2003).

Oft befürchten KlientInnen, von der BeraterIn in eine Richtung geschoben zu werden, in die sie nicht wollen. Dies trifft mitten in die Frage der *Allparteilichkeit* bzw. *Neutralität*. Allparteilichkeit heißt dabei nach meinem Verständnis, nacheinander sowohl aus der Perspektive der einen als auch aus der Perspektive der anderen Seite zu schauen. Allparteilichkeit bezieht sich nicht nur auf den Umgang mit anwesenden oder abwesenden Personen und deren Gedanken, Gefühlen und ihrem Verhalten, sondern auch auf die Balancierung von verschiedenen Polen wie Nähe und Distanz, Status Quo und Veränderung und damit auch Konstanz und Wandel. Über gelungene Allparteilichkeit entscheidet allerdings nicht die BeraterIn selbst: Die KlientInnen bestimmen die Bedeutung der Botschaft. Dabei können die Intention der BeraterIn und der von Klientenseite erlebte Effekt eines Kommentars unterschiedlich sein. Allparteilichkeit ist vielleicht beabsichtigt, aber Parteilichkeit kommt an. Daher ist die Bitte um Feedback zu dem erlebten beraterischen Geschehen für die BeraterIn eine gute Möglichkeit, sich ihrer Allparteilichkeit zu versichern.

Ein weiterer wichtiger Aspekt, der in der Anfangsphase eines Beratungsgesprächs zum Tragen kommt, ist die Betonung einer *flachen Hierarchie*. Häufig wird zu Beginn einer Beratung die BeraterIn von den überweisenden Parteien und den KlientInnen selbst auf einen Sockel gestellt. Sie wird zur viel empfohlenen Expertin gemacht und damit zu derjenigen, die schon alles richten wird. Wenn die BeraterIn solche Erwartungen unwidersprochen stehen lässt und sich zur Expertin für die Veränderung der KlientInnen machen lässt, übernimmt sie meistens gleichzeitig auch die inhaltliche Verantwortung für deren Veränderung und trägt damit häufig ungewollt zu einer Stagnation der Beratung bei. Klientinnen und Klienten lassen sich in der Regel nicht so gern von anderen verändern; allenfalls entscheiden sie sich selbst, ein nachteiliges Verhalten nicht mehr oder ein erwünschtes Verhalten neu zu zeigen.

5 Kontext der Beratung

Anlass für den Beratungswunsch des Paares war, wie Frau Müller am Telefon anlässlich der Terminabsprache sagte, dass ihre Ehe in eine Krise gekommen und nach vielen Streitgesprächen ein Patt erreicht sei. Ihr Mann sei extrem eifersüchtig, und sie wisse nicht mehr, was sie tun solle. Was sie mache, sei falsch. Aus den Familienfragebögen, *die ausgefüllt zur ersten Beratungsstunde mitgebracht werden, geht hervor, dass die*

Klientin 35 Jahre und der Klient 40 Jahre alt ist. Das Paar ist seit drei Jahren verheiratet und hat keine Kinder.

Das Beratungssetting ist eingebettet in ein Konsultationsmodell, das mit zwei Sitzungen im Abstand von vier bis sechs Wochen arbeitet. Nach etwa einem Jahr folgt ein Nachgespräch, das im Sinne einer Zwischenbilanz einerseits einen Rückblick auf die Zeit nach den beiden Paarsitzungen erlaubt und andererseits auch einen Ausblick auf die Gestaltung der weiteren Zukunft ermöglicht.

Eifersucht – eine Form der Liebeserklärung

Beraterin: „Herr Müller, wenn ich Sie recht verstanden habe, lesen Sie Bücher zum Thema Eifersucht, d.h. Sie sind auf der Suche nach dem, was hinter der Eifersucht steckt, und wollen herausfinden, warum Sie so reagieren. Habe ich das richtig verstanden? – Man könnte ja beispielsweise sagen, dass Eifersucht eine Form von Liebe ist, eine Liebeserklärung. Sie versichern Ihrer Frau, dass sie Ihnen nicht egal ist. Es ist allerdings eine spezielle Art, Ihre Liebe zu zeigen – eine Art, die auch bei Ihnen und Ihrer Frau einen Leidensdruck verursacht. Das heißt, diese Form der Liebeserklärung hat einen hohen Preis. Und es gibt wahrscheinlich angenehmere Wege, sich die Liebe zu zeigen und Ihrer Frau und sich selbst zu versichern, dass ihr Verhalten Ihnen nicht gleichgültig ist.“
Herr Müller fühlt sich durch die Umdeutung seines Verhaltens durch die Beraterin verstanden und fügt hinzu, dass er seine Frau nicht verlieren wolle. Insofern sei für ihn ein „Zwischending“ zwischen Klammern und Loslassen nötig. Er habe Angst, dass ein anderer sich in die Partnerschaft dränge und ihm seine Partnerin wegnehme.
Beraterin: „Das ist interessant. Ihr Ziel ist es – positiv formuliert –, mit Ihrer Partnerin zusammenzubleiben, aber Sie zeigen ein Verhalten, mit dem Sie sie abschrecken und möglicherweise verlieren. Da fragt es sich, ob Ihr gezeigtes Verhalten ein gutes Mittel zum Zweck ist – (alle drei lachen). Was würden Sie denn anders machen, wenn Sie gelassener wären?“

Exkurs Schlucktechnik

Herr Müller meint, dass er dann weniger Bemerkungen fallen lassen würde. Zwar schlucke er jetzt schon einiges, doch wenn er so weitermache, staue sich etwas auf und breche dann umso stärker aus. Es sei für ihn immer eine Gratwanderung zwischen „Schlucken“ und „Nicht- Schlucken“.
Beraterin: „Das kann ich nachvollziehen. Aber es könnte ja auch von der ‚Schlucktechnik‘ abhängen. Wir schlucken ja jeden Tag vieles herunter – Essen und Trinken z.B. –, ohne Schaden zu nehmen. Da staut sich ja nichts auf, wir verdauen und scheiden aus. So könnten Sie es ja auch mit ihren Bemerkungen machen, verdauen und ausscheiden, um im Bild zu bleiben. – Was würde denn noch konkret dazugehören, wenn Sie sagen, ich bin gelassener geworden?“
Herr Müller meint, dass es dann idealerweise so wäre, dass er gar kein Bedürfnis mehr verspüren würde, Bemerkungen zu machen, da er dann kein Problem sehen würde, sondern auf etwas Erfreuliches schauen würde. Das wäre ein Unterschied.

Weitere „gute Gründe“ für die Krise

Beraterin: „Jetzt interessiert mich, wofür Ihr Verhalten noch ‚gut‘ ist, wofür es steht und was es Ihrer Meinung nach bedeutet. Frau Müller, wofür ist das Verhalten Ihres Mannes ein Lösungsversuch?“

Frau Müller meint, dass Sie verstanden habe, dass ihr Mann wohl Verlustängste habe. Dies mache aber ihrer Meinung nach keinen Sinn. Es sei nicht nötig, Angst zu haben, sie zu verlieren, da sie sich sehr nahe seien und sie ihren Mann auch nicht verlieren wolle. Sie schildert, dass sie ein Mensch sei, der sehr offen auf andere zugehe und nicht davor zurückschrecke, einen anderen Menschen auch einmal anzufassen und zu umarmen.
Herr Müller antwortet, dass er die Beziehung möglichst gut aufrechterhalten wolle und keine fremde Person, die stören könne, hineinlassen wolle. Er wolle die Beziehung beschützen.
Auf die Frage der Beraterin, wie denn eine typische Situation aussehe, in der beide aneinander geraten, schildert Herr Müller eine klassische Situation: Seine Partnerin erzähle von einem Arbeitsessen mit Kollegen und er frage dann, ob diese Männer denn auch hübsch gewesen seien. Sie reagiere darauf heftig und gehe in die Luft.
Herr Müller antwortet auf die Frage nach den „guten Gründen" für das Verhalten seiner Frau, dass sie durch ihr offenes Verhalten wohl zeigen wolle, dass die Partnerschaft nicht bedroht sei. Sie wolle spontan und offen sein und sich keine Schranken auferlegen.
Frau Müller meint, dass ihr ein anderes typisches Beispiel einfalle. Ein alter Schulfreund ihres Mannes sei zu Besuch da gewesen. Sie habe ihn zum Abschied umarmt und ihr Mann habe ihr das hinterher vorgeworfen. Sie habe das nicht verstanden.

6 Kommentar: Umdeutungen, Metaphern, zirkuläres Fragen

Die Frage nach den „guten Gründen" und damit nach einer Umdeutung eines symptomatischen Verhaltens ist für KlientInnen häufig schwer zu beantworten, da damit oft die implizite Botschaft verbunden wird: „Jetzt geht es mir schon so schlecht, und dann soll ich auch noch etwas davon haben." Wenn die Frage auf diese Weise missverstanden wird, ist es für den weiteren Beratungsprozess nützlich, die Überlegungen, die hinter der Frage stehen, transparent zu machen, so z.B. dass in der Regel Menschen sich auf eine bestimmte Art und Weise verhalten, weil es für sie wichtig ist und weil sie mit diesem Verhalten eine Lösung für bereits bestehende schwierige Situationen gefunden haben.

Durch die Suche nach den „guten Gründen" eines beanstandeten Verhaltens oder einer Krise wird dem Bedürfnis der KlientInnen entsprochen, das eigene scheinbar „verrückte" Verhalten verstehen zu wollen. In der Regel wird die Symptomatik, die zum Aufsuchen einer Paarberatung führt, zunächst von den KlientInnen als Problem beziehungsweise als Defizit angesehen, das es zu beheben gilt. Die Auseinandersetzung mit der Frage nach dem subjektiven Sinn oder – technischer ausgedrückt – nach der Funktion eines bestimmten Verhaltens oder einer Krise bedeutet in der Regel einen beachtlichen Perspektivenwechsel und führt zu einer erheblichen Entlastung, die ihrerseits als förderlich für eine Besserung des symptomatischen Verhaltens angesehen werden kann.

Die Frage nach den „guten Gründen" ist nicht zu verwechseln mit der Frage nach den Ursachen einer Symptomatik. Ursachenforschung zu betreiben hieße, in ein lineares Denkmodell abzugleiten und Ursache-Wirkungs-Zusammenhänge konstruieren zu wollen. Gerade das Gegenteil wird intendiert. Statt nach dem „Warum" fragen wir nach dem „Wozu". Dabei ist es nützlich, möglichst viele „gute Gründe" zu finden. Passende Metaphern sind hier „Mosaiksteine" oder „Puzzleteile", die erst gemeinsam ein Bild ergeben und es ermöglichen, die Gesamtzusammenhänge zu erkennen.

Sind nach gemeinsamer Suche einige „gute Gründe" gefunden worden, entsteht ein Bild von den positiven Aspekten einer Krise. Es wird deutlich, wofür das beanstandete Verhalten gebraucht wird und wofür es eine Lösung darstellt. Sind diese Zusammenhänge offenkundig, kann der nächste Schritt angegangen werden. Wenn bekannt ist, was mit dem symptomatischen Verhalten erreicht werden soll, kann nach alternativen Wegen gesucht werden, die unter Umständen mit weniger Leidensdruck verbunden sind. Der Blick auf die „guten Gründe" ermöglicht also bereits einen Blick in Richtung alternativer Lösungen und sensibilisiert gleichzeitig dafür, dass das aktuelle Verhalten bedeutsam und sinnstiftend ist und nicht unter allen Umständen verändert werden muss.

Das Aufgreifen und Weiterentwickeln von Metaphern, die KlientInnen zur Beschreibung ihrer Situation verwenden, ist eine Möglichkeit, Lösungsideen auch bildhaft zu verankern. Bilder sind Ressourcen, die länger im Gedächtnis bleiben als manches andere gesprochene Wort. Wenn es gelingt, die Metaphern und Bilder mit einem lachenden Auge zu betrachten und sie humorvoll auszubauen, kann der therapeutische Effekt des Lachens noch zusätzlich genutzt werden.

Das zirkuläre Fragen ermöglicht es, die Aufmerksamkeit auf die Ideen, die ein Partner über den anderen hat, zu richten. Durch das Aussprechen dieser Gedanken, wird die Information für das Paar und für die BeraterIn erhöht. Wichtig ist bei dieser Art des Fragens, dass der Partner, über dessen Verhalten hypothetische Aussagen gemacht werden, die Möglichkeit hat, diese zu bestätigen oder zu verwerfen. Mit Hilfe der Methode des zirkulären Fragens werden die Beziehungsmuster des Paares deutlich, da die gemeinsamen und die unterschiedlichen Beschreibungen beider Partner zum Ausdruck kommen und damit vergleichbar werden.

Ko-Produktion der Krise und alternative Verhaltensweisen

Beraterin: „Ich habe den Eindruck, dass Sie gut zusammen arbeiten, wenn sie die Krise herstellen. Sie beide haben ja immer mehrere Optionen, aufeinander zu reagieren." (zu Herrn Müller:) „Sie könnten statt eines Vorwurfs z.B. sagen ‚So ist mein Freund noch nie gedrückt worden, seit ich ihn kenne'. Dann wäre der Fokus anders, sie würden das Glück Ihres Freundes in den Mittelpunkt stellen. Oder Sie könnten mit einem Schmunzeln sagen ‚Vorsicht, mein Freund könnte sich noch dran gewöhnen'. Dann würden Sie mit Humor reagieren."
(Zu Frau Müller:) „Und Sie könnten statt an die Decke zu gehen z.B. zu Ihrem Mann sagen: ‚Ich mag Deinen Freund und wollte ihm das zeigen.' Oder Sie könnten zu Ihrem Mann mit einem Lachen sagen ‚Keiner Deiner Freunde ist so schön wie Du!' Dann hätten Sie ebenfalls den Humor auf Ihrer Seite. Das heißt: Die Wahl, ob Sie das Tun oder die Bemerkung des anderen als Angriff sehen, liegt bei Ihnen selbst. Wenn Ihnen die Auswirkungen Ihres Verhaltens nicht lieb sind, dann können Sie darauf verzichten und etwas anderes tun, das angenehmere Konsequenzen hat.

Nähe – Distanz – Regulierung

In der Folge wird deutlich, dass beide im Laufe eines Streites voneinander abrücken, auf Distanz gehen und aus dem Abstand nochmals die Beziehung prüfen. Nach ein paar

Tagen Abstand gebe es dann wieder eine Versöhnung, manchmal mache er den Anfang und manchmal seine Frau, erzählt Herr Müller. Das sei ausgeglichen. Die Beraterin konnotiert positiv, dass beide nach dem Streit wieder aufeinander zugehen können und dass sich der Streit angesichts der sich daran anschließenden Versöhnung möglicherweise auch lohne. Sie weist darauf hin, dass es Paare gebe, die sich deswegen so gerne streiten, weil sie sich dann wieder versöhnen können. Man könne manchmal sogar sagen, dass es egal sei, worüber sich ein Paar streite, es könne auch über Politik sein oder – bei vielen Paaren ein beliebtes Thema – die Verteilung der Hausarbeit. Streit sei – in einem gewissen Umfang – für die Psychohygiene eines Paares wichtig, damit es nicht langweilig werde. Neben den Gemeinsamkeiten können so die Unterschiede zum Tragen kommen. Streit gehöre bei vielen Paaren zum normalen Paarleben dazu. Ob Sie das so sehen können, dass es ihnen gut tue, sich ab und zu zu streiten?

Schlusskommentar

Beraterin: „Wir sind am Schluss der Stunde angekommen und ich würde gern das Gespräch aus meiner Sicht nochmals zusammenfassen und mit Ihnen einen Blick in die Zukunft werfen. Mir ist deutlich geworden, wie Sie miteinander umgehen und was die jeweiligen Dinge sind, die Sie beanstanden. Was mir gut gefallen hat ist, dass Sie beide sehen, dass Sie selbst etwas tun können, um aus Ihrer Krise herauszukommen, d.h. sie sehen die Lösung bei sich selbst. Wenn Sie sagen, Sie wollen gelassener werden, könnte es in dieser Richtung weitergehen. Was würden Sie beide gern bis zum nächsten Gespräch ausprobieren, welches Experiment würden Sie gern machen?“
Herr Müller überlegt und meint, er würde gern versuchen, weniger Bemerkungen fallen zu lassen und stattdessen zu „verdauen“. Frau Müller überlegt, dass sie vielleicht wieder ganz normal, ohne Selbstzensur von den Dingen sprechen würde, die sie erlebt habe, ohne Angst vor der Reaktion ihres Mannes. Außerdem versuche sie, seine Bemerkungen nicht so negativ zu sehen und stattdessen tief durchzuatmen. Sie wolle seine Bemerkungen mehr mit einem lachenden Auge sehen und vielleicht könne es ihr ja sogar gelingen, sie als Liebeserklärungen zu nehmen. Das wäre wirklich etwas anderes.
Rückblickend zeigt sich das Paar vor dem Hintergrund der Paartypologie *zunächst als unterschiedlich organisiert. Die Eifersucht des Klienten verweist anfänglich auf mehr Nähe, das Verhalten der Klientin deutet zu Beginn auf mehr Distanz. Auf den zweiten Blick kann die „Eifersucht“ des Klienten jedoch auch als Versuch gewertet werden, durch Vorwürfe Distanz zu seiner Frau zu erzeugen und das Verhalten der Klientin kann auch als Versuch eingeschätzt werden, durch Offenheit Nähe zum Partner herzustellen.*

7 Die Kunst systemischer Paarberatung

Das beraterische Vorgehen lässt sich dahingehend beschreiben, dass zunächst die Unterschiedlichkeit des Paares erfragt und wertgeschätzt wird, indem die verschiedenen Befürchtungen und Erwartungen in den Mittelpunkt gestellt werden. Damit wird ein Unterschied für das Paar erzeugt, der einen Unterschied macht, denn vorher wertete sich das Paar in seiner Unterschiedlichkeit gegenseitig deutlich ab (Bateson, 1988). In der Folge geht der Blick auf die zunächst verborgene Seite der Gemeinsamkeiten, die in der Ähnlichkeit von Selbsteinschätzung und Fremdeinschätzung und in der positiven Bewertung der Krise als Basis für eine gemeinsame Zukunft liegt.

So ergab sich im Laufe des beraterischen Prozesses ein verändertes Bild: Klient und Klientin präsentierten sich auch als ähnlich organisiertes Paar, das durch einen ähnlichen Blick auf Gegenwart und Zukunft Nähe zueinander sucht. Aus der Perspektive des fortschreitenden Beratungsprozesses gewinnt damit das Eingangsproblem neue Bedeutung: Die „Eifersucht" erscheint nun noch deutlicher als ein Lösungsversuch, der jedoch in der Folge zum Problem wird, das Paar entzweit und schließlich als Eintrittskarte in die Paarberatung fungiert. Die Lösung scheint also weniger darin zu bestehen, dass beide Partner mehr Nähe oder mehr Distanz zueinander gewinnen oder von einem Paartypus in einen anderen wechseln, sondern vielmehr darin, dass das Paar in Bewegung gerät und sich ein *Balancieren der Ähnlichkeiten und Unterschiede* in einer für beide bekömmlichen Form erlaubt. Nicht das homöostatische Gleichgewicht wird angestrebt, sondern das Balancieren des Ungleichgewichts auf möglichst lustvolle Art und Weise.

Dieses Balancieren geschieht parallel zu der oben beschriebenen kontinuierlichen Veränderung der Blickrichtung während der Gespräche. In der Regel kann auf diese Weise bei Paaren bereits mit zwei oder wenig mehr Gesprächen ein *Perspektivenwechsel* erreicht werden, der den Blick auf die eigenen *Ressourcen* wieder freigibt und damit neue *Lösungen* ermöglicht. Systemische Paarberatung geht davon aus, dass ein Paar bereits alles zur Verfügung hat, was es zur Lösung seiner Probleme und zur Beantwortung seiner Fragen braucht. Es handelt sich also nicht darum, etwas in das Paar hineinzugeben, was dort noch nicht oder nicht mehr vorhanden ist. Vielmehr ist es von Bedeutung, das Paar zum Perspektivenwechsel anzuregen, damit der Blick auf die eigenen bereits vorhandenen Ressourcen wieder frei werden kann.

Literatur

Antonovsky, Aaron (1993). Gesundheitsforschung versus Krankheitsforschung. In A. Franke & M. Broda (Hrsg.), *Psychosomatische Gesundheit*. Tübingen: dgvt-Verlag.

Antonovsky, Aaron (1998). Was erhält Menschen gesund? Antonovskys Modell der Salutogenese – Diskussionsstand und Stellenwert. In *Bundeszentrale für gesundheitliche Aufklärung* (Hrsg.). Köln.

Bateson, Gregory (1988). *Ökologie des Geistes*. Frankfurt: Suhrkamp.

Ebbecke-Nohlen, Andrea (1996). Spiel mit Gemeinsamkeiten und Unterschieden. Sucht und Geschlechterrollen in der systemischen Therapie. In K. Richelshagen (Hrsg.), *Suchtlösungen. Systemische Unterstellungen zur ambulanten Therapie*. Freiburg: Lambertus.

Ebbecke-Nohlen, Andrea (2000a). Die Geschlechterperspektive in der systemischen Familientherapie. In I. Rücker-Embden-Jonasch & A. Ebbecke-Nohlen (Hrsg.), *Balanceakte. Familientherapie und Geschlechterrollen*. Heidelberg: Carl Auer.

Ebbecke-Nohlen, Andrea (2000b). Systemische Paartherapie – Das Balancieren von Gemeinsamkeiten und Unterschieden. In *Psychotherapie im Dialog, 2* (S. 20–28). Stuttgart: Thieme.

Ebbecke-Nohlen, Andrea (2003). In der Kürze liegt die Würze. Systemische Kurzzeitkonsultation für Paare. In *Kontext 34, Zeitschrift für Systemische Therapie und Familientherapie*. Göttingen: Vandenhoeck und Ruprecht.

Foerster, Heinz von (1993). KybernEthik. Berlin: Merve.

Hoffman, Lynn (1996). *Therapeutische Konversationen. Von Macht und Einflußnahme zur Zusammenarbeit in der Therapie*. Dortmund: Modernes Lernen.

Andrea Ebbecke-Nohlen ist Diplom-Psychologin und Psychologische Psychotherapeutin und hat zudem Sprachen und Politische Wissenschaften studiert. Sie ist Lehrtherapeutin des Helm-Stierlin-Instituts und der Systemischen Gesellschaft sowie Lehrende Supervisorin. Ihre Arbeitsschwerpunkte sind Diagnosenspezifische Psychotherapie, Einzel-, Paar- und Familientherapie sowie Supervision, Coaching und Beratung.

Anschrift:
Helm Stierlin Institut
Schloß Wolfsbrunnenweg 29
69118 Heidelberg
E-Mail: info@ebbecke-nohlen.com

Beratung in Gruppen

Wolfgang Rechtien

1 Gruppenberatung oder Einzelberatung in Gruppen?

Psychologische bzw. psychosoziale Beratung innerhalb gruppaler Settings hat eine lange Tradition. Wo dabei die Anfänge gesehen werden, hängt auch von ihrer Definition ab. Fasst man diese Definition genügend weit und meint damit den Versuch, psychologische, psychosoziale oder pädagogische Methoden zur Problembewältigung gleichzeitig mit mehreren Klienten anzuwenden, gehören mit einer gewissen Berechtigung bereits die gruppenhypnotischen Sitzungen eines Franz Anton Mesmer (1734–1815) dazu.

Der Nutzen einer solch weiten Definition ist jedoch fragwürdig: nicht alles, was in Mehrpersonen-Arrangements an psychosozialen Methoden zur Problemlösung eingesetzt wird, ist auch Beratung, und nicht immer, wenn mehrere Personen gleichzeitig über einen gewissen Zeitraum anwesend sind, handelt es sich um eine Gruppe.

Überträgt man die engere Auffassung Morenos von Gruppenpsychotherapie auf psychosoziale Beratung, so kommt man zu einem Verständnis von Gruppenberatung, die im erfahrungswissenschaftlichen Rahmen, an Konzepten psychosozialer Beratung orientiert und unter Leitung eines dafür ausgebildeten Beraters gleichzeitig die interpersonellen Beziehungen und die psychosozialen Problemstellungen mehrerer Gruppenmitglieder thematisiert. Damit werden solche Arrangements ausgenommen, die eigentlich Einzelberatung in Anwesenheit anderer darstellen.

Dennoch scheint ein Großteil der aktuellen Beratungskonzepte auf dem traditionellen Verständnis zu beruhen, dass Beratung ein Prozess zwischen Einzelpersonen ist. Beratung ist nach wie vor zumeist als dyadischer Prozess konzipiert, und zwar auch dann, wenn dieser Prozess innerhalb einer Gruppe stattfindet. Gruppenberatung ist (meist) eben nicht Gruppenberatung, sondern Einzelberatung innerhalb einer Gruppe.

Die entsprechende Interventionstheorie und Beratungsmethodologie richtet sich dann auf innere Prozesse von Klienten und Klientinnen, die in Zusammenhang mit ihren Problemen und Problemlösungsfähigkeiten stehen. Sie basiert oft auf Theorien und Methoden entsprechender psychotherapeutischer Schulen (Rechtien, 1998). Die für die Durchführung von Beratung als notwendig erachteten Kompetenzen sind darauf aufbauend definiert und werden entsprechend vermittelt. Dazu gehört allerdings in der Regel *nicht* der Umgang mit der Dynamik von gruppalen Konstellationen. Was für Beratung in Dyaden gut und hinreichend ist, soll – so scheint es – für Gruppenberatung gut und hinreichend sein.

Dabei sollte klar sein: Beratung in Gruppen findet immer auf (mindestens) zwei Systemebenen statt – auf der individuellen Ebene der Gruppenmitglieder und des Beraters und auf der gruppalen Ebene und zwar auch dann, wenn es sich um Einzelberatung innerhalb einer Gruppe handelt. Diese verschiedenen Ebenen erfordern eigene Beratungskompetenzen. In der Beratung von Gruppen und Einzelnen spielt darüber hinaus auch die organisationale Systemebene eine Rolle (vgl. auch Fatzer i.d.Bd.) und muss berücksichtigt werden, spätestens dann nämlich, wenn die Zugehörigkeit des Beraters oder des Klienten zu einer Organisation die Handlungsräume bei Probleminterpretationen, Lösungssuche usw. tangiert. Letztlich gehören wir alle irgendwelchen Organisationen an und sind deren normsetzenden und verhaltensbeeinflussenden Einwirkungen ausgesetzt.

2 Die soziale Konstellation

Gruppe und Team

Die besondere Bedeutung der (Primär-)Gruppe für die soziale Persönlichkeitsentwicklung ist bereits seit dem Ende des 19. Jahrhunderts bekannt, allerdings vor allem in der amerikanischen Soziologie. In der Psychologie stand der Beginn der sozialpsychologischen Erforschung von Gruppenprozessen unter dem Einfluss des behavioristischen Ansatzes von Floyd Allport, in welchem andere Personen lediglich eine eigene Kategorie von Wahrnehmungsreizen darstellen, die sich im Prinzip nicht von anderen nicht-sozialen Reizen unterscheiden. Gruppensituationen werden auf die körperliche Anwesenheit anderer reduziert und die Gruppenmitglieder verhalten sich genauso wie sie es auch allein tun würden, „only more so" (Allport, 1924, S. 296). Inzwischen ist die soziale Gruppe selbstverständlicher Gegenstand der Sozialpsychologie, vor allem Dank der Arbeit von Kurt Lewin und des von ihm 1945 am Massachusetts Institute of Technology gegründeten Forschungszentrums für Gruppendynamik.

Im Alltagsverständnis umfasst der Begriff „Gruppe" eine Vielzahl recht verschiedener Phänomene, die sich lediglich darin ähneln, dass es sich jeweils um mehrere Personen handelt, die in irgendeiner Weise als zusammengehörig betrachtet werden. Auch in der wissenschaftlichen Literatur wird die Frage, was genau das

Besondere ist, das eine Gruppe ausmacht, häufig eher vernachlässigt. Von verschiedenen möglichen Definitionen halte ich die folgende für praktikabel.

Um bei einer Ansammlung von mehreren Personen von einer Gruppe zu sprechen, müssen folgende Merkmale gegeben sein:

- *Relative Kleinheit* (drei bis ca. 25 Personen). Eine Dyade, also eine Gesamtheit von zwei Personen, wird gelegentlich ebenfalls als (Zweier-)Gruppe bezeichnet, unterliegt aber hinsichtlich der Beziehungskonstellationen, die in ihr möglich sind, besonderen Bedingungen. So gibt es z.B. nicht die Möglichkeit der Bildung von Untergruppen oder wechselnden Paarbeziehungen, die in Gruppen ab drei Personen möglich sind. Dyaden sollten daher von Gruppen unterschieden werden.
- *Unmittelbarer* (face-to-face-)Kontakt zwischen den Gruppenmitgliedern, im Gegensatz zu vermitteltem Kontakt etwa durch Briefe, Telefon oder andere Medien. Es mag sein, dass die Entwicklung im Bereich interaktiver Medien die Bedeutung des unmittelbaren Kontaktes als Kriterium für eine soziale Gruppe in Zukunft relativiert (vgl. auch Engel i.d.Bd.). Vielleicht stellt sich auch heraus, dass sich neben der sozialen Gruppe im hier definierten Sinne die „virtuelle Gruppe“ als eigenständiges Phänomen mit eigenen Strukturen, Prozessen und Dynamiken etabliert.
- *Gemeinsame Ziele, Normen und Werte* der Gruppenmitglieder.
- *Rollen, Funktionen und Positionen*, die aufeinander bezogen sind und die die Prozesse in der Gruppe und bis zu einem gewissen Grad auch das Verhalten der Gruppenmitglieder steuern.
- *Relatives Überdauern.* So etwas wie ein Mindestzeitraum kann dabei allerdings nicht angegeben werden; die für Gruppen typischen Phänomene treten jedoch bei längerem Bestehen deutlicher zutage.

Ansammlungen von Personen, die bis auf die gemeinsame Anwesenheit diese Merkmale nicht besitzen, bezeichne ich als Gruppierung. Solche Gruppierungen kennen wir als Warteschlange an der Supermarktkasse, aus der Benutzung öffentlicher Verkehrsmittel. Der Ausprägungsgrad der genannten Merkmale kann je nach Stand der Gruppe unterschiedlich sein. Der Übergang von der sozialen Gruppierung zur sozialen Gruppe ist daher in gewisser Weise fließend.

Eine pragmatische Definition können wir dadurch erreichen, dass wir den Kriterien für eine Gruppe ein weiteres hinzufügen und festlegen, dass es sich bei einem Team um eine Gruppe handelt, deren Mitglieder in einer funktionalen Arbeitsbeziehung stehen (vgl. auch Pühl i.d.Bd.). Sie haben eine gemeinsame Aufgabe zu lösen, die meist, allerdings nicht immer, von außen vorgegeben ist.

Gruppen können sich in vielen verschiedenen Aspekten ähneln bzw. unterscheiden. Wichtige solcher Aspekte sind beispielsweise:

- die Ziele,
- die Gruppengröße und ihre Zusammensetzung,
- die Art der inneren Strukturierung: Rollen, Normen, Untergruppen, Koalitionen usw.,
- der (zeitliche und damit soziale) Entwicklungsstand, die Art und Weise ihres Zustandekommens und die Art der Regelung der Gruppenprozesse.

Gruppenziele

Es ist einleuchtend, dass das Geschehen innerhalb einer Gruppe stark durch das oder die jeweilige(n) Ziel(e) beeinflusst wird. Es gibt Arbeitsgruppen, Freizeitgruppen, Therapiegruppen, Trainingsgruppen, Gruppen, die sich zur Durchsetzung gesellschaftlicher oder politischer Ziele zusammenfinden usw. – und eben auch Gruppen, in denen psychologische oder psychosoziale Beratung stattfindet.

Anhand ihrer Zielsetzung können zwei Arten von Gruppen unterschieden werden: aktionsorientierte Gruppen (das sind in unserer Sprachregelung Teams) und identitätsorientierte Gruppen. Bei Beratungsgruppen handelt es sich um identitätsorientierte Gruppen, ihnen geht es nicht um eine gemeinsame Aktion nach außen, sondern um die Mitglieder selbst, um ihre Probleme, Fragen und Betroffenheiten. Die für diese Gruppen relevante Umwelt ist ihre „innere Umwelt", die Gruppe dient dem Rückhalt und der Orientierung des einzelnen Mitglieds. Um in ihr ablaufende Prozesse verstehen zu können, muss man sich also über diese innere Umwelt der jeweiligen Gruppe klar werden, über ihre Struktur.

Formell oder informell?

Für die innere Umwelt einer Gruppe ist es nicht unwesentlich, auf welche Art und Weise – oder besser: auf wessen Initiative – sie zustande gekommen ist.

Informelle Gruppen entstehen selbstständig, auf Initiative ihrer zukünftigen Mitglieder und unabhängig von einer formellen Organisation. Beispiele sind Hobby-Gruppen, Gruppen von Gleichaltrigen (so genannte peer groups) usw. Im Allgemeinen gibt es in solchen informellen Gruppen keine oder wenige ausdrücklich festgelegte Regeln; das Miteinander regelt sich durch stillschweigende Übereinkunft.

In *formellen* Gruppen (wie Vereinen, Teams usw.) gibt es genau festgelegte Regeln. Die Beziehungen der Mitglieder sind mehr oder weniger stark durch ausdrücklich festgelegte Rollen bestimmt (Vorsitzende, Klassensprecher, Jugendwart, Lehrerin, Schüler usw.). Der Anlass zum Entstehen von formellen Gruppen ist häufig ein von außen definiertes Ziel, etwa der Erwerb eines Abschlusszeugnisses (im Falle einer Schulklasse) oder die Erledigung bestimmter Aufgaben (durch ein Arbeitsteam). Große formelle Gruppen bezeichnet man übrigens in der Soziologie als Organisationen.

Gruppen, vor allem aber informelle Gruppen, fördern den Zusammenhalt ihrer Mitglieder; es entsteht das so genannte *Wir-Gefühl*. Die Mitglieder grenzen sich als *Wir-Gruppe* (in-group) gegen andere Gruppen, die Fremd- oder *Außen-Gruppe* (out-group) ab. Das Verhalten der Mitglieder der eigenen Gruppe wird oft positiv bewertet, das der anderen Gruppe eher negativ. Beispielsweise gilt regelwidriges Spiel der eigenen Fußballmannschaft als „hartes Spiel", gleiches der gegnerischen Mannschaft aber als Foul.

Insbesondere bei informellen Gruppen können (und müssen) wir mit einer starken Identifikation mit der eigenen Gruppe, einem starken Wir-Gefühl rechnen, aber auch formelle Gruppen entwickeln dies, vor allem in Situationen der Konkurrenz mit anderen Gruppen, bei äußerer Bedrohung oder bei gemeinsam geteilten persönlichen Belastungen.

Neben dem formellen und dem informellen lässt sich anhand des Kriteriums „Gruppenentstehung" noch ein weiterer Gruppentypus unterscheiden, nämlich die so genannte *natürliche* Gruppe der Familie. Diese ist weder durch äußere Setzung entstanden noch durch Initiative aller ihrer Mitglieder. Die Bildung einer Zweierbeziehung (mit oder ohne Beteiligung des Standesamtes) ist in unserem Sinne noch keine Gruppenbildung. Bei der Vergrößerung der Familie durch Kinder entsteht zwar eine Gruppe, die Initiative zu dieser Gruppenbildung liegt jedoch ausschließlich bei den Eltern und für die Kinder handelt es sich zunächst um eine Art „Zwangsmitgliedschaft". In dieser natürlichen oder „primären" Gruppe werden die emotionalen Bindungen, Rollen, Verhaltensmuster usw. ausgebildet, die uns als Mitglieder unserer Gesellschaft sozial handlungsfähig machen.

Eine Beratungsgruppe ist eine formelle Gruppe. Sie kommt in der Regel durch Ausschreibung seitens einer Institution zustande und hat ein Minimum an vorgegebenen Regeln, über die die Gruppenmitglieder nicht ohne weiteres verfügen können. Dazu gehören etwa Zeiten und Ort der Zusammenkünfte, Regelungen über Gruppenzugehörigkeit sowie über Form und Inhalte der gemeinsamen Arbeit. Als identitätsorientierte Gruppe kann sie im Laufe ihres Bestehens ein hohes Maß an Wir-Gefühl entwickeln.

Gruppenzusammensetzung und Größe

Gruppenberatung findet überwiegend in geschlossenen Gruppen statt, die für den Gesamtprozess zusammenbleiben und im Fall des Ausscheidens eines Mitgliedes nicht durch Neuaufnahmen ergänzt werden. Geschlossene Gruppen bieten gegenüber offenen Gruppen v.a. folgende Vorteile:

- Die Teilnehmer haben weniger Möglichkeiten auszuweichen oder in Abwehr zu flüchten.
- Die Kontinuität der Gruppe bietet mehr Möglichkeiten, ein Verhalten gemäß der Variable „Mitfühlendes Verstehen" durch andere zu erfahren und selbst zu realisieren, was der Klärung von Problemlagen und dem Auffinden bzw. Entwickeln von Ressourcen und Lösungen dient.
- Die Atmosphäre der Gruppe bleibt überschaubarer und gibt mehr Sicherheit (vgl. dazu auch die Ausführungen zur Gruppenentwicklung); dazu gehört die Möglichkeit, in sicherer Umgebung neues Verhalten und neue Rollen auszuprobieren.

Dass die Zusammensetzung einer Gruppe eine wesentliche Bedeutung für den Gruppenprozess hat, steht außer Frage. Welche Faktoren im Einzelnen berücksichtigt werden sollten, wenn sich die Gelegenheit bietet, auf diese Zusammensetzung Einfluss zu nehmen, ist nicht so deutlich auszumachen. Untersuchungen hierzu stammen vor allem aus dem klinisch-therapeutischen Kontext und richten sich auf interaktionsrelevante Persönlichkeitsmerkmale von Teilnehmern und auf die Homogenität bzw. Heterogenität der Problemlagen. Hier scheint es so zu sein, dass zwischen dem einzelnen Gruppenmitglied und der Kultur der interpersonalen Bedürfnisse der Gruppe (Yalom, 1974, S. 219) ein gewisses Maß von Unverträglichkeit bestehen muss, um Veränderungen einzuleiten, eine Ansicht, die durch die sozialpsychologische Dissonanztheorie gestützt wird. Auf der anderen Seite zeigt die Assimilations-Kontrast-Theorie, dass eine zu große Diskrepanz Zurückweisung hervorrufen und Veränderungsprozesse verhindern kann.

Hinsichtlich der Problemlagen gibt es wenig überzeugende Argumente für oder gegen Homogenität. Manches spricht dafür, dass es entlastend wirkt, wenn wenigstens einige der Teilnehmer bestimmte Probleme teilen. Insgesamt scheint aber die Kohäsion ein wesentlicher Erfolgsfaktor zu sein, sodass ihr bei der Gruppenbildung Aufmerksamkeit geschenkt werden sollte.

Die ideale Gruppengröße variiert mit der Art der zu bearbeitenden Probleme, liegt aber in der Regel zwischen fünf und zehn Personen. Größere Gruppen bieten weniger Zeit für die einzelnen Gruppenmitglieder; sie tendieren dahin, stabile Untergruppen zu bilden und hinsichtlich der Beziehungsstruktur sowie der gemeinsamen Werte und Normen nur noch eine eingeschränkte Identität als Gesamtgruppe zu entwickeln. Kleinere Gruppen bieten eingeschränktere Interaktionsmöglichkeiten und somit weniger Möglichkeiten zur Entwicklung differierender Perspektiven, Probleminterpretationen und Lösungsansätze.

3 Die innere Strukturierung

Seit der Ablösung des „only-more-so"-Paradigmas von Allport ist klar, dass wir das Geschehen in Gruppen und insbesondere auch das Verhalten von Gruppenmitgliedern nur verstehen können, wenn wir neben den Eigenarten, Fähigkeiten, Vorlieben, Zielen usw. der Individuen auch das System der Normen und Werte sowie die gruppalen Beziehungsstrukturen, also die Rollen- und Kommunikationsbeziehungen verstehen.

Dabei können wir zwischen dem inneren und dem äußeren System einer Gruppe unterscheiden. Das innere System (oder die innere Umwelt) wird durch die Mitglieder mit ihren Motivationen, Gefühlen und Verhaltensweisen gebildet. Die relevanten Fragen sind etwa: Wie sind die Einzelnen mit der Gruppe verbunden? Wie wird ihr Verhalten beeinflusst und wie sind sie an der Norm-, Rollen- und Strukturentwicklung beteiligt? Wie werden sie eingeschränkt, welche Teile ihrer Identität können sie einbringen und welche nicht? Die Beziehungsstrukturen und ihre zeitliche Entwicklung, ihr Einfluss auf das, was eine Gruppe leisten kann und darauf, wie sich die Gruppenmitglieder in ihrer Gruppe oder ihrem Team fühlen sowie was das für die Leitung einer Gruppe bedeuten kann, sollen daher im Folgenden betrachtet werden.

Die Kommunikationsstruktur

Bei der Betrachtung gruppaler Kommunikationsprozesse sind es meist die Inhalte, die beachtet werden, und weniger die Formen. Dabei sagen gerade diese viel über eine Gruppe aus und bestimmen viel von dem, was in einer Gruppe abläuft. Inhalte und Themen können in einer Kleingruppe rasch wechseln, die Formen der Kommunikation bleiben jedoch oft über lange Zeit die gleichen, sodass sich eine dauerhafte und für die Gruppe typische Kommunikationsstruktur entwickelt.

Solche Kommunikationsstrukturen betreffen die folgenden Fragen:

- Wer hat Kontakt mit wem, mit wem nicht, mit wem häufig, mit wem nur selten?
- In welcher Form verlaufen die Kontakte?
- Welche Inhalte werden nur bestimmten Personen zugänglich gemacht?

- Wie sieht die Beziehung zwischen den Gruppenmitgliedern zu einem bestimmten Zeitpunkt aus (z.B. Macht und Einfluss, Sympathie)?
- Wie und wodurch ändern sich diese Beziehungen im Laufe der Zeit?

Dabei können zwei Aspekte – ein horizontaler und ein vertikaler Aspekt – unterschieden werden. Der *horizontale Aspekt* betrifft die Aufteilung verschiedener Gruppenfunktionen zwischen den Mitgliedern, z.B. den der Arbeitsteilung, die Aufteilung in solche Funktionen, die die Gruppenarbeit fördern und solche, die der Stabilisierung und dem Klima der Gruppe dienen, in die Funktion der Gruppenmutter usw. Der *vertikale Aspekt* betrifft Führung, Macht, Einfluss, Hierarchie, Abhängigkeit usw. in einer Gruppe (vgl. Rechtien, 1997, S. 125–134).

Rollen und Rollenstruktur

Für die gruppendynamische Betrachtung von Rollenbeziehungen bewährt sich eine soziologisch orientierte Perspektive. Innerhalb einer Gruppe kann es bestimmte Positionen geben, die ihren Inhaber von anderen Gruppenmitgliedern unterscheiden. Die Analyse der Kommunikationsstruktur zeigt zum Beispiel zentrale und weniger zentrale Positionen auf. Eine Position stellt demnach eine Funktionsstelle in einem sozialen Kontext, etwa in der Gesellschaft, in einer Organisation oder eben auch in einer Gruppe, dar. Mit ihr sind bestimmte Verhaltenserwartungen verbunden; so wird etwa von einer Person mit einer zentralen Position in einer Kommunikationsstruktur erwartet, dass sie Informationen aufnimmt und an die entsprechenden Empfänger weiterleitet; außerdem wird von ihr häufig Führungsverhalten erwartet. Solche Erwartungen werden mit dem Begriff „Rolle“ bezeichnet. Rollen sind also Verhaltenserwartungen, die sich an die Inhaber bestimmter Positionen in einer sozialen Gruppe, einer Institution oder einer Gesellschaft richten. Beispiele für solche Rollen sind Ehemann, Vereinsvorsitzende, Schwager, Klient, Berater usw. Sie können an Berufe geknüpft sein, müssen es aber nicht. Dadurch, dass ein Mensch zur gleichen Zeit mehrere Positionen einnehmen kann und meist auch zugleich verschiedenen sozialen Gruppierungen angehört, hat er stets auch verschiedene Rollen inne. So kann eine Frau zugleich Vereinsvorsitzende, Ehefrau, Mutter, Schwester und noch weiteres sein, und jede dieser Rollen bringt bestimmte Verhaltenserwartungen mit sich.

Eine wichtige Implikation dieser Begriffsbestimmung ist, dass zu jeder Rolle innerhalb einer Gruppe, Gesellschaft oder Organisation ein Gegenstück gehört, die so genannte *Komplementärrolle*. Einen Führer gibt es nicht ohne Geführte, einen Ehemann nicht ohne Ehefrau, einen Gruppenleiter nicht ohne Gruppenmitglieder. Dabei ist es möglich und eher die Regel als die Ausnahme, dass zu einer Rolle mehrere Komplementärrollen mit unterschiedlichen, eventuell sogar gegensätzlichen Verhaltenserwartungen gehören.

Es ist selbstverständlich, dass das Rollenverhalten nicht ausschließlich durch die gegenseitigen Erwartungen bestimmt wird, sondern auch durch das Rollenselbstbild der Rollenträger. So sind die Konkretisierungen der Rollen in einer Gruppe stets das Ergebnis eines sozialen Prozesses.

Innerhalb einer Beratungsgruppe gibt es zwei solcher durch die formale Position bestimmte Rollen, nämlich die des Beraters und die der Klienten (drei, wenn mit einem

Co-Berater gearbeitet wird; in diesem Fall ist auch das Komplementärverhältnis zwischen den Beratern zu beachten). Realisiert werden sie im Spannungsfeld von formal vorgegebener Position und den Interaktionserfahrungen im Gruppenprozess, in welchem sich sowohl Rollenerwartungen als auch Rollenselbstbilder ändern können.

Die formale Rollenstruktur ist von erheblicher Bedeutung, insbesondere zu Beginn des Beratungsprozesses. Dieser ist in der Regel durch Unsicherheit, Angst und Suche nach Orientierung seitens der Gruppenmitglieder (und manchmal wohl auch seitens des Beraters) gekennzeichnet. Zu den Angst reduzierenden und Sicherheit vermittelnden Faktoren gehört auch eine klare und eindeutige Rollenstruktur, deren Herstellung zunächst Aufgabe des Beraters ist. Das setzt natürlich voraus, dass dieser selbst klare Erwartungen an sich und andere besitzt. Dass das Verhalten des Beraters auch durch gruppenexterne Rollenerwartungen mitbestimmt ist, etwa seitens der Institution, in der er arbeitet, klang oben bei der Bemerkung zu den Systemebenen bereits an. Die dadurch möglichen Intrarollenkonflikte treten natürlich auch in der dyadischen Beratungssituation auf.

Neben diesen Erwartungskonstellationen gibt es auch überdauernde soziale Erwartungen, die nicht durch vorbestimmte Positionen gegeben sind, sondern durch das individuelle Verhalten der jeweiligen Person entstehen. Dadurch, dass A immer wieder die gleichen Verhaltensweisen zeigt, also immer wieder etwa Problemlösungsvorschläge macht, kritische Fragen stellt oder auch immer wieder Unlust bei gemeinsamen Aktivitäten ausdrückt, entstehen bestimmte Erwartungen an sein zukünftiges Verhalten. Diese Erwartungen werden also durch das individuelle Verhalten hervorgerufen; sie können sich jedoch verfestigen und – obwohl sie keine echten Rollen im oben definierten Sinne darstellen, denn sie sind ja nicht an soziale Positionen gebunden – „quasi" den Status einer Rolle bekommen. Bündel dieser Art von Verhaltenserwartungen bezeichnet man als *Quasi-Rollen*. Eine einmal entstandene Quasi-Rolle kann ebenso beständig sein wie eine echte Rolle: Ist man einmal der Gruppenclown, kann es manchmal schwer sein, wieder von dieser Quasi-Rolle freizukommen. Und selbstverständlich gehört ebenso wie zur Rolle auch zu jeder Quasi-Rolle ihr Gegenstück, die (Quasi-)Komplementärrolle. Es reicht also nicht hin, einen dominanten Vielredner auf seine Motive und persönlichen Eigenschaften hin zu betrachten; die Frage ist auch, auf welche Weise und warum ermöglichen (oder provozieren) die Rollenpartner seine Monologe.

Neben der oben dargestellten, an soziale Positionen gebundenen Rollenstruktur, gibt es also auch eine *Quasi-Rollenstruktur*. In Kleingruppen hat diese eine besonders herausragende Bedeutung; sie findet sich aber auch in Großgruppen und Institutionen. Die Unterscheidung zwischen Rollen und Quasi-Rollen ist nicht nur von theoretischem Interesse, sondern auch von praktischer Bedeutung für das Verständnis der Vorgänge in Gruppen und für die Erklärung und den Umgang mit Problemsituationen. Eine Reihe von Schwierigkeiten besonders in Arbeitsgruppen und Teams mit einer ausgeprägten und differenzierten *offiziellen* Rollenstruktur rührt nämlich daher, dass diese im Gegensatz zu der *inoffiziellen* Quasi-Rollenstrukur steht. So kann etwa die offizielle Führungsrolle der Person X zugeschrieben sein, in der Quasi-Rollenstruktur kommt die Führungsfunktion jedoch der Person Y zu – wohl jeder kennt solche Situationen, wo die wirkliche Führung einer Gruppe von einer „grauen Eminenz" wahrgenommen wird. In einer Beratungsgruppe kann ein solcher

Strukturkonflikt beispielsweise dann auftreten, wenn ein Klient in Konkurrenz zum Berater tritt und ihm seine Leitungsposition strittig machen will.

Sowohl Rollen als auch Quasi-Rollen stehen in einem Stabilisierungsverhältnis zu ihrem komplementären Gegenstück. Veränderung einer Rolle muss einhergehen mit Veränderung der Komplementärrolle – und der Fortfall einer wichtigen Komplementärrolle kann ein einschneidendes Erlebnis sein. Eine durch Verlust eines Partners, durch Tod oder Scheidung ausgelöste Krise kann rollentheoretisch als Identitätskrise durch Rollenverlust beschrieben werden. In einer Beratungsgruppe kann eine krisenhafte Situation etwa dadurch entstehen, dass ein Mitglied mit einer für die Gruppe wichtigen Quasi-Rolle ausscheidet.

Anhand dieser Überlegungen sollte deutlich werden:

1. Für das Verstehen des Geschehens in einer Gruppe und des Verhaltens der Gruppenmitglieder ist die Kenntnis der Rollen und Rollenbeziehungen unerlässlich.
2. Zum Verständnis des Verhaltens eines Rolleninhabers, etwa des Teamleiters, eines Gruppenclowns oder eines zu ständiger Kritik neigenden Mitgliedes, ist auch eine Betrachtung der zugehörigen Komplementärrollen notwendig.
3. Der Berater sollte sich darüber im Klaren sein, dass er sowohl eine durch die formale Position bestimmte Rolle als auch eine durch seinen Verhaltensstil bestimmte Quasi-Rolle hat, und dass beide die Selbstdefinitionen der Gruppenmitglieder mitbestimmen.
4. Das Rollengeflecht in der Gruppe bildet ein System. Die Veränderung von Rollen betrifft tendenziell das gesamte System.

Exkurs: Die Beraterrolle

Die Rolle des Beraters ist zunächst durch seine formale Position als Gruppenleiter festgelegt. Die konkrete Ausgestaltung, das Rollenverhalten, wird durch zwei, ggf. drei wesentliche Faktoren mitbestimmt:

- durch die persönlichen Muster des Beraters,
- durch das jeweilige Beratungskonzept, so wie es vom Berater für sich assimiliert wurde,
- ggf. durch Bedingungen der Institution, in deren Rahmen der Beratungsprozess stattfindet.

Angesichts der Komplexität des Geschehens ist es empfehlenswert, dass Beratung in gruppalen Konstellationen durch zwei Berater durchgeführt wird, wobei wechselweise der eine primär auf die individuelle Ebene, die Prozesse der jeweiligen Klienten fokussiert, während der andere dann auf die gruppale Systemebene und die dort ablaufenden Prozesse der Identifizierung, Solidarisierung, Untergruppenbildung, Konkurrenz usw. achtet.

Selbstverständlich müssen in diesem Fall die Rollenbeziehung zwischen den Beratern, ihre gegenseitigen offenen und verdeckten Erwartungen, ihre Rollenselbstbilder und die Rollenerwartungen seitens der Klienten beachtet werden. Nicht selten sind z.B. Tendenzen zur „Aufspaltung" der Rollenerwartungen zu finden, indem etwa emotionsbezogene Erwartungen auf der einen und eher kognitionsbezogene Erwartungen auf der anderen Seite auf die Berater verteilt werden. Hier spielen Geschlechterstereotypen eine bedeutsame Rolle. Aufgabe der Berater ist es, einzuschätzen, inwieweit solche Rollendefinitionen funktional oder dysfunktional sind, und darüber hinaus deutlich zu machen, dass Rollenzuschreibungen sowohl akzeptierbar als auch veränderbar sind.

Soziale Normen

Neben der rollentheoretischen Strukturierung des Geschehens in Gruppen hat die Betrachtung der Normen einen hohen Erklärungswert. Ich benutze den Normbegriff hier im präskriptiven, nicht im deskriptiven Sinne. Allerdings können deskriptive Normen zu präskriptiven werden, wenn sie als Bezugsrahmen für Bewertungssysteme herangezogen werden und so „Maßstäbe setzen".

Auch gesellschaftliche und gruppale Normen sind soziale Verhaltenserwartungen. Im Unterschied zu Rollen gelten sie aber für alle Mitglieder einer Gesellschaft oder Gruppe, sind also nicht an Positionen gebunden. Weiter besitzen sie kein komplementäres Gegenstück. Sie beeinflussen das Gruppengeschehen, sind jedoch nicht Teil der Beziehungsstruktur. Sie begegnen uns als Ge- oder Verbote, als Regeln, Handlungsschemata, implizite Gebräuche, die unser Handeln steuern. Nur ein Teil dieses Normensystems liegt in ausformulierter Form vor und entspricht dem verbreiteten Denkmodell, nach welchem es für Normkonformität positive und für Normverletzung negative Sanktionen gibt. Tatsächlich werden wir aber nur zu einem kleinen Teil durch Sanktionen zur Einhaltung von Normen gebracht. Die meisten Normen haben wir nämlich in unserer Sozialisation internalisiert und wir befolgen sie, ohne dass es dazu irgendwelcher Sanktionen bedarf. Sie sind unscheinbar und unsichtbar, sodass auch in der Gruppe zumeist personalistisch attribuiert wird: Handlungen werden dem „Charakter" von Personen zugeschrieben und nicht mit deren mitgebrachten oder in der Gruppe entwickelten Rollen und Normen in Verbindung gebracht (Sader, 1996).

Sachverhalte werden meist durch eine Vielzahl von Normen geregelt, sodass es ebenso wie bei den sozialen Rollen zu widersprüchlichen Anforderungen, zu Normkonflikten kommen kann. Gelegentlich ist geregelt, welche Norm im Konfliktfall den Vorrang hat; oft ist diese Entscheidung aber dem Beteiligten überlassen und dieser Konflikt, nicht allen Normen jederzeit genügen zu können, wird (zu Unrecht) als persönliches Ungenügen erlebt.

Normen haben noch einen weiteren, für Beratung in Gruppen relevanten Aspekt: Sie können kontextspezifisch sein. So können Normen, die für den Umgang mit sich und anderen innerhalb der Beratungsgruppe gelten, außerhalb dieses Settings negativ sanktioniert werden – der normtheoretische Aspekt des Transferproblems.

Aus psychologischer Sicht ist schließlich noch darauf hinzuweisen, dass es nicht die (ausformulierten) Normen sind, die unser Verhalten bestimmen, sondern deren phänomenale Korrelate in den Köpfen der Gruppenmitglieder. So können die verhaltenssteuernden sozialen Erwartungen in einer Gruppe ziemlich unterschiedliche Repräsentationen ähnlicher Ausgangsdaten sein: Die Mitglieder haben dann recht unterschiedliche Gruppennormen im Hinterkopf.

Die Beratungsgruppe kann und muss sich in Bezug auf die Fassung konkreter Normen verbessern, denn es gehört integral zum Prozess dieser Gruppe, dass sie für einige fördernde eigene Normen sensibler wird.

Strukturen in der Zeit: Gruppenentwicklung

Es bedarf wohl keiner besonderen Betonung, dass Gruppen nicht einfach und plötzlich in einer bestimmten Form, d.h. mit Strukturen, Rollen und Quasi-Rollen auftauchen, in dieser Form eine Zeitlang bestehen und irgendwann genauso plötzlich wieder verschwinden. Gruppen bilden sich, verändern sich im Laufe der mehr oder weniger langen Zeit ihrer Existenz und lösen sich wieder auf. Obwohl dieser Entstehungs- und Entwicklungsprozess selbstverständlich für jede Gruppe ein besonderer ist, stellt sich die Frage, ob sich bei aller Verschiedenheit der Gruppenentwicklung nicht doch gewisse Gemeinsamkeiten finden lassen, die alle Gruppen in mehr oder weniger deutlich ausgeprägter Form aufweisen. Lassen sich für die Entwicklung von Gruppen allgemeingültige Modelle aufstellen, mit deren Hilfe die Beziehungen zwischen den Gruppenmitgliedern verschiedener Gruppen zu verschiedenen Zeitpunkten beschrieben werden können und die so eine Orientierung beim Verstehen und Erklären von Gruppenereignissen bieten können?

In der Tat sind mehrere Phasenmodelle entwickelt worden, die die Entwicklung von Gruppen und die zu verschiedenen Zeitpunkten in dieser Entwicklung zu erwartenden Gruppenprozesse beschreiben. Phasenmodelle besitzen eine erhebliche Anziehungskraft, stoßen jedoch auf berechtigte Vorbehalte seitens der wissenschaftlichen Psychologie. Dennoch haben sie bei kritischer Nutzung heuristischen Wert für die Betrachtung von Gruppenentwicklungsprozessen. Die Unterschiede zwischen solchen Modellen rühren daher, dass sie durch die Beobachtung verschiedener Gruppen (Therapiegruppen, Problemlösegruppen, informelle bzw. formelle Gruppen) gewonnen wurden, und daher, dass jeweils das Interesse auf ganz bestimmte Aspekte des Gruppengeschehens gerichtet ist. So stehen sie auch nicht notwendigerweise in Widerspruch zueinander, sondern betonen bestimmte Sichtweisen, und die Frage, welches denn nun das Richtige sei, ist müßig.

Das bekannteste dieser Modelle ist wohl das von Tuckmann (1965). Es wurde für die Analyse von Trainings- und Therapiegruppen entwickelt und umfasst folgende Phasen:

Abbildung 1: *Phasenmodell von Tuckmann*

„Forming"	Gruppenbildung, Ausprobieren von Verhaltensweisen, Orientierung an anderen Personen, in formellen Gruppen Abhängigkeit von dem/der Leiter(in)
„Storming"	Auseinandersetzung mit anderen Gruppenmitgliedern; Kampf um macht und Einfluss, Widerstand gegen Gruppenziele; in formellen Gruppen Rebellion gegen Leiter(in)
„Norming"	Normbildung, Entwicklung von Gruppenzusammenhalt, Akzeptieren der anderen Gruppenmitglieder; Kooperation
„Performing"	Flexible Rollenverteilung, in Problemlösegruppen effektive Arbeit

Ein einfaches, aber einleuchtendes Modell, das den Gruppenprozess unter dem Aspekt der Verhaltensänderung betrachtet, stammt von Lewin und ist weithin be-

Vorwort und Einleitung
Beratungs-disziplinen
Geschlecht und Beratung
Alter und Beratung
Kultur und Beratung
Beratung und soziale Systeme
Perspektiven der Beratung

kannt (Lewin, 1947). Es skizziert einen erfolgreichen Veränderungsvorgang in drei Abschnitten:

- Auftauen (unfreezing) festgeformter Muster
- Verändern (change)
- Festigen (refreezing) des neuen Verhaltens.

Lewin weist darauf hin, dass ein Vernachlässigen der letzten Phase den Erfolg der Veränderungsbemühungen in Frage stellen kann. In der Trainingsarbeit begegnet uns dieses Problem unter der Bezeichnung „Transfer".

Ein differenzierteres Modell für Trainingsgruppen stammt von Miles (1973):

- Vorsicht und Zurückhaltung angesichts der neuen Situation
- Ziel- und Erwartungskonflikte („Kann ich das lernen, was ich lernen möchte, oder setzen sich die Wünsche anderer durch?")
- Widerstand (Veränderung kann schmerzhaft sein, das Auftauchen von Widerstand ist ein Zeichen, dass Veränderungsprozesse anstehen.)
- Krise: Konflikt und Widerstand werden stärker.
- The golden glow: Entwicklung einer positiven Erwartung
- Tieferes Involviertsein
- Produktive Arbeit
- Auslaufen (deceleration)

Für die gruppendynamisch orientierte Betrachtung der Entwicklung von Beziehungsstrukturen hat sich ein eher sozialpsychologisch orientiertes Modell (vgl. Rechtien, 1997, S. 140–143) bewährt. Darin werden fünf Beziehungsformen unterschieden, die in der zeitlichen Entwicklung einer Gruppe auftreten: *Fremdheit* (mit den Unterphasen *Abhängigkeit* und *Gegenabhängigkeit im Sinne von Rebellion*), *Orientierung, Vertrautheit, Konformität* und *Auflösung*.

4 Beratung in Gruppen – warum eigentlich?

Gründe, für die beraterische Arbeit den Rahmen einer Gruppe zu wählen, gibt es verschiedene. Sie reichen von zeit- und finanzökonomischen Überlegungen über den Versuch, neben dem Berater auch andere Personen als Lernmodell zu nutzen, veränderte Interaktionserfahrungen mit verschiedenen anderen zu ermöglichen, das kreative Potenzial einer Gruppe oder auch die durch sie ausgelöste Bedrohung für die Arbeit zu nutzen, bis hin zu der Auffassung, dass psychosoziale Probleme in sozialen Gruppen entstehen und also auch in psychosozialen Gruppen bearbeitet werden müssen.

In diesem Zusammenhang fällt neuerdings häufig das modische Wort „Synergie" (z.B. bei Sickendiek, Engel & Nestmann, 2002, S. 104), mit der die Annahme bezeichnet wird, dass Gruppen bei der Lösung von Problemen zu schnelleren und besseren Ergebnissen kommen als dies bei Einzelpersonen der Fall ist. Gegenüber der euphorischen Betonung von Synergieeffekten ist jedoch kritische Distanz zu wahren – Forschungsergebnisse raten zur Skepsis. Die Annahme von Synergieeffekten stammt zunächst aus dem Umfeld des Managements und bezieht sich auf Gruppen, die mit der Lösung von Sachproblemen befasst sind. In diesen sollen sich die Kompetenzen und das Wissen der Gruppenmitglieder so ergänzen, dass die Gesamtleistung der Gruppe über das hinausgeht, was jeder Einzelne vermöchte. Außerdem sollen Gruppen in irgendeiner Weise kreativ und innovativ wirken. Tatsächlich treten im Gruppenprozess jedoch Prozessverluste durch Motivations- und Koordinationsprobleme auf, sodass der Befund, dass ein Team mit seiner Problemlösung allenfalls so gut ist wie sein zweitbestes Mitglied – wenn dieses allein arbeiten würde! – eher die Regel denn die Ausnahme ist (Scherm, 1998). Zu den wesentlichen Faktoren, die auf das Zustandekommen von Synergie förderlichen oder hemmenden Einfluss haben, gehört die „Architektur" der Gruppe, d.h. ihre Zusammensetzung und ihre Struktur.

Unabhängig von solchen Überlegungen ist die Frage bislang unbeantwortet, ob sich an Arbeitsgruppen gewonnene Erkenntnisse zu Synergieeffekten überhaupt auf Gruppen in psychosozialen Beratungssituationen übertragen lassen.

Auch die aus der Hochzeit der Gruppendynamik stammende Annahme, dass eine entsprechend geleitete Gruppe die Möglichkeit bietet, die den persönlichen Deformationen, Ängsten, Umwegen usw. zu Grunde liegenden sozialen Zwänge abzuwerfen und zu entdecken, wie wir *eigentlich* wirklich sind, unsere *eigentlichen* Gefühle, Bedürfnisse und Möglichkeiten zu erfahren und ihnen angemessen Raum zu geben, ist mehr ideologisch als theoretisch oder empirisch fundiert.

Was neben den erwähnten finanz- und zeitökonomischen Argumenten als Indikation für die Wahl eines Mehrpersonen-Settings bleibt, ist zum einen eine mögliche Entlastungsfunktion, die darin liegt, zu erleben, dass man als Klient nicht der einzige Mensch mit Problemen, Ängsten usw. ist. Klienten kommen häufig mit irgendwelchen Ängsten in die Beratung.

> „Die Entdeckung der Tatsache jedoch, dass, entgegen ihren Befürchtungen, die einzelnen Mitglieder mit ihren Ängsten und Unsicherheiten nicht so allein stehen, wie sie vorher annahmen, wirkt auf die Atmosphäre bereits positiv. Sie bemerken: Der eine oder andere in der Gruppe hat ähnliche Schwierigkeiten wie sie selber, einigen anderen geht es offenbar noch schlechter" (Mente & Spittler, 1980, Bd. 2, S. 48).

Gruppenberatung erscheint weiter dort indiziert, wo soziale Strebungen und Tendenzen fehlen oder gestört sind, wo Anpassung, Eingliederung, Rückgliederung, Bindungen und Lösungen ermöglicht werden sollen und in diesem Zusammenhang Rollen, Rollenselbstbilder und verinnerlichte Normen hinterfragt und verändert werden sollen.

Für Gruppenberatung spricht die Möglichkeit zu sozialem Lernen (in seiner weiten Bedeutung), also das Lernen, bei welchem Einflüsse anderer Menschen wirksam sind; dazu gehört auch das modellierende Verhalten des Therapeuten den anderen Mitgliedern gegenüber. Sie bietet die Möglichkeit, andere Gruppenmitglieder als Modell für eigene Entwicklungs- und Veränderungsbemühungen zu nutzen. Stellvertretendes Lernen durch andere Mitglieder ist durch die Beobachtung möglich, was ein anderer in einem bestimmten Zusammenhang bereits versucht bzw. erreicht hat. Modelllernen findet statt durch die Wahrnehmung, wie über Versuche,

Erfolge oder Misserfolge berichtet wird, außerdem dann, wenn ein Mitglied ohne besondere Hemmungen Tatsachen über sich mitteilt, die sonst als nachteilig oder gar peinlich gelten.

Schließlich ist für die Erprobung bestimmter sozialer Problemlösungen innerhalb der Beratungssituation auch ein sozialer Kontext notwendig, der über eine Zwei-Personen-Konstellation hinausgeht.

Literatur

Allport, F.H. (1924). *Social psychology*. Boston: Houghton Mifflin.

Lewin, K. (1947). Subjective and objective elements in the social field: the three step procedure. In *Human Relations, 1*, 5–41.

Mente, A. & Spittler, H.-D. (1980). *Erlebnisorientierte Gruppenpsychotherapie. Eine wirksame Methode der klienten-zentrierten Behandlung von Verhaltensstörungen* (2 Bde.). Paderborn: Junfermann.

Miles, M.B. (1973). *Learning to work in groups*. New York: Teachers College Press.

Rechtien, W. (1997). *Sozialpsychologie. Ein einführendes Lehrbuch*. München/Wien: Profil Verlag.

Rechtien, W. (1998). *Beratung. Theorien, Modelle und Methoden*. München: Profil.

Sader, M. (1996). Die unscheinbaren Normen. Thesen zur Gruppenpraxis. In *Gruppendynamik. Zeitschrift für Angewandte Sozialpsychologie, 27*, 381–398.

Sader, M. (1998). *Psychologie der Gruppe* (6. Aufl.). Weinheim: Juventa.

Scherm, M. (1998). Synergie in Gruppen – mehr als eine Metapher? In E. Ardelt-Gattinger, H. Lechner & W. Schlögl (Hrsg.), *Gruppendynamik. Anspruch und Wirklichkeit der Arbeit in Gruppen* (S. 62–70). Göttingen: Hogrefe.

Sickendiek, U., Engel, F. & Nestmann, F. (2002). *Beratung. Eine Einführung in sozialpädagogische und psychosoziale Beratungsansätze*. Weinheim/München: Juventa.

Tuckmann, B.W. (1965). Development sequence in small groups. In *Psychological Bulletin, 63*, 384–389.

Yalom, I.D. (1974). *Gruppenpsychotherapie. Grundlagen und Methoden*. München: Kindler.

Internethinweise

www.gruppendynamik.de

Dr. Wolfgang Rechtien ist Diplom-Psychologe und geschäftsführendes Vorstandsmitglied am Institut für Psychologie der FernUniversität Hagen. Seine Arbeitsschwerpunkte sind angewandte Gruppendynamik, psychosoziale Beratung und Klinische Psychologie.

Anschrift:
FernUniversität Gesamthochschule Hagen,
Fachbereich Erziehungs-, Sozial- und Geisteswissenschaften
Kurt Lewin Institut für Psychologie
Postfach 940
D-58084 Hagen
E-Mail: wolfgang.rechtien@fernuni-hagen.de

Beratung im Kontext von Selbsthilfe: Fachliche Grundlagen und gesellschaftliche Implikationen

Wolfgang Thiel

1 Zur historischen Entwicklung der Selbsthilfeunterstützung

Die Selbsthilfeunterstützung durch berufliche Helfer hat sich in den 70er Jahren gleichzeitig mit der neuen Selbsthilfebewegung (Trojan, 1986; Moeller, 1996) herausgebildet. Sie ist Ausdruck davon, dass Selbsthilfegruppen und -interessierte nicht – wie manchmal vermutet – expertenfeindlich sind, sondern Unterstützung, das heißt Organisationshilfen, Ressourcen und Beratung benötigen und wünschen.

Die neuen Selbsthilfegruppen sind selbstorganisierte kleine Gruppen Gleichbetroffener auf lokaler Ebene. Im Zentrum stehen Erfahrungsaustausch und wechselseitige Hilfe ohne die Mitwirkung professioneller Helfer. Zugleich bestehen größere Zusammenschlüsse, Organisationen und Verbände mit örtlichen Untergliederungen. Die gegenwärtigen Schätzungen zur Verbreitung von Selbsthilfegruppen und örtlichen Untergliederungen von Selbsthilfeorganisationen in Deutschland belaufen sich auf 70.000 bis 100.000 mit 3 bis 3,5 Millionen Mitwirkenden.

Die Unterstützungsarbeit für diese Gruppen war lange Zeit von Unsicherheiten über die Rolle der beruflichen Helfer geprägt und auf Improvisation und Erfahrungslernen in der konkreten Arbeit angewiesen. Wichtige Fragen in dieser Pionierzeit waren:

- Kann die Unterstützung von Selbsthilfegruppen überhaupt *im* bestehenden System von Versorgungseinrichtungen durchgeführt werden?
- Was können berufliche Helfer/innen tun, um zur Bildung von Selbsthilfegruppen anzuregen und bestehende Gruppen zu fördern? Dürfen sie das überhaupt, wenn sie die Autonomie der Selbsthilfegruppen nicht gefährden wollen?
- Welche besonderen Qualifikationen sind nötig, um Interessierte und Selbsthilfegruppen angemessen zu unterstützen und zu beraten? Reichen die in der Ausbildung erworbenen Kompetenzen dafür aus?

Diese Fragen haben auch heute keinesfalls ihre Bedeutung eingebüßt.

Die praktischen Erfahrungen der in der Deutschen Arbeitsgemeinschaft Selbsthilfegruppen e.V. (DAG SHG) zusammengeschlossenen Fachleute zeigten, dass Selbsthilfegruppen und -interessierte in allen sozialen und gesundheitsbezogenen Arbeitsfeldern und von den unterschiedlichsten Berufsgruppen unterstützt werden können (und sollten). Sie zeigten aber auch die praktische Notwendigkeit, Unterstützungsangebote institutionell stärker zu sichern, damit sie umfassend und dauerhaft genutzt werden können. Das Resultat war die Entwicklung eines Konzepts der infrastrukturellen Unterstützung (Räume und Ressourcen, z.B. Fotokopierer, Drucker, Telefon, Schreibmaschine u.ä.) *und* Beratung von Selbsthilfegruppen und Interessierten durch einen speziellen, neuartigen Einrichtungstyp: den der lokalen bzw. regionalen *Selbsthilfekontaktstelle*. Dieses Kontaktstellenkonzept umfasst über die unmittelbare Bedeutung für bereits bestehende Selbsthilfegruppen hinaus auch die weitreichende Aufgabe der *Potenzialaktivierung* und die Funktion einer *Drehscheibe* zum etablierten Versorgungssystem. Der Kontaktstellenansatz bildete Ende der 80er bis Mitte der 90er Jahre auch die Grundlage für spezielle Bundesmodellprogramme in den alten bzw. in den neuen Bundesländern (Braun, Opielka & Bundesministerium für Familie und Senioren, 1992; Braun, Kettler, Becker & Bundesministerium für Familie, Senioren, Frauen und Jugend, 1997), wodurch eine wertvolle Bereicherung und Stabilisierung erzielt wurde. Leider ist die institutionelle Sicherung und Ausstattung bis heute jedoch immer noch unzureichend. Außerdem unterscheiden sich die bestehenden Stellen erheblich im Umfang der angebotenen Dienstleistungen, denn nicht jede ist eine „Selbsthilfekontaktstelle" im Sinne einer organisatorisch und fachlich eigenständigen Einrichtung.

Die DAG SHG (vgl. Thiel, 1993, DAG SHG, 1998, DAG SHG, 2001) wirkt heute als bundeszentraler Fachverband der Selbsthilfeunterstützung insbesondere mit den Anliegen, fachliche Erfahrungen zu bündeln und zu systematisieren sowie die Konzeptionsentwicklung und die Qualitätssicherung in diesem Feld sozialer Arbeit voranzubringen. Inzwischen gibt es in den alten und neuen Bundesländern ein Netz von mehr als 270 selbsthilfeunterstützenden Einrichtungen auf lokaler bzw. regionaler Ebene, die mit der DAG SHG und der NAKOS (Nationale Kontakt- und Informationsstelle zur Anregung und Unterstützung von Selbsthilfegruppen) zusammenarbeiten (NAKOS, 2002).

2 Das Spezifische der Selbsthilfeberatung

Die Unterstützung und Beratung von Selbsthilfegruppen und -interessierten hat im Vergleich zu anderen Formen sozialer und gesundheitsbezogener Arbeit ein neuartiges Profil. Es haben sich nicht nur spezielle inhaltliche Aufgabenstellungen ergeben, auf die bislang in keinem Ausbildungsgang angemessen vorbereitet wird, sondern es hat sich auch gezeigt, dass eine grundsätzlich neue Definition der beruflichen Rolle nötig ist, damit die Selbsthilfe in Gruppen Gleichbetroffener erfolgreich sein kann und keine neue Hegemonie von Seiten professioneller Expert/innen entsteht. Das Rollenverständnis und die praktischen Routinen der mit dieser Aufgabe befassten professionellen Helfer/innen haben grundsätzlich eine komplementäre und unterstützende Funktion zur Selbstorganisation und zum Handeln von selbsthilfeinteressierten Menschen bzw. von Selbsthilfegruppen. Um dies deutlich zu machen, ist daher vielfach nicht von Beratung, sondern von *Begleitung* von Selbsthilfegruppen gesprochen worden. Es liegt nahe, die beruflichen Helfer/innen, die diese Aufgabe durchführen, als Selbsthilfeberater/innen zu bezeichnen. Der Beratungsbegriff suggeriert jedoch ein Kompetenz- und Verantwortungsgefälle, das im Hinblick auf eine Erfolg versprechende Unterstützungsarbeit gerade vermieden werden soll. Damit sich das besondere Handlungsverständnis in diesem Bereich, die gemeinsame, kooperative Beratung, bereits in der Benennung der Tätigkeit ausdrückt, hat sich im fachlichen Diskurs und Selbstverständnis die Bezeichnung „Selbsthilfeunterstützer/innen" durchgesetzt. Moeller spricht von „Beratung mit Selbsthilfegruppen" (Moeller, 1981, S. 125ff).

Um mit professioneller Hilfe Selbsthilfekräften zur Entfaltung zu verhelfen, ist es nötig, sich auf die vorhandenen Potenziale, Wünsche und Ziele der Interessierten bzw. der Selbsthilfegruppen zu beziehen. Die Beziehung von professionellen Berater/innen und Betroffenen ist kooperativ; die Beteiligten sind gleichgestellte Partner. Die Professionellen haben in dieser Beziehung Klärungs-, Wegbereiter-, Feedback- und Empowerment-Funktionen (vgl. Stark i.d.Bd.). Sie handeln dabei vornehmlich im Rahmen einer „Komm-Struktur" und zwar „reaktiv" auf die von Interessierten und Selbsthilfegruppen vorgebrachten Anliegen und Unterstützungserwartungen. Sie sind darauf ausgerichtet, anregend, stabilisierend und bekräftigend zu wirken und die Entwicklung bzw. Entfaltung von Betroffenen-Kompetenz zu fördern. *Dafür* tragen sie die Verantwortung, nicht jedoch unmittelbar für eine konkrete Gruppengründung, für das jeweilige Gruppengeschehen oder für die spezifische Problembearbeitung in der Gruppe. Dafür sind und bleiben die Selbsthilfeinteressierten und -gruppen selbst verantwortlich. Berufliche Helfer/innen müssen sich diese spezifische Rollenteilung im Unterstützungsprozess immer wieder vergegenwärtigen und ihren Partner/innen transparent machen bzw. diese mit ihnen erarbeiten.

Nötig für die kompetente und erfolgreiche Unterstützung von Selbsthilfegruppen ist also eine neuartige Zusammenarbeit zwischen Betroffenen und Fachleuten; es geht um Haltungen und weniger um Methoden – kurz um ein „Anders helfen" (Moeller, 1981). Durch das Schlagwort von der „Hilfe zur Selbsthilfe" ist diese Aufgabe nur unzureichend umrissen. Es gibt heute fast keine soziale oder gesundheitsbezogene Arbeit, die nicht vorgibt, „Hilfe zur Selbsthilfe" zu leisten. Das geschieht jedoch meist, ohne die Aufgaben und das Vorgehen genau zu klären und die erforderlichen Kompetenzen der beruflichen Helfer/innen herauszuarbeiten.

3 Adressaten, Aufgaben und Instrumente von Selbsthilfekontaktstellen

Das Anforderungsprofil von Selbsthilfeunterstützer/innen ist multifunktional. Immer wieder ist dafür in der Fachdiskussion das Bild eines „Zehnkämpfers" bemüht worden. Dieses „Zehnkämpferprofil", in dem die Aufgaben und Kompetenzen beängstigend hohe Anforderungen erwecken, schwankt zwischen Super-Professionalität und Universal-Dilettantismus. Die Frage ist, ob die Selbsthilfeunterstützung und die Bewältigung der einzelnen Unterstützungsaufgaben eine Sache von Spezialisten mit entsprechender Spezialisten-Kompetenz ist. Plädiert wird für ein (Selbst-)Verständnis, bei dem das Spezifische für die Selbsthilfeunterstützer/innen ihr Generalistentum ist – wohl wissend, dass die jeweiligen Spezialisten in ihren Fachgebieten kompetenter sind als es die Unterstützer/innen in den entsprechenden Aufgabenbereichen je sein können oder müssen (Matzat, 1990, S. 38f). Insofern sind die im Folgenden aufgeführten Aufgaben und Instrumente von Selbsthilfekontaktstellen nicht als eine Anforderung an Superkompetenzen von beruflichen Helfer/innen in ihrem Arbeitsfeld misszuverstehen – insbesondere auf dem Hintergrund einer mangelhaften materiellen und personellen Ausstattung. Sie stellen die praktischen Erfordernisse und die Gestaltung der Arbeitsaufgaben in einer fachlich angemessenen und wünschenswerten bzw. optionalen Form dar.

Adressaten des Informations-, Unterstützungs- und Beratungsangebotes von Selbsthilfekontaktstellen sind

- die allgemeine Öffentlichkeit;
- Menschen, die sich für Selbsthilfegruppen interessieren und vielleicht einer Gruppe beitreten oder eine gründen möchten;
- Gruppen in der Entstehungs- bzw. Anfangsphase;
- bestehende Selbsthilfegruppen bei auftretenden Problemen, z.B. bei Veränderungen der Arbeitsweise oder der Ziele;
- Selbsthilfegruppen oder Selbsthilfeprojekte, die über den unmittelbaren Gruppenrahmen hinaus für andere Betroffene wirken und ihre Interessen in der Öffentlichkeit vertreten wollen.

Zudem vermitteln Kontaktstellen zwischen Selbsthilfegruppen und

- dem Bereich der professionellen Versorgung bzw. den verschiedensten Berufsgruppen, die real oder potenziell mit Selbsthilfegruppen zu tun haben;
- den Bereichen Politik/öffentliche Verwaltung/Verbände/Krankenkassen;
- dem Medienbereich, insbesondere den (lokalen) Journalisten.

Auflistung der Aufgaben und angemessene Instrumente der Selbsthilfeunterstützung im Einzelnen (vgl. DAG SHG, 2001)

A. Information und Aufklärung

Selbsthilfekontaktstellen informieren und klären auf über

- Formen und Arbeitsweisen von Selbsthilfegruppen
- das örtliche Selbsthilfespektrum
- das Versorgungssystem der Region
- Möglichkeiten und Grenzen der Selbsthilfe
- Formen und Möglichkeiten der Förderung von Selbsthilfegruppen
- Mitbestimmungs- und Mitwirkungsmöglichkeiten für Selbsthilfegruppen
- Beratungs- und Fortbildungsangebote für Selbsthilfegruppen

Angemessene Instrumente:
- Einrichtung telefonischer und persönlicher Sprechzeiten
- Bereitstellung von Informationen/Darstellungen der Selbsthilfe vor Ort
- Bereitstellung von allgemeinen Informationsmaterialien und Literatur über Selbsthilfegruppen
- Zusammenstellung und Vermittlung von Überblicks- und Handlungswissen zur Selbsthilfeförderung und zu Mitwirkungsmöglichkeiten der Selbsthilfe vor Ort
- Bekanntmachung der Angebote der Selbsthilfekontaktstelle und der Angebote anderer örtlicher Versorgungseinrichtungen und Organisationen
- Durchführung von Informationsveranstaltungen

B. Beratung und Ermutigung

Die Beratung und Ermutigung durch eine Selbsthilfekontaktstelle
- hilft Interessierten bei der Orientierung und Selbstklärung
- erleichtert die Entscheidung zur Selbsthilfe, zur Nutzung von Versorgungsangeboten oder anderen unterstützenden Maßnahmen
- ermutigt zur Gruppengründung
- motiviert zum Selbsthilfe-Engagement
- unterstützt den Zusammenschluss in Selbsthilfegruppen, Selbsthilfeorganisationen und Selbsthilfeinitiativen
- dient der kollegialen Beratung zur Selbsthilfeunterstützung/-förderung
- dient der punktuellen Begleitung beim Gruppenprozess
- fördert die Bekanntmachung der Selbsthilfe in Gruppen als Methode

Angemessene Instrumente:
- Einrichtung telefonischer und persönlicher Beratungszeiten
- Einrichtung von Beratungszeiten für Gruppen
- Gruppenanleitungsangebote
- Begleitungs- und Supervisionsangebote bei der Selbstreflexion oder in Krisensituationen von Gruppen
- Organisationsberatungsangebote

C. Kontakte und Zugangswege

Eine Selbsthilfekontaktstelle eröffnet Kontakte und schafft Zugangswege, um
- Betroffene an Selbsthilfegruppen zu vermitteln
- Einzelne miteinander in Verbindung und Austausch zu bringen
- Selbsthilfegruppen und professionelle Helfer/innen und Einrichtungen zusammenzubringen
- Einzelnen die Kontaktaufnahme zu professionellen Versorgungseinrichtungen und anderen Hilfeangeboten zu ermöglichen

- Selbsthilfegruppen in der Öffentlichkeit und der Fachwelt bekannt zu machen und Ansprechpartner/innen zu vermitteln
- Interessierte in die Lage zu versetzen, Gruppen zu erreichen und an Gruppentreffen teilnehmen zu können

Angemessene Instrumente:
- Adressensammlung (Kartei) aller örtlichen Selbsthilfegruppen zu sämtlichen Themen
- Adressensammlung (Kartei) von örtlichen Versorgungseinrichtungen
- Erstellung einer Kontaktliste von interessierten Fachleuten/Referent/innen
- Sammlung von Kontaktwünschen Betroffener bei ihrer Suche nach Gleichbetroffenen
- Sammlung der Aufnahmewünsche von Selbsthilfegruppen, die neue Mitglieder suchen
- Zusammenstellung der Treffen und Veranstaltungen der bestehenden Selbsthilfegruppen
- Erstellung von Selbsthilfegruppen-Themenlisten

D. Technische und organisatorische Unterstützung von Selbsthilfegruppen und -organisationen

Eine Selbsthilfekontaktstelle bietet technische und organisatorische Unterstützung, um
- die Bildung von Selbsthilfegruppen zu erleichtern
- den regelmäßigen Arbeitsprozess von Selbsthilfegruppen zu unterstützen
- die Zusammenarbeit von Selbsthilfegruppen zu aktivieren

Angemessene Instrumente:
- Bereitstellung von Räumen bzw. Hilfe bei der Suche nach Gruppenräumen
- Bereitstellung bzw. Vermittlung von Informationsmaterialien und Geräten (z.B. Telefon, Kopierer, Overheadprojektoren, Moderationsausstattung u.a.)
- praktische Unterstützung beim Erstellen von Informationsmaterial
- praktische Hilfen bei der Nutzung von Fördermöglichkeiten sowie beim Erstellen von Anträgen oder Abrechnungen
- Unterstützung bei der Organisation und Durchführung von Veranstaltungen
- Angebot von Klärungshilfen bei speziellen Organisationsfragen (z.B. Terminprobleme, Ferienzeit) und besonderem Ressourcenbedarf (z.B. Schwimmbäder, Gymnastikräume)
- Sammlung und Vermittlung der Adressen von Ansprechpartner/innen (z.B. Kontaktlisten von Moderator/innen, Referent/innen, Supervisor/innen, Journalist/innen, Ansprechpartner/innen bei Medien)
- Bereitstellung von Öffentlichkeitsforen (z.B. Selbsthilfe-Zeitung, Selbsthilfegruppen-Magazin im Radio)
- Vermittlung von Auslage-/Aushangmöglichkeiten für Informationsmaterial von Selbsthilfegruppen

E. Öffentlichkeitsarbeit

Eine Selbsthilfekontaktstelle betreibt bzw. unterstützt bei der Öffentlichkeitsarbeit, um

- Bürger/innen öffentlich über Selbsthilfe aufzuklären und zur Selbsthilfe anzuregen
- die allgemeine Öffentlichkeit und die Fachöffentlichkeit über Selbsthilfe sowie über Möglichkeiten und Erfordernisse der Unterstützung und Förderung aufzuklären
- Multiplikator/innen des Selbsthilfegedankens und Kooperationspartner/innen anzusprechen und zu gewinnen
- über Neugründungen von Selbsthilfegruppen zu informieren
- Selbsthilfegruppen bei ihrer eigenen Öffentlichkeitsarbeit zu beraten und zu unterstützen
- das Angebot der Selbsthilfekontaktstelle bei Bürger/innen und in der Fachwelt bekannt zu machen

Angemessene Instrumente:

- Erstellung und Verbreitung von Informationsmaterialien (Informationsblatt über die Selbsthilfekontaktstelle, Selbsthilfe-Zeitung, aktuelle Themen- und Gruppenlisten bzw. Verzeichnisse, örtliche Wegweiser)
- Pflege von Medienkontakten und Veranlassung einer geeigneten Veröffentlichung von Anliegen
- Einrichtung von Presse- und Informationsverteilern und Weitergabe von Ankündigungen/Informationen/Stellungnahmen
- Durchführung öffentlicher Veranstaltungen wie Selbsthilfe-Tage und selbsthilfespezifische Vortrags- und Informationsveranstaltungen
- Organisation von Gesamttreffen zur Präsentation und Kontaktfindung der Selbsthilfegruppen untereinander
- Bereitstellung von bzw. Unterstützung bei Öffentlichkeitsforen
- Teilnahme als Referent/in, Diskutant/in an Veranstaltungen
- Veröffentlichung von Fachbeiträgen/Stellungnahmen in Publikationen/in der Presse/in Gremien
- Beratung von Selbsthilfegruppen bei der Durchführung eigener Öffentlichkeitsarbeit
- Bekanntmachung des Angebotes der Selbsthilfekontaktstelle in den Medien oder durch spezielle Veranstaltungen

F. Vernetzung/Kooperation

Eine Selbsthilfekontaktstelle betreibt Netzwerkarbeit (vgl. Straus i.d.Bd.). Sie fördert Kooperationen zwischen und kooperiert mit

- fachbezogenen Beratungsstellen, Versorgungseinrichtungen und Berufsgruppen zur Selbsthilfeunterstützung auf regionaler Ebene (insbesondere mit Anbieter/innen von sozialen, psychosozialen, gesundheitlichen, familienpflegerischen und frauenfördernden Einrichtungen)
- Vereinen, Verbänden, Institutionen (Behörden, Krankenkassen), fachlichen Arbeitskreisen, kommunalpolitischen Gremien und kirchlichen Einrichtungen zur Selbsthilfeunterstützung und -förderung auf regionaler Ebene
- Selbsthilfegruppen zur Stärkung ihrer Zusammenarbeit, zur Unterstützung bei ihrer Interessenvertretung, zur Bildung von Selbsthilfegruppen bei seltenen Themen, bei der gemeinsamen Betroffenensuche

- anderen Selbsthilfekontaktstellen auf überregionaler Ebene (z.B. Landesarbeitsgemeinschaften)
- Selbsthilfeprojekten zur Abstimmung der Angebote, zur Fallbesprechung und Weiterbildung

Angemessene Instrumente:

- Förderung des Informationsaustausches (z.B. durch Informationsverteiler, Organisation von Kontakt- und Austauschtreffen)
- Gewinnung und Vermittlung von Fachreferent/innen
- Erstellung von Arbeitshilfen und Dokumentationen zur Zusammenarbeit im Selbsthilfebereich
- Anregung/Planung/Durchführung von Veranstaltungen/Arbeitskreisen von:
    - Selbsthilfegruppen
    - Selbsthilfegruppen und Professionellen (im sozialen und gesundheitlichen Bereich)
    - Professionellen im Selbsthilfeunterstützungsbereich
    - unterschiedlichen bürgerschaftlich Engagierten
    - Selbsthilfegruppen, Politik und Verwaltung

G. Verankerung der Selbsthilfe in Versorgung und Gemeinwesen

Die Arbeit einer Selbsthilfekontaktstelle dient der Verankerung der Selbsthilfe in Versorgung und im Gemeinwesen, indem sie

- die Arbeit der Selbsthilfegruppen/die Wirkung von Selbsthilfegruppen sichtbar macht
- Mitwirkungsmöglichkeiten und die Vertretung von Interessen der Selbsthilfe fördert
- die Möglichkeiten der Selbsthilfe im Rahmen der Entwicklung von Versorgungs-/Planungskonzepten verdeutlicht
- den Förderbedarf der Selbsthilfe benennt, an der Entwicklung von Förderkonzepten mitwirkt und bestehende Förderstrukturen sichert und weiterentwickelt
- die Bildung von örtlichen oder überregionalen Selbsthilfebeiräten anregt und bei ihnen mitarbeitet
- die Interessen der Selbsthilfe artikuliert und transportiert

Angemessene Instrumente:

- Organisation des Austausches und der Koordinierung von Förderungs- und Mitwirkungswünschen der Selbsthilfe auf regionaler Ebene z.B. durch Arbeitstreffen, Foren, Diskussionsveranstaltungen
- Mitwirkung bei Gesundheitstagen bzw. Aktionstagen zu anderen selbsthilferelevanten Themen sowie bei fachlichen Arbeitskreisen, verbandlichen und kommunalen Gremien zur Förderung von Selbsthilfeanliegen
- Lobbyarbeit zur Festigung der Selbsthilfeunterstützung
- Verfassen von Fachveröffentlichungen, Stellungnahmen
- Anregung zur Bildung/Beteiligung an der Geschäftsführung von örtlichen oder überregionalen Selbsthilfebeiräten

H. Weiterentwicklung des Kontaktstellenkonzeptes

Das Arbeitskonzept wird von einer Selbsthilfekontaktstelle weiterentwickelt, indem sie

- die einzelnen Leistungen darstellt und überprüfbar macht
- den speziellen Arbeitsansatz/das Profil herausarbeitet und von dem anderer Versorgungsangebote abgrenzt
- Qualitätsmanagement betreibt
- flexibel auf Defizite und Veränderungen im Selbsthilfebereich reagiert
- Konzepte aus verwandten Bereichen auf ihre Verwendungsfähigkeit für die Selbsthilfeunterstützung überprüft und ggf. überträgt

Angemessene Instrumente:

- Erarbeitung eines systematischen Konzepts
- Formulierung der Ziele der Arbeit/der Selbsthilfekontaktstelle
- Durchführung regelmäßiger Teambesprechungen
- aktive Teilnahme an kollegialer Vernetzung (z.B. Teilnahme an Landesarbeitsgemeinschaften der Selbsthilfekontaktstellen u.a.)
- regelmäßige Auswertung von Arbeitserfahrungen
- regelmäßige Überprüfung des Konzepts
- Dokumentation von Aktivitäten und Leistungen der Selbsthilfekontaktstelle, Erstellung von Sachberichten
- kontinuierliche Erweiterung der Fachkenntnisse, Teilnahme an Fortbildungsveranstaltungen/Fachtagungen
- Übersicht/Teilnahme an örtlichen Diskussionen/Planungen zur Förderung selbsthilfeverwandter und selbsthilferelevanter Bereiche

4 Kompetenzen und methodische Aspekte der Selbsthilfeunterstützung

Das Arbeitsfeld Selbsthilfeunterstützung ist keine Domäne einer bestimmten Fachrichtung – zum Beispiel der Sozialarbeit/Sozialpädagogik. Vielmehr sind in diesem Feld berufliche Helfer/innen mit den unterschiedlichsten Ausgangsqualifikationen tätig (z.B. Psycholog/innen, Pädagog/innen, Sozialwissenschaftler/innen, Medienberufe, medizinische und gesundheitsbezogene Berufe wie Krankenschwestern oder Pflegekräfte usw.). Wegen der Vielfalt der Selbsthilfeunterstützungsarbeit sind diese jeweiligen Fachkompetenzen sehr wohl fruchtbar einzubringen. Sie reichen allerdings für die Spezifität der Aufgaben in diesem Arbeitsfeld nicht aus.

Im Einzelnen bestehen in der Selbsthilfeunterstützungsarbeit folgende Kompetenzanforderungen:

- *Kommunikations- und Beratungskompetenzen*, die die Anforderungen der Einzel- und Gruppenberatung, der Gruppengründung, der Gruppenanleitung, der Gruppendynamik, der Intervention bei krisenhaften Entwicklungen und die Flexibilitätserfordernisse bei Veränderungsprozessen von Selbsthilfegruppen aufgreifen;
- *organisatorische und Gestaltungskompetenzen*, wie sie beispielsweise bei der Entwicklung und Bereitstellung von Dienstleistungen, bei der Öffentlichkeitsarbeit und bei der Durchführung von Veranstaltungen oder bei der Vermittlung von Fachreferenten gefordert sind;

Vorwort und Einleitung
Beratungsdisziplinen
Geschlecht und Beratung
Alter und Beratung
Kultur und Beratung
Beratung und soziale Systeme
Perspektiven der Beratung

- *Kompetenzen der Erwachsenenbildung*, die Selbsthilfeunterstützer/innen in die Lage versetzen, Selbsthilfegruppenteilnehmer/innen durch geeignete Kurs- oder Seminarangebote für Aufgaben der Gruppenarbeit zu befähigen;
- *reflexiv-analytische und Managementkompetenzen*, um die erfolgreiche Planung und Organisation, Qualitätssicherung und Kooperation, Präsentation und Legitimierung, Überprüfung/Evaluierung und Dokumentation der Unterstützungsarbeit zu ermöglichen;
- *sozialpolitische Kompetenzen*, die sich aus der Rolle als „Brückeninstitution" zwischen professionellem und bürgerschaftlichem Bereich ergeben. Kompetenzerfordernisse bestehen im Umgang mit Fragen der Finanzierung und der institutionellen Gestaltung der Unterstützungsarbeit sowie in der Entwicklung von Kooperationen mit dem Bereich der etablierten Versorgung bzw. von Politik und Verwaltung.

Um dieses *Kompetenzprofil* angemessen verstehen, Handlungsherausforderungen differenziert benennen und Lösungen dafür finden zu können, ist es sinnvoll, die Unterstützungsaufgaben danach zu unterscheiden, ob und in welchem Maße von den beruflichen Helfer/innen Veränderungen an der klassischen Helferrolle gefordert sind. Unter diesem Gesichtspunkt ist es sinnvoll, *drei Bereiche* zu unterscheiden:

1. Zum einen gibt es den Bereich der *Information* und der *technischen und organisatorischen Serviceleistungen* (Organisationshilfen, Bereitstellung oder Vermittlung von Räumen und von Sachmitteln wie Telefon, Fotokopierer, Druckmöglichkeit). Information (auch die Anregung zur Bildung von Selbsthilfegruppen gehört dazu) und die genannten Serviceleistungen sind elementarer Bestandteil jeder Unterstützung.
2. Zum anderen gibt es den *Bereich der Netzwerkarbeit*, der die Multiplikator/innen- und Öffentlichkeitsarbeit für die Idee der Gruppenselbsthilfe und die Zusammenarbeit mit beruflichen Helfer/innen in anderen Versorgungseinrichtungen umfasst (vgl. Straus i.d.Bd.). Unterstützer/innen bemühen sich beispielsweise durch kontinuierliche Kontakte zu Journalist/innen um eine erhöhte öffentliche und fachliche Aufmerksamkeit für Selbsthilfegruppen. Sie versuchen, ein besseres Zusammenwirken von Selbsthilfegruppen und etablierter Versorgung zu erreichen. Sie setzen sich für die Förderung von Selbsthilfegruppen und für mehr Partizipationsmöglichkeiten an Entscheidungsprozessen der Sozial- und Gesundheitspolitik ein.
3. Ein weiterer Bereich ist die *Beratung von Interessierten und Selbsthilfegruppen*. Die Beratung richtet sich nicht auf konkrete Einzelprobleme („Einzelfall-Hilfe"), sondern auf die Möglichkeiten und die Vorgehensweise der „Gruppenselbsthilfe" (vgl. Rechtien i.d.Bd.). Sie dient der Motivations- und Selbstklärung der Betroffenen über den Selbsthilfe-Weg (methodisch: Klärungs- bzw. Ambivalenzgespräch) und ermöglicht und erleichtert damit eine Gruppengründung – oder eine andere Entscheidung von Interessierten. Sie dient dazu, Sicherheit im Vorgehen zu gewinnen (gegebenenfalls durch Anleitungsphasen), auftretende Schwierigkeiten im Gruppenverlauf zu bewältigen und Erfahrungsaustauschmöglichkeiten zu schaffen, wie z.B. mit der Durchführung von „Gesamttreffen".

Diesen drei Bereichen entsprechen verschiedene – durchaus heteronome – Anforderungsmuster für die professionellen Selbsthilfeunterstützer/innen: zum einen wesentlich reaktiv, zum anderen aber auch initiativ zu sein, d.h. so wenig wie möglich, andererseits aber so viel wie nötig für Selbsthilfeinteressierte bzw. Selbsthilfegruppen „zu tun"– und dies alles noch mit einer Perspektive, sich (wenigstens mittelfristig) überflüssig zu machen. Bei aller Heteronomie wird hier aber dennoch für die *Verbindung der verschiedenen Kompetenzen in einer Rolle* plädiert: Jeder im Unterstützer/innen-Team sollte Informations- und Service-, Netzwerk- und Beratungsaufgaben übernehmen können. So kann die besondere fachliche Qualität der Arbeit und die problem- und fachübergreifende Perspektive („Generalistentum") von allen am besten entwickelt und stabilisiert werden.

5 „Kooperative Beratung" und „Netzwerk-Förderung"

Die Selbsthilfeunterstützung ist getragen von einer sozialökologischen bzw. sozialräumlichen Sicht der Probleme und Handlungsmöglichkeiten. Dem entsprechen neue Formen der Beratung und Zusammenarbeit: die *„kooperative Beratung"* (vgl. Mutzeck i.Bd.2) und die *„Netzwerk-Förderung"*. Der erste Bereich *„kooperative Beratung"* verlangt wesentlich *reaktive* Handlungsmuster; der zweite Bereich, die *„Netzwerk-Förderung"*, wesentlich *initiative* wie Sozialmanagement, Öffentlichkeits- und Lobbyaufgaben im Sinne einer (Unterstützung bei der) Interessenvertretung der Anliegen von Selbsthilfegruppen.

Ansatzpunkte für die *kooperative Beratung* und die *Netzwerk-Förderung* sind die persönlichen und gemeinsamen Fähigkeiten und Möglichkeiten der „Betroffenen" in ihren Selbsthilfegruppen, in ihrem sozialen Kontext, im Versorgungssystem und in der lokalen bzw. regionalen Politik und Kultur und ihr Wunsch nach Partnerschaft mit Professionellen. *Kooperative Beratung* heißt, dass das Vorgehen zur Lösung von krankheitsbedingten beziehungsweise (psycho-)sozialen Problemen nicht vom Experten definiert und durchgeführt wird. Bezugspunkt der Selbsthilfeunterstützung ist nicht der „abhängige Klient", der in einer bestimmten Weise versorgt werden soll. Vielmehr stellen die selbstbestimmte Partnerin/der selbstbestimmte Partner die eigenständigen Gruppen dar. Es werden keine klassischen professionellen Interventionsverfahren (Einzelfall-Beratung, geleitete Gruppenarbeit, Psychotherapie o.ä.) verwendet. Angesetzt wird an den bei „Betroffenen" vorhandenen und in Selbsthilfegruppen wirkenden Selbstheilungs- und Selbstentwicklungskräften (vgl. Nestmann zu Ressourcenorientierter Beratung i.Bd.2). Der Berater hat es zwar bei Interessierten immer auch mit Einzelfällen, mit konkreten Problemen und mit einer bestimmten Krankheit zu tun, aber nicht diese sind Gegenstand der Beratung, sondern Fragen der Selbsthilfegruppenarbeit. Die Beratung von Interessierten wird also im Hinblick auf den *kommunikativen Prozess in der Selbsthilfegruppe* geleistet.

Selbsthilfegruppen und Unterstützer sind dabei Bündnispartner. Die Unterstützung von Selbsthilfegruppen ist insofern parteilich, als sie sich für deren Ziele einsetzt und ihre Dienstleistungen an den Bedürfnissen der Gruppen und der Interessierten ausrichtet. Sie ist unparteiisch, insofern sie spezifischen Bedürfnissen Rechnung tragen muss, da sich Organisationsformen, Arbeitsweisen und Ziele von Selbsthilfegruppen unterscheiden und manchmal sogar gegensätzlich sind. Wer Selbsthilfegruppen unterstützt, muss eine schwierige Balance zwischen solidarischer Begleitung und professioneller Distanz, zwischen Parteilichkeit und Neutralität halten.

Grundsätzlich ist die Arbeitshaltung der Unterstützer/innen *„reaktiv"*, d.h. Dienstleistungen und Beratung werden nur auf ausdrücklichen Wunsch von Interessierten und bestehenden Gruppen zur Verfügung gestellt. Bei Gruppenkrisen mag manchmal der Impuls entstehen, „initiativ" vorzugehen. Aber auch in einer solchen Situation ist das gebotene Handeln prinzipiell „reaktiv", d.h. eine Intervention findet nur auf ausdrücklichen Wunsch der Gruppe statt. Es ist keine Aufgabe für Selbsthilfeunterstützer/innen, aus eigenem Antrieb eine Selbsthilfegruppe aufzusuchen und in das Gruppengeschehen einzugreifen, weil nach seiner/ihrer Einschätzung die Gruppe schlecht läuft oder er/sie das „irgendwo gehört hat". Ein solches Verständnis kommt eher einem fachlichen „Kunstfehler" gleich.

Eine von einer Gruppe gewünschte Beratung und Intervention bei einer Krise erfordert spezielle Techniken – gegebenenfalls auch therapeutische, pädagogische u.ä. Techniken, die in anderen Arbeitsfeldern erprobt sind. Die Benutzung solcher Techniken sollte immer mit größter Zurückhaltung erfolgen und in der Beratungssituation offen gelegt werden. Der Rückgriff auf professionelle Beratungs- und Interventionsmethoden verlangt eine kompetente Unterscheidung zwischen selbsthilfeangemessenen und selbsthilfeunangemessenen Bestandteilen. Andernfalls können Selbsthilfekräfte verstellt werden und aus der Selbsthilfeunterstützung kann unversehens Therapie oder Erwachsenenbildung entstehen. Unterstützer/innen sollten sich und ihren Adressaten immer verdeutlichen, dass sie keine Therapie oder Schulung machen (vgl. Stark i.d.Bd.).

Andererseits gibt es in der Selbsthilfeunterstützungsarbeit aber auch Bereiche, in denen eine *„initiative"* Arbeitshaltung vonnöten ist. Das ist z.B. beim generellen Eintreten für den Selbsthilfegruppenansatz, bei der Netzwerk-Förderung, bei der Öffentlichkeitsarbeit und bei der Überzeugung potenzieller Bündnispartner der Fall. Hier sind Unterstützer/innen aufgefordert zu mobilisieren, aufzuklären, Kontakte herzustellen und zu organisieren.

Netzwerk-Förderung reagiert auf den Umstand, dass die Integrations- und Bindungskraft traditioneller sozialer Netzwerke wie Familie, Nachbarschaft, Arbeitskollegen etc. in der entwickelten Industriegesellschaft abnimmt. Die Entstehung von Selbsthilfegruppen ist auch eine Reaktion auf diese Abnahme der sozialen Integration. Eine starke Tendenz zur Individualisierung und ein Verlust sozialer Orientierungen sind festzustellen. Das kann – neben anderen Faktoren – ein krankheitsverursachender oder -auslösender Umstand sein und hat auf alle Fälle erhebliche Auswirkungen auf die Bewältigung der Begleitumstände und Folgen von Erkrankungen und (psycho-)sozialen Problemen. Die neuen (psycho-)sozialen Probleme entstehen auf einem hohen Niveau der Sicherung durch Geld und Recht. Es ist ein hoch entwickeltes System der gesundheitlichen und sozialen Sicherungen bei gleichzeitig abnehmendem *social support* im unmittelbaren Lebensrahmen der physisch oder psychisch Erkrankten entstanden.

Social support bedeutet für den Einzelnen, dass er sich umsorgt, geliebt und geachtet fühlt und er Teil eines *sozialen Netzwerks* gegenseitiger Hilfe und Verpflichtungen ist. Defizite an *social support* schaffen neue (psycho-)soziale Problemlagen. Es ändert sich vor allem der soziale Kontext, indem sich Unterstützung nicht mehr quasi naturwüchsig organisiert, sondern professionell und durch sozialstaatliche Einrichtungen sichergestellt werden muss. Im Rahmen fortschreitender gesellschaftlicher Arbeitsteilung werden bestimmte Berufsgruppen mit der Bearbeitung von Problemlagen und mit der Bereitstellung von Hilfen beauftragt. Das sozialökologische bzw. sozialräumliche Gleichgewicht wird jetzt durch Professionelle ersetzt. Professionelle Hilfe erfolgt dabei entlang versorgungsrechtlicher Vorgaben und verwaltungsmäßiger Erfordernisse. Fachleute wie „Betroffene“ haben an diesem Prozess nur sehr vermittelte Partizipationsmöglichkeiten (bspw. durch fachliche Stellungnahmen oder Interessenvertretung). So entsteht oft ein „Flickenteppich“ wenig aufeinander abgestimmter Hilfen und eine Isolierung und Passivierung der „Betroffenen“.

Selbsthilfeunterstützung als *Netzwerk-Förderung* hat ein anderes Problemverständnis. Es reicht über das Individuum hinaus in den sozialen Zusammenhang. Es überschreitet fachübergreifend einzelne Versorgungsstränge und Zuständigkeiten und zielt auf eine kooperative und ganzheitliche Versorgung. Selbsthilfeunterstützung als *Netzwerk-Förderung* hilft nicht nur, *soziale Beziehungen* und *social support* anzuregen. Sie ist auch deshalb neuartig im System der sozialen und gesundheitsbezogenen Arbeit, weil sie – wie bereits angesprochen – eine *Drehscheibenfunktion* zwischen dem Selbsthilfebereich und dem politischen bzw. dem Versorgungssystem innehat. Sie stützt die demokratische (Selbst-)Regulierung und die politische Beteiligung von „Betroffenen“.

6 Perspektiven der professionellen Selbsthilfeunterstützung

Die Unterstützung von Selbsthilfegruppen ist eine neue Form sozialer Arbeit, die die etablierte (psycho-)soziale und gesundheitsbezogene Arbeit erheblich zur Auseinandersetzung mit ihrer Arbeitsauffassung herausfordert. Damit werden der hohe Nutzen, der Wert und die Notwendigkeit von Sozialarbeit und gesundheitlicher Versorgung, die auf dem Fremdhilfeprinzip basieren, nicht bestritten. Allerdings kann für die herkömmliche Einzelfall-Arbeit oder die geleitete Gruppenarbeit aus den Erfahrungen der Selbsthilfeunterstützung gelernt werden. Die Beziehungen zu den Patienten und Klienten, die Zusammenarbeit mit Selbsthilfegruppen und der fachliche Kontakt und Austausch der beruflichen Helfer/innen untereinander können durch diese Erfahrungen erweitert werden.

Selbsthilfeunterstützer/innen leisten einen Beitrag zur *Innovation der sozialen Arbeit*. Für sie geht es dabei darum, dies sowohl „nach außen“ einsichtig zu machen, als auch „nach innen“ – im Hinblick auf das eigene Handeln – ein *neues Rollenverständnis* als berufliche Helfer/innen und eine *eigenständige berufliche Identität* zu entwickeln. Sie müssen in diesem Zusammenhang folgende Fragen beantworten können:

- Was sind die qualitativen und spezifischen Komponenten der Arbeit?
- Wem nutzt die Arbeit?
- Was unterscheidet die Selbsthilfeunterstützung von anderen Formen professioneller sozialer Arbeit?
- Was ist der innovative Wert der Selbsthilfeunterstützung?
- Welchen Beitrag leistet die Selbsthilfeunterstützung in der Kooperation mit anderen Instanzen des Sozial- und Gesundheitssystems?

Wenig förderlich allerdings wäre bei den Antworten auf diese Fragen nach dem professionellen Selbstverständnis eine Einengung durch berufsständische Egoismen, beispielsweise durch eine Monopolisierung der Unterstützungsarbeit für bestimmte Berufsgruppen oder ein Zugang zu dieser Arbeit, der durch besondere Zertifikate lizensiert wäre. Dadurch könnte die angestrebte Verankerung des Selbsthilfegruppen-Gedankens in der fachlichen Versorgung sehr erschwert werden und die Unterstützungsmöglichkeiten von beruflichen Helfer/innen in etablierten Versorgungseinrichtungen würden erheblich geschmälert oder wären möglicherweise überhaupt nicht mehr gegeben.

Eine hohe Sensibilität und Aufmerksamkeit muss auch entwickelt und durch Supervision und Fortbildung gestützt werden, um zu verhindern, dass die Adressat/innen der Arbeit durch professionelle Profilierungsbestrebungen „instrumentalisiert" oder „klientelisiert" werden. Dadurch würde das Ziel – die Ermöglichung der Selbstorganisation sowie die Unterstützung des autonomen und gemeinschaftlichen Handelns von Betroffenen – verfehlt.

Für die Entwicklung und Verstetigung des professionellen (Selbst-)Bewusstseins und der erforderlichen Kompetenzen im Rahmen der neuen Fachlichkeit „Selbsthilfeunterstützung" ist es daher angebracht, sie als ständige Herausforderung zu verstehen und als einen permanenten und offenen Lernprozess zu gestalten.

Literatur

Balke, K. & Thiel, W. (Hrsg.). (1991). *Jenseits des Helfens. Professionelle unterstützen Selbsthilfegruppen.* Freiburg: Lambertus.

Braun, J., Opielka, M. & Bundesministerium für Familie und Senioren (Hrsg.). (1992). *Selbsthilfeförderung durch Selbsthilfekontaktstellen.* Stuttgart/Berlin/Köln: Kohlhammer.

Braun, J., Kettler, U., Becker, I. & Bundesministerium für Familie, Senioren, Frauen und Jugend (Hrsg.). (1997). *Selbsthilfe- und Selbsthilfeunterstützung in der Bundesrepublik Deutschland. Aufgaben und Leistungen der Selbsthilfekontaktstellen in den neuen und alten Bundesländern, Schriftenreihe des BMFSFJ* (Bd. 136). Stuttgart/Berlin/Köln: Kohlhammer.

Deutsche Arbeitsgemeinschaft Selbsthilfegruppen e.V. (DAG SHG) (Hrsg.). (1998). *Selbsthilfegruppen unterstützen, Eigeninitiative anregen, soziales Engagement stärken. Konzept zur berufsbegleitenden Fortbildung von Fachkräften der Selbsthilfeunterstützung* (2. Aufl.). Berlin: Selbstverlag.

Deutsche Arbeitsgemeinschaft Selbsthilfegruppen e.V. (DAG SHG) (Hrsg.). (2001). *Selbsthilfekontaktstellen. Empfehlungen der Deutschen Arbeitsgemeinschaft Selbsthilfe-*

gruppen e.V. zu Ausstattung, Aufgabenbereichen und Arbeitsinstrumenten. Gießen.

Matzat, J. (1990). Zukunftsaufgabe Selbsthilfegruppen-Unterstützung. In DAG SHG e.V. (Hrsg.), *Selbsthilfegruppen-Unterstützung als Beruf? Tagungsdokumentation.* Gießen: Selbstverlag.

Moeller, M.L. (1981). *Anders helfen. Selbsthilfegruppen und Fachleute arbeiten zusammen.* Stuttgart: Klett.

Moeller, M.L. (1996). *Selbsthilfegruppen. Selbstverantwortung und Selbsterkenntnis in eigenverantwortlichen Kleingruppen.* Reinbek bei Hamburg: Rowohlt.

Nationale Kontakt- und Informationsstelle zur Anregung und Unterstützung von Selbsthilfegruppen (NAKOS) (Hrsg.). (2003). *Lokale/Regionale Selbsthilfeunterstützung in Deutschland – ROTE ADRESSEN 2003/2004* (16. Ausg.). Berlin: Selbstverlag.

Thiel, W. (1993). Fachliche Grundlagen der Selbsthilfegruppen-Unterstützungsarbeit. Ein Leitfaden für Mitarbeiterinnen und Mitarbeiter in Kontakt- und Informationsstellen für Selbsthilfegruppen und für berufliche Helfer in anderen Arbeitsfeldern der gesundheitlichen und (psycho-)sozialen Versorgung. In *NAKOS-EXTRA, 18.* Berlin: NAKOS.

Thiel, W. (2000). Fort- und Weiterbildung für Selbsthilfeunterstützer/innen. In S. Sting & G. Zurhorst (Hrsg.), *Gesundheit und Soziale Arbeit. Gesundheit und Gesundheitsförderung in den Praxisfeldern Sozialer Arbeit* (S. 79–89). Weinheim: Juventa.

Trojan, A. (Hrsg.). (1986). *Wissen ist Macht. Eigenständig durch Selbsthilfe in Gruppen.* Frankfurt a.M.: Fischer-Taschenbuch-Verlag.

Wohlfahrt, N., Breitkopf, H. & Thiel, W. (1995). *Selbsthilfegruppen und Soziale Arbeit. Eine Einführung für soziale Berufe.* Freiburg i.Br.: Lambertus.

Internethinweise

www.nakos.de
www.dag-selbsthilfegruppen.de

Mag. Wolfgang Thiel hat Soziologie, Politikwissenschaft und Psychologie studiert und ist wissenschaftlicher Mitarbeiter. Sein Arbeitsschwerpunkt ist die fachpolitische Beratung von Institutionen und Öffentlichkeitsarbeit.

Anschrift:
Nationale Kontakt- und Informationsstelle zur Anregung und Unterstützung von Selbsthilfegruppen (NAKOS)
Wilmersdorfer Str. 39
D-10627 Berlin

Teamsupervision

Harald Pühl

1 Einleitung

Die Team-Supervision ist ein spätes Kind der Supervisionsgeschichte. Nichtsdestotrotz gehört sie inzwischen zu den am meisten nachgefragten Supervisionssettings und zwar nicht nur im sozialen Bereich, sondern zunehmend auch in Verwaltung und Wirtschaft. Im Widerspruch dazu steht, dass sich unter dem Begriff Team-Supervision inzwischen so viele Ansätze tummeln, dass die begriffliche Schärfe immer mehr verloren gegangen ist. Zu unterscheiden ist zwischen *Team-Fallsupervision* und *Team-Entwicklung*. Unter Fall-Supervision wird hier verstanden, dass die Beziehung zwischen Helfer und Klient Gegenstand der Beratung ist. Team-Entwicklung dagegen beinhaltet die Klärung der Kooperationsbeziehungen und Aufgaben innerhalb des Teams und als Subsystem in Bezug zur Gesamtorganisation. Diese sensible Schnittstelle gilt es zu klären und damit einhergehend Fragen der Kontraktgestaltung des Settings, der Positionierung des Supervisors und schließlich der Bedeutung von Teamarbeit überhaupt.

Abbildung 1: *Verhältnis von Organisationsentwicklung, Team-Supervision und Team-Entwicklung*

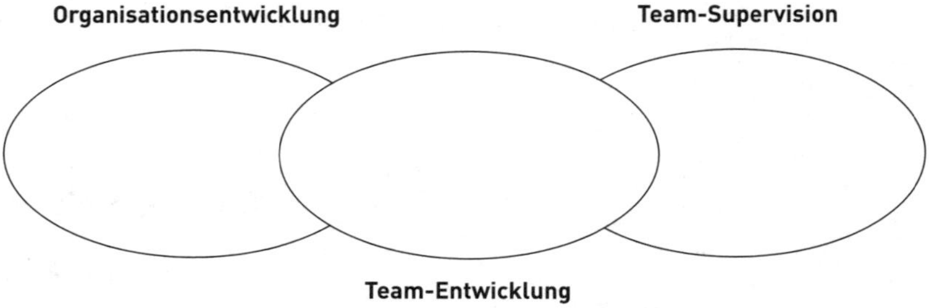

2 Sondierung zur Auftragklärung und Setting

Die Nachfragen können von
- Arbeitsteams ohne Leitung,
- Arbeitsteams mit Leitung,
- der Leitung für die Arbeitsteams oder
- im Zuge einer Organisationsentwicklung (OE) kommen.

Supervisoren müssen vor der Festlegung ihres Beratungsauftrages zusammen mit den Auftraggebern klären, welches das Ziel der Intervention und das dazu angemessene Setting sein soll. Das Informations- oder Erstgespräch, das der ersten Kontaktaufnahme folgt, ist schon aus vielen Gründen brisant. Hier stellen sich die Fragen:
- Wie viel Zeit lassen sich die Rat Suchenden und der Supervisor zum Aushandeln und Klären ihres Settings, in dem sie arbeiten wollen?
- Wie definieren sie das Thema, das bearbeitet werden soll?

Das Problem ist das Problem

Ausgangspunkt, um eine Supervision in Anspruch zu nehmen, sind meist konkrete Probleme in der Arbeit, die oft schon eine gewisse Eskalationsstufe erreicht haben. Bevor die Rat Suchenden sich an einen externen Berater wenden, haben sie für sich erst einmal eine Problemdefinition gefunden. Sei es,
- dass Fall-Supervision gewünscht wird, um die Arbeit effektiver gestalten zu können, oder
- dass Kooperations- und Kommunikationsprobleme besprochen werden sollen oder
- dass Konflikte des Teams mit der Leitung – oder umgekehrt der Leitung mit einem Team – zum Thema werden sollen oder
- dass es um strukturelle Veränderungen in der Institution gehen soll.

In jedem Fall wird dem Supervisor im Erstkontakt ein Thema bzw. ein zu bearbeitendes Problem genannt. Nun liegt es in der Natur der Sache, dass das selbst formulierte Problem gar nicht das eigentliche Problem sein muss. Wir nennen es das Präsentierproblem, hinter dem sich i.d.R. weitere Themen verbergen, die dem Nachfrager zu dem Zeitpunkt meist selbst nicht bewusst sind. Deshalb ist die Problemdefinition bereits ein Teil des zu bearbeitenden Problems.

Mit diesem Vorgehen wird zweierlei bezweckt: Zum einen eine Stressentlastung für den Supervisor, weil er nicht in einem einzigen Gespräch sich und sein Vorgehen umfassend darstellen muss. Zum anderen haben die Rat Suchenden die Chance, in einem begrenzten fokussierten Prozess herauszufinden, welches ihre vorläufigen Beratungsthemen sind und wie und in welchem Setting sie bearbeitet werden können. Erfahrungsgemäß macht schon der Gedanke an den bevorstehenden Supervisionsprozess Angst. Diese anfänglich diffuse Angst lässt sich sinnvoll begrenzen, wenn die Rat Suchenden etwas genauer wissen, auf was sie sich mit welcher Thematik einlassen. Besonders zerstrittene oder heterogene Teams haben häufig Schwierigkeiten, sich auf einen Berater zu einigen. Gerade für solche Teams bietet die begrenzte Phase einer ersten Konfliktanalyse allen Mitgliedern die Chance, auf der Grundlage dieser konkreten Erfahrung eine gemeinsame Basis für ihre Supervisionsentscheidung zu finden. Das bezieht sich sowohl auf das konkrete Team wie die institutionell Verantwortlichen.

Sondierungs- bzw. Klärungsphase

Im Erstgespräch wird eine Sondierungsphase von fünf Sitzungseinheiten (à 90 Minuten) vereinbart, um zu klären, welches der Beratungsfokus ist und in welchem Setting die Themen sinnvoll bearbeitet werden können. Dieses Prozessberatungsmodell erzeugt bei den Nachfragern oft Spannungen, da eine schnelle Lösung gewünscht wird. Hier muss der Berater eine Balance finden zwischen Konfliktbearbeitung und Sondierung (Problemdiagnose). Geklärt werden sollte in dieser Phase:

- Was sind die einzelnen Aufgaben der Teammitglieder?
- Wie ist ihre Kooperation geregelt?
- Welches sind die Aufgaben der Leitung?
- Wie ist die Teamleitung in die Beratung eingebunden?
- Wie ist das Team in die Gesamtorganisation eingebunden?
- Welche weiteren Beratungen (z.B. Organisationsentwicklung) gibt es noch in der Organisation?
- Wer muss an der Teamsupervision teilnehmen?
- Liegt der Fokus der Teamsupervision auf Fallsupervision oder Teamentwicklung?
- Schließlich: Ist Teamsupervision überhaupt als geeignete Intervention zur Bearbeitung des Problems indiziert: eine OE-Maßnahme, Leitungsberatung (Coaching, vgl. auch Schreyögg i.Bd.2) oder Mediation?

Erfahrungen mit diesem Vorgehen zeigen, dass sich auf diese begrenzte Zeit diejenigen Mitarbeiter gut einlassen können, die die größten Bedenken gegen Supervision haben. Die zum Teil sehr unrealistischen Vorstellungen über Supervision können hier ebenso einer realistischen Einschätzung unterzogen werden wie die Angst vor versteckter Therapie.

Letztlich geht es in dieser Phase um die Frage, ob die Rat Suchenden und der Supervisor ein tragfähiges Arbeitsbündnis schließen können und wie das angemessene Setting für die zu bearbeitenden Anliegen sinnvollerweise gestaltet werden können. Das Arbeitsbündnis bezieht sich auf zweierlei: Auf die gemeinsam vereinbarten Ziele und die institutionelle Arbeitsaufgabe – also den eher strukturellen Teil – und auf die Art und Weise wie Supervisor und Supervisanden ihren Kontakt gestalten – also den emotionalen Teil.

Für die weitere Zusammenarbeit ist es bedeutsam, zu einer vorläufigen Arbeitsvereinbarung zu kommen, die möglichst von allen oder vielen Mitarbeitern der Institution getragen wird. Dabei geht es weniger darum, dass der Berater durch aufwändige Techniken zu einer abschließenden Einschätzung des Konflikts kommt, als vielmehr darum, die Beteiligten in diesen Prozess zu integrieren oder zu schauen, wer integriert werden müsste. Bei Teams ist es meistens die Leitung, die aus dem Prozess ausgeschlossen werden soll. Im letzten Abschnitt wird gezeigt, dass die institutionell Verantwortlichen in irgendeiner Form in die Supervision einbezogen werden müssen. Ferner muss der Supervisor prüfen, ob er sich mit dem Anliegen und dem Arbeitsauftrag der Institution ausreichend identifizieren kann. Die Rat Suchenden müssen prüfen, ob sie sich mit der Arbeitsweise des Supervisors identifizieren können.

Dreieckskontrakt

Spezifikum institutioneller Beratung wie Teamsupervision, aber auch von Organisationsentwicklung ist, dass wir es immer mit zwei Ebenen zu tun haben: den Mitarbeitern und den Leitungsverantwortlichen. Mit beiden Seiten gilt es einen Kontrakt herzustellen. Für die Teamsupervision ist der Dreieckskontrakt verbindlicher Bestandteil. Der Dreieckskontrakt sollte so früh wie möglich realisiert werden, spätestens mit Abschluss der Sondierungsphase.

Es gibt die weit verbreitete Vorstellung von Teammitgliedern wie von Beratern, Teams als geschlossene Systeme zu sehen und zu behandeln. Das Team wird dann als Schonraum mit Verschwiegenheitsverpflichtung nach außen gesehen, um nach innen eine größtmögliche Offenheit herzustellen. Dies ist bei hierarchisch eingebundenen Teams mit Leitungs- und Kontrollstruktur – wie man sich vorstellen kann – nicht unproblematisch. Deshalb empfiehlt es sich, Teams generell als teiloffene Systeme zu sehen. Sie bestehen nur in Interdependenz zu den anderen organisatorischen Subgruppen und bilden zusammen mit ihnen ein Ganzes. Strukturelle Veränderungen der Gesamtorganisation wirken selbstredend in jedes Team und umgekehrt arbeitet die Gesamtorganisation nur dann optimal, wenn wesentliche Daten an die Teamverantwortlichen zurückgekoppelt werden, damit auch sie ihrer Veränderungsverantwortung nachkommen können. Unter dieser Prämisse der Rückkopplung wesentlicher institutioneller Daten kann es in der Team-Supervision keine absolute Schweigepflicht geben. Diese können die Mitarbeiter untereinander höchstens für Persönliches vereinbaren. Gäbe es von Team und Supervisor zu den hierarchisch Verantwortlichen eine Schweigepflicht über wesentliche institutionelle Belange, würde das Team als wichtiges Subsystem von der institutionellen Gesamtdynamik abgekoppelt werden (vgl. Pühl, 1998).

Strukturell wird die Rückkopplung durch den so genannten Dreieckskontrakt sichergestellt, der inzwischen zu den professionellen Supervisionsstandards gehört.

Er sichert den Einbezug der Leitung bei der Team-Supervision. Trotzdem fällt immer wieder auf, dass Supervisoren immer noch vom Team als Schonraum sprechen, ohne die Grenzen und Möglichkeiten den jeweiligen Bedingungen entsprechend zu differenzieren. Die damit einhergehende Gefahr der Bündnisbildung als Ausdruck unbewusster Subversion wurde an anderer Stelle ausführlich beschrieben (Pühl, 2002).

Teamsupervisionsanfrage von der Leitung: „Verordnete Supervision"

Es gibt zwei Möglichkeiten mit dem Rat suchenden Team in Kontakt zu kommen:

1. Das Team hat von der Institution den Freiraum, sich selbst einen Supervisor zu suchen (die Leitung stimmt dem nachträglich zu),
2. die Organisationsleitung „verordnet" dem Team Supervision.

Der erste Fall ist für die Teammitglieder kein Problem; i.d.R. handelt es sich dabei um Teams, die schon Supervision hatten und nur den Supervisor wechseln oder um Teams, die von der Effektivität dieser Beratungsmethode überzeugt sind.

Schwieriger ist der zweite Fall. In der Praxis kommt es immer häufiger zu „verordneten" Supervisionen. Der Leiter einer Institution ist überzeugt, dass Supervision für seine Teams eine Qualitätsverbesserung der Arbeit bedeutet oder er sieht sich zu diesem Schritt veranlasst, da die Kostenträger dieses zur Auflage gemacht haben und es Teil der Qualitätssicherung ist. In diesen Fällen zeigt sich, dass sich der Leiter nach einem geeigneten Supervisor umsieht. Natürlich stößt man als Supervisor zuerst auf Skepsis oder Murren. Da die Supervision Teil der Arbeit ist, kann sie nicht verweigert werden. Nach einigen Sitzungen flacht der innere Widerstand meist ab. Aus der Position des Supervisors kann man in solchen Fällen nicht erwarten, mit offenen Armen empfangen zu werden; man muss die Skepsis und Vorbehalte erst einmal hinnehmen und verstehen. Das Misstrauen schwindet ein wenig, wenn die Mitarbeiter wissen, wie die Beziehung des Supervisors zum Leiter aussieht und welche Informationen fließen. Der Supervisor versichert dem Team, nur das weiterzugeben, was vorher besprochen wurde und dann natürlich auch nur strukturelle Dinge. Hilfreich ist es, wenn der Supervisor die Kehrseite der Verordnung im Auge hat: Nämlich die Fürsorge des Arbeitgebers, seinen Mitarbeitern diesen Freiraum zur Verfügung zu stellen und zu finanzieren (was ja nicht die Regel ist), ferner die Chance, im Kollegium mal in Ruhe ohne äußere Ablenkung über Dinge sprechen zu können. Des Weiteren lohnt es sich, auf Erfahrungen in anderen Organisationen zu verweisen, in denen bereits Teamsupervision besteht, bevor ein neuer Kollege anfängt: Er wird sozusagen in dieses Setting „hineingeboren" und empfindet es als ganz „normal" an diesen Sitzungen teilzunehmen. Nach einigen Sitzungen überwiegen meist die Vorteile gegenüber dem Teilnahmezwang.

Auswertung

Bei Supervisionsprozessen, die von Anfang an auf eine bestimmte Sitzungszahl begrenzt sind, ergibt sich vor dem Abschluss automatisch die Frage, was wurde erreicht, was ist offen geblieben, in welchem Setting sollte weitergearbeitet werden? Bei Prozessen, deren Ende nach der Sondierungsphase nicht terminiert ist, muss mindestens jährlich eine solche Auswertung durchgeführt werden.

Kooperation und Vernetzung

Aufgrund der viel zitierten institutionellen Flexibilisierung hat der Bedarf an Consulting enorm zugenommen, um diesen Wandel zu begleiten. So kommt es vor, dass selbst in relativ kleinen Institutionen mehrere Berater am Werk sind. Dabei handelt es sich oft um interne wie externe Berater und Supervisoren. Die Kooperation dieser Dienstleister untereinander liegt oft noch im Argen. Meist gibt es keine institutionelle Vernetzung zwischen ihnen. Vorbehalte zum Austausch finden wir nicht nur bei den Beratern selbst, sondern auch auf Seiten der Institutionsverantwortlichen.

3 Team-Entwicklung

Teamentwicklung als bedeutsamer Schwerpunkt der Teamsupervision beinhaltet die Klärung und Verbesserung der Kooperation im Team, der Teamleitung und in Bezug zur Gesamtorganisation. Teamentwicklung ist – wie gesagt – die Brücke zwischen Teamsupervision und OE. Geschichtlich hat sie sich aus der Gruppendynamik entwickelt – und zwar 1946 am Center für Group Dynamics am Massachusetts Institute of Technology (MIT) (vgl. auch Rechtien i.d.Bd.). Dieses Institut nimmt nach wie vor eine führende Rolle in dieser Richtung ein, weil hier das in der OE bekannte Konzept der „Lernenden Organisation" von Peter Senge (1996) entwickelt wurde (vgl. auch Fatzer i.d.Bd.)

Mögliche Phasen eines Team-Entwicklungs-Prozesses sind:

Anfrage
Wer fragt an?
Welches Interesse wird geäußert?
Ist der Anfrager selbst Beteiligter?

Warum wird der Berater angesprochen?
Ist er dem System bekannt?
Ist er dem Nachfrager bekannt – oder benannt worden (von wem?)?
Interner oder externer Berater?

Auftrag
Wird bereits ein Ziel genannt?
Wie konkret ist das Ziel?
Stimmen die Beteiligten damit überein?
Betrifft das Ziel das Team oder die Gesamt-Institution?
Wie ist die Leitung einbezogen?

Diagnose
Einsatz unterschiedlicher, angemessener Methoden
Fokusfindung – Wahl des Settings

Teamentwicklungsprozess
Rollenklärung

Aufgabenverteilung
Kooperation innerhalb
Entscheidungsprocedere
Kooperation außerhalb/innerhalb des Gesamtsystems

Auswertung
Welche Schwerpunkte?
Was lässt/hat sich innerhalb des Teams verändern/t?
Was betrifft die Gesamt-Institution?
Rückkopplung an Gesamtleitung

Fortsetzung
evtl. Fortsetzung mit neuem Fokus

Grenzbereiche: OE und Mediation
Prinzipiell tendiert jede Teamsupervision – besonders unter dem Aspekt Teamentwicklung – dazu, sich zu einer OE-Maßnahme zu entwickeln. Die Schnittstelle an der dies verhandelt und thematisiert wird, ist die Auswertung und Rückkopplung an die Leitungsverantwortlichen. Ein weiterer Methodenschnitt in der Teamentwicklung ist häufig bei massiven Teamkonflikten indiziert. Eine schnelle Möglichkeit, die Arbeitsfähigkeit des Teams herzustellen und damit oft erst (wieder) die Basis für Kommunikation und Entwicklung/Veränderung für weitere Schritte zu sichern, stellt die Mediation dar. Sie ist eine bewährte Methode zur Konfliktbearbeitung, die allen Konflikt-(Streit-)Parteien erlaubt, ihre Sicht der Dinge darzustellen und eine gemeinsame Lösung zu finden, bei der niemand als Verlierer sein Gesicht verliert (vgl. auch Bastine & Theilmann i.Bd.2).

4 Team-Fallsupervision

Team-Fallsupervision sollte immer erst dann stattfinden, wenn sichergestellt ist, dass Teamunklarheiten weitgehend geklärt sind, da sonst immer die Gefahr besteht, dass diese unbearbeiteten Themen die Fallbearbeitung verzerren. Methodisch interessant ist die Frage, wie eine interne Fallbesprechung durchgeführt wird. Zwei Probleme drängen sich konzeptionell besonders auf: Wie oder was spiegelt der eingebrachte Fall im Team und wie wird die Gruppe in die Fallbearbeitung einbezogen? (vgl. Giesecke & Rappe-Giesecke, 1997)

Das Spiegelphänomen gehört in der Supervision bekanntlich zu unserem primären Handwerkszeug. Da wir als Supervisoren die direkten Klienten (Kunden) in aller Regel nicht kennen, können wir uns über all das, was durch den Bericht des Falleinbringers im Team ausgelöst wird, dennoch ein Bild von dem Klienten (Kunden) und seiner Beziehung zum Mitarbeiter machen. Das Spiegelphänomen geht zurück auf den „klinischen Rombus“. Ausgangspunkt dieses Modells ist das psychoanalytische Setting. In der Behandlungssituation spiegelt der Analytiker das dem Patienten zurück, was er in seiner Gegenübertragung, in Reaktion auf die Übertragung des Patienten in seinem Spiegel wahrgenommen hat. Bezugssystem dabei ist der Patient. In der Supervisionssituation ist es der Supervisor, der mit Hilfe seines Spiegels das registriert, was der berichtende Kollege auf ihn überträgt. Bezugssystem ist dann der berichtende Supervisand (=Therapeut). Der Supervisand schlüpft in der Schilderung des Patienten über die aktuelle Identifikation mit ihm sozusagen in seine Haut und löst beim Supervisor das aus, was der Patient sonst bei ihm auslöst. Die Rollen drehen sich sozusagen um. Diesen unbewussten Prozess bezeichnen wir als Spiegelphänomen zweiter Ordnung, während die Spiegelung erster Ordnung die zwischen Helfer und Klient ist (Kutter, 2000).

Die vorgestellten Konzepte kranken an zwei Dingen: Zum einen steht im Mittelpunkt die Beziehung Helfer-Klient, wobei sowohl die Dynamik der umgebenden Kollegengruppe wie der institutionelle Kontext unbearbeitet bleiben. Zum anderen haftet dem Übertragungsbegriff ein neurotisches Stigma an. Da sich in der Praxis die Trennung zwischen Übertragung und Gegenübertragung nicht durchhalten lässt, wird der Begriff der Beziehungsanalyse eingeführt und meint, dass der Helfer immer in irgendeiner Form in das Beziehungsgeschehen verwickelt ist. D.h., ganz egal wie eigenanalysiert er ist, muss er immer auch die eigene Beteiligung an der Beziehungsgestaltung mitreflektieren.

Aber auch dieses Konzept macht Angst. Ich sage deshalb immer meinen Supervisanden, dass ein Teil dessen, was der Klient bei ihnen ausgelöst hat, mit dem Klienten zu tun hat, dass also ein Teil ihrer mobilisierten Gefühle Gegenübertragungsreaktionen sind und das Wahrnehmen und Registrieren wichtige diagnostische Hinweise für die intrapsychischen Vorgänge des Klienten liefern. Die Formel dabei lautet, dass zwischen 5 und 95 % dessen, was der Helfer fühlt, mit dem Klienten zu tun hat. Dies ist wahrlich eine große Spannweite. Sie ermöglicht aber, mit den Supervisanden ein Arbeitsbündnis herzustellen, das das Ernstnehmen der eigenen Gefühle nicht unter den Tisch fallen lässt. Diese Gefahr liegt immer in der Luft, da die Helfer oft schnell bereit sind, eigene Gefühle auf ihrem persönlichen Konto abzubuchen. Dadurch werden sie nicht mehr benannt und fallen aus vermeintlichen Schuld- oder Inkompetenzgefühlen aus dem Prozess heraus – und zwar aus dem Prozess der Supervision und nicht aus dem Beziehungsprozess zwischen Helfer und Klient. Gerade in der Arbeit mit den psychisch Kranken tauchen bei den Mitarbeitern häufig diffuse Ängste und ambivalente Gefühle auf. Die Formel hilft dem Supervisor und den Supervisanden dann, diese Gefühle ernst zu nehmen und herauszufinden woher diese kommen können. Dazu bedarf es häufig einer Ermutigung entsprechend der „5–95 %-Formel", da die Mitarbeiter dazu neigen, Gefühle der Diffusität, Verwirrung und dergleichen als Inkompetenz oder Unwissenheit einzustufen, einhergehend mit Schuldgefühlen. Gute Erfahrungen mit diesem Vorgehen eröffnen einen Weg, vermeintliche Fehler nicht schuldgefühlsmäßig zu unterdrücken, sondern als Herausforderung der Erkenntnissuche zu nehmen. Dieses Vorgehen schließt freilich die so genannten neurotischen Anteile der Mitarbeiter weitgehend der direkten Bearbeitung aus. Für die Betroffenen werden sie aber meist spürbar und auch benennbar.

Aus dem Gesagten beantwortet sich die Frage, wie wir als Supervisoren einen Großteil unserer Informationen gewinnen. Zentral ist das Verstehen der Spiegelphänomene und der damit korrespondierenden Inszenierungen. Die Dechiffrierungsleistung liegt sowohl beim Supervisor als auch bei den beteiligten Mitarbeitern. Es ist – trotz aller Expertenasymmetrie – eine gemeinsame Untersuchung über institutionelle Kommunikationsprozesse. In erster Linie zeigen sich latente und konflikthafte Prozesse im Medium der Spiegelung. Durch die gemeinsame Untersuchung eignen sich die Mitarbeiter im Laufe der Zeit selbst den Blick an, institutionelle Prozesse durch die Brille der Spiegelung zu sehen. Sie verfügen damit über ein wertvolles Diagnoseinstrument zur Selbsterkenntnis und Selbststeuerung.

In der konkreten Arbeit kann man so vorgehen: Nach einem ausführlichen Blitzlicht über aktuelle Ereignisse der letzten Woche melden die Kollegen zwei bis drei Klienten oder eine Klientengruppe (Wohngemeinschaft) zur vertieften Besprechung an. Dann berichtet der Kollege anhand seiner Erinnerung das, was ihm wichtig ist. In der nächsten Phase äußern die Anwesenden wie der Bericht auf sie gewirkt hat, was er ausgelöst hat, mit wem sie sich identifizieren, ihre Einfälle und Körperreaktionen. Der Supervisor bezieht sich dabei mit ein und äußert auch seine Einfälle und Ideen und was der Bericht bei ihm ausgelöst hat. In dieser zweiten Phase hört sich der Falleinbringer den Bericht schweigend an – auch wenn es bei ihm Spannungen auslöst. Die Vereinbarung lautet, dass die Äußerungen der Kollegen zwar Reaktionen auf den Bericht sind, aber erstmal ihre eigenen Äußerungen, damit der Falleinbringer frei ist, aus den Beiträgen – wie aus einem Markt der Möglichkeiten – auszusuchen, was ihn angesprochen hat. Das äußert er dann in der anschließenden dritten Phase. Daraufhin kommt es zu einem unstrukturierten Gespräch über den Klienten. Dadurch verdichtet sich die Inszenierung des Falles. Die entstehende Szene ist ein wichtiges diagnostisches Medium. Zur Szene gehört die besondere Atmosphäre, die der Bericht im Team ausgelöst hat, ferner die Art und Weise, wie sich die Kollegen identifizieren und welches „Spiel“ sich aufgrund der unterschiedlichen Identifikationen ergibt. Daraus ergeben sich fast immer neue Ansatzpunkte für die Betreuungsarbeit, da die Symptome des Klienten anders gesehen werden können. Der Mitarbeiter findet darüber meist Wege, dem Klienten ein anderes Arbeitsbündnis anzubieten.

Obwohl dieses modifizierte gruppenanalytische Balintmodell eigentlich für die klassische Gruppensupervision konzipiert wurde, lässt sich damit sehr produktiv in internen und externen Team-Fallsupervisionen arbeiten. Bei Team-Fallsupervision stellt sich in der Tat die Frage, ob die Beiträge der Kollegen nicht zu stark durch die gemeinsame institutionelle Einbindung verzerrt sind. Hinzu kommt noch, dass einige Klienten/Patienten immer mehreren Betreuern bekannt sind. Doch dies macht sich in der freien Äußerung meist nicht negativ bemerkbar. Diese Form der Fallbearbeitung ist inzwischen zu einem bevorzugten Konzept für die Supervision in Teams geworden, sowohl für interne als externe Supervisoren (Pühl, 1999).

Eine interessante Frage ist, ob die eingebrachten Fälle während einer Besprechung in einem inneren Zusammenhang stehen. Aus der Gruppensupervision wissen wir, dass der eingebrachte Fall immer das aktuelle unbewusste Gruppenthema zum Ausdruck bringt.

Wie aber sieht es in Team-Fallsupervisionen aus? Hier haben wir es mit einer Gruppenmatrix zu tun, die sich zur Institutionsmatrix erweitert hat. Spiegeln demzufolge die eingebrachten Fälle die unbewusste Team- bzw. Institutionsdynamik oder die Dynamik des Klientels (das aber nur zum Teil in Kontakt miteinander steht)? Bisher ist keine Systematik erkennbar. Die Mitarbeiter bringen die Themen ein, die für sie aktuell sind. In der anfänglichen Blitzlichtrunde werden meist auch mehr Themen angemeldet als sich bearbeiten lassen. Dann haben die Mitarbeiter immer ohne Zögern entschieden, auf welche Besprechung jetzt verzichtet werden könnte. Es findet also eine spontane Selektion statt. Nach den Besprechungen lässt sich fast immer feststellen, dass alle eingebrachten Themen dasselbe Grundthema behandeln. Aufgrund welcher unbewussten Dynamik die Auswahl vorgenommen wird, durchschaue ich allerdings noch nicht.

5 Die Positionierung des Team-Supervisors

Grundsätzlich können wir zwei Positionierungen unterscheiden, und zwar
1. den externen Supervisor und
2. den internen Supervisor.

Die Unterscheidung ist geschichtlichen Ursprungs. Bis in die 60er Jahre war das amerikanisch-niederländische Modell auch in Deutschland vorherrschend, das sich dadurch auszeichnete, dass der Supervisor gleichzeitig Vorgesetzter mit Weisungsbefugnis war. Als emanzipatorisches Gegenmodell hat sich danach im Laufe der Zeit der externe Supervisor immer mehr durchsetzen und professionalisieren können. Supervision von internen Beratern war eher verpönt und wurde auch nicht öffentlich diskutiert.

Vorab lässt sich sagen, dass die Frage der jeweiligen Verantwortung in Bezug auf die Arbeit der Supervisanden ein gravierender Prüfstein ist; ferner die Frage – in sozialen Organisationen – wie viel Fachaufsichtsfunktionen übernommen und ausgefüllt werden.

Externe Team-Supervision

Diese Form ist in den letzten Jahren ausführlich beschrieben wurde (Pühl, 1999). Rappe-Giesecke (1990) hat in ihrem Buch „Gruppen- und Team-Supervision" ein eigenes Konzept vorgestellt, das besonders durch die drei Programme und ihre Handhabung (Fallarbeit, Selbstthematisierung und Institutionsanalyse) bekannt wurde.

Externe Team-Supervision ist in folgenden Fällen indiziert:

- Wenn Organisationsprobleme Ursache des Supervisionsauftrages sind (Berker, 2000) und der neutrale, unbefangene Blick von außen bei der Klärung von Teamkonflikten, Leitungskonflikten oder Konflikten zwischen Leitung und Team nötig ist.
- Wenn es um die Supervision und fachliche Beratung spezieller Fragen geht, die die Organisation mit ihren eigenen Ressourcen nicht lösen kann, oder wenn neue Behandlungs- oder Produktionskonzepte in der Organisation eingeführt werden, z.B. im Rahmen einer OE-Maßnahme.
- Wenn aufgrund des Behandlungsauftrages die Beziehung zwischen Helfern und Klienten sehr dicht werden kann (z.B. Sucht, Familie, Psychiatrie) und die Be-

arbeitung der Übertragungs-Gegenübertragungsbeziehung in hohem Maße eigene Anteile der Helfer mobilisiert. Hier kann die externe Supervision einen begrenzten Schonraum zur Verfügung stellen.
- Wenn nur ein kurzfristiger oder begrenzter Bedarf nach Team-Supervision besteht (Berker, 2000).
- Wenn in der Organisation bereits eine Reflexionskultur vorhanden ist oder aufgrund der Ausbildungen der Mitarbeiter mitgebracht wurde, sind die Widerstände gegen Reflexion und Veränderung meist gering und das Instrument Team-Supervision kann von den Supervisanden optimal genutzt und die Erkenntnisse umgesetzt werden.
- Externe haben den Vorteil, dass sie vom System als Umwelt wahrgenommen werden, auf dessen Eigenarten man sich einstellen muss. Dadurch verfügen sie über die Möglichkeit, den Beratungsauftrag zur Disposition zu stellen (Rappe-Giesecke, 1996).

Es gibt folgende Grenzen externer Supervision:
- Sind in der Organisationskultur Formen der Beratung und Reflexion bisher nicht etabliert, stößt Team-Supervision auf große Skepsis bis Ablehnung.
- Aufgrund der Distanz verfügt der externe Supervisor nur über geringe Kenntnisse der Organisationsdynamik und ihrer -mythen. Deshalb sind Verwirrung und Irrwege seitens des Supervisors oft die Folge. Sie können durchaus produktiv sein, bedeuten aber längere Wege und Geduld der Supervisanden, die in reflexionsungewohnten Kulturen oft nicht vorhanden ist (Möller & Pühl, 2001).
- Bei zu großer Konfliktdynamik kann die Organisation dem Supervisor aufgrund seiner freien Mitarbeit auf Honorarebene schnell kündigen, um einer notwendigen Konfliktbearbeitung aus dem Wege zu gehen.
- Strukturelle Veränderungen können nur angestoßen, deren Umsetzung kann meist nicht begleitet werden.
- Die Evaluation der Arbeit der Mitarbeiter – wie sie die Qualitätssicherung fordert – kann aus der externen Sicht und dem begrenzten Zeitbudget nur unzureichend realisiert werden.

Interne Team-Supervision

Interne Supervision dient insbesondere
- der Qualitätssicherung und -verbesserung (Pühl, 1998),
- der Weiterentwicklung der Organisation,
- der Arbeit in und an der Organisationskultur (Berker, 2000).

Interne Team-Supervision ist in folgenden Fällen indiziert:
- wenn Feldprobleme Ursache des Supervisionsauftrages sind (Berker, 2000) oder
- wenn hoher und kontinuierlicher Supervisionsbedarf vorliegt (Berker, 2000).

Interne Berater haben ein großes Wissen über die Organisation, werden aber als Teil der Organisation, nicht als Umwelt wahrgenommen; von ihnen wird erwartet, dass sie sich auf das Team oder die Organisation einstellen und nicht umgekehrt (Rappe-Giesecke, 1996). Das hohe Wissen über die interne Organisationsgeschichte und -dynamik erleichtert ihnen, Vorbehalte, Misstrauen und Ablehnung leichter zu überwinden.

Grenzen interner Supervision sind:

- Die Dichte zum System macht betriebsblind (der interne Supervisor muss öfter mal an die Peripherie gehen, um neuen Abstand zu gewinnen).
- Da er die Organisation gut kennt, ist er selbst immer Teil des Problems (Berker, 2000).
- Seine innere Autonomie ist gefährdet, da er sich leicht mit einem Teil des Organisation verbündet.
- Der interne Supervisor hat Verantwortung für die Einhaltung und Kontrolle der Standards, sodass die Lernkultur ständig gefährdet ist. Aus einem Fallseminar kann leicht eine Zensurengebung werden (Berker, 2000).
- Als fachlich Vorgesetzter ist der Umgang mit persönlichen Informationen der Mitarbeiter problematisch.

Teilweise verkehren sich die Vorzüge der einen Position in Nachteile der anderen Position und umgekehrt. Schwierig, da in hohem Maße variationsreich, ist die eindeutige Positionierung des internen Supervisors, zumal Supervision i.S. der vorgestellten Definition oft nur eine Teilaufgabe seiner Tätigkeit ist.

6 Fetisch „Teamarbeit"

In der Industrie wurde zeitgleich über Gruppenarbeitsmodelle nachgedacht. Führend war hier der schwedische Automobilkonzern Volvo. Die Intentionen unterschieden sich allerdings grundlegend von denen der Gruppendynamik und der sich in sozialen Nischen langsam etablierenden Kollektivarbeit (vgl. Pühl, 1994). Ging es den Protagonisten der Teamarbeit in der sozialen Arbeit um Versuche, Entfremdung und Bevormundung in hierarchischen Institutionen abzubauen, hatte die Industrie die Erhöhung der Effektivität im Sinn. Doch so ganz widerspruchslos ist dieser Antagonismus nicht. Gerade das Beispiel Volvo wurde lange Zeit – wenn auch mit kritischem Unterton – in politisch linken Kreisen diskutiert. Schließlich bot diese Arbeitsform ein Stück mehr an Selbstverantwortung, Kommunikation und damit an sozialem Miteinander unter den Beschäftigten.

Um Teamarbeit zu definieren, sollten zwei Aspekte gegeben sein:

- interdisziplinäre Arbeit bezogen auf ein gemeinsames Arbeitsobjekt bzw. Klientel und
- eine entsprechende Arbeitsstruktur: z.B. gemeinsame Teambesprechung.

Die Definition kann selbst auf ein konkretes Subsystem bezogen differieren – und zwar lassen sich unterscheiden:

- die vorgegebene übergeordnete Definition der Organisation,
- das Selbstverständnis des konkreten Teams und
- die Vorstellungen des Beraters über Teamarbeit.

Teamarbeit findet auf verschiedenen Ebenen einer Organisation statt. Von oben nach unten betrachtet nimmt die Definitionsmacht über die Ausgestaltung der Teamarbeit ab. Es lassen sich vier Ebenen unterscheiden:

Leitungsteam: Hierzu gehört das Topmanagement. Selbst wenn es einen Vorsitzenden gibt, ist hier die Definitionsmacht am größten, da die Mitglieder nicht weisungsgebunden sind, sondern weisungsbefugt mit sehr umfangreichen Kompetenzen.
Strukturelles Team: Hierunter werden die Zusammenkünfte des mittleren Managements verstanden. Die Konferenz der Abteilungsleiter beispielsweise versteht sich bewusst nicht als Gremium, sondern als Team mit Interpares-Struktur.
Projektteam: Es arbeitet mit einem bestimmten Auftrag auf eine begrenzte Zeit zusammen und wird meist von einem Projektleiter geleitet.
Produktionsteam: Es ist auf der untersten Hierarchieebene angesiedelt und in einen standardisierten Produktionsprozess eingebunden. Der Teamverantwortliche ist entweder selbst Mitglied des Teams oder auf einer höheren Hierarchieebene angesiedelt.

Während Teamarbeit in dezentralen, möglichst autonomen Subsystemen unter den Prämissen verschlankter Institutionen an Bedeutung gewinnt, bleibt die Teamarbeit im oberen Management meist im Argen liegen.

> „Selbst in den besten Unternehmen agiert das so genannte Spitzenteam selten als echtes Team: Das Wissen und die Erfahrung mit Teams verlieren an der Spitze der Unternehmenshierarchie unweigerlich an Einfluss und Schärfe. Und eine Gruppe von Führungskräften einfach als Team zu bezeichnen, macht aus ihr noch keines" (Katzenbach, 1998).

Mehr Beachtung wird in der Regel der Teamarbeit auf den Subebenen geschenkt. Hier soll die Koordination und Steuerung der Aufgaben stattfinden. Das Team hat hier die Aufgabe, Probleme rechtzeitig aufzuspüren und Schwachstellen auszugleichen. Dadurch steigt der Bedarf an reflexiver Kompetenz sprunghaft an. Supervision bekommt hier eine zentrale Rolle, nämlich den Prozess der Selbststeuerung zu begleiten und das bisherige Tun unter den Prämissen der Klienten-/Kundenorientierung zu hinterfragen.

Teamarbeit erhält unter heutigen Organisationsbedingungen einen besonders hohen Stellenwert. Einzelne Funktionseinheiten unterliegen dem Zwang und der Chance der Selbststeuerung. Leitung beschränkt sich immer häufiger auf die Vorgabe von Globalzielen, deren konkrete Umsetzung den einzelnen Subsystemen obliegt. Selbst hochdifferenzierte Spezialistenarbeit findet zunehmend in kooperativer Form statt. Gleiches gilt letztlich auch für das Management. Wir sehen, dass auf allen hierarchischen Ebenen einer Organisation die Bedeutung selbstreflexiver Steuerung zunimmt und damit auch der Bedarf an entsprechender Unterstützung z.B. durch Team-Supervision – insbesondere Team-Entwicklung als einer ihrer Teile.

Team-Supervision wird häufig angefragt, um die bestehende Teamarbeit zu effektivieren bzw. zu optimieren oder um Teamarbeit überhaupt erst zu implementieren. Bei der Einführung von Gruppenarbeit in Organisationen, die bisher eher hierarchisch strukturiert waren, ist das nicht unproblematisch. Gruppenarbeit vor Ort erfordert von der Gesamtorganisation sowohl eine entsprechende andere Kultur als auch die materiellen Voraussetzungen dafür.

Dies ist in der Praxis oft nicht gegeben, wie sich an vielen Beispielen in der Öffentlichen Verwaltung nachweisen lässt. Ohne die rechtlichen Voraussetzungen und die hierarchisch-bürokratischen Dienstwege einer genauen Analyse zu unterziehen, haben Beratungsfirmen aus der Wirtschaftskultur in den unteren Abteilungen versucht, die Mitarbeiter für Teamarbeit zu motivieren. Teamarbeit musste ein Fremdkörper bleiben. Statt die Arbeitsoptimierung zu steigern, kam unter dem Strich eine Demotivation der Mitarbeiter heraus. Diese Kosten fallen meist unter den Tisch, erhöhen den „Misserfolg" der Beratungshonorare aber um eine erhebliche Summe, die in keiner Berechnung auftaucht.

Die Sicht scheint einseitig, denn sie unterschlägt die Kehrseite. Auf sie hat jüngst der amerikanische Sozialpsychologe Richard Sennett (1998) eindringlich hingewiesen. In seinem Essay über die Flexibilität der heutigen Ökonomie misst er der Teamarbeit eine zentrale Rolle bei. Um es vorweg zu sagen. Er sieht sie kritisch als „Gruppenerfahrung der erniedrigenden Oberflächlichkeit" (S. 133). Damit meint er, dass das, was ich positiv als reflexive Kompetenz beschrieben habe, nur angelernte Schauspielerei sei. Gegenseitiges Zuhören, Diskutieren, gemeinsam Entscheidungen treffen usw. finden einzig unter dem Postulat der Effektivität statt. Offenheit und Kritik sind begrenzt und jedem Beteiligten bewusst, denn wer nicht mitmacht, fällt über kurz oder lang aus dem Team heraus. Kontroll- und Sanktionsdruck sind von der Hierarchie- auf die Teamebene verschoben worden. Die Kontrolle findet gegenseitig statt und der Druck entsteht durch den Vergleich mit anderen Teams. Institutionelle Veränderungen legitimieren sich durch gesellschaftlichen Wandel. Damit „verschwindet die Autorität, denn niemand kann verantwortlich gemacht werden – gewiß nicht dieser Manager für seine Entlassungen. Stattdessen soll der Druck der Kollegen die Arbeit des Managers tun" (ebd., S. 153). Im modernen Kapitalismus gibt es nur noch Opfer, so die Schlussfolgerung von Sennett.

Da sich die Anforderungen an Teamarbeit immer schneller ändern, bleiben die Bindungen der Mitarbeiter an die Arbeit und die Institution schwach. Teamarbeit bewegt sich mit wechselnder Zusammensetzung von Aufgabe zu Aufgabe. Die Folgen dieser Fragmentierung lösen langfristige Perspektiven auf, erschweren berufliche und persönliche Identitätsbildung. Wenn Sennett Teamarbeit so als „Maske der Kooperation" beschreibt, bleibt offen, wie weit sich die amerikanischen Modelle bruchlos auf die europäische Kultur übertragen lassen. Anzeichen dafür gibt es in der Tat genügend und man sollte diese Seite nicht übersehen, um die Widerstände der Mitarbeiter gegen die Einführung neuer netzartiger institutioneller Gliederungen verstehen zu können und um als Berater kritisch zu fragen was unser gut gemeintes Tun bewirken kann.

Als Grundvoraussetzung effektiver Teamarbeit sehen Becker & Langosch (1995, S. 232) folgende Punkte an:

„Gruppengröße und -zusammensetzung“
- in der Praxis „ideal”: fünf bis acht
- gemeinsame Ziele (Interesse an „Resultaten”)
- organisatorische Einheit (Interdependenz der Aufgaben)

Kontinuität der Arbeits- und Entscheidungsprozesse
- regelmäßige Treffen: „Jour fix“ (ideal: einmal pro Woche)
- Termin „tabu” (Anwesenheit obligatorisch)
- keine Stellvertreter (in „policy meetings”)

Balance von Information, Meinungs- und Entscheidungsbildung
- klar unterscheiden
- zeitlich trennen
- wissen, was man tut

Balance von Tagesgeschäft und Grundsatzfragen
- klar unterscheiden
- zeitlich trennen
- wissen, was man tut

Regelmäßige, gemeinsame kritische Auswertung
- Teamentwicklung durch institutionalisierte „Manöverkritik”:
- Inhaltliche „Zwischenbilanz”: Was haben wir erreicht?
- Persönliches „Feedback”: Wie ist es gelaufen?”

Literatur

Becker, H. & Langosch, I. (1995). *Produktivität und Menschlichkeit* (4. Aufl.). Stuttgart: Enke.

Berker, P. (2000). Externe Supervision – Interne Supervision. In H. Pühl (Hrsg.), *Handbuch der Supervision 2* (2. Aufl.). Berlin: Edition Marhold.

Giesecke, M. & Rappe-Giesecke, K. (1997). *Supervision als Medium kommunikativer Sozialforschung.* Frankfurt a.M.: Suhrkamp.

Katzenbach, J. (1998). Muß auf der Chefetage ein Team agieren? In *Harvard Business manager Magazin, 3.*

Kutter, P. (2000). Spiegelungen und Übertragungen in der Supervision. In H. Pühl (Hrsg.), *Handbuch der Supervision 2* (2. Aufl.). Berlin: Edition Marhold.

Möller, H. & Pühl, H. (2001). Organisationsberatung als lebendige Ethnopsychoanalyse. In B. Oberhoff & U. Beumer (Hrsg.), *Theorie und Praxis psychoanalytischer Supervision.* Münster: Votum Verlag.

Pühl, H. (1994). *Angst in Gruppen und Institutionen*. Hille: Busch.

Pühl, H. (1998). *Teamsupervision – Von der Subversion zur Institutionsanalyse.* Göttingen: Vandenhoeck & Ruprecht.

Pühl, H. (1999). Moderne Teamsupervision. In *Moderne Teamsupervision, Supervision und Organisationsentwicklung.* Opladen: Leske & Budrich.

Pühl, H. (2002). Teamsupervision: Auftragsklärung, Nachfrageanalyse und organisationelle Triangulierung. In *Teamsupervision, Supervision in Institutionen.* Berlin: Leutner-Verlag.

Rappe-Giesecke, K. (1990). *Theorie und Praxis der Gruppen- und Teamsupervision.* Berlin: Springer.

Rappe-Giesecke, K. (1996). Der Abschied von den eindimensionalen Methoden – über das Verhältnis von Supervision und Organisationsentwicklung. In G. Fatzer (Hrsg.), *Organisationsentwicklung und Supervision.* Köln: Edition Humanistische Psychologie.

Senge. P. (1996). *Die Fünfte Disziplin.* Stuttgart: Klett-Cotta.

Sennett, R. (1998). *Der flexible Mensch.* Berlin: Aufbau-Verlag.

Internethinweise

www.supervision-puehl.de

Dr. Harald Pühl ist Diplom-Psychologe und arbeitet am Triangel – Institut für Supervision, Organisationsberatung und Familientherapie. Seine Arbeitsschwerpunkte sind Supervision, Organisationsberatung und Mediation.

Anschrift:
Triangel – Institut für Supervision, Organisationsberatung und Familientherapie
Horstweg 35
D-14059 Berlin
E-Mail: H.Puehl@gmx.de

Netzwerk und Beratung

Florian Straus

1 Schrittweise Annäherung: Der Weg der Beratung zum Netzwerk

Der Mensch als ein soziales Wesen kann ohne andere (deren Aufmerksamkeit, Zuwendung und Beteiligung) nicht leben. Viele Beratungsansätze haben diese anthropologische Erkenntnis berücksichtigt und wichtige Teile des Beziehungsnetzes (beispielsweise die Mutter-Kind-Beziehung, das Beziehungsnetz der Familie, den Sozialraum) in den Mittelpunkt ihrer Diagnosen und Handlungen gerückt. Meist jedoch blieb der Blick auf – jeweils nach Richtung/Schule unterschiedliche – Teilnetzwerke beschränkt. Ein weiteres Problem war lange das individualpsychologische Denken und damit ein an Defiziten des Individuums bzw. der Infrastruktur eines Stadtviertels orientierter Beratungsfokus. Erst mit der systemischen Wende und einem stärker den Ressourcen geltenden Beratungsverständnis gerieten Umwelten von Individuen wieder stärker in den Mittelpunkt des Beraterblicks und damit auch die diese Sozialwelten nutzenden Fähigkeiten und Kompetenzen einer Person. Dieser Annäherungsprozess vollzieht sich in kleinen Schritten. Am Beispiel der Familientherapie kann man zeigen, dass ein systemischer und ressourcenorientierter Ansatz aus Sicht der Netzwerkperspektive dennoch verkürzt blieb. So fokussiert der familientherapeutische Blick (beispielsweise über Genogramme) das Beziehungsnetz auf das nahe, meist auch verwandtschaftlich verbundene soziale Umfeld eines Individuums. Und dies, obwohl man schon in den siebziger Jahren erkannt hatte, dass die selbst gewählten Beziehungen zu Freunden einen immer wichtigeren Stellenwert in der Beziehungsarbeit einer Person einnehmen. Was hier exemplarisch am Beispiel einer therapeutischen Perspektive und des Netzwerks von Klienten formuliert wurde, gilt ebenso für organisationssoziologische Analysen. Auch hier wurden lange Zeit primär der formale Aufbau der Organisationen gesehen und die informellen Netzwerke in und um Organisationen vernachlässigt.

Netzwerkanalytiker haben diese Beschränkung der Analysen sozialer Beziehungen stets kritisiert, blieben aber lange ohne Einfluss. Erst in jüngerer Zeit mehren sich die Hinweise (vgl. Hass & Petzold, 2000), dass auch das weitere Umfeld in der Familie (oder das informelle Netz in der Organisation) wichtiger Teil von Konflikten wie auch Quelle von Ressourcen sein kann und somit zu einem systematischen Teil beraterischen Handelns werden muss (vgl. Nestmann zu Ressourcenorientierter Beratung i.Bd.2).

2 Die Netzwerkperspektive als Denk- und Analyserahmen für Beratung

Was ist ein Netzwerk? Der Grundgedanke der Netzwerkperspektive ist schlicht: Menschen werden mit Knoten gleichgesetzt, die durch Linien oder Bänder mit anderen Menschen, die ihrerseits Knoten darstellen, in Verbindung stehen. Das soziale Beziehungsgeflecht bildet ein Netz bzw. – weil es ja von Menschen selbst geschaffen wird – ein Netzwerk. Man kann vereinfacht drei Typen von Netzwerken unterscheiden: das Netzwerk einer Person (egozentriertes Netzwerk), Gruppennetzwerke und Organisationsnetzwerke.

Ein wichtiges Hilfsmittel für netzwerkorientiertes Arbeiten bilden *Netzwerkanalysen*. Es gibt mittlerweile eine Palette unterschiedlicher Möglichkeiten und Methoden (Netzwerkkarten s.a. Straus, 2001; Netzwerkfragebögen s.a. Pearson, 1997), mit der sich der Berater (gemeinsam mit seinem Klienten) die Struktur und die Funktionen eines Netzwerks verdeutlichen kann. Die Instrumente bieten auch die Möglichkeit, neben dem aktuellen Netzwerk ein Ideal bzw. Wunschnetzwerk oder ein biographisches Netzwerk einer Person darzustellen.

Worauf zielt die Netzwerkperspektive ab? Neben einem Blick auf das gesamte Netzwerk einer Person geht es um eine systematische Einbeziehung des Netzwerks in das beraterische Handeln. Dieses Denken in netzwerkorientierten Strukturen soll exemplarisch an sieben Grundprinzipien zur Netzwerkarbeit mit Klienten verdeutlicht werden.

1) *Netzwerkarbeit bedeutet Netzwerkorientierung und Netzwerkanalyse.* Mit dem von Tolsdorf (1976) geprägten Begriff der Netzwerkorientierung ist die grundsätzliche Bereitschaft des Individuums gemeint, auf soziale Ressourcen zurückzugreifen. Die Bereitschaft des Klienten dazu zu fördern, ist ein wesentlicher erster Schritt im Beratungsprozess. Dies setzt in aller Regel eine Netzwerkanalyse voraus, um die in Netzwerken liegenden Ressourcen überhaupt verstehen, d.h. lesen zu können.
2) *Netzwerkarbeit zielt darauf ab, vorhandene Netzwerke zu stärken (network coaching/network intervention).* Vorhandene Netzwerke enthalten oft Ressour-

cen, die nicht oder nur teilweise genutzt sind. Ein wichtiger Aspekt praktischer Netzwerkarbeit ist es deshalb, dort, wo es sinnvoll und möglich ist, vorhandene Netzwerke zu stärken und die Stärken bzw. positiven Beziehungen deutlicher zu machen. Eine bedeutende Funktion haben hier oft auch jene Personen, die im ersten Moment weniger wichtig erscheinen (vgl. Lenz, 2000). Gerade sie können möglicherweise wichtige neue Funktionen übernehmen. Zur praktischen Netzwerkarbeit gehört es deshalb, ihnen Beachtung zu schenken und allgemein mit den Klienten an ihrem sozialen Verhalten, an Kompetenzen zur Aushandlung und an Formen des Hilfesuchverhaltens usw. zu arbeiten.

3) *Netzwerkarbeit schafft auch neue Netzwerke (network construction).* Praxisbezogene Netzwerkarbeit versucht dort, wo vorhandene Netzwerke nicht ausreichen, wo sie Defizite haben, zusätzliche neue Netzwerke zu schaffen (Kontakte zu knüpfen, neue Bekannte/Freunde, Interessensbetroffene usw. zu finden). Auch hier kann die Netzwerkarbeit sich vielfältiger Formen bedienen (Strategien lokaler Vernetzung, gemeinwesenorientierte Strategien, Initiierung von Selbsthilfegruppen). Eine besondere Herausforderung ist die Suche nach neuen Gelegenheitsstrukturen. Dies ist immer dann notwendig, wenn die klassischen und oft mittelschichtdominierten Hilfeorte nicht passend sind.
4) *Netzwerkarbeit hilft, fragwürdige Netzwerkstrukturen aufzulösen.* Der positive Blick auf die Unterstützungsleistungen eines Netzwerks hat lange Zeit verdeckt, dass Netzwerkstrukturen auch negative Anteile haben können. Statt Informationen zu geben, halten Netzwerkpartner diese zurück oder intrigieren mit gezielten (Falsch-)Informationen; statt Liebe und Anerkennung zu geben, vermitteln sie Kälte und Geringschätzung und statt Räume und Optionen im Handeln zu ermöglichen, schränken sie durch allerlei Varianten des Drucks und der moralischen Kontrolle Freiräume eher ein. Aufgabe der Netzwerkarbeit muss es von daher auch sein, den Klienten zu helfen, aus solchen Strukturen auszusteigen und sich von Netzwerkpersonen und -teilen zu verabschieden („Trennungsarbeit"). Dieser Teil bedeutet oft einen radikalen Umbau eines Netzes.
5) *Netzwerkarbeit prüft und modifiziert Vernetzungen im professionellen Helfernetzwerk.* Vor allem Multiproblemfamilien haben oft nicht nur eine langjährige Helferbiographie, sondern beschäftigen häufig auch aktuell eine ganze Heerschar an Professionellen. Aufgabe eines Beraters kann es sein zu prüfen, welche dieser Helferbeziehungen sinnvoll und stützend, welche überflüssig und womöglich auch welche eher kontraindiziert sind. Am Ende der Betreuung können zudem Multiproblemfamilien oft noch nicht in die völlige Autonomie entlassen werden, sondern sind weiter auf gezielte professionelle Unterstützung angewiesen. Diese sinnvoll zu arrangieren und gemeinsam mit der Familie, beispielsweise über Helferkonferenzen, zu organisieren, ist ebenfalls Teil praktischer Netzwerkarbeit.
6) *Netzwerkarbeit bedeutet meist auch soziale Identitätsarbeit.* Eine intensive und vertraute Beziehung, wie sie in vielen Helferkontakten gelingt, bedeutet für den Klienten fast immer auch, dass er in dieser Zeit mit besonderer Aufmerksamkeit bedacht wird und dass er zu seinem Tun viel Rückmeldung und auch Anerkennung erfährt. Der professionelle Helfer wird zudem auch oft als Modell fungieren, wie man in Interaktionen anderen Mut macht und diese in ihren Fähigkei-

ten anerkennt. Dieser Teil der Netzwerkarbeit ist eine wesentliche Voraussetzung, um das oftmals geschwächte Selbstvertrauen und -bewusstsein der Klienten wieder zu stärken, um Ansatzpunkte für das Gefühl eigenen, nicht völlig fremdbestimmten Handelns zu erreichen. Wichtig bleibt aber immer der Grundsatz jeglicher Netzwerkarbeit, dass diese Dimension (Anerkennung, Aufmerksamkeit) nicht nur in der Zweierbeziehung gesehen und verändert, sondern für das gesamte Netzwerk reflektiert und wenn möglich auch beeinflusst wird.

7) *Netzwerkarbeit ist immer auch Ablösearbeit.* Dieser Punkt ist besonders wichtig, weil Netzwerkarbeit im Ablöseprozess des Klientels vom jeweiligen Helfersystem einen besonders wichtigen Stellenwert einnimmt und weil es immer noch vergleichsweise zu wenig Aufmerksamkeit für diese Abschlussphase gibt. So gehört zur professionellen Unterstützung der Ablösephase, die Rollen und Funktionen, die man als Helfer einnahm, wieder an die Klientel und an dessen Netzwerkstrukturen zurückzugeben. Das Denken und Arbeiten in Netzwerkstrukturen hilft hier, sich sowohl der eigenen Funktionen und Rollen im Netz der Klienten klarer zu werden, als auch nach Formen zu suchen, im Netzwerk der Klienten alternative Möglichkeiten der Unterstützung gemeinsam mit den KlientInnen zu finden.

Diese sieben Handlungsprinzipien werden umrahmt von drei weiteren Grundsätzen, die auch wichtige Anschlussmöglichkeiten der Netzwerkperspektive verdeutlichen.

Netzwerkarbeit fördert Empowermentprozesse. Netzwerkarbeit wird stets von dem Grundsatz geleitet, dass hier nicht jemand anstelle des/der Klienten/in handelt und Netzwerkressourcen stärkt, sondern dass dies nur dann eine Chance hat zu funktionieren, wenn es die betreffende Person selbst tut. Netzwerkarbeit ist damit genuin Empowerment, d.h. sie beschreibt den Versuch, Menschen zu helfen, in Selbstbefähigung ihr Leben nach eigenen Zielen in den Griff zu bekommen und zwar ohne sie dabei als isolierte Einzelwesen zu begreifen.

Netzwerkarbeit ist gemeinwesenorientiert und vom Grundsatz her auch *Gemeinwesenarbeit*: Zum einen, weil sie am unmittelbaren Lebensumfeld der Klienten ansetzt und sich damit in aller Regel auf ein konkretes Gemeinwesen bezieht; und zum zweiten, weil das konkrete soziale Engagement vor Ort nicht selten zur Folge hat, dass man gemeinsam mit Betroffenen direkt oder indirekt auch an veränderten (Infra-)Strukturen arbeitet. Die Palette geht vom Aufbau von Nachbarschaftsstrukturen, der Initiierung von Selbsthilfestrukturen über die Stärkung bürgerschaftlichen Engagements, verbesserter zielgruppenbezogener Partizipationsmöglichkeiten bis hin zur Durchsetzung notwendiger Infrastruktureinrichtungen.

Netzwerkarbeit ist integrative psychosoziale Arbeit. Die Netzwerkarbeit nimmt vielfältige Formen und Konzepte auf, die aus ganz unterschiedlichen Traditionen sozialpädagogischer, therapeutischer und auch sozialpsychologischer Provenienz stammen. Netzwerkarbeit geht es nicht um Abgrenzung, sondern um Integration, Fragen der Originalität bleiben nachgeordnet.

Weitere Beschreibungen der Grundhaltung sozialer Netzwerkarbeit finden sich in Röhrle, Sommer und Nestmann (1998, S. 25ff), Bullinger und Nowak (1998, S. 171ff) und Lenz (2000).

3 Netzwerk als methodischer Ansatz für Beratung

Die Netzwerkarbeit bietet eine Fülle von Ansatzpunkten für das beraterische Handeln. Im Spektrum psychologischer und sozialarbeiterischer Methoden ist sie dabei weniger methodische Konkurrenz als vielmehr eine zu vielen Methoden querliegende Grundhaltung. Im Folgenden werden zwei Gruppen von Verfahren dargestellt, auf die Netzwerkarbeit dabei zurückgreift. Die erste richtet sich eher auf die klientenbezogene und die zweite eher auf die organisationsbezogene Arbeit mit Netzwerken.

Klientenbezogene Netzwerkarbeit

Neben dem von Moreno (1934) bereits vor fast 70 Jahren entwickelten Klassiker der Netzwerkarbeit (Psychodrama) sind zu nennen (vgl. Straus, 2001):

- das Networkcoaching als Teil der Arbeit von Beratungsstellen,
- als therapeutische Methode die von Speck & Attneave (1983) und Rueveni (1979) entwickelte Netzwerktherapie,
- als sozialarbeiterisches Pendant die Netzwerkkonferenz,
- für den sozialpsychiatrischen Bereich das im Rahmen einer mehrjährigen Forschungsstudie in der Kärntner Sozialpsychiatrie entwickelte Verfahren der Netzwerkmoderation. Dieses stellt eine Modifikation der oben genannten Netzwerkkonferenz dar,
- als ein spezifisches Verfahren zur fallbezogenen Vernetzung von Helfern und Klienten die Methode der Helferkonferenzen,
- als netzwerkorientiertes Verfahren für Fallsupervisionen und -beratung in der sozialen Arbeit die „Netzwerkskulptur",
- das verhaltenstherapeutisch orientierte Gruppenprogramm bei Einsamkeit und
- das Verfahren zur Stärkung der Unterstützungssysteme alter Menschen, das von Biegel, Shore & Gordon (1984) zu sieben Typen der Netzwerkintervention zusammengefasst wurde.

Röhrle, Sommer & Nestmann (1998) haben für den deutschsprachigen Raum in einem Sammelband den bisher besten Überblick zu praxisorientierten klientenbezogenen Netzwerkmethoden zusammengestellt. Sie kommen dabei zu dem Schluss, dass – im Unterschied zum angloamerikanischen Raum – in Deutschland eine vergleichbare Praxis des „Networking" und des „Support Marshalling" fehlt. Während dort entsprechende Verfahren zum verbreiteten Handwerkszeug von Beraterinnen, Therapeuten, Sozialarbeitern und Gemeindepsychologen gehören, ist die praktische Seite der Netzwerkperspektive hier weitgehend unbekannt – wobei man einschränkend sagen muss, dass es natürlich eine Reihe von Konzepten und Vorgehensweisen gibt, die existieren, ohne als explizit netzwerkorientiertes Verfahren etikettiert zu werden. Das bekannteste Beispiel dafür sind Selbsthilfegruppen und die stützende Selbsthilfeförderung.

Organisationsbezogene Netzwerkarbeit

Bereits lange bevor in der Wirtschaft Netzwerke als neue, moderne Organisationsform entdeckt wurden, nahmen sie auch im Bereich der Organisationen eine wichtige

Rolle ein. Allerdings hat der klassische organisationssoziologische Blick verhindert, dass deren Chancen auch zum Tragen kommen konnten. Allmählich wird aber das Netzwerkkonzept auch im Kontext der Organisationsentwicklung (vgl. Fatzer i.d.Bd.) entdeckt und für Beratungsprozesse genutzt (vgl. Boskamp, 1999; Balck, 1996).

Das Potenzial innerorganisatorischer Netzwerke: Boskamp (1999) sieht eine Reihe von Gründen, die das Netzwerkkonzept für leitende Mitarbeiter in Organisationen interessant machen. So sind informelle Netzwerke wesentlicher Teil jeder durchdachten lebensraumorientierten sozialen Arbeit und folglich in Analogie zu den oben beschriebenen Formen (network construction, network coaching usw.) durch das organisatorische Setting zu unterstützen. Während bislang die Person im Wesentlichen nur nach Funktion und Position gesehen wurde, verkörpern Netzwerke in einer Organisation jene Grauzone zwischen formalen Strukturen und informellem Bereich. Heute erkennt man, dass es nicht darum geht, diese informellen Netze zu kontrollieren, sondern ihr Potenzial zu fördern und mittels unterschiedlicher Strategien als nützliches Instrument im organisatorischen Alltag zu nutzen: Gerade in Zeiten mitarbeiterorientierter Organisationsentwicklung und der Förderung eines „lean managements“ werden die weit verzweigten Strukturen der informellen Netzwerke zu einem wichtigen Kapital jeder Organisation. Es gibt bereits Beispiele, dass in Unternehmen vor Umstrukturierungsprozessen Netzwerkanalysen durchgeführt werden, um wichtige informelle Netzwerke durch die Reorganisation nicht zu unterminieren.

Neben den firmeninternen werden auch *organisationsübergreifende Netzwerke* („strategische Allianzen“) wichtig und als Innovationspotenzial und Strategie zur Erhöhung der Wettbewerbsfähigkeit genutzt.

Das „networking“ bildet neben der Projektorientierung den wesentlichen Eckpfeiler einer Entwicklung, deren Opfer die traditionellen „Palastorganisationen“ sind. Bei letzteren dominieren die linearen Strukturen und eine an bestimmte Positionen gekoppelte Spezialisierung. Die jeweiligen Aufgaben und Kompetenzen sind möglicherweise klar geregelt, geben aber wenig Spielraum und sind oft unflexibel. Die veränderten Kundenbedürfnisse wie auch die Globalisierung verlangen aber statt hierarchischer Strukturen projektorientierte und statt einer straffen Linienorganisation vermehrt Querschnittsregelungen: Unternehmensgrenzen öffnen sich und strategische Netzwerke entstehen. Im Mittelpunkt stehen nun u.a. Fragen von Kooperationsbeziehungen zwischen strategisch, asymmetrisch strukturierten Unternehmensnetzwerken.

Während die klientenbezogene Netzwerkarbeit bereits auf eine längere Erprobungsetappe blickt, befinden sich organisationsorientierte Verfahren für OE-Prozesse[1] erst in einem Entwicklungsstadium (vgl. Boskamp, 1999; Balck, 1996; Straus, 2001).

Neben der klienten- und organisationsbezogenen Form der Netzwerkberatung gibt es mittlerweile auch eine Variante des „networking“, die auf eine systematisch aufgebaute berufliche Beziehung und Karriereplanung abzielt. Hier lautet der Grundgedanke: Beziehungen müssen heute stärker als früher aktiv geknüpft und

[1] Organisationsentwicklungs-Prozesse

Vorwort und Einleitung
Beratungs-disziplinen
Geschlecht und Beratung
Alter und Beratung
Kultur und Beratung
Beratung und soziale Systeme
Perspektiven der Beratung

gepflegt werden, wenn sie für die berufliche Karriere Informationsaustausch, Kommunikation, Hilfestellung und gegenseitige Förderung beinhalten sollen. Dieser Beratungsansatz gibt Tipps und Hinweise für ein aktives Beziehungsmanagement. Es gilt, die Chance zu nutzen, die beruflichen und privaten Partner zu Freunden und Verbündeten zu machen und ihre Wertschätzung, ihr Wohlwollen und ihre aktive Unterstützung zu gewinnen (vgl. Gerstenmaier & Günther i.Bd.2).

Auch wenn das letztgenannte Beispiel möglicherweise nur eine „Nebenblüte" in der boomenden Landschaft der Netzwerkidee ist, so verdeutlicht es dennoch, wie weit netzwerkorientierte Beratung in einer Zeit geht, in der die Erosion klassischer Traditionen und Großgruppennetzwerke ein völlig neues Beziehungsmanagement notwendig machen.

Eine weitere Variante einer ganz anderen netzwerkorientierten Dimension für Beratung eröffnet das Internet. In den letzten Jahren haben Online-Beratungsangebote und auch Selbsthilfe-Chatrooms sprunghaft zugenommen. Anonyme Beratung zu fast allen Lebensfragen und Konfliktlagen wird – inzwischen auch von seriösen Anbietern – bundesweit ins Netz gestellt. Die Netzwerkorientierung bezieht sich hier allerdings weniger auf die Beratungsinhalte als auf die Form der Beratung (vgl. Engel: „Beratung und Neue Medien" i.d.Bd.).

4 Die Welt als Netzwerk: Die Rahmenbedingungen für Netzwerkberatung verändern sich

Die schrittweise Einbeziehung einer Netzwerkperspektive in das Beraterhandeln wird sich fortsetzen. Offen bleibt jedoch die Frage, wie weit und wie stark netzwerkbezogene Verfahren (beispielsweise in systemische bzw. auch klassisch organisationspsychologische Ansätze) auch nachhaltig integriert werden. Der retrospektive Blick stimmt allerdings nicht optimistisch. Obwohl sich die Netzwerkperspektive nicht als konkurrentes Paradigma verstand, haben sich die verschiedenen therapeutischen und organisationsbezogenen Schulen in der Vergangenheit einer konsequenten netzwerkorientierten Perspektive meist erfolgreich verweigert bzw. den mit einer Netzwerkarbeit verbundenen Aufwand gescheut. Andererseits zeigt sich auch, dass die starke Konjunktur der Verwendung der Netzwerkmetapher weiter anhält, ja sogar in den letzten zwei Jahren noch einmal deutlich zugenommen hat. Drei Gründe scheinen dafür verantwortlich:

1. Der Trend der Individualisierung hält weiter an: Solange traditionelle Strukturen und die sie tragenden Großgruppen (wie Kirche, Gewerkschaften, Parteien etc.) an Einfluss und Bindungskraft verlieren, werden Subjekte in der Rolle des Baumeisters ihres Netzwerks stärker gefordert. Die Fähigkeit zu einer aktiven Netzwerkarbeit ist heute beinahe so etwas wie eine (überlebens-)notwendige Kompetenz geworden.
2. Ein weiterer Grund für die Hochkonjunktur des Vernetzungsdiskurses findet sich in der Erwartung, dass Netzwerke in Zeiten knapper Ressourcen ein Hoffnungsträger für kostenneutrale Problemlösungen sind. Hinzu kommt die idealisierende positive Besetzung der Netzwerkidee im Sozialbereich.

Vorwort und Einleitung
Beratungs-disziplinen
Geschlecht und Beratung
Alter und Beratung
Kultur und Beratung
Beratung und soziale Systeme
Perspektiven der Beratung

3. Auch ein von der Person abstrahierender gesellschaftlicher Blick auf Meso- und Makrostrukturen beginnt immer häufiger, die globalisierte Welt als Netzwerk zu begreifen. Nicht wenige Autoren behaupten, dass die Komplexität einer globalisierten informationstechnologischen Gesellschaft adäquat nur noch als Netzwerk verstanden werden kann.

Auf die zuletzt genannten beiden Diskurse soll abschließend noch kurz eingegangen werden.

Vernetzungen als Synergiepotenzial und Hoffnungsträger

Fast seit Beginn begleitet die Netzwerkidee ein besonderer Zauber. Sie gilt als Hoffnungsträger für die stärkere Durchsetzung von sozialer Unterstützung, von mehr Gemeinschaftlichkeit und Menschlichkeit sowie von durch Kreativität, Gleichberechtigung und nicht entfremdete Arbeit geprägte Formen der Zusammenarbeit. Nimmt man als Beispiel die alternative Szene in der Bundesrepublik, so finden sich in den 80er und 90er Jahren viele Zusammenschlüsse, die eben aus den genannten Gründen den Netzwerkbegriff in ihren Namen aufnehmen. Gerade auch im psychosozialen Bereich hat der Vernetzungsbegriff einen stark positiven Gehalt. „Kooperations- und Vernetzungsstrategien sind geradezu Hoffnungsträger ersten Ranges" (Dahme & Wohlfahrt, 2000, S. 319). Man erwartet sich, sowohl Versorgungsstrukturen im Interesse der Klienten zu verbessern, Synergiepotenziale durch Zusammenarbeit verschiedenster Einrichtungen steigern zu können und Organisationen als auch Versorgungssysteme effizienter zu restrukturieren. Mit einer „Politik der Netzwerkbildung" über Gesetze (beispielsweise SGB VII, § 78), staatliche Programme und institutionelle Handlungspraxen wurden neue kooperative Steuerungspraxen in den verschiedensten sozialen Bereichen etabliert (vgl. auch von Kardorff, 1998). Zudem gelten Netzwerke als ein Instrument von Selbstorganisation, mit dem sich unentdeckte Hilfs- und Unterstützungspotenziale in einer Gesellschaft organisieren können. Ihre Markenzeichen sind dabei die nicht hierarchischen und freiwilligen Formen von Zusammenschlüssen, die nicht auf Marktmechanismen beruhen. Betrachtet man diese Entwicklung in ihrer Gesamtheit unter einer kritischen Perspektive, so finden sich viele Idealisierungen. Dies betrifft beispielsweise die langjährige Tabuisierung der professionalisierten Basis der Selbsthilfe, aber auch die Gegenüberstellung von Netz und Markt. Schon wird gefragt, ob Netzwerke nicht nur für mangelnde Steuerungsfähigkeit von Staat und Verwaltung stehen, sondern auch – quasi im Schatten der Hierarchie – Effizienz- und Kostenprobleme lösen sollen (Dahme & Wohlfahrt, 2000, S. 327). Auch wenn hier m.E. zu vorschnell diagnostiziert wird, dass der Netzwerkbegriff eindimensional zur Rationalisierungsmetapher geschrumpft sei, so wird doch andererseits immer deutlicher, dass Netzwerke eben kein Wundermittel zur Verbesserung der Welt sind. Gerade auch die Markierung vieler Zusammenschlüsse und Arbeitsformen im wirtschaftlichen Sektor zeigt, dass Netzwerke keineswegs Bollwerke gegen Marktmechanismen sind, sondern sehr wohl auch marktförmig funktionieren. Gleichwohl gelten Vernetzungen als Synergiepotenzial und als eine Chance, auch in Zeiten knapper Ressourcen unter der Beteiligung vieler Einzelner Ressourcen für neue Problemlagen bereitzustellen. *Umbau statt Ausbau* heißt hier die Lösung. Zudem haben netzwerkorientierte Verhandlungskulturen den Ruf, schneller, unbürokratischer und flexibler reagieren zu können als traditionelle Besprechungsformen.

Die Gesellschaft als Netzwerk – Netzwerke als Metapher der Komplexitätsreduktion

Netzwerke werden hier nicht mehr vorrangig als eine auf das soziale Beziehungsleben gerichtete Beschreibungskategorie verwendet, sondern vielmehr als zentraler analytischer Begriff der Gesellschaftsanalyse. Die Hauptthese in Manuell Castells *Rise of the Network Society* (1996) lautet, dass die dominanten Funktionen und Prozesse im Informationszeitalter zunehmend um Netzwerke organisiert sind. Beispiele solcher Netzwerke finden sich neben dem bekannten Internet auch

- im ökonomischen Bereich, denkt man an die Zusammenschlüsse von Firmen zu Netzwerken oder auch an das Zusammenspiel der weltweiten Börsenmärkte im übergeordneten Netzwerk der globalen Finanzflüsse,
- im politischen Bereich, denkt man an die nationalen Räte von Ministern und europäischen Kommissaren der EU. Andere Beispiele sind die UNO, die Nato, usw.,
- im kulturell-medialen Bereich, wenn man sich das Zusammenspiel von Fernsehsendern und Produktionsfirmen ansieht, die im globalen Netzwerk der neuen Medien die kulturelle Ausdrucksweise und die Meinungen im Informationszeitalter prägen.

In Castells Analysen wird deutlich, wie weitreichend die um Netzwerke gruppierten Prozesse bereits vorangeschritten sind und wie umfassend der Netzwerkbegriff hier benutzt wird. Im Mittelpunkt steht der kommunikative Austausch von Personen und Institutionen. Gegenstände, Räume und andere nicht menschliche Lebewesen sind insofern einbezogen, als sie an einem kommunikativen Akt beteiligt sind. Noch radikaler formuliert dies Latour (1998) in der von ihm mitbegründeten Actor-Network-Theory. Sie knüpft an ein im Alltag wohl bekanntes Phänomen an: Alles hängt mit allem irgendwie zusammen.

> Der winzigste Aidsvirus bringt uns vom Geschlecht zum Unbewussten, von dort nach Afrika, zu Zellkulturen, zur DNS, nach San Francisco. Aber Analytiker, Denker, Journalisten und Entscheidungsträger zerschneiden das feine Netz, das der Virus zeichnet. Übrig bleiben nur säuberlich getrennte Schubladen: Wissenschaft, Ökonomie, soziale Vorstellungen, vermischte Nachrichten, Mitleid, Sex ... (Latour, 1998, S. 9).

Die Actor-Network-Theory hat sich vorgenommen, eben diese Querbezüge zum Thema ihrer Arbeiten zu machen und konsequent die eingegangen (Begriffs- und Denk-)Wege zu verlassen. Der Netzwerkbegriff ist für sie Symbol und Programm zugleich. Ihr Ziel, die unverbundenen, genauer gesagt die künstlich zerschnittenen Fäden wieder zusammenzuspannen, wird durch das Netzwerk perfekt symbolisiert.

Beide Ansätze betonen die Relevanz eines erweiterten Netzwerkbegriffs. Noch gibt es einige methodische und begriffliche Schwierigkeiten. Hält man dies jedoch für typische Anfangsprobleme einer neuen Perspektive, dann wird der netzwerkorientierte Blick unausweichlich zu einer zentralen gesellschaftswissenschaftlichen (und – wie Latour ergänzen würde – auch naturwissenschaftlichen) Erkenntniskategorie. Mit ihr wird immer deutlicher erkennbar, wie rasant in der Phase der gesellschaftlichen Veränderungen Ende des 20. und zu Beginn des 21. Jahrhunderts netzwerkartige Strukturen zunehmen.

Fasst man beide Zukunftsperspektiven zusammen, lautet ihr Credo: Netzwerkanalysen stehen erst am Anfang. Ihr Erklärungsumfang und die Häufigkeit ihrer Anwendung werden sich ausweiten. Damit gerät die bisher eher schrittweise und zögerliche Aneignung der Netzwerkperspektive in Beratungsprozessen unter mittelbaren Legitimationsdruck: In einer netzwerkorientierten Welt wird es opportun, auch netzwerkbezogene Beratungsprozesse zu verstärken.

Literatur

Balck, H. (Hrsg.). (1996). *Networking und Projektorientierung. Gestaltung des Wandels in Unternehmen und Märkten.* Berlin/Heidelberg/New York: Springer.

Biegel, D.E., Shore, B. & Gordon, E. (1984). *Building support networks for the elderly: Theory & application.* London: Sage.

Boskamp, P. (1999). Das Konzept des Sozialen Netzwerkes – Anwendungsmöglichkeiten im Kontext von Führen und Leiten in Organisationen. In P. Boskamp & R. Knapp (Hrsg.), *Führung und Leitung in sozialen Organisationen.* Neuwied: Luchterhand.

Bullinger, H. & Nowak, J. (1998). *Soziale Netzwerkarbeit – Eine Einführung.* Freiburg: Lambertus.

Castells, M. (1996). *The Rise of the Network Society.* Oxford: Blackwell.

Dahme, H.J. & Wohlfahrt, N. (2000). Auf dem Weg zu einer neuen Ordnungsstruktur im Sozial- und Gesundheitssektor. Zur politischen Inszenierung von Wettbewerb und Vernetzung. In *Neue Praxis, 4*, 317–334. Neuwied: Luchterhand.

Hass, W. & Petzold, H.G. (2000). Die Bedeutung sozialer Netzwerke und sozialer Unterstützung für die Psychotherapie – diagnostische und therapeutische Perspektiven. Verfügbar unter: http://mypage.bluewin.ch/a-z/gestalt/IT/sozialenetzwerke.htm

Kardorff, E.v. (1998). Kooperation, Koordination und Vernetzung. Anmerkungen zur Schnittstellenproblematik in der psychosozialen Versorgung. In B. Röhrle, G. Sommer & F. Nestmann (Hrsg.), *Netzwerkintervention* (S. 203–222). Tübingen: dgvt-Verlag.

Keupp, H. (1988). Soziale Netzwerke – Eine Metapher des gesellschaftlichen Umbruchs. In H. Keupp (Hrsg.), *Riskante Chancen. Das Subjekt zwischen Psychokultur und Selbstorganisation* (S. 97–130). Heidelberg: Asanger.

Latour, B. (1998). *Wir sind nie modern gewesen. Versuche einer symmetrischen Anthropologie.* Frankfurt a.M.: Fischer.

Lenz, A. (2000). Förderung sozialer Ressourcen – eine gemeindepsychologische Perspektive. Gruppendynamik. In *Gruppendynamik und Organisationsberatung, Zeitschrift für angewandte Sozialpsychologie, 3* (9), 277–302.

Moreno, J.L. (1934). *Die Grundlagen der Soziometrie.* Opladen: Westdeutscher Verlag.

Pearson, R.E. (1997). *Beratung und soziale Netzwerke. Eine Lern- und Praxisanleitung zur Förderung sozialer Unterstützung.* Weinheim: Beltz.

Röhrle B., Sommer G. & Nestmann F. (Hrsg.). (1998). *Netzwerkintervention* (Bd. 2: Fortschritte der Gemeindepsychologie und Gesundheitsförderung). Tübingen: dgvt-Verlag.

Rueveni, U. (1979). *Networking families in crisis. Intervention strategies with families and social networks.* New York: Human Science Press.

Speck, R. & Attneave, C. (1983). *Die Familie im Netz sozialer Beziehungen.* Freiburg: Lambertus.

Straus, F. (2001). *Netzwerkanalysen – gemeindepsychologische Perspektiven für Forschung und Praxis.* München: Ludwig-Maximilians-Universität. Unveröffentlichte Dissertation.

Tolsdorf, C. (1976). Social networks, support, and coping: An exploration study. In *Family Process, 15*, 407–417.

Dr. Florian Straus ist Diplom-Soziologe. Er ist Geschäftsführer des Instituts für Praxisforschung und Projektberatung in München. Seine Arbeitsschwerpunkte sind: Soziale Netzwerke, Jugendgesundheitsforschung, Identitätsentwicklung junger Erwachsener und Beratungsforschung.

Anschrift:
Institut für Praxisforschung und Projektberatung
Ringeisstraße 8
D-80337 München

Organisationsberatung und -entwicklung: Veränderung durch Entwicklung und Lernen

Gerhard Fatzer

1 Wurzeln und Grundlagen von Organisationsentwicklung (OE)

Organisationsentwicklung ist eine Wissenschaft, eine Technologie und eine Philosophie, so die Kernaussage von Ed Schein, einem der Mitbegründer des Feldes (Schein, 1990, S. 410). Da die gesamte Geschichte der Organisationsberatung (OB) und Organisationsentwicklung (OE) hier nicht dargestellt werden kann, sei nur kurz zusammengefasst:

Kurt Lewin als der eigentliche Begründer des Feldes beschrieb in seinen berühmten Aktionsforschungsexperimenten die Grundprinzipien von Gruppen oder Organisationen, die sich selbst erforschen (vgl. auch Rechtien i.d.Bd.). Diese bildeten das Fundament für die *gruppendynamischen Laboratorien*, die ursprünglich die Organisationsentwicklung ausmachten und die Basis der 1947 gegründeten National Training Labs (NTL) bildeten. Aktionsforschung machte auch die ursprüngliche Praxis von OE aus, da die ersten OE-Experimente in Form von Aktionsforschungsprojekten durch externe Forscher zuerst in den Hawthorne Experimenten durchgeführt wurden. Auch die Gruppe um Douglas McGregor am Massachusetts Institute for Technology (M.I.T.), welche Lewin den Aufbau seines gruppendynamischen Forschungslaboratoriums ermöglichte, führte die Arbeit weiter. Hiermit verbunden sind so bekannte Namen wie Richard Beckhard, Edgar Schein, Warren Bennis.

Gleichzeitig entstand in Bethel (Maine) an einem abgelegenen Ort die Summer School der National Training Labs. Dort betrieb man Aktionsforschung als angewandte Gruppendynamik und dort entstand auch der zweite Bereich von Organisationsentwicklung, nämlich OE als Technologie, als Sammlung von angewandten Methoden der *Sozialtechnologie*. Zusammen mit Bradford arbeiteten am NTL – neben Benne und Chin – auch Ronald und Gordon Lippitt, die die Großgruppenmethoden wie Zukunftskonferenz, Open Space oder RTSC (Real Time Strategic Change) entwickelten.

Der dritte Teil von Scheins Begriffsbestimmung beschreibt OE als *Philosophie*, nämlich als die humanistische Grundhaltung in der Prozessberatung; hier schimmert nicht nur die nichtdirektive Haltung von Rogers durch, sondern auch die Position des OE-Beraters als Ethnologe oder Aktionsforscher. Nevis (1988) hat die zwei prototypischen Organisationsdetektive Sherlock Holmes und Colombo für die Aktionsforschung oder Organisationsdiagnose in die OE-Diskussion eingeführt – zwei Forscherhaltungen, die man kennen lernen und üben kann.

Definitorisch lässt sich Organisationsentwicklung mit Cummings auch als ein komplexes Handlungsfeld beschreiben. Hier ist Organisationsentwicklung „eine systemumfassende Anwendung von Wissen und Konzepten aus den angewandten Sozialwissenschaften auf das Gebiet der geplanten Entwicklung und Veränderung von Organisations-Strategien, -strukturen und -prozessen zur Verbesserung der Organisations-Wirksamkeit oder -effizienz“ (Cummings, 1993, S. 2).

Die Elemente dieser Definition können folgendermaßen konkretisiert werden:

- OE wird auf ein ganzes System angewendet und hat die Gesamt-Organisation im Fokus. Das unterscheidet sie auch klar von Supervision (vgl. Pühl i.d.Bd.) und von Coaching (vgl. Schreyögg i.Bd.2). Es kann allerdings die gleichzeitige Anwendung aller drei Verfahren geben.
- OE basiert auf Konzepten der angewandten Sozialwissenschaften. Dies umfasst Mikro-Konzepte wie Führung, Gruppendynamik und Konzepte von Arbeit sowie Makro-Konzepte wie Organisations-Strategie, -struktur, -kultur und System-Umwelt-Beziehungen. Darin unterscheidet sich OE von Ansätzen wie „Business Re-Engineering“, „Lean Management“ oder den Experten-Ansätzen von McKinsey oder Roland Berger, die eine genaue Vorstellung davon haben, wie das Endprodukt aussieht und die aus diesem Grund auch immer an der Umsetzung scheitern. Die neuste Modewelle ist, dass auch diese Firmen den Kunden vorgaukeln, OE zu praktizieren. Das allerdings können Kunden leicht eruieren, indem sie Ed Scheins drei Grundmodelle von Beratung zu Hilfe nehmen.
- OE ist zwar mit geplantem Wandel beschäftigt, hat aber deswegen keine fixierten Vorstellungen über Abläufe. Es beschreibt eher einen adaptiven Prozess der Planung und Implementierung von Veränderung. Als Wegleitung sind „Phasenmodelle“ hilfreich, die als innere „Landkarten“, zeigen, wie Veränderung funktionieren kann.
- OE umfasst das Planen, aber auch die Umsetzung von Maßnahmen des Wandels oder der Organisationsveränderung. Konkret heißt dies, dass sie sich auch mit der Stabilisierung und Institutionalisierung beschäftigt, ganz im Sinne von Kurt Lewins Diktum „Betroffene zu Beteiligten machen“.

- OE geht weiter als die einfache Veränderung von Strategie, Struktur und Prozessen. Dies sieht man deutlich bei allen Implementierungsfragen von Total Quality Management und kontinuierlichen Verbesserungsprozessen (Fatzer, 1998a). Hier endet auch häufig das „Latein" der meisten Expertenberatergruppen.
- OE zielt auf die Verbesserung der Organisations-Effizienz ab oder – im Sinne von Entwicklungsphasen – auf die „arbeits- und lernfähige Organisation", welche imstande ist, ihre eigenen Probleme zu lösen und lernfähig zu sein. In diesen Punkten unterscheidet sie sich auch von anderen Beratungsansätzen wie z.B. reiner Expertenberatung.

Bilanziert man insgesamt die historische Entwicklung der OE, dann sind letztlich fünf Pfeiler beschreibbar, auf denen die OE ruht:

1. *Laboratoriumsmethode des Lernens*, wie von den NTL und vom Forschungszentrum für Gruppendynamik am MIT entwickelt (1947 bis heute): Dies war zu Beginn die klassische Methode und Lernform von OE, mit der Grundannahme, dass sich Lernen in der Trainingsgruppe auf die Entwicklung der gesamten Organisation auswirke. Diese Form wird heute noch als Grundform empfohlen, ist aber natürlich ausführlich erweitert und angereichert worden.
2. *Survey Feedback Forschung*, wie sie primär von Likert entwickelt wurde (1948 bis 80er Jahre): Ursprünglich war sie das klassische Forschungsinstrument mit Umfragen quer durch alle Hierarchiestufen und einem ausgeklügelten Feedback-System. Sie wird heute nur noch begrenzt, primär durch klassische Forschungsinstitute im Rahmen von Mitarbeiterbefragungen eingesetzt.
3. *Aktionsforschung*, wie sie von Kurt Lewin und seinen Studenten in diversen berühmten Studien angewendet wurde, so z.B.: Marrows Studien in der Harwood Manufacturing Plant, Coch und French zum Thema „Widerstand bei Veränderungen", White und Hamiltons berühmte Studie des Tremont Hotels in Chicago und Colliers berühmte Aktionsforschungsstudie zur Verbesserung der Beziehungen zwischen Indianern und Weißen (vgl. Fatzer, 1996). Diese Studien legten die Grundlagen zu „Partizipativem Management" als Fundament von Veränderungsmanagement.
4. *„Quality of Work Life"-Ansätze* oder die soziotechnische Schule von Eric Trist (1950 bis heute): Eric Trist war einer der frühen Bewunderer von Kurt Lewin und schuf zusammen mit Fred Emery die theoretischen und praktischen Grundlagen einer Verbindung von sozialen und technischen Systemansätzen der Organisation, basierend auf ihren bahnbrechenden Untersuchungen von Arbeitsbedingungen in britischen Kohleminen. In den 50er Jahren legten sie mit ihrer Arbeit mit Sidder Hawkeley den Grundstein für die heute bekannten Zukunftskonferenzen (Emery, 1996). Diese Bewegung begründete auch den demokratieorientierten Ansatz von OE und die „Humanisierung der Arbeitswelt" und strahlte stark in die skandinavischen Länder aus. Heute ist sie auch in den Vereinigten Staaten im Rahmen von gewerkschaftlich und politisch fundierter OE populär. Frühe Praktiker dieser Ansätze entwickelten Programme in Großbritannien, Irland, Norwegen und Schweden. In diesen Qualitätsprogrammen entwarfen Gewerkschaften und Management gemeinsam Designs von Arbeits-

abläufen, die den Mitarbeitern ein hohes Ausmaß an Aufgabenvielfalt und Feedback gaben. Zum Teil resultierten daraus „Job Enrichment"-Programme oder autonome Arbeitsgruppen, wie sie insbesondere in der produzierenden Industrie umgesetzt wurden (Volvo u.a.). Weiterentwicklungen finden sich in den Ansätzen von Qualitätszirkeln oder Total Quality Management.

5. *Strategische Veränderung* oder Entwicklung der Gesamtorganisation (70er Jahre bis heute): Diesem neusten Einfluss liegt die Annahme zugrunde, dass Organisationen extrem komplex und in ihren jeweiligen Umgebungen nur schlecht plan- und steuerbar sind. Ferner sind die Umgebungen nur schwer kalkulierbar; die Märkte sind nicht mehr vorhersehbar. Man muss im Veränderungsmanagement die Faktoren Struktur der Organisation, Kultur, Strategie und Systemumgebung im Auge behalten. Vorgehensweisen sind z.B. offene Systemplanung, wie sie durch Beckhard & Pritchard (1996) entwickelt wurde. Aus diesen Vorgehensweisen sind auch die Großgruppenansätze entstanden. Im deutschen Sprachraum kann man hier die „strategische Unternehmensentwicklung" als Teil der OE nennen.

Entwicklungen im deutschsprachigen Raum

Im deutschsprachigen Raum verlief die frühe Entwicklung so, dass Traugott Lindner, Max Horkheimer und andere Mitbegründer der Zeitschrift „Gruppendynamik" in den 60er Jahren die ersten Seminare durchführten. Leider schaffte es die daraus entstandene GOE (Gesellschaft für Organisationsentwicklung) nicht, länger als bis Ende der 80er Jahre zu überleben, was auf die Schwierigkeiten von Beratern in der Bildung einer „Professional Community" hinweisen mag.

Neue Impulse kamen dann durch die Gruppe um Glasl, der den NPI-Ansatz (Niederländisches Pädagogisches Institut) von Lievegood auch durch diverse Gruppierungen in Österreich (die „Wiener Schule"), zu denen diverse systemische Beratergruppen gehören, im deutschsprachigen Raum popularisierte. Sie unternahmen es, die Systemtheorie Luhmannscher Prägung auf die OE zu übertragen. Im deutschen Raum repräsentieren dies insbesondere Gruppendynamiker um Doppler, Lauterburg und Heintel (vgl. Publikationen in der Zeitschrift „OE").

Der Vergleich zum amerikanischen Feld mit diversen großen Dachorganisationen und entsprechenden Fachzeitschriften mag bei uns einen noch stärker konzeptionellen Ansatz von OE als Feld wünschenswert erscheinen lassen. Wir bewegen uns allerdings auf diesen Punkt hin, da die zunehmende Popularität von OE mithilft. OE hat sich im Laufe der 80er Jahre markant in neue Richtungen entwickelt, was durch diverse Veränderungen in den Organisationen und in der OE selber bedingt war.

2 Grundlegende Annahmen und Konzepte von OE

Organisationsentwicklung findet meistens unter Anleitung eines externen Beraters statt. In einigen Fällen handelt es sich auch um eine interne Maßnahme, wobei die Rolle des Beraters als Mitglied des Klientensystems schwierig ist (Heintel, 1998).

Die Rolle des OE-Beraters wird aus Gestalt- und Systemsicht als eine Rolle an der Grenze beschrieben. Der Berater muss einen Unterschied zum Klientensystem machen. In diesem Zusammenhang sind die Gestalt-Sichtweisen von Nevis (1988) erhellend, der die Rolle des Beraters unter dem Aspekt *Kontakt, Präsenz* und *Intervention* beschreibt:

- *Kontakt* ist eine der Grundlagen des OE-Prozesses und meint die Betonung und Anerkennung der Unterschiede zwischen Berater und Klientensystem. Die Organisation lernt dadurch, dass sie diese Unterschiede sieht und im Rahmen von Feedback-Prozessen hört. Bezogen auf das Modell des Organisations-Eisbergs heißt dies, dass die Aspekte unterhalb des Wasserspiegels, die der Organisation unbewusst sind, bewusst gemacht werden.
- *Präsenz* bedeutet im Zusammenhang mit OE, dass sich der OE-Berater sowohl real als auch symbolisch seiner Rolle bewusst ist und dass er im Laufe seiner Arbeit mehr darüber erfährt, welche Übertragungen er auslöst.
- *Intervention* verweist auf die Tatsache, dass Beratung und jegliche Form des Beraterverhaltens ein Dazwischenkommen, eine Unterbrechung von ablaufenden sozialen Prozessen darstellt. Nevis (1988) geht sogar so weit zu sagen, dass OE-Interventionen eine Zumutung und eine Störung für das Klientensystem darstellen. Auf diesem Hintergrund ist es auch verständlich, dass Widerstände ein Begleitphänomen von OE-Prozessen darstellen.

Darüber hinaus ist der Aspekt *Widerstand* in der OE bedeutsam. Falsch wäre es, ihn in Analogie zum Begriff – wie er mit Blick auf Individuen formuliert wurde – auf Organisationen zu übertragen und damit Individuum und System gleichzusetzen. Demgegenüber wird Widerstand im Gestaltansatz der Organisationsberatung umschrieben als ein Konstrukt oder Konzept, das primär durch Personen verwendet wird, die professionell Einfluss ausüben wollen, also Manager, Führungskräfte oder Berater. „Widerstand" entspricht nicht unbedingt dem subjektiven Erleben der Betroffenen (Nevis, 1988). Man kann noch weitergehen und sagen, *dass Widerstand die psycho-logische Folge des eigenen Vorgehens darstellt.* Widerstand begleitet alle Lern- und Veränderungsprozesse von Menschen, Gruppen oder Organisationen. Er stellt die Kehrseite von Kontakt dar und wurde durch Gordon Wheeler entscheidend erweitert:

> „Es ist daher sinnlos, von Kontakt zu sprechen ohne Bezug auf Widerstand und Konfluenz. … Es kann kein System, keinen Organismus geben, der länger als einen Augenblick aus dem Kontakt mit der Umwelt tritt. Die eigentliche Definition von Organismus ist die Grenze im Feld" (Wheeler, 1993, S. 124).

Ein weiterer wichtiger Punkt zur Rolle des Beraters umfasst die *defensiven Routinen.* Es ist zentral für die Lernfähigkeit der Organisation, ob der Berater die defensiven Routinen der Organisation beleuchten und reflektieren kann. Allzu häufig ist es so, dass Berater zusammen mit der Klientenorganisation gemeinsame defensive Routinen aufbauen, sodass die Organisation nicht mehr lernt. Besonders drastische Beispiele hat Argyris (1993) dargelegt: Hier gingen die Organisationen mit den Beratern das unbewusste Bündnis zur Tabuisierung der defensiven Routinen ein, mit dem Effekt, dass die Organisationen nicht mehr lernten.

Signifikante Veränderungen im Umfeld von Organisationen und ihre Auswirkungen auf die OE

Wenn man OE als Antwort oder als ein Set von sozialen Erfindungen ansieht, um in einem bestimmten ökonomischen, gesellschaftlichen und politischen Kontext Entwicklung und Veränderung in und zwischen Organisationen voranzutreiben, wäre zu beschreiben, was sich in diesen Kontexten seit den 60er Jahren geändert hat und wie dies das Feld von OE prägt.

Eine erste Veränderung ist die neue ökonomische Lage, die 1973 durch die Ölkrise und in den 90er Jahren durch die verschiedenen Rezessionen ausgelöst wurde, wie z.B. der Zusammenbruch der Sowjetunion, das Ende des geteilten Deutschlands (1989), der teilweise Zusammenbruch diverser Ostblockstaaten. Weitere Zäsuren stellten der Golfkrieg (1991) und Einbrüche im asiatischen Wirtschaftswunder mit den Beinahe-Bankrotten von Indonesien, Thailand und Südkorea und den Bankenzusammenbrüchen in Japan (1997/98) dar.

Dies hatte in den jeweiligen Rezessionen zur Folge, dass ganze Firmenbereiche kollabierten und dass der ökonomische Druck in den Firmen dazu führte, ganze Bereiche von Entwicklungs- und Veränderungsprogrammen zu reduzieren oder zu streichen. Der Druck auf die OE-Beraterinnen und -berater, sich in den Dienst von Effizienzsteigerung/Verschlankung/Re-Engineering/Prozessoptimierung/Total Quality Management (TQM) oder KVP (Kontinuierlicher Verbesserungs-Prozess) zu stellen, wuchs. Die neueste Welle oder Version war „Lernende Organisation" (Senge, 1996; Fatzer, 1997; Fatzer, 2003) – und hier selbstverständlich die „schnellstlernende Organisation". Gegenwärtig stehen „Wissensmanagement", „The Knowledge-Creating Company" (Nonaka & Takeuchi, 1995) und die „Netzwerkorganisation" auf der Liste von Veränderungsanliegen. Dies heißt für OE-Berater, dass sie gerüstet sein müssen, diese neuesten Konzepte zu vermitteln oder zumindest bei ihren Umsetzungsproblemen zu helfen.

Will man hier *„Trends zur Um-Orientierung von OE"* ausmachen, so sehen diese in etwa folgendermaßen aus:

Veränderung von strategischer Planung zu strategischer Implementierung

Es wurde im Verlaufe der Jahre und der Veränderungsprojekte klar, dass Planung nur einen kleinen Teil der Veränderungsprojekte ausmachte, Implementierung dagegen den größten. Die Hauptgründe für das Scheitern vieler TQM- oder Re-Engineering-Projekte liegen in ihrer mangelhaften Implementierung. Die systemumfassenden TQM-Projekte vieler Firmen oder auch im sozialen Bereich (Bobzien, Stark & Straus, 1996) scheitern oft an ihrer Implementierung oder mangelhaften Vernetzung.

Das Konzept der „Unternehmenskultur" (Schein, 1997, 2000; Sackmann, 1991) oder der „Unternehmenswerte" wurde kaum angewendet.

Durch die wichtigen Veröffentlichungen zu „erfolgreichen Unternehmen" und „visionären Unternehmen" wurde der zentrale Wert einer „starken" oder „nachhaltigen" Unternehmenskultur ins Blickfeld genommen. Es ist das Verdienst von Edgar Schein, diese Kerngröße von Veränderung und Entwicklung von Organisationen sorgfältig entwickelt zu haben (Schein, 1985/1995). Es ist heute klar geworden, dass die Veränderung der Strategie einer Organisation ohne die Veränderung der kulturellen Grundwerte und -normen kaum nachhaltige Chancen hat. Allerdings ist Edgar Schein nicht müde geworden, auf die Langwierigkeit kultureller Veränderung hinzuweisen. Es stellt sich die berechtigte Frage, ob sich Organisationen unter dem massiven Veränderungsdruck (mitverursacht durch „Globalisierung") diese Zeit nehmen. Da viele Expertenberatungsfirmen in Deutschland und den USA diesen Faktor nicht berücksichtigen, ist klar, warum Organisationsveränderungen oft nicht nachhaltig sind.

Partizipative Vorgehensweisen im Management wurden verstärkt.
Partizipative Vorgehensweisen wurden im Management kaum implementiert, obwohl politisch häufig in diesen Begriffen gesprochen wurde. Heute ist das Gegenteil der Fall, wobei Gegentrends bereits wieder sichtbar sind. Dies ist sicher auf viele Faktoren zurückzuführen, zwei stechen jedoch hervor: Der Erfolg der japanischen Management-Ansätze, die sich in den Gedanken der Qualitätsbewegung durchsetzten, nämlich Kaizen-Qualitätszirkel und Kontinuierlicher Verbesserungsprozess. Allerdings war die Hauptverbreitung dieser Ansätze in der Produktion wie z.B. der Automobilindustrie festzustellen. Andere Anwendungen werden erst seit kurzem geschildert (Kopp & Howaldt, 1997).

Als zweiter Faktor ist die zunehmende Professionalisierung von Mitarbeitern zu nennen, die sich auch in vermehrten Auseinandersetzungen über Sicherheit, Standortvor- und -nachteile, Mitarbeiter als Wissens- und Know-how-Träger, Thematisierung von Stress, Burnout und Mobbing u.a.m. ausdrückt. Dies beinhaltet auch die Diskussion der Verlagerung von Arbeitsplätzen in Billiglohnländer, soziale Verantwortung von Unternehmen, Outsourcing und Sinn oder Unsinn der zurzeit beobachtbaren Fusionswellen von Großunternehmen.

Als makroökonomischen Gegentrend könnte man den Zwang zur Globalisierung betrachten, der dazu führt, dass momentan ein irrwitziges und hektisches Fusionsgebaren von global operierenden Unternehmen zu beobachten ist. Begleitphänomen ist häufig massiver Stellenabbau mit markant steigenden Reingewinnen. Die Mitarbeiter fühlen sich als Opfer von Vorstandsentscheidungen und sind kaum einbezogen worden.

Konfliktlösung und Mediation werden wichtiger und fester Bestandteil der OE-Interventionen.
Interessenunterschiede werden stärker artikuliert als in den 60er Jahren und da durch die Globalisierung und Computerisierung der Arbeitswelt die Notwendigkeit zur Zusammenarbeit größer geworden ist, steht die Vermittlung bei Interessenunterschieden stärker im Mittelpunkt. Durch das Zusammenrücken der Industrienationen werden interkulturelle Zusammenarbeit und Entwicklungsarbeit in Joint Ventures, Mergers und Acquisitions zentral. Gleichzeitig werden die Organisationen dezentraler, große Konzerne werden aufgeteilt und durch die unterschiedlichen Märkte regionalisiert. Ferner besteht die Tendenz zu flacheren Hierarchien, die vor allem in der Verwaltungsreform und in Ansätzen des New Public Management zum Tragen kommt. So müssen unterschiedliche Gruppierungen auch neue Formen des Einflussnehmens entwickeln, wie dies in der Mediation der Fall ist.

Vorwort und Einleitung
Beratungs-disziplinen
Geschlecht und Beratung
Alter und Beratung
Kultur und Beratung
Beratung und soziale Systeme
Perspektiven der Beratung

Die wichtigere Rolle von Führung in der Organisationsentwicklung
Im Vergleich zu den 60er Jahren wird heutzutage das Thema Führung (oder systemisch: der Steuerung) im Rahmen von Veränderungsprozessen viel stärker diskutiert (Bennis, 1996). Es wird deutlich, dass Führungskräfte vielfach die Rolle von Coachs in Veränderungsprozessen einnehmen. Zudem wird die Rolle der internen Berater und ihre Zusammenarbeit mit Externen sorgfältiger thematisiert (Heintel, 1998). Die ganze Diskussion um „Veränderungsmanagement" hat auch aufgezeigt, dass die Organisation die Verantwortung für Veränderung und Entwicklung nicht an Externe delegieren kann und will.

Das stärkere Thematisieren von Macht und Ethik
In früheren Jahren war die Haltung von Organisationsentwicklern gegenüber Macht naiv und idealistisch. Mit zunehmender Erfahrung und Einbeziehung in umfassendere Veränderungsprojekte wurde die Einschätzung dieser Faktoren realistischer. Heutzutage, wo OE eine größere Breitenwirkung entwickelt, muss sich das Feld auch mehr mit diesen Themen auseinander setzen. Allerdings wird es dort schwierig, wo interne Organisations- oder Unternehmensentwicklung nur noch der Implementierung von Vorstandsbeschlüssen dient und so zu einer reinen Verwertungs- oder Zuarbeitungsfunktion des Systems gerinnt. Das Thema „Ethik" andererseits wird zentral, da Unternehmen immer mehr Flexibilität bei gleichzeitig wachsender Arbeits- und Arbeitsplatzunsicherheit verlangen. Angesichts von groß angelegten Fusionen wird klar, dass Politik oder jeweils nationale Interessen eines Landes oder einer Region nunmehr zweitrangig sind. Soll die Arbeitswelt nicht in US-amerikanische Muster mit ihrer Entloyalisierung der Mitarbeiter absinken, ist Unternehmensethik wichtiger denn je. Hier allerdings stellt sich die Frage, ob OE überhaupt die Einflussmöglichkeiten hat, diese Fragen und Dimensionen in Organisationen zum Thema zu machen.

Das stärkere Thematisieren des Lernens im Rahmen der „lernenden Organisation"
Mit der Publikation der diversen Bestseller von Peter Senge zu „Fünfter Disziplin" (1996) wurde die Diskussion darüber, ob und wie Organisationen lernen, verstärkt. „Lernende Organisation" wurde fast zu einem Synonym von OE und man sah, dass Senge in seiner Verarbeitung von Chris Argyris (Aktionslernen), Ed Schein (Kultur der lernenden Organisation) und Jay Forrester (Systemdynamik) eine kreative und bei Führungskräften anschlussfähige Verpackung einer alten Botschaft von OE gelungen war, nämlich die, dass Sinn und Ziel von Systemen – unter vielen anderen – ihre Fähigkeit zu lernen sei. Bereits jetzt läuft dieses Etikett Gefahr, als neuste Modewelle abzuklingen und dem Wissensmanagement als nächster Trendwelle zu weichen. Es stellt sich berechtigterweise die Frage, ob die lernende Organisation nun Mythos oder Realität sei (Fatzer, 1997). Allerdings muss man anmerken, dass es viele überzeugende Beispiele lernender Organisationen gibt (Fatzer, 2003), die noch wenig bekannt sind.

Neu hinzugekommen sind generell systemische Methoden der OE (König & Volmer, 1996) und Interventionen im Großgruppenbereich, da vor allem Groß-Organisationen an die Grenzen ihrer Lernfähigkeit gestoßen sind. Dachte in den 60er Jahren die OE primär an Veränderung von Organisationen über die Veränderung von Individuen oder Gruppen/Teams, so ist dieser Aspekt zwar immer noch wichtig, wie die Popularität von Coaching und Teamentwicklung zeigt, aber es ist klar geworden, dass wir mehr davon verstehen sollten, wie Systeme oder Organisationen lernen. Hier ist das „mentale Modell" der lernenden Organisation wichtig. Im Bereich von Interventionen oder Veränderungsmechanismen gewinnen Großgruppeninterventionen immer mehr an Bedeutung.

3 Phasen eines OE-Prozesses

In der Literatur zur Organisationsentwicklung existiert eine Vielzahl von Phasenmodellen der Entwicklung und Veränderung von Organisationen. Entspricht das Entwicklungsmodell zu Beginn einer Organisation, in ihrer Pionierphase, noch dem Entwicklungsmodell einer Gruppe oder eines Teams, so sehen die Entwicklungsmodelle von differenzierten Organisationen etwas anders aus. Diese Landkarten der Organisation bestimmen dann, welche Phasenmodelle von OE verwendet werden. Vier unterschiedliche Phasenmodelle von OE sind:

- Das klassische Phasenmodell von Kurt Lewin, das er bereits in den 40er Jahren entwickelte
- Das darauf aufbauende, aber mehr auf Interventionen bezogene Phasenmodell seiner Schüler Lippitt und Lippitt
- Ein eher klassisches Modell des deutschen Sozialwissenschaftlers Gebert
- Das anthroposophische Modell des Niederländischen Pädagogischen Instituts von Glasl

Je nach Phasenmodell stehen unterschiedliche Grundmodelle und Grundannahmen von Veränderung und Entwicklung im Vordergrund. Im Zentrum von Lewins Modell steht die Grundannahme über menschliche Systeme, dass nämlich Veränderung mit Verflüssigung und Stabilisierung zu tun hat – etwas, was vor allem in früheren Zeiten der Organisationsentwicklung vergessen wurde.

Es fällt bei vielen OE-Ansätzen auf, dass die Berater sehr weitreichende Vorstellungen von Verflüssigung und Destabilisierung haben, oft aber nicht fähig sind, Strukturen zur Wiederstabilisierung zu schaffen. Bei klassischen Expertenberatungsfirmen wie McKinsey und ähnlichen lässt sich feststellen, dass sie kaum eine Ahnung haben, wie die weiche oder prozessuale Seite von Veränderung aussehen kann. Dies ist auch einer der Gründe, warum viele Umstrukturierungen, Re-Engineering- oder TQM-Projekte jämmerlich Schiffbruch erlitten oder warum sich die Expertenberater nach dem Produzieren eines Maßnahmen- oder Empfehlungsplans von der Kundenfront zurückziehen, ohne die leiseste Idee einer Umsetzung zu haben.

Im Modell von Lippitt & Lippitt (1984) wird der begleitende oder leitende Aspekt durch den Berater in einem Veränderungsprozess hervorgehoben – eine Grundannahme, die plausibel wird, wenn man die Großgruppen- und Community-Arbeit von Lippitt in seiner Pionierarbeit mit Bethel und NTL kennt.

Das Phasenmodell von Gebert betont die Grundannahmen, dass Veränderungen von der Analyse des Ist-Zustandes ausgehen, dass möglichst viele Organisationsmitglieder in einen Veränderungsprozess integriert werden sollten, dass Maßnahmen oder Aktionen sehr konkret ausfallen sollten, durch höhere Führungskräfte unterstützt werden müssten sowie zu einem guten Zeitpunkt ausgewählt und am Schluss stabilisiert werden sollten.

Das Phasenmodell von Glasl (1992) geht davon aus, dass Entwicklung aus einem Orientierungsbedarf entsteht, eine Gegenwarts- und Zukunftsdimension umfasst, über Ziele und daraus abgeleitete Analysen abläuft, in experimentellen Projekten ausprobiert und am Schluss ausgewertet wird.

Wichtig ist es zu zeigen, dass Phasenmodelle sowohl der Orientierung der Berater als auch der der Betroffenen dienen sollten. Sie zeigen – wie bei der Veränderungskurve – auch die emotionalen Aspekte von Veränderung und Entwicklung auf. Die komplementäre Seite der Phasenmodelle von OE sind Krisenmodelle der OE. Krisen sind nach diesem Verständnis von Entwicklung die Dreh- und Entscheidungspunkte der Entwicklung von Organisationen. Hier schließt sich auch der Kreis zur lernenden Organisation, weil Organisationen dadurch lernen, dass sie Krisen meistern oder aus den Misserfolgen die richtigen Schlüsse ziehen.

Dadurch, dass bei Organisationsentwicklung sehr viel Verunsicherung oder sogar Krisen entstehen können, ist die Frage nach der Qualität der OE zentral, die Frage, was einen guten von einem schlechten Berater unterscheidet und wie sich Auftraggeber oder Kunden gut unterstützen lassen können.

4 Qualitätskriterien von OE

Organisationsentwicklung (OE) entsteht – wie Supervision und Coaching – als gemeinsamer Lern- und Entwicklungsprozess zwischen Berater(-system) und Auftraggeber(-system).

Im Gegensatz zur Qualität von Produkten, die durch ISO-Normen zu überprüfen sind, entsteht Qualität bei Dienstleistungen nur durch gemeinsame Setzung von Standards, die auch gemeinsam zu überprüfen sind. „Qualität ist ein politischer Begriff, den jede Organisation mit Blick auf ihr spezifisches Umfeld und für jeden Arbeitsbereich unterschiedlich zu definieren hat" (Fatzer, Rappe-Giesecke & Looss, 1999). Die Qualitätskriterien für Produkte können nicht auf die Dienstleistung Beratung übertragen werden (vgl. Heiner i.Bd.2).

Qualitätsstandards müssen zu Beginn eines Prozesses gesetzt werden, beispielsweise als Teil des Vertrags, und sie müssen im OE-Prozess laufend ergänzt werden. Das Setzen von Qualitäts- oder Bewertungskriterien stellt selber eine Intervention (im Sinne der Aktionsforschung) dar und sollte damit auch den Zielsetzungen von OE genügen. Das Setzen von gemeinsamen Qualitätskriterien bedeutet auch die Übernahme der gemeinsamen Verantwortung (Kunde-Berater) für die Steuerung des Organisationsentwicklungsprozesses.

> „Qualitätsmanagement ist aus der Sicht des Kunden-Berater-Systems die Führung eines Lernprozesses, in dem sich zwei Sichtweisen begegnen: a) die erlebte Qualität der Beratung, die beim Kunden ankommt und b) die professionelle Qualifikation des Beraters im Sinne des ‚State of the art' bzw. ihrem spezifischen professionellen Selbst-

verständnis. Ziel eines systematischen Qualitätsmanagements für Berater ist einerseits, das Vertrauen von Kunden in verlässliche Qualität der Beratung zu stärken, und die Professionalisierung der Beratungsperson systematisch voranzubringen" (GOE Südwest, 1998, S. 6).

Bei den Erfolgskriterien von Beratung lassen sich mit Blick auf Rappe-Giesecke (1997) die klassischen Qualitätsmerkmale für die OE übernehmen: *Strukturqualität, Prozessqualität* sowie *Ergebnisqualität.* Alle Kriterien sind gemeinsam im Rahmen des OE-Prozesses festzulegen und nachher als Grundlage für eine Qualitätsbeurteilung der Veränderungsprozesse einzusetzen.

Unter *Strukturqualität* versteht man die Ausgestaltung der Rahmenbedingungen, der materiellen und personellen Ressourcen und der Strukturen der Organisation. Es sind alle Regelungen, die im üblichen Dreieckskontrakt mit Kontaktklient und Auftraggeber zu regeln sind: Bezahlung, zeitliche Ressourcen, Vernetzung der Beratung innerhalb der Organisation, Zugang zu Informationen und Personen, Ausmaß der Autonomie des beratenen Systems, die Frage, ob OE in ein strategisches Konzept eingebunden ist oder freischwebend arbeitet, Regelung der Zusammenarbeit zwischen internen und externen Beratern. Bezogen auf das Beratersystem lautet die Frage, ob es die Komplexität des Auftraggebers und des Auftrags abdecken kann.

Prozessqualität meint die professionelle Gestaltung des Beratungsprozesses, wie er in den Phasenmodellen zugrunde gelegt wird. Findet nach jeder Phase eine Ergebnissicherung statt? Wie sieht diese aus? Die permanente Selbstreflexion des Beratungssystems im Rahmen von Schattenberatung oder kollegialer Reflexionsgruppen ist ein wichtiges Qualitätsmerkmal guter Beratung und generell aller selbstreferenziell arbeitenden Systeme. Wie geht man mit Spiegelungsphänomenen um? Was bedeuten Abweichungen? Wie wird der Kontrakt weitergeführt? Wann finden Änderungen im Sinne von „Recontracting" statt?

Ergebnisqualität meint das regelmäßige Durchführen von Zwischenauswertung und einer abschließenden Schlussauswertung auf der methodischen Basis von Prozess-, Produkt- und Kontextevaluation (Fatzer, 1996). Wichtig ist hier auch die Aussage von Rappe-Giesecke (1997), dass im Grunde nur die jeweiligen Systeme selbst definieren können, was Erfolg ist und was nicht. Auf OE übertragen heißt das: Sicht- und messbare Veränderungen im Verhalten der Teilnehmer eines OE-Prozesses, Veränderungen in ihren Haltungen und Einstellungen oder/und Weiterentwicklung ihrer Schlüsselkompetenzen. Der Gradmesser für diesen Ist-Soll-Vergleich sind die zu Beginn formulierten Zielsetzungen des OE-Prozesses.

5 OE zwischen Coaching, Supervision und Teamentwicklung

Versucht man, die unterschiedlichen Unterstützungs- und Begleitungsmöglichkeiten bei Veränderungs- und Entwicklungsprozessen von Einzelpersonen, Gruppen, Teams und ganzen Organisationseinheiten zu unterscheiden, so ergeben sich primär Differenzierungen in den Zielsetzungen der diversen Verfahren oder Programme, in ihrer historischen Herkunft, in der Unterschiedlichkeit der Interventionsmethoden und in der Unterschiedlichkeit der Zielgruppen, an die sie sich wenden.

Coaching entstand historisch im Bereich Begleitung oder Umsetzungskontrolle (Qualitätskontrolle im heutigen Sprachgebrauch) bei klar umschriebenen Rollen- oder Funktionsträgern. Der Ausdruck „Einzelberatung", der von Looss im Rahmen notwendiger semantischer Aufräumarbeiten angeboten wird, macht Sinn, rückt aber das Coachingverfahren wieder mehr in die Nähe der klassischen Supervision. Die Erweiterung von Coaching auf die Zielgruppe der „Veränderungstäter" zeigt, dass auch der Übergang zur OE wieder fließend wird.

Supervision anderseits entstand im Bereich sozialarbeiterischer Zusatzqualifizierung und wurde durch die Balintarbeit auch um den medizinischen Bereich ergänzt. Die Zielsetzungen von Supervision sind sozialaufklärerischer Natur und stoßen deshalb bei Wirtschaftskunden häufig auf Unverständnis. Anderseits ist die Annahme, dass Supervision Beziehungsarbeit darstelle, während Coaching und OE eher strukturelle Bestandteile und Ziele haben, unzutreffend. Dies erschwert auch den Dialog zwischen Supervisoren und Personalentwicklungsmitarbeitern oder -auftraggebern in Wirtschaftsorganisationen (siehe Sonderband der Zeitschrift „Supervision" zu „Supervision als Beitrag von PE").

Supervision ist allerdings im Nachteil, wo es um Feld- oder Erfahrungskompetenz insbesondere im Wirtschaftsbereich geht. Das merken im Moment auch die meisten klassischen Supervisoren, die einen Umstieg oder einen Anschluss an diesen Bereich kaum schaffen. Die Dach- und Berufsorganisationen bemühen sich zwar im Moment mit großer Energie darum, geben allerdings auch langsam zu, dass diese Zielsetzungen illusorisch sind. Darüber kann auch keine schnell angehängte Zusatzqualifikation in OE hinwegtäuschen. Auch die Umbenennung eines Berufsverbandes in „Supervision und OE" erweist der Profession eher einen Bärendienst, da die Kunden ja merken, dass dieser Teil der Beraterqualifikation nicht vorhanden ist.

Teamentwicklung schließlich ist ein klassischer Bestandteil von OE und hebt sich entsprechend von Teamsupervision ab. In einem interessanten Themenband der Zeitschrift „Supervision" (1996, April) wurde der Frage nachgegangen, inwieweit die Verwendung des Ausdrucks „Teamsupervision" in Abgrenzung zu Team- und Organisationsentwicklung noch sinnvoll ist. Es wurde der bedenkenswerte Vorschlag gemacht, Teamsupervision in der ursprünglichen Form nicht mehr zu verwenden, da es als Verfahren zu diffus geworden sei. Teamentwicklung anderseits ist als immer wichtiger werdender methodischer Bestandteil von OE massiv im Wachstum begriffen und als Bezeichnung weiterhin sehr sinnvoll.

6 Anwendungsfelder und Grenzen von OE

Die *Anwendungsfelder* von OE sind sehr vielfältig geworden, da immer mehr Organisationen die Notwendigkeit sehen, sich im Rahmen von turbulenten Entwicklungen, denen sie ausgesetzt sind, begleiten zu lassen. Anwendungsfelder sind Schule und Schulentwicklung (Fatzer 1998a und b), Gesundheitswesen (Grossmann & Scala, 1997), Verwaltung und Verwaltungsreform, Non-Profit-Organisationen, Entwicklungsorganisationen und andere mehr. Ein Ende ist nicht absehbar.

Die *Grenzen* von OE lassen sich ähnlich bestimmen wie bei Supervision und Coaching. OE ersetzt grundsätzlich keine fachliche Fortbildung beispielsweise im Bereich Führung oder Projektmanagement. Sie ersetzt keine Selbsterfahrung und Therapie. Sie kann zwar zu intensiver rollenbezogener Selbsterfahrung führen, ist aber nicht dasselbe. Grundsätzlich können hierzu Coaching oder Supervision besser indiziert sein. Dies bedingt auch, dass an OE-Prozessen nur Menschen mit stabilen psychischen Selbstregulierungsfähigkeiten teilnehmen können. OE kann auch nicht die Verantwortung für das inhaltliche oder fachliche Handeln der Klienten übernehmen. Dies ist bei Prozessberatung grundsätzlich der Fall, kann manchmal bei Expertenberatung intendiert sein. Lernen und Problemlösungsfähigkeit sind die Ziele. OE übernimmt im Normalfall keine Management-Ersatzfunktion, obwohl dies häufig der geheime Anlass für OE ist. Bei Expertenberatungsansätzen kann es allerdings vorkommen, dass z.B. Leitungsfunktion in Turn-around-Situationen ausgeübt wird. Auch ist OE kein Machtinstrument, das den Auftraggebern hilft, sich besser durchzusetzen. Solche Motive stellen zwar meistens die Anlässe für OE dar, Macht ist allerdings ein ungeeigneter Mechanismus, um nachhaltige Entwicklung einer Organisation zu ermöglichen. OE ersetzt nicht eine sinnvolle Personalentwicklung, kann allerdings eine gute Ergänzung sein. Sie ist auch kein Ersatz für gute Karriereentwicklung. Hier bietet sich eher Coaching an.

Solche und weitere Grenzen zu kennen, ist sowohl für den Auftraggeber als auch für den Berater sinnvoll, damit keine falschen Erwartungen durch „Over-selling" geschaffen werden und die Professionalität eines ganzen Berufsfeldes in Verruf gerät.

Literatur

Argyris, C. (1993). Eingeübte Inkompetenz, ein Führungsdilemma. In G. Fatzer (Hrsg.), *Organisationsentwicklung für die Zukunft*, Köln: EHP, S. 129-144

Beckhard, R.F. & Pritchard, W. (1996). Changing the essence: The art of creating and leading Environmental Change in Organizations. San Francisco: Jossey Bass.

Bennis, W. (1996). *Führen lernen. Führungskräfte werden gemacht, nicht geboren*. München: Heyne.

Bobzien, M., Stark, W. & Straus, F. (1996). *Qualitätsmanagement*. Alling: Sandmann.

Brown, G.I. & Merry, U. (1992). *Neurotic Behavior of organizations*. Cleveland: GIC Press.

Cummings, T.G. (1993). *Organizational development and change*. New York: West Publ.

Emery, M. (1996). *The Search Conference: A Powerful Method for Planning Organizational Change and Community Action*. San Francisco: Jossey Bass.

Fatzer, G. (Hrsg.). (1993). *Organisationsentwicklung für die Zukunft*. Köln: EHP.

Fatzer, G. (Hrsg.). (1996). *Organisationsentwicklung und Supervision: Erfolgsfaktoren bei Veränderungsprozessen* (Trias Kompass 1). Köln: EHP.

Fatzer, G. (1997). Lernende Organisation – Mythos oder Realität. In *Hernsteiner, 4*, 6–9.

Fatzer, G. (Hrsg.). (1998a). *Supervision und Beratung: Ein Handbuch*. Köln: EHP.

Fatzer, G. (1998b). Lernende Organisation. In J. Howaldt, R. Kopp & M. Winther (Hrsg.), *Kontinuierlicher Veränderungsprozess: KVP als Motor der lernenden Organisation*. Köln: Bachem.

Fatzer, G. (2003). *Nachhaltige Organisationen: Transformation in Organisationen* (Trias-Kompass 4). Köln: EHP.

Fatzer, G., Rappe-Giesecke, K. & Looss, W. (1999). *Qualität und Leistung von Beratung*. Köln: EHP.

Glasl, F. (1992). *Konfliktmanagement: Ein Handbuch zur Diagnose und Behandlung von Konflikten für Organisationen und ihre Berater.* Bern/Stuttgart: Haupt.

GOE Südwest (1998). *Professionelles Qualitätsmanagement von OE-Beratung*. Int. Papier

Grossmann, R. & Scala, K. (1997). *Supervision in Organisationen: Veränderungen bewältigen – Qualität sichern – Entwicklung fördern*. Weinheim/München: Juventa.

Heintel, P. (1998). Thesen zur Rolle des internen Beraters – aus externer Perspektive. In *Zeitschrift für Organisationsentwicklung, 2*, 42–51.

König, E.R. & Volmer, G. (1996). *Systemische Organisationsberatung: Grundlagen und Methoden*. Weinheim: Beltz.

Kopp, R. & Howaldt, J. (Hrsg.). (1997). *Sozialwissenschaftliche Organisationsberatung: auf der Suche nach einem spezifischen Beratungsverständnis*. Berlin: edition sigma.

Lippitt, G. & Lippitt, L. (1984). *Beratung als Prozeß: was Berater und ihre Kunden wissen sollten*. Goch: Bratt.

Nevis, E.C. (1988). *Organisationsberatung – ein gestalttherapeutischer Ansatz*. Köln: EHP.

Nonaka, T. & Takeuchi, H. (1995). *The Knowledge-Creating Company*. Oxford: University Press.

Rappe-Giesecke, K. (1997). *Supervision als Medium kommunikativer Sozialforschung*. Frankfurt a.M.: Suhrkamp.

Sackmann, S. (1991). *Cultural knowledge in organizations: Exploring the Collective mind*. Beverly Hills: Sage.

Schein, E. (1990). *Carreer Anchors, Trainer's Manual Package*. San Francisco: Jossey Bass.

Schein, E. (1992). *Unternehmenskultur: Ein Handbuch für Führungskräfte*. New York/Frankfurt a.M.: Campus.

Schein, E. (1995). *Unternehmenskultur – Ein Handbuch für Führungskräfte* (F. Mader, Übers.). Frankfurt a.M.: Campus Verlag. (Original erschienen 1985: Leadership and Corporate Culture)

Schein, E. (1997). *Organisational culture and leadership*. San Francisco: Jossey Bass.

Schein, E. (2000). *Prozessberatung für die Organisation der Zukunft*. Köln: EHP.

Senge, P. (1996). *Die fünfte Disziplin: Kunst und Praxis der lernenden Organisation*. Stuttgart: Klett-Cotta.

Wheeler, G. (1993). *Kontakt und Widerstand: Ein neuer Zugang zur Gestalttherapie*. Köln: EHP.

Prof. Dr. Gerhard Fatzer ist Diplom-Psychologe und hat Pädagogik, Sozialpsychologie und Philosophie studiert. Er ist Institutsleiter des Trias Instituts für Coaching, Supervision und OE und arbeitet als Gastprofessor an der Universität Innsbruck und Gastforscher am Massachusetts Institute of Technology. Seine Arbeitsschwerpunkte sind Organisationsentwicklung mit Kunden und Ausbildungsgruppen, Ausbildung von OE-Beratern, Coaches und Supervisoren sowie Forschung (nachhaltige OE, Wissensentwicklung in Beratungsnetzwerken).

Anschrift:
Trias Institut für Coaching, Supervision und OE
Brunnenwisstr. 17
CH-8627 Grüningen
E-Mail: info@trias.ch

Beratung in sozialen Kontexten – Community Counseling

Albert Lenz

Vom Individuum zu den Kontextbedingungen beschreibt eine Entwicklung, die charakteristisch ist für Community Counseling, was sich nur unzureichend mit dem Begriff Gemeindeberatung übersetzen lässt. Der englische Begriff „Community" geht über den Begriff „Gemeinde" hinaus, der meist mit politischen Gemeinden als lokale, teilautonome Verwaltungseinheit oder mit Kirchengemeinden verknüpft wird. „Community" bezeichnet auch das raumbezogene Handlungsfeld von Menschen, den Ort möglicher Gemeinschaft, an dem sie wohnen, arbeiten, soziale Beziehungen pflegen, sich politisch betätigen, an dem aber auch ihre spezifischen Lebenslagen und Belastungen sichtbar werden. Community stellt damit den komplexen sozialökologischen Lebenskontext von Menschen in seinen sozialen, gesellschaftlichen und kulturellen Dimensionen dar (vgl. Keupp, 1994).

Nicht der einzelne Mensch und seine sozialen Beziehungen stehen mehr alleine im Mittelpunkt professioneller Bemühungen des Community Counseling, vielmehr richtet sich der Blick auf das gesamte Feld des sozialen Miteinanders. Die Lebenssituation wird als Ganzes in allen ihren sozialräumlichen Bezügen wahrgenommen und in der konkreten Arbeit berücksichtigt. Die Bezirke und Quartiere, in denen die Menschen leben, die Wohnumgebung, die Einkaufsmöglichkeiten, der öffentliche Personennahverkehr, Schulen, Jugendheime, Kneipen, Kirchen und Sportplätze, alle diese Orte und Institutionen, aber auch das Leben in Vereinen und Klubs, die informellen Kanäle der Nachbarschaften, in Wohnblöcken und Straßen, Kultur und Klima eines Viertels, müssen zu Bezugspunkten werden für das Verstehen der Belastungen, Krisen und Notlagen der Menschen, die hier leben. Damit wird die traditionell beziehungsgeschichtlich-biographisch orientierte Dimension des Verstehens durch eine sozialräumlich-lebensweltliche zwar nicht ersetzt, aber doch gleichberechtigt ergänzt. Erst wenn wir auch lernen, die Menschen in ihren Verhältnissen zu sehen und zu verstehen, können wir auch den Einfluss der Verhältnisse auf das Verhalten begreifen und mit ihnen ausloten, wie Verhältnisse und Verhalten ausgehalten oder verändert werden können.

1 Community Counseling – Konzepte und Praxisfelder

Community Counseling ist ein relativ neues Beratungskonzept, in dem speziell die vielschichtige Interaktion von Person und Umwelt mit ihren verschiedenen sozialökologischen Systemen wie sie von Urie Bronfenbrenner (1981) anschaulich beschrieben worden sind, im Mittelpunkt steht. Diese Systeme beinhalten unterschiedliche Ebenen wie soziale Beziehungen, institutionelle Regeln, politische Programme und Gesetze, aber auch die natürliche und gebaute Umgebung. Bronfenbrenner unterscheidet dabei zwischen Mikro-, Meso-, Exo- und Makrosystem:

- Das Mikrosystem beschreibt den unmittelbaren, direkt erfahrbaren Lebenszusammenhang einer Person, das heißt ihre persönlichen Beziehungen zu anderen Menschen und das räumlich-materielle Ambiente. Es stellt ein Gefüge wechselseitiger funktionaler Abhängigkeiten dar.
- Das Mesosystem umfasst auf einer mittleren Ebene soziale Netzwerke, etwa Freundes- und Bekanntenkreise, ArbeitskollegInnen wie auch informelle Wechselwirkungen zwischen Mikrosystemen, also beispielsweise zwischen Eltern und Schule. Als Mesosysteme treten auch Ämter bzw. Behörden in ihren administrativen und kontrollierenden Funktionen oder psychosoziale Dienste und Einrichtungen auf.
- Dem Exosystem schreibt Bronfenbrenner eine dem Mesosystem komplementäre Rolle zu: Es bezeichnet vorhandene Institutionen, die in das Leben des Menschen nicht unmittelbar eingebunden sind, aber auf ihn Einfluss nehmen. Ein Exosystem, beispielsweise der Betrieb, die Schule, die Verwaltung oder die Polizei, wird für eine Person dann zum Mesosystem, wenn sie es funktional beansprucht oder von ihm beansprucht wird.
- Das Makrosystem umfasst die ökonomischen, politischen, kulturellen und technologischen Bedingungen für das Leben der Menschen. Es verleiht dem Verhalten und der Umwelt Bedeutung und Wert, es kann aber auch – etwa bei Gesetzesänderungen – unmittelbare Auswirkungen auf einzelne Mitglieder der Gesellschaft haben.

Diese Systeme stehen in einem zirkulären, mit vielfältigen Rückkopplungen versehenen Verhältnis zueinander und bilden zusammen den sozialen Kontext, in dem die Menschen ihren Alltag mehr oder weniger aktiv gestalten und beeinflussen, mit Belastungen und Problemen konfrontiert sind und sich mehr oder weniger erfolgreich damit auseinander setzen. Community Counseling richtet den Blick auf diese Strukturen in ihren komplexen Wechselwirkungen und Abhängigkeiten. Dies eröffnet der Beratung sehr vielfältige Perspektiven für Interventionen, die über den Rat

Suchenden selbst weit hinausgehen können (vgl. Hershenson, Power & Waldo, 1996). Die konkreten Ansatzpunkte konzentrieren sich in aller Regel auf die informellen, die so genannten „kleinen Netze" im Lebenskontext, in der „Gemeinde" der Menschen, also auf das Mesosystem. Alf Trojan, Hildebrandt, Faltis & Deneke (1987) sprechen in diesem Zusammenhang von den sekundären Netzwerken, den intermediären Strukturen bzw. Instanzen, die zwischen den primären, persönlichen Netzwerken der Menschen wie Familie, FreundInnen, Bekannten und ArbeitskollegInnen und den tertiären, institutionellen Netzwerken im Sinne professioneller Hilfe liegen. Diese sekundären Netzwerke stellen einen wichtigen Bestandteil des Alltags im Wohnquartier bzw. Stadtteil dar. Sie umfassen im wesentlichen Selbsthilfe-, Nachbarschafts- und Betriebsgruppen, Vereine, Organisationen und reichen bis hin zu lokalen Bürgerinitiativen und Einrichtungen. Diese Mesosysteme bilden die Brücke zwischen den Mikro- und Makro- bzw. Exosystemen. Dort können Möglichkeiten der Einflussnahme, der Teilhabe und Kommunikation, aber auch Gefühle der Solidarität und der Zugehörigkeit entstehen.

Community Counseling setzt an diesen „mediating structures" an und fragt:

- In welchen Umfang und auf welche Weise können bestehende gemeindebezogene Ressourcen zur Bewältigung gesundheitlicher Belastungen und drohender sozialer Gefährdungen gestärkt, mobilisiert und aktiviert werden?
- In welchem Umfang und auf welche Weise können neue soziale Ressourcen in der Gemeinde entwickelt und aufgebaut werden?

Community Counseling betont also die Stärken, Potentiale und Ressourcen in den sozialen Systemen von Menschen und stellt gerade diese sozialen Kräfte, das heißt die Wohlbefinden sichernden sowie Stress und Belastungen abpuffernden Qualitäten sekundärer Netzwerke, in den Mittelpunkt seiner Betrachtungen (Woolfe, 1996).

Die verschiedenen Interventionsformen lassen sich danach klassifizieren an wen sie sich richten, also nach den Adressaten, und nach den Zielen, die in den einzelnen Maßnahmen verfolgt werden (vgl. dazu auch Trojan, 1986).

Interventionsprogramme zur direkten Netzwerkförderung

Diese Ansätze werden von Professionellen durchgeführt und richten sich direkt an einzelne betroffene bzw. gefährdete Personen mit dem Ziel der Mobilisierung und Erweiterung bestehender persönlicher Netzwerke oder sie beziehen sich auf die Anregung und Förderung von Gruppen, die entweder mehr auf soziale Unterstützung oder mehr auf soziale Aktion ausgerichtet sind.

- Zur ersteren gehören beispielsweise „support development workshops" (Gottlieb, 1985), in denen Menschen das Bewusstsein für die Bedeutung sozialer Netzwerke und sozialer Unterstützung vermittelt wird sowie „action development workshops", in denen Netzwerke vor Ort – sei es in der Wohnumwelt oder am Arbeitsplatz – mobilisiert werden sollen. Medienkampagnen stellen einen weiteren Versuch dar, Motivation und Fähigkeiten zum Aufbau und zur Pflege der persönlichen Netzwerke zu stärken. „Friends can be good medicine", „Be a good neighbour" und „Stress at work? Powerlessness is bad to your health" stellen Beispiele für Slogans dar, die Selbstreflexion und Bewusstwerdung bei Personen auslösen sollen.

Vorwort und Einleitung
Beratungs-disziplinen
Geschlecht und Beratung
Alter und Beratung
Kultur und Beratung
Beratung und soziale Systeme
Perspektiven der Beratung

- Zu den zweiten Interventionsformen gehören so genannte „Support groups" (Gottlieb, 1985) für Menschen in Lebenskrisen und Rollenübergängen, die von professionellen Helfern gegründet und über einen bestimmten Zeitraum fachlich begleitet werden, die Anregung von Nachbarschaftsgruppen und von Betriebsgruppen, die sich mit psychischen und psychosozialen Gesundheitsgefährdungen am Arbeitsplatz auseinander setzen, aber auch die Unterstützung und Anregung lokaler selbstorganisierter Initiativen zur gemeindebezogenen Gesundheitsförderung.

Interventionsprogramme zur indirekten Netzwerkförderung

Diese Ansätze wenden sich nicht direkt an die betroffenen Menschen, sondern vorwiegend an Mitglieder des primären, sekundären und tertiären Netzwerkes. Die Ziele bestehen zum einen in der Entlastung und Erhaltung bestehender Netzwerke sowie in der Befähigung und Schulung von Aktion im Bereich sozialer Unterstützung.

- Die erste Gruppe umfasst zum einen Entlastungsangebote für Angehörige und Laienhelfer. Diese einzelnen Interventionsmodelle stellen Erweiterungen und Variationen von systemischen Arbeitsformen dar. Einflussmaßnahmen von Professionellen zur Erhaltung von Lebenswelten im Rahmen von „Community Network Therapy" (Gottlieb, 1985) und die Übernahme einer Anwaltsfunktion für Betroffenengruppen bilden weitere Handlungsansätze in diesem Feld.
- Die zweite Gruppe von Interventionsprogrammen zur indirekten Netzwerkförderung umfassen Schulungs- und Aufklärungsprogramme sowohl für natürliche HelferInnen im sozialen Umfeld als auch rollen- und berufsspezifische HelferInnen in der Gemeinde wie beispielsweise Krankenschwestern, ErzieherInnen, LehrerInnen, ÄrztInnen, Anwälte oder Geistliche (vgl. Nestmann, 1988).
- Die Etablierung von informellen Unterstützungssystemen im Stadtteil oder in der Nachbarschaft durch so genannten informelle „Führer" („opinion leader") stellt eine dritte Gruppe dar. Professionelle HelferInnen unterstützen deren Bemühungen, ein Netzwerk gegenseitiger Hilfe mit anderen Mitgliedern der Gemeinde aufzubauen, durch Beratung, Zurverfügungstellung von Räumen, Materialien, Medien und durch Vermittlung von Kontakten zu anderen Fachkräften oder Politiker und Behörden.
- Mit „Community empowerment" wird schließlich ein weitergehender Versuch von Professionellen bezeichnet, zusammen mit aktiven Mitgliedern der Gemeinde ein Netzwerk aufzubauen, um Bedürfnisse und Probleme im Gemeinwesen herausfinden, etwa durch aktivierende Befragungen Möglichkeiten der Lösung zu erarbeiten und zu koordinieren, um auf diese Weise die Lebensqualität für die BewohnerInnen zu verbessern.

Die Rolle der Professionellen reicht in den verschiedenen Ansätzen des Community Counseling von verantwortlicher Anleitung, der Supervision, der zeitweisen Unterstützung und Koordination bis hin zur Beschränkung auf Aktivierung und Ermutigung der Betroffenen. Vielen dieser verschiedenen Verknüpfungsansätze ist gemeinsam, dass es im Wesentlichen eine Entscheidung der professionellen HelferInnen bleibt, welche Strategie oder welches Verhältnis zu den Schlüsselpersonen und Betroffenen sie für eine bestimmte Aufgabe bevorzugen. Eine Weiterentwicklung dieser expertenorientierten Perspektive eröffnet der Empowermentansatz, der auf die Förderung der Selbstorganisations- und Selbstentfaltungskräfte der Menschen abzielt (vgl. Stark i.d.Bd.). Bei diesem Ansatz bieten die professionellen HelferInnen nicht mehr länger stellvertretend Problemlösungen an, vielmehr regen sie die Betroffenen zur kritischen Auseinandersetzung mit ihrer Lebenssituation und Problemlage an und ermutigen sie, eigene Bewältigungsstrategien und -möglichkeiten zu entwickeln bzw. zu entdecken. Die Professionellen übernehmen hierbei nicht mehr die traditionelle Rolle des primären Helfers, sondern in erster Linie die eines Katalysators und Moderators.

Gesundheitsförderung

Eine zentrale Bedeutung kommt dem Community Counseling im Bereich der Gesundheitsförderung zu (vgl. Faltermaier i.Bd.2). Das Konzept der Gesundheitsförderung wurde 1986 in der Ottawa-Charta ausführlich formuliert. „Gesundheitsförderung zielt auf einen Prozess, allen Menschen ein höheres Maß an Selbstbestimmung über ihre Gesundheit zu ermöglichen und sie damit zur Stärkung ihrer Gesundheit zu befähigen“ (zit. nach Hildebrandt & Trojan, 1992, S. 10). Gesundheitsförderung basiert also auf einer saluto-genetischen Perspektive. Sie orientiert sich an Gesundheit statt Krankheit, die Kompetenzen des einzelnen zur Lebensgestaltung werden betont, Stärkung der Autonomie, Selbstbestimmung, Partizipation und Mitbestimmung werden als zentrale Ansatzpunkte der Gesundheitsförderung betrachtet. Ein sozialökologisches Verständnis der Entstehung von Gesundheit und Krankheit führt darüber hinaus zu einer starken Orientierung auf die politische Gestaltbarkeit gesundheitsrelevanter Faktoren. Als Ort der Gesundheitsförderung wird die alltägliche Umwelt herausstellt, also der Ort, wo die Menschen leben. Damit sind vor allem die lokale Ebene und ihre speziellen Settings wie Betrieb, Schule, Krankenhaus, Altenheim angesprochen (vgl. dazu ausführlich Trojan & Legewie, 2001).

Parallel zur Ottawa Charta sind mit Projekten wie beispielsweise „Gesunde Städte“ und „Lokale Agenda 21“ weitere Ansätze zur Stärkung gesundheitsförderlicher Lebensbedingungen entwickelt worden, in denen über den einzelnen Menschen hinaus immer auch die Nachbarschaft und das Gemeinwesen als soziales System in seiner Gesamtheit als Akteur der Gesundheitsförderung angesprochen werden.

2 Leitkonzepte des Community Counseling I – Gemeinwesenarbeit

In der sozialen Arbeit spricht man – wenn die traditionelle personenbezogene Sichtweise überschritten und durch feldorientierte bzw. sozialräumliche Prinzipien ergänzt wird – von Gemeinwesenarbeit. Unter diesem Begriff wird eine Methode verstanden, die nicht an den einzelnen Menschen, sondern am Milieu, am Stadtteil, an der Nachbarschaft – verstanden als ein System von Netzwerken, Gruppen und Individuen – ansetzt. Sie geht von der Annahme aus, dass Veränderungen im lokalen Milieu Veränderung von Individuen mit sich bringen (Hinte & Karas, 1989).

Das Gemeinwesen oder das soziale Quartier ist dadurch gekennzeichnet, dass es sowohl Möglichkeiten für die Entwicklung von Handlungsspielräumen und Handlungsfähigkeiten der Menschen bereitstellt als auch eine Reihe von Begrenzungen bzw. Einschränkungen enthält. Die Möglichkeiten und Begrenzungen bzw. Einschränkungen im Gemeinwesen sind gebunden an Ressourcen, die den Bewohnern in unterschiedlicher Weise zugänglich sind. Diese sozialräumlichen oder kontextbezogenen Ressourcen beeinflussen neben den personalen Ressourcen die Lebenschancen von Menschen, ihre Befindlichkeit, ihr Denken, Fühlen und Handeln (vgl. Nestmann zur ressourcenorientierten Beratung i.Bd.2). Solche sozialräumlichen oder kontextbezogenen Ressourcen umfassen die Infrastrukturausstattung, soziale Dienstleistungen, die Wohnsituation, aber auch immaterielle Werte wie den Ruf eines Stadtteils. Die Förderung dieser Ressourcen ist Gegenstand der Gemeinwesenarbeit. Von besonderer Wichtigkeit ist dabei die Ressource Netzwerk, genauer gesagt das Gemeindenetzwerk.

Menschen haben oftmals verlernt, in ihrem sozialökologischen Lebenskontext soziale Netze zu knüpfen. Andere haben aufgrund materieller Barrieren wie Armut, Arbeitslosigkeit und Infrastrukturmängel, sozialer Barrieren oder auch sprachlicher Barrieren keine oder allenfalls nur begrenzte Möglichkeiten, über die Familie hinaus Netzwerke aufzubauen und aufrechtzuerhalten. Ziel der Gemeinwesenarbeit ist es, solche kontextbezogenen Netzwerkressourcen entweder direkt zur Verfügung zu stellen, in aller Regel aber vor allem Gelegenheiten für Menschen zu schaffen, sie zu entdecken, sie sich zu erschließen – also Möglichkeitsräume anzubieten, wo sie an ihren Netzen stricken und knoten können.

Charakteristisch für die Gemeinwesenarbeit ist die Verknüpfung dieser gemeindebezogenen Netzwerkförderung mit der Aktivierung der Menschen. Damit ist gemeint, dass die Bewohner in ihrem lokalen Kontext ermutigt werden, sich für ihre Interessen einzusetzen und aktiv an den Veränderungen der Lebensumstände mitzuwirken. Viele Menschen sehen allerdings für eine direkte politische Beteiligung im Sinne von Partizipation keine Anknüpfungspunkte. Es ist deshalb notwendig, soziale Zusammenhänge zu stiften und Foren zu schaffen, in denen gesellschaftliche und kommunalpolitisch relevante Fragen erörtert werden können. Erst durch Informationsaustausch und Kommunikation entsteht mehr Vertrauen zu sich und seinen Fähigkeiten, wächst das Bedürfnis nach Selbstbestimmung und Partizipation und sie wagen erste Schritte in ihren unmittelbaren Alltagsbereich in dieser Richtung. Gefördert und professionell unterstützt wird der Prozess der Aktivierung durch die Methode der aktivierenden Befragung und durch Bürgerversammlungen. Der Professionelle übernimmt hierbei die Rolle eines Katalysators, der Prozesse bei den Menschen anregt, in deren Verlauf sie sich ihrer Situation bewusst werden und sie im Sinne ihrer Interessen und Bedürfnisse zu ändern versuchen.

Gemeinwesenarbeit setzt auch interinstitutionelle Vernetzung und Kooperation voraus. Diese dritte zentrale Strategie der Gemeinwesenarbeit hat in den letzten Jahren zunehmend an Bedeutung gewonnen und wird inzwischen mit dem Begriff Quartiers- oder Stadtteilmanagement bezeichnet (Alisch, 1998). Zentraler Bestandteil der Arbeit des so genannten Quartier- oder Stadtteilmanagers ist die Organisation der Kooperation unter den Trägern sozialer Dienste und anderer Institutionen wie Vereine, Kirchengemeinden im Stadtteil sowie die Verknüpfung dieser lokalen

Aktivitäten mit Vorhaben anderer kommunaler Dienststellen und den Planungen im kommunalen Raum. Dies geschieht sowohl im Rahmen von Bürgerinitiativen als auch durch Kontakte zu den politischen Entscheidungsinstanzen. Eine Konsequenz aus dieser umfassenden Zugangsweise zum Quartier bzw. Stadtteil ist die Konfrontation mit und die aktive Einmischung in die verschiedenen Bereiche kommunaler Politik.

Im Konzept des Community Counseling spielt das Arbeitsprinzip Gemeinwesenarbeit insofern eine wichtige Rolle, weil es den Blick für gesellschaftliche, sozioökonomische und politische Dimensionen der komplexen Person-Umwelt-Interaktionen und der Gemeindenetzwerke öffnet. Insbesondere durch die Strategie der Aktivierung lassen sich darüber hinaus Handlungszusammenhänge herstellen, innerhalb derer Menschen gemeinsame Probleme erkennen, Erfahrungen der Ohnmacht und Hilflosigkeit überwinden, eigene Kräfte entwickeln und sich Möglichkeiten der größeren Teilhabe und Mitbestimmung auf lokaler Ebene und ihren verschiedenen Settings verschaffen.

3 Leitkonzepte des Community Counseling II – Gemeindepsychologie

Die Gemeindepsychologie (vgl. Röhrle i.Bd.2) ergänzt das Arbeitsprinzip Gemeinwesenarbeit durch die psychologische bzw. sozialpsychologische Dimension. Ihren Konzepten und Handlungsmodellen kommt im Rahmen des Community-Counseling-Ansatzes ein zentraler Stellenwert zu. Man kann sogar sagen, dass die gemeindepsychologischen Perspektiven Theorie und Praxis des Community Counseling wesentlich geprägt haben.

Es ist zentrales Anliegen der Gemeindepsychologie, das traditionelle biographisch-beziehungsdynamische Denken der Klinischen Psychologie – den so genannten „klinischen Blick" – durch eine systematische Wahrnehmung und Analyse der unmittelbaren, alltäglichen und der für die betroffenen Menschen bedeutsamen sozialen und materiellen Umwelt zu ergänzen. Die Suchrichtung in der gemeindepsychologischen Praxis konzentriert sich also nicht nur auf biographische Verletzungen, individuelle Lern- und Entwicklungsdefizite, innerfamiliäre Beziehungsdynamiken und Kommunikationsmuster, sondern auf die Schnittstelle zwischen sozialen Strukturen und subjektiven Verständnis- und Bewältigungsmustern. Es gilt, die Beziehungen zu den verschiedenen Lebensfeldern zu untersuchen, die dort herrschenden Regeln und Normen in ihrer inneren Logik zu begreifen. Damit rücken der Sozialraum der Menschen, ihre Erfahrungen und Wahrnehmungen, in den zentralen Lern-, Erlebnis- und Lebensfeldern in den Mittelpunkt der Aufmerksamkeit.

Der in der Gemeindepsychologie geforderte „sense of community" – diese besondere Sensibilität für die sozialen Gegebenheiten und Lebensverhältnisse – setzt die Erarbeitung von Wissen und Kompetenzen für die Besonderheiten des Territoriums, für das man zuständig ist, für das ein Vorsorgungsauftrag besteht, voraus. Es verlangt Vertrautheit mit dem sozialen Umfeld der dort lebenden Menschen. Und es bedeutet zugleich die Bereitschaft, sich für die Menschen in diesem Territorium zu öffnen.

Die gemeindepsychologischen Perspektiven lassen sich in ihrem Kern durch die folgenden drei Schlüsselkonzepte charakterisieren (vgl. auch Keupp, 1994):

Lebenswelt

Das Lebenswelt-Konzept dient in der Gemeindepsychologie gewissermaßen der qualitativ-hermeneutischen Rekonstruktion von Lebensverhältnissen der Menschen und ihrer Handlungsmuster. Das Konzept der Lebenswelt stammt aus der Phänomenologie von Edmund Husserl und wurde von Alfred Schütz in die Soziologie eingeführt. Mit Lebenswelt meint Husserl den fraglosen Rahmen aller unserer Erfahrungen und unseres Handelns. Lebenswelt ist in dieser Sicht immer subjektgebunden. Sie existiert nicht unabhängig vom Menschen; vielmehr wird ihre Wirklichkeit erst durch den Sinn unserer Erfahrungen geschaffen. Lebenswelt ist also ein subjektiver Sinnzusammenhang, das Produkt ausgehandelter, gemeinsamer Perspektiven der Menschen – eine „interpretierte Welt", die zugleich Grund wie auch Horizont allen Handelns bildet.

In der Lebenswelt besitzt der Alltag, die Alltagswelt, eine besondere Bedeutung. Alfred Schütz bezeichnet die alltägliche Lebenswelt als die Wirklichkeit par excellence. Sie ist der Wirklichkeitsbereich, an dem der Mensch in unausweichlicher, regelmäßiger Wiederkehr teilnimmt. Die alltägliche Lebenswelt ist die Wirklichkeitsregion, in die der Mensch eingreifen und die er verändern kann. „Zugleich beschränken die in diesem Bereich vorfindlichen Gegenständlichkeiten und Ereignisse, einschließlich des Handelns und der Handlungsergebnisse anderer Menschen, seine freien Handlungsmöglichkeiten. Sie setzen ihm zu überwindende Widerstände wie unüberwindliche Schranken entgegen. Ferner kann sich der Mensch nur innerhalb dieses Bereichs mit seinen Mitmenschen verständigen, und nur in ihm kann er mit ihnen zusammenwirken" (Schütz & Luckmann, 1975, S. 23).

Alltag ist also überall wo wir leben: in der Familie, in der Arbeit, in der Öffentlichkeit, in der Gemeinde, im Stadtteil. Alltag ist der Raum, den wir kennen, sind die Personen, die uns bekannt sind und sind Erfahrungen, die wir selbst oder andere, die wir kennen, gemacht haben. Alltag ist die Welt, die uns vertraut ist, auf die wir uns verlassen, in der wir uns nicht immer neu rechtfertigen und erklären müssen. In den Selbstverständlichkeiten unserer Alltage, in den Routinen und Gewohnheiten sind unser Lebenssinn und unsere Identität begründet. Andererseits ist das Selbstverständliche im heutigen Alltag häufig nicht mehr selbstverständlich. Alltagswelt ist aber auch ein Ort der Marginalisierung und Ausgrenzung, ein Ort geprägt von Armut, Arbeitslosigkeit und Hoffnungslosigkeit. Alltag beschreibt einen Ort, wo Belastungen, Krisen und Krankheiten bearbeitet und bewältigt werden, wo soziale Ressourcen – wenn auch manchmal verschüttet und begrenzt – auffindbar sind. Die alltägliche Lebenswelt kann für Menschen auch zu einem Ort der Belastungen, der Probleme und Krisen werden (vgl. Thiersch, 1992).

Soziale Netzwerke

Das Netzwerkkonzept eröffnet aus gemeindepsychologischer Sicht eine analytisch viel versprechende Möglichkeit, den Wirklichkeitsraum, der durch die alltäglichen

Lebenswelten gebildet wird, transparent und zugänglich zu machen. Soziale Netzwerke (vgl. Straus i.d.Bd.) bilden gewissermaßen das Scharnier zwischen individuellen Motiven und Handlungen sowie sozialstrukturellen Prozessen und Gegebenheiten, durch das sich sowohl psychische als auch soziale Spuren und Einflüsse aufzeigen lassen. Das Konzept stammt ursprünglich aus der Sozialanthropologie und dient dort zur Erforschung der in Alltagssituationen beobachteten und erfragten sozialen Beziehungen einzelner Personen innerhalb relativ abgegrenzter, überschaubarer, sozialer Zusammenhänge wie kleiner Landgemeinden, Familien- und Verwandtschaftsbeziehungen sowie städtischer Sozialmilieus. Im Prinzip geht das Netzwerkkonzept von der einfachen bildhaften Vorstellung aus, dass Menschen mit anderen sozial verknüpft sind. „Menschen werden als Knoten dargestellt, von denen Verbindungsbänder zu anderen Menschen verlaufen, die wiederum als Knoten symbolisiert werden. Bei der Rekonstruktion des sozialen Zusammenhangs mehrerer Menschen ergibt sich auf diese Weise das Bild schlampig geknoteter Fischnetze mit einer Vielzahl von Knoten oder Zellen unterschiedlicher Größe, von denen jede mit allen anderen entweder direkt oder indirekt verbunden ist" (Keupp, 1987, S. 12). Das Netzwerkkonzept eröffnet damit eine Möglichkeit, auch jene Teile des sozialen Umfeldes zu untersuchen, die nicht in Gruppen organisiert sind. Es schließt dabei keineswegs die Möglichkeit aus, innerhalb sozialer Netzwerke Gruppen zu identifizieren. Es bietet darüber hinaus den Vorteil, Gruppen eingebettet in dem Gesamtrahmen aller informellen Sozialbeziehungen in der Gemeinde zu betrachten und auf diese Weise ihren relativen Stellenwert einzuschätzen.

Das spezifische Potential sozialer Netzwerke liegt in der Vermittlung umfassender kontextbezogener Ressourcen. Die primären, persönlichen Beziehungsstrukturen sowie die sekundären und tertiären Systeme bilden ein soziales Geflecht, das ganz wesentlich dazu beiträgt, körperliche und seelische Gesundheit zu erhalten und zu fördern sowie bei der Vermeidung und Bewältigung unterschiedlicher Belastungen und Probleme zu unterstützen. Soziale Ressourcen wirken als Puffer in Krisensituationen, mildern belastende Lebensereignisse und bilden einen Schutzschild gegenüber Herausforderungen, Spannungszuständen und Stressoren. Die Integration einer Person in ein System sozialer Beziehungen wirkt sich danach direkt förderlich auf ihr Wohlbefinden aus, da sie die grundsätzlichen Bedürfnisse nach Zugehörigkeit, Geborgenheit und sozialer Verortung befriedigt, die es ihr überhaupt erst ermöglichen, sich in ihrer Umwelt zurechtzufinden und ihrem Leben einen Sinn zu geben (vgl. dazu ausführlich Lenz, 2001). Die besondere Stärke sozialer Ressourcen liegt generell in ihrer Vielfalt und ihrer Alltagsnähe. Sie reichen zum einen von instrumenteller, kognitiver und emotionaler Unterstützung in spezifischen Lebenslagen und Problemsituationen bis hin zu Grundbedürfnissen wie Zugehörigkeit, Geborgenheit und sozialer Anerkennung, die Stabilität und Sicherheit vermitteln und Selbstwert und Selbstbewusstsein, also personale Ressourcen, sichern helfen. Zum anderen sind sie eingebettet in die gemeinsamen alltäglichen sozialen Bezüge von Menschen, die eine relativ schnelle Erreichbarkeit und Verfügbarkeit potentieller UnterstützerInnen ermöglichen. Man begegnet sich häufiger, trifft sich vielleicht sogar bei Anlässen. Dabei ergeben sich immer wieder Gelegenheiten zu Gesprächen, Fragen und sozialem Austausch.

Das Potential des Netzwerkmodells beschränkt sich nicht nur auf die Möglichkeiten zur differenzierten Beschreibung und Analyse sozialer Beziehungssysteme in den sozialökologischen Lebenskontexten von Menschen; vielmehr sind ausgehend von diesem Modell konkrete Handlungsmodelle für die Praxis entwickelt worden. Die Gemeindepsychologie verfügt mittlerweile über ein breit gefächertes Repertoire an Methoden der Netzwerkförderung und Netzwerkintervention, die auch im Community Counseling zu einem festen Bestandteil der Praxis geworden sind.

Empowerment

Handlungsleitend im Sinne eines integrativen Handlungsmodells ist für das Community Counseling der gemeindepsychologische Empowermentansatz geworden. Empowerment (vgl. Stark i.d.Bd.) lässt sich sinngemäß übersetzen als Selbst-Bemächtigung, als Gewinnung oder Wiedergewinnung von Stärke, Energie und Phantasie zur Gestaltung eigener Lebensverhältnisse. Menschen sollen ermutigt werden, ihre eigenen, oftmals verschütteten Stärken zu entdecken und auf diese Weise in die Lage versetzt werden, ihre Lebenswelt eigenständig und eigenverantwortlich mitzugestalten und Ressourcen produktiv zur Bewältigung belastender Lebensumstände einsetzen zu können.

Empowerment begreift den Menschen in seinem sozialökologischen Kontext, stiftet soziale Verknüpfungen sowohl auf der Mikro- als auch auf der Meso- und Makroebene und versucht, Prozesse möglichst in den verschiedenen Systemen anzustoßen. Menschen, denen es beispielsweise gelungen ist, ihre eigenen Ressourcen und Stärken zu erkennen, werden ermutigt, diese in soziale Handlungen umzusetzen. Durch die Entdeckung gemeinschaftlicher Kräfte beginnen sie – trotz eingeschränkter Bedingungen und vor dem Hintergrund vielfältiger persönlicher und sozialer Defizite – gemeinsam mit anderen ihr soziales Umfeld stärker nach ihren Bedürfnissen umzugestalten oder ihre Anliegen und Interessen selbst in die Hand zu nehmen. Diese Partizipation an sozialen Aktionen ermöglicht vielfältige Erfahrungen von eigener Einflussmacht und eigener Bedeutung, aber auch von gegenseitigem Rückhalt und gemeinsamer Wirksamkeit. Die Menschen lernen, gemeinsam nach Ressourcen zu suchen und sich in ihrem Alltag für gemeinsame Ziele einzusetzen. Diese Lern- und Erfahrungsfelder fördern das Vertrauen der Menschen in sich und andere und stärken das Selbstbewusstsein im Erleben ihrer Möglichkeiten und Fähigkeiten.

Die Empowermentperspektive beinhaltet aber nicht nur eine Abkehr von einem, nicht selten einseitigen, Blick der Professionellen auf die Defizite und die Hilfsbedürftigkeit der Menschen sowie eine konsequente Hinwendung auf seine kompetenten und aktiv gestalterischen Seiten, sondern vor allem auch eine radikale Abkehr vom traditionellen Verhältnis zwischen den Beteiligten. Im Empowermentansatz werden die fürsorglichen Strukturen der professionellen Hilfsangebote kritisiert und die Dominanz der ExpertInnen, ihre mehr oder weniger versteckte Definitions-, Ausführungs- und Kontrollmacht in der Hilfebeziehung grundsätzlich in Frage gestellt. Er sieht in dem herkömmlichen paternalistischen Handeln der Professionellen die Gefahr einer tendenziellen Verfestigung und Erweiterung der Hilfsbedürftigkeit und der Ohnmacht, die den Handlungsspielraum Hilfe suchender Menschen noch enger erscheinen lassen, als er in Wirklichkeit sein mag. Der Empowermentansatz richtet sich gegen diese vielfach erlernte Hilflosigkeit und setzt auf die Rückgewinnung eines subjektiven Gefühls von Kontrolle über das eigene Leben durch den Einsatz partizipativer Strategien. Für die professionellen HelferInnen bedeutet dies eine Abkehr von der Fiktion der wertneutralen ExpertIn, die im Besitz der alleinigen Lösungskompetenz ist, hin zu einem professionellen Verständnis, das von Kooperation und Partnerschaftlichkeit geprägt ist. Aufgabe der professionellen HelferInnen ist es dabei in erster Linie, die Bedingungen zu schaffen, die einen Prozess ermöglichen, durch den Menschen Ressourcen erhalten, die sie besser zur Gestaltung ihrer Lebensumstände und zur Erreichung ihrer Ziele und Wünsche befähigen.

4 Praxis des Community Counseling

Community Counseling betont die Interaktion von Person und Umwelt. Es richtet seinen Blick gezielt auf die sozialökologischen Lebenskontexte von Menschen, auf ihren Alltag und die sozialen Beziehungssysteme, auf ihr Wohnquartier sowie auf die kulturellen und sozio-ökonomischen Bedingungen, die ihr Leben einrahmen und fragt dann nach den wechselseitigen Einflüssen von Personen und diesen Umweltsystemen. Die individuelle Problematik eines Menschen oder auch bestimmter Gruppen von Menschen wird daher immer in vielfältigen Bezügen zur Lebenswelt und zum konkreten sozialen Kontext betrachtet. Der Kontext und die alltägliche Lebenswelt werden als Subsysteme in einem sehr komplex vernetzten Prozess verstanden, in dem sich die verschiedenen Kräfte und Komponenten synergetisch beeinflussen und damit auch auf das einzelne Individuum zurückwirken. Lösungen entstehen daher in aller Regel durch Veränderungen dieser Prozesse und weniger durch die alleinige Veränderung der Person oder des sozialen Umfeldes (Hershenson, Power & Waldo, 1996).

Es geht also im Community Counseling nicht in erster Linie um eine gezielte Veränderung von individuellen Verhaltensweisen, Wahrnehmungen oder Kommunikationsmustern; es stehen auf der Handlungsebene nicht die klassisch direktiv lenkenden und nichtdirektiv unterstützenden Methoden im Mittelpunkt – sie sind natürlich als basales beraterisches Handwerkszeug im professionellen Umgang mit Menschen unverzichtbar. Typisch für das Community Counseling sind dagegen vielmehr Strategien, die Kontexte in Bewegung bringen, Verhandlungs- und Aushandlungsprozesse fördern, Möglichkeitsräume erweitern und Gelegenheitsstrukturen schaffen bzw. verbessern. Dazu werden neben den verschiedenen systemischen Techniken, den Methoden der Netzwerkförderung und der aktivierenden Befragung je nach Bedarf auch andere Arbeitsformen eingesetzt, von denen einige zentrale Strategien im Folgenden noch skizziert werden sollen:

Moderations- und Mediationsverfahren

Um Strukturen in der Gemeinde in Bewegung zu setzen, d.h. durch die Förderung von Verhandlungs- und Aushandlungsprozessen Möglichkeitsräume zu erweitern, ist in aller Regel der Einsatz von Moderations- und Mediationsverfahren notwendig.

Moderation zielt darauf ab, zwischen den Menschen und ihren sozialen Beziehungsnetzen sowie zwischen Gruppen und Institutionen, mit denen sie konfrontiert sind, zu vermitteln. Durch Moderation soll ein Forum geschaffen werden, das es allen Beteiligten ermöglicht, ihre Problemsichten darzustellen, um so einen Prozess des wechselseitigen Verstehens einzuleiten, der idealtypischerweise in allseitig befriedigende Ergebnisse und konstruktive Lösungswege mündet. Moderieren heißt, das Gespräch anzustoßen, immer wieder Kontakte zwischen den beteiligten Personen herzustellen und sie zu einem offenen Umgang miteinander zu motivieren.

Mediation (vgl. Bastine & Theilmann i.Bd.2) ist eine Methode der Problemlösung, die in konstruktiver Weise nach gemeinsamen Möglichkeiten der Deeskalation und Konfliktbewältigung sucht, bei denen es weder Gewinner noch Verlierer gibt. Ziel ist eine Kompromissbildung zwischen den Beteiligten, in der beide Seiten auf eine umfassende Durchsetzung ihrer Bedürfnisse und Vorstellungen verzichten. Aufgabe des Professionellen im Mediationsverfahren ist es, die Rolle eines Vermittlers zu übernehmen, der versucht, wieder eine direkte Verbindung zwischen den Beteiligten herzustellen und Klärungsprozesse anzustoßen.

Bürgerbeteiligung

Der Begriff Partizipation stammt aus der sozialen Bewegung und wurde in den letzten Jahren von den Sozial-, Planungs- und Politikwissenschaften aufgegriffen. Im engeren Sinne spricht man von Partizipation, wenn Menschen bei Planung und Vorhaben angehört werden und sie ihre Ziele und Wünsche in den Prozess einer Willensbildung und Entscheidungsfindung einbringen können. Betrachtet man diese verschiedenen Formen genauer, so lassen sich im Prinzip zwei grundlegende Partizipationsstrategien unterscheiden: die des Teilnehmens und die des Teilhabens. Die Teilnahme-Strategien beruhen in ihrem Kern auf dem „Top-down"-Modell, das heißt, die Probleme und Ziele werden nicht von den Betroffenen, sondern im Wesentlichen von ExpertInnen identifiziert und definiert. Diese entwerfen auch die Formen der Beteiligungsprozesse und planen bzw. organisieren die entsprechenden Vorgehensweisen. Die Teilhabe beruht dagegen auf so genannten „Bottom-up"-Strategien. Ausgehend von ihren individuellen Bedürfnissen, Problemen und spezifischen Ressourcen übernehmen in diesem Ansatz die Betroffenen – entsprechend ihrer Fertigkeiten und Kompetenzen – von Anfang an Verantwortung für das weitere Vorgehen. Die ExpertInnen übernehmen in diesem Geschehen im Wesentlichen die Rolle von „Geburtshelfern", die das Projekt auf den Weg bringen und die Betroffenen bei der Entdeckung ihrer eigenen Fähigkeiten und Stärken unterstützen.

Anwaltschaft (Advocacy) ist eine spezielle Methode, um sozial und/oder gesundheitlich benachteiligten Gruppen, die nicht genügend artikulations- und durchsetzungsfähig sind, eine wirksame Interessenvertretung zu ermöglichen, die hilft, die Auswirkungen der Benachteiligung zu verringern. In der Ottawa-Charta heißt es beispielsweise dazu:

> „Politische, ökonomische, soziale, kulturelle, biologische sowie Umwelt- und Verhaltensfaktoren können alle entweder der Gesundheit zuträglich sein oder sie auch schädigen. Gesundheitsförderndes Handeln zielt darauf ab, durch aktives anwaltliches Eintreten diese Faktoren positiv zu beeinflussen und der Gesundheit zuträglich zu machen" (Trojan & Legewie, 2001, S. 327).

Interinstitutionelle Vernetzung und Kooperation

Nicht zuletzt aufgrund der sich immer stärker ausdifferenzierenden Angebotsvielfalt psychosozialer Dienste, die zudem häufig hochspezialisiert sind, erscheint eine Kooperation zwischen den verschiedenen Einrichtungen in der Gemeinde unerlässlich, um ein der Komplexität der individuellen Lebenslagen entsprechendes Hilfsangebot zu ermöglichen. Mittlerweile liegen eine Vielzahl von Praxismodellen zur Vernetzung vor wie zum Beispiel psychosoziale Arbeitsgemeinschaften, Gesundheitskonferenzen und -foren, Hilfekonferenzen sowie Case Management bzw. Unterstützungsmanagement.

Bei aller Notwendigkeit solcher Vernetzung sollten allerdings nicht die Gefahren übersehen werden, die solche Strukturen beinhalten. Durch Bürokratisierung, Kompetenzgerangel und funktionsgerechte Absprachen zwischen den beteiligten Institutionen besteht die Gefahr, dass letztlich die Belange, Interessen und Bedürfnisse der Betroffenen auf der Strecke bleiben. Vernetzung darf sich daher nicht auf eine enge Zusammenarbeit auf der Fachebene und auf das Schaffen eines äußeren Organisationszusammenhanges beschränken, sondern muss die betroffenen Menschen von Anfang an intensiv einbeziehen. Das bedeutet, dass sich alle, die eine Vernetzung im Gemeinwesen anstreben, auf einen längeren gemeinsamen Lernprozess, Informationsaustausch sowie auf den Aufbau eines gemeinsamen Problemverständnisses und kollektiver Problemlösungen einlassen müssen.

Literatur

Alisch, M. (Hrsg.). (1998). *Stadtteilmanagement. Voraussetzungen und Chancen für die soziale Stadt.* Opladen: Leske & Budrich.

Bronfenbrenner, U. (1981). *Die Ökologie der menschlichen Entwicklung.* Stuttgart: Klett-Cotta.

Gottlieb, B.H. (1985). Assessing and Strengthening the Impact of Social Support on Mental Health. In *Social Work, 30*, 293–300.

Hershenson, D.B., Power, P.W. & Waldo, M. (1996). *Community Counseling – Contemporary Theory and Practice.* Boston: Allyn & Bacon.

Hildebrandt, H. & Trojan, A. (1992). Auf dem Weg zu gesünderen Städten – Vom Programm zur Praxis vor Ort. In A. Trojan & B. Stumm (Hrsg.), *Gesundheit fördern statt kontrollieren. Eine Absage an den Mustermenschen* (S. 117–140). Frankfurt a.M.: Fischer.

Hinte, W. & Karas, F. (1989). *Studienbuch Gruppen- und Gemeinwesenarbeit.* Neuwied: Luchterhand.

Keupp, H. (1994). *Psychologisches Handeln in der Risikogesellschaft. Gemeindepsychologische Perspektiven.* München: Quintessenz.

Keupp, H. (1987). Soziale Netzwerke – Eine Metapher des gesellschaftlichen Umbruchs? In H. Keupp & B. Röhrle (Hrsg.), *Soziale Netzwerke* (S. 11–53). Frankfurt a.M.: Campus.

Lenz, A. (2001). *Partizipation von Kindern in Beratung und Therapie. Entwicklungen, empirische Befunde und Handlungsperspektiven.* Weinheim/München: Juventa.

Nestmann, F. (1988). *Die alltäglichen Helfer: Theorien sozialer Unterstützung und eine Untersuchung alltäglicher Helfer aus vier Dienstleistungsberufen.* Berlin: Walter de Gruyter.

Schütz, A. & Luckmann, T. (1975). *Strukturen der Lebenswelt.* Neuwied: Luchterhand.

Stark, W. (1996). *Empowerment. Neue Perspektiven in der psychosozialen Praxis.* Freiburg: Lambertus.

Thiersch, H. (1992). *Lebensweltorientierte Soziale Arbeit. Aufgaben der Praxis im sozialen Wandel.* Weinheim/München: Juventa.

Trojan, A. (Hrsg.). (1986). *Wissen ist Macht. Eigenständig durch Selbsthilfe in Gruppen.* Frankfurt a.M.: Fischer.

Trojan, A., Hildebrandt, H., Faltis, M. & Deneke, C. (1987). Selbsthilfe, Netzwerkforschung und Gesundheitsförderung. Grundlagen gemeindebezogener Netzwerkförderung als Präventionsstrategie. In H. Keupp & B. Röhrle (Hrsg.), *Soziale Netzwerke* (S. 294–317). Frankfurt a.M.: Campus.

Trojan, A. & Legewie, H. (2001). *Nachhaltige Gesundheit und Entwicklung. Leitbilder, Politik, Praxis der Gestaltung gesundheitsförderlicher Umwelt und Lebensbedingungen.* Frankfurt a.M.: VAS.

Woolfe, R. (1996). The Nature of Counseling Psychology. In R. Woolfe & W. Dryden (Eds.), *Handbook of Counseling Psychology* (pp. 3–20). London: Sage.

Prof. Dr. Albert Lenz ist Diplom-Psychologe und arbeitet als Hochschullehrer an der Katholischen Fachhochschule Nordrhein-Westfalen. Seine Arbeitsschwerpunkte sind die Theorie und Praxis der Gemeindepsychologie, psychosoziale Beratung und die Qualitätssicherung psychosozialer Praxis.

Anschrift:
Katholische Fachhochschule NRW
Abteilung Paderborn
Fachbereich Sozialwesen
Leostr. 19
D-33098 Paderborn
E-Mail: a.lenz@kfhnw-paderborn.de

VII Perspektiven und Entwicklungen der Beratung

Übersicht

Ethische Richtlinien für Beratung

Wolfgang Schrödter

1 Beratung und ethische Reflexion
2 Die Gestaltung des Gesprächs
3 Regeln der fachlichen Kunst
4 Zur Problematik der Begründung
5 Ethik und Beratung in der fachinternen Diskussion
6 Ethik, institutionelle Beratungspraxis und gesellschaftliche Entwicklung

Beratung als Förderung von Identitätsarbeit in der Spätmoderne

Heiner Keupp

1 Wie der globalisierte neue Kapitalismus unsere Lebens- und Arbeitsformen verändert
2 Pluralisierte Vorstellungen vom „guten Leben": Wertewandel, Lebensstile und Milieus
3 Alltägliche Identitätsarbeit in der Spätmoderne
4 Förderung gelingender Identitätsarbeit durch Beratung

Beratungsräume und Beratungssettings

Ruth Großmaß

1 Die politische Dimension: Die institutionelle Einbindung einer Beratungseinrichtung
2 Die Räumlichkeiten einer Beratungsstelle als Setting
3 Die Gestaltung von Beratungssituationen: das methodische Setting

Beratung und neue Medien

Frank Engel

1 Technisierte Alltage und Beratung unter den Bedingungen Neuer Medien
2 Beratung unter der Perspektive medialer Aufmerksamkeitsorientierung
3 Vertrauen in Beratung als aktives Vertrauen
4 Informations- und Aufmerksamkeitsarmut
5 Beratung in den Lebens- und Erlebenswelten
6 Die Konkurrenz der Beratungsorte – Telepräsenz der Beratung
7 Ausblick: „Sitzende" und „bewegliche" Beratung

Beratung im Kontext von Prävention

Bernd Röhrle

1 Definitionen von Prävention
2 Theorien der Prävention
3 Methodische Aspekte
4 Intervention
5 Zur Gegenwart und Zukunft präventiver Beratung

Beratung in der Krisenintervention

Ingeborg Schürmann

1 Krisenbegriff
2 Krisenintervention – allgemeine Prinzipien
3 Krisenberatung
4 Resümee

Beratung und Empowerment – empowerment-orientierte Beratung?

Wolfgang Stark

1 Empowerment – Grundlage des Selbstverständnisses beruflicher Hilfe?
2 Beratung und die Empowermentperspektive
3 Empowermentprozesse von beruflichen HelferInnen
4 Empowerment als Weg zu einer kompetenzorientierten Praxis der Beratung

Beratung zwischen alltäglicher Hilfe und Profession

Frank Nestmann

1 Formalisierungsgrade
2 Alltägliche Ratsuche und Beratungsquellen
3 Alltägliche Beratungsformen
4 Beratungsentwicklung zwischen Alltag und Profession

Counselling in the United Kingdom, and Counselling as it might be

Colin Feltham

1 Counselling in the UK
2 Professionalisation
3 Training and accreditation
4 Trends
5 Looking towards the future
6 Radically rethinking counselling

Ethische Richtlinien für Beratung

Wolfgang Schrödter

1 Beratung und ethische Reflexion

Beratungsgespräche finden in unterschiedlichster Form statt. Gemeint ist damit nicht nur die Variationsbreite helfender, unterstützender Begegnung im schlichten Alltag, sondern auch die Gesprächsangebote, die wir als „professionell" zu bezeichnen gewohnt sind. Gemeinsam ist allen in etwa folgende Grundsituation: dass – durch welche Umstände und Anlässe auch immer bedingt – zwei oder mehr Menschen, die sich bis dato fremd sind, beginnen über existenzielle Fragen, Zweifel und Konflikte in einen Dialog einzutreten. Sie bringen dabei die Bereitschaft mit, sich für neue Erfahrungen zu öffnen und sich auf das Risiko eines offenen kommunikativen Prozesses einzulassen.

Das Beratungsgespräch basiert auf Grundhaltungen und Grundeinstellungen, die im Fall professionell praktizierter Beratung unter anderem in den „Regeln fachlichen Könnens" festgehalten sind. Solche Regeln enthalten Normen, Wertbezüge und Selbstverpflichtungen; manchmal sprechen wir von Standards, einem höchst missverständlichen Begriff. Einige Regeln gelten als Ausdruck von Prinzipien für Beratung im Sinne eines Gefüges sittlicher Grundsätze. Damit steht zwangsläufig die diffizile Frage nach deren Begründung, Begründbarkeit und Kritisierbarkeit im Raum. Die folgenden Analysen konzentrieren sich auf kommunikative Verfahren, mit denen und durch welche Regeln und Normen ihre Begründung,

Kritik und Weiterentwicklung finden. Sie schließen dabei an Schulen der Philosophie an, welche Ethik mit Intersubjektivität und Diskurspraxis verknüpfen (Apel, 1976). Vorweg: Es ist nicht die isolierte Einzelperson, die qua einsamen Denkens, Schließens und Urteilens, qua Intuition oder Evidenz Maßstäbe guten beraterischen Handelns formuliert. Die Verantwortung dafür liegt in den Händen kooperierender und kommunizierender Gemeinschaften, deren Praxis selbstverständlich ihrerseits ethischen Anforderungen zu genügen hat.

Ethik soll als Reflexionsrahmen nicht nur von moralischen (Streit-)Fragen im engeren Sinne, sondern auch von Normen, Regeln, Denkweisen und Prinzipien beraterischen Handelns schlechthin verstanden werden. In den Prozess des Fallverstehens gehen implizit Normen, Werte, Menschenbilder sowie praktische Vorstellungen guten Lebens ein, deren Maßstäbe unter dem Druck alltäglichen Handelns selten reflektiert werden. Fallverstehen meint die mitlaufende kognitive Seite im beraterischen Beziehungsprozess. Beratung verläuft als dynamisches Mehrebenengeschehen, das man analytisch in die Elemente „Verstehen" und „Interaktion" zergliedern kann. Solcherart Reflexion verlangt Zeit, Sorgfalt und eine besondere Aufmerksamkeitsfokussierung; man muss das eigene Handeln und Denken aus der Routine herauslösen und sich punktuell fremd machen, um es anschließend (selbst-)kritisch einer „zweiten Befragung" zu unterziehen. Das bedeutet konkret: Wir formulieren im Arbeitsalltag Sätze wie „Paula ist ein stark unruhiges Kind", „Herr B. trinkt viel", „Frau X. ist nicht motiviert zur Beratung", „Herr Y. geht fremd" und so weiter. Im schlechtesten denkbaren Fall werden solche Beschreibungen auch noch als „Tatsachenfeststellungen" missverstanden statt als hypothetische sprachliche Konstrukte zum Zweck der Verständigung in der Kollegengemeinschaft. Hinter solchen Missverständnissen stehen irreführende Lehrgebäude, Machtinteressen von Expertenkreisen, heteronomieorientierte Menschenbilder, schlechte Ausbildungserfahrungen. Solche und ähnliche Wendungen, die wir zur Erläuterung einer Fallgeschichte im Rahmen der kollegialen Besprechung oder einer Falldokumentation ganz selbstverständlich benutzen, enthalten stets einen nicht ausdrücklich thematisierten Bezug auf universelle sowie historisch konkrete Wertvorstellungen und sittliche Grundsätze. Es gibt keine an sich ethisch neutrale beraterische Haltung und kein wertfreies Beschreiben. Wann und wozu wir jenen zweiten Blick in die Reflexion einbauen wollen, muss jeweils entschieden werden. Zur Frage nach dem „wann und wozu" gibt es eine interessante Erfahrung. In der Beratungsarbeit mit Menschen aus uns fremden Kulturen fragen wir meistens genauer und ausführlicher nach ihren Normen, nach religiöser und kultureller Tradition, Sitten, usw. Wir *wissen* in diesem Fall ganz selbstverständlich, dass wir „Maßstäbe" erst finden müssen, um unser Verstehen zu orientieren.

Mit der begründungstheoretischen Thematik der *Geltung* von Regeln und Prinzipien des Beratungsgesprächs ist gleichzeitig die der *Verwirklichung* verbunden. Auch dazu sollte der Blick auf die Gruppe gerichtet werden: Ob Beratung gelingt oder scheitert, ihre idealen Grundsätze näherungsweise verwirklicht oder gegen sie verstößt, hängt von den Leistungen oder Fehlleistungen der Gemeinschaft ab. Zur Gemeinschaft gehören die Teams der Einrichtungen, die therapeutischen und beraterischen Verbände, die Literatur und nicht zuletzt der institutionelle Rahmen. In je unterschiedlicher Weise strukturieren und verantworten diese Kontexte das, was in der Beratung geschieht und wie es geschieht.

Diese Perspektive auf die Gemeinschaft reduziert nicht die Bedeutung der Person der Beraterin oder des Beraters, sondern platziert sie in einen sozialen Zusammenhang. Diesen Zusammenhang möchte ich als *Gesamtprozess von Beratung* bezeichnen.

2 Die Gestaltung des Gesprächs

Das Beratungsgespräch gestaltet sich, verglichen mit durchschnittlichen alltäglichen Gesprächs- und Umgangsweisen, in besonderer Form. Beraterinnen und Berater halten sich in der Regel mit raschen Kommentaren und Bewertungen zurück, neigen eher zu aktiv-geduldigem Zuhören und wachem Abwarten, stellen ihre Affekte und emotionale Beteiligung in den Hintergrund; sie schenken dabei allen erdenklichen Themen im Wesentlichen die gleiche zugewandte Aufmerksamkeit, achten auf scheinbare Kleinigkeiten oder Nebensächlichkeiten sowie Verknüpfungen, Sprünge oder Brüche in Schilderungen und Erzählungen. Fragen und Nachfragen dienen der Sicherung des Verstehens, manchmal auch dem Versuch zur Vertiefung eines Themas oder dem Bemühen, ein Problem in ein anderes Licht zu rücken. Gute Fragen zu erfinden, sie taktvoll und im richtigen Moment einzubringen, bedeutet viel für das Gelingen des Gesprächs. Überhaupt, das öffnende Fragen und Befragen – auch der scheinbar selbstverständlichen Dinge des Lebens – hat Vorrang vor dem Anfertigen von Antworten. Tabuisierte, peinliche, angst- oder schambesetzte Themen stehen dabei neben eher leicht besprechbaren Angelegenheiten. Beratung hat zu tun mit der Kunst, einen Erzählfluss zu eröffnen und in Gang zu halten, ihn nicht willkürlich zu stören oder zu dirigieren, wissend, dass jede Erzählung sich selbst strukturiert und vorwärts treibt. Rat Suchende spüren die Besonderheit der Situation und sagen gelegentlich Sätze wie „So hat noch niemand mit mir gesprochen" oder „So habe ich das noch nie gesehen". Solche Wendungen können Erleichterung ausdrücken, aber auch Verunsicherung oder Enttäuschung. Zumeist stehen sie für eine ambivalente Mischung aus unterschiedlichen Gefühlen und Eindrücken.

Wir sagen aus gut begründeter Erfahrung, Berater-/innen brauchen ein waches und lebendiges Interesse am menschlichen Leben, insbesondere den Krisen- und Grenzsituationen hierin, weiterhin die Fähigkeit sich selbst zurückzunehmen und gleichzeitig, wo angebracht, den Mut sich einzubringen. Wir nehmen an, dass der Nähe-Distanz-Regulation in der Beziehung zu Rat Suchenden eine besondere Bedeutung zukommt. Sie klientenbezogen auszubalancieren repräsentiert eine anspruchsvolle emotionale und kognitive Leistung. Diese und andere Elemente, wozu ein kritischer Abstand zur herrschenden Gesellschaft und ihren zeitgeistig bedingten Moden zählt, machen das aus, was wir die *beraterische Grundhaltung* nennen.

Für die beraterische Grundhaltung und die Art der Gestaltung der beraterischen Beziehung und Situation gibt es Modelle, Vorbilder und Traditionen. Man kann sie Schulen der praktischen Philosophie, Psychotherapie, Seelsorge oder einem aufgeklärten Konzept von Bildung entnehmen. In der Praxis dürfte es hilfreich sein, sich möglichst viele Quellen aus unterschiedlichen Traditionen angeeignet zu haben – und sich möglichst *nicht* zum blinden Anhänger einer bestimmten Schule zu machen.

Vorwort und Einleitung
Beratungsdisziplinen
Geschlecht und Beratung
Alter und Beratung
Kultur und Beratung
Beratung und soziale Systeme
Perspektiven der Beratung

Vielen ist, Unterschiede im Detail einmal beiseite lassend, eine ebenso heikle wie unverzichtbare Grundidee gemeinsam: dass emanzipatorische Erfahrungsbildungs- und Lernprozesse, deren Sinn in der Eröffnung neuer Denk- und Handlungsmöglichkeiten, im Überwinden alter Blockaden und Schaffen neuer innerer und äußerer Freiheitsräume liegt, fördernder zwischenmenschlicher Interaktions- und Austauschprozesse bedürfen. Beratung versteht sich als ein auf begrenzte Zeit arrangiertes Gesprächsangebot zur Entfaltung von Entwicklungspotenzialen und Kompetenzen, welche in einer aktuellen inneren und/oder äußeren Krise blockiert sind. Der Begriff *Potenzial* verweist zeitperspektivisch aus der Aktualität heraus auf Zukunft und zukünftige Möglichkeiten. Die neuere Literatur bezeichnet Berater-/innen gelegentlich als *Ermöglicher*, die Beratungssituation als *potenziellen Raum*. Der Begriff des „potenziellen Raums" schließt an Winnicotts Entwicklungspsychologie an und meint einen (Übergangs-)Raum kreativen Experimentierens, angesiedelt zwischen Realität und Phantasie, Ernst und Spiel. Am Ende der beraterischen Bemühung soll im gelingenden Fall ein Stück mehr verantworteter Freiheit und Lebensgewissheit stehen, ein Mehr an Lebendigkeit und Mut, das eigene Leben in die Hand zu nehmen. Es geht in anderen Worten um Lebenssinn, den „*wir selbst* unserem Leben geben können" (Popper, 1984, S. 150, Hervorhebung durch den Autor).

Auch die von Seiten der Sozialwissenschaften vorgeschlagene Formulierung *Wiederherstellung der Autonomie der Lebenspraxis* als gesellschaftliche Aufgabe von Beratung impliziert einen – im Allgemeinen universalgeschichtlich gefassten – Emanzipationsanspruch. Sie favorisiert, grob gesprochen, Autonomie vor Heteronomie und benutzt ein Dual, das Kant (1974) in der Schrift „Zur Kritik der praktischen Vernunft" einführt, quasi als elementare Leitunterscheidung für seine Sittenlehre. Fortan spielt das Denken in Kategorien von Autonomie/Heteronomie für unterschiedliche Disziplinen eine Schlüsselrolle bei der Thematisierung von Moralfragen.

Autonomie ermöglichende, Zukunftsoptionen eröffnende Gespräche lassen sich dezidiert in diesem Verständnis nicht mit dem klassischen, linearen Modell des Subjekt-Objekt-Verhältnisses begreifen, in dessen Geist wir im Allgemeinen aufgewachsen sind und welcher nachhaltig viele unserer Theorien prägt. Kritisches Dauerengagement im Verhältnis zu Theorieangeboten ist an dieser Stelle besonders gefragt. Das gilt ganz besonders für das Verhältnis zur zeitdiagnostischen Sparte der Soziologie. Es ist Unsinn, Beratungspraxis unreflektiert zu beziehen auf modische Begriffe wie Risikogesellschaft oder ein loses Gerede von Individualisierung und Flexibilisierung. In der Beratung geht es um das wirkliche menschliche Leben, nicht um das Leben qua soziologischer Theorie. Zwischen beiden Ebenen wäre kritisch zu vermitteln statt Schlagworte zu kopieren! Im guten Unterricht, in der guten Beratung, im guten Alltagsgespräch usw. wirkt nicht ein Subjekt auf sein(e) Objekt(e) ein, belehrt nicht einer einseitig den anderen, hat keiner der Beteiligten ein Monopol auf sinnvolles Fragen und abschließende Antworten – und, nicht zuletzt, keiner steht außerhalb der Situation. Deshalb sind Begriffe wie „Intervention" verkürzend und zuweilen irreführend, suggerieren sie doch zwangsläufig ein zielgerichtetes, strategisches Eingreifen einer (aktiv-wissenden) Seite in die Belange der (passiv-unwissenden) anderen. Das Modell der kommunikativen Subjekt-Subjekt-Interaktion führt eher zum Begreifen des Geschehens und seinem emanzipatorischen

Anspruch. Darin aufgehoben findet sich die Idee kooperativer, partnerschaftlicher *Begegnung* freier und gleichberechtigter Personen. Die beraterische Interaktion ist so betrachtet Ausdruck eines „nur zwischen Subjekten möglichen Handelns auf Gegenseitigkeit" (Apel, 1976, S. 208). Dazu gehört etwas, wovon wir selbstverständlich ausgehen, nämlich dass Rat Suchende aus freiem Entschluss das Gespräch suchen. *Die wechselseitige Bemühung um* Respekt, Achtung, Aufrichtigkeit, Offenheit und Wertschätzung, um Verständigung und Verstehen verkörpert eine anspruchsvolle selbstverständliche Grundlage des Prozesses.

Die Wendung „sich bemühen um" soll ausdrücklich mitteilen, dass es sich um eine Haltung handelt, um die wir ringen müssen, die immer nur in Annäherung gelingt und höchst stör- und krisenanfällig ist. Vollständiges oder abgeschlossenes Verstehen ist nicht nur aus logischen Gründen nicht möglich, weil jedes Stück Verstehen sofort die Beteiligten und die gemeinsame Situation verändert, sondern würde das Mitsubjekt an sich zerstören. Am Anfang und Ende steht die Differenz. Mutmaßliche oder tatsächliche Entgleisungen, eben das punktuelle Scheitern der beraterischen Bemühungen um Achtung, Respekt und Verstehen, zeigen etwas davon und nötigen zu besonderer Aufmerksamkeit und vertiefender Reflexion. Gadamer (1993, S. 156) bezeichnet in seiner Schrift „Autorität und kritische Freiheit" *Achtung* als „sehr dialektischen Affekt". „Sie anerkennt eine Überlegenheit oder mindestens eine Eigengeltung des anderen – aber ungern!" – weil sie mit Selbstdemütigung verknüpft sei. Der alltagssprachliche Satz *„Das nötigt mir Achtung ab"* zeigt etwas davon.

Der eben gebrauchte Begriff *emanzipatorisch* ist, so wie er eingesetzt wurde, natürlich nicht unproblematisch. Durch seine inflationäre Verwendung klingt er zudem reichlich abgegriffen. Es soll damit keinem naiven Fortschrittsautomatismus das Wort geredet werden; Emanzipation ist nicht faktisch als empirische Abfolge steter Verbesserung von Handeln, Fühlen und Denken, sondern zunächst einmal *symbolisch* zu denken: Das heißt, im Sinne von Hoffnung, von hoffen auf Zukunft. Ohne einen Begriff von Hoffnung würde es keine Verantwortung *für das Morgen* geben; wir lebten ausschließlich im Hier und Jetzt. Als Gegenpol zur Hoffnung arbeitet der Fatalismus, eine für das Gespräch über Ethik gänzlich untaugliche Einstellung zum Leben.

Beratung impliziert – ähnlich pädagogischem, therapeutischem, praktisch philosophischem oder sozialforscherischem Handeln – ein Leitinteresse, das man programmatisch mit Begriff und Idee der sittlichen Würde des Menschen, der Freiheit seiner Persönlichkeit, aufgehoben in der Freiheit aller anderen, im neuzeitlichen Sinn fassen kann. Einen Gegenspieler der Freiheit verkörpert die Unmündigkeit, weshalb, mit Kant gesprochen, die Befreiung aus (mehr oder minder selbstverschuldeter) Unmündigkeit zum Hauptthema der Aufklärung wurde. Um das Freiheitsverständnis herum gruppieren sich die Begriffe *Gerechtigkeit* und *Solidarität*, deren universelle Bedeutung für die soziale Welt schlechthin nicht begründet werden muss. In jeder Paarberatung oder Familientherapie geht es um *elementare Fragen von Gerechtigkeit, fairem Ausgleich und solidarisch gestaltetem Leben.* Einem stark eingeengten „klinischen" Blick mag dieser Gesichtspunkt entgehen. Im Übrigen: Jede noch so schreckliche politische Gewaltherrschaft beruft sich auf Gerechtigkeit und Solidarität und verteidigt selbst ihre verwerflichsten Handlungen mit Zerrbildern der Freiheitsidee. Diese Beispiele mögen die *Universalität* der Begriffe und ihrer Geltung demonstrieren.

Wer dies bestreiten möchte, würde – von logischen und pragmatischen Problemen einmal abgesehen – eine fatale Leerstelle im Gedankengefüge einrichten: Ohne eine Idee, Vision oder Utopie idealer Kommunikation, gelingenden individuellen und gemeinschaftlichen Lebens, gleich welcher Quelle, Tradition und Metaphorik, hätte das beraterische Handeln *keinen inneren Ankerungspunkt, keinen übergeordneten Maßstab*. Jenes skizzierte, utopisch-reale Moment des Egalitären als Grundlage der beraterischen Beziehung nimmt das sittliche Ideal von Gerechtigkeit, Solidarität und Freiheit in sich auf, wie wir es in der Antike und im Christentum vorgedacht und schließlich in der Aufklärung und anderen Traditionen radikalisiert finden. Wodurch sollte eine solche Idee ersetzt werden? Man würde wahrscheinlich immer bei ähnlichen Gedankengebäuden mit jeweils unterschiedlicher Innenausstattung landen.

3 Regeln der fachlichen Kunst

Die Gestaltung eines Gesprächs nach dem Muster von Beratung gilt als besondere Kunstform, wobei der gemeinte Sinn des Begriffs „Kunst" unterschiedlich ausfällt. Im Allgemeinen soll damit ausgedrückt werden, dass beraterisches Handeln wegen seines strikten Bezugs auf den je einmaligen individuellen Fall nicht standardisierbar ist; außerhalb dieses konkreten Bezugs ist es auch nicht beurteilbar. Dem Künstler ähnlich erfinden Berater-/innen die Regeln und Vorgehensweisen ihres Handelns, indem sie diese praktisch handhaben. Beratung bedeutet schöpferisch experimentieren. Der Maler und Romancier verweigert sich einer plump affirmativen Praxis, in den Worten Lyotards (1994, S. 196, Hervorhebung durch Autor): „Sie haben statt dessen die Regeln der Kunst des Malens oder Erzählens in der Form, in der sie sie erlernt haben oder von ihren Vorgängern übernommen haben, *in Frage zu stellen*". Das Moment des Intuitiven, Schöpferischen und Spontanen, des nicht standardisierbaren und nicht automatisierbaren Handelns soll in der Bezugnahme auf Kunst und Künste in den Vordergrund gerückt werden. Damit verbunden ist der Gedanke an die Wirkung eines individuellen kreativen Feingefühls, einer wahrscheinlich nur begrenzt lehr- und lernbaren Befähigung zum Verstehen und Gestalten, aus der heraus Dinge in einem neuen Licht erscheinen.

Natürlich kommt sofort die andere Seite ins Spiel – bezeichnen wir sie als die Seite des „Professionellen" im Handeln. Es kann kein Zweifel daran bestehen, dass mit dem Gebrauch des vieldeutigen Begriffs *professionell* automatisch der Übergang zu Gesellschaft und Geschichte, zur historischen Konkretion psychosozialer Arbeit bezeichnet ist. Gesellschaftliche Leistungserwartungen und Ansprüche bis hinauf zu gesetzlichen Konditionierungen kommen ins Spiel. Die Diskussion verschiebt sich auf den Aspekt „Beratung als Beruf" und nun folgt zwingend eine andere Weise der Beschreibung: Die beraterische Haltung und Gesprächsgestaltung basiert auf verbindlichen, (fach-)gemeinschaftlich vereinbarten Regeln, Normen und Wertebezügen. Ihren komplexen Sinn zu verstehen und, mehr noch, verinnerlicht zu haben, macht den Kern beraterischer Kompetenz aus; Kompetenz ist der *Kern* von Professionalität. Vergleichsweise lange Erfahrungsbildungs-, Lern- und Ausbildungsgänge, durchgeführt bzw. kontrolliert durch die verschiedenen Fachgemeinschaften, vermitteln die beraterische Grundhaltung sowie das notwendige Wissen und Handwerkszeug.

Wie ist der offenkundige Widerspruch zwischen – bleiben wir beim benutzten Sprachspiel, „künstlerisch" und „professionell" gedanklich zu bewältigen – ohne ihn zu entschärfen? Theoretisch und praktisch geht das nur durch den Einbau einer weiteren Reflexionsschleife: In der Arbeit am je individuellen „Fall" stehen auch die Regeln zur kritischen Diskussion, sie werden also nicht statisch allgemein angewandt, *sondern ausgelegt und fallspezifisch gehandhabt*; nicht Deduktion, sondern hermeneutische Vermittlung lautet die Aufgabenstellung und Leistung. Dieser Gedankengang ist kein theoretischer; er beschreibt vielmehr exakt die Dialektik der Praxis. Sie verläuft als ein geschichtetes, mehrstufiges Reflexions-/Kommunikationsverfahren, vom unmittelbaren Gespräch zwischen Rat Suchenden und Berater-/in, über die kollegiale Fallarbeit und von hier aus wieder zurück zum Gespräch. Reflexion wird hier ausdrücklich nicht als Gegenstück zum Handeln, sondern als in Handlungsprozesse eingelassener Bestandteil verstanden. *Zeitlogisch* betrachtet hat Reflexion immer etwas *Nachträgliches* an sich, gleichgültig ob zwischen Handlung und Reflexion Sekunden, Tage oder Jahre liegen. Man kann nicht handeln und im selben Moment reflektieren. *Strukturlogisch* kommt dabei stets ein *„drittes Element"* ins Spiel, seien es die Perspektiven anderer, begriffliche Konstrukte oder zurückliegende eigene Erfahrungen. Auf diese Weise verschafft Reflexion im gelingenden Fall Distanz gegenüber dem Druck des aktuellen Geschehens und neue Freiheitsräume zum Handeln. In der Falldokumentation, Fallbesprechung oder Supervision geht es unter anderem um jene „Regeln", d.h. wie und ob sie fallbezogen zu variieren, umzukonstruieren oder vielleicht auf Zeit ganz außer Kraft zu setzen sind. So gestaltet sich jedes Beratungsgespräch als etwas Einzigartiges auf der Basis kommunikativ *erarbeiteter kritischer Freiheit.*

Regeln, Normen und Verpflichtungen können intuitiv leicht als etwas Repressives, Einschränkendes erlebt werden. Sprachliche Verkürzungen, etwa von „Techniken" in der Beratung zu sprechen und dabei nicht den antiken, sondern den heute gängigen Begriff von Technik zu meinen, sowie unerfreuliche menschliche Erfahrungen in Aus- und Fortbildungen leisten ihre Beiträge dazu. Niemand kann von der Hand weisen, dass Lehrende und Ausbildende zuweilen nach einem mittelalterlich anmutenden Muster absoluter Autorität arbeiten und sich ihrer Pflichten in Richtung Transparenz, Begründung und Selbstkritik willkürlich entziehen. Auch irreführende alte Bezeichnungen, etwa solche, die Fallbesprechung und Supervision als „Kontrolle" bezeichnen, leisten ihren Beitrag dazu. Statt Supervision als elementares kommunikatives Erkenntnisverfahren zu beschreiben und konzeptionell entsprechend in den Beratungsprozess einzugliedern, war über Jahrzehnte hinweg vor allem von Überprüfung, Belehrung oder Psychohygiene die Rede. Leicht nachvollziehbar also, dass man sich dieser tyrannischen Instanz sowie weiteren Regeln der Kunst möglichst zu entziehen trachtete.

Man kann das Ganze im Übrigen auch exemplarisch lesen: Es zirkuliert eine Fülle wissenschaftlicher Polemik gegen den Begriff der sozialen Regel, der für manche Beobachter a priori immer ins Reich der Unfreiheit führen soll. So wird jedes „Nach-Regeln-Handeln" umstandslos mit Reglementierung, Entpersönlichung oder Unterwerfung in eins gesetzt. Vielleicht hilft hier ein Verweis auf die Struktur und Regeln der menschlichen Sprache weiter: Sie organisieren verbindlich den Gebrauch der Sprache und eröffnen *damit* die Möglichkeit zu nahezu unbegrenzter individueller Variation derselben; dadurch, dass wir die Regeln verinnerlichen und befolgen, sind wir frei, sie zu handhaben. Gesellschaftspolitisch findet sich eine analoge Diskussion geführt. Neoliberalem Denken zufolge soll ein Mehr an Gesetzen der Freiheit des Individuums entgegenlaufen. Dabei gilt auch auf dieser Ebene: Die Kunst liegt darin, mit einem Mehr an verbindlicher Regelung einen höheren Grad an individueller Freiheit zu ermöglichen!

Kommen wir zu einigen inhaltlichen Bestimmungen. Regeln beinhalten Anleitungen für die persönliche Grundhaltung, Gesprächsführung und Gestaltung des inneren Rahmens. Zum *inneren Rahmen* gehören Setting und Arbeitsbündnis. Wir bemühen uns um die Einhaltung verabredeter Termine, die Pünktlichkeit des Beginns der Sitzung und ihres Endes, sorgen für Zuverlässigkeit in der Gestaltung der Zeitabstände. Neben dieser faktisch-symbolischen gibt es eine sozusagen „physische" Seite des Rahmens: die einladende, ruhige, störungsarme Atmosphäre, zu deren Herstellung es auch geeigneter räumlicher und baulicher Voraussetzungen bedarf. Die gleichsam „physische Seite" der Gestaltung des Beratungsgesprächs wird erst allmählich angemessen gewichtet und in den einschlägigen Richtlinien verankert. Verantwortlich dafür sind die Teams und Träger der Einrichtungen in gleicher Weise. Im Allgemeinen achten Berater-/innen sorgfältig darauf, dass der innere Rahmen relativ stabil gehalten wird, also sowohl situationsbezogen beweglich als auch über den Prozess hinweg konstant. Dieses kontinuierliche *Ausbalancieren* zwischen zu viel und zu wenig (an Empathie, Einsatz, Engagement, Autorität usw.) ist für beraterisches Handeln grundlegend. Man mag an die Idee der *Tugend* bei Aristoteles (Nikomachische Ethik II, 6) denken: als eine durch Übung erlernte Grundhaltung, welche die Extreme Übermaß und Mangel meidet, wobei es sich um eine dynamische, sensibel an der Situation und am Prozess orientierte Balance handelt.

Wir nehmen erfahrungsbegründet und theoriegeleitet an, dass Zuverlässigkeit, Halt und Orientierung wichtige Elemente in der beraterischen Beziehung darstellen. Der Rahmen sollte mit Rat Suchenden mehr oder minder explizit besprochen, ausgehandelt und bei Bedarf und Anlass auch erklärt werden, um ein belastbares Arbeitsbündnis zu schaffen. Dabei wird punktuell der Sinn des „so und nicht anders" im Miteinander zum Thema gemacht. Man sollte hierzu *begründen können und wollen.*

Einige Regeln und Normen können als Ausdruck von *Prinzipien* oder *Maximen* gelten und zwar solche für die Profession schlechthin; ihre Gültigkeit *steht ausdrücklich nicht zur Disposition*. Man darf sagen, sie gelten qua Konsens in der Gemeinschaft objektiv. Zu ihnen zählt die von niemandem ernsthaft in Frage gestellte Norm, dass intime Beziehungen zu Rat Suchenden und andere Formen ausbeuterischer Übergriffe verwerflich sind; sie repräsentieren Grenzfälle einer Verletzung der für die beraterische Beziehung elementaren Nähe-Distanz-Regulation. Eine andere Norm mit absoluter Gültigkeit beinhaltet, dass Berater-/innen ein Berufsleben lang Supervision in Anspruch nehmen, zur Teamarbeit verpflichtet sind und sich kontinuierlich fortbilden müssen. Eine weitere Norm verlangt die Schweigepflicht als Ausdruck des besonderen Vertrauensschutzes. Dazu kommt die Freiwilligkeit der Inanspruchnahme des Gesprächs als Grundlage der beraterischen Interaktion. Thiersch (1990, S. 139) hat auf dem Stand der institutionellen Entwicklung Ende der 80er Jahre zu Recht kritisiert, dass diese und andere konstitutive Elemente der Praxis stark von Zufällen des jeweiligen Ortes oder Trägers abhängen. Inzwischen existieren Richtlinien und Vorschriften, die das multidisziplinäre Team, die Zusatzausbildungen, die Verpflichtung zu Supervision und Fortbildung usw. *verbindlich* festschreiben. Solchen Forderungen kommt absolute Verbindlichkeit zu für *alle*, die Beratung kunstgerecht und professionell durchführen. Sie wenden sich mit ihren Soll-Bestimmungen nicht nur an den Verstand, sondern, wenn man das so ausdrücken darf, an die innere Instanz des beraterischen Gewissens – womit unterstellt ist, dass Professionalität an fachliche, institutionelle und ethische Selbstverpflichtungen geknüpft ist. Diese drei bezeichneten Kontexte bilden eine zirkuläre Einheit, keine Hierarchie.

Die Diskussion über Professionalisierung hat zu Recht das *Berufsethos* als autonomes Gefüge sittlicher Grundsätze in den Vordergrund gerückt und ihm eine gleichrangige Bedeutung im Verhältnis zum fachlichen und wissenschaftlichen Wissen zugeordnet. Den Kern des Berufsethos bildet die Verpflichtung auf das Wohl des Rat Suchenden. Wenn wir von „Fallbezug“ sprechen, ist damit der Bezug auf *die/den* Rat Suchende(n) – *der Singular ist wichtig* – gemeint. Die andere Seite beinhaltet den parallelen Bezug auf universelle Werte sowie konkret-historische gesellschaftliche Anforderungen. Beratungspraxis bewegt sich in einem *dreifachen*, potenziell von Widersprüchen geprägten Spannungsfeld. Bleiben wir noch einen Moment bei der Form: Das Eigentümliche am Ethos ist, dass man seine Geltung nicht erzwingen, seine Inhalte wahrscheinlich nur begrenzt formal lehren und hinsichtlich ihrer Realisierung schlecht kontrollieren kann. Deshalb ist mit Nachdruck die Rede von *Selbst*verpflichtung, d.h. einer *freiwilligen* inneren Bindung an Gebote und die sie tragenden universellen Werte. Noch einmal steckt in dieser Denkfigur das sittliche Ideal zwangloser, freier Übereinkunft – sozusagen nach innen, in die Person gewendet.

Kritiker kommen natürlich sofort mit dem Einwand, dass damit individueller Beliebigkeit oder Willkür kaum Schranken gesetzt sind. Besonders findige Beobachter kommen vielleicht noch mit dem Vorwurf des „Relativismus“, ein in machen Kreisen besonders wirkungsvoller Kampfbegriff. Polemik beiseite: Der Bezug auf die Person und ihr Gewissen hat nicht das geringste zu tun mit Relativismus; man muss mit Sorgfalt den Sinn der Begriffe „relational“ und „relativ“ unterscheiden. Die Ideen über gutes beraterisches Handeln führen qua Gewissensbezug zu einer inneren Pluralität, aus der heraus die Allgemeingültigkeit von Maßstäben erst wieder zur Diskussion stehen kann und muss. Man würde über ethische Maßstäbe nicht reden, gegebenenfalls ringen müssen, wenn keine in Grenzen unterschiedlichen Vorstellungen existierten. Auch an dieser Stelle spielt die Gemeinschaft ihre Rolle. Das Gewissen beraterischen Handelns ist – wenn man das so sagen darf – nicht einfach identisch mit dem persönlich-individuellen Gewissen der handelnden Person.

4 Zur Problematik der Begründung

Der Begriff der Regel impliziert – jedenfalls wenn wir über die soziale Welt sprechen – einen Doppelaspekt: Einmal verweist er auf das erwartbare (reziproke) Handeln, Denken und Sprechen in einer Situation, zum anderen auf das Normative im Sinne begründungspflichtiger Inhalte. Jede Regel impliziert die Möglichkeit des Verstoßes, sei es im Gedankenexperiment oder einer materiellen Handlung. Ohne diese Möglichkeit könnte man gar nicht von „einer Regel folgen" sprechen. Für die Beratungspraxis ergibt sich daraus die Frage: Wie und mittels welcher *praktischen Verfahren* lassen sich Regeln und Prinzipien des Beratungsgesprächs vernünftig begründen? Woher sind Maßstäbe zu nehmen, an denen entlang Prinzipien als gut begründet gelten können? Wer verantwortet diese wem gegenüber? *Vernünftig begründen* heißt in meiner Sicht, Argumente vorzulegen und Dialoge zu gestalten, in denen die vorgetragenen Argumente in optimaler Weise zur kritischen Diskussion gestellt werden können. Inhaltliche Festlegungen – „Wir sollen in dieser Weise und nicht anders handeln" – sind so betrachtet eingebettet in eine kontinuierliche, ihrerseits regelgeleitete Gesprächspraxis. Bei dieser Sichtweise ist „vernünftig begründen" keine Sache einsamen Empfindens oder Denkens, keine gleichsam monadische Angelegenheit, *sondern eine kooperative und intersubjektive Praxis.* Wenn man über ethische Richtlinien für Beratung spricht, sollte also der Schwerpunkt auf der Praxis solcher *in den (Gesamt-) Beratungsprozess eingelassenen Kommunikationsverfahren liegen*, welche bei Bedarf und Anlass selbst zum Gegenstand ethischer Reflexion zu machen sind.

Den praktischen Verfahren systematischer Kommunikation obliegt die Aufgabe, im Bezug auf den konkreten „Fall" Suchbewegungen zu initiieren und schließlich inhaltlich Konsens über den Maßstab guten beraterischen Handelns, orientiert am sittlichen Ideal freier Kommunikation, herzustellen. Es handelt sich *idealiter* um das offene Gespräch gleichberechtigter und gleichwertiger Teilnehmer-/innen, in welchem möglichst vielperspektivische Fallhypothesen gedankenexperimentell erwogen, mitgeteilt, kontrastiert und diskutiert, auf Plausibilität geprüft, verworfen oder umgebaut werden; darin gehen in ungezwungener Weise eigene lebensgeschichtliche Erfahrungen, allgemeine lebenspraktische Vorannahmen und Elemente theoretischen Wissens ein. Am zwischenzeitlichen Ende der Bemühungen steht, so sie gelingen, ein qualitatives Mehr an Freiheit zu Fühlen, Denken und Handeln, d.h. genau das, was auch das Ende eines guten Beratungsprozesses ausmacht. Es ist möglich, dass fallbezogen mehrere, gleich gültige Handlungsalternativen entstehen; Konsens über Normen und Maßstäbe guten Handelns schließt alternative Konstruktionen ein und nicht aus; ein sorgfältig erarbeiteter Dissens als Ergebnis kann genau so wertvoll sein wie Konsens. Die Letztentscheidung trifft dann der/die Berater-/in in eigener Verantwortung. Ebenso ist denkbar, dass bei Bedarf und Anlass eingebürgerte Regeln fachlichen Könnens an sich einer kritischen Betrachtung und Weiterentwicklung unterliegen. Nur aus der Praxis heraus finden Innovationen ihren Anstoß. Auf diesem Weg sind auch zugespitzte Grenzfälle verantwortlich zu behandeln, bei denen es um das gegeneinander Abwägen gleich schlechter Alternativen, d.h. die Wahl des geringeren Übels, geht.

Deshalb existiert die in Richtlinien und ähnlichen Textprodukten verbindlich festgelegte Verpflichtung zu kontinuierlicher, interdisziplinärer Teamarbeit, zu

Fallvorstellung und -diskussion. Die Bemühung um den inneren kollegialen Rahmen erfordert die gleiche Sorgfalt wie das Beratungsgespräch selbst. Man spricht zu Recht diesbezüglich von einer Team*kultur*. Kritische und selbstkritische Freiheit muss permanent errungen werden; dass gilt für Rat Suchende wie Berater-/innen und ihre Teams in gleicher Weise. Auch Veröffentlichungen über die konkrete Praxis, etwa in Fachzeitschriften und Handbüchern, gehören zum Rahmen gemeinschaftlicher Kommunikation. Der Gesprächsprozess geht jedoch über die Binnengrenzen hinaus. Zu ihm zählt in letzter Konsequenz die potenziell unbegrenzte öffentliche Debatte. Empirisch betrachtet heißt das: Selbst wenn Regeln und Prinzipien beraterischen Handelns, einschließlich des Berufsethos, zunächst fachgemeinschaftsinterne Themen darstellen, gelangen sie beim heutigen Stand gesellschaftlicher Differenzierung und Verflechtung vergleichsweise rasch in den öffentlichen, zumal regionalpolitischen Raum. Das neue Kinder- und Jugendhilfegesetz (KJHG, § 78) schreibt verbindlich die Schaffung regionaler Kooperationsforen vor, welche die Bedingungen, Formen und Aufgaben von Erziehungsberatung aushandeln sollen. Untersuchungen (Schubert, Kinzinger, Lücke-Jansen, Schneider, Schrödter & Vogelmann, 1998) zeigen, wie Beratung in zeitnaher Weise in politische Komplexe eingebunden ist, sodass ihre Autonomie in der Tat als eine relative erscheint. Dies lautstark zu beklagen, mit Rückzug zu beantworten oder theoretisch zu bekämpfen, gehört zu den eher sinnlosen Anstrengungen. Die Kunst besteht darin, *ein hohes Maß an Autonomie und Selbstregulation mit einer konsequenten Öffnung für Umweltdialoge zu kombinieren*. Eine solche Öffnung in Richtung einer idealiter unbegrenzten Diskussion kann nur von innen aus erfolgen und gehört demnach zu den Kernaufgaben des Sektors Beratung. Sie bedeutet, sich der gesellschaftlichen Verantwortung für beraterisches Handeln zu stellen.

Ein Plädoyer für die Verfahrensrationalität bleibt *notwendig* angreifbar. Völlig unbestritten sei, dass inhaltliche Ergebnisse des offenen Diskurses zuweilen unbefriedigend bis schlecht ausfallen und nicht selten einen Minimalkompromiss mit begrenzter Haltbarkeit bedeuten. Es existiert keine gleichsam eingebaute Garantie fürs Gelingen der Bemühungen. Das betrifft die unmittelbare beraterische Beziehung und die sie rahmenden Kommunikations-/Reflexionsprozesse in gleicher Weise. Gespräche fundieren Entscheidungen und Festlegungen qua intersubjektiver Verständigung, was Irrtümer ein- und nicht ausschließt. Ich sehe allerdings keine praktisch handhabbare und theoretisch einigermaßen stringent begründbare Alternative – jedenfalls solange wir eine offene pluralistische Gesellschaft für die (bis jetzt) beste Form der Organisation sozialen Zusammenlebens akzeptieren wollen. Es bleibt besonders Poppers (1984) Leistung, wissenschaftliche, ethische und gesellschaftspolitische Kontexte unter der Überschrift „Auf der Suche nach einer besseren Welt" in einen zirkulären Zusammenhang gebracht zu haben.

Vor vereinfachenden Fragen und Antworten sollten wir jedenfalls gewarnt sein. Allzu leicht wird die Debatte über Gründe und Begründungen zur reinen kurzfristigen Legitimationsübung. Die daraus resultierenden Gewinne an Selbsteinsicht und gesellschaftlicher Akzeptanz sind zumeist nur kurzzeitig haltbar. In großer Zahl existieren vorschnell abschließende, zuweilen gegen jede Kritik immunisierende Begründungen für die beraterische Haltung. Letzteres muss als besonders bedenklich gewertet werden, weil dadurch die Gefahr einer quasi sektenförmigen Abriegelung heraufbeschworen wird. Therapeutische Fachgemeinschaften sind aus eigenen, hier nicht zu diskutierenden Gründen besonders anfällig für sektenähnliche Formen von Gemeinschaftsbildung. Dabei variieren je nach Bedarf und Blickrichtung klinische, philosophische oder soziologische Argumentationsfiguren; pragmatische, empirische und theoretische Ableitungen ergänzen einander scheinbar widerspruchsfrei und dichten die jeweiligen Standpunkte gegenüber interner und externer Diskussion ab. Kurz: Die Begründungsdebatte sollte Perspektiven, Denk- und Handlungsoptionen *eröffnen* und nicht dogmatisch verschließen.

5 Ethik und Beratung in der fachinternen Diskussion

Niemand wird behaupten, dass das Thema Ethik in der psychosozialen Praxis heutzutage eine besondere Konjunktur hat. Vier Versionen der Behandlung des Themas werden zunächst skizziert. Fragestellung: Was macht Beratung ethisch konfliktträchtig? Wo liegen Grenzbereiche des Handelns, an denen entlang der ethische Diskurs ansetzen und Lösungsmöglichkeiten – intellektuelle wie praktische – erarbeiten könnte?

Zum ersten handelt es sich um die Diskussion über massive Fehlformen beraterischen Verhaltens, wobei sexuelle Übergriffe und weitere Formen ausbeuterischen Agierens im Vordergrund stehen. Sie bedeuten Grenzfälle im Spektrum der Möglichkeiten, die kommunikative beraterische Interaktion durch Ausübung von Macht und Gewalt zu zerstören. Das Charakteristische an dieser Debatte ist, dass kein ernsthafter fachgemeinschaftlicher oder öffentlicher Streit über die Verwerflichkeit solcher Handlungen besteht. Demzufolge steht dann die Frage im Vordergrund, wie sich derartige Fälle unterbinden oder, wenn sie geschehen, transparent machen und individuell aburteilen lassen. Kammern, Ethikkommissionen oder funktionale Äquivalente einzurichten lautet eine Forderung. Vorbehaltlos aufgeklärte Fälle von Übergriffen zeigen allerdings, dass an ihnen nicht nur eine einzelne Person, sondern viele beteiligt sind. Vorsätzliches Wegschauen, falsch verstandener kollegialer Zusammenhalt, kollektive Scham- und Beschämungsgefühle sowie weitere Mechanismen der Tabuisierung oder Verleugnung machen Fehlverhalten möglich. Übergriffe zeigen, gleichgültig in welchem institutionellen Rahmen sie geschehen, ein ähnliches Muster kollektiver Verstrickungen. Sie mögen vielleicht nicht die Ursache sein, bestimmt aber eine aufrechterhaltende Bedingung für individuelles Fehlverhalten. Die Forderung nach radikaler Transparenz sowie öffentlicher Kontrolle der Institutionen ist eine Antwort darauf; die Verpflichtung zu Teamarbeit, Fallbesprechung und berufslebenslange Selbsterfahrung eine weitere. Bei der Behandlung dieses Themas zeigt sich noch einmal in aller Deutlichkeit die Bedeutung des Teams, via vorbehaltlose Selbstkritik den inneren Rahmen von Beratung zu wahren. Übergriffe dokumentieren letztlich das Versagen der ganzen Institution hinsichtlich der Wahrung ihrer elementaren Sorgfaltspflichten.

Zum zweiten geht es um problematische beraterische Verhaltensweisen wie zu frühes oder inadäquates Infragestellen von Einstellungen und Normen der Rat Suchenden, abwertende und kränkende Äußerungen oder vorschnelle, aufgesetzte

Deutungen (Müller, 1997, S. 182ff). Auch dabei sind die Regeln der fachlichen Kunst idealtypisch vorausgesetzt. Ihre stets mögliche punktuelle Verletzung findet sich zum Thema der Kritik gemacht. Darüber hinaus werden eine Reihe weiterer Themen zur Sprache gebracht, beginnend bei den Beratungssettings, über die so genannte Komm-Struktur der meisten Einrichtungen bis hin zu den Öffnungszeiten, die Erreichbarkeit der Stellen usw. Die spezifische Leistung dieser Diskussion liegt darin, unbefragte Routinen und Selbstverständlichkeiten der Praxis problematisch und auf diesem Wege veränderbar zu machen. Selbst wenn es deplaziert erscheinen mag, die Öffnungszeiten einer Beratungsstelle als ethisches Problem zu behandeln, produktiv bleibt, die ethische Perspektive nicht auf offenkundige Fälle verwerflichen Handelns, sondern den routinemäßigen Arbeitsalltag mitsamt seinen mehr oder minder verborgenen Regeln und Regelungen zu richten.

Zum dritten: Eine zuspitzende Debatte dreht sich um die „geheime Moral" von Beratung als einer historisch hervorgebrachten Form psychosozialer Praxis, die ihre eigenen gesellschaftlichen Voraussetzungen nicht wahrhaben will und deshalb Gefahr läuft, blind-affirmativ zu agieren. Besonders Thiersch (1990, S. 133ff) haben wir eine schonungslose selbstkritische Diskussion darüber zu verdanken. Ihr Vorzug liegt in der konsequenten Gesellschaftsbezogenheit, teilweise einer traditionellen ideologiekritischen Denkweise folgend. Der Gewinn in punkto gesellschaftlicher Selbstaufklärung der Profession ist beträchtlich. In eine ähnliche Richtung zielen Forschungsarbeiten, die sich mit der Geschichte des Beratungswesens, speziell der Erziehungs- und Eheberatung im Nationalsozialismus, beschäftigen.

Zum vierten geht es um diffizile Abwägungsfragen in objektiv besonders schwierigen Entscheidungssituationen, so beispielsweise, wenn fallbezogen der Entzug der elterlichen Sorge, die Fremdplatzierung eines Kindes oder eine andere Zwangsmaßnahme zur Erwägung steht. In solchen Situationen ist ein wirkliches Abwägen zwischen gleichrangigen Normen, Rechten und Pflichten angezeigt; häufig bewegt sich die Diskussion zwischen zwei gleich schlechten Möglichkeiten. Am Prozess des fallbezogenen Abwägens sind heute im Allgemeinen interdisziplinäre Gruppen beteiligt, da keine Einzelperson für sich allein die Kompetenz und das Recht zur Entscheidung hat. Am Ende sorgfältigen Ringens steht eine ambivalente, für den Augenblick gültige, verantwortbare Einzelfallentscheidung. Allgemeine Regeln sind aus ihr ausdrücklich nicht abzuleiten.

6 Ethik, institutionelle Beratungspraxis und gesellschaftliche Entwicklung

Greifen wir abschließend noch einmal einen zentralen Gedanken auf. Strukturell betrachtet bewegt sich Beratung in einem *dreifachen* widersprüchlichen Spannungsfeld: Klientenbezug, Gesellschaftsbezug und Bezug auf universelle Normen menschlicher Sozialität. Zu Letzterem gehören die Werte Freiheit, Solidarität und Gerechtigkeit. Anschlussfrage: Wie sieht die gegenwärtige gesellschaftliche Situation beraterischer Praxis aus? Was macht Beratung aus dieser Perspektive ethisch konfliktträchtig?

Das letzte Jahrzehnt hat eine durchgehende gesellschaftliche Integration von Beratungspraxis mit sich gebracht, was sich unter anderem in veränderten gesetzlichen Normierungen zeigt. Das neue Kinder- und Jugendhilfegesetz (KJHG) sowie das neue Kindschaftsrecht mögen konkrete Beispiele für die gewandelte rechtliche Rahmung abgeben. Rat Suchende erhalten unter klar definierten formalen Auslösebedingungen einen Rechtsanspruch auf Beratung eingeräumt. Beratung wird auf diesem Wege zur trivialen Regelleistung im Sozialstaatsgefüge moderner Prägung. Da herum entwickeln sich unter der Überschrift „Modernisierung“ Konzepte über neue Formen globaler Steuerung der Kinder-, Jugend- und Familienhilfe, verbunden mit einer breiten Debatte über Qualität und Qualitätssicherung sowie Wirtschaftlichkeitsfragen. Kritiker sprechen von einer Industrialisierung sozialer Leistungen, von einem Kosten-Nutzen-Markt-Denken, das den Warencharakter sozialer Beziehungen betont. Kein Zweifel. Der seit Anfang der 90er Jahre regierende Terror der Ökonomie breitet sich auch in dem bis dato noch relativ geschützten Sektor psychosozialen Arbeitens und seiner Institutionen aus.

Was sich also gravierend wandelt, ist der *Gesellschaftsbezug* von Beratung – der Bezug zum äußeren Kontext. Man sieht sich schlagartig daran erinnert, dass der materielle und faktische Möglichkeitsrahmen von Beratung nicht durch die Rat Suchenden, sondern durch administrative und politische Instanzen reguliert wird. Aus der Vergesellschaftung des Angebots geht die Erfindung einer ganzen Reihe von Beratungsanlässen und -formen hervor, wobei die Zahl dezidierter Zwangsberatungen zunimmt. Das Angebot Beratung scheint zu einer Art Allheilmittel aufzusteigen, wenn es um gesellschaftliche Konfliktthemen geht; aktuelles Beispiel: Die Idee, im Rahmen der so genannten „anonymen Geburt“ eine Beratung der „abgebenden Mutter“ vorzuschreiben. Damit stünde die Autonomie der Rat Suchenden, Berater-/innen und Institutionen auf dem Spiel, die Freiwilligkeit der Inanspruchnahme, Vertraulichkeit und Diskretion der Gespräche. Das bedeutet nichts weniger als die Gefährdung konstitutiver Elemente von Beratungspraxis.

Auf diesen Prozess reagieren – teilweise unkritisch, hektisch und überambitioniert – andere Größen, so zum Beispiel Träger, Fachverbände, private Ausbildungsinstitute und Hochschulen. Das Angebot an Aus- und Fortbildung erweitert sich inflationär, stets bedacht auf mutmaßlich marktgängige „Produkte“. Das Ganze erzeugt einen zunehmenden Konkurrenzdruck unter den Anbietern. Im Klartext heißt das: Rasch erlern- und verwertbare, am (angeblich) kurzfristigen Erfolg orientierte Aus- und Fortbildungsgänge, unter hohem Zeitdruck entwickelt, da Geschwindigkeit einen relevanten Marktfaktor darstellt. Einschlägige Curricula erinnern zuweilen an einen Gemischtwarenladen, stets angelehnt an die wechselnden Trends modischen Vokabulars. Zu kurz kommen heutzutage so anachronistisch anmutende Themen wie Menschenbildfragen, philosophische Grundlagen oder gesellschaftsbezogene Elemente; Entwicklung und Bildung der Berater-/innenpersönlichkeit im umfassenden Sinne sind – weil äußerst zeitintensiv – am Rande vorgesehen. Stattdessen treten Themen in den Vordergrund, die im weitesten Sinne das „Sozialmanagement“ zum Inhalt haben. Sie sollen der Bewältigung der zunehmenden bürokratischen und sozialpolitischen Aufgaben in einer Beratungsstelle dienen, wozu neben anderem das ausufernde Berichts- bzw. Statistikwesen gehört. Die für beraterisches Handeln elementare Distanz zu herrschenden gesellschaftlichen Verhältnissen droht verloren zu gehen. Die berufsethische Verpflichtung auf das Wohl des/der Rat Suchenden gerät in Konkurrenz zu gesellschaftlichen Ansprüchen und Verwertungsinteressen, was wiederum unsichtbar gemacht, also verleugnet werden muss, da sonst beraterisches Handeln unmöglich wäre. Den sich vertiefenden Widerspruch auszubalancieren ist eine Zusatzaufgabe von Berater-/innen, Teams und Trägern.

Literatur

Apel, K.-O. (1976). *Transformation der Philosophie. Das A priori der Kommunikationsgemeinschaft* (Band 2). Frankfurt a.M.: Suhrkamp.

Aristoteles. *Nikomachische Ethik II, 6.*

Gadamer, H.-G. (1993). Autorität und kritische Freiheit. In H.-G. Gadamer, *Über die Verborgenheit der Gesundheit*. Frankfurt a.M.: Suhrkamp.

Kant, I. (1974). *Kritik der praktischen Vernunft. Grundlegung zur Metaphysik der Sitten. Werkausgabe* (Band VII) Herausgegeben von Wilhelm Weischedel. Frankfurt a.M.: Suhrkamp.

Lyotard, J.-F. (1994). Beantwortung der Frage: Was ist postmodern? In W. Welsch (Hrsg.), *Wege aus der Moderne. Schlüsseltexte der Postmoderne-Diskussion*. Berlin: Akademie Verlag.

Müller, B. (1997). Professionalität und Ethik in Beratung und Supervision. In *Wege zum Menschen, 49*, 179–188.

Popper, K. (1984). *Auf der Suche nach einer besseren Welt. Vorträge und Aufsätze aus den dreißiger Jahren*. München: Pieper.

Piaget, J. (1986). *Das moralische Urteil beim Kinde*. München: DTV.

Schubert, H.v., Kinzinger, W., Lücke-Jansen, H., Schneider, B., Schrödter, W. & Vogelmann, W. (1998). *Von der Seele reden. Eine empirisch qualitative Studie über psychotherapeutische Beratung in kirchlichem Auftrag*. Neukirchen-Vluyn: Neukirchener Verlag.

Thiersch, H. (1990). Zur geheimen Moral der Beratung. In E. Brunner & G. Schönig (Hrsg.), *Theorie und Praxis der Beratung*. Freiburg im Breisgau: Lambertus.

Weber, M. (1969). *Die protestantische Ethik I*. München: Siebenstern.

Priv.Doz. Dr. Wolfgang Schrödter hat Soziologie und Psychologie studiert und ist Leiter der Psychologischen Beratungsstelle Höchst. Seine Arbeitsschwerpunkte sind Verstehensmethodik, Beratungsforschung und Beratungstheorie.

Anschrift:
Psychologische Beratungsstelle Höchst
Leverkuser Str. 7
D-65929 Frankfurt am Main
E-Mail: Psych-BeratungsstelleHoechst@t-online.de

Beratung als Förderung von Identitätsarbeit in der Spätmoderne

Heiner Keupp

Nachdem der Psychotherapiesektor durch eine gesetzliche Reglementierung „geordnet“ wurde, beginnen nun im weiten Feld der Beratung Professionalisierungsanstrengungen. Sie vergrößern die Gefahr, dass Beratung instrumentell verkürzt wird und dann nur noch methodische Verfahrensprinzipien verhandelt werden. Auf diese Gefahr hat das „Forum Beratung“ (2002) in seiner Frankfurter Erklärung zur Beratung reagiert und versucht einen inhaltlichen Diskurs zu Sinn und Aufgabe von Beratung anzustoßen. In dieser Erklärung heißt es:

> „Eine Welt im Wandel braucht Beratung, aber eine Beratung, die diesem Wandel Rechnung trägt!
> Die Lebens- und Arbeitswelten der Menschen verändern sich gegenwärtig in dramatischer Form. Bisher tragfähige Normalitäten und Identitäten verlieren im globalisierten Kapitalismus ihre Passform und wir alle sehen uns mit der Erwartung konfrontiert, uns flexibel und offen auf veränderte Bedingungen einzulassen. Unsere Alltage werden riskanter und unvorhersehbarer. Gemeinsamkeiten scheinen weniger selbstverständlich. Identitäten und Zukunftsentwürfe werden brüchig, müssen immer wieder erarbeitet und neu ausgerichtet werden. Persönliche Lebenspläne, Vorstellungen von sich selbst und der eigenen Lebenswelt verlangen kontinuierliche Reflexion und Autonomie“ (Forum Beratung, 2002, S. 335).

Aus dieser programmatischen Gegenwartsdeutung wird dann der Schluss gezogen, dass „diese aktuellen gesellschaftlichen Veränderungsdynamiken (...) eine hohe und dauerhafte Reflexivität (erfordern) und sie erfordern Orte, an denen diese Reflexivität entwickelt werden kann. Hier ist der Ort für Beratung" (ebd., S. 336).

Im Folgenden soll der Versuch unternommen werden, diesen programmatischen Anspruch einzulösen. Dabei rückt zunächst die Frage ins Zentrum, in welcher Weise sich gesellschaftliche Entwicklungsprozesse auf den „inneren Zuschnitt" der Subjekte, also auf ihre individuelle Identitätsarbeit, auswirken. Daran schließt sich als nächster Schritt die Frage an, welche Kompetenzen Menschen für eine gelingende Identitätsarbeit benötigen und wie die Stärkung dieser Kompetenzen durch Beratung gefördert werden könnte.

1 Wie der globalisierte neue Kapitalismus unsere Lebens- und Arbeitsformen verändert

Die großen Gesellschaftsdiagnostiker der Gegenwart sind sich in ihrem Urteil relativ einig: Die aktuellen gesellschaftlichen Umbrüche gehen ans „Eingemachte" in der Ökonomie, in der Gesellschaft, in der Kultur, in den privaten Welten und auch an die Identität der Subjekte.

An den aktuellen Gesellschaftsdiagnosen hätte Heraklit seine Freude, der ja alles im Fließen sah. Heute wird uns eine „fluide Gesellschaft" oder die „liquid modernity" (Bauman, 2000) zur Kenntnis gebracht, in der alles Statische und Stabile zu verabschieden ist. In der Überschreitung bislang eingehaltener Grenzziehungen von Normalbiographien, Normalitäten und alltäglichen Selbstverständlichkeiten entstehen neue Arrangements und neue Kombinations- und Fusionsmöglichkeiten, die nicht mehr dem klassischen Muster sozialen Wandelns folgen, nachdem Veränderungen zu einer großen Krise führen und mit deren Bewältigung auch wieder neue stabile und berechenbare Geschäfts- und Lebensgrundlagen entstehen. Die andauernde Verflüssigung erzeugt einen Zustand der permanenten Krisenhaftigkeit, die keine Verlaufskurve der Renormalisierung und der neuen Grenzmarkierung nimmt (siehe Abbildung 1).

Wenn wir uns der Frage zuwenden, welche gesellschaftlichen Entwicklungstendenzen die gesellschaftlichen Lebensformen der Menschen heute prägen, dann knüpfe ich an den Gedanken des „disembedding" (Giddens, 1995) oder der Enttraditionalisierung an. Dieser Prozess lässt sich als tiefgreifende Individualisierung einerseits und als explosive Pluralisierung andererseits beschreiben. Beide Trends hängen natürlich zusammen. In dem Maße, wie sich Menschen herauslösen aus vorgegebenen Schnittmustern der Lebensgestaltung und eher ein Stück eigenes Leben gestalten können, aber auch müssen, wächst die Zahl möglicher Lebensformen und damit der möglichen Vorstellungen von Normalität und Identität. Peter Berger (1994, S. 83) spricht von einem „explosiven Pluralismus", ja von einem „Quantensprung". Seine Konsequenzen benennt er so:

> „*Die Moderne bedeutet für das Leben des Menschen einen riesigen Schritt weg vom Schicksal hin zur freien Entscheidung.* (...) Aufs Ganze gesehen gilt ..., daß das Individuum unter den Bedingungen des modernen Pluralismus nicht nur auswählen kann, sondern daß es auswählen *muß*. Da es immer weniger Selbstverständlichkeiten gibt,

Abbildung 1: *Die „fluide Gesellschaft“*

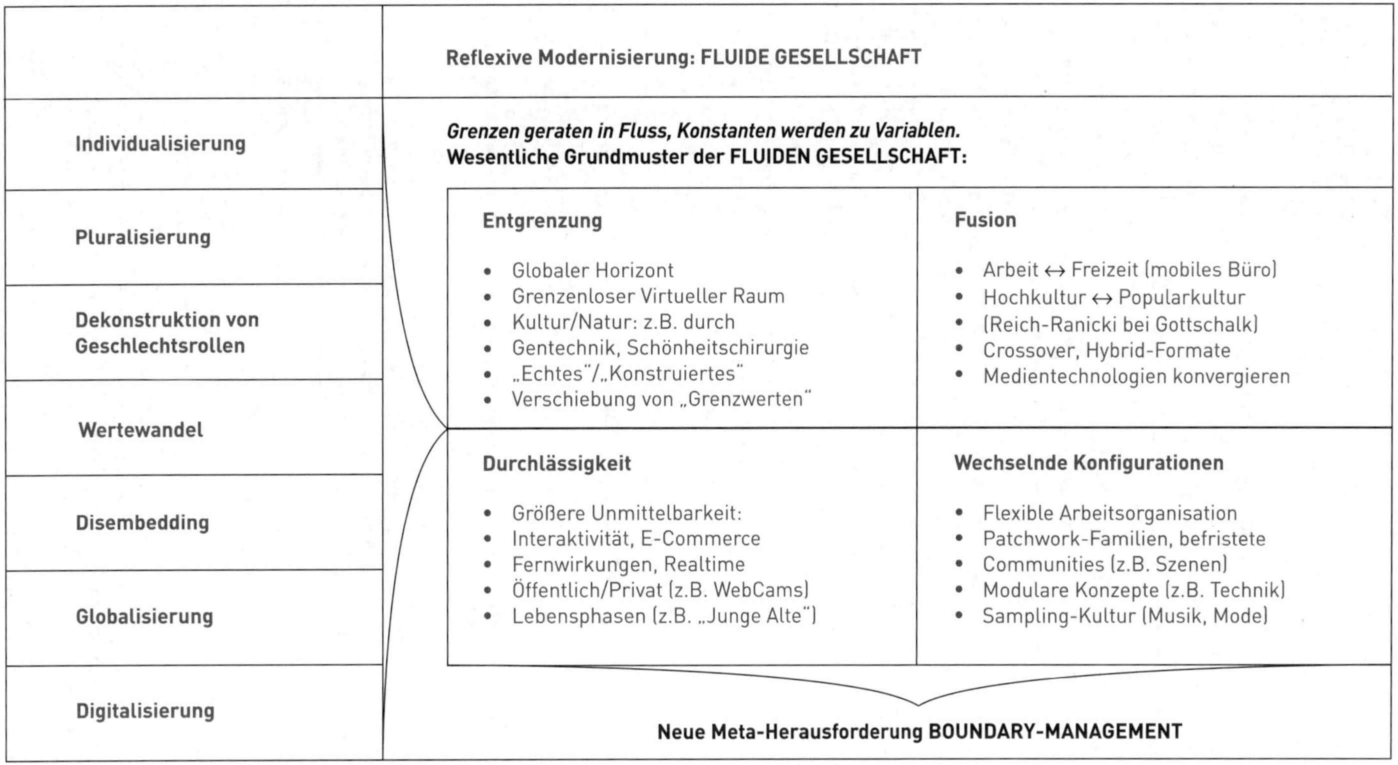

Quelle: Barz, Kampik, Singer & Teuber (2001)

> kann der Einzelne nicht mehr auf fest etablierte Verhaltens- und Denkmuster zurückgreifen, sondern muß sich nolens volens für die eine oder andere Möglichkeit entscheiden. (…) Sein Leben wird ebenso zu *einem Projekt* – genauer, zu einer Serie von Projekten – wie seine Weltanschauung und seine Identität" (1994, S. 95).

Individualisierung und Pluralisierung der Lebensformen lassen sich sehr gut an der Entwicklung privater Haushalte aufzeigen (vgl. Glatzer, 2001). Wir können eine stetige Verkleinerung der Haushalte und eine ungebremste Zunahme von Einpersonenhaushalten beobachten. Von 12 Millionen Haushalten um 1900 sind wir 100 Jahre später bei 31 Millionen Haushalten angelangt. Die Verkleinerung der durchschnittlichen Haushaltsgröße ist neben der Bevölkerungszunahme dafür vor allem verantwortlich – ein Prozess, der als Singularisierung der Lebensformen beschrieben werden kann. Um 1900 bestand ein Haushalt durchschnittlich aus 4,5 Personen, heute sind wir bei 2,2 Personen angelangt und die Fachleute halten diesen Trend für nicht gebremst. Vor allem die Anzahl der bewusst oder erzwungenermaßen allein lebenden Personen nimmt weiter zu. 38 % aller Haushalte sind Einpersonenhaushalte.

Als ein weiteres Merkmal der „fluiden Gesellschaft" wird die zunehmende Mobilität benannt, die sich u.a. in einem häufigeren Orts- und Wohnungswechsel ausdrückt. Die Bereitschaft zu diesen lokalen Veränderungen folgt vor allem aus der Logik der Arbeitsmärkte, die ein flexibles Reagieren auf veränderte Marktbedingungen erfordert und die immer weniger beständige Betriebszugehörigkeiten sichert. „Der flexible Mensch" (Sennett, 1998) – so jedenfalls die überall verkündete Botschaft – muss sich von der Idee der lebenslangen Loyalität gegenüber einer Firma lösen; er muss sich in seinem Arbeitsmarktverhalten an die ökonomisch gegebenen Netzwerkstrukturen anpassen.

Abbildung 2: *Mobilität*

MOBILITÄT: Leben in Bewegung	
In der Fluiden Gesellschaft stellt Beweglichkeit eine zentrale *Anforderung, aber auch Chance* dar. **„Unterwegs sein" als Synonym für Flexibilität und Erlebnissuche** **Besonders in den jungen Segmenten der Gesellschaft wird sich mobil sein, nicht nur in räumlicher sondern auch in biographischer, beruflicher, geistiger und sozialer Hinsicht als Wert an sich weiter etablieren.**	
Mobilisierung der Alltagswelt: Transportable miniaturisierte Module und Tools verleihen Unabhängigkeit.	• Mobile Online-Dienste per Handy, Telematik im Automobilbereich • „Wearables" im Bekleidungsbereich für die Technomaden des 21. Jahrhunderts
Auch für ältere Menschen gehört „mobil sein" immer mehr zu einem modernen Selbstverständnis.	• Steigendes Interesse für Neuwagen, an Reisen, Weiterbildung, Senioren-Universitäten, Internet.

Quelle: Barz, Kampik, Singer & Teuber (2001)

Individualisierung, Pluralisierung, Flexibilität und Mobilität gehören also immer mehr zu den Normalerfahrungen in unserer Gesellschaft. Sie beschreiben strukturelle gesellschaftliche Dynamiken, die die objektiven Lebensformen von Menschen heute prägen. Doch wir müssen in der Analyse noch einen Schritt weiter gehen, wenn wir begreifen wollen, auf welchem Lebensgefühl die unterschiedlichen Vorstellungen vom guten Leben beruhen. Auch hier gibt es in der Werte-, Lebensstil- und Milieuforschung wichtige Hinweise.

2 Pluralisierte Vorstellungen vom „guten Leben“: Wertewandel, Lebensstile und Milieus

Unsere Vorstellungen vom „guten Leben“, also unsere zentralen normativen Bezugspunkte für unsere Lebensführung, haben sich in den letzten 50 Jahren grundlegend verändert. Es wird von einer „kopernikanischen Wende“ grundlegender Werthaltungen gesprochen:

> „Dieser Wertewandel musste sich in Form der Abwertung des Wertekorsetts einer (von der Entwicklung längst ad acta gelegten) religiös gestützten, traditionellen Gehorsams- und Verzichtsgesellschaft vollziehen: Abgewertet und fast bedeutungslos geworden sind ‚Tugenden‘ wie ‚Gehorsam und Unterordnung‘, ‚Bescheidenheit und Zurückhaltung‘, ‚Einfühlung und Anpassung‘ und ‚Fester Glauben an Gott‘“ (Gensicke, 1994, S. 47).

In der Untersuchung von Barz, Kampik, Singer und Teuber (2001) wird dieser Wertewandel wie folgt schematisiert (siehe Abbildung 3).

Diese Veränderungstendenzen im Wertegefüge der bundesrepublikanischen Bevölkerung lassen sich in einem Dreischritt typologisch verdichten (siehe Abbildung 4).

Solche Trendentwicklungen vollziehen sich jedoch nicht als einheitliche Verschiebungen von Werteprioritäten in einer Population. Sie vollziehen sich in historischer und regionaler Ungleichzeitigkeit und führen letztlich zu einer unaufhebbaren Gleichzeitigkeit von Wertvorstellungen und damit verbundenen Lebensentwürfen und Lebensstilen. Die Milieuforschung zeigt die reale Pluralität von Lebensstilen. Sie versucht die alltagsästhetische Vielfalt zu clustern und liefert uns zumindest keinen einfachen Holzschnitt:

Soziale Milieus in Deutschland

- Etabliertes Milieu (9 %): konservativ orientiertes Elite-Milieu mit traditioneller Lebensführung
- Traditionelles bürgerliches Milieu (14 %): traditionelle Mitte mit eher „kleinbürgerlichen Orientierungen“
- Traditionelles Arbeitermilieu (6 %): Facharbeiterdominanz; gute materielle Absicherung; „klassische“ Solidarwerte
- Traditionsloses Arbeitermilieu (11 %): wirtschaftliche und soziale Randständigkeit; „Modernisierungsopfer“
- Aufstiegsorientiertes Milieu (15 %): Konsumorientierung ausgerichtet am Lebensstandard „gehobener Schichten“

Abbildung 3: *Wertewandel (nach Barz, Kampik, Singer und Teuber 2001)*

Entwicklungen im Bereich der Werte 1950–2000

50er	60er	68	70er	80er	90er
Vorrang der Wirtschaft	***Wirtschaftswachstum***	Protest, Öffentlichkeit	***Alternativen zum genormten Leben***	***Schneller, höher, weiter***	***Neue Unübersichtlichkeit***
• Recht und Ordnung • Leistung und Disziplin • Leben, um zu arbeiten • Pflichtgefühl	• Prosperität • Materieller Wohlstand • Soziale Sicherheit • Aufsteigen • Prestige • Konsumieren		• Unabhängigkeit • Selbstverwirklichung • Alternative Lebenswege • Konsumkritik • Soziale Bewegungen: Frieden, Ökologie, Frauen, Psychoboom	• Hedonismus • Ich-Bezogenheit • Erlebnisorientierung • Oberflächlichkeit • Selbstdarstellung	• Individualismus • Beziehung/ Kommunikation • Authentizität • Prosperität/ Leistung • Realismus • Flexibilität
Aufbauen und Erhalten	**Haben und Zeigen**		**Sein und Selbstbestimmung**	**Genießen und Exponieren**	**Sein, Haben und Genießen**
Traditionelle Werte	**Materielle Werte**		**Postmaterielle Werte**		**Postmoderne Werte**

Trend zur INDIVIDUALISIERUNG und PLURALISIERUNG ------→

Quelle: Barz, Kampik, Singer & Teuber (2001)

Abbildung 4: *Dreischritt des Wertewandels*

FUTURE VALUES: Dreischritt im Wertewandel

50er 60er	70er 80er	90er 2000er
Außenorientierung *Das Selbst passt sich an.*	**Innenorientierung** *Das Selbst emanzipiert sich.*	**Innen/Außen-Orientierung** *Neue Vermittlung zwischen Selbst und Umwelt*
• Gebote und Verbote • Rangordnungen und Herrschaftsbeziehungen • Konventionen, Institutionen • Pflichterfüllung und Anpassungsbereitschaft • Tugendhaftigkeit und Verzicht	• Erweiterung der Optionsspielräume • Enttraditionalisierung und Individualisierung • Emanzipation • Autonomie • Individualismus • Genuss, Erlebnis, Wellness	• Steigende Wertigkeit persönlicher Ressourcen • Neues Sozialbewusstsein • Projekte bürgerschaftlichen Engagements vermitteln zwischen Innen und Außen • ‚Vermittlungs-Schlüssel' im Boundary-Management werden zentral
Maxime: Selbst-Kontrolle	Maxime: Selbst-Verwirklichung	Maxime: Selbst-Management

verändert nach Barz, Kampik, Singer & Teuber (2001)

- Modernes Arbeitnehmermilieu (8%): Anspruch auf selbst bestimmtes Leben ohne materiellen Verzicht; Offenheit
- Modernes bürgerliches Milieu (8 %): harmonieorientierte Lebenswelt; hohe Bedeutung von Innerlichkeitswerten
- Intellektuelles Milieu (10 %): Pflege „alter" Solidar- und „neuer" Gemeinschaftswerte; ökologische Orientierung
- Hedonistisches Milieu (11 %): jugendkulturell geprägt; Eskapismus und Stilprotest; unverkrampfte Konsumbegeisterung
- Postmodernes Milieu (6 %): junges, formal hochgebildetes Avantgarde-Milieu; hoher Singleanteil; Leben als Spiel und Experiment (Ueltzhöffer, 2000)

Diese Milieuvielfalt zeigt anschaulich, was mit dem Schlagwort der Pluralisierung eigentlich gemeint ist: Eine schier unübersichtliche Vielfalt von Vorstellungen vom guten und richtigen Leben und der zwangsläufigen Folge, dass es die Wächter allgemeinverbindlicher Normen für die individuelle Lebensgestaltung nicht mehr schaffen, Gehör zu finden. Es scheint so, als habe eine Botschaft der Aufklärung ihr Ziel erreicht: Das „Ideal der Authentizität", das von Herder in klassischer Weise so

Vorwort und Einleitung
Beratungs-disziplinen
Geschlecht und Beratung
Alter und Beratung
Kultur und Beratung
Beratung und soziale Systeme
Perspektiven der Beratung

formuliert wurde: „Jeder Mensch hat ein eigenes Maß", also „seine eigene Weise des Menschseins" (Taylor, 1995, S. 38). Jeder nach seiner Fasson!

Der beschriebene Wertewandel vollzieht sich also nicht als eine kollektive Formierung, sondern er findet in einer chaotischen Vielfalt einfach statt, wird teilweise als große Chance zur Selbstgestaltung begriffen, kann aber auch Widerstände auslösen, die sich in einem möglichst starren Festhalten am immer schon Gehabten ausdrücken können. Insofern verstärkt der Wertewandel auch die Pluralisierung bzw. ist in seiner „Ungleichzeitigkeit" auch Ausdruck der Pluralisierung. Wir können eine große Vielfalt der Milieus, der Lebensstile und Identitätsinszenierungen konstatieren und diese hat „Farbe" in die soziokulturelle Landschaft gebracht, die sich in den 50er Jahren des letzten Jahrhunderts kaum jemand vorstellen konnte. Vieles ist für uns schon so „normal" geworden, dass erst eine Aneinanderreihung von Einzelbeobachtungen die „durchschnittliche Exotik" des westdeutschen Alltags deutlich macht. Hans Magnus Enzensberger hat uns in seinem Buch „Mittelmaß und Wahn" folgendes Potpourri geliefert:

> „Sie äußert sich am deutlichsten in der Provinz. Niederbayerische Marktflecken, Dörfer in der Eifel, Kleinstädte in Holstein bevölkern sich mit Figuren, von denen noch vor dreißig Jahren niemand sich etwas träumen ließ. Also golfspielende Metzger, aus Thailand importierte Ehefrauen, V-Männer mit Schrebergärten, türkische Mullahs, Apothekerinnen in Nicaragua-Komitees, mercedesfahrende Landstreicher, Autonome mit Bio-Gärten, waffensammelnde Finanzbeamte, pfauenzüchtende Kleinbauern, militante Lesbierinnen, tamilische Eisverkäufer, Altphilologen im Warentermingeschäft, Söldner auf Heimaturlaub, extremistische Tierschützer, Kokaindealer mit Bräunungsstudios, Dominas mit Kunden aus dem höheren Management, Computer-Freaks, die zwischen kalifornischen Datenbanken und hessischen Naturschutzparks pendeln, Schreiner, die goldene Türen nach Saudi-Arabien liefern, Kunstfälscher, Karl-May-Forscher, Bodyguards, Jazz-Experten, Sterbehelfer und Porno-Produzenten. An die Stelle der Eigenbrötler und Dorfidioten, der Käuze und der Sonderlinge ist der durchschnittliche Abweichler getreten, der unter Millionen seinesgleichen gar nicht mehr auffällt" (Enzensberger, 1998, S. 264).

Solche ironischen Berichte aus der postmodernen Zeitgenossenschaft scheinen den Ideologen der Postmoderne zuzuarbeiten, die – je nach Herkunft – mal die „Multiphrenie" der Gegenwart, das beliebige Spielen mit Identitäten oder das „proteische Sein" (wandelbares Sein, nach Proteus, einer Figur der griechischen Mythologie, Anm. d. Hrsg.) feiern und letztlich sind dann Lebensstile beliebig wechselbare Identitätsklamotten. Der seriöse aktuelle Identitätsdiskurs lässt ein anderes Bild entstehen. Worum geht es bei diesem Diskurs? Es geht bei ihm um den Versuch, auf die klassische Frage der Identitätsforschung eine zeitgerechte Antwort zu geben: Wer bin ich in einer sozialen Welt, deren Grundriss sich unter Bedingungen der Individualisierung, Pluralisierung und Globalisierung verändert? Identität ist sinnvollerweise als ein subjektiver Konstruktionsprozess zu begreifen, in dem Individuen eine Passung von innerer und äußerer Welt suchen. Wie gelingt es Subjekten in einer fragmentierten und widersprüchlichen Welt, für sich eine stimmige Passung herzustellen?

Von diesem Wertewandel und dieser Milieuvielfalt sind zentrale Bereiche unseres Lebens betroffen. Ich möchte das exemplarisch an Familie und Identität aufzeigen. Wenn Familie zum Thema wird, dann scheinen alle zu wissen, wovon die Rede ist und doch kann das nicht mehr ein gemeinsam geteilter Bestand sein. Das haben wir schon an der Pluralisierung der Lebensformen gesehen. Auch die Werte, Wünsche und Bedürfnisse, die mit Familie verkoppelt sind, haben sich im Zuge des Wertewandels deutlich verändert. Familie ist am besten als prozesshaftes Geschehen zur Herstellung von alltäglichem Vertrauen, Sicherheit, Verlässlichkeit und Intimität zu beschreiben. Es ist ein aktiver Herstellungsprozess, der im Ergebnis zu höchst unterschiedlichen Lösungen führen kann, und er ist permanent, das heißt immer wieder erneuer- und veränderbar. Familie ist kein Besitz, sondern ein gemeinsames Handlungssystem der beteiligten Personen, das sich permanent neu organisieren muss, sozusagen ein permanenter „Balanceakt".

Abbildung 5: *Wertewandel der Familie*

Dreischritt im Wertewandel: Familie

50er 60er	70er 80er	90er 2000er
Außenorientierung *Das Selbst passt sich an.* Maxime: Selbst-Kontrolle	**Innenorientierung** *Das Selbst emanzipiert sich.* Maxime: Selbst-Verwirklichung	**Innen/Außen-Orientierung** *Neue Vermittlung zwischen Selbst und Umwelt* Maxime: Selbst-Management

Familie ist normiert	Familie wird hinterfragt	Familie als Möglichkeit
• ‚Man' hat Familie • Familie als Pflicht • Typischer Familienzyklus und biographische Muster • Rollenverteilung und Eltern-Kind-Beziehungen sind vorgegeben • Hierarchische Struktur der Beziehungen	• Statusverlust der traditionellen Kernfamilie • Konkurrenz durch alternative familiäre Lebensformen • Emanzipation und Berufstätigkeit der Frau • Zunehmender Kinderverzicht • Anstieg der Scheidungsrate • Eskalierender Generationenkonflikt	• Neue Wertschätzung von Familie als emotionale Heimat • Familie ist freiwilliges Bekenntnis und Commitment • Vielfalt und Offenheit von Familienformen • Beziehungsmanagement und Vermittlung verschiedener Bedürfnisse • Eher partnerschaftliches Generationenverhältnis

Quelle: Barz, Kampik, Singer & Teuber (2001)

Die Wertewelt ist jeweils auch ein zentraler Rahmen für meine Identitätskonstruktion: „Aufgrund meiner Identität weiß ich, worauf es mir mehr oder weniger ankommt,

Vorwort und Einleitung
Beratungsdisziplinen
Geschlecht und Beratung
Alter und Beratung
Kultur und Beratung
Beratung und soziale Systeme
Perspektiven der Beratung

was mich tiefgreifend berührt und was eher nebensächlich ist“ (Taylor 2002, S. 271). Insofern kann es nicht überraschen, dass auch die Bezugspunkte für die Identitätsentwicklung vom Wertewandel zentral betroffen sind.

Abbildung 6: *Wertewandel der Identität*

Dreischritt im Wertewandel: Identität

50er 60er	70er 80er	90er 2000er →
Außenorientierung *Das Selbst passt sich an.* Maxime: Selbst-Kontrolle	**Innenorientierung** *Das Selbst emanzipiert sich.* Maxime: Selbst-Verwirklichung	**Innen/Außen-Orientierung** *Neue Vermittlung zwischen Selbst und Umwelt* Maxime: Selbst-Management

Identität als Gehäuse	Identität als Selbstbehauptung	Identität als Prozess
• Äußerliche Kriterien bestimmend: Geschlecht, Beruf, Rollen, Schicht • Identität ist relativ eindeutig und statisch • Stabiles Weltbild • Kriterien für Anerkennung sind klar definiert • Handlungsorientierung: „Man tut es so.“	• Individuell und nonkonform sein • Identitätskrisen und Suche nach dem „wahren Kern“ • Konkurrierende Weltbilder • Kriterien für Anerkennung werden vielfältiger • Authentizität als Echtheit • Handlungsorientierung: „Ich will es so.“	• Stilisierung: Identität ist Erzählung und Performance • Identität wird zum Projekt, ist relativ vieldeutig und offen • Weltbild-Patchwork • Anerkennung wird mehr ausgehandelt • Authentizität als Stimmigkeit • Handlungsorientierung: „Es entspricht mir.“

3 Alltägliche Identitätsarbeit in der Spätmoderne

Wie könnte man die Aufgabenstellung für unsere alltägliche Identitätsarbeit formulieren? Hier eine knappe Antwort: Im Zentrum der Anforderungen für eine gelingende Lebensbewältigung stehen die Fähigkeiten zur Selbstorganisation, zur Verknüpfung von Ansprüchen auf ein gutes und authentisches Leben mit den gegebenen Ressourcen und letztlich die innere Selbstschöpfung von Lebenssinn. Das alles findet natürlich in einem mehr oder weniger förderlichen soziokulturellen Rahmen statt, der aber die individuelle Konstruktion dieser inneren Gestalt nie ganz abnehmen kann. Es gibt gesellschaftliche Phasen, in denen der individuellen Lebensführung die bis dato stabilen kulturellen Rahmungen abhanden kommen und sich keine neuen verlässlichen Bezugspunkte der individuellen Lebensbewältigung herausbilden. Gegenwärtig befinden wir uns in einer solchen Phase. Meine These bezieht sich genau darauf:

Ein zentrales Kriterium für Lebensbewältigung bildet die Chance, für sich eine innere Lebenskohärenz zu schaffen. In früheren gesellschaftlichen Epochen war die Bereitschaft zur Übernahme vorgefertigter Identitätspakete das zentrale Kriterium für Lebensbewältigung. Heute kommt es auf die individuelle Passungs- und Identitätsarbeit an, also auf die Fähigkeit zur Selbstorganisation, zum „Selbsttätigwerden" oder zur „Selbsteinbettung". Das Gelingen dieser Identitätsarbeit bemisst sich für das Subjekt von innen an dem Kriterium der Authentizität und von außen am Kriterium der Anerkennung.

Der Identitätsprozess ist – so sehen es die meisten neueren Ansätze der Identitätsforschung (vgl. Keupp & Höfer, 1997) – nicht mehr nur ein Mittel, um am Ende der Adoleszenz ein bestimmtes Plateau einer gesicherten Identität zu erreichen, sondern der Motor lebenslanger Entwicklung. Im Sinne eines relationalen Grundmodus von Identität besteht die Identitätsarbeit vor allem in einer permanenten Verknüpfungsarbeit, die dem Subjekt hilft, sich im Strom der eigenen Erfahrungen selbst zu begreifen. Dabei ordnet das Subjekt seine Selbsterfahrungen zum einen einer zeitlichen Perspektive unter (verknüpft Vergangenes mit Gegenwärtigem und Zukünftigem); zum zweiten verknüpft es die Selbsterfahrungen unter bestimmten lebensweltlichen Gesichtspunkten (Erfahrungen von einem selbst als Lebenspartner, als Berufstätiger, als Sportler ...) und es stellt drittens Verknüpfungen auf der Ebene von Ähnlichkeit und Unterschiedlichkeit her (vereinfacht gesagt zwischen Selbsterfahrungen, die bereits vorhandene Erfahrungen bestätigen, und anderen, die den vorhandenen widersprechen, oder solchen, die „einfach neu" sind).

Abbildung 7: *Identitätsarbeit als Verknüpfungsarbeit*

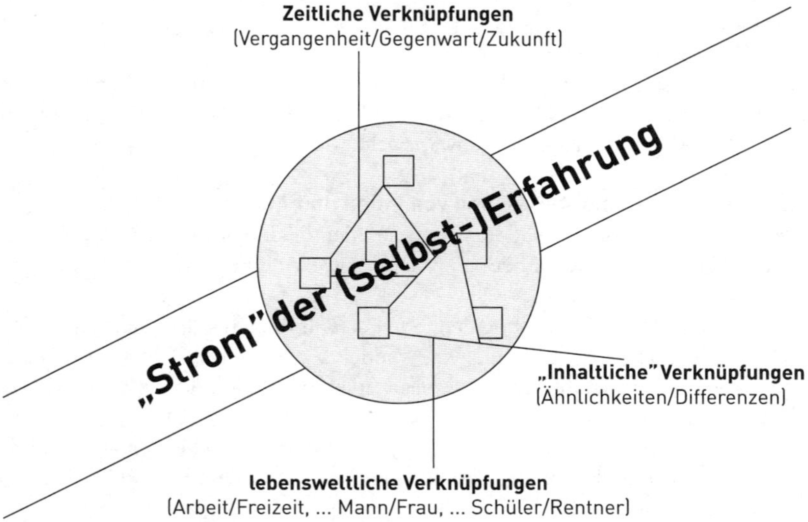

An diesen individuell zu leistenden Verknüpfungsprozess lassen sich weitere Fragen stellen:

- Wie verknüpft ein Subjekt seine biographisch mehr in der Vergangenheit liegenden mit den eher gegenwartsorientierten Erfahrungen? Welche Rolle spielen in diesem zeitlichen Verknüpfungsprozess zukunftsorientierte Entwürfe von sich selbst?
- Wie sieht der Verknüpfungsprozess von verschiedenen und teils auch widersprüchlichen Erfahrungen aus? Welche Vorstellungen von Balance und Aushandlung beschreiben diesen Verknüpfungsprozess am adäquatesten?

Identitätsarbeit hat eine innere und eine äußere Dimension. Eher nach außen gerichtet ist die Dimension der *Passungsarbeit*. Unumgänglich ist hier die Aufrechterhaltung von *Handlungsfähigkeit* und von *Anerkennung* und Integration. Eher nach „innen", auf das Subjekt bezogen ist *Synthesearbeit* zu leisten. Hier geht es um die subjektive Verknüpfung der verschiedenen Bezüge, um die Konstruktion und Aufrechterhaltung von *Kohärenz* und Selbstanerkennung, um das Gefühl von *Authentizität* und *Sinnhaftigkeit*.

Kohärenz und Authentizität, Anerkennung und Handlungsfähigkeit sind nach unserer Einsicht unhintergehbare Modi alltäglicher Identitätsarbeit: Sie sind existenziell. Sie können außerdem als wichtige Indizien für eine „gelungene Identität" bezeichnet werden.

Zum Verständnis alltäglicher Identitätsarbeit sind weiterhin noch zwei Perspektiven relevant. Zum einen: Die konkrete Ausgestaltung von Identität hängt von den individuellen, den materiellen und sozialen *Ressourcen* der Person ab. Zum anderen: Identität ist nicht nur Handlung, sondern auch Text – also die Erzählung seiner selbst – eine *Selbstnarration*. Selbstnarration ist der erzählerische Prozess, in dem Subjekte sich selbst verstehen, anderen mitteilen und so ihren narrativen Faden in das Gesamtgewebe einer Kultur, die auch eine Erzählung ist, einweben.

Im Modell von Keupp, Ahbe, Gmür, Höfer, Mitzscherlich, Kraus und Straus (2002) lässt sich der innere Zusammenhang der genannten Prozesse darstellen (siehe Abbildung 8).

Zusammenfassend lässt sich Identitätsarbeit in der Gegenwartsgesellschaft als ein permanenter Prozess der Verknüpfung und Balancierung von inneren Subjektansprüchen und der jeweiligen Gegenwartswelt ansehen.

Identitätsmanagement: Passung von Innen und Außen

Identitäts-Basics: Grundlegend für die eigene Identität bleibt weiterhin das Herstellen eines kohärenten Selbstbildes im Inneren sowie Anerkennung und Handlungsfähigkeit nach Außen.

- *Das Multioptions-Ich*, die fragmentierte Persönlichkeit hat den Glauben an eine fixe Identität verloren. Offenheit, Wandel, Flexibilität und Metamorphosen werden selbstverständlicher, vormals festgefügte Weltbilder und Grundsätze verflüssigen sich.
- *Flexible Anpassungsstrategien* sind angesichts eines weitgehenden Kontrollverlustes, fehlender Sicherheit hinsichtlich der eigenen Zukunft, der Gleichzeitigkeit von Trends und Retro-Trends notwendig.

Abbildung 8: *Identität als Patchworking*

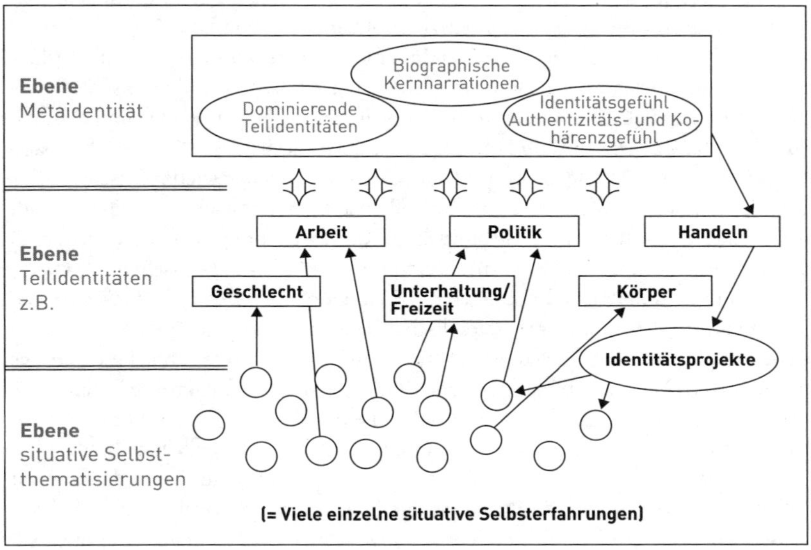

- *Aber gleichzeitig: Ideal der Stimmigkeit und Suche nach dem „Eigenen"*: Der hohen Veränderungsdynamik in der Außenwelt entspricht im Inneren ein ständiges Sondieren und Sortieren nach der Frage: „Ist es meines oder nicht meines?" („Mein Ding", „Meine Welt")
- *Unverändert hohe Bedeutung von Authentizität, Kontinuität und Kohärenz*: Aber nicht im essenzialistischen Sinne (das „wahre" Selbst, der feste Kern), sondern als *Prozessqualität* und Versuch einen *inneren Sinnzusammenhang* zu schaffen.
- *Populäre Orientierungen* sind: das eigene Leben als *Projekt*, bzw. eine Serie von Projekten, und/oder als (offenes) *Gesamtkunstwerk.*
- *„Selbst-Erfindung"* wird in der individualisierten Gesellschaft zur Herausforderung, Chance und Risiko.

4 Förderung gelingender Identitätsarbeit durch Beratung

Beratung in der Spätmoderne kann nicht von einem abstrakten Subjekt mit einer immer gleichen psychischen Konstitution ausgehen. Sie muss vielmehr auf die soziokulturelle Spezifik der Gegenwart eingehen (Keupp, 2002a). Und in diesem Kontext muss sie sich notwendigerweise positionieren.

Dazu eine abschließende These:

Die zentrale gesellschaftliche Veränderungsdynamik hat auch Auswirkungen auf Menschenbilder und ihre orientierende Kraft für die Subjekte, aber auch für

Beratungsangebote und ihre Vorstellungen vom Menschen. Der diagnostizierte Verlust der Glaubwürdigkeit der großen alteuropäischen „Meta-Erzählungen" hat nicht zu einer „tabula rasa" geführt, sondern es gibt eine Fülle von Ersatznarrationen.

Das Spezifikum der gegenwärtigen Situation ist eine doppelte Erosion. Technologisch-ökonomische Prozesse führen zu realen Umbauten im gesellschaftlichen Gefüge, die dramatische Einschnitte in Normalbiographien von Frauen und Männern zur Folge haben. Gleichzeitig erodieren aber auch die Deutungsmuster, die soziale Umbrüche zu normalisieren in der Lage wären. Der immer wieder krisenträchtige Kapitalismus war ja im hinter uns liegenden Jahrhundert immer wieder mit wirtschaftlichen und politischen Krisen verbunden, für die aber sehr viel eher als heute gesellschaftliche Deutungsmuster verfügbar waren. Tief in den Menschen verankerte Vorstellungen vom tätigen Leben durch Arbeit oder vom „Wesen der Geschlechter" schienen trotz aller dramatischer gesellschaftlicher Verwerfungen immer wieder wie sichere Haltegriffe die Rückkehr zur Normalität zu garantieren. Solche Deutungsmuster liefern Normalitätsstandards und die Frage ist, ob es für aktuelle Veränderungen bereits solche Normalitätsmuster gibt, die es erlauben, eine persönliche Krise soziokulturell zu deuten und ihr damit ihre individuelle Dramatik zu nehmen.

Menschen fühlen sich heute zunehmend kulturell „entbettet" und das hat weitreichende Konsequenzen für ihre Identität: Sie verlieren die traditionellen Schnittmuster für ihre Selbstfindung wie Vorstellungen von einer Normalbiographie, einer durch Arbeit und Beruf gesicherten Identität oder nationaler Grenzziehungen. Zugleich sehen sich Menschen von Identitätsangeboten umstellt, aus denen sie auszuwählen haben.

Identität könnte man auch als erzählende Antworten auf die Frage „Wer bin ich?" verstehen. In diesen Antworten wird subjektiver Sinn in Bezug auf die eigene Person konstruiert. Doch wir sind nicht nur Autoren unserer Erzählungen, sondern wir finden kulturelle Texte immer schon vor – Lebensskripte, in die wir unsere persönlichen Erzählungen unterbringen. Der „gesellschaftliche Baumarkt" liefert uns eine Reihe von vorgefertigten „Identitätsbausätzen", die die individuelle Aufgabe der persönlichen Sinnproduktion „erleichtern".

Es gibt zwei prominente Typen von Geschichten, die uns über den Zustand unserer Gegenwartsgesellschaft erzählt werden (dazu ausführlich: Keupp, 2002b): Auf der einen Seite das von allen Bindungen „befreite" Individuum, das auf seine Glücksjagd geht und dabei das Lebensprinzip realisiert: „anything goes". Auf der anderen Seite wird eine apokalyptische Welt konstruiert, auf die mit „ewigen Wahrheiten" geantwortet wird. Die Erzählung vom „fundamentalistischen Selbst" versucht in der Unübersichtlichkeit der gegenwärtigen Welt ihre „Klarheit" zu vermitteln und sie bekommt mit jeder aktuellen Bedrohung Nahrung. Da entstehen dann die einfachen Weltbilder, in denen das „Böse" und das „Gute" als binäre Ordnung der Dinge ausreichen, um Gefühle der Sicherheit zu vermitteln und sich selber im Zweifelsfall auf der Seite des „Guten" zu positionieren.

Der eine Erzähltypus sieht ungeahnte neue Chancen für Erfolg, Reichtum und Glück. In der Erosion moderner Lebensgehäuse wird die große Chance für den Einzelnen behauptet, sich proteisch in immer neuen Gestalten zu verwirklichen. Da ist von der „Multioptionsgesellschaft" die Rede oder von den „Kindern der Freiheit". Mit Mut und Entschlossenheit kann sich jeder diese neuen Möglichkeiten eröffnen. Man darf sich nur nicht an den herkömmlichen Werten festklammern und man muss permanent an seiner „Fitness" arbeiten, um sich flexibel, mobil und allzeit bereit auf die immer neuen Möglichkeiten einlassen zu können. Diese Erzählung setzt auf die individualistisch-liberalistische Option. Gesellschaftliche Einbindungen werden Objekte der Distanzierung, denen gegenüber das Individuum seine autonome Besonderheit und Innerlichkeit betont, die dann auch als Befreiung von „sozialen Konditionierungen" konstruiert werden, von denen sich das „emanzipierte Subjekt" lösen kann. Soziale Verantwortung oder Bezogenheit findet ihre Grenze an der individuellen Befindlichkeit. „Unreflektierte Einzigartigkeit" wird kultiviert und es resultiert daraus das, was Agnes Heller den „narzisstischen Konformisten" genannt hat (Heller, 1995, S. 80).

Die Fitness-Narration, die uns allüberall begegnet, scheint wenig zur Förderung von Lebenssouveränität beizutragen, sondern eher zum Typus der flexiblen Anpassung an äußere Standardisierungen, die immer häufiger wechseln und sich nicht mehr in einem fixen Typus kristallisieren.

Der andere Erzähltypus sieht Zerfall und mobilisiert Ängste. Ängste vor einer gesellschaftlichen Entwicklung, die gewohnte Sicherheiten aufkündigt. Einige haben sich auf Untergangsszenarien spezialisiert. Da wird dann das eine Mal der „Untergang des Abendlandes" prophezeit und dann wieder ist vom „Tod des Subjekts" oder dem „Tod der Familie" die Rede. Auch Sozialwissenschaftler und Berater beteiligen sich daran. Wenn in nüchterner Fachsprache von „Desintegration" der Gesellschaft gesprochen wird, geht es ebenfalls um eine Zerfallsdiagnose. Dieser Typus lehnt all das ab, was für den ersten Typus als „Freiheitsgewinn" des Subjekts verbucht wird und verspricht die unverrückbaren Behausungen, in denen man sein gesichertes Fundament finden könne. Hier wird ein „fundamentalistisches Selbst" konstruiert, das Wir-Gefühle aktiviert durch den Appell an ethnisch-nationale oder konfessionell-fundamentalistische Identitätskonstruktionen, an patriarchalische Geschlechtsordnungen und den Ausschluss und die Feindschaft gegenüber „fremden" Identitäten. Die hierüber versprochene Orientierungssicherheit erkauft sich das Individuum durch den Verlust reflexiver Individualität. Aber genau auf deren Förderung durch Beratungsprozesse käme es an: Es gilt Wege zu bahnen, auf denen sich Menschen Klarheit über ihre Handlungsmöglichkeiten verschaffen, Optionen und Alternativen abwägen, eigene Ressourcen klären und für sich Handlungssinn entwickeln können. Zwischen den Alternativen der neoliberalen „Eigenverwertung" durch Fitness und der Fixierung auf scheinbar unveränderliche Ordnungen gilt es, einen „dritten Weg" zu gehen. Es ist die Vorstellung eines „kritikfähigen Menschen", der der „Reserven (bedarf), der inneren Lagerhaltung, die ihm situationsunabhängige Selbstdeutungen im gesellschaftlichen Zusammenhang ermöglichen. Bildung ist wesentlich auch die Entwicklung von Eigensinn, von Wissens- und Urteilsvorräten, die nicht immer gleich anwendungsfähig sind und aufgebraucht werden" (Negt, 1998, S. 33).

Literatur

Barz, H., Kampik, W., Singer, T. & Teuber, S. (2001). *Neue Werte, neue Wünsche. Future Values.* Düsseldorf/Berlin: Metropolitan.

Bauman, Z. (2000). *Liquid modernity*. Cambridge: Polity Press.

Berger, P.L. (1994). *Sehnsucht nach Sinn. Glauben in einer Zeit der Leichtgläubigkeit*. Frankfurt a.M.: Campus.

Enzensberger, H.M. (1998). *Mittelmaß und Wahn. Gesammelte Zerstreuungen*. Frankfurt a.M.: Suhrkamp.

Forum Beratung der DGVT (2002). *Frankfurter Erklärung zur Beratung. Aufruf zu einem Neuen Diskurs*. In F. Nestmann & F. Engel (Hrsg.), *Die Zukunft der Beratung* (S. 335–338). Tübingen: dgvt-Verlag.

Gensicke, T. (1994). Wertewandel und Familie. Auf dem Weg zur „egoistischem" oder „kooperativem" Individualismus? In *Aus Politik und Zeitgeschichte, 29–30*, 36–47.

Giddens, A. (1995). *Konsequenzen der Moderne*. Frankfurt a.M.: Suhrkamp.

Glatzer, W. (2001). Neue Wohnformen für Junge und Alte. In Schader-Stiftung (Hrsg.), *Wohnwandel. Szenarien, Prognosen, Optionen zur Zukunft des Wohnens* (S. 216–227). Darmstadt: Schader-Stiftung.

Heller, A. (1995). *Ist die Moderne lebensfähig?* Frankfurt a.M.: Campus.

Höfer, R. (2000). *Jugend, Gesundheit und Identität. Studien zum Kohärenzgefühl*. Opladen: Leske & Budrich.

Keupp, H. (2002a). Identitätsarbeit als Lebenskunst – Eine Perspektive für die psychosoziale Beratung. In F. Nestmann & F. Engel (Hrsg.), *Die Zukunft der Beratung* (S. 51–78). Tübingen: dgvt-Verlag.

Keupp, H. (2002b). Braucht eine Gesellschaft der Ichlinge Psychotherapie? Das Subjekt im globalisierten Netzwerkkapitalismus zwischen Selbstsorge und Pastoralmacht. In *Verhaltenstherapie und psychosoziale Praxis, 34*, 561–582.

Keupp, H., Ahbe, T., Gmür, W., Höfer, R., Mitzscherlich, B., Kraus, W. & Straus, F. (2002). *Identitätskonstruktionen. Das Patchwork der Identitäten in der Spätmoderne*. Reinbek: Rowohlt.

Keupp, H. & Höfer, R. (Hrsg.). (1997). *Identitätsarbeit heute. Klassische und aktuelle Perspektiven der Identitätsforschung*. Frankfurt a.M.: Suhrkamp.

Negt, O. (1998). Lernen in einer Welt gesellschaftlicher Umbrüche. In H. Dieckmann & B. Schachtsiek (Hrsg.), *Lernkonzepte im Wandel* (S. 21–44). Stuttgart: Klett.

Sennett, R. (1998). *Der flexible Mensch. Die Kultur des neuen Kapitalismus*. Berlin: Berlin Verlag.

Taylor, C. (1995). *Das Unbehagen an der Moderne*. Frankfurt a.M.: Suhrkamp.

Taylor, C. (2002). *Wieviel Gemeinsamkeit braucht die Demokratie?* Frankfurt a. M.: Suhrkamp

Ueltzhöffer, J. (2000). *Lebenswelt und Bürgerschaftliches Engagement. Soziale Milieus in der Bürgergesellschaft*. Stuttgart: Sozialministerium Baden-Württemberg.

Prof. Dr. Heiner Keupp hat Psychologie, Soziologie und Pädagogik studiert und ist Hochschullehrer am Department Psychologie der Universität München. Seine Arbeitsschwerpunkte sind Gemeindepsychologie, sozialwissenschaftliche Gesundheitsforschung und Identitäten im gesellschaftlichen Wandel.

Anschrift:
Universität München
Department Psychologie
Leopoldstr. 13
D-80802 München
E-Mail: Keupp@psy.uni-muenchen.de

Beratungsräume und Beratungssettings

Ruth Großmaß

Beratung, die in alltäglichen Lebenskontexten (= informell) stattfindet, unter Nachbarn etwa über den Gartenzaun hinweg oder zwischen Müttern im Wartezimmer einer Kinderarztpraxis, bedarf keiner eigenen Räume und keiner besonderen Settings. Gerade die Tatsache, dass Alltagssituationen geteilt werden und man einander mehr oder weniger gut kennt, ermöglicht es, Rat zu suchen und zu geben, wenn es situativ passt, d.h. wenn, meistens eher beiläufig, eine einigermaßen geschützte Kommunikationssituation entstanden ist – eine Situation, in der keine Störungen zu erwarten und keine unerwünschten Zuhörer in der Nähe sind. Ganz anders ist die Situation für ein professionelles Beratungsgespräch: Die Beteiligten sind sich nicht aus Alltagsvollzügen vertraut, Kompetenz muss ausgewiesen, Ungestörtheit hergestellt und der Übergang vom höflich-distanzierten Umgang, wie er in öffentlichen Räumen üblich ist, zu einem Beratungsgespräch, in dem auch Persönliches verhandelt werden kann, muss gestaltet werden.

Ist das Beratungsangebot Teil eines größeren pädagogischen oder psychosozialen Handlungsfeldes, wie dies z.B. bei der Bildungsberatung eines Beratungslehrers oder bei der Ernährungsberatung in einem Krankenhaus der Fall ist, dann lässt sich dieser Übergang einigermaßen unaufwendig gestalten, überträgt sich doch für diejenigen, die diese Beratung in Anspruch nehmen, die Professionalität des Handlungsfeldes (Schule bzw. Klinik) ohne weiteres Zutun auf das Beratungsangebot. Der thematische Rahmen ist durch das Feld vorgegeben, die Kompetenz der Beratenden steht in der Regel nicht mehr zur Diskussion, Räumlichkeiten stehen zur Verfügung und es genügt, einen Termin zu verabreden oder eine Sprechstunde festzusetzen.

aber Offenheit bzw. offenes Setting

Beratung in einer psychosozialen Beratungsstelle – Beratung als institutionalisiertes, formalisiertes professionelles Angebot (Sickendiek, Engel & Nestmann, 1999, S. 21 f.) – dagegen kann auf einen solchen Rahmen nicht zurückgreifen. Ob es um eine Erziehungsberatungsstelle oder um ein Frauenberatungsprojekt geht, ob Drogenberatung angeboten oder eine psychosoziale Stadtteilberatung eingerichtet wird, der Übergang vom öffentlichen Raum zu einem abgegrenzten „Raum", in dem Beratung in persönlich relevantem Sinne stattfinden kann, muss erst geschaffen und durch die Beratungseinrichtung so strukturiert werden, dass die Themen, auf die sich das Beratungsangebot bezieht, als fachlich kompetent vertretene sichtbar sind und zugleich die Vertraulichkeit des persönlichen Gesprächs signalisiert wird. Beratungsräume und Beratungssettings bekommen so für die Arbeit einer Beratungsstelle eine sehr viel größere Bedeutung als die der Rahmenbedingungen oder des methodischen Know-hows.

Geht man von dieser, für die Annahme eines Beratungsangebots entscheidenden Bedeutung des Ortes und der Räumlichkeiten einer Beratungseinrichtung aus, dann ist das im fachlichen Diskurs dominierende Verständnis von „Setting" eigentlich zu eng gefasst. „Setting", ein Begriff der ursprünglich aus der Literaturwissenschaft stammt und den vom Autor geschaffenen örtlich-zeitlichen Rahmen bezeichnet, in dem sich die Charaktere eines Romans bzw. die Dramatik eines Theaterstückes entfalten können, hat sich im Kontext von Beratung und Psychotherapie als Bezeichnung für die räumlich-zeitlichen Bedingungen durchgesetzt, die auf den Klärungsprozess bzw. die Behandlung Auswirkungen haben. In der Beratungspraxis wird unter „Setting" meist nur das professionell hergestellte Arrangement der Beratungskommunikation verstanden: Ob es um ein Einzelgespräch geht oder eine Gruppenveranstaltung geplant wird, welche Bedeutung die Geschlechterkonstellation für eine bestimmte Beratungssituation hat, ob einzeln oder im Team gearbeitet wird, ob es einen Kontrakt geben oder die Prozessorientierung vorrangig sein soll – solche Fragen beschäftigen professionelle Berater/innen, wenn vom Beratungssetting die Rede ist (vgl. z.B. Hundsalz, 1995, S. 197f). Die Räumlichkeiten der Beratungsstelle, ihre institutionelle Verflechtung mit den sie umgebenden Organisationen sowie die Formen von Zeitplanung und Terminvergabe, die sich in einer Einrichtung etabliert haben, werden dabei selten mitreflektiert.

Für die von außen kommenden Besucher jedoch ist ein Beratungsangebot zu allererst ein Ort, zu dem man mit einem mehr oder weniger klaren Anliegen hingeht; die Räumlichkeiten und die Lage einer Beratungsstelle sind gerade für den Erstkontakt von hoher Bedeutung und keine lebensweltliche Selbstverständlichkeit. Für die Klientel ist immer die Gesamtinszenierung „Beratungsstelle" als Setting wirksam, das durch eine Vielzahl kleiner Eindrücke die Kommunikationsmöglichkeiten strukturiert.

Versteht man „Setting" in diesem weiten, durch die Sozialökologie vertretenen Sinne (vgl. Sickendiek, Engel & Nestmann, 1999, S. 178–182), dann lassen sich drei zentrale Ebenen angeben, durch die das Setting für einen Beratungsprozess produziert wird:

1. Die Situierung der Einrichtung im politischen Raum: Finanzierung und Trägerschaft, institutionelle Verflechtung mit anderen Organisationen,

2. der Ort, an dem sich eine Beratungseinrichtung befindet, sowie die Ausstattung ihrer Räumlichkeiten und
3. die Gestaltung der konkreten Beratungssituation, das methodische Setting.

Alle drei Ebenen sollen im Folgenden erläutert werden.

1 Die politische Dimension: Die institutionelle Einbindung einer Beratungseinrichtung

Psychosoziale Beratungseinrichtungen sind wie andere psychosoziale Leistungen auf öffentliche Finanzierung angewiesen. Sie sind zudem als Produkte von Modernisierungsprozessen und den damit verknüpften politischen Kämpfen (vgl. Großmaß, 2000, S. 62–69, 169–176) auch über die Themen, für die sie stehen, mit politischen Kontroversen und sozialpolitischen Zielen verknüpft. So stellt die Drogenberatung ja nicht nur ein Hilfsangebot für Abhängige dar, sondern sie repräsentiert auch die gesellschaftliche Unerwünschtheit von Drogenkonsum; die Schwangerschaftskonfliktberatung steht auch für den gesellschaftlichen Dissens in der Abtreibungsfrage; Frauenberatung verweist auf die noch ausstehende Egalisierung der Geschlechterrelation; Berufs- und Studienberatung sind ein Hinweis auf die irritierende Dynamik des Ausbildungssektors. In der Etablierung von Beratungsangeboten kommen immer auch gesellschaftliche Interessen der Konfliktlösung oder -beruhigung zum Ausdruck. Gleichzeitig aber hat Beratung sich inhaltlich nicht von diesen Interessen leiten zu lassen; es sind die Orientierungsbedürfnisse der Klientel, um die es in der Arbeit geht. Ziele und Wertsetzungen der Beratungsarbeit dürfen also gerade nicht politisch vorgegeben werden. Der hierin liegende Konflikt tritt auf Grund des größeren Dissenses zwischen individuellem Orientierungsbedarf und gesellschaftlichen Werten vielleicht bei der Drogenberatung (vgl. Vogt & Schmid i.Bd.2) oder der Schwangerschaftskonfliktberatung (vgl. Koschorke i.Bd.2) deutlicher in Erscheinung als bei anderen Beratungsangeboten, er liegt jedoch jeder psychosozialen Beratungseinrichtung zugrunde (vgl. Großmaß, 2000, S. 62–82, 116–147). Ein komplexes institutionelles Gefüge sorgt in der Regel dafür, dass Beratungseinrichtungen dennoch arbeitsfähig sind: Für die autonomen Projekte (Frauenberatung, Beratung für Flüchtlinge, Gesundheitsberatung ...) übernehmen eingetragene Vereine die Beantragung und Verwaltung von Geldern; die freien Wohlfahrtsverbände übernehmen Trägerschaften für mischfinanzierte Einrichtungen etwa der AIDS-Beratung oder der Beratung für Psychiatrie-Erfahrene; Hochschulen verwandeln ihre Beratungsdienste in Betriebseinheiten oder schaffen Beiräte; kirchliche Träger unterhalten Familien- und Lebensberatungsstellen, unterscheiden dabei zwischen Dienst- und Fachaufsicht und setzen ein anonymisiertes Berichtswesen an die Stelle direkter Kontrolle; und mit Beratungseinrichtungen in kommunaler Trägerschaft – was für einen Großteil der Erziehungsberatungsstellen gilt – wird inzwischen ähnlich verfahren: Sie sind Fachdiensten, nicht Ämtern zugeordnet.

Trotz dieser Absicherung gegen unmittelbare Einflussnahme auf die Beratungsprozesse wirkt sich die jeweilige institutionelle Einbindung natürlich auf das Gesamtsetting einer Beratungseinrichtung aus. So nimmt der Träger selbstverständlich Einfluss auf die Personalauswahl und setzt bereits durch die Auswahl der Mitarbeiter/innen inhaltliche Arbeitsakzente. Auch die von der Beratungsstelle herausgegebenen Materialien müssen mit Präsentationsstil und Zielen des Trägers zwar nicht vollkommen übereinstimmen, so doch zumindest kompatibel sein. Auch die Arbeitskultur des jeweiligen Wohlfahrtsverbandes/der Kirche/der Kommunalverwaltung usw. wirkt in die Beratungsstelle hinein: Durch die jeweils übliche Form der Berichte, durch die Selbstverständlichkeit, mit der manche Materialien zur Verfügung gestellt werden und andere nicht, durch das Vokabular der Methoden von Evaluation und Qualitätssicherung, dadurch, dass die institutionelle Vernetzung des Trägers die Kooperation mit manchen Einrichtungen leicht und nahe liegend macht, die mit anderen erschwert oder ausschließt – durch solche und andere „Üblichkeiten" wird der Arbeitsstil und die Konzeptsprache der zugeordneten Beratungsstelle geprägt.

So entsteht innerhalb der Einrichtung wie in ihrer Außendarstellung eine institutionelle Atmosphäre, die auf manche Personen einladend wirkt und andere eher ausschließt, in der manche Themen selbstverständlicher präsent sein können als andere und in der manche Arbeitsmethoden leichter von der Hand gehen als andere. Um es an einem prägnanten Beispiel zu verdeutlichen: Eine psychosoziale Beratungsstelle für Psychiatrie-Erfahrene, die als Präventiveinrichtung von einer größeren Klinik initiiert wurde und deren Träger eine Krankenhausgesellschaft ist, der mehrere Kliniken gehören, wird unabhängig von ihrem Arbeitskonzept, unabhängig von ihrem eigenen Bemühen um Vernetzung sehr viel stärker von medizinischen Diensten wahrgenommen und per Überweisung mit Klientel „versorgt" werden, als ein entsprechendes Beratungsangebot in der Trägerschaft eines Wohlfahrtsverbandes, einfach weil es in demselben Informationssystem aufgeführt ist, weil die medizinische Fachsprache zum Umfeld der Einrichtung gehört und deshalb „verstanden" wird, weil es Gremien gibt, in denen man sich trifft ... Eine solche Beratungseinrichtung wird daher einen anderen Ausschnitt der möglichen Klientel erreichen, wird andere Aspekte der präventiven Arbeit mit Psychiatrie-Erfahrenen ins Zentrum ihrer Arbeit stellen als eine Einrichtung in anderer Trägerschaft.

Die hier skizzierten Festlegungen des Handlungsspielraums von Beratung durch die institutionelle Einbindung der jeweiligen Einrichtung stellen eine der wichtigen Schaltstellen dar, über die politische Prozesse und Entscheidungen psychosoziale Beratungsarbeit strukturieren und zu ihrer Diversifizierung beitragen – jenseits der professionellen Gestaltungsmöglichkeiten auf der konzeptionellen Ebene oder in der praktischen Beratungsarbeit. Im fachlichen Diskurs ist dieses politisch-institutionelle Setting von Beratung seit Ende der 70er Jahre weitgehend aus dem Blick geraten (vgl. Gröning, 1993, S. 244f). Es zur Kenntnis zu nehmen, ist jedoch sowohl für die sozialpolitische Reflexion der Interventionsform „Beratung" erforderlich als auch dafür, die Sicht auf psychische und soziale Probleme, die durch die Auswertung von Beratungserfahrungen entsteht, angemessen auf die soziale Realität beziehen zu können.

2 Die Räumlichkeiten einer Beratungsstelle als Setting

Mit den Räumlichkeiten, in der eine Beratungseinrichtung ihre Arbeit ausübt, beschäftigen sich Beratungsteams und fachlicher Diskurs – zu Beginn. Ist eine Einrichtung erst einmal etabliert bzw. hat sich ein Beratungsfeld professionalisiert, dann tritt der Gesichtspunkt der Räumlichkeiten meist hinter methodischen und fallbezogenen Fragen zurück. Zu Beginn aber, wenn eine einzelne Beratungsstelle ihre Arbeit aufnimmt oder aber wenn ein neues psychosoziales Feld für Beratung erschlossen wird, gibt es Diskussionen darüber, wo ein Beratungsangebot am günstigsten unterzubringen ist und wie die Räume auszustatten sind, damit die Zielgruppe erreicht und das offene Angebot angenommen wird. So hat beispielsweise das „Handbuch der Erziehungsberatung" (Lückert, 1964), mit dem sich die Erziehungsberatung als psychosoziales Beratungsangebot etablierte, der „Beratungsstelle" einen ganzen Abschnitt (ebd. S. 171–254) gewidmet und die Räumlichkeiten einer ausführlichen Beschreibung wert gefunden (S. 174–179). Auch die Etablierung von Stadtteilberatungen Ende der 70er Jahre, die durch die Diskussionen um die Mittelschichtsorientiertheit städtischer Beratungsstellen angestoßen worden war, hat sich mit der Frage der Örtlichkeit von Beratung beschäftigt (vgl. Mai, 1991), war doch durch praktische Erfahrungen deutlich geworden, dass der Ort, an dem sich eine Beratungsstelle innerhalb einer Kommune befindet, nicht nur verkehrstechnisch zu bedenken ist, sondern auch eine Entscheidung über den Ort darstellt, den das Beratungsangebot im sozialen Raum (vgl. Bourdieu, 1997) einnimmt. Die Anfänge der Frauenberatung und -therapie schließlich, um ein weiteres Beispiel aufzugreifen, haben dadurch, dass sie einen Freiraum für Frauen forderten und herstellten (vgl. Blessing, 1992), sehr deutlich gemacht, dass Beratungsräume auch kulturelle Räume sind, die geschlechtsspezifisch und – so lässt sich hinzufügen – milieuspezifisch geprägt sind und wirken.

Wichtige Aspekte des räumlichen Settings einer Beratungsstelle sind also – befragt man die Diskursgeschichte über Beratung daraufhin – eigentlich bekannt: Dass der Ort, an dem man eine Beratungsstelle einrichtet, genau so wie die Art, in der man sie einrichtet und gestaltet, das Image des Beratungsangebotes beeinflussen, dass durch die Lage und Ausstattung einer Einrichtung bestimmte Ausschnitte der potenziellen Klientel eher angezogen, andere eher abgestoßen oder ausgeschlossen werden, dass die Gefühle und Eindrücke, die einen bewegen, wenn man zu einem Beratungsgespräch unterwegs ist, auch auf die Offenheit oder Verschlossenheit Auswirkungen haben, mit der man sich dann auf die Beratung einlässt – all diese Aspekte, durch die die Räumlichkeiten einer Beratungsstelle als Setting wirken, sind in der fachlichen Diskussion der letzten 30 Jahre sehr wohl vorgekommen, wenn auch nicht systematisch reflektiert worden.

Worin genau aber liegt die Bedeutung dieser räumlichen Aspekte des Settings von Beratung und warum lohnt es sich, sie systematisch in die Reflexion einzubeziehen? Begibt man sich in die Perspektive derer, denen ein Beratungsangebot gilt, dann ist deutlich, dass die räumliche (wie die politisch-institutionelle) Seite einer Beratungsstelle besonders große Bedeutung für die *potenzielle* Klientel eines Beratungsangebotes hat. Denn wer den Weg in die Einrichtung erst einmal gefunden und einen Beratungskontakt hergestellt hat, gewöhnt sich an den äußeren Rahmen,

Vorwort und Einleitung
Beratungs-disziplinen
Geschlecht und Beratung
Alter und Beratung
Kultur und Beratung
Beratung und soziale Systeme
Perspektiven der Beratung

findet Möglichkeiten die Randerscheinungen, die ihm oder ihr persönlich unangenehm sind, zu tolerieren oder zu umgehen und erlaubt sich vielleicht sogar Kritik. Glückt ein Beratungsprozess, dann wird der Klient bzw. die Klientin die Einrichtung vermutlich weiterempfehlen – mit den erforderlichen Gebrauchsanweisungen für die „Merkwürdigkeiten" des Prozedere. Über Prozesse dieser Art bilden Beratungseinrichtungen eigene Milieus aus, die wie alle sozialen Milieus nicht nur einschließen, sondern auch Ausschlusscharakter haben. Bei der in den 70er Jahren beklagten und kritisierten Mittelschichtsorientierung von Erziehungsberatungsstellen (in der oben angeführten Beschreibung der Einrichtung von Beratungsstellen im Handbuch der Erziehungsberatung (Lückert, 1964) ist sie, zumindest von heute aus gesehen, u.a. über die Räumlichkeiten hergestellt) dürfte es sich um Effekte solcher Schließungsprozesse handeln. Die Offenheit eines Beratungsangebotes für seine potenziellen Nutzer bzw. für die gewünschte Zielgruppe hängt daher wesentlich davon ab, in welchem Maße es sich nach außen – räumlich und institutionell – als offen präsentiert.

Dass diese Offenheit nicht generell sein kann (im Sinne von offen für *alle* Personen, die von den Themen des jeweiligen psychosozialen Feldes tangiert sind) ist auf der Hand liegend. Denn jede Form der Gestaltung von Angeboten und Räumen stellt eine Festlegung dar, die einschließt *und* ausschließt. Für wen jedoch eine Einrichtung offen ist, wem sie den Zugang eher leicht machen will, sollte von konzeptionellen Zielgruppenüberlegungen abhängen und sich nicht durch unreflektierte Effekte der räumlichen Ausstattung hinter dem Rücken der Beteiligten herauskristallisieren.

Wie eine Beratungsstelle zu situieren und einzurichten ist, lässt sich, gerade weil es ort- und zielgruppenorientiert zu erfolgen hat, nicht allgemein beschreiben. Es lässt sich, da Beratungsbedürfnisse sich verändern und verschieben, auch nicht ein für alle Mal festlegen. Zur Verdeutlichung der zu berücksichtigenden Kriterien jedoch hier einige konkrete Hinweise für die Gestaltung von Beratungsräumen:

1. Die Beratungsstelle sollte (für ihre potenzielle Klientel) geografisch günstig liegen und leicht erkennbar sein; zugleich sollte sie einen unauffälligen Zugang ermöglichen. Gut wäre es, wenn man sich nicht bereits als Klient outet, sobald man das Haus betritt. Es empfiehlt sich also, psychosoziale Beratungsstellen an Orten unterzubringen, die (für die jeweilige Klientel) zu den selbstverständlich genutzten Ausschnitten des öffentlichen Raumes gehören. In Stadtteilzentren angesiedelt z.B., erreichen Beratungsangebote kaum Senioren der Mittel- und Oberschicht, Jugendliche der Unterschicht dagegen schließt man bereits dadurch von einem Beratungsangebot aus, dass man es in einem Ärztehaus der City unterbringt.
2. Die Beratungsstelle sollte einen freundlich-sachlichen Eingangsbereich haben sowie insgesamt eine räumliche Struktur, in der man sich schnell zurechtfindet. Auch dies bedeutet, so neutral es klingt, nicht für alle Menschen dasselbe. Was auf Personen, die gewohnt sind, sich selbstbewusst in Institutionen zu bewegen, hell und freundlich wirken mag, kann für Personen, die sich nur in privat-familialen Räumen sicher fühlen, abschreckend und steril sein.
3. Die Mitarbeiter/innen sollten auf Neuankömmlinge zugehen, aktiv, dabei dennoch die individuellen Grenzen achtend. Mit routinierter Selbstverständlichkeit

sollten sie das jeweilige Anliegen klären und die potenziellen Klient/inn/en mit dem Prozedere der Einrichtung vertraut machen.

4. Es sollten Sitzmöglichkeiten vorhanden sein, die nicht unbedingt von allen Seiten einsehbar sind, dennoch aber Übersicht und Beweglichkeit ermöglichen. Wenn die Beratungseinrichtung auch informative Aufgaben hat (wie die meisten Hochschulberatungen, aber auch die Sexualberatungsstellen), dann ist es durchaus nützlich, diesen Aufgabenbereich auch räumlich – durch Plakate und Materialien, die zur Selbstbedienung ausliegen – präsent sein zu lassen.
5. Zugleich sollte bereits durch die Raumstruktur deutlich sein, dass Persönliches in geschützten Räumen (= Sprechzimmer und Gruppenräume) besprochen wird und dass der öffentlich zugängliche Bereich der Beratungsstelle auch die der Öffentlichkeit zugewandte Seite der Person wahrt.
6. Mobiliar und Ästhetik der Räume sollen einladend und ansprechend sein, nicht aber Exklusivität (welcher Art auch immer) ausdrücken, sie sollen auch keine privat-persönlichen Stile spiegeln.
7. Symbole von Religionszugehörigkeit und kultureller Verortung sind, da sie Ausschlusscharakter haben, in einer Beratungsstelle, die ein offenes Angebot machen will, nicht angebracht.
8. Soll eine bestimmte Klientel (Kinder, Männer, Frauen, Migrant/inn/en, Jugendliche, Senioren) angesprochen werden, dann sollte sie auch räumlich präsent sein – durch ausliegende Materialien, die Verwendung der jeweiligen Sprachen und Sprachstile bei den Aushängen, durch Eingerichtetsein auf die entsprechenden Lebensgewohnheiten.

3 Die Gestaltung von Beratungssituationen: das methodische Setting

Alle bisher angesprochenen Aspekte des Settings eines Beratungsangebotes betreffen die Beratungseinrichtung als ganze; sie lassen sich zwar beeinflussen und gestalten, nicht aber auf individuelle Bedürfnisse und Anliegen hin ausrichten. Offenheit, Zugänglichkeit und die Betonung des Angebotscharakters sind die Kriterien für ihre Funktionalität: Das institutionelle und räumliche Setting soll einer Vielzahl von Personen in ihrer individuellen Unterschiedlichkeit Zugang zur Beratung ermöglichen, nicht aber auf Individuelles zugeschnitten sein.

Ist der Kontakt zu einer Beratungsstelle erst einmal aufgenommen (und sei es auch nur durch eine Nachfrage nach einem bestimmten Kursangebot), dann leisten die – in der Regel psychotherapeutisch geschulte – kommunikative Kompetenz der Mitarbeiter und Mitarbeiterinnen sowie das in der professionellen Arbeit der letzten 30 Jahre entwickelte Set an Arbeitsformen und Methoden den Übergang zum Individuellen, zu den je spezifischen Befindlichkeiten, Lebens- und Problemlagen. Neben dem professionellen (einfühlenden und klärenden) Gespräch ist es vor allem das Spektrum möglicher methodischer Settings, durch das psychosoziale Beratung einzelnen Personen in individuellen Krisen, bei der Klärung sozialer Konflikte, in Entscheidungssituationen, bei psychosomatischen Problemen und psychischen

Störungen Unterstützung bieten kann (vgl. Großmaß, 2000, S. 31–60). Zur Verdeutlichung einige Beispiele:

1. Information über persönliche Rechte, über die kulturell vorhandenen Optionen und die sozialen Unterstützungsmöglichkeiten kommt nicht nur in jeder Einzelberatung an irgendeiner Stelle vor, sondern ist auch ein eigenständiger Arbeitsbereich psychosozialer Beratung. Ob in schriftlicher Form oder in anderen Medien, ob als Informationsveranstaltung bei einer Zielgruppe vor Ort, immer hat ein solcher Einsatz eine doppelte Funktion: Aufklärung und damit Beratung im Sinne der Anfänge professioneller Beratung (vgl. Großmaß, 2000, S. 62–69) zu leisten *und* die Beratungseinrichtung als Station des sozialen Netzwerkes der Zielgruppe (vgl. Straus i.d.Bd.) sichtbar zu machen.
2. Krisenintervention in der sozialen und institutionellen Umgebung ist für jede psychosoziale Beratungsstelle, deren Vernetzung im professionellen und kulturellen Umfeld erfolgt ist, kein alltägliches, aber doch ein vertrautes Beratungssetting: Jemand ist durch die Prüfung gefallen und die Sekretärin oder die wartende Freundin ruft in der Beratungsstelle an. Oder: Eine junge Frau ist in der Nacht mit ihrem Kind im Frauenhaus aufgenommen worden, sie wirkt verwirrt und lässt sich auch im Laufe des nächsten Tages nicht in den Tagesablauf des Hauses integrieren. Eine Mitarbeiterin ruft in der Frauenberatungsstelle an und bittet um Unterstützung. In beiden Fällen ist das Prozedere gleich: Ein kurzfristiger Termin wird vereinbart, ein erster Kontakt wird hergestellt und ein Gespräch mit dem Ziel der Entlastung findet statt (in der Beratungsstelle oder vor Ort); weitere Schritte und Unterstützungsmöglichkeiten (innerhalb oder außerhalb der Beratungsstelle) werden verabredet.
3. Gruppen- und Kursangebote, die sich auf aktuelle Aspekte des Arbeitsspektrums beziehen, gehören zum Arbeitsrepertoire der meisten Einrichtungen. Entspannungskurse und Trainingskurse (Studientechniken und Zeitmanagement in den Hochschulberatungen, Schwangerschaftsgymnastik bei Pro Familia, Spielgruppen in der Erziehungsberatung ...) haben einen festen zeitlichen Rahmen und ein begrenztes Thema. Sie werden von einzelnen Mitarbeiter/inne/n der Beratungsstelle oder im Team durchgeführt. Sie bieten der Einrichtung die Möglichkeit, Arbeitsschwerpunkte herauszubilden; den Klient/inn/en bieten sie eine (stabilisierende) Begleitung in einem Beratungsprozess und den von außen kommenden Teilnehmer/inne/n einen Rahmen, um sich mit den sie beschäftigenden Fragen auseinander zu setzen, ohne (gleich) über Persönliches sprechen zu müssen oder Intimes mitzuteilen. Gesprächsgruppen – z.B. Müttergruppen in der Erziehungsberatung – und therapeutische Gruppen ergänzen das Spektrum.
4. Die klassische Konstellation der Einzelberatung impliziert unterschiedliche Möglichkeiten des Settings: Es kann sich um ein einzelnes Gespräch handeln, in dem ein Thema besprochen und eine Lösungsrichtung erarbeitet wird – offen lassend, ob zu einem späteren Zeitpunkt an diesem oder einem anderen Thema weiter gearbeitet wird. Einzelberatung kann auch, wenn innerpsychische Klärungsprozesse anstehen, aus einer Sequenz quasi-therapeutischer Gespräche bestehen, dann meist im wöchentlichen Rhythmus, oder aber, wenn ein Veränderungsprozess in der sozialen Realität des Klienten oder der Klientin begleitet

werden soll – aus schrittweise vereinbarten Kontakten in größeren Zeitabständen.

5. Eine Einzelberatung kann zu dem Ergebnis führen, dass eine andere soziale Konstellation dem Problem des/der Betreffenden angemessener ist. Dann steht ein Wechsel des Settings an – von einem Berater zu einer Beraterin, manchmal auch umgekehrt; in eine Paarberatung, in ein Familiengespräch, in eine Gruppe usw.
6. Mitarbeiter/innen von Beratungseinrichtungen erwerben im Verlauf ihrer Arbeit Kenntnisse über die Problemstruktur der sie umgebenden sozialen und kulturellen Welt und zusätzliche Kompetenzen in der Moderierung von Gruppenkonflikten und der Anleitung von Reflexionsprozessen. Das macht es möglich und nahe liegend, in manchen Problemlagen, mit denen sie konfrontiert werden, Arbeitsformen vorzuschlagen, die strukturelle Veränderungen bewirken können: Helferkonferenzen, Organisationsberatung, Supervision usw.

Methodische Settings, das ist z.T. schon an den Beispielen deutlich geworden, bestehen immer aus räumlich-zeitlichen Rahmenbedingungen und einer bestimmten sozialen Beratungskonstellation. Welches Setting jeweils gewählt wird, sollte davon abhängig sein, in welcher Konstellation und in welchem zeitlich-räumlichen Rahmen die Problemlösungsressourcen der Klientin oder des Klienten am besten zu entwickeln sind. Dabei können eine Analyse des konkreten Lebensumfeldes des Klienten bzw. der Klientin, klinisch-diagnostische Indikationen, die Kenntnisse der Berater/innen über das jeweilige soziale Feld und die Ressourcen der Beratungseinrichtung als Kriterien dienen (vgl. Nestmann, 1997).

Zu berücksichtigen ist dabei: Jedes methodische Setting erfordert eigene Kompetenzen auf Seiten der Berater und Beraterinnen; und es erfordert die entsprechende Bereitschaft sich einzulassen auf Seiten der Klientel – eine Bereitschaft, die häufig erst auf der Ebene der Beratungsbeziehung (vgl. Sanders i.Bd.2; Nestmann zu Beratungsmethoden und -beziehung i.Bd.2) erarbeitet werden muss. Jedes Setting ist von begrenzter Wirksamkeit, deshalb ist es von Bedeutung, dass innerhalb einer Beratungsstelle unterschiedliche methodische Settings praktiziert werden können, auch wenn nicht jedes methodische Setting in allen Beratungseinrichtungen realisiert werden kann. Denn – so lassen sich meine Überlegungen zusammenfassen – der Handlungsspielraum jeder Beratungsstelle ist begrenzt: Neben den Kompetenzen der Mitarbeiter/innen und den zeitlichen Ressourcen des Beratungsangebotes sind es die oben beschriebene institutionelle Einbindung einer Beratungsstelle sowie ihre räumlichen Möglichkeiten, die den Handlungsrahmen festlegen. Diese Grenzen bewusst in die konzeptionellen Überlegungen einzubeziehen erweitert wiederum den Handlungsspielraum psychosozialer Beratung.

Literatur

Blessing, A. (1992). Geschichte der Feministischen Therapie. In H. Bilden (Hrsg.), *Das Frauentherapie Handbuch* (S. 47–57). München: Frauenoffensive.

Vorwort und Einleitung
Beratungs-disziplinen
Geschlecht und Beratung
Alter und Beratung
Kultur und Beratung
Beratung und soziale Systeme
Perspektiven der Beratung

Bourdieu, P. (1997). Ortseffekte. In P. Bourdieu, A. Accardo, G. Balazs, S. Beaud, E. Bourdieu, S. Broccolichi, P. Champagne, R. Christin, J.-P. Fagner, S. Garcia, R. Lenoir, F. Oeuvrard, M. Pialoux, L. Pinto, D. Padalydès, A. Sayad, C. Soulié & L. J.D. Wacquant, *Das Elend der Welt. Zeugnisse und Diagnosen alltäglichen Leidens an der Gesellschaft* (S. 159–167). Konstanz: Universitätsverlag Konstanz.

Gröning, K. (1993). Beratung für Frauen. Überlegungen für eine Konzeption auf der Basis sozialpädagogischer und feministischer Theorien und Praxen. In *neue praxis, 3 (93),* 227–248.

Großmaß, R. (2000). *Psychische Krisen und sozialer Raum. Eine Sozialphänomenologie psychosozialer Beratung.* Tübingen: dgvt-verlag.

Hundsalz, A. (1995). *Die Erziehungsberatung. Grundlagen, Organisation, Konzepte und Methoden.* Weinheim: Juventa.

Lückert, H.-R. (Hrsg.) (1964). *Handbuch der Erziehungsberatung* (Bd. 1). München: Ernst Reinhardt.

Mai, S. (1991). Die „Hausfrauen"-Gruppe: Frauen beraten im Stadtteil. In F. Nestmann & C. Schmerl (Hrsg.), *Frauen – Das hilfreiche Geschlecht. Dienst am Nächsten oder soziales Expertentum?* (S. 69–82). Hamburg: Fischer.

Nestmann, F. (1997). Beratung als Ressourcenförderung. In F. Nestmann (Hrsg.), *Beratung. Bausteine für eine interdisziplinäre Wissenschaft und Praxis* (S. 15–38). Tübingen: dgvt-verlag.

Sickendiek, U., Engel, F. & Nestmann, F. (1999). *Beratung. Eine Einführung in sozialpädagogische und psychosoziale Beratungsansätze.* Weinheim: Juventa.

Dr. Ruth Großmaß hat Philosophie, Germanistik und Pädagogik studiert. Sie arbeitet als Beraterin für Studierende in der Zentralen Studienberatung der Universität Bielefeld. Ihre Arbeitsschwerpunkte sind Studien- und Arbeitstechniken und die Arbeit mit Frauen

Anschrift:
ZSB–Zentrale Studienberatung
Universität Bielefeld
Postfach 100131
D-33501 Bielefeld
E-Mail: ruth.grossmass@uni-bielefeld.de

Beratung und Neue Medien

Frank Engel

Was passiert mit Beratung, wenn sie mit Internet-Angeboten, Online-Beratung, Chatrooms etc. in das Zeitalter ihrer technischen Reproduzierbarkeit eintritt? Was wird sich verändern, was bleibt gleich? Wo stellen sich besondere Herausforderungen? Diese Fragen knüpfen an den von Walter Benjamin vorgelegten Aufsatz „Das Kunstwerk im Zeitalter seiner technischen Reproduzierbarkeit" (1977) an. Die Parallelen, die sich für Beratung zu der von Benjamin thematisierten Entwicklung des Kunstwerks ergeben, sind augenfällig.

Beratung war allerdings auch schon immer reproduzierbar. Francis Bacon (1970 [1612]) erwähnt in seinem Essay einen Diogenes zugeschriebenen Ausspruch „Optimi consiliarii mortui" (S. 96) – „die besten Ratgeber sind die Toten" –, womit er keine Zombies meinte, sondern auf die besondere beratende Qualität von Aufzeichnungen und Büchern hinwies. Sie können, so Bacon, die besseren Ratgeber sein, da sie eine Außenperspektive einnehmen und nicht dem Ratsucher nach dem Munde reden. Schon im neunzehnten Jahrhundert finden wir eine Vielzahl von Ratgeberliteratur und auch der gegenwärtige Markt dieser Literaturform macht deutlich, dass Inhalte von Beratung ähnlich wie Kunstwerke reproduzier- und druckbar waren und sind. Bisher war der Prozess der Beratung allerdings nur in dem Medium Buch reproduzierbar – sieht man von den Ratgebersendungen der 70er und 80er

Vorwort und Einleitung
Beratungs-disziplinen
Geschlecht und Beratung
Alter und Beratung
Kultur und Beratung
Beratung und soziale Systeme
Perspektiven der Beratung

Jahre ab, die in den 90ern stilistisch wie inhaltlich zu nachmittäglichen Unterhaltungsshows und Probleminszenierungen mutierten.

In Anlehnung an Benjamins Einschätzung des Films als Medium, das neue Rezeptionsgewohnheiten hervorbringt, kann man aber in den Neuen Kommunikations- und Informationsmedien Formen sehen, die Beratung nicht nur wie die „alten" Medien weiterhin begleiten werden, sondern die ihre grundlegenden Bezüge und Thematisierungen, ihre Konzipierung und auch Praxis verändern werden.

1 Technisierte Alltage und Beratung unter den Bedingungen Neuer Medien

Technisierte Wandlungen im Alltag

Scott Lash (2001) wirft einen Blick auf das sich wandelnde Alltagsleben: Aus den bisherigen kontextgebundenen Lebensweisen werden, so meint er, zunehmend von Technik bestimmte und entkontextualisierte „technological forms of life" (S. 105). Sie führen dazu, dass wir nicht nur in unserer physikalischen Alltagswelt kommunizieren, handeln und Sinn produzieren, sondern ebenso entlang technischer Systeme und der in ihnen repräsentierten Kulturen. Wir werden dabei zunehmend zu „Schnittstellen" oder „Interfaces" und ein zunehmender Teil unseres Lebens besteht darin, mit technischen Systemen durch eben diese technologischen Kulturen zu surfen.

Was Lash abstrakt und zukunftorientiert beschreibt, kennen wir in unterschiedlicher Form auch aus unseren Lebenswelten, die sich aufgrund technologischer Veränderungen irreversibel verändert haben. So haben die Neuen Informations- und Kommunikationsmedien mit E-Mail, Chats, Foren, Newsgroups und Suchmaschinen den beruflichen und privaten Alltag Vieler verändert. Sie sind als Hardware wie als Kommunikationsformen zu einem festen Bestandteil vieler Alltage geworden. Auch in den sozialberuflichen, psychosozialen und pädagogischen Arbeitsfeldern gehören sie mit großer Selbstverständlichkeit zum professionellen Handeln – mit all ihren Tücken, technischen Widerspenstigkeiten wie Annehmlichkeiten. Noch vor nur wenigen Jahren war ein Internetanschluss am Arbeitsplatz oder zu Hause in Europa die Ausnahme, mittlerweile ist er zu einer Selbstverständlichkeit geworden. Parallel dazu wächst eine Generation mit diesen Medien und mit „dem Netz" auf, bewegt sich darin mit einer den Älteren meist nicht nachvollziehbaren Selbstverständlichkeit. An die Stelle der ersten Spielekonsolen sind längst Hochleistungscomputer gerückt, die grundlegend ganze Märkte verändern. Auch haben sich Mobiltelefone zu beliebten Statussymbolen alltäglicher Kommunikation und nicht selten zu Instrumenten für redundanten Informationsaustausch entwickelt. Sie *nicht* zu besitzen, führt schon bei Zwölfjährigen zu ersten kommunikativen Exklusionserfahrungen. Auch die Informationsarbeit hat sich verändert: Wir recherchieren mit Such- und Metasuchmaschinen in den Informationslabyrinthen des World Wide Web. Sie laden uns je nach Qualität, Suchstrategie und Genauigkeit unserer Anfragen immense Datenmengen aus aller Welt auf den Bildschirm. Um diese nutzen zu können, müssen wir sie einschätzen und beurteilen können, denn nur dann sind wir in der Lage, zwischen Wichtigem und Unwichtigem zu differenzieren.

All das ist für viele von uns zu einer alltäglichen Selbstverständlichkeit geworden. Neben diesen eher „kleinen" Nutzungen bieten die Neuen Medien aber auch die Möglichkeit des zeitraubenden und intensiven Eintauchens in ihre bunt flirrende Bildschirm-Realität: Chats, in denen über alles „gesprochen" wird, Communities, die Zugehörigkeit vermitteln, digitale Treffpunkte, an denen man neue Rollen und Identitäten ausprobieren und ein Online-Ich aufbauen kann; virtuelle Gemeinschaften sind Stichworte dieser Nutzungen, die für viele zu einem festen Bestandteil ihres Alltags wie ihrer Selbstwahrnehmung geworden sind (vgl. u.a. Castells, 2001).

Zunehmend beschäftigen sich sämtliche wissenschaftliche Disziplinen mit diesen Veränderungen, thematisieren die Sozialpsychologie des Internets (Döring, 2003), den Bildungswert des Internets (Marotzki, Meister & Sander, 2000), die Identitätsentwicklung (Turkle, 1999), netzorientierte soziale Netzwerke (Wellman, 1999), um nur einige wenige zu nennen, und begleiten diese Entwicklungen.

Anders als zu Beginn der Debatte um Neue Medien hat sich mittlerweile eine differenzierte Auseinandersetzung durchgesetzt, die nichts mehr mit den anfänglichen Polemisierungen beider Seiten – der Netz- und Computerbegeisterten wie der Netz- und Computerkritiker – zu tun hat. Wolfgang Welsch (2000) zeigt aus philosophischer und philosophiegeschichtlicher Perspektive auf, dass das Wirkliche und das Virtuelle gegeneinander durchlässig und miteinander verwoben ist. Für ihn ist ein simpler Dualismus, der nur zwischen wirklich und virtuell unterscheidet, zu einfach und falsch (vgl. S. 210).

Beratung unter neuen Bedingungen

Zunächst lässt sich generell konstatieren, dass Beratung vor einschneidenden neuen Herausforderungen steht, die in ihren weitreichenden Konsequenzen gegenwärtig noch nicht überschaubar und nur teilweise antizipierbar erscheinen. Wir werden Beratung in Zukunft nicht ohne den Bezug zu Neuen Medien beschreiben, planen oder durchführen können. Das bedeutet nicht, dass sich von heute auf morgen für Beratung alles vollends verändern wird und unsere Konzepte als obsolet dastehen. Der Prozess wird eher ein schleichender sein; die Neuen Medien und Kommunikationsformen, die in den letzten Jahren schon mit großer Geschwindigkeit unsere alltäglichen Arbeits- und Kommunikationsformen verändert haben, werden auch vor der Kommunikationsform Beratung nicht Halt machen. Sie sind schon jetzt zu einem – wenn auch nicht zentralen – Referenzpunkt in der Beschreibung von Beratungspraxis geworden, wenn etwa Selbsthilfe, Therapie und Beratung „auf der virtuellen Couch" (Janssen, 1998) erörtert und konzipiert werden.

Da Beratung zu großen Teilen immer auch ein kommunikatives Geschehen ist, da Beratung in Sprache eingebunden ist und auch eine Form des Informierens und des Umgehens mit Information ist, wird sie in allen Handlungsfeldern an den Veränderungen teilhaben – gewollt oder ungewollt. Denn Medien übertragen nicht nur einfach Botschaften, sondern entfalten Wirkkräfte, durch die die Modalitäten des Denkens, Wahrnehmens, Erfahrens, Erinnerns, Handelns und Kommunizierens geprägt und verändert werden.

Sie formulieren in der Konsequenz eine grundlegend *neue Relation* der Beratung: Sie wird ohne Medienbezug undenkbar. In der Konsequenz wird diese Entwicklung dazu führen, dass die Relationen und Bezugssysteme, sowohl der Beratungskonzepte wie auch des Beratungshandelns sich verändern müssen und werden. Neue Informations- und Kommunikationsmedien werden darin eine Bezugsgröße mit deutlich wachsender Bedeutung sein – und uns zwingen, sich ihnen gegenüber zu verhalten und zu verorten. Einige Stichworte dieser Neu-Verortung einer Beratung im Zeitalter ihrer technischen Reproduzierbarkeit sind die Begriffe Aufmerksamkeitsökonomie, aktives Vertrauen, Informations-Aufmerksamkeitsarmut, Lebens- und Erlebenswelten sowie Telepräsenz, die im Folgenden im Hinblick auf Beratung diskutiert werden.

2 Beratung unter der Perspektive medialer Aufmerksamkeitsorientierung

Dass Medien durch die Performanz und Präsenz ihrer Akteure Aufmerksamkeit binden, bedarf keiner weiteren Erläuterung. Wenn jedoch Informationen und Botschaften zu Quasi-Akteuren in einem unüberschaubaren und unstrukturierten Raum werden, dann müssen sie in diesen Raum passen, entsprechend gestaltet werden und sich seiner Struktur und Aufbaulogik unterwerfen. Informationen gibt es im Überfluss, aber Aufmerksamkeit ist ein knappes Gut – und um das wird in einer digitalisierten Welt gerungen. Da Websites prinzipiell gleichberechtigt sind, denn in der Architektur des Netzes hat eine private Homepage (noch) den gleichen Status wie die eines elektronischen Großanbieters, wird im unüberschaubaren Netz von Links und Verweisungen die Erzeugung von Aufmerksamkeit zentral. Sie entwickelt sich zu einer knappen und letztlich der zentralen Ressource. Laut Florian Rötzer (1999), einem Internettheoretiker der ersten Stunde, ist die Aufmerksamkeit das Nadelöhr „durch das alles hindurch muss, was zu uns vordringen will und kann, ja man könnte überspitzt sagen, dass alles, was nicht in die Aufmerksamkeit fällt, überhaupt nicht existiert, weil es nicht wahrgenommen wird, sondern abgeschattet bleibt“ (S. 63). Für einige Medientheoretiker mündet diese Aufmerksamkeitsorientierung in einer Aufmerksamkeitsökonomie (Franck, 1998).

Mit dieser Tendenz einhergehend muss aber das, was der Aufmerksamkeitsökonomie unterliegt, wahrnehmbar und konsumierbar gestaltet werden. Um Aufmerksamkeit konkurrierende Informationen müssen ästhetisiert werden – nicht im Sinne einer Schönheits-, sondern einer Aufmerksamkeitsästhetik. Sie ist eine flache Ästhetik, die sich der Zweidimensionalität Neuer Medien und ihrer Schnittstelle Bildschirm anpasst, eine „Pop-up-Aufmerksamkeit“, wie sie in den gleichnamigen Fenstern zu finden und als Programmierung aus dem Internet zu laden ist und Informationsfastfood ebenso wie Beispiel für ein flaches auf stupide Performanz reduziertes Aufmerksamkeits- wie Kommunikationsangebot. Übrig bleibt flirrend bunte Oberflächlichkeit als Normalität einer derart veränderten Zukunft „abgeflachter“ Formen des alltäglichen Lebens (Lash, 2001).

Was bedeutet diese Entwicklung zu einer aufmerksamkeitszentrierten Gesellschaft für Beratung? Aufmerksamkeitsorientierung oder gar Aufmerksamkeitsökonomie soll hier nicht heißen: Wie gestalte ich eine Beratungs-Homepage, damit sie wahrgenommen wird, sondern: Wie wirkt eine derartige Ökonomie auf das reale Beratungshandeln zurück? Wird auch Beratung in der Folge allein auf ihre Performanz reduziert, da nur das Performen Aufmerksamkeit bindet? Entwickelt sich hieraus gar eine Art Beratungsentertainment und wird Beratung damit auch in ihrem kommunikativen wie handlungsorientierten Alltag ein oberflächliches, Aufmerksamkeit erheischendes Technosurfacing?

Verändern wird sich im Zuge weiterer Mediatisierung von Beratung vermutlich ihre Außendarstellung: Wer Beratung als ein Produkt anbieten will, muss das in Konkurrenz zu anderen tun, die ebenfalls Aufmerksamkeit auf sich ziehen wollen. Das allein ist keine neue Tendenz, sondern von den Printmedien bekannt. Hier hat sich schon seit Jahrzehnten ein Ratgebermarkt entwickelt, der problemkonjunkturell diverse Titel und Hilfsangebote auf den Markt wirft. Titel wie „Erkenne deine geistige Kraft“ oder „Mehr Power – Strategien für bessere Gesundheit, jüngeres Aussehen, größere Widerstandskraft, erhöhte Kreativität und mehr Tatendrang“ sind keine Ausnahme, sondern die Norm. Reflexivität hat hier schon lange keinen Platz mehr. Problemlösungssimulationen werden aufmerksamkeitsgerecht und mit markanten Schlagworten versehen feilgeboten – und von Lesern und Leserinnen konsumiert. Aufmerksamkeit bekommen auch die spektakulären Performer, die mit Beratung Psychotainment betreiben. Berater werden sich dazu in Zukunft deutlicher positionieren müssen, um derartigen Anbietern nicht den öffentlichen und auch im Internet stattfindenden Diskurs über Beratung zu überlassen.

Andererseits ist zu vermuten, dass Beratung als Handlungs- und Kommunikationsprozess eher aufmerksamkeitsresistent bleibt. Beratung ist kein Thema mit großer Performanz, kein Thema mit medienwirksamen Inszenierungen – so sie doch vorgenommen werden, haben sie nichts mehr mit Beratung zu tun. Beratung basiert auf unspektakulärer alltagsnaher Kommunikation und Interaktion zwischen Menschen; sie ist in ihren idealtypischen Strukturen zumeist ebenso ein privates, weil nicht öffentliches Gespräch wie unspektakuläres lebenswelt- und kontexteingebundenes Professionshandeln. Aber in eben dieser Alltäglichkeit jenseits des Spektakulären liegt auch unter den Bedingungen der Aufmerksamkeitsökonomie ihre Chance.

Wenn Ruth Großmaß aufzeigt, dass Beratung Arbeit *an* sowie *in* einem kommunikativen „Zwischenraum“ ist, in dem Probleme nicht gelöst, sondern kommunikabel gemacht werden (Großmaß, 2001, S. 239), oder Anderson und Goolishian (1992) von einer Nichtwissens-Perspektive der Beratung ausgehen, dann wird deutlich, dass eine Beratung, die diesen Namen verdient, sich dieser kommunikativen Oberflächlichkeit entzieht. Sie ist kommunikative Konstruktion eines dialogischen Raumes (Anderson, 1999, S. 136), in dem vielfältige Ideen, Überzeugungen und Meinungen Platz finden, der Denken und Handeln in Bewegung hält. Es ist ein Raum, gestaltet *in* und *durch* Sprache, der in dieser Form ein vorübergehend wichtiger Teil des Alltags von Ratsuchern und Beratern wird. Dieser Möglichkeits-, Reflexions- und Zwischenraum ist der Raum unmittelbarer Erfahrung und Aushandlung. Es ist der Raum des Neuverhandelns von Perspektiven und Identitätsentwürfen, Verständigungs- und Veränderungsstrategien.

So mag auf Beratung zukünftig das zutreffen, was Wolfgang Welsch (1995) „Revalidierung“ – also Neubewertung – nennt. Möglicherweise gewinnt gerade aufgrund der Virtualisierung mit ihrer elektronischen Hypergeschwindigkeit und ihrer Aufmerksamkeitszentrierung die Trägheit, Ruhe und Langsamkeit an Bedeutung. Vielleicht lernen Ratsucher diese schätzen und fordern sie in der Beratung ein, da wir trotz aller Digitalität nicht unseren Körpern entschwinden können. Und selbst „wenn telematische Entfernungen schwinden, so schrumpfen darob nicht unsere Körper: Wenn Prozessoren immer schneller werden, so doch nicht unsere Sensoren und unsere motorischen und psychischen Fähigkeiten" (ebd., S. 89).

Es wäre aber falsch, würde Beratung sich in einer sozialromantischen Nische jenseits neuer digitalisierter Innovationen und Entwicklung einrichten wollen. Es muss darum gehen, Beratung im Wissen um diese neuen Entwicklungen und Herausforderungen bewusst und in Auseinandersetzung mit der „zeitlosen Zeit" und den „Räumen der Ströme" – wie Manuel Castells (2001) sie für die Netzwerkgesellschaft beschreibt – zu gestalten.

3 Vertrauen in Beratung als aktives Vertrauen

Laut Anthony Giddens (1996) werden Experten zukünftig aktives Vertrauen benötigen. Dieses stellt sich dann ein, wenn Institutionen reflexiv werden und Experten sich der Kritik und Widerlegung öffnen. Sie müssen dieses umso mehr tun, je informierter ihr Klientel ist, denn Vertrauen ist jederzeit widerrufbar (ebd., S. 165).

Dass neue Technologien mehr Informationen bereithalten, bedarf keiner weiteren Kommentierung; dass auch Ratsucher sich hier informieren, ist eine Selbstverständlichkeit. Informationen im Internet lassen sich schon heutzutage sehr spezifisch auf das jeweilige Frage- oder Problemprofil hin aussuchen und nutzen. Das Informationsangebot ist immens und mehr als ausreichend. Zum Problem wird aber die Informationsbearbeitung. Gewinner sind hier die Nutzer und Nutzerinnen, die mit der Information umgehen und sie einschätzen können. Die Transformation von allgemeiner in konkret nutzbare und handlungsrelevante Information oder in Wissen wird hier zur bedeutsamen Frage. Ohne die Kompetenz, Informationen einzuschätzen und sie transferieren zu können, bleibt sie nutzlos. Die Informationen werden ohne diese Anbindungen gar zu riskanten Informationen, denn sie können grundsätzlich oder in Teilen falsch sein. Selbst, wenn zukünftig elaborierte Informationsassistenten die Passgenauigkeit erhöhen, bedarf es dennoch des Vertrauens – sowohl in den Informationsassistenten wie in die Information.

So wirken die Neuen Informationstechnologien auf zweifache Weise auf Beratung zurück: Zum einen müssen Berater – wie Beraterinnen wie andere Experten oder Expertensysteme auch – aufgrund informierterer Klientele Vertrauen aktiv gestalten, zum anderen müssen sie allgemeine Information kontextuell transformieren und damit anwendbar machen können.

Nun gründet sich das Vertrauen in abstrakte Systeme nicht auf die Zuverlässigkeit einer bestimmten Person, sondern auf den Glauben an die Korrektheit des Expertenwissens. Aber eben das steht in einem informationspluralen Umfeld verstärkt zur Debatte und kann jederzeit hinterfragt werden. Ratsucher haben potenziell die Möglichkeit, sich vorab gut zu informieren und entsprechend vorbereitet in die

Beratung zu kommen. Zwar lässt sich gegenwärtig nicht beurteilen, ob Ratsucher dadurch wirklich kompetenter oder nur voreingenommener werden, zumal Informationen allgemeiner Expertensysteme ebenso falsche Sicherheit suggerieren wie sie Zweifel auslösen können. Was Berater oder Beraterinnen im Beratungsgeschehen sagen, lässt sich aber vielleicht eher hinterfragen und kritisieren. Diese Entwicklung stellt Beratung vor die Aufgabe, mit der potenziellen Besserinformiertheit ihrer Klientel reflexiv umgehen zu müssen und ihr argumentativ begegnen zu können. Beratung würde diskursiver und müsste vielleicht auch mehr Dissens aushalten. Positionieren würde erforderlich werden, um der Widersprüchlichkeit und Beliebigkeit medialer Information entgegenzutreten und sie handhabbar zu machen. Es würde bedeuten, Informationsbegründung und Informationsverantwortung zu übernehmen und Informationsbalancen zu ermöglichen. Allgemeine Expertenkonzepte würden dadurch brüchiger werden. All das schafft Transparenz und die schadet der Beratung nicht. Beratung wäre eine reflexive Begegnung jenseits beraterischer Allmachtphantasien.

Es ist also unbestritten, dass zunehmend mehr Information in den Neuen Medien, insbesondere im Internet, abrufbar ist. Ob hiermit auch gleichzeitig eine Wissenszunahme verbunden ist, wie es der Begriff von der Informations- und Wissensgesellschaft nahe legt, ob Vertrauen in Information herstellbar ist, das wird sich immer im Einzelfall zu bewähren haben. Informationsarbeit wird auch in der Beratung wichtiger werden. Bedeutsam wird zudem, wann und wie Wissen in Können zu transformieren ist und wie aus Können letztendlich kontextuelles praktisches Handeln, um das es uns in der Beratung geht, entsteht.

4 Informations- und Aufmerksamkeitsarmut

Nicht zu bezweifeln ist, wie Scott Lash (1996) beschrieben hat, dass die Informationstechnologien ungleich verteilt sind. Er legte schon Anfang der 90er Jahre eine Perspektive vor, in der der Zugang zu Neuen Medien zu dem entscheidenden Kriterium gesellschaftlicher Strukturierung wird. Für ihn sind Lebenschancen in der reflexiven Moderne eine Frage des Zugangs zu den Informations- und Kommunikationsstrukturen wie auch eine Frage der Positionen in ihnen (vgl. Lash, 1996, S. 212). Zu unterscheiden sind Zonen mit Informationsreichtum und Aufmerksamkeitsgewinnern von Zonen der Informationsarmut und Aufmerksamkeitsverlierern. Dass es das Interesse kommerzieller Informationsanbieter ist, überall präsent zu sein, ist selbstverständlich. Aber dort, wo sich Information und Kommunikation nicht rechnen, entstehen Lücken und die Informationsarmut, die gegenwärtig weltweit zu finden ist, zieht dann in die Problemzonen der Großstädte.

Diese Herausforderung trifft Beratung in sozialberuflichen und psychosozialen Arbeitsfeldern in ihrer ethischen und auch sozialpolitischen Bedeutung. Der Beratung käme nun einerseits die Aufgabe zu, diejenigen zu informieren, die ansonsten keinen direkten Zugriff auf Informationen haben. Sie wäre hier neben der Entscheidungs-, Orientierungs-, Planungs- und Handlungshilfe auch eine neue Informationshilfe. Ihr käme andererseits auch die Aufgabe zu, anwaltschaftlich Ressourcen bereitzustellen, damit reale Marginalisierungen nicht noch medial gedoppelt und so der öffentlichen Wahrnehmung ganz entzogen werden.

5 Beratung in den Lebens- und Erlebenswelten

Sicherlich werden sich aufgrund Neuer Medien erlebnisattraktive neue mediale Räume entwickeln. Wenn man bedenkt, dass schon jetzt meist junge Nutzer und Nutzerinnen in den virtuellen Raum digitalisierter Welten abtauchen, dann ist damit zu rechnen, dass dieser für viele attraktiver wird, wenn er mehr Sinnlichkeit bietet und seine Schnittstellen menschlicher gestaltet werden. Glaubt man einigen der Internettheoretiker, dann wird der Computer als Maschine sowieso verschwinden und irgendwann in unser tägliches Umfeld zerstreut werden.

Das Pendeln zwischen digitalisiertem Erleben und physikalischer Lebenswelt könnte zu einer Selbstverständlichkeit werden. Alfred Schütz, dem wir zentral die Formulierung des Begriffs der alltäglichen Lebenswelt verdanken, beschreibt in seinem Aufsatz „Über die mannigfaltigen Wirklichkeiten" (1971), dass der Mensch ein Wanderer zwischen verschiedenen Welten sei: der Alltagswelt, der Wissenschaftswelt und der Welt des Traumes. Bezugsrahmen für diese Wanderungen, ihr Ausgangs- und Endpunkt, ist immer die alltägliche Lebenswelt, in der die Face-to-Face-Interaktionen stattfinden, soziale Erwartungen die jeweiligen Situationen strukturieren und Kommunikation sich durch unsere leibliche Präsenz auszeichnet. Ändert sich nun dieser Sachverhalt, wenn so genannte virtuelle Welten die soziale Welt anreichern? Wahrscheinlich nicht! Nichts hindert uns, in virtuellen Welten, den Erlebniswelten, herumzuwandern und wieder in die alltägliche Lebenswelt zurückzukehren. Das Verhältnis dieser beiden Welten zueinander und miteinander wird jedoch unsere zukünftige Thematisierung von Beratung verändern. Kontextualität wird immer auch als virtuell oder digital existierende Kontextualität gedacht und berücksichtigt werden müssen.

Schon jetzt transformieren neue Kommunikationssysteme Raum und Zeit (Castells, 2001). Dennoch hängen ihre Inhalte und Gegebenheiten von realen Situationen und Welten ab. Neue Medien schaffen eine neue Zugänglichkeit zu Welten und verändern dadurch die bisher gegebene Realität unseres realen lebensweltlichen Raumes dramatisch. Sie schaffen die neuen Realitäten nicht durch die Abschaffung der Wirklichkeit, sondern durch deren Veränderung: „durch die Eröffnung der Möglichkeit, uns nahezu andauernd auf Situationen zu beziehen, in denen wir nicht sind" (Seel, 2000, S. 255) – und die wir ausprobieren möchten.

So lassen sich diese virtuellen Welten schon gegenwärtig als neue Möglichkeitsräume nutzen, in denen spielerisch Identitätsentwürfe ausprobiert werden. Auch Chatten ist eben nicht nur die medialisierte Form der Face-to-Face-Kommunikation. Beim Chatten kommunizieren auch nicht (nur) Personen miteinander, sondern es kommunizieren ggf. mit selbst geschaffenen Namen versehene quasi-künstliche Identitäten, die mit Bildern und Texten interagieren. Es kann eine Kommunikation sein, bei der die wechselseitige persönliche Identifizierung und der geteilte körperlich erfahrbare Wahrnehmungs- und Handlungsraum außer Kraft gesetzt werden.

Das Sprechen ist hier ebenso körperlos wie schriftlich und bildlich geworden – und eben hierin scheint der besondere Reiz zu liegen.

Dass derartige Interaktionen nicht ohne Auswirkung auf die Identität bleiben, hat Sherry Turkle (1999) aufgezeigt. Sie hat Chatrooms und Multi-User-Domains bzw. Multi-User-Dungeons (MUDs) untersucht und kommt zu dem Ergebnis, dass die Erfahrungen, die in virtuellen Räumen gemacht werden, ernst zu nehmen sind. Wir sollten sie keinesfalls als eben nur virtuell und damit vermeintlich nicht real bagatellisieren. Das hieße, sie in ihrer besonderen Qualität nicht zu verstehen. Ohne ein grundlegendes Verständnis der zahlreichen Selbstentwürfe, die wir im Virtuellen entfalten und ausprobieren können, wird es uns nicht gelingen, diese zu nutzen, um das Reale zu bereichern. „Indem wir unser Bewußtsein für das, was hinter den Online-Masken steckt, schärfen, wird es uns eher gelingen, virtuelle Erfahrungen für unsere persönliche Weiterentwicklung fruchtbar zu machen“ (ebd., S. 438).

Die sich hierüber ergebenden sozialen Kontakte und Bindungen können ebenso real erlebt werden wie die zu realen Personen. Ihnen kommt eine wichtige psychosoziale Bedeutung zu, gewähren sie doch vielleicht gerade das, was das reale Beratungsgespräch nicht gewährt: Anonymität, Unverbindlichkeit, Flüchtigkeit, abrupten Rollenwechsel, Imagination, buntes, phantasiereiches Spielen jenseits des Sprechens etc. Wer wollte bestreiten, dass solche Kommunikationen auch helfen können?

Mit einem etwas weiteren Blick in die Zukunft ist auch zu vermuten, dass wir in den Beratungschats oder in den virtuellen Beratungsräumen dem „Beratungs-cyborg“ – also dem Beratungsroboter mit menschlichem Antlitz begegnen. Vielleicht eine „Lara Counselling“ statt einer Lara Croft. Programmierbar wäre sie mit der Verbalisierung emotionaler Erlebnisinhalte, deren Quasi-Technisierung wir aus der Gesprächspsychotherapie kennen – mit aktivem Zuhören ebenso wie mit einem verständnisvollen „Mhm“ in den Gesprächspausen. In der Beratungsmenüleiste wäre Lara Counselling einstellbar auf unterschiedliche Gesprächs- oder Beratungsmodi; vielleicht lasse ich sie heute auf mein Problem systemisch reagieren, morgen wähle ich im Menü dann transaktionsanalytisch, übermorgen lösungsorientiert – oder ich sample mir einen eklektischen Beratungsmix. Technisch wird das kein Problem sein, da alles, was methodisch feste Abläufe und Strukturen hat, auch digitalisiert werden kann.

Es gibt Nutzer und Nutzerinnen, für die diese Trennung zwischen medialer Erlebenswelt und realer Lebenswelt zu einem Problem wird: Wir kennen Stichworte wie „internet addiction disorder“ oder „net-related stress“ als Probleme übermäßiger Netznutzung. Eine vorschnelle Pathologisierung, die man nicht selten in psychosozialen wie sozialberuflichen Berufen und ihren Theoriekonzepten findet, greift hier zu kurz. Ansonsten wäre es auch pathologisch, sich fünf oder sechs Stunden einem Buch zu widmen.

6 Die Konkurrenz der Beratungsorte – Telepräsenz der Beratung

Der US-amerikanische Medienwissenschaftler William Mitchell (1997) hat den Begriff Präsenzökonomie in die Mediendebatten eingeführt. Er verweist darauf, dass schon jetzt virtuelle Orte erfolgreich mit traditionellen physischen Schauplätzen darum konkurrieren, Orte des Handels, der Arbeit, der Unterhaltung, der Bildung zu sein. Auch der virtuelle Ort der Beratung wird mit dem realen Ort der Beratung konkurrieren. Präsenz kostet Geld, und am richtigen Ort zur richtigen Zeit zu sein, kann teuer werden. Kostenersparnis bringt da die Telepräsenz, die global operierende Unternehmen für Online-Konferenzen nutzen, und deren technische Basis sich in den kommenden Jahren aufgrund leistungsfähiger Übertragungssysteme und Endgeräte erheblich verbessern wird.

Es bedarf hier keiner besonderen visionären Qualität, um vorherzusagen, dass auch Beratungsanbieter diesen schon längst eingeschlagenen Weg weiter verfolgen werden. Schon jetzt gibt es eine unüberschaubare Anzahl von Beratungs- und Therapieanbietern im Internet. Wie vertraut diese Angebotsstruktur in den USA ist, lässt sich daran ablesen, dass die ACA (American Counseling Association) schon seit Jahren Richtlinien für eine Ethik des E-Counselling formuliert hat. Diese regeln in grundlegender Form minimale Angebotsvoraussetzungen einer digitalisierten Beratung und Therapie. Beratung als E-Mail-Kontakt – auch das ist schon keine Innovation mehr, sondern ein selbstverständliches Angebot im World Wide Web. Auch eine Beratung, bei der online im Minutentakt oder über eine Kreditkarte abgerechnet wird, ist technisch machbar – und wenn es einen Markt gibt, gibt es auch Anbieter.

Die Internetpräsenz der Beratung ist also schon eine unspektakuläre Realität und ihre Telepräsenz werden wir sicherlich auch erleben. Das wird alles nicht so spektakulär sein, wie es heute erscheinen mag. Und auch hier wird es ein Klientel geben, das das Angebot nutzen wird – nicht zuletzt und wahrscheinlich auch, weil es ach so bequem ist: eben mal kurz für zehn Minuten Beratung – „E-Counselling-at-distance". Beratungsgespräche oder das, was von ihnen übrig bleibt, finden dann in den eigenen vier Wänden statt, möglicherweise 24 Stunden am Tag, sieben Tage die Woche und jederzeit abrufbar: „Couch-counselling". Bedenklich wird es, wenn keine Qualitätskriterien eingehalten werden, denn auch für diese Art der Nachfrage ist eine verantwortungsvolle Beratung gefragt.

Aber vergessen wir nicht die technische und technologische Perspektive, mit der wir konfrontiert werden, denn Computer haben die Eigentümlichkeit, ihr Tun vor den Augen und Ohren der Benutzer zu verstecken. Und so kann der Bildschirm schnell schwarz werden und zum Abbruch der Beratungsverbindung führen.

7 Ausblick: „Sitzende" und „bewegliche" Beratung

All diese Entwicklungen werden eine Vielzahl von Veränderungen in der Beratungslandschaft mit sich bringen: Ratsucher und Klienten werden Beratung in den Neuen Kommunikations- und Informationsmedien in ihre Lebenswelt und in ihren Alltag integrieren sowie adäquate Nutzungen finden oder nachfragen.

Die Gefahr der Kolonialisierung durch digitale Medien, die Beratung dann zu einer Inszenierung von Beratung machen, ist keinesfalls gebannt und Beratung könnte das drohen, was in der Politik, die im Vergleich zur Beratung eine weitaus höhere Medienpräsenz hat, gegenwärtig geschieht. Sie wird mediatisiert und verändert sich aufgrund dieser Prozesse bis in ihre Konzeptionen.

Wenn wir von der Revalidierung psychosozialer Beratung im Zeitalter ihrer technischen Reproduzierbarkeit sprechen, dann gilt es, ein besonderes Augenmerk auf das zu legen, was diese Beratung – zumindest gegenwärtig – *nicht* kann und aufgrund ihrer Schnittstellenproblematik (Tastatur, Bildschirm) auch vorerst nicht lernen wird, da sie in ihrer Hardware gefangen ist. Diese Einschränkung ist so einfach wie effektvoll: Internet- oder Teleberatung erfordert – trotz aller Lösung von der Körperlichkeit – dennoch einen festgelegten Körpermodus: *das Sitzen und das Schauen auf den Bildschirm* (selbst wenn die utopische Schnittstelle gern als ganzheitliches Umfeld gesehen wird, in dem es zu einer Synthese aus Körper und Maschine kommt, die von all dem behindernden, stümperhaften, mechanischen und graphischen Zubehör befreit ist). Jedoch scheint es keine leichte Aufgabe zu sein, nur Tastatur und Bildschirm zu ersetzen. Dieser Modus wird sich auch nicht grundlegend durch neue Handytechnologien oder das Bodynet, bei der Internetzugang per Brille und auch im Gehen ermöglicht werden soll, ändern.

Zu vermuten ist deshalb, dass die telepräsente Beratung sich zuallererst auf die „sitzende Beratung" auswirken wird. Also: Konkurrenz bekommen zuallererst die klassischen und therapienahen Formen des Beratungsgesprächs im abgeschotteten Beratungszimmer. Konkurrenz bekommen die Verfahren, die schon jetzt eher technisiert entlang von Manualen arbeiten – Konkurrenz also eher in dem traditionellen klinisch-psychotherapeutischen Bereich. In diese Räume wird medialisierte Beratung zuerst eindringen und internet- wie telepräsenten Ersatz liefern können. Für einige therapeutische Angebote gibt es schon längst das entsprechende Pendant: posttraumatische Stresserkrankungen „behandelt" „www.interapy.nl", Paarberatung online gibt es bei „www.theratalk.de" und unter „metanoia.org" hat man Zugang zu Therapie- und Counselingangeboten in den USA.

Aber psychosoziale Beratung war immer *mehr* als eine „sitzende Beratung". Sie war und ist oft eine aufsuchende Beratung, eine in andere Handlungskontexte integrierte Beratung. Sie ist eine Beratung, die vielfach an anderen Lebenswelten und Alltagen teilnimmt. Sie ist eine Beratung, der man auch zufällig und niedrigschwellig begegnen kann. Im Gegensatz zu einer „sitzenden Beratung" ist sie eine „bewegliche Beratung" – die ihren interaktiven und kommunikativen Zwischenraum an verschieden Orten gestaltet.

Literatur

Anderson, H. (1999). *Das therapeutische Gespräch. Der gleichberechtigte Dialog als Perspektive der Veränderung.* Stuttgart: Klett-Cotta.

Anderson, H. & Goolishian, H. (1992). Der Klient ist Experte: Ein therapeutischer Ansatz des Nicht-Wissens. In *Zeitschrift für systemische Therapie 3*, 176–189.

Bacon, F. (1970). [1612]. *Essays oder praktische und moralische Ratschläge.* Stuttgart: Reclam.

Benjamin, W. (1977). *Das Kunstwerk im Zeitalter seiner technischen Reproduzierbarkeit.* Frankfurt a.M.: Suhrkamp.

Castells, M. (2001). *Der Aufstieg der Netzwerkgesellschaft.* Opladen: Leske & Budrich.

Döring, N. (2003). *Sozialpsychologie des Internets. Die Bedeutung des Internets für Kommunikationsprozesse, Identitäten, soziale Beziehungen und Gruppen.* Göttingen: Hogrefe.

Franck, G. (1998). *Ökonomie der Aufmerksamkeit.* München: Hanser.

Giddens, A. (1996). Risiko, Vertrauen, Reflexivität. In U. Beck, A. Giddens & S. Lash (Hrsg.), *Reflexive Modernisierung. Eine Kontroverse* (S. 316–337). Frankfurt a.M.: Suhrkamp.

Großmaß, R. (2001). *Psychische Krisen und sozialer Raum. Eine Sozialphänomenologie psychosozialer Beratung.* Tübingen: dgvt-verlag.

Janssen, L. (Hrsg.). (1998). *Auf der virtuellen Couch. Selbsthilfe, Beratung und Therapie im Internet.* Bonn: Psychiatrie-Verlag.

Lash, S. (1996). Expertenwissen oder Situationsdeutung? Kultur und Institutionen im desorganisierten Kapitalismus. In U. Beck, A. Giddens & S. Lash, *Reflexive Modernisierung. Eine Kontroverse* (S. 338–364). Frankfurt a.M.: Suhrkamp.

Lash, S. (2001). Technological Forms of Life. In *Theory, Culture & Society, 18* (1), 105–120.

Marotzki, M., Meister, D. & Sander, U. (Hrsg.). (2000). *Zum Bildungswert des Internet.* Opladen: Leske & Budrich.

Mitchell, W. (1997). Die neue Ökonomie der Präsenz. In W. Münker & S. Roesler (Hrsg.), *Mythos Internet* (S. 15–36). Frankfurt a.M.: Suhrkamp.

Rötzer, F. (1999). Inszenierung von Aufmerksamkeitsfallen. Ästhetik in der Informationsgesellschaft. In *Kunstforum international, 148*, 52–77.

Schütz, A. (1971). Über die mannigfaltigen Wirklichkeiten. In A. Schütz, *Gesammelte Aufsätze Band 1. Das Problem der Wirklichkeit* (S. 237–298). Den Haag: Martinus Nijhoff.

Seel, M. (2000). Medien der Realität und Realität der Medien. In S. Krämer (Hrsg.), *Medien. Computer. Realität. Wirklichkeitsvorstellungen und Neue Medien* (S. 244–268). Frankfurt a.M.: Suhrkamp.

Turkle, S. (1999). *Leben im Netz. Identität in Zeiten des Internets.* Reinbek b. Hamburg: rororo.

Wellman, B. (Ed.). (1999). Networks in the Global Village. Boulder: Westview press.

Welsch, W. (1995). Künstliche Paradiese? Betrachtungen zur Welt der elektronischen Medien und zu anderen Welten. In D. Baacke & F.J. Röll (Hrsg.), *Weltbilder Wahrnehmung Wirklichkeit. Der ästhetisch organisierte Lernprozeß* (S. 71–95). Opladen: Leske & Budrich.

Welsch, W. (2000). „Wirklich". Bedeutungsvarianten – Modelle – Wirklichkeit und Virtualität. In S. Krämer (Hrsg.), *Medien. Computer. Realität. Wirklichkeitsvorstellungen und Neue Medien* (S. 169–212). Frankfurt a.M.: Suhrkamp.

Internethinweise

http://web.mit.edu/sturkle/www (Internetseite von Sherry Turkle)
www.counseling.org/gc/cybertx.htm (Ethische Standards der ACA für Online-counseling)
www.interapy.nl
www.theratalk.de
www.das-beratungsnetz.de

Frank Engel hat Erziehungswissenschaften und Psychologie studiert. Er ist Diplom-Pädagoge und freischaffender Künstler, und war über lange Jahre in der Hochschule in der Beratungsforschung und Beratungsausbildung tätig. Hauptberuflich ist er Geschäftsführer des Instituts für Beratungsforschung und -weiterbildung e.V. Er ist Mitglied des Forums Beratung in der DGVT und der Weiterbildungsleitung „Ressourcen- und netzwerkorientierte Beratung“ der DGVT. Sein zentrales Forschungsfeld ist die gesellschaftliche und kulturelle Entwicklung von Beratung.

Anschrift:
ibfw-beratung e.V.
Breite Straße 37
D-33602 Bielefeld
E-Mail: frank.w.engel@t-online.de

Beratung im Kontext von Prävention

Bernd Röhrle

Die Logik der Prävention gründet auf der relativ einfachen und zugleich mit vielen Implikationen einhergehenden Einsicht, wonach Vorbeugen besser sei als heilen. Diese auch historisch überbrachte Erkenntnis wird üblicherweise mit Hinweisen auf epidemiologische Daten vorbereitet (Klotter, 1997). Sie künden dann in der Regel von folgenden Tatbeständen:

1. Die Inzidenzraten vieler psychischer Störungen und auch somatischer Erkrankungen sind entweder stabil hoch oder sogar in manchen Bereichen zunehmend (Wittchen, 2000).
2. Die Zahl der Störungen bzw. Erkrankungen ist so beträchtlich, dass in Zweifel gezogen wird, ob ihr, bei steigendem Angebot an Hilfen, jemals mit kurativen Mitteln begegnet werden kann. Dabei wird üblicherweise an die Grenzen des sozialpolitischen Wachstums und – besonders im Bereich der Psychotherapie – an die Grenzen der Effektivität entsprechender Vorgehensweisen erinnert.
3. Es besteht Einvernehmen, dass diese Zahl von Umständen begleitet wird, die sich in variantenreicher Form als Risiko- bzw. als Mangel oder Verlust an Schutzfaktoren darstellen. Dazu werden in der Regel ungünstige Lebenslagen, Lebensereignisse und andere kontextuelle Einflüsse gezählt, aber auch Kompetenzdefizite und biologische Vulnerabilitäten.

Aus diesen Feststellungen wird die Schlussfolgerung gezogen, der Prävention mehr Bedeutung beizumessen und dabei insbesondere an den angesprochenen Risiko- bzw. Schutzfaktoren anzusetzen. Auf dieser allgemeinen Grundlage hat sich ein umfangreiches Gebäude von Definitionen, Theorien, Methoden und Interventionen der Prävention errichtet.

1 Definitionen von Prävention

Definitionen von Prävention sind vor allem durch ihre Ansatzpunkte und seltener durch ihre Ziele und operativen Merkmale geprägt. Die heute aber vielleicht wichtigste Unterscheidung ergibt sich aus den Zielen entsprechender Interventionen, indem zwischen der *Vermeidung von Krankheit und Störung* (Prävention) und dem *Erhalt von Gesundheit und Wohlbefinden* (Gesundheitsförderung) unterschieden wird. Vielfach werden beide Begriffe in einem Atemzug oder gar synonym verwandt. Mehr an Abschnitten von Krankheitskarrieren orientiert ist die klassische Einteilung in *primäre, sekundäre und tertiäre Prävention*. Maßnahmen der primären Prävention werden vor dem Entstehen von Krankheiten und Störungen, auch vor dem Auftauchen möglicher Frühsymptome, angeboten. Ursprünglich ist dieses Vorhaben mit der Idee verknüpft, dadurch für ein Gleichgewicht der pathogenen und salutogenen Kräfte zu sorgen, indem vor pathogenen geschützt und indem die salutogenen gestärkt werden. Sekundäre Prävention verhindert die Entwicklung von Krankheiten oder Störungen durch Krisenintervention und Frühbehandlung dann, wenn erste Anzeichen solcher Beeinträchtigungen erkennbar sind. Tertiäre Prävention vermeidet Folgeprobleme und Chronifizierungen von Krankheiten oder Störungen durch rehabilitative Maßnahmen. Im Sinne einer prozessualen Differenzierung von Krisen wird zwischen *pro- und retro-aktiven Formen der Prävention* unterschieden. Gemeint sind Interventionen vor, während oder nach einer entsprechenden Destabilisierung. Eine heute aktuelle und wesentliche Unterscheidung ist zwischen *universeller, selektiver und indizierter Prävention* getroffen worden. Universelle Prävention richtet sich an Populationen (Regionen), selektive an ausgesuchte Risikopopulationen und indizierte an Personen mit sehr klar definierten Risikofaktoren (evtl. sogar störungsspezifischer Art). In dieser Unterscheidung steckt zugleich auch die, die zwischen unspezifischen und spezifischen Formen der Prävention gemacht wurde (mehr oder weniger ausgesuchte Gruppen oder Funktionsebenen wie Verhalten, Einstellungen, Erleben etc.).

Richten sich präventive Maßnahmen mehr auf die Umwelt denn auf Personen aus, dann ist von *Verhältnisprävention* die Rede. Interventionen in definierten Institutionen gelten erst dann als Prävention dieser Art, wenn gezielt Veränderungen dieser Umwelten vorgenommen und wenn diese Institutionen nicht wegen der leichten Zugänglichkeit von Personen ausgewählt werden. Über einzelne Institutionen hinausgehende, ganze Regionen und ihre Infrastruktur im Blickfeld habende Zugänge verstehen sich als *gemeindeorientierte Formen der Prävention*. In Hinsicht auf operative Merkmale der Prävention wird zwischen sehr langfristig und kurzfristig angelegten unterschieden, aber auch zwischen mehr oder weniger umfänglichen. Entsprechend wird etwa das Training bestimmter Funktionsbereiche (z.B. zur Stressbewältigung) von Maßnahmen der Erziehung (z.B. als Entwicklungsintervention) abgehoben. In Abhängigkeit vom Problembewusstsein der Empfänger wird zwischen Aufklärung bzw. Beratung unterschieden. Von *Aufklärung* wird gesprochen, wenn die Ansprechpartner wenig oder nichts über mögliche Risikofaktoren wissen und ihnen eine entsprechende Motivation zu einer gesunden Lebensweise fehlt. Man redet von *Beratung*, wenn in kurzfristigen Kontakten zu Personen etwas zur Lösung von Problemen beigetragen wird, die eben diese Personen schon antizipieren oder erleben.

Diese im vorliegenden Zusammenhang wichtige Unterscheidung macht deutlich, dass präventiv orientierte Beratungsarbeit begrifflich allenfalls nicht auf klassische Aufklärungskampagnen anzuwenden wäre, vielleicht auch nicht auf sehr langfristig angelegte Interventionen. Man kann aber einen solchen konzeptuellen Ausschluss als fragwürdig und relativ willkürlich ansehen. Nicht ausgeschlossen von anderen Aspekten der Prävention sind entsprechende Beratungsansätze, wenn zwischen mehr oder weniger transparenten (kooperativen vs. manipulativen) oder auch direkten bzw. indirekten Maßnahmen unterschieden wird. Indirekte Formen der Prävention spielen vor allem dann eine Rolle, wenn Schlüsselpersonen, Laienhelfer etc. einbezogen werden. Sehr eng verknüpft damit ist die Unterscheidung von mehr oder weniger professionell überformten Arten der Prävention (vgl. z.B. Mrazek & Haggerty, 1994; Albee & Gullotta, 1997; Cichetti, Rappaport, Sandler & Weissberg, 2000).

2 Theorien der Prävention

Diesen so komplex angelegten Arten der Prävention liegt eine umfangreiche Zahl an Theorien und Modellen zugrunde. Haisch (1997) typisiert allein schon 17 Partialtheorien, die sich anhand funktionaler Merkmale unterscheiden lassen (z.B. Wunsch nach kognitiver Konsistenz, nach Belohnung, nach Imitation etc.). Eher im Sinne umfassender Theorien fungieren verschiedene Risiko-Ressourcen-Modelle mit impliziten Wirkannahmen und handlungstheoretisch geprägte Theorien mit eher expliziten Erklärungskonzepten. Wiederum eher aus interdisziplinären Kontexten stammende Modelle betonen soziologisch-kommunikationstheoretische oder auch ökonomische Prozesse.

Risiko-Ressourcen-Modelle gehen davon aus, dass die Wahrscheinlichkeit, (psychisch) zu erkranken, aus dem Verhältnis von dispositionellen „Verletzlichkeiten" und Risiken auf der einen und Kompetenzen und Umweltressourcen auf der anderen Seite resultiert (synonym: Vulnerabilitäts- bzw. Diathese-Stress-, Lebensstil-, Salutogenese-Modelle). Für die Übergangswahrscheinlichkeit zwischen beiden Seiten wird ein Schwellenwert angenommen, der ein Gleichgewicht zwischen protektiven und schädlichen Faktoren definiert. Zu den *dispositionellen Risiken* werden genetische Veranlagungen, organische Bedingungen und erworbene Bereitschaften gezählt. Zu den wichtigsten erworbenen Risikofaktoren gehören Entwicklungsrückstände, ungesunde Lebensweisen oder -stile (z.B. falsche Ernährung, Drogenmissbrauch), Verhaltensstörungen, latente, irrational-kognitive Schemata, so genannte prämorbide Persönlichkeiten, geringer Selbstwert, geringer Kohärenzsinn u.a.m. In der Umwelt gefährdeter Personen wurden folgende Risikofaktoren festgestellt:

schlechte soziale Lage (niedrige Schichtzugehörigkeit, geringer Bildungsstand), kritische Lebensereignisse und chronische Belastungen, aversive familiäre Interaktionen, geringe Qualität sozialer Netzwerke und negative Eigenschaften der Eltern (Grad psychischer Gestörtheit, kognitive Rigidität u.a.m.). Als *stabilisierende* Faktoren für die Invulnerabilität von Personen werden neben den schon angesprochenen ökologischen Ressourcen angesehen: kognitive und soziale Kompetenzen, allgemeine und spezifische Fertigkeiten zur Stressbewältigung und zum Widerstand befähigende Eigenschaften (Selbstwert, Autonomie, internale Kontrollüberzeugungen).

Risiko-Ressourcen-Modelle wurden in verschiedenen Varianten entwickelt. Sie eint aber nicht nur die dargestellte Grundannahme, sondern auch eine Reihe von theoretischen, methodischen und praktischen Problemen. So sagen diese Modelle letztlich wenig über die möglichen Prozesse der Entstehung von Störungen oder Krankheiten aus. Sie können von daher kaum detaillierte Vorgaben zur (indizierten) Gestaltung von präventiven Maßnahmen machen. Vielfach ist es auch schwierig, das Verhältnis der verschiedenen Faktoren – und dabei insbesondere den angenommenen Schwellenwert – zu bestimmen.

Auch Rahmenmodelle zur Prävention mit expliziten Annahmen zu möglichen Wirkprinzipien sind relativ zahlreich entwickelt worden. Im Vordergrund dieser Modelle steht das Bemühen, präventiv relevantes Verhalten vorherzusagen und dabei jene vor allem kognitiven Faktoren und Prozesse zu benennen, die hierfür besonders hilfreich sind. Im Mittelpunkt der entsprechenden Annahmen steht dabei die Vorstellung, dass der Mensch ein reflexives Wesen ist und dass er deshalb auch seine gesundheitsförderlichen Handlungen planen und intentional steuern kann (vgl. Röhrle, 1999). Im Vordergrund der älteren dieser Modelle stehen Annahmen, wonach präventives Handeln vor allem von Kosten-Nutzen-Überlegungen getragen wird. Außerdem spielen Einstellungen zu den Verhaltensobjekten (z.B. Tabak) und dem Verhalten selbst gegenüber (z.B. Rauchen) eine wesentliche Rolle. Hinzu kommen wahrgenommene Dringlichkeiten und Verletzlichkeiten, welche das präventiv bedeutsame Verhalten anleiten. Neuere Modelle dieser Art knüpfen an diesen Vorstellungen an und differenzieren das kognitiv und motivational bedeutsame Geschehen und die sie voraussetzenden Strukturen in viele Teilprozesse und dispositionelle Anteile. Teilprozesse und Strukturen sind kybernetisch organisiert. Die Organisation sensibilisiert für die Notwendigkeit des präventiven Handelns. Verschiedene antizipative Bewertungen des Handelns und seiner Effekte – auch die von entsprechenden Unterlassungshandlungen – gehen voraus. Hinzu kommen strategische und taktische Planungen und Entscheidungen, bevor das präventive Handeln ausgeführt wird. Die tatsächlichen Effekte des präventiven Handelns haben Rückwirkungen auf die Umwelt und auch auf die personalen Voraussetzungen präventiven Handelns. Das Geschehen selbst ist eingebettet in Kontexte unterschiedlichster Art, wobei sozialen und sozial-normativen eine besondere Bedeutung zugewiesen wird. Diese Kontexte nehmen ebenfalls Einfluss auf die Entwicklung der personalen Voraussetzungen.

Eher interdisziplinär angelegt sind Präventionsmodelle, die mehr die Breitenwirkung von präventiven Maßnahmen im Auge haben. Dazu gehören das soziale Diffusions- und das soziale Marketingmodell. Das Diffusionsmodell geht von der

Bedeutung sozialer Netzwerke und ihrer Schlüsselpersonen aus, die über das Ausmaß von präventiven Botschaften und Produkten mitentscheiden. Dabei spielt die Akzeptanz der präventiven Maßnahme, also ihre Vor- und Nachteile, und auch die sozial-normative Verträglichkeit eine entscheidende Rolle. Das soziale Marketing-Modell geht letztlich von der Bedeutung des Angebot-Nachfrage-Prinzips aus. Danach haben präventive Produkte nur eine Chance, wenn sie klar erkennbar sind, wenn sie grundlegenden Bedürfnissen und Werten entsprechen, wenn die Inanspruchnahme antizipativ erwogen werden kann, wenn deren Vorteile den Nachteilen überwiegen, wenn die Inanspruchnahme mit vergangenen Erfahrungen übereinstimmt, nicht zu schwierig bzw. nicht kontrollierbar ist, das Produkt vorläufig genutzt werden kann und Vorteile auch für andere Personen sichtbar werden.

3 Methodische Aspekte

Die Komplexität der verschiedenen Präventionsmodelle ist offensichtlich. Aber nicht nur diese Komplexität teilen viele dieser Modelle, sondern auch methodische Probleme. Von den zahlreichen methodischen Problemen, die z.B. allein bei der Evaluation von präventiven Maßnahmen eine Rolle spielen, sind folgende besonders erwähnenswert:

1. Es erweist sich als überaus schwierig nachzuweisen, dass dem vorgebeugt wird, dem man vorbeugen will. Dies hat damit zu tun, dass viele Störungen und Krankheiten eine sehr lange Entstehungszeit haben und über eine geringe Grundrate (Auftretenswahrscheinlichkeit) verfügen. Vielfach sind die beteiligten Faktoren relativ stabile Größen, die sich erst nach erheblich intensiven und langen Bemühungen verändern lassen (z.B. Selbstwert). Außerdem fehlt es oft an Messinstrumenten, die den Erhalt von Gesundheit und Wohlbefinden hinreichend sensibel und statistisch bedeutsam nachzuweisen vermögen.
2. Insbesondere bei populationsbezogenen bzw. gemeindeorientierten präventiven Maßnahmen gesellen sich ganz spezifische Schwierigkeiten hinzu: Da man breite Bevölkerungskreise erreichen will, hat man es vornehmlich nicht mit Risikogruppen zu tun. Gerade aber diese sprechen in besonderem Maße auf präventive Maßnahmen an. Für den Fall, dass man sich ganze Städte oder Regionen zum Zielobjekt präventiver Maßnahmen auserwählt, bekommt man mit dem Problem zu tun, dass ein entsprechendes Zielobjekt in der Evaluation als Stichprobenumfang n = 1 angesehen werden kann.
3. Da präventive Programme darauf ausgerichtet sind, eine möglichst große Breitenwirkung zu erlangen, sind auch die Maßnahmen zur Planung, Durchführung und zur dauerhaften breiten Implementation erheblich.

Um diesen und anderen Problemen zu begegnen sind allgemeine Vorstellungen zur Präventionsforschung und ihren Stadien entwickelt worden.

In der Phase der Problem- und Auftragsanalyse wird vor allem auf die Notwendigkeit hingewiesen, zwischen ultimativen und intermediären Zielen zu unterscheiden und die Abfolge der angestrebten Zielerreichungen festzulegen. Vorbereitende deskriptive, epidemiologische und partizipatorisch angelegte Forschungsarbeiten sollen nicht nur die ökologische Validität des Vorhabens gewährleisten. Bei der Entwicklung der Interventionsdesigns wird neben den üblichen Kriterien wie Explizitheit der theoretischen Grundlagen, Konkretion des Vorgehens etc. vor allem auf die Bedeutung geeigneter Erfolgskriterien hingewiesen. Die Art des Designs hängt stark von der Auftragslage und den tatsächlichen Möglichkeiten einer Evaluation ab. Deswegen ist das Repertoire sehr umfassend und schließt experimentelle bzw. quasi-experimentelle Designs, Multikomponentenanalysen auf der Grundlage von latenten Strukturanalysen, Einzelfallanalysen, verschiedene Formen der Aktionsforschung usw. mit ein. Bei der Auswahl der Forschungsdesigns sind für Prozess- und Effektanalysen rekursive Schleifen für eine formative Art der Planung und Evaluation vorgesehen. Nach der Entwicklung eines Prototypus möglicher Prävention werden Maßnahmen zur Diffusion bzw. Dissemination auf der Grundlage des sozialen Marketing-Modells getroffen. Diese schließen kontextuelle Analysen der jeweiligen sozialpolitischen Lage, der möglichen Ressourcen, Netzwerke von Lobbyisten und Forschern usw. mit ein. Darüber hinaus werden weitere nützliche Ratschläge geboten, um die Effizienz präventiver Maßnahmen zu erhöhen. Dazu gehört u.a. die Auswahl von sensibel reagierenden Variablen (z.B. bedeutsame Risiken, stark belastete Personengruppen), die Angleichung an kultur- und gruppenspezifische Bedürfnisse, mehrere Systemebenen umfassende multifaktorielle Zugänge (Person- und Umweltvariablen), in der Sozialisation frühe Implementationen, dauerhaft angelegte oder sich wiederholende Interventionen, durch Multikomponenten geprägte Programme und motivational stärkende, aktivierende Strategien, die die sozial-interaktiven Verhältnisse günstig gestalten und die insgesamt den Prinzipien des sozialen Marketings entsprechen (Hosman, 1995). Dieses Bündel von Ratschlägen beruht auf einer Vielzahl von Erfahrungen, die bei der Entwicklung verschiedener präventiver Maßnahmen gemacht wurden.

4 Interventionen

Die Vielzahl der entwickelten präventiven Maßnahmen folgt den zentralen Ansatzpunkten und theoretischen Modellen und lässt sich dementsprechend auf vielfältige Weise typisieren. Hier sei eine relativ einfache Einteilung gemacht:

1. Stärkung von belastungsunspezifischen Kompetenzen
2. Aufbau von belastungsspezifischen Fertigkeiten
3. Störungsspezifische Interventionen
4. Entwicklungsinterventionen
5. Gesundheitsförderung im engeren Sinne

Aufgrund der vielfach nachgewiesenen Zusammenhänge zwischen sehr unterschiedlichen Störungen einerseits und Kompetenzdefiziten andererseits wurden vor allem drei Arten von belastungsunspezifischen personalen Ressourcen gestärkt: *Problemlösekompetenzen, soziale Fertigkeiten und Fertigkeiten zur Bewältigung ganz unterschiedlicher Stressoren.*

1. *Problemlösetrainings* wollen die Fähigkeit stärken, Probleme zu erkennen, zu analysieren und sie durch Mittel-Ziel-Analysen optimal zu lösen. Diese Trainings wurden für fast alle Altersklassen entwickelt. Sie können auch durch Laien, und dies in unterschiedlichen pädagogischen Settings, erfolgreich durchgeführt

werden. Mit ihrer Hilfe wurden kindliche Verhaltensstörungen gemindert, die Wirkung schulischer Belastungen reduziert, Schulleistungen verbessert und riskanten gesundheitlichen Verhaltensweisen vorgebeugt. Insbesondere jüngere Kinder haben von diesem Training profitiert (Greenberg, Domitrovich & Bumbarger, 2001). Bei diesen Trainingsverfahren wird u.a. gelernt, Problemzustände detailliert zu differenzieren, aber auch mögliche Nebeneffekte von Lösungen für bestimmte Probleme in anderen Handlungsbereichen zu berücksichtigen. Für klassische präventiv orientierte Beratungsprozesse ist das Ergebnis bedeutsam, dass Mediatoren (Eltern, Lehrer) diese Verfahren erlernt und erfolgreich angewandt haben.

2. *Soziale Kompetenztrainings* gehen von Befunden aus, wonach ein Mangel an sozialen Fertigkeiten einhergeht mit Einsamkeit, Schulabbrüchen, frühen Schwangerschaften und späterer Delinquenz bzw. psychopathologischen Erscheinungen. Die Vorgehensweisen zum Aufbau sozialer Kompetenzen sind Beratern nicht nur aus dem Umgang mit selbstunsicheren und aggressiven Kindern bekannt. Es werden Entspannungsfertigkeiten eingeübt und die Fähigkeiten emotionaler Bewältigung trainiert. Klienten lernen zwischen Selbstsicherheit und Aggressivität zu unterscheiden, sich selbst zu belohnen und Freunde zu gewinnen. Damit werden sicherlich Kompetenzen erworben, die auch in den sich verändernden sozialen Welten notwendig sind. Es gibt jedoch nur in Ansätzen Programme, die sich mehr auf die Bedeutung unterschiedlicher und sich verändernder Beziehungsformen und das Management des gesamten sozialen Netzwerks beziehen (Janker, Wittenbrink, Sommer & Röhrle, 2002; vgl. auch Straus i.d.Bd.).
3. *Programme zur Stressbewältigung* wollen auf alle möglichen Arten der Belastung vorbereiten. Allen Programmen dieser Art ist gemeinsam, dass sie die Wahrnehmung für Belastungen, für vorhandene Bewältigungsfertigkeiten und für soziale Unterstützungen schärfen wollen. Darüber hinaus üben sie Entspannung, stärken gesundheitsförderliches Verhalten, fördern die Nutzung sozialer Unterstützung, helfen beim Zeitmanagement, gestalten die Lebensstilführung, modifizieren den gedanklichen Umgang mit Belastungen und stärken problemorientierte Vorgehensweisen. Solche Interventionen sind vor allem genutzt worden, um diverse Belastungen am Arbeitsplatz oder auch in Beziehungen zu bewältigen und um ungünstiges Krankheitsverhalten zu beeinflussen (vgl. z.B. Bamberg, Busch & Mohr, 1999; Bodenmann, 1999; Lohaus & Klein-Heßling, 1999; Kaluza, 2002; Schröder, 2002; Schürmann i.d.Bd.).

Programme zum Schutz vor und für die *Bewältigung von spezifischen Belastungen* zeichnen sich alle dadurch aus, dass sie im Vergleich zu den zuvor genannten unspezifischen Stressbewältigungsprogrammen auf die Inhalte der Stressoren und die jeweiligen Belastungsreaktionen eingehen. Zu entsprechenden Interventionen gehören Hilfen zur Verarbeitung des Verlusts eines Angehörigen oder Partners (vgl. Lamp & Smith i.d.Bd.), zur Bewältigung von Einsamkeit und zum Verlust des Arbeitsplatzes. Auch die Begleitung von Übergängen auf einen anderen Schultypus oder die Unterstützung bei Belastungen durch neue Elternschaften gehören zu diesen stressorspezifischen Programmen.

Von den verschiedenen stressorspezifischen Präventionsprogrammen spielen solche zur Vorbeugung von Belastungen in ehelichen Beziehungen und von Scheidungen eine besondere Rolle. In Programmen zur Vorbereitung ehelicher Beziehungen wird u.a. positives kommunikatives Verhalten und das Lösen von Problemen bzw. Konflikten eingeübt. Erwartungen an die Ehe werden geklärt und manchmal auch dabei der eher religiöse Sinn ehelicher Beziehungen erörtert. Aber auch gegenseitige soziale Unterstützung und das Management von Systemgrenzen sind Bestandteile solcher Programme.

Eine mindestens ebenso große Bedeutung wie Ehevorbereitungsseminare besitzen in der Beratungspraxis Programme, die Risiken von Scheidungen zu mindern suchen (vgl. Krabbe i.Bd.2, Struck i.Bd.2). Nach Angaben der Bundeskonferenz für Erziehungsberatung stehen immerhin 40 % der Beratungen im Zusammenhang mit Scheidungsfolgen für Kinder. Programme zur Scheidungsbewältigung helfen beim Zugang und der Bewältigung negativer Gefühlswelten. Über die juristischen, beruflichen und ökonomischen Folgen von Scheidungen wird informiert oder auch mit Prinzipien der Mediation verhandelt (vgl. Bastine & Theilmann i.Bd.2). Lebensfertigkeiten werden eingeübt, zu Neuorientierungen und der Pflege neuer sozialer Beziehungen wird ermutigt – auch zum geschiedenen Partner und den Kindern. Vergangenes wird verabschiedet und Zukünftiges in den Mittelpunkt gerückt. Mit Maßnahmen dieser Art wurden im englischen Sprachraum Fortschritte in der Ich-Entwicklung erzielt, der Selbstwert gestärkt und das Verständnis gegenüber den eigenen Gefühlen gemehrt. Ängste konnten minimiert und internale Kontrollüberzeugungen aufgebaut werden. Es kam zu positiven Verhaltensänderungen, zu angemessenen Einstellungen gegenüber der Scheidung, zur Abnahme an Schuldgefühlen und zu einer Erhöhung der Veröffentlichungsbereitschaft (Michel, Dahmani & Röhrle, 2002; Bodenmann, 2002).

Als dritte Gruppe von Präventionsprogrammen, die in der Beratungspraxis zukünftig eine bedeutsame Rolle spielen werden, sind *störungsspezifische* zu erwähnen. Insbesondere für folgende Störungsarten wurden präventive Interventionsprogramme entwickelt: Angst und Depression, suizidale Tendenzen, Gewalt an Schulen, Delinquenz, sexueller Missbrauch und riskante Verhaltensweisen wie Drogenmissbrauch und unsicheres Sexualverhalten (vgl. Mrazek & Haggerty, 1994; Manz, 2001).

Wegen der besonders hohen Verbreitung depressiver Tendenzen auch bei den Beratungsanlässen kommt Programmen zur Vermeidung von Depressionen eine besondere Bedeutung zu. Maßnahmen zur Vermeidung von Depressionen spielen deshalb auch in gesundheitspolitischen Leitlinien eine besondere Rolle. Im Mittelpunkt dieser Programme stehen Maßnahmen, die man aus verhaltenstherapeutischen Behandlungsansätzen kennt: Aufbau angenehmer Aktivitäten, Vermehrung positiver Gedanken, Stärkung sozialer Fertigkeiten, Ausweitung interpersoneller Kontakte, Übermittlung von Kenntnissen zum Störungsbild u.a.m. Im Ergebnis sind diese Programme erfolgreich gewesen, insbesondere bei Risikogruppen von leicht depressiven Personen.

Entwicklungsinterventionen helfen Risikofamilien, optimale Sozialisationsbedingungen zu schaffen. Diese präventiven Maßnahmen sind aus folgendem Grund erwähnenswert: Langzeitwirkungen dieser Programme konnten beschrieben werden wie sonst nirgendwo. Durch kognitive und emotionale Anreichungsmaßnahmen, Aufklärungsgespräche und wenig intensive sozialarbeiterische Hilfen konnten noch 25 Jahre nach Abschluss der Interventionen Effekte im Bereich Einkommen, beruflicher Status und Delinquenzraten nachgewiesen werden (Bryant, 1994).

Sehr verbreitet sind inzwischen Programme zur Vorbeugung von *somatischen und psychosomatischen Erkrankungen und zur Förderung physischer Gesundheit* – allerdings weniger in klassischen Beratungskontexten (vgl. Faltermaier i.Bd.2). Dabei handelt es sich um ein sehr breites Bündel von Maßnahmen der Gesundheitserziehung bzw. -förderung und öffentlicher Gesundheitssicherung (Public Health), das sich um förderliche Einstellungen, Wissensbestände, Verhaltensweisen, aber auch günstige Lebensumstände auf verschiedenen Ebenen (Institutionen, Gemeinden) mit Hilfe sozialer, psychologischer, aber auch ökonomischer und rechtlicher Maßnahmen bemüht. In besonderer Weise bekannt geworden sind Programme, die ganz allgemein zu gesunden Lebensverhältnissen und Verhaltensweisen beitragen wollen (z.B. Gesunde Städte Projekt, Netzwerk gesunde Schule, betriebliche Gesundheitsförderung, etc.), aber vor allem auch solche Programme, die sich mit zentralen Risikofaktoren wie Drogenmissbrauch oder mit Herz-Kreislauferkrankungen beschäftigt haben. Diese Programme gründen auf meist sehr breit angelegten theoretischen Grundlagen (s.o.). Erkennbar ist bei ihnen – im Vergleich zu vielen eher auf die Vermeidung psychischer Störungen angelegten präventiven Maßnahmen –, dass sie sehr an der Veränderung von Lebensverhältnissen interessiert sind und vor allem auf eine große Breitenwirkung hin angelegt wurden (vgl. Lenz i.d.B.). Im Kern aber bleiben viele dieser Programme edukativ und versuchen individuelle Veränderungen im Bereich Wissen, Einstellung und Verhalten zu erreichen (Amann & Wipplinger, 1998; Trojan & Legewie, 2001).

5 Zur Gegenwart und Zukunft präventiver Beratung

Die Gegenwart präventiver Beratung ist vor allem durch folgende Aspekte geprägt: Trotz aller präventiver Bemühungen – und diese sind sehr zahlreich – sind die Erfolge im meta-analytischen Sinne noch nicht zufrieden stellend (Röhrle, 1999). Bleibt zu hoffen, dass die oben aufgeführten Ratschläge zu einer angemessenen Evaluation zukünftiger Programme hinreichend berücksichtigt werden. Dabei darf nicht vergessen werden, dass in einzelnen Anwendungsbereichen (z.B. bei Beziehungsstörungen, Entwicklungsinterventionen) beachtliche Ergebnisse erzielt worden sind. Insgesamt bleibt festzustellen, dass sehr viele präventive Maßnahmen definitorisch und theoretisch gut begründet sind. Sie wurden technisch rational angelegt und haben zumindest im Mittel befriedigende Ergebnisse erzielt. In einigen Handlungsfeldern waren sie sogar hoch effizient und in dieser Hinsicht mit kurativen Maßnahmen gut vergleichbar. Dies gilt sowohl für die Effektstärken als auch für den Langzeitwert vieler Effekte. In einigen – leider seltenen – Fällen spiegelt sich diese Effizienz auch in ökonomischen Kategorien wider.

Ob die konkrete Beratungspraxis von all diesen Erkenntnissen berührt worden ist – diese Frage ist nur schwer zu beantworten. Zwar existieren einige wenige

Zahlen aus der Beratungspraxis, wonach präventive Tätigkeit etwa ein Viertel aller Tätigkeiten ausmache und auch überwiegend subklinische Probleme behandelt würden; letztlich bleibt aufgrund einer mangelnden Praxisforschung in diesem Bereich vieles im Dunkeln (Klann & Hahlweg, 1994). Von daher ist eine bessere Praxisforschung – auch im Schnittfeld angestrebter Qualitätssicherungen – in der nächsten Zukunft unbedingt notwendig. Jedoch dürfen die Aufgaben der Forschung nicht darauf beschränkt bleiben. Trotz aller beachtlichen Entwicklungen im Bereich der Präventionsforschung muss nach wie vor von einem erheblichen Forschungsdefizit insgesamt gesprochen werden (Röhrle, Glüer & Sommer, 1995). Der vielleicht bedeutsamste inhaltliche Mangel besteht in der noch viel zu strikten Trennung zwischen Maßnahmen zur Prävention psychischer und physischer Beeinträchtigungen. Hier müssen durch ein eher ganzheitliches Verständnis im Sinne der Weltgesundheitsorganisation (WHO) gemeinsame Strategien entwickelt werden.

Für eine präventive Wende ist nicht nur eine an den Prinzipien der WHO orientierte Forschung unerlässlich, sondern auch entsprechende sozial-politische Maßnahmen. Die Erweiterung des Selbstverständnisses von Gesundheitsförderung im Sozialgesetzbuch V, § 20 ist dabei nur ein Schritt im Verbund weiterer Maßnahmen. Dazu gehört vor allem auch eine stärkere Koordination der präventiven Kräfte, die bislang ihre Potenziale vielfach zu getrennt entwickeln (z.B. Beratungsstellen, Netzwerk gesunder Schulen, betriebliche Gesundheitsförderung). Erst durch eine solche intersektorale Verknüpfung dieser Kräfte auch auf unterschiedlichen Ebenen (von Kommunen bis zum Bund) wird die angestrebte Ganzheitlichkeit der Prävention und Gesundheitsförderung zu erreichen sein (Trojan & Legewie, 2001).

Literatur

Albee, G.W. & Gullotta, T.P. (1997). *Primary prevention works.* Thousand Oaks, CA: Sage.

Amann, G. & Wipplinger, R. (Hrsg.). (1998). *Gesundheitsförderung. Ein multidimensionales Tätigkeitsfeld.* Tübingen: dgvt-verlag.

Bamberg, E., Busch, C. & Mohr, G. (1999). Gesundheitsförderung in der Arbeitswelt durch Streßmanagment: Möglichkeiten und Grenzen eines populären Konzepts. In B. Röhrle & G. Sommer (Hrsg.), *Prävention und Gesundheitsförderung* (Bd. 1) (S. 251–274). Tübingen: dgvt-verlag.

Bodenmann, G. (1999). Prävention und Gesundheitsförderung in der Partnerschaft: Das Freiburger Stresspräventionstraining. In B. Röhrle & G. Sommer (Hrsg.), *Prävention und Gesundheitsförderung* (Bd. 1) (S. 345–368). Tübingen: dgvt-verlag.

Bodenmann, G. (2002). Hilfestellungen für Geschiedene als präventive Maßnahmen nach der Scheidung. In B. Röhrle (Hrsg.), *Prävention und Gesundheitsförderung* (Bd. 2) (S. 113–130). Tübingen: dgvt-verlag.

Bryant, D.M. (1994). *Implementing early intervention.* New York: Guilford Press.

Cichetti, D., Rappaport, J., Sandler, I. & Weissberg, R.P. (Eds.). (2000). *The promotion of wellness in children and adolescents.* Washington, DC: CWLA Press.

Greenberg, M.T., Domitrovich, C., Bumbarger, B. (2001). The prevention of mental disorders in school-aged children: Current state of the field. In *Prevention & Treatment, 4.* Verfügber unter: http://journals.apa.org/prevention/volume4/pre0040001a.html.

Haisch, J. (1997). Kognitive Grundlagentheorien des Gesundheitsverhaltens. In *Journal für Psychologie, 5,* 22–33.

Hosman, C.M.H. (1995). Effectiveness and effect management in mental health promotion and prevention. In D.R.Trent & C. Reed (Eds.), *Promotion of mental health*. Aldershot: Avebury.

Janker, B. Wittenbrink, D., Sommer, G. & Röhrle, B. (2002). Ein Gruppenprogramm zur Förderung interpersonaler Kompetenz und Sozialer Unterstützung. In B. Röhrle (Hrsg.), *Prävention und Gesundheitsförderung* (Bd. 2) (S. 173–194). Tübingen: dgvt-verlag.

Kaluza, G. (2002). Förderung individueller Belastungsverarbeitung: Was leisten Stressbewältigungsprogramme. In B. Röhrle (Hrsg.), *Prävention und Gesundheitsförderung* (Bd. 2) (S. 195–218). Tübingen: dgvt-verlag.

Klann, N. & Hahlweg, K. (1994). *Bestandsaufnahme in der Institutionellen Ehe-, Familien- und Lebensberatung* (Schriftenreihe des Bundesministeriums für Familie, Senioren und Jugend, Bd. 48/2). Stuttgart: Kohlhammer.

Klotter, C. (Hrsg.). (1997). *Prävention im Gesundheitswesen*. Göttingen: Hogrefe.

Lohaus, A. & Klein-Heßling, J. (1999). Problemlösen und Entspannung als Streßbewältigungsstrategien im Kindesalter. In B. Röhrle & G. Sommer (Hrsg.), *Prävention und Gesundheitsförderung* (Bd. 1) (S. 233–250). Tübingen: dgvt-verlag.

Manz, R. (Hrsg.). (2001). *Prävention und Gesundheitsförderung. Psychologische Programme für die Praxis* (Bd. 3). Tübingen: dgvt-Verlag.

Michel, A., Dahmani, S. & Röhrle B. (2002). Scheidung und Scheidungsbewältigung bei Kindern. In B. Röhrle (Hrsg.), *Prävention und Gesundheitsförderung* (Bd. 2) (S. 131–150). Tübingen: dgvt-verlag.

Möhrlein, H., Roth, A. & Röhrle, B. (1998). Netzwerkorientierte Interventionen bei Einsamkeit. In B. Röhrle, G. Sommer & F. Nestmann (Hrsg.), *Netzwerkorientierte Interventionen* (S. 99–118). Tübingen: dgvt-verlag.

Mrazek, P.J. & Haggerty, R.J. (Eds.). (1994). *Reducing risks for mental disorders.* Washington: National Academy Press.

Röhrle, B. (1999). Ein Modell präventiven und gesundheitsförderlichen Handelns. In Röhrle, B. & Sommer, G. (Hrsg.), *Prävention und Gesundheitsförderung* (S. 53-68). Tübingen: DGVT.

Röhrle, B. (Hrsg.). (2002). *Prävention und Gesundheitsförderung* (Bd. II). Tübingen: dgvt-Verlag.

Röhrle, B., Glüer, S. & Sommer, G. (1995). Die Entwicklung der gemeindepsychologischen Forschung im deutschsprachigen Bereich (1977–1993). In B. Röhrle & G. Sommer (Hrsg.), *Gemeindepsychologie: Bestandsaufnahmen und Perspektiven* (S. 25–54). Tübingen: dgvt-Verlag.

Röhrle, B. & Sommer, G. (Hrsg.). (1999). *Prävention und Gesundheitsförderung* (Band I). Tübingen: dgvt-Verlag.

Schröder, H. (2002). Identitätsarbeit und Selbstprojektierung im gesundheitspsychologischen Kontext. In B. Röhrle (Hrsg.), *Prävention und Gesundheitsförderung* (Bd. 2) (S. 219–236). Tübingen: dgvt-verlag.

Trojan, A. & Legewie, H. (2001). *Nachhaltige Gesundheit und Entwicklung: Leitbilder, Politik und Praxis der Gestaltung gesundheitsförderlicher Umwelt- und Lebensbedingungen.* Frankfurt a.M.: VAS.

Wittchen, H.U. (2000). *Bedarfsgerechte Versorgung psychischer Störungen. Abschätzungen aufgrund epidemiologischer, bevölkerungsbezogener Daten.* Max-Planck-Institut für Psychiatrie, München.

Prof. Dr. Bernd Röhrle ist Diplom-Psychologe und arbeitet als Hochschullehrer im Fachbereich Psychologie der Universität Marburg. Seine Arbeitsschwerpunkte sind Gemeindepsychologie und Klinische Psychologie.

Anschrift:
Philipps-Universität Marburg
Fachbereich Psychologie
Gutenbergstr. 18
D-35032 Marburg
E-Mail: roehrle@staff.uni-marburg.de

Beratung in der Krisenintervention

Ingeborg Schürmann

Eigentlich müsste der Titel dieses Beitrages verwundern, da „Beratung" und „Krisenintervention" als eigenständige Bereiche anzusehen sind. Beratung und Krisenintervention sind selbständige Hilfeformen mit getrennten Einrichtungen wie der Beratungsstelle für X oder dem Krisendienst der Stadt Y. Tatsächlich gibt es aber Verbindungen und Bezüge zwischen ihnen, die Thema dieses Artikels sind.

Die vielen Überschneidungen und Bezüge zwischen Krisenintervention und Beratung liegen zum einen darin, dass beide Hilfeformen mit Krisen zu tun haben. Eine Krise stellt häufig den Ausgangspunkt für Beratung und in der Regel für Krisenintervention dar. Sie verweisen auf ähnliche Prinzipien wie Ressourcenorientierung, Interdisziplinarität, Einbezug des sozialen Umfeldes usw. und sie bedienen sich beide sozialwissenschaftlichen Wissens und therapeutisch vermittelter kommunikativer Kompetenzen. Beide fühlen sich dem gesellschaftlichen Auftrag der Prävention verpflichtet sowie der Entwicklungsförderung – häufig mit einem krisenbezogenen Anlass. Sie sind ein Angebot einer sozialen Einrichtung, die gesellschaftliche Problemlösungsprozesse ermöglichen soll, und hier stellt sich auch für beide die Aufgabe, Menschen, die in Krisen sind, bei ihrem Weg hinaus aus der Krise zu unterstützen. Was die Einrichtung jeweils unter Krisenintervention und Beratung versteht sowie in Handlung umsetzt, wird von ihrem eigenen Verständnis und dem der Nutzer geprägt.

Auf eine weitere Überschneidung machen Boxbücher & Egidi (1996) aufmerksam, die ihr Verständnis von Krisenintervention durch die Umbenennung in Krisenbegleitung präzisieren. Krisenbegleitung – und das gilt auch für Krisenberatung – erschöpft sich weder in einer einmaligen Intervention (was durchaus sinnvoll sein kann), noch ist sie stark eingreifend und Verantwortung übernehmend im Sinne einer Notfallintervention (und auch das ist ggf. geboten bei vitalen Gefährdungen). Vielmehr verstehen Krisenbegleitung und Krisenberatung sich als eine über die Einmal-Intervention hinausreichende Hilfestellung, die die Verantwortung beim Klienten belässt und weniger aktiv eingreifend, sondern reflexiver, nachdenklicher ist. Auch wird der Schwerpunkt auf Informationsgabe und Orientierungshilfe gelegt.

Im Folgenden soll es darum gehen, sich zunächst mit dem Begriff der Krise auseinander zu setzen, dann das Feld der Krisenintervention mit seinen Prinzipien darzustellen, die auch für Krisenberatung Geltung haben, und schließlich jene Handlungsform im Kontext von Krisenintervention näher zu beschreiben, die als Krisenberatung im oben genannten Sinne anzusprechen ist.

1 Krisenbegriff

Krisenintervention und Beratung rekurriert auf das Phänomen Krise, das in der Alltagssprache meist mit überfordernder Belastung und dem Gefühl des Ausgeliefertseins verbunden wird. Eine weitere Bedeutung kommt mit der Perspektive Wende und Chance hinzu, weshalb sympathischerweise der Krisenbegriff auch kein pathologisierendes Stigma transportiert. Historisch gesehen gehen der Begriff und das damit verbundene Interventionskonzept auf Lindemann und Caplan zurück, die in den 40er Jahren in den USA einen Beitrag zur primären Prävention geleistet haben. Caplan & Grunebaum (1977) definieren Krise als akute Überforderung, hervorgerufen durch innere und äußere Erlebnisse, die mit dem gewohnten Bewältigungsrepertoire zeitweise nicht mehr in den Griff zu kriegen ist. Diese emotional bedeutsamen Wendepunkte oder Krisen, gekennzeichnet von großer psychischer Unruhe, stellen ihrer Meinung nach kurze Perioden dar, sodass ein kurzfristiges und nur begrenztes professionelles Eingreifen sinnvoll erscheint.

Ulich (1985) hat sich im Kontext von Arbeitslosigkeit wissenschaftlich sehr ausführlich mit dem Krisenkonzept befasst und auch verwandte Theoriebezüge aufgezeigt wie die Lebensereignisforschung, das Belastungs-Bewältigungsparadigma, die Netzwerk-Forschung, gelernte Hilflosigkeit usw. Das salutogenetische Modell von Antonovsky (1997) sollte heutzutage nicht vergessen werden. Für Ulich (1985) ist Krise „… ein belastender, temporärer, in seinem Verlauf und seinen Folgen offener Veränderungsprozeß der Person, der gekennzeichnet ist durch eine Unterbrechung der Kontinuität des Erlebens und Handelns, durch eine partielle Desintegration der Handlungsorganisation und eine Destabilisierung im emotionalen Bereich mit dem zentralen Merkmal des Selbstzweifels“ (S. 24). Dieser Krisenbegriff grenzt sich von Stress und Depression ab, weil Stress nicht die ganze Person erfasst, sondern nur tendenziell Hilflosigkeit verspürt wird und in der Depression – einer Form psychischer Belastung und Verstimmung – die Zweifel zur Gewissheit geworden sind; es besteht kein vorübergehender Zustand mehr. Das Ausmaß von Desintegration und Destabilisierung sowie die zeitliche Länge kann beträchtlich variieren, abhängig von der Art der Krise, der jeweiligen Person und ihren personalen Ressourcen, Bewältigungsmöglichkeiten und der sie unterstützenden oder behindernden sozialen Umwelt.

Die unterschiedlichen therapeutischen Schulen haben einen je eigenen Beitrag zum Verständnis der Krise geleistet (Schürmann, 2001). *Psychoanalytisch* orientierte Autoren rücken die Vulnerabilität einer Person in den Mittelpunkt, die im Kontext der Lebensgeschichte verständlich wird. Das Auftreten einer Krise wird wahrscheinlich, wenn ein äußeres Ereignis auf einen latenten inneren Konflikt/ein Grundproblem trifft und die bisher funktionierende Abwehr brüchig wird. Folglich geht es in der Krisenintervention und mehr noch in der Krisenberatung darum, vom bewussten Konflikt/Inhalt zum unbewussten Grundproblem, dem Hauptgrund, vorzudringen und diesen zu bearbeiten. Die *kognitiv-behavioralen* Autoren warten gemäß der Wende zum störungsspezifischen Ansatz in den 90er Jahren nicht mit einer eigenen Theoretisierung auf, sondern äußern sich zu spezifischen Krisen und greifen weitgehend das Belastungs-Bewältigungs-Paradigma auf. Da existenzielle Themen in der Krisenintervention und Beratung eine große Bedeutung haben, meldeten sich auch logotherapeutische Autoren zu Wort, die auf den verlorenen Lebenssinn fokussieren, den es transparent zu machen und wieder auszugestalten gelten soll. Das *personenzentrierte* Verständnis hebt hervor, dass Menschen in eine Krise geraten können als Folge einer Inkongruenz zwischen ihren Erfahrungen und ihrem Selbst(konzept). Es geht um Inkongruenzbearbeitung bzw. Vermehrung von Selbstkongruenz. Ein *systemisch* orientiertes Krisenverständnis zentriert auf signifikante Personen oder Systeme und macht deutlich, dass Krisen nicht nur Einzelne betreffen. Selbst bei einer Krisenintervention oder Beratung mit einem Einzelnen sind die signifikant Anderen mit zu thematisieren.

Um die theoretische Weiterentwicklung des Krisenverständnisses ist es wissenschaftlich in den letzten Jahren eher still geworden. So sieht Ciompi (1993) nur eine neuere Entwicklung, die in der Anwendung von chaostheoretischen Aspekten auf die Krisentheorie liegt, indem diese z.B. nicht-lineare Entwicklungssprünge, wie sie ja bei Krisen auftreten, erklären können. Das Interesse an einer allgemeinen Krisentheorie scheint nicht mehr zu bestehen. Stattdessen gibt es zahlreiche Veröffentlichungen zu spezifischen Krisen. In der deutschsprachigen psychologischen Datenbank (Psyndex, 2001) sind unter dem Begriff der Krise mehr als 1000 Hinweise zu finden. Auf der einen Seite werden Krisen mit Personen und Institutionen in Zusammenhang gebracht wie Jugendliche, Familien, Paare, Ältere, geistig Behinderte, aber auch Betriebe und die Gesellschaft selbst als „krisenhafte Moderne". Andererseits wird nach Krisenanlässen differenziert wie einem Trauma (z.B. Gewalterfahrungen, schwerwiegende Verluste, Unfälle sowie Katastrophen), Arbeitslosigkeit, berufliche Konflikte und Ausbildungsprobleme, Krisen, die während und nach Trennung/Scheidung auftreten, Erkrankungen körperlicher und psychischer Art, der Geburt eines behinderten Kindes, Migration usw. Ein weiteres breites Thematisierungsfeld ist die suizidale und psychotische Krise, die quer zu den genannten Einteilungen steht. Für die unterschiedlichen Krisenformen und die unterschiedlichen Personengruppen werden differenzielle Veränderungsansätze entwickelt. Deshalb soll im Folgenden auf einige dieser Verständnisse exemplarisch eingegangen werden.

2 Krisenintervention – allgemeine Prinzipien

Auch wenn sich die Orte (ambulant mit oder ohne mobilen Einsatz, stationär, Telefonnotrufe) und die an der Krisenarbeit beteiligten Berufsgruppen unterscheiden, psychiatrische Einbindung oder Psychiatrieferne gegeben ist und damit eine andere Klientel angesprochen wird, die Selbstverständnisse aufgrund unterschiedlicher historischer Herkunft differieren und neue Angebote wie z.B. die Notfall- und Katastrophenhilfe entstehen, Krisenarbeit zentral oder als ein Angebot neben anderen steht – so scheint es doch ein gemeinsames Verständnis für die Krisenarbeit zu geben, das sich mit dieser Form der Hilfe verbindet.

Präventives Anliegen und Interventionsideen

Krisenintervention war von Beginn an bei Lindemann (1985) als ein präventives Projekt geplant. Ihn interessierte es, ein Modell zum Verständnis von psychischen Störungen zu entwickeln, um Vorläufer von psychischen Erkrankungen frühzeitig erkennen und behandeln zu können. Er suchte nach Ereignissen, die einschneidende Veränderungen von sozialen Beziehungen bewirken und dadurch zu psychischen Störungen führen können. Der Begriff der Krise schien ihm geeignet, die vielfältigen und insgesamt verwirrenden Ereignisse, die in einer Gemeinde auftreten, theoretisch zu fassen und gezielte Strategien für eine vorbeugende Intervention zu entwickeln. Caplan (Caplan & Grunebaum, 1977) hat das Konzept der Krisenintervention ausgearbeitet. Es hebt hervor, dass Krisenintervention als eine Aufgabe eines größeren Gemeindeprojektes zu verstehen ist, das langfristig Ressourcen in der Gemeinde entwickeln soll. Multiprofessionelle Zusammenarbeit ist gefordert, Laienarbeit in diesem Kontext möglich. Krisenintervention orientiert sich an dem Lebenskrisenkonzept als theoretischem Hintergrund und an der gesunden Persönlichkeit. Es zentriert auf kurzfristige Hilfe und Vermittlung zu längerfristigen Angeboten bei Bedarf, auf den Familien- und Gruppenbezug der Intervention, auf engmaschige Betreuung, auf das Hier und Jetzt des Problembezugs, um Abhängigkeiten zu vermeiden und auf Bewältigung, wobei die Gabe von Information und die Aufrechterhaltung von Hoffnung wichtig ist. Der Mensch in der Krise soll ermutigt werden, sich Hilfe von außen zu holen. Angestrebt wird ein effektiver Umgang mit der Krise.

Heute besteht der Präventionsbezug in der Bereitstellung leicht erreichbarer Hilfe, um vitale Gefährdungen aufzufangen, Notfallsituationen zu entspannen und möglichst eine Unterbringung in einer psychiatrischen Einrichtung zu vermeiden. Sollte dies aber geboten sein, so ist ein schonender Übergang das Ziel der Intervention. Bei psychosozialen Krisen liegt der präventive Gedanke darin, eine schnelle Hilfe zur Verfügung zu stellen. Dabei geht es um Entlastung und eine erste Orientierung, um eine begrenzte Bearbeitung der Krise (Krisenberatung) und ggf. fachlich qualifizierte Weitervermittlung; von der gesunden Person wird nur begrenzt ausgegangen.

Niedrigschwelliges Angebot und Multiprofessionalität

Niedrigschwelligkeit soll potenziellen Nutzern den Zugang zu einer Einrichtung erleichtern. Die Niedrigschwelligkeit erfolgt im Kontext von Krisenarbeit durch kostenlose Hilfe (oder von Krankenkassen übernommenen Kosten), weitgehende Anonymität im ambulanten Setting, leichte Erreichbarkeit per Telefon, eine Rund-um-die-Uhr Erreichbarkeit (nicht immer gewährleistet), Mobilität (Hausbesuche, Aufsuchen von Hilfe suchenden Institutionen), häufig durch Psychiatrieferne oder nicht ins Auge springende Anbindung und das weitgehende Definitionsrecht des Nutzers, nämlich dass er über seinen Hilfebedarf entscheidet. Das multiprofessionelle Verständnis und auch Laienarbeit – insbesondere in Telefonnotrufen – sind auch Kennzeichen von Niedrigschwelligkeit. Da recht unterschiedliche und weitgefasste Anforderungen an die Mitarbeiter durch die Breite der Klientel und ein bio-psycho-soziales Krisenverständnis gestellt werden, empfiehlt es sich, unterschiedliche Berufsgruppen und Laien an der Krisenarbeit zu beteiligen. Laien werden als Helfer gesehen, die nicht pathologisieren und von den Nutzern mehr als ihresgleichen erkannt werden, wodurch keine soziale Distanz Barrieren schafft. Spezielle und neue Gruppen, wie z.B. geistig behinderte Menschen, die in Berlin von dem Berliner Krisendienst erreicht werden sollen, machen allerdings größere Anstrengungen nötig. Hier wird durch den Einsatz von in dieser Arbeit erfahrenen Fachkräften und durch die kontinuierliche Weiterbildung der anderen Mitarbeiter versucht, die Schwelle der Inanspruchnahme zu senken.

Natürlich hat die Niedrigschwelligkeit auch ihren Preis: So z.B., wenn sie von Nutzern in Anspruch genommen wird, die als problematisch gelten. Die Strategien des Umgangs mit diesem Personenkreis hängen eng mit dem Selbstverständnis der jeweiligen Einrichtung zusammen und sind kontrovers, d.h. Einbinden oder Begrenzung des Kontakts und Weiterverweisung.

Zeitlich begrenztes Angebot und Weitervermittlung

Das Verständnis eines zeitlich begrenzten Angebots verbindet sich mit Krisenarbeit. Es ist dennoch zeitlich stark variierend von einer Einmal-Intervention bis hin zu einem stationären Aufenthalt von mehreren Wochen. Was als zeitliche Begrenzung zu verstehen ist, richtet sich nach der Vergleichs-Bezugsgröße; dies kann Psychotherapie oder auch ein langfristiger Psychiatrieaufenthalt sein (vgl. auch von Kardorff i.Bd.2).

Die Kurzfristigkeit der Krisenarbeit drückt sich in der Begrenzung des Problemfokus aus; in einer Prioritätenliste mit begrenzter Zielstellung und einem selektiven „Anpacken" der vordringlichsten Aufgaben. Die Telefonseelsorge, die überwiegend nur ein Gespräch anbietet, hebt als Prinzipien und Gesprächsstrategien ihrer Arbeit das Zuhören, Klären, Ermutigen und Mittragen, das Entlasten und Hinführen zu einer eigenen Entscheidung hervor und schließt aber auch den Hinweis auf geeignete Fachleute ein.

Zeitlich begrenzte Hilfe wird ohne Weitervermittlung nicht hinreichend sein. Daher versteht sich Krisenarbeit auch als qualifizierte Weitervermittlung. Dies kann sich auf die Nennung von Ansprechpartnern im psychosozialen-psychiatrischen Netz begrenzen. Allein diese Arbeit erfordert eine gute Kenntnis des Versorgungsangebotes und ist auf ständige Kontaktpflege angewiesen. Qualifizierte Weitervermittlung beruht auf einer schnellen Herausarbeitung eines zentralen Hilfebedarfs sowie der Herstellung eines gemeinsamen Problemverständnisses. Häufig ist auch Motivationsarbeit gefordert, damit die empfohlene Hilfe in Anspruch genommen wird.

Bewältigung fördern und Ressourcen erschließen

Mit diesem Prinzip ist ein Kernverständnis von Krisenarbeit angesprochen. Krisenarbeit stützt sich auf Copingkonzepte. Der Einsatz von geeigneten Bewältigungsstrategien erfordert Ressourcen, die gerade in Krisen durch die Natur des Ereignisses – z.B. einer Trennung – verloren gegangen sein können. Aufgrund der Einschätzung der eigenen (vor allem der personalen Ressourcen) und aktivierbaren Ressourcen in der Umwelt (vor allem der sozialen und professionellen Unterstützung) wird erwogen, welches Coping der gegebenen Situation angemessen ist. Für Antonovsky (1997) ist die Zuversicht, Ressourcen zur Bewältigung zur Verfügung zu haben, Teil des Kohärenzgefühls. In einer Krise mangelt es aber gerade an dieser Zuversicht. Krisensituationen sind häufig durch eine Vielzahl von Problemen gekennzeichnet und führen zu dem Gefühl des Überwältigtseins. Krisenintervention wird vor allem dann gesucht, wenn keine verständnisvollen, nahe stehenden Menschen zur Verfügung stehen und die Angehörigen sich selbst nicht der Krise gewachsen sehen und fühlen, wie es z.B. bei einer Krebserkrankung der Fall zu sein scheint. Die Ziele zentrieren sich entweder auf die aktive Bewältigung der konkreten Anforderungen der Problemsituation oder auf die Regulierung der emotionalen Belastung und Neubewertung der Situation.

Was sind die Aufgaben von Krisenintervention unter diesem Aspekt? Das (immer wieder) Reden-Können über schmerzliche Gefühle ohne den Anderen zu überfordern, ist Teil des Bewältigungsprozesses. Der Krisenberater hört aktiv und anteilnehmend zu und akzeptiert die Hoffnungslosigkeit des Klienten, stellt dem aber seine eigene Zuversicht gegenüber, dient also als Ressource. Die Entwicklung von Besserungserwartungen wird in der Psychotherapieforschung als wesentlicher unspezifischer Wirk-Faktor betrachtet. Das Sortieren von Anforderungen und Belastungsmomenten gilt als eine Aufgabe der Krisenintervention im Sinne der Strukturierung vordringlichster Bewältigungsziele. Dies verringert auch das Gefühl, von einem nicht zu bewältigenden Berg an Problemen verschüttet zu werden. Der Aufbau eines (wieder) tragfähigen sozialen Netzes durch Netzwerkarbeit ist Teil der Krisenberatung. In diesem Zusammenhang ist auch die Einbeziehung des signifikant Anderen als potenzieller sozialer Unterstützer, aber auch als Teil des problematischen Netzes zu sehen. Hierzu trägt der Ansatz einer familiengestützten Krisenarbeit bei. Der um Hilfe suchende Mensch in der Krise soll auch dazu ermutigt werden, sich Hilfe außerhalb des professionellen Angebots zu holen, wie z.B. in einer Selbsthilfegruppe. Der dazu notwendige Schritt der Offenlegung der eigenen Bedürftigkeit braucht Unterstützung, um Ängste vor Ablehnung zu überwinden. Ressourcenarbeit ist ein wesentlicher Konzeptbaustein von Beratung und wird in diesem Buch an anderem Ort ausführlich behandelt (vgl. Nestmann i.d.Bd.).

Flexibles Vorgehen

Obwohl Caplan und Grunebaum (1977) schon die Prinzipien einer Krisenintervention formuliert (s. 2. Krisenbegriff) und es sich um ein relativ kurzes Hilfeangebot handelt, gibt es kein einheitlich akzeptiertes Vorgehen. Positiv formuliert, ist das Vorgehen bei der Krisenarbeit flexibel zu gestalten. Krisenintervention verändert ihr Gesicht, je nachdem, von welcher Institution sie getragen wird, welche therapeutische Orientierung in der Einrichtung vorherrschend ist und um welche Krise und Person es sich handelt.

Ein entscheidender Unterschied im Vorgehen besteht zunächst zwischen ambulanten und stationären Kriseneinrichtungen. Im stationären Kontext wird das Gruppensetting bevorzugt, wobei das Miteinander der Patienten wesentlich zum günstigen Verlauf beiträgt. Auf der anderen Seite ist telefonische Krisenhilfe hier nicht anzutreffen, deren besonderes Setting eigene Umgangsweisen erfordert.

Unterschiedliche therapeutische Orientierungen führen zu Veränderungen im Vorgehen. So drängt der psychoanalytische Beitrag auf Erkennen und Bearbeiten des Hauptproblems, während der kommunikativ-systemtheoretische Beitrag auf die Einbeziehung (und sei es auch nur in Gedanken) des signifikant Anderen und die an der Krise beteiligte(n) Person(en) abhebt. Fast jede Therapiemethode hat seit den 80er Jahren im deutschsprachigen Raum ihren spezifischen Beitrag in diesem Feld geleistet.

Der Ansatzpunkt für eine Bearbeitung scheint außerdem unterschiedlich, je nach der vorliegenden Krise und dem Anliegen des Nutzers. Es macht einen großen Unterschied, ob der Nutzer nur mit einem gut umschriebenen Anliegen – z.B. mit der Bitte um Information – kommt, ob er akut gefährdet oder in großer emotionaler Aufregung ist, ob er gerade einen Suizidversuch überstanden hat, aber nicht mehr suizidal erscheint oder ob er ein Problem lösen möchte, ohne dass ein Gefährdungspotenzial sichtbar wird. Unterschiede ergeben sich auch daraus, ob andere Personen oder Einrichtungen mit seinem heutigen Erscheinen zu tun haben, sie mit seinem Hier-sein bestimmte Anliegen verbinden oder ob der Anrufer nach einem alltäglichen Kontakt sucht und/oder hauptsächlich über sein Leid klagen möchte.

Trotz dieser unterschiedlichen Bedingungen gibt es dennoch einige sich in den Grundzügen gleichende Ablaufmodelle der Krisenintervention und Beratung, die sich an einem Problemlösungsmodell orientieren, mit den Aspekten: Präsentation des Problems, Redefinition des Problems, Lösungsentwicklung und Verarbeitung sowie Abschluss. Im Kontext von Krisenintervention und Beratung werden aber einige für die Krise wichtige Teilaspekte herausgehoben wie das Umgehen mit der emotionalen Situation des Hilfe Suchenden, der als erstes eine Entlastung erfahren muss, bevor er sich einer Problembearbeitung zuwenden kann. Hier sei auf das Modell von Sonneck (2000) hingewiesen mit BELLA (Beziehung, Erfassen der Situation, Linderung der Symptome, Leute Einbeziehen, Ansatz von Problembewältigung), auf Schnyder (1993) mit POT (Problemorientierte Therapie) oder auf das Ablaufmodell für „Notfälle in zehn Schritten“ von Rupp (1996). Wie die Autoren jeweils betonen, sind die Elemente natürlich flexibel zu handhaben und der Hilfe suchenden Person und der Typik der Krise entsprechend anzupassen. So steht bei akuter Suizidalität die Einschätzung der Suizidalität des Nutzers zunächst im Mittelpunkt und ggf. die Linderung seiner Symptomatik, während in einem anderen Fall der Schwerpunkt mehr auf der Bewältigung der Situation liegen wird.

3 Krisenberatung

Krisenberatung im Kontext von Krisenintervention wurde eingangs als längerfristige Hilfestellung im Unterschied zur Einmalintervention definiert, die die Verantwortung beim Klienten belässt und weniger aktiv eingreifend ist. Auch spielen Informationsgabe und lebensweltliche Orientierung eine Rolle. Dies trifft vor allem für eine Reihe von speziellen Problemkonstellationen zu, nämlich in Trennungssituationen oder bei Scheidung, bei Krisen im beruflichem Bereich, bei Elternschaft insbesondere bei der Geburt eines behinderten Kindes, bei Entwicklungskrisen wie z.B. in Familien mit einem Jugendlichen, bei Krisen infolge von Krankheit usw. Als Ziel gilt es hier nicht nur Entlastung herzustellen, eine Krisendynamik zu unterbrechen oder einen schützenden Kontext bereitzustellen, sondern eine Problemlösung anzusteuern und möglichst soweit umzusetzen, dass der Rat Suchende ohne professionelle Hilfe zurechtkommt oder andere weiterführende Angebote in Anspruch nimmt. Natürlich gelten auch hier die bisher genannten Prinzipien, sind aber um die längerfristige Bearbeitung zu ergänzen.

Krisenberatung grenzt sich von der Psychotherapie dadurch ab, dass kuratives Handeln nicht im Mittelpunkt steht, sondern mit der Beratung auch eine Begrenzung des Problemfokus verbunden ist. Außerdem ist ein spezifisches, lebensweltorientiertes Wissen gefordert sowie die Kenntnis relevanter Problemkonstellationen. Diese These wird an Beispielen (Trennung und Angehörige) veranschaulicht.

Trennung und Krisenberatung

Bei Menschen, die in eine Krise durch eine Scheidung bzw. Trennung geraten – einer der häufigsten Anlässe für die Inanspruchnahme von Krisenberatung – beinhaltet das problembezogene Wissen die gesellschaftliche Relevanz dieses Ereignisses sowie den rechtlichen Rahmen bei Scheidungen und damit verbunden weiterführende Beratungs- und Hilfeangebote, das Wissen um zumeist vorübergehende starke Beeinträchtigungen für die betroffenen Kinder, die unterschiedlichen Trennungsprobleme von Initiatoren und Verlassenen sowie die Bedeutung von sozialer Unterstützung für das Gelingen einer Neuorientierung (vgl. auch Krabbe i.Bd.2 sowie Bastine & Theilmann i.Bd.2). Außerdem sollte dem Krisenberater bewusst sein, dass häufig solche Menschen in tiefe Trennungskrisen geraten, die im Laufe einer längerfristigen Beziehung zu sehr Teil dieser geworden sind bzw. glauben, keine ausreichende eigene Identität mehr zu besitzen. Sie halten sich nicht mehr für lebensfähig und haben ihr eigenes Netzwerk im Laufe der Beziehung aufgegeben bzw. verloren.

Obwohl Trennung Teil jeder Normalbiografie und Scheidung ein häufiges Ereignis geworden ist und i.d.R. auch keine Diskriminierungserfahrungen mehr damit verbunden sind, wird dieses Ereignis insbesondere bei längerfristigen Beziehungen häufig als ein persönliches Scheitern erlebt. Das Ausmaß von zum Teil erheblichen Beeinträchtigungen für betroffene Kinder und Jugendliche nach einer Scheidung führte in der Forschung dennoch nicht zur Aufrechterhaltung einer Desasterhypothese, da diese Beeinträchtigungen nach zwei Jahren nicht mehr in diesem Umfang zu beobachten sind (Bastine, 1998). Initiatoren geraten häufig im Vorfeld einer Trennung in eine Krise, die dann in den Trennungsentschluss mündet, während Verlassene meist unvorbereitet aus ihrer Sicht mit diesem Entschluss konfrontiert werden und dann in eine Krise geraten und schlimmstenfalls mit einem psychischen Zusammenbruch reagieren. Als Folgeprobleme sind u.a. Ängste, Einsamkeit, Depressionen, Alkoholprobleme, Ärger, geringes Selbstwertgefühl, Schlafstörungen,

Arbeitsstörungen und gesundheitliche Probleme zu nennen. Weniger belastet erscheinen Paare, deren gegenseitige Abhängigkeit weniger umfassend war und die jeweils über ein eigenes soziales Netz verfügten (Bastine, 1998).

Krisenberatung hat hier neben der Entlastung die Aufgabe, eine Neuorientierung zu geben, die aber gemeinsam zu erarbeiten ist und nicht in ein oder zwei Kontakten hergestellt werden kann. Tatsächlich beinhalten diese eben genannten beiden Zielstellungen eine Fülle von Aufgaben, wie die Hilfe beim Zulassen von Schmerz, Trauer, Wut und anderen belastenden Gefühlen, z.B. Ambivalenzen; bei der Ermutigung in der Suche nach praktischer und emotionaler Unterstützung; bei der allmählichen Realisierung der Endgültigkeit der Trennung; beim Aufbau eines eigenen sozialen Netzwerkes (vgl. auch Straus i.d.Bd.); beim Umgang mit dem Alleinsein und den Gefühlen von Einsamkeit und Sinnlosigkeit; beim Wiederentdecken von eigenen Ressourcen und Stärken; beim Entwerfen einer eigenen Trennungsgeschichte und damit beim Abbau von Idealisierungen, Verteufelungen und einseitigen Schuldvorwürfen und Schuldübernahmen; beim Versöhnen und Herstellen einer neuen Basis, was vor allem wichtig ist, wenn Kinder da sind.

Die Umsetzung dieser Aufgaben kann nur schrittweise passieren, allerdings ohne diese stufenweise „abhaken“ zu können. Der Berater sollte sich eher auf das ungeordnete Auf und Ab eines Hilfeprozesses einstellen. Bei der Realisierung der einzelnen Aufgaben werden unterschiedliche Techniken zum Einsatz kommen (Kunz, Scheuermann & Schürmann, 2004; Dross 2001). Nicht zu unterschätzen in diesem Beratungsprozess ist hierbei immer die Sichtweise des Krisenberaters, rekurrierend auf seine eigenen Trennungserfahrungen und sein Lebensmodell. Hier könnte der Fehler gemacht werden, zu schnell auf eine Neuorientierung zu setzen oder bei entlastendem empathischen Zuhören zu verharren. Ein Beispiel einer Trennungsberatung im Kontext von Krisenintervention ist z.B. bei Schnyder (1993) nachzulesen, allerdings hier unter besonderer Berücksichtigung von Suizidalität, die häufig mit einer schweren Trennungskrise verbunden ist.

Das Entwerfen einer Trennungsgeschichte sollte so geschehen, dass ein Szenario entsteht, das neue Möglichkeiten enthält.

Angehörige und Krisenberatung

Angehörige sind nach wie vor eine vernachlässigte Gruppe in der psychosozialen Versorgung, obwohl sie öffentlich auf ihre Nöte aufmerksam machen, sich in Selbsthilfegruppen zusammen schließen und Krisendienste und Krisenberatung in Anspruch nehmen, da sie selbst in eine Krise geraten sind. Häufig fühlen sie sich aber mit den Anforderungen, die die Betroffenen an sie stellen, schon so überfordert, dass ihr eigener Hilfe- und Entlastungsbedarf nicht mehr formuliert werden kann. Hier sei auf die Eltern krebskranker Kinder sowie Angehörige von Krebserkrankten, auf pflegende Angehörige, auf Angehörige von psychisch Kranken, auf Hinterbliebene nach einem Suizid, auf Angehörige mit einem traumatisierten Partner u.a. hingewiesen.

Welche Probleme treten für den Angehörigen auf, sodass er selber in eine Krise geraten kann? Häufig hat er den Diagnoseschock alleine zu verarbeiten und sich zugleich darum zu kümmern, wie das Leben weitergehen soll. Er soll zu einem Zeitpunkt Hoffnung geben, wo er selber nicht mehr weiter weiß. Er muss nun nicht nur die Anforderungen des Alltags alleine bewältigen, sondern sich auch noch darüber informieren und entscheiden, wie es weitergehen soll, und wird durch zusätzliche Aufgaben bis zur eigenen Erschöpfung und weit darüber hinaus in Anspruch genommen. Dabei sind die Professionellen nicht immer eine Stütze, sondern erleben den Angehörigen als fordernd, vielleicht auch als mitverantwortlich (z.B. bei einer psychischen Erkrankung) und stigmatisieren ihn noch zusätzlich, haben keine Zeit für ihn. Der Angehörige sieht sich darüber hinaus nicht selten mit einer Egozentrik des Partners konfrontiert, die mit der überfordernden Situation für den Betroffenen zusammenhängt. Oft erfährt er weniger Aufmerksamkeit und Verständnis als der Betroffene, da er ja nicht erkrankt ist. Konflikte, die schon vorher bestanden haben, können sich unter dem Druck der Erkrankung oder dem Ereignis verschärfen und die Verhandlung wird nicht möglich, da der Betroffene geschont werden muss. Bei Hinterbliebenen nach einem Suizid besteht diese Problematik nicht, stattdessen aber brauchen sie Hilfe bei der Suche nach Sinn, bei dem Umgang mit quälenden Gefühlen wie Schuld und Wut, aber auch bei einer gefühlsmäßigen Versteinerung, bei der Akzeptanz des vollzogenen Suizids und ihrer Trauer sowie bei der Konfrontation mit verdeckten Schuldvorwürfen aus dem sozialen Umfeld. Insgesamt wird hier deutlich, dass eine Krise auch dann entstehen kann, wenn ein schützendes Umfeld nicht (mehr) zur Verfügung steht, wie es die Angehörigen häufig erleben.

Welchen Aufgaben sieht sich der Krisenberater gegenüber? Zunächst einmal ist das Informations- und Orientierungsbedürfnis bei den Angehörigen sehr groß. Was ist mit ihrem Partner oder Kind geschehen? Wer kann (noch) helfen? Wie ist die Erkrankung oder das Ereignis zu verstehen? Was ist zu tun? Dann stehen drängende Alltagsprobleme an. Wer kann hilfreich für sie sein oder wer belastet sie noch zusätzlich? Wo können Kinder versorgt werden, für die keine Zeit mehr ist? Hier stellt sich dem Krisenberater schon früh die Frage nach sozialen Ressourcen und dem Recht nach Abgrenzung. Fragen der Schuld und Verantwortung können die Angehörigen quälen. Wieweit trifft sie eine Verantwortung und wieweit wird sie ihnen zugeschoben oder vom Partner unterstellt? Ein Gefühlschaos will geordnet werden. Emotionale Entlastung kann hilfreich sein, indem erst einmal aktiv zugehört wird. Wenn Heilung nicht zu erwarten ist, im Gegenteil Behinderung oder Tod im Raum stehen, was bedeutet das für den Angehörigen? Wer kann ihn aufrichten, Hoffnung und Sinn geben oder ihm helfen das Unvermeidliche zu akzeptieren? Wieweit ist der Krisenberater hier gefordert? Folgeprobleme entstehen, die in ihrer Tragweite auszuloten sind. Auch nimmt der aufmerksame Krisenberater vielfach Kommunikationsprobleme zwischen dem Angehörigem und seinem Partner, zwischen Eltern und ihren psychisch kranken Kindern, zwischen Angehörigen und anderen Professionellen wahr, wobei er eine Vermittlungsrolle einnehmen kann. Angehörigenberatung bedeutet vielfache Anforderungen, zumal eine Kenntnis der jeweiligen spezifischen Erkrankung oder des Ereignisses förderlich für den Beratungsprozess ist.

4 Resümee

Krisenintervention und Beratung wurden eingangs als eigenständig definiert und zugleich wurde auf ihre vielfachen Überschneidungen hingewiesen. Krisenberatung als eine mögliche Handlungsform im Kontext von Krisenintervention hat ihre Berechtigung, da das Vorgehen innerhalb des Feldes Krisenintervention als flexibel angesehen werden kann. Dies wird auch deutlich, wenn man bedenkt, dass Krisenintervention verschiedene Wurzeln (wie Gemeindepsychiatrie und -psychologie, Notfallmedizin, Suizidprävention) hat, durch Niedrigschwelligkeit gekennzeichnet ist und durch eine breite Klientel mit unterschiedlichen Anliegen, Problemlagen und Hilfebedarfen in Anspruch genommen wird. Neue Gruppen wie geistig behinderte Menschen und neue Gebiete (z.B. Psychotraumatologie) führen zu einer Erweiterung. Flexibilität ist daher eher gefordert. Es ist ein Feld, das viele Anregungen aus anderen Bereichen aufgenommen, andererseits andere Vorgehensweisen auch erweitert hat. Das macht Krisenintervention als Feld sehr interessant. Die im ersten Teil dieses Beitrages beschriebenen Prinzipien, insbesondere das präventive Anliegen, geben dem Feld dennoch einen gewissen Zusammenhalt.

Literatur

Aguilera, D.C. (2000). *Krisenintervention: Grundlagen – Methoden – Anwendung.* Bern: Huber

Antonovsky, A. (1997). *Salutogenese. Zur Entmystifizierung der Gesundheit.* Tübingen: dgvt-Verlag.

Bastine, R. (1998). *Klinische Psychologie* (Band 1) (3. Aufl.). Stuttgart: Kohlhammer.

Boxbücher, K. & Egidi, M. (1996). *Systemische Krisenintervention.* Tübingen: dgvt-Verlag.

Caplan, G. & Grunebaum, H. (1977). Perspektiven primärer Prävention. In G. Sommer & H. Ernst (Hrsg.), *Fortschritte in der Klinischen Psychologie 11. Gemeindepsychologie* (S. 51–69). München: Urban & Schwarzenberg.

Ciompi, L. (1993). Krisentheorie heute – eine Übersicht. In U. Schnyder & J-D. Sauvant (Hrsg.), *Krisenintervention in der Psychiatrie* (S. 13–26). Bern: Huber.

Dross, M. (2001). *Krisenintervention.* Göttingen: Hogrefe

Kunz, S., Scheuermann, U. & Schürmann, I. (2004). *Krisenintervention: Fallbeispiele für die psychosoziale Praxis und Weiterbildung.* Weinheim u. München: Juventa

Lindemann, E. (1985). *Jenseits von Trauer. Beiträge zur Krisenbewältigung und Krankheitsvorbeugung.* Göttingen: Verlag für Medizinische Psychologie im Verlag Vandenhoeck & Ruprecht.

Rupp, M. (1996). *Notfall Seele.* Stuttgart: Thieme.

Schürmann, I. (2001). Krisenintervention in der psychologischen Diskussion – ein allgemeiner Überblick. In E. Wüllenweber & G. Theunissen (Hrsg.), *Handbuch Krisenintervention. Hilfen für Menschen mit geistiger Behinderung. Theorie, Praxis, Vernetzung.* Stuttgart: Kohlhammer.

Schnyder, U. (1993). Ambulante Krisenintervention. In U. Schnyder & J.-D. Sauvant (Hrsg.), *Krisenintervention in der Psychiatrie* (S. 55–74). Bern: Huber.

Sonneck, G. (2000). *Krisenintervention und Suizidverhütung.* Wien: Facultas.

Ulich, D. (1985). *Psychologie der Krisenbewältigung. Eine Längsschnittuntersuchung mit arbeitslosen Lehrern.* Weinheim: Beltz.

Internethinweise

Telefonseelsorge Deutschland: www.telefonseelsorge.de
Beratung online: www.das-berlin.de/city/eingang/entry_beratung.phtml

Dr. Ingeborg Schürmann ist Diplompsychologin und arbeitet als wissenschaftliche Angestellte am Institut für Klinische Psychologie, Diagnostik und Gemeindepsychologie der Freien Universität Berlin. Ihre Arbeitsschwerpunkte sind Gemeindepsychologie, Krisenintervention sowie systemische Psychotherapie und Beratung.

Anschrift:
I. Schürmann
Soldauer Allee 8
D-14055 Berlin
E-Mail: ischuer@zedat.fu-berlin.de

Beratung und Empowerment – empowerment-orientierte Beratung?

Wolfgang Stark

1 Empowerment – Grundlage des Selbstverständnisses beruflicher Hilfe?
2 Beratung und die Empowermentperspektive
3 Empowermentprozesse von beruflichen HelferInnen
4 Empowerment als Weg zu einer kompetenzorientierten Praxis der Beratung

Auf den ersten Blick klingt die Verknüpfung der beiden Konzepte Empowerment (im Sinne der Wiedergewinnung persönlicher und kollektiver Handlungsfähigkeit) und Beratung (im Sinne einer professionellen Unterstützung von Prozessen der Problemlösung oder Identitätsarbeit) viel versprechend. Schließlich gilt Beratung als einer der integralen Bestandteile eines professionalisierten Empowermentkonzepts (vgl. Stark, 1996, 2002), ebenso wie professionelle Beratung beim Klienten(system) zu Aufklärung und einer erweiterten Handlungsfähigkeit führen soll (vgl. Thiersch i.d.Bd.).

Auf den zweiten Blick – hinter der schillernden Fassade konzeptioneller Aussagen – gerät die affirmative Überzeugung einer gelungenen Vereinigung ins Stocken. Denn es begegnen sich hier zwei Begriffe, die ein gemeinsames Schicksal teilen: Beide leben im Status der Unbestimmtheit und sind gleichzeitig viel versprechend, aber auch entsprechend leicht zu missbrauchen (vgl. Miller & Pankofer, 2000).

Die Zahl der „Berater" ist heute Legion – manchmal hat man den Eindruck, es lassen sich etwa 75 % der ICE-Kunden an Werktagen im weiteren Sinne dem Beraterbusiness zuordnen. Sie alle haben Bedarf am Durchschauen von Beratungsprozessen und sind freudige Abnehmer von Beratungsansätzen, die relativ häufig mit dem Begriff des „empowerment" operieren.

Dabei gehen Beratung und Empowerment teils merkwürdige, teils innovative Verbindungen ein: So finden sich z.B. im Umfeld von „personal empowerment" esoterische Heilsangebote oder „cyber health counselling" genauso wie handfeste gesellschafts- und sozialpolitische Initiativen aus der internationalen Frauenbewegung. Das Empowermentkonzept boomt nicht nur in der Gesundheitsförderung, in der Psychiatrie oder in der Jugendhilfe – auch die moderne Organisationsentwicklung spricht von Empowerment im Zusammenhang mit Teambildung und neuer Lernkultur in Unternehmen und Organisationen. In der Entwicklungsarbeit (Dritte-Welt-Arbeit) sind Empowermentprinzipien für Prozesse des „community building" wichtig, und auch die weltweite NGO-Bewegung verwendet den Begriff in vielen Zusammenhängen. Es gibt immer mehr Professionelle und engagierte Laien, die sich für Empowerment interessieren, oder versuchen, Empowermentprinzipien in ihre Arbeit zu integrieren. Sobald von Empowerment im professionellen oder quasi-professionellen Zusammenhang gesprochen wird, ist immer auch eine Verbindung mit Beratung im weitesten Sinne zu sehen: Es geht um die Unterstützung oder Initiierung von Empowermentprozessen bei Individuen, Gruppen, Organisationen oder anderen sozialen Systemen und dies kann durch das Instrument der Beratung unterstützt werden.

Mit der Anwendung von Empowermentprinzipien auf Beratung können einige der zentralen Prinzipien der Zivilgesellschaft – die Gestaltung und Gestaltbarkeit von Lebensräumen und sozialen Zusammenhängen – im Kontext von Beratung breite Anerkennung finden.

1 Empowerment – Grundlage des Selbstverständnisses beruflicher Hilfe?

Ziel von Empowerment ist die Förderung der Fähigkeit der Menschen, ihre soziale Lebenswelt und ihr Leben selbst zu gestalten und sich nicht gestalten zu lassen. Julian Rappaport sieht dies allgemein als das angestrebte Ziel professioneller Hilfe: dass es „... unser Ziel sein sollte, für Menschen die Möglichkeit zu erweitern, ihr Leben zu bestimmen" (Rappaport, 1985, S. 269). Professionelle Dienstleister gelten dabei als „collaborators", die durch ihre Arbeit dazu beitragen, die Bedingungen zu schaffen, die eine „Bemächtigung" der Betroffenen fördern, und es ihnen ermöglichen, ein eigenverantwortliches und selbstbestimmtes Leben zu führen. Dies gilt für Menschen mit eingeschränkten Möglichkeiten ebenso wie für Gesunde, für Erwachsene ebenso wie für Kinder.

Die zentralen Fragestellungen des Empowermentdiskurses können wie folgt formuliert werden:

- Unter welchen Bedingungen gelingt es Menschen, ihre eigene Stärke zusammen mit anderen zu entdecken?
- Was trägt dazu bei, dass Menschen aktiv werden und sie ihre eigenen Lebensbedingungen gestalten und kontrollieren?
- Was können wir als Professionelle dazu beitragen, verschiedene Formen von Selbstorganisation zu unterstützen? Wie können wir ein soziales Klima schaffen, das Empowermentprozesse unterstützt?
- Welche Konsequenzen hat dies auf die beteiligten Menschen, Organisationen und Strukturen?

Empowerment hat nicht bestimmte Ergebnisse oder die Erreichung von (expliziten oder impliziten) Normen im Auge. Ziel ist es eher, einen Prozess der Gestaltung und Gestaltbarkeit sozialer Lebensräume zu beginnen, der die Handlungsmöglichkeiten individuell und kollektiv erweitert und potentiell soziale oder organisatorische Rahmenbedingungen verändert. Dabei werden Empowermentprozesse nicht automatisch durch Fachleute durchgeführt oder kontrolliert. Sie geschehen täglich mit allen Arten von Personen, Gruppen oder Strukturen. Um Prozesse des Empowerment zu verstehen, sollten daher Professionelle das Konzept nicht vorschnell in ihre Arbeitsprinzipien integrieren, sondern zunächst an vorfindbaren Empowermentprozessen lernen, ihre eigene Rolle als Experten zu hinterfragen.

Unter einem professionellen Blickwinkel interessieren daher vor allem Situationen oder Bedingungen, die diese Prozesse entweder fördern oder behindern.

(1) Empowerment beschreibt Prozesse von Einzelnen, Gruppen und Strukturen hin zu größerer gemeinschaftlicher Stärke und Handlungsfähigkeit. Berufliche HelferInnen können für die Entdeckung solcher Prozesse sensibel werden und sie gezielt fördern – durch Bereitstellung von instrumentellen Hilfen (Räume, Finanzen etc.), gegebenenfalls durch Beratung von Personen, Gruppen oder Organisationen oder durch soziale oder strukturelle Einflussnahme.

(2) Empowermentprozesse können professionell gefördert oder angestoßen werden durch die Entwicklung eines sozialen Klimas und durch eine professionelle Haltung, die den Fokus der Arbeit auf vorhandene oder verschüttete Ressourcen und Kompetenzen lenkt. Diese Ressourcen sind dann nicht begrenzt – und damit erweiterbar – wenn sie auf der individuellen Ebene mit denen der Gruppenebene oder den sozialen Strukturen verbunden werden. Der Anstoß von Empowermentprozessen durch Professionelle erfolgt durch die Verknüpfungen verschiedener Ebenen – durch die Herstellung von Zusammenhängen. Eine professionelle Haltung des Empowerment bedeutet daher immer die Arbeit im und am sozialen Kontext.

Verknüpfung verschiedener Ebenen

Empowermentprozesse erzählen Geschichten von Menschen und ihren Zusammenschlüssen, denen es gelungen ist, ihre eigenen Ressourcen und Stärken zu erkennen und diese in soziale Handlungen umzusetzen. Durch Langzeitbeobachtungen, Interviews und Untersuchungen zeichnen sich gemeinsame Dimensionen von Empowermentprozessen ab (vgl. Blanchard, Carlos & Randolph, 1998):

- Es entwickelt sich ein positives und aktives Gefühl des „In-der-Welt-Seins".
- Es entwickeln sich Fähigkeiten, Strategien und Ressourcen, um aktiv und gezielt individuelle und gemeinschaftliche Ziele zu erreichen.
- Es werden Wissen und Können erworben, die zu einem kritischen Verständnis der sozialen, organisatorischen und politischen Verhältnisse und der eigenen sozialen Umwelt führen.

Diese Dimensionen von Empowermentprozessen lassen sich potentiell auf drei Ebenen feststellen: auf der individuellen Ebene, der Gruppen- und Organisationsebene und auf der strukturellen Ebene.

Vorwort und Einleitung
Beratungs-disziplinen
Geschlecht und Beratung
Alter und Beratung
Kultur und Beratung
Beratung und soziale Systeme
Perspektiven der Beratung

Psychologisches Empowerment: Auf der individuellen Ebene gibt es viele Beispiele von Personen, die aus einer Situation der Machtlosigkeit, Resignation und Demoralisierung heraus beginnen, ihr Leben wieder selbst in die Hand zu nehmen. Erfahrungen psychologischen Empowerments sind oft Geschichten der Stärke in einer Situation des Mangels.

Die Ebene der Gruppen und Organisationen: Partizipative Entscheidungsstrukturen in Organisationen und Gruppen sind offensichtlich der Schlüssel zur Entwicklung von Selbstbewusstsein, der Wahrnehmung und Nutzung eigener Stärken – das was mit psychologischem Empowerment bezeichnet werden kann. Organisationen, die Empowermentprozesse ihrer Mitglieder fördern, sind gelungene Beispiele eines „person-environment-fit", des passenden Zusammenspiels zwischen den Motiven der einzelnen Mitglieder und den Zielen der Organisation. Hierarchisch strukturierte Organisationen, in denen die Mitglieder sich erst einmal eine intern definierte Stufenleiter hinaufarbeiten müssen, erfüllen diese Kriterien in aller Regel nicht.

Die strukturelle Ebene: Empowermentprozesse auf der strukturellen Ebene lassen sich als ein erfolgreiches Zusammenspiel von Individuen, organisatorischen Zusammenschlüssen und strukturellen Rahmenbedingungen bezeichnen. Eine fördernde Atmosphäre zur Teilhabe an den sozial relevanten Entscheidungen für alle Mitglieder wie auch die spezifische Struktur von Organisationen und öffentlichen Einrichtungen und deren Beziehungen untereinander ist für strukturelles Empowerment kennzeichnend. Auf der strukturellen Ebene sind historische und aktuelle Beispiele in den verschiedenen sozialen Bewegungen zu finden. Die Frauenbewegung ist ein sehr erfolgreiches Beispiel, das in den letzten Jahrzehnten weite Teile der Gesellschaft beeinflusst hat. Doch auch ganze Gemeinwesen, Stadtteile oder größere Organisationen können hier unter dem Blickwinkel des Empowerment betrachtet werden (vgl. Lüttringhaus, 2000 und Lenz i.d.Bd.).

Dabei zeigen alle bisherigen Untersuchungen, dass die Wirkungen von Empowermentprozessen erst *durch eine Verknüpfung der verschiedenen Ebenen* zustande kommen. Die Kraft und Dynamik von Empowermentprozessen liegt gerade in der wechselseitigen Abhängigkeit und Integration von Veränderung auf individueller, gruppenbezogener und struktureller Ebene. In diesem Sinn beschreibt Empowerment das Verständnis von individuellen und gemeinschaftlichen Prozessen hin zu einer gesellschaftlichen Konflikt- und Gestaltungsfähigkeit; gleichzeitig jedoch auch den Aufbau von strukturellen Rahmenbedingungen, die diese Entwicklungen ermöglichen und fördern.

Empowerment beschreibt damit eine professionelle Grundhaltung für eine nicht-technizistische professionelle (Beratungs-)Arbeit in verschiedenen Bereichen, deren Credo es ist, einen „... Prozeß (zu ermöglichen), durch den KlientInnen (persönliche, organisatorische und gemeinschaftliche) Ressourcen erhalten, die sie befähigen, größere Kontrolle über ihr Leben auszuüben und ihre Ziele zu erreichen" (Hasenfeld & Chesler, 1989, S. 479).

Das Potential und die Fähigkeiten, das eigene Leben und die sozialen Zusammenhänge gemeinsam zu gestalten, die Ressourcen zu nutzen und zu erweitern, ist bei uns allen und in vielen sozialen Situationen vorhanden. Dieses Potential ist also kein knappes Gut, das kontrolliert und verteilt, sondern eher als Möglichkeitsraum entdeckt werden muss. In den meisten Fällen ist dieses Potential jedoch zunächst freizusetzen, zu befreien von den Verkrustungen eines Denkens in Defiziten, der Abhängigkeit von Experten oder Vorgesetzten, bis hin zu einer Veränderung der Sprachgewohnheiten, die uns dieses passivierende Denken aufzwingen. Insofern ist Empowerment mehr als ein neues, modisches Wort, sondern ein Begriff, der neue Blickwinkel auf soziale Zusammenhänge eröffnet und verschüttete Potentiale freisetzt.

2 Beratung und die Empowerment-Perspektive

Legt man die Prinzipien einer Empowermentperspektive dem Selbstverständnis professioneller und quasiprofessioneller Beratung zugrunde, so geht es darum, Bedingungen und eine Arbeitshaltung zu entwickeln, die es ermöglichen, soziale Kräfte bei anderen zu wecken oder sie zu entdecken. Empowerment bezieht sich daher auf die Möglichkeiten und Hilfen, die es Individuen oder Gruppen erlauben, Kontrolle über ihr Leben und ihre sozialen Zusammenhänge zu gewinnen und die sie darin unterstützen, die dazu notwendigen Ressourcen zu beschaffen.

Der „große kleine Bruder“ Beratung

Beratung im Rahmen psychosozialer Praxis muss immer noch als Stiefkind professioneller Tätigkeit angesehen werden. Es existiert relativ wenig wissenschaftliche oder praxisbezogene Literatur zu Beratungsprozessen – vergleicht man dies mit der Fülle an fachbezogenen oder populärwissenschaftlichen Büchern und Zeitschriften zu verschiedenen Formen des therapeutischen Handelns. Zudem wird in der Mehrzahl der konzeptionellen Arbeiten von beraterisch-therapeutischer Tätigkeit oder von „psychotherapeutischer Beratung“ gesprochen. Die beiden Handlungsbereiche werden also miteinander vermischt; analytische Differenzierungen werden erst in jüngster Zeit angeboten (vgl. Nestmann & Engel, 2002). Beratung im psychosozialen Bereich, aber auch in Organisations-Zusammenhängen orientiert sich häufig am „großen Bruder“ Therapie. Hält man sich vor Augen, dass der weit überwiegende Teil der Tätigkeiten im psychosozialen Bereich Beratungstätigkeiten sind – im eigentlichen Sinne therapeutische Tätigkeiten werden vergleichsweise selten angewandt und noch seltener benötigt – so erscheint es dringend notwendig, für psychosoziale Beratung eigenständige Konzepte zu erarbeiten.

Erste Schritte in diese Richtung werden stärker mit Aspekten der Beratung aus anderen Arbeitsfeldern (Institutions- resp. Organisationsberatung, vgl. Fatzer i.d.Bd., Politikberatung) verknüpft werden und bieten von daher die Chance, die Ressourcen unterschiedlicher Zugänge zu nutzen.

Chur (2002) nennt in diesem Zusammenhang vier Bausteine einer zeitgemäßen Konzeption von Beratung, die eine „systemische Konzeption als integratives Konzept von Beratung“ vorschlagen.

Beratung
- ist demnach der Schnittpunkt verschiedener Anwendungsbereiche, Methoden und Disziplinen,
- zielt auf die Förderung von Schlüsselkompetenzen (zielbewusstes Handeln, selbstgesteuertes Lernen, soziale Kompetenzen),
- beschäftigt sich mit transaktionalen Beziehungen in sozialen Systemen (Person, Dyade, Gruppe, Organisation) und
- sieht ein „komplexes Auftragsmanagement" und die Beachtung von stakeholder-relationship als unverzichtbare Grundlage jedweder Beratungsprozesse (vgl. Chur, 2002, S. 97–127).

Kühl (2000) trifft in diesem Zusammenhang die Unterscheidung zwischen „Expertenberatung" und „Prozessberatung". Beide arbeiten mit der in jeder Beratung üblichen Diskrepanz zwischen Ist-Zustand und Soll-Zustand; es wird ein „schöneres Bild der Zukunft" im Beratungsprozess entworfen, das durch eben diesen Beratungsprozess erreicht werden könnte. In der Expertenberatung entwirft der/die BeraterIn selbst ein Bild in Form eines „Masterplans". In der Prozessberatung geschieht dies gemeinsam mit den KlientInnen oder dem Klientensystem; der/die BeraterIn steuert lediglich den Prozess und bietet verschiedene Instrumente an, mit denen eine Vision entworfen wird, die dann im Verlauf des Prozesses ganz oder teilweise erreicht werden soll oder kann.

Kooperative Beratung als Empowermentprozess

Prozesse der Beratung sind bislang häufig vom Gedanken des „Rettens" bestimmt worden. Die Macht der Experten – bestehend aus Theorien, Konzepten und materiellen Ressourcen – wurde dazu eingesetzt, vermeintlich unwissende Menschen („Rat Suchende") aus einem Problemkreislauf zu befreien und so „zu retten" (vgl. ähnlich Nestmann & Sickendiek, 2002). Wenngleich dies auch mit den besten Absichten geschehen mag, so schränken solche Prozesse und ihre Ergebnisse doch die Fähigkeit der Menschen ein, ihre eigene Autorität zu finden und hindern sie, Verantwortung für ihr eigenes Leben, so wie sie sich es vorstellen, zu übernehmen. Problematisiert man solche Prozesse der Errettung, so ist unter einem Empowermentblickwinkel davon auszugehen, dass der im Rahmen von Beratung stattfindende Suchprozess („Rat suchen") durch die Rat Suchenden selbst oder gemeinsam mit den professionellen BeraterInnen begangen werden sollte. Der damit eingeschlagene Weg der „Entdeckung" ermöglicht einen Prozess, in dem eigene Erfahrungen interpretiert, neue (oder verschüttete) Ressourcen entdeckt und die Überraschungen beim Entdecken akzeptiert werden können.

„Suchen und Entdecken" bedeutet in diesem Zusammenhang, dass gemeinsam (Rat Suchende und BeraterIn) immer nur ein Stück des Weges gegangen wird – nämlich bis der nächste Schritt, der alleine und eigenverantwortlich gegangen werden kann, klar geworden ist. Die Rolle des/der BeraterIn ist dabei eher die einer MentorIn. MentorInnen sind Drehpunktpersonen, die Türen öffnen oder auf Türen hinweisen, die bislang noch nicht gesehen wurden. Sie sind keine Lehrer, sie üben also nicht die direkte Wissensvermittlung, sondern ermöglichen nur Kontexte, durch die der gehemmte Handlungsfluss der Rat Suchenden wiederhergestellt werden kann. Diese Wiederherstellung geschieht nicht unbedingt in der „Beratungssituation".

Ohne in diesem Rahmen eine grundsätzliche Konzeption für Beratung unter einem Empowermentblickwinkel entwerfen zu können, sollen hier doch einige Aspekte angesprochen werden. Dies insbesondere deshalb, weil direkte Formen professioneller Tätigkeit mit einer Empowermentperspektive wohl in den allermeisten Fällen „Beratungstätigkeiten" sein werden, die allerdings mit den eher indirekten Formen der Arbeit im und am Kontext übereinstimmen müssen, wenn sich diese beiden Zugangsweisen in sinnvoller Weise ergänzen sollen. Eine empowerment-orientierte Beratung darf jedoch die drei Ebenen des Empowermentprozesses nicht außer Acht lassen: Beratung mit Einzelpersonen einerseits hat demnach zum Ziel, Kollektivierungen im Sinne eines Kontakts zu Gleichgesinnten oder Gleichbetroffenen (z.B. durch Selbsthilfegruppen) und die Betrachtung und Veränderung des sozialen Systems durch den Einbezug der strukturellen Ebene zu ermöglichen. Organisationsberatung oder -entwicklung andererseits darf die Kraft der Gruppe/des Teams und die Belange und Werte des/der Einzelnen nicht vernachlässigen. Diese Verbindung der drei Ebenen (oder der vier Ebenen, wenn man kollektive oder individuelle Werte als vierte, spirituelle Ebene betrachtet) ist ein komplexer Prozess, der durch eine übliche face-to-face Beratungssituation nur schwer geleistet werden kann. Neben einer veränderten Arbeitshaltung steht hier auch der Einsatz anderer Methoden (Peer Counselling, Zukunftswerkstätten, Open Space) zu Gebote.

Empowerment-orientierte Beratung und Narration

Empowerment-orientierte Beratung in professionellen und quasi-professionellen Feldern bedient sich weitgehend narrativer Konzepte (vgl. Herriger, 2002; Stark, 1992). Schmitz, Bude und Otto (1989) erinnern an ein Modell narrativer Beratung, das eigentlich noch aus „vorprofessioneller" Zeit stammt und heute kaum noch aufzufinden ist. Es ist das Modell des Erzählers (Benjamin, 1980), das den Grundgedanken für ein Verständnis von Beratung unter einem Empowerment-Blickwinkel beinhalten kann:

> „Der Rat des Erzählers ist die Geschichte, die er erzählt. ‚Dazu fällt mir eine Geschichte ein', lautet die typische Einleitung des Erzählers, nachdem er sich angehört hat, was den Rat suchenden Hörer bewegt. Sein Rat hat weder den Charakter einer psychologischen oder soziologischen Erklärung, noch den eines praktischen Imperativs; anscheinend ist er noch nicht einmal auf die besondere Lebenssituation des Hörers bezogen. (...) Damit wird die im Grunde paradoxe Leistung einer Vermittlung von Allgemeinheit und Besonderheit vollzogen: es wird mit der erzählten Geschichte ein individuelles Modell konstruiert. Dies ermöglicht es, daß der Ratsuchende sein ganz individuelles lebenspraktisches Problem als allgemeines Problem des Lebens verstehen kann. Die erzählte Geschichte bringt zum Ausdruck, wie man die Kummer und Leid schaffende Lebenssituation anders sehen kann und welche weiteren Handlungsmöglichkeiten offenstehen. Freilich, was er daraus für sein Leben macht, ist ausschließlich Sache des Hörers; denn mit der Erzählung der Geschichte ist der Beratungsprozeß abgeschlossen" (Schmitz, Bude & Otto, 1989, S. 144).

Die Geschichtenerzähler des alten Orients oder des Mittelalters hatten die Funktion der öffentlichen Rat-Geber. Geschichten wurden nicht nur zur Unterhaltung erzählt, sondern weil diese Erzählungen den Menschen die Möglichkeit gaben, in der Geschichte die eigene Geschichte zu spiegeln, neu zu interpretieren, und neue Aspekte und Ressourcen zu entdecken. In seinem großartigen Essay „Der Erzähler" äußert Walter Benjamin (1980) die Befürchtung, die Fähigkeit des Geschichtenerzählens sei durch ein Dahinfließen von Informationen ersetzt worden. Dies mag für die modernen Massenkommunikationsmittel und für viele Bereiche unseres Lebens stimmen. Allerdings ist das, was z.B. in Selbsthilfe-Initiativen in den Gruppentreffen geschieht, zum großen Teil nichts anderes als Geschichtenerzählen. Ich erzähle meine Geschichte, um mir selbst bewusst zu werden – und ich stütze mich auf die Erfahrung anderer, um mit meinem Leiden/Problem zurechtzukommen.

> „[Die Erzählung]... führt, offen oder versteckt, ihren Nutzen mit sich. Dieser Nutzen mag in einer Moral bestehen, ein andermal in einer praktischen Anweisung, ein drittes in einem Sprichwort oder in einer Lebensregel – in jedem Fall ist der Erzähler ein Mann, der dem Hörer Rat weiß. Wenn aber ‚Rat wissen' heute altmodisch im Ohre zu klingen anfängt, so ist daran der Umstand schuld, daß die Mitteilbarkeit der Erfahrung abnimmt. Infolge davon wissen wir uns und anderen keinen Rat. Rat ist ja minder Antwort auf eine Frage als ein Vorschlag, die Fortsetzung einer (eben sich abrollenden) Geschichte angehend. Um ihn einzuholen, müßte man sie zuvörderst einmal erzählen können" (Benjamin, 1980, S. 388).

In der professionellen Beratungssituation ist das „Material" in fast allen Fällen eine Geschichte. Ziel der Beratung unter einem Empowermentblickwinkel ist es, die eigene Geschichte weitererzählen zu können, „den Erzählfaden der eigenen Geschichte selbst in die Hand zu nehmen" (Sloterdjik, 1988).

Damit wird es möglich, vorhandene oder verschüttete Ressourcen in der eigenen Geschichte wahrzunehmen und diese Ressourcen nutzbar zu machen – indem sie zum Ausdruck gebracht, öffentlich gemacht werden. „Erzählen kann die Grenze unseres Wissens über uns selbst hinausschieben. Es hält die Erinnerung an die Zukunft in uns wach, von der wir uns bei Strafe unseres Untergangs nicht lossagen dürfen" (Wolf, zitiert nach Stark, 1992).

3 Empowermentprozesse von beruflichen HelferInnen

Empowermentprozesse mit KlientInnen und Organisationen gelingen nur, wenn auch Empowermentprozesse bei den MitarbeiterInnen angestoßen werden. Fragen wie „Was erleben Sie zur Zeit als Ihre größte Herausforderung?" und „Auf welche Ihrer Fähigkeiten können Sie vertrauen, um diese Herausforderung zu meistern?" (Bobzien, 1991) gelten, wie für alle Empowermentprozesse, auch für das Empowerment der beruflichen HelferInnen. Die Grundlage der Förderung von Empowermentprozessen, die Verbindung zwischen der individuellen, gruppenbezogenen und der sozialstrukturellen Ebene herzustellen – und damit die Arbeit im und am Kontext – trägt auch zur Stärkung der eigenen professionellen Haltung bei. Die Erforschung und Bewusstmachung des eigenen Arbeitskontextes (z.B. formelle und informelle Hierarchien; Möglichkeiten und Behinderungen) und der zur Verfügung stehenden genutzten oder ungenutzten Ressourcen auf den verschiedenen Ebenen schärfen nicht nur das professionelle Bewusstsein für die Interdependenz von Personen und Kontext. Sie lassen auch Möglichkeiten entdecken, inwieweit eigene innovative Ideen im Arbeitszusammenhang umsetzbar sind, und welche Ressourcen dazu genutzt werden können.

Nur ein erfolgreiches Management der eigenen Arbeit schafft die Möglichkeit, den „Geist“ und die Begeisterung dafür, die Dinge zusammen mit anderen selbst in die Hand zu nehmen, auch an andere weiterzugeben und so Empowermentprozesse anzustoßen. Dies ist am ehesten im Rahmen von partizipativ begriffenen Organisations- und Qualitätsentwicklungsprozessen möglich. „Zusammenhänge herstellen“ in der eigenen Arbeit hat zur Voraussetzung, Veränderungen des eigenen Arbeitsbereichs zuzulassen respektive gezielt anzustreben. Die beruflichen HelferInnen setzen damit sich selbst – als Teil dieser Prozesse – Veränderungen aus, werden fassbarer und angreifbarer und verlieren damit den festen Boden von Methoden und Techniken, vor allem aber den Besitz diagnostischer Macht und die Möglichkeiten der Normierung. Sie gewinnen allerdings neue, nicht entdeckte Ressourcen und die Kraft der Gestaltbarkeit und gegenseitiger Unterstützung auf verschiedenen Ebenen.

Diese Verunsicherungen der Rolle professioneller BeraterInnen können dann fruchtbar gewendet werden, wenn die Institution einen Rahmen bietet, der gegenseitige Lernprozesse, die Verbindungen zwischen und die Arbeit auf verschiedenen Ebenen unterstützt. Der Versuch, aus dem Konzept Empowerment Konsequenzen für die eigene Arbeit und für ein neues Verständnis professioneller Praxis zu ziehen, bedeutet jedoch nicht die Option für ein „business re-engineering“ – einer vollkommenen Umgestaltung – sozialer Institutionen und Organisationen. Ein veränderter, kompetenzorientierter Blick auf soziale Probleme durch Professionelle kann durch erfolgreiche Geschichten von Empowermentprozessen angeregt werden, die die Möglichkeiten zukünftiger psychosozialer Arbeit erahnen lassen. Innovative Arbeitsansätze in diesem Sinn müssen jedoch unterstützt werden durch sozialpolitische oder organisationsbezogene Vorstellungen, die den Auftrag der Förderung von Empowermentprozessen zulassen. Am Wesentlichsten ist dabei jedoch die Entdeckung eigener Ressourcen und potentieller Ressourcen der Institution – also der möglichen fördernden Bedingungen für einen Empowermentansatz in der professionellen Arbeit. Sie müssen einhergehen mit der Analyse der Bedingungen, die mögliche institutionelle Empowermentprozesse behindern könnten – also etwa der Frage, weshalb der individuell orientierte Defizitblick in psychosozialen Einrichtungen immer wieder reproduziert wird. Eine so verstandene „Psychologie gesellschaftlicher Institutionen“ ist bislang noch kaum entwickelt, kann aber unterstützt werden durch neuere Ansätze der Organisationsentwicklung und durch Versuche, die Qualität psychosozialer Arbeit in Richtung einer NutzerInnen-Orientierung zu verbessern (Qualitätsmanagement, vgl. Stark, 2002).

4 Empowerment als Weg zu einer kompetenzorientierten Praxis der Beratung

Das Konzept Empowerment bündelt wichtige Lernprozesse aus den gesellschafts- und sozialpolitischen Diskussionen der letzten Jahre, vor allem aber aus den Erfahrungen psychosozialen Handelns, die jenseits des beruflichen Helfens entstanden sind. Die „Eigenmächtigkeit" gemeinschaftlicher Problembearbeitung in sozialen Bewegungen, Selbsthilfe- und BürgerInnen-Initiativen, aber auch in selbst-organisierten Teams in Organisationen, verdeutlicht individuelle und interaktive Potentiale, die durch eine Defizitsicht sozialer oder organisatorischer Probleme weitgehend verschüttet werden. Die Konsequenzen aus diesen Erkenntnissen für die Beratung zeigen eine Orientierung, die neue Blickwinkel auf soziale Prozesse erfordert, und die Rollen, Funktionen und Aufgaben professioneller BeraterInnen anders gestalten kann. Beschreitet man diesen Weg, so finden sich Anknüpfungspunkte in vielen Beispielen professioneller Praxis, aber auch in einer Reihe sozialwissenschaftlicher Diskurse. Eine Empowermentperspektive lädt dazu ein, diese Anknüpfungspunkte aus der Bewältigungs- und Netzwerkforschung, der Untersuchung von Partizipationsprozessen und der narrativen Psychologie aufzugreifen, und ihre Geschichte(n) bezüglich neuer Fragestellungen und Praxismodelle weiterzuerzählen.

Auf der Handlungsebene ist die aktive Förderung von gemeinschaftlichen und solidarischen Formen der Selbstorgansiation ein zentraler Bereich der Förderung von Empowermentprozessen. Die Schwierigkeit, einen Empowermentblickwinkel in die professionelle Arbeit zu integrieren, besteht vor allem darin, dass Empowermentprozesse zwar angestoßen werden können, der eigentliche Prozess jedoch weitgehend ohne Zutun der beruflichen HelferInnen abläuft. Eine Haltung des Empowerment in der Beratung lässt sich daher nicht mit direkten Interventionen vergleichen, wie sie sonst im psychosozialen oder organisatorischen Bereich eher üblich sind. Einerseits verbindet Empowerment drei Handlungs-Ebenen, die normalerweise getrennt voneinander behandelt werden: die individuelle Ebene, die Gruppen-Ebene und die strukturelle Ebene. Die eigentliche Kraft von Empowermentprozessen liegt genau in der Verbindung dieser Ebenen und der dadurch erzeugten Synergie-Effekte. Empowerment verbindet als Konzept Prozesse sozialer Aktion im gesellschaftlich-politischen Rahmen (Frauenbewegung etc.) und eine professionelle Haltung. Zwischen diesen beiden Bereichen besteht eine schwierige Balance, deren Aufrechterhaltung m.E. nur selten gelingt. Meistens entscheiden sich Nutzer des Konzepts für eine der beiden Seiten und vernachlässigen die andere. Daher ist es m.E. notwendig, an einer „psychosozialen Theorie der Balance" zu arbeiten, um das Konzept weiter entwickeln zu können.

Empowerment als professionelle Haltung bedeutet, Möglichkeiten für die Entwicklung von Kompetenzen bereitzustellen, Situationen gestaltbar zu machen und damit „offene Prozesse" anzustoßen. Eine professionelle Haltung des Empowerment impliziert *indirekte Strategien psychosozialen Handelns*. Dabei ist Empowerment für Individuen, Gruppen oder soziale Strukturen kein Ziel für sich, sondern kann nur über konkrete inhaltliche Ziele erreicht werden. So verführen Formulierungen wie „jemanden empowern" leicht wieder zu der klassischen professionellen Haltung direkter Machbarkeit. Die Notwendigkeit des Vertrauens in die Fähigkeiten von Menschen (die in manchen Bereichen große Probleme oder Defizite haben mögen), um gemeinsam weitere Fähigkeiten entfalten zu können, kennzeichnet eine wesentliche Grundhaltung und eine veränderte Wahrnehmung sozialer Probleme, die BeraterInnen für sich selbst entwickeln müssen, wollen sie Empowermentprozesse in verschiedenen Bereichen fördern und anstoßen. Empowermentprozesse können durch die Bereitstellung von Ressourcen und partizipativen Strukturen ermöglicht werden – und dies gilt prinzipiell für alle inhaltlichen Bereiche.

Ich bin überzeugt, dass sich in den verschiedenen Feldern professionellen Handelns weitere Beispiele und Anregungen finden lassen, die vielleicht noch über die beschriebenen Ansätze hinausgehen; Ansätze, die nicht nur vor dem Hintergrund privilegierter beruflicher Settings erfolgreich sind, sondern die die in jeder Situation vorhandenen, (noch) nicht erkannten Ressourcen nutzen und Menschen anders betrachten als nur als „belieferungsbedürftige Mängelwesen". Die Aufgabe der Zukunft besteht m.E. darin, diese Beispiele des Anstoßens von Empowermentprozessen zu sammeln, die fördernden und behindernden Bedingungen noch weiter zu analysieren, und diese Beispiele im Sinne von „Modellen guter Praxis" als anregende Lernfälle bekannt zu machen.

Verallgemeinert kann die Diskussion des Konzepts Empowerment die Chancen verdeutlichen, die in einer kompetenz-orientierten Sicht sozialer Probleme und Abläufe enthalten sind – Chancen des sozialen Wandels, deren Potential nicht auf das Feld psychosozialer Praxis beschränkt ist. Eine Perspektive des Empowerment bietet jedoch keine abgeschlossene Theorie oder Praxeologie psychosozialen Handelns. Diese Orientierung ist daher eher ein Wegweiser in eine Landschaft, in der man vor Überraschungen nicht sicher ist. Denn mit dem Anstoßen von Empowermentprozessen verlässt man die (durch)geplante Welt, und muss in der professionellen Arbeit den Mut aufbringen, soziale Prozesse nicht zu kontrollieren, sondern sie zuzulassen und zu beginnen.

Literatur

Benjamin, W. (1980). Der Erzähler. In W. Benjamin, *Illuminationen. Ausgewählte Schriften* (S. 385–410). Frankfurt a.M.: Suhrkamp.

Blanchard, K., Carlos, J.P. & Randolph, A. (1998). *Empowerment takes more than a minute.* Berkeley: Pub Group West.

Bobzien, M. & Stark, W. (1991). Empowerment als Konzept psychosozialer Arbeit und als Förderung von Selbstorganisation. In K. Balke & W. Thiel (Hrsg.), *Jenseits des Helfens. Professionelle unterstützen Selbsthilfegruppen* (S. 169–187). Freiburg i.B.: Lambertus.

Chur, D. (2002). Bausteine einer zeitgemäßen Konzeption von Beratung. In F. Nestmann & F. Engel (Hrsg.), *Die Zukunft der Beratung* (S. 95–135). Tübingen: dgvt-verlag.

Hasenfeld, Y. & Chesler, M.A. (1989). Client empowerment in the human services: personal and professional agenda. In *Journal of Applied Behavioral Science*, 25 (4), 499–521.

Herriger, N. (2002). *Empowerment in der sozialen Arbeit.* Stuttgart: Kohlhammer.

Kühl, S. (2000). *Das Regenmacher-Phänomen. Widersprüche und Aberglaube im Konzept der lernenden Organisation.* Frankfurt a.M./New York: Campus.

Lüttringhaus, M. (2000). Empowerment und Stadtteilarbeit. In T. Miller & S. Pankofer (Hrsg.), *Empowerment konkret. Handlungsentwürfe und Reflexionen aus der psychosozialen Praxis* (S. 79–99). Stuttgart: Lucius & Lucius Verlagsgesellschaft.

Miller, T. & S. Pankofer (Hrsg.). (2000). *Empowerment konkret. Handlungsentwürfe und Reflexionen aus der psychosozialen Praxis.* Stuttgart: Lucius & Lucius Verlagsgesellschaft.

Nestmann, F. & Engel, F. (Hrsg.). (2002). *Die Zukunft der Beratung.* Tübingen: dgvt-verlag.

Nestmann, F. & Sickendiek, U. (2002). Macht und Beratung – Fragen an eine Empowermentorientierung. In F. Nestmann & F. Engel (Hrsg.), *Die Zukunft der Beratung* (S. 165–187). Tübingen: dgvt-verlag.

Rappaport, J. (1985). Ein Plädoyer für die Widersprüchlichkeit. Ein sozialpolitisches Konzept des „empowerment" anstelle präventiver Ansätze. In *Verhaltenstherapie und psychosoziale Praxis*, 2, 257–278.

Schmitz, E., Bude, H. & Otto, C. (1989). Beratung als Praxisform angewandter Aufklärung. In U. Beck & W. Bonß (Hrsg.), *Weder Sozialtechnologie noch Aufklärung* (S. 122–148). Frankfurt a.M.: Suhrkamp.

Sloterdjik, P. (1988). *Zur Welt kommen – zur Sprache kommen. Frankfurter Vorlesungen.* Frankfurt a.M.: Suhrkamp.

Stark, W. (1992). Gemeindepsychologische Geschichte(n). Zur Bedeutung von Geschichten für eine gemeindepsychologische Perspektive. In I. Böhm, T. Faltermaier, U. Flick & M. Krause-Jacob (Hrsg.), *Gemeindepsychologisches Handeln* (S. 23–36). Freiburg: Lambertus.

Stark, W. (1996). *Empowerment. Neue Handlungskompetenzen für die psychosoziale Praxis.* Freiburg: Lambertus.

Stark, W. (2002). Gemeinsam Kräfte entdecken – Empowerment als kompetenzorientierter Ansatz einer zukünftigen psychosozialen Arbeit. In A. Lenz & W. Stark (Hrsg.), *Empowerment. Neue Perspektiven für psychosoziale Praxis und Organisation* (S. 55–77). Tübingen: dgvt-Verlag.

Thiersch, H. (2002). Beratung von unten gesehen. Einige Fragen und Mutmaßungen. In F. Nestmann & F. Engel (Hrsg.), *Die Zukunft der Beratung* (S. 155–165). Tübingen: dgvt-Verlag.

Prof. Dr. Wolfgang Stark ist Professor für Organisationspsychologie, Organisationsentwicklung und Gemeindepsychologie am Fachbereich Erziehungswissenschaften, Psychologie, Sport- und Bewegungswissenschaften der Universität Duisburg-Essen und Leiter des Labors für Organisationsentwicklung (www.orglab.de). Er ist Mitbegründer der Gesellschaft für gemeindepsychologische Forschung und Praxis e.V. und des European Network for Community Psychology.

Anschrift:
Fachbereich 2
Universität Duisburg-Essen
D-45117 Essen

Beratung zwischen alltäglicher Hilfe und Profession

Frank Nestmann

Beratung ist nicht nur wissenschaftlich fundiertes Hilfekonzept, nicht nur trainierte und reflektierte Unterstützungsmethode, nicht nur diversifiziertes berufliches Tätigkeitsfeld im Sozial-, Bildungs- und Gesundheitswesen und nicht nur Profession. Ganz im Gegenteil: Beratung war und ist trotz und neben ihrer „Verberuflichung" schon immer ein genuiner und wichtiger Bestandteil menschlichen Handelns und zwischenmenschlicher Kommunikation im Alltag und in seinen Krisen. Sie wird es immer bleiben. Schon immer und überall suchen Menschen Rat bei anderen, beraten sich Personen gegenseitig oder in Gruppen, beraten alltägliche Helfer und Helferinnen Mitmenschen, die vor Aufgaben, Anforderungen und Herausforderungen, in Orientierungs- und Entscheidungsunsicherheiten, persönlichen Problemen und Lebenskrisen aller Art stehen. Beratung in ihrer alltäglichen Form ist quasi allgegenwärtig und ist über alle Zeiten, Kulturen und Gesellschaftsformen Teil menschlicher Sozialität – dort wo Wahl, Entscheidung, Handlungsalternativen, Möglichkeiten und Optionen zumindest rudimentär vorhanden sind. Sie hat nur dort keinen Platz, wo Leben und Lebensverhältnisse in Gänze von Zwang, Direktive und unausweichlicher Vorherbestimmtheit geprägt sind. Da selbst dirigistischste Gesellschaften und Lebenskontexte zumindest in ihren Mikrostrukturen sozialer Aktion und Interaktion Spiel- und Entscheidungsräume lassen, bedeutet allerdings letztlich nur die totale Isolation des Individuums ein Verschwinden von Beratungsmöglichkeiten. Und selbst hier mag noch der Rückgriff auf imaginierte „Ratgeber" (Götter und Magier, Personen der Zeitgeschichte, Verstorbene und Ferne etc.) ein „mit sich selber zu Rate gehen" um eine fiktive soziale Dimension erweitern.

Vorwort und Einleitung
Beratungs-disziplinen
Geschlecht und Beratung
Alter und Beratung
Kultur und Beratung
Beratung und soziale Systeme
Perspektiven der Beratung

1 Formalisierungsgrade

Beratung findet somit in verschiedenen „Formalisierungsgraden“ statt. Informelle alltägliche Beratungsprozesse sind die zwischen Personen einer gemeinsamen Lebenswelt. Meist kennt man sich, ist miteinander vertraut und über mehr oder weniger formale soziale Beziehungen verknüpft – als Partner, Familienmitglieder, Verwandte, Freunde, Kollegen oder Nachbarn. Beratung ist hier in eine Vielzahl anderer Interaktionen und Kommunikationen integriert und untrennbar in diesen aufgehoben. Daher bezeichnet man diese Konstellationen als spontane und natürliche oder auch „eingebettete“ („embedded“, Froland, Pancoast, Chapman & Kimboko, 1981) Hilfebeziehungen. Diese unterscheiden sich von den gezielt hergestellten und organisierten („created“) Beratungskonstellationen, z.B. in der Tätigkeit von Laienhelfern, Ehrenamtlichen oder Selbsthilfegruppen.

Auch fremde Menschen werden in bestimmten Kontexten, Anforderungen oder Problemstellungen als Ratsucher und Berater miteinander konfrontiert. Oft ist es gerade die Fremdheit und Unvertrautheit mit einem Lebensraum und/oder mit einer Person, die zu solchen Beratungskonstellationen führt. Sind die Räume und Settings fremd, wächst der Bedarf an Orientierungshilfe durch andere, die sich auskennen. Sind sich die Personen fremd, sinken Veröffentlichungsbarrieren, die durch die Verbindlichkeit einer gemeinsamen Vergangenheit und Zukunft in vertrauten Beziehungen entstehen können. Zu diesen Kategorien informeller Helfer außerhalb eines primären persönlichen Netzwerks zählen z.B. auch die alltäglichen Beraterinnen und Berater einer Gemeinde („natural neighbours“, „community care givers“, „influentials“) und die zahlreichen Personen, die speziell über ihre Funktionen in der Gemeinschaft oder ihre beruflichen Rollen in Kontakt mit vielen Mitmenschen kommen und dort als Ratgeber und Berater in Anspruch genommen werden (s.u., vgl. auch Nestmann, 1988). Man bezeichnet sie als „role related helpers“, obwohl sie keinen einschlägig „beratungsnahen“ Beruf in Bildung, Gesundheit und Sozialem ausüben.

Konstellationen, die Beratung hingegen als genuinen Anteil unterschiedlicher pädagogischer, sozialer, psychologischer, gesundheitlicher oder auch juristischer und konfessioneller Berufe und professioneller Funktionen umfassen, lassen sich als „halbformalisierte“ Konfigurationen beschreiben. Sie bilden quasi den Übergang von der informellen zur professionellen Beratung. Beratung ist hier ein (oft wichtiger Bestandteil) anderer professioneller Interventionsformen (wie Unterrichten, Behandeln, Pflegen etc.). Sie wird auf dem Hintergrund von Erfahrungswissen, Fachexpertise im Handlungsfeld und vermehrt auch beraterischer Fortbildung und Trainings geleistet. Lehrerinnen können Schüler und Eltern in Erziehungsfragen beraten, Geistliche beraten Paare in Ehekonflikten, Ärzte und Ärztinnen oder Krankenschwestern beraten zu Ernährung und Gesundheitsverhalten etc. Auch die in ihrer Bedeutung zunehmenden Konstellationen, in denen Gleichbetroffene, Selbsthilfegruppen oder auch bürgerschaftliche Helfer, Laien und Ehrenamtliche Beratung in spezifischen Problemfeldern anbieten, können zu den halbformalisierten gezählt werden.

Angesichts einer (in Deutschland) noch ausstehenden gesetzlichen Regelung eines Beratungsberufs oder verschiedener Beratungsberufe ist die Grenze dieser

„halbformalisierten" Beratungskonstellationen zu im engeren Sinne formalisierten Beratungsinstanzen fließend. Hier wird Beratung als explizites professionelles Hilfeangebot durch (wissenschaftlich) methodisch wie inhaltlich ausgebildete Berater und Beraterinnen im Rahmen von öffentlich ausgewiesenen Beratungseinrichtungen/Beratungsstellen geleistet. Die professionellen Helfer und Helferinnen definieren sich als Berater und Beraterinnen und werden von Klienten und Nutzern wie in der Öffentlichkeit als solche definiert. Auf dem Hintergrund von Beratungstheorie kommen im Rahmen einer festgelegten Beratungsbeziehung erprobte und evaluierte Beratungsmethoden zum Einsatz, um ein gemeinsam definiertes Beratungsziel im Rahmen eines institutionellen Kontextes und eines festgelegten raumzeitlichen Settings zu erreichen.

Die drei Formalisierungsgrade repräsentieren Entwicklungsschritte in einer modernen arbeitsteiligen und ausdifferenzierten Gesellschaft, in der neben Lebenserfahrung und Alltagswissen oft fachliche Spezialisierung unterschiedlicher Grade erforderlich sind, um Rat Suchende bei der Bewältigung von Schwierigkeiten wirksam unterstützen zu können. Anders als in „vormodernen" Epochen sind hier und heute Fachwissen und Expertentum Legitimation von Beratungskompetenz. Die Formalisierungsgrade spiegeln aber zudem auch den meist typischen Prozess einer Hilfe- und Beratungssuche, den Rat Suchende dann durchlaufen, wenn persönliche Entscheidungs-, Handlungs- und Bewältigungskompetenzen durch anstehende Anforderungen oder Probleme überfordert sind.

2 Alltägliche Ratsuche und Beratungsquellen

Stehen Menschen vor Aufgaben oder Problemen, die sie nicht unter Einsatz ihrer persönlichen Bewältigungsressourcen angehen und meistern können (oder dies glauben), wenden sie sich üblicherweise an Mitmenschen, die ihnen helfen könnten. Dies gilt für Hilfesuche generell und für die Suche nach Rat und Beratung im Besonderen. Die meisten Anforderungen und Probleme, seien sie psychischer, gesundheitlicher, bildungs- und arbeitsbezogener etc. Art, werden hingegen im sozialen Netzwerk der Betroffenen bewältigt. Die Nutzung professioneller und institutioneller Hilfeinstanzen scheint oft nur der letzte Ausweg, wenn passende alltägliche Hilfequellen fehlen oder versagt haben.

Nur wenige Menschen suchen sofort Hilfe und Rat ohne vorherige eigene Bewältigungsanstrengungen; nur wenige suchen keine Hilfe bei anderen. Diese Haltung und dieses Verhalten kann unterschiedlichste Hintergründe haben: Es gibt keine potenziellen Helfer und Helferinnen; man begreift Ratsuche als persönliche Schwäche; man hält sich für unwürdig, andere zu bemühen; man befürchtet Stigmatisierung und unangenehme Folgen wie die Verpflichtung gegenüber anderen oder in der Schuld anderer zu stehen (s.a. Pearson, 1997).

Rat- und Hilfesuche sind hochgradig kulturell- und kontextabhängig und komplexe soziale Interaktionsprozesse. Das gilt insbesondere auch für alltägliche, gering formalisierte und damit stark aushandlungsbedürftige Beratungskonstellationen.

Zunächst werden z.B. nahe Netzwerkbezüge als Beratungsquellen genutzt. *Familienmitglieder* sind oft erste Anlaufstellen. Zudem können sie auf Grund gemeinsamer Lebenswelt und sozialer Nähe selbst Problemanzeichen früher identifizieren und von sich aus Beratungsinteraktionen initiieren. Netzwerkmitglieder definieren und beurteilen Anforderungs-, Belastungs- und Krisensituationen der jeweils Betroffenen mit und bahnen aktiv Bewältigungsprozesse. (Ehe-)PartnerInnen und Mütter übernehmen hier zentrale Hilfefunktionen und scheinen auch in Bezug auf beratende Unterstützung für alle anderen wichtige Ressourcen zu sein (Nestmann & Schmerl, 1991). Auch die Problemarten bestimmen natürlich die relative Bedeutung unterschiedlicher alltäglicher Beratungsquellen. Emotionale Probleme z.B. werden bevorzugt auch außerfamilial mit *Freunden und Freundinnen* zum Thema, insbesondere wenn es sich um familiale Konflikte handelt. Arbeitsschwierigkeiten werden im Kollegenkreis beraten, während finanzielle Schwierigkeiten meist nicht über die Verwandtschaft hinaus erörtert werden. Die „Stärke schwacher Bindungen" (Granovetter, 1973) ist häufig eine Öffnung des Netzwerks für breitgefächertere Information, die Zugang zu neuen Lösungen (z.B. in der Arbeitssuche etc.) bieten. Zudem birgt der Schritt über eigene Familien-, Freundes- und Nachbarschaftsbezüge hinaus die Chance unverbindlicherer und unkontrollierterer Ratsuche. Alltägliche Berater und Beraterinnen mit größerer Distanz lassen mehr Freiheit, wo, wie und wann Rat gesucht wird, wie und in welche Richtungen Beratungsprozesse verlaufen und auch, ob die reflektierten und gefundenen Lösungswege eingeschlagen werden.

Hier erhalten die *alltäglichen Helfer und Helferinnen einer Gemeinde* eine besondere Bedeutung. Bestimmte Personen einer Gemeinde werden von vielen um Hilfe, Rat und Unterstützung angegangen, u.a. deswegen, weil die Rat Suchenden davon ausgehen, dass jene dies etwas besser beherrschen als andere Menschen, weil man sie zudem kennt und weil man ihrer Unterstützung vertraut. Ihr Rat und ihre Hilfe scheinen weniger auf nachbarschaftlichen Beziehungen, auf Gegenseitigkeit und Reziprozität, auf Verpflichtung auf Grund von Verwandtschaft oder auf engen Freundschaftsbezügen zu basieren. Sie beruhen eher auf einer generellen persönlichen Motivation, anderen zu helfen und auf alltäglicher Hilfemotivation und Kompetenz, die Achtung und Vertrauen bei Rat Suchenden erwecken. Einige dieser sogenannten „natural helpers" haben auch spezifische (z.B. leitende oder verbindende) Positionen in Gruppen und Verbänden der Gemeinde, in der sie helfen. In jedem Fall teilen sie oft mit den Rat Suchenden Lebensraum, sozioökonomischen Hintergrund, Problembereiche und -erfahrungen, verfügen aber über bessere Bewältigungsfähigkeiten. Caplan (1974) unterscheidet diese alltäglichen Berater in zwei Typen. Es gibt einmal die *Generalisten*, die bezüglich ihrer Kontaktfreudigkeit und ihrer Qualifikation im Umgang mit anderen und in der Unterstützung anderer in krisenhaften Lebensepisoden bekannt sind und sich z.B. angeregt durch die Bewältigung eigener Probleme gern als alltägliche Berater zur Verfügung stellen. Von diesen werden *Spezialisten* unterschieden, die spezifische Probleme selber hatten. Sie zeichnen sich weniger durch ihre Persönlichkeit und ihr Interesse aus als vielmehr durch die Tatsache, dass sie eigene Probleme – öffentlich sichtbar – bewältigt oder unter Kontrolle gebracht haben.

Neben einer Identifikation mit Betroffenen (im Gegensatz zur professionellen „Empathie"), Engagement (statt beherrschter Hilfetechnik), Authentizität (statt

Distanz) und Bestätigung (statt Entlohnung) mag auch eine mögliche Motivation in der Verarbeitungsmöglichkeit für eigene Probleme des alltäglichen Helfers liegen, wenn er andere in ähnlichen Schwierigkeiten unterstützt. Die immer wieder betonte Gefahr eines übermächtigen „Helfersyndroms" wird jedoch durch die Tatsache entdramatisiert, dass, wenn diese informellen Helfer nur ihre eigenen Probleme im Rat für andere abarbeiten, sich bald niemand mehr an sie wenden würde. Welche Motivation auch immer sie haben, sie müssen gute Resultate erzielen, wenn sie ihre öffentliche Reputation erzielen und erhalten wollen.

Die informellen Helfer einer Gemeinde erfüllen die unterschiedlichsten Beratungsaufgaben. Wenn auch ein Schwerpunkt auf der kommunikativen Problembearbeitung, d.h. auf Beratungsgesprächen, Ratschlägen, Erörterung von Problemursachen und Lösungsmöglichkeiten, Tipps zu existierenden Hilferessourcen etc. liegt (Gershon & Biller, 1977), ist auch eine spontane und in besonderen Fällen sogar regelmäßige praktische oder auch materielle Hilfestellung nicht ausgeschlossen. Naparstek, Biegel und Spiro (1982) betonen auch hier die herausragende Rolle von Frauen, die als alltägliche Helferinnen ihrer Gemeinde aktiv werden, während Männer sich eher durch Leitungsaufgaben und durch allgemeine Gemeindefragen angesprochen fühlen und nur über geringe Kenntnisse zu existierenden Nachbarschafts- und Familienproblemen sowie nichtöffentlichen Konflikten und Schwierigkeiten der Gemeindemitglieder verfügen. Frauen fühlen sich als informelle Helferinnen und Beraterinnen eher zuständig für die persönlichen Sorgen und Nöte von anderen. Sie werden um Rat und Beistand gefragt und haben ausgedehnte Kenntnisse von individuellen und familiären Problemlagen sowie von potenziellen formellen und informellen Hilferessourcen. Naparstek, Biegel und Spiro sehen insofern in der Gemeindehelferinnenrolle von Frauen eine Ausweitung der helfenden und sorgenden weiblichen Familienrolle.

Rollen- und berufsbezogene Helfer erlangen ihre Bedeutung als Berater auf Grund bestimmter (anführender, meinungsbildender etc.) Funktionen in der Gemeinschaft oder mehr noch auf Grund bestimmter Berufe, die ihnen den Kontakt zu ihren Mitmenschen vermitteln. Eine Grobunterscheidung innerhalb der Gruppe der „role related helpers" kann man insofern vornehmen, als man Berufe aus gesundheits-, erziehungs-, sozial- und medizinbezogenen Berufen (halbformalisierte Beratungskonstellationen) von Berufen unterschiedet, die eigentlich keine diesbezüglichen Nähen erkennen lassen, die aber trotzdem kommunikationsintensiv sind. Zur ersten Gruppe gehören Professionen, denen schon seit langem eine umfassende Berater- und Helferfunktion nachgesagt und nachgewiesen wird (Gershon & Biller, 1977).

So gilt z.B. der Allgemeinarzt/Hausarzt als eine entscheidende Schlüsselressource im Initialkontakt mit vielen Menschen, die eigentlich psychosoziale Probleme haben, und diesbezüglich Beratung und Unterstützung brauchen und suchen. Nach eigenen Einschätzungen von Ärzten sind es bis zu 60 % ihrer Patienten und Patientinnen, die mit vorübergehenden mittleren bis schweren psychosozialen, sozialen und emotionalen Problemen belastet sind. Nach verschiedensten Studien kommt aber auch Apothekern und Krankenschwestern eine wichtige Rolle als alltägliche gesundheitliche und psychosoziale Berater/Beraterinnen zu. Krankenschwestern z.B. veranschlagen üblicherweise mehr als 50 % ihrer Arbeit für den Bereich der emotionalen Unterstützung und Beratung von Patienten und Angehörigen mit Schwierigkeiten (Henderson, 1973). Neben den medizinischen und medizinnahen Berufen werden vor allen Dingen

Pfarrern, Lehrern und auch Polizisten alltägliche Hilfestellungen und Unterstützungsleistungen zugeschrieben. Geistliche sind weiterhin eine potenzielle und faktisch wahrgenommene informelle Hilfeinstanz. Die Hauptproblembereiche, mit denen Pfarrer konfrontiert werden, scheinen Eheprobleme und Erziehungsfragen, die sie offensichtlich vorrangig in wenigen direktiven Einzelgesprächen mit Betroffenen erörtern. Auch Lehrer und anderes Schulpersonal wie Hausmeister, Sekretärinnen etc. haben Beratungsfunktionen für Kinder und Eltern und übernehmen z.B. Vermittlungsfunktionen zwischen informellen Beratungssystemen und professionellen Hilfeinstanzen (Nestmann & Bamler, 1999).
Diese Zwischenstellung scheint auch für die vor allem in den USA unter Hilfegesichtspunkten analysierten Funktionen von (Streifen-)Polizisten relevant. Sie werden auf Grund ihres häufigen Zugangs zu Krisensituationen, ihrer eigenen ununterbrochenen Zugänglichkeit, vor allem aber auf Grund des nur niedrigen Informationsstands der Bevölkerung bezüglich problemspezifischer öffentlicher Hilfeinstanzen als faktische Hilfe- und Kriseninterventionsinstanz betrachtet (Barocas, 1972). Die Widersprüchlichkeit zwischen potenzieller informeller Helferrolle und primärer Sanktions- und Ordnungsfunktion ist gerade hier stärker zu berücksichtigen. Zahlreiche Kontakte zu gesundheitlichen und psychosozialen Versorgungseinrichtungen kommen fast ausschließlich über den Umweg der Polizei zu Stande.

Das Wissen darum, dass auch andere Berufsgruppen bevorzugt alltägliche Helfer-, Berater- und Zuhörer-Funktionen übernehmen, ist sicher kein neues. In „Volksweisheiten", Geschichten, Einzelfallschilderungen der Presse etc. wurden bei *Angehörigen unterschiedlicher Dienstleistungsberufe* wie Postboten, Frisören und Frisösen, Laden- und Kioskbesitzern, Klofrauen, Wirten und Wirtinnen, Taxifahrern, Prostituierten und Barfrauen, -keepern etc. häufig Berater- und Hilfefunktionen offen gelegt. Intensiver werden die alltäglichen Hilfeleistungen dieser Berufsgruppen in den 80er Jahren von Cowen in den USA (Cowen, 1982) und von Nestmann in Deutschland (1988) untersucht. Cowen geht davon aus, dass Mitglieder bestimmter eigentlich nicht in gesundheitlichen oder psychosozialen Zusammenhängen tätiger Berufsgruppen als potenzielle Alltagshelfer und Berater genutzt werden, weil ihre Berufe sie in engen Kontakt mit vielen (auch problembelasteten) Mitmenschen bringen, weil sie präsent sind, wenn Schwierigkeiten auftauchen, weil ihre diesbezüglichen Dienste nichts kosten und/oder weil die Betroffenen sie kennen und ihnen auf Grund früherer Kontakte vertrauen. Viele der beruflichen Settings dieser Alltagshelfer und -helferinnen sind bestimmt durch Regelmäßigkeit des Kontakts mit den Kunden und durch längere Interaktionsphasen (z.B. Kontakte in Frisörgeschäften, Gastwirtschaften und Bars etc.). Die Konversation ist prägende Interaktionsform. Andererseits sind auch nicht auf Bekanntheit und Vertrautheit basierende Konstellationen des alltäglichen Lebens (z.B. die Situation einer Taxifahrt) über andere besondere Qualitäten zur Erörterung und Bearbeitung persönlicher Probleme prädestiniert (Nestmann, 1988). Von vielen Angehörigen dieser Berufe wird die alltägliche Beraterrolle als „normaler", oft auch als „sehr wichter" Bestandteil der Berufsrolle interpretiert. Ökologische Charakteristika des umgebenden Berufssettings wie Kontakthäufigkeiten, Verflechtung mit der eigentlichen Dienstleistung und dem eigenen Einkommen (z.B. als Trinkgeld), Regelmäßigkeiten und Dauer der Konversation oder die Zahl der Anwesenden, Ruhe und Hektik der Situation spielen entscheidende Rollen für Art und Ausmaß der möglichen Beratungs- und Hilfeleistungen.

In vielen Aspekten zeigen sich diese Helfer in einer Zwischenstellung zwischen primärer informeller und professioneller Hilfe – in positiver wie negativer Hinsicht. Sie sind Unterstützungsquellen für breite Bevölkerungskreise, jedoch insbesondere wichtig für Personen, die über keine primären Netzwerke und keine potenziellen nahen Unterstützungsbezüge verfügen, und für diejenigen, die professionelle psychosoziale Hilfe und Beratung nicht in Anspruch nehmen. Alltägliche Helfer sind dem Alltagsleben der Betroffenen nicht „entrückt" wie professionelle Hilfeinstanzen. Ihre in den Alltag integrierte Beratung, die oft unintendiert erfolgt, von den Betroffenen meist nicht explizit abgerufen oder eingefordert werden muss, die nicht als besondere Hilfeleistung betrachtet wird und die auch von den Unterstützern meist nicht explizit als Unterstützung definiert wird, stellt eine effektive problemspezifische und problemunspezifische soziale Unterstützung dar. Ihre Wahrnehmung bleibt nach außen „stigmafrei" und unterscheidet sich hier vom Aufsuchen zahlreicher professioneller und institutionalisierter Beratungseinrichtungen. Das Herausgehobensein aus dem belastenden Berufs-, Wohn-, Familienalltag etc., die Entfernung von den potenziellen Problemursachen und Beteiligten (in engen Netzwerken) bietet andererseits Distanz und Freiraum zum „Sich-anvertrauen" an Nichtbeteiligte. Die relative Distanz alltäglicher Helfer zum engsten Lebensraum der Betroffenen senkt im Vergleich zur Nachbarschaft, Verwandtschaft oder Familie die Gefahren und Belastungen sozialer Kontrolle. Der Zugang zu alltäglichen Beratern ist mehr oder weniger offen und spontan unter Problemdruck möglich. Fremdheit und Anonymität einerseits oder Vertrautheit und Verschwiegenheit andererseits sichern die „Konsequenzenlosigkeit" bzw. das Nicht-befürchten-müssen negativer Folgen einer Problemansprache. Der Hilfe Suchende hat in diesen Konstellationen bessere Möglichkeiten, sich unerwünschten Hilfen zu entziehen. Herrschen in primären Netzwerken stark normierte Hilfeverpflichtungen und gibt es in professionellen Hilfebezügen auf Grund von Bezahlung „einklagbare Leistungen", so sind Hilfekonstellationen unter Beteiligung von alltäglichen Helfern und Helferinnen durch offenere Aushandlungsprozesse geprägt. Ihre Hilfeanstrengungen sind nicht garantiert. Fehlende Hilfeverpflichtungen und Hilfegarantien bedeuten hier somit ebenso Risiko und Anstrengung wie Selbstregulation und Bestimmbarkeit von Hilfeprozessen. Bei berufsbezogenen Helfern birgt die Verbindung von primärer Dienstleistung und potenzieller Hilfeleistung immer die Gefahr einer pragmatisch heuchlerischen Zuwendung. Fehlende Zeit, konkurrierende Aufgaben und Verdienstinteressen schränken ebenso wie Settingbedingungen und Rollenanforderungen der primären Dienstleistung viele alltägliche Hilfeaktivitäten ein. Die Beratungs- und Hilfeanstrengungen sind daher allerdings auch freier von den Erwartungen der Betroffenen und somit werden sie, wenn sie denn erfolgen, tendenziell höher bewertet als eine „als selbstverständlich" erachtete Hilfeleistung aus der Familie. Keine Hilfe oder keine effektive Hilfe durch die berufsspezifischen alltäglichen Helfer zu erhalten, ist hingegen weniger „dramatisch" für die Erfahrung der Betroffenen als die Entbehrung erwartbarer und „eigentlich normaler" Hilfeleistungen in primären Beziehungen oder als das Misslingen und Fehlschlagen von Hilfe durch Personen, denen über ihren Beruf Hilfequalifikation und Hilfekompetenz zugeschrieben wird.

3 Alltägliche Beratungsformen

Bezüglich der Formen informeller Hilfe existieren eine ganze Anzahl von Beschreibungs- und Systematisierungsansätzen, die versuchen, die äußerst vielfassettigen Ausprägungen alltäglicher Unterstützung zu erfassen.

Dies sind einmal relativ einfache Systematiken wie die von Badura (1981), der lediglich zwischen emotionaler Unterstützung (verbal/körperlich), sozialer Unterstützung (soziale Anerkennung), praktischer Hilfe (personenbezogen, materiell, aufgabenbezogen), finanzieller Unterstützung und Information (Tipps, Ratschlag, Hinweis auf formelle Hilfe etc.) differenziert.
Barrera & Ainlay (1983), die als Hilfedimensionen materielle Hilfe, Verhaltensbeistand, intime Interaktion, Feedback und positive soziale Interaktionen identifizieren, erhalten nach einer Faktorenanalyse sozialunterstützender Verhaltensweisen die Faktoren: direktive Anleitung (Rat, Anweisung, Belehrung), nichtdirektive Unterstützung (Zuhören, Zuwendung, Achtung, Vertrauen), positive soziale Interaktion (Teilen von Interessen, gemeinsame Aktivitäten) und handgreifliche Unterstützung (praktische Hilfe, materielle Hilfe).
Gottlieb & Todd (1979) entwickeln aus Inhaltsanalysen von Interviews mit potenziellen Empfängern informeller Unterstützung 26 Kategorien informeller Hilfeverhalten. Unter emotional unterstützenden Verhaltensweisen werden 12 Hilfeformen gefasst, die emotional unterstützende Bedingungen für die Betroffenen herstellen. In einer zweiten Dimension von Problembewältigungsverhalten werden die individuellen Bewältigungsressourcen der Betroffenen ergänzt durch gezielte Strategien der Problembearbeitung. Schließlich werden noch die Kategorien des indirekten persönlichen Einflusses (ohne Bedingungen für jemanden da sein und Bereitschaft zu unterstützendem Handeln zeigen) und umgebungsbezogene Aktionen (wie aktive Interventionen im Lebensraum, die die Problemquelle reduzieren oder beseitigen) definiert.
Cowen (1982) nimmt sich in seinem Kategorisierungsversuch vor allem einer genauen Ausleuchtung des Elements verbaler Hilfestrategien an, die in alltäglichen Hilfe- und Beratungsprozessen zu identifizieren sind. Er findet als Kommunikationsstrategien alltäglicher Helfer: Unterstützung und Sympathie geben; einfach zuhören; Alternativen präsentieren; versuchen aufzumuntern; über Verletzungen hinweghelfen; persönliche Erfahrungen teilen; Rat geben; Fragen stellen; versuchen, den Betroffenen dazu zu bringen, mit anderen zu reden; auf Konsequenzen falscher Gedanken hinweisen; helfen, Gefühle zu klären; vorschlagen zu lesen; Personen zu Alternativen anleiten; aber auch zu versuchen nicht hineingezogen zu werden; versuchen das Thema zu wechseln und zu signalisieren, dass man nicht die richtige Person ist, bei der Rat gesucht wird.

Ein Charakteristikum der Beratung alltäglicher Helfer scheint – wie in der professionellen psychosozialen Hilfe und anders als in primären Hilfebezügen – das Vorherrschen verbaler Unterstützungsformen. Diese sind jedoch äußerst vielgestaltig. Was alltägliche Berater und Beraterinnen tendenziell von professionellen Helfern und deren Hilfekonzepten unterscheidet, ist die geringere Eingrenzung und Standardisiertheit, die sowohl Settings, Situationen, Personen, Beziehungen und Probleme betreffen wie auch die zur Anwendung gelangenden Handlungs- und Kommunikationsstrategien. Die Verankerung in alltäglichen Interaktionen verlangt ein flexibles Sich-einlassen auf unterschiedlichste Interaktionsprozesse auch in Anstrengungen gemeinsamer Problembewältigung. Eine professionelle Reduktion auf bestimmte Personenkreise, Problemarten oder Interventionsmethoden ist hier nicht gegeben und möglich. Insofern ist auch ein breiteres Spektrum an Reaktionsstrategien in alltäglichen Beratungsprozessen vorzufinden. Theoretisch unvereinbare Strategien, z.B. direktive oder nichtdirektive Methoden, kommen hier offenbar durchaus nebeneinander vor. Sie existieren in diesen Hilfe- und Unterstützungsanstrengungen offenbar je nach Personen mehr oder weniger dominant und ohne zu Dissonanzen zu führen, weil der jeweilige Helfer nicht auf ein bestimmtes formales wie inhaltliches Hilfekonzept festgelegt ist.

Alltagstheorien „Wie zu helfen ist" existieren durchaus, leiten die konkreten Hilfeleistungen aber anscheinend in sehr lockerem und weithin offenem Rahmen an. Zudem scheinen Alltagstheorien und Alltagshandeln keineswegs kongruent, z.B. wenn glaubwürdig die These vertreten wird, man müsse den Betroffenen eine Lösung selber finden lassen, wenn aber andererseits in der Hilfeinteraktion mehr oder weniger dringlich eigene Lösungsvorstellungen des alltäglichen Helfers angeboten werden. Falsches Helfenwollen und „schlechtes" Helfen bleibt immer möglich. Es kann jedoch offenbar nicht allein aus der Anwendung bestimmter Strategien, wie z.B. Herunterspielen von Problemen, Direktiven geben, Ablenkung durch Verbreiten einer fröhlichen Stimmung etc., abgeleitet werden. Auch diese Reaktionsformen können genauso wie aktives Zuhören, Informationsvermittlung oder Anregung von Gefühlsreflexionen fallspezifisch sowohl hilfreich wie nicht hilfreich sein und erlebt werden. Entscheidend bleibt das „Passen" von bereitgestellten Unterstützungsleistungen auf die spezifischen Unterstützungsbedürfnisse. Die Hilfestrategien alltäglicher Helfer müssen also im jeweiligen Personen-, Problem- und Situationskontext beurteilt werden. Sie sind nicht per se als effektiv oder ineffektiv zu definieren.

Auch in alltäglichen Beratungsprozessen scheinen sich die von der Common-Factor-Forschung herausgearbeiteten allgemeinen und unspezifischen Wirkfaktoren und generellen Funktionen von Hilfeprozessen wieder zu finden, die professionellen Beratungskonstellationen unterliegen (Frank, 1981). Frank definiert als allgemeine Elemente einer hilfreichen Beratungskonstellation eine vertrauensvolle Beziehung, die Spezifik des Behandlungsortes, eine Behandlungstheorie oder einen „Mythos" und davon abgeleitete Aktivitäten und Unterstützungsarten. Er sieht die Wirksamkeit nicht in den verschiedenen Inhalten, sondern vielmehr in den gleichen Funktionen. Diese Funktionen finden sich ebenso in alltäglichen Hilfebezügen. Es handelt sich um

- neue kognitive und durch Erfolg vermittelte Lernchancen für die Betroffenen,
- eine Steigerung der Hoffnung auf Besserung,
- die Gewährung von Erfolgserlebnissen,
- die Überwindung demoralisierender Entfremdung von Mitmenschen durch die Hilfebeziehung und
- um emotionale Erregung als Voraussetzung einer Einstellungs- und Verhaltensänderung.

Insbesondere die Fähigkeit, Hoffnung zu wecken, zu unterstützen und zu beruhigen, hält er für die entscheidende Laienqualifikation. Insofern können die Wirkelemente von Psychotherapie und professioneller Hilfeleistung und Beratung in vollem Umfang auch von alltäglichen Beratern und Beraterinnen zur Geltung gebracht werden.

4 Beratungsentwicklung zwischen Alltag und Profession

In einer Welt gleichzeitig wachsender Chancen und Risiken, Optionen und Unsicherheiten für den Einzelnen, zunehmender Konfrontation mit Fremdem, Unbekanntem sowie unvorhersagbarer und unplanbarer Zukunft, in einer Zeit, in der weit mehr an Orientierungs- und Entscheidungsleistungen, an Aushandlungsprozessen, Umstrukturierungen und Neudefinitionen im Lebenszyklus fast jedes Menschen an der Tagesordnung sind, wächst das Bedürfnis nach Beratung weiter. Eine überwältigende Informationsflut steht vielen offen, lässt ebenso viele aber eher ratlos zurück. Sie braucht Beratung zur Ordnung, Reflexion und Bewertung. Die Bedeutung von informellen, halbformalisierten und formalisierten Beratungskonstellationen wird weiter zunehmen für diejenigen, die die neuen Möglichkeiten der Entwicklung und Entfaltung nutzen wollen, wie für diejenigen, die die Gefahren der neuen Ambivalenzen, Paradoxien und Unsicherheiten prävenieren oder bewältigen müssen – vor allem für die Vielzahl derer, die diesen Chancen und Risiken ausgesetzt sind. Entfaltung persönlicher Potenziale im Begleitschutz der sozialen Gemeinschaft braucht Rückmeldung, Reflexion, Orientierungs-, Entscheidungs- und Handlungsunterstützung informeller alltäglicher Helfer und Helferinnen. Gemeinsames und gegenseitiges Sich-beraten in sozialen Netzwerken wird Voraussetzung für gelingendere Lebensführung und -bewältigung. Die Bedeutung von ganz spezifischen Beratungsformen und Beratungsleistungen organisierter Selbsthilfegruppen und/oder Unterstützungsgruppen Gleichbetroffener (support groups) für sich selbst und für andere Betroffene und Angehörige nimmt überall dort zu, wo professionelle Hilfe (noch) fehlt oder an Bedürfnissen vorbeigeht.

Halbformalisierte Beratungskonstellationen, in denen Angehörige helfender Berufsgruppen auch beraten, expandieren. Beratung wird mehr und mehr die angemessene und passende Interventionsform für Klientele und Nutzer, die weder (Um-)Erziehung, Führung und Anleitung, Behandlung und Versorgung etc. brauchen, noch mit puren Informationen abzuspeisen sind, ohne diese auf ihre Person, ihr Anliegen und ihre Lebenskontexte beziehen zu können. Die Beratungsanteile in diesen Arbeitszusammenhängen mit reflexiven, selbstverantwortlichen, handlungs- und entscheidungsfähigen Nutzern – die auch als solche betrachtet werden – nehmen vor allem dort zu, wo auch die jeweiligen Berufsangehörigen (Lehrer, Erzieher, Ärzte, Pfarrer, Anwälte etc.) am positiven Renommee ihrer *Beratungs*funktionen partizipieren.

Formalisierte Beratungskonstellationen wachsen mit der fortschreitenden Professionalisierung von Beratung allenthalben und in allen Lebensbereichen. Kaum ein gesellschaftliches Konflikt- und Problemfeld ist noch ohne spezifisches formelles Beratungsangebot. Kaum eine neue Anforderung, kaum eine absehbare Krisenentwicklung wird nicht über ein neues Beratungsangebot flankiert. Die professionelle und institutionelle Ausdehnung von Beratung – von Beratern und Beraterinnen in Beratungseinrichtungen und -diensten – birgt die Chance einer bedarfs- und bedürfnisgerechteren Unterstützung von gelingender Lebensführung und -bewältigung. Sie birgt auch die Gefahr der flächendeckenden Durchsetzung einer neuen „geheimen Moral“ der Beratung und der Logik eines „homo consultabilis“ (Thiersch,

1989) als einem für die existierenden Beratungsangebote in Passform zu bringenden Klienten. Vor allem birgt sie die Gefahr einer expertokratischen Entwertung alltäglicher und halbformalisierter Beratungskonstellationen (s.a. Sickendiek, Engel & Nestmann, 1999).

Die Professionalisierung geht grundlegend mit der Paradoxie einher, dass mit der Entwicklung von theoretisch fundierter, empirisch evaluierter und methodisch sowie ethisch kontrollierter wissenschaftlicher Beratung einem tendenziellen Kompetenzentzug alltäglicher Berater und Beraterinnen Vorschub geleistet und zudem das professionelle Beraten als ein „besseres" Helfen definiert werden kann. Die Paradoxie ist nur auflösbar, wo professionelles Beratungshandeln im Selbstbewusstsein seiner Qualität die spezifischen Potenziale und Qualitäten informeller und halbformalisierter Beratungskonstellationen nicht negiert, sondern sich mit diesen vernetzt und/oder sie geradezu zum Ziel der eigenen Unterstützungsbemühungen macht. Alltägliche und halbformalisierte Beratungskonstellationen, die dort Handelnden, ihre Hilfemotivationen, -leistungen, -erfahrungen, die Unterstützungskontexte und -prozesse, die Settings in ihren Möglichkeiten und Grenzen und die Bewertung durch die Nutzer etc. zu erforschen, um als professionelles Beraten von ihren Stärken zu lernen, und andererseits ihre Schwächen wo möglich und nötig zu kompensieren, sind bis heute nicht geleistete Aufgaben. In den Konzepten von „Beratung als Aktivierung sozialer Unterstützung" (Pearson, 1997; vgl. Straus i.2.Bd.) und „Beratung als Ressourcenförderung" (vgl. Nestmann i.2.Bd.) ebenso wie in neuen Entwürfen einer „Reflexiven Beratung" (Engel, 1997) sowie neuen pädagogischen und sozialpädagogischen Beratungsmodellen (vgl. Thiersch i.d.Bd.; Engel i.d.Bd.) liegen die ersten Ansätze einer solchen produktiven konzeptionellen Entwicklung, die ihre Spuren in Beratungsausbildung, Beratungsberufen und Beratungsinstitutionen hinterlassen können.

Literatur

Badura, B. (Hrsg.) (1981). *Soziale Unterstützung und chronische Krankheit.* Frankfurt a.M.: Suhrkamp.

Barrera, M. & Ainlay, S.L. (1983). The structure of social support: A conceptual and empirical analysis. In *Journal of Community Psychology, 11*, 133–143.

Barocas, H.A. (1972). Police crisis intervention and the prevention of violence. In *American Journal of Psychoanalysis, 32*, 211–215.

Caplan, G. (1974). Support systems. In G. Caplan (Ed.), *Support systems and community mental health.* (19–36) New York: Behavioral Publications.

Cowen, E.L. (1982). Support is where you find it. Four informal helping groups. In *American Psychologist, 37 (4)*, 385–395.

Engel, F. (1997). Dacapo – oder moderne Beratung im Themenpark der Postmoderne. In F. Nestmann (Hrsg.), *Beratung. Bausteine für eine interdisziplinäre Wissenschaft und Praxis* (S. 179–216). Tübingen: dgvt-Verlag.

Frank, J.D. (1981). *Die Heiler. Wirkunsgweisen therapeutischer Beeinflussung.* Stuttgart: Klett-Cotta.

Froland, C., Pancoast, D.L., Chapman, N. & Kimboko, P. (1981). *Helping networks and human services.* London: Sage.

Gershon, M. & Biller, J.B. (1977). *The other helpers: Paraprofessionals and non-professionals in mental health.* Lexington, Mass.: Lexington Books.

Gottlieb, B.H. & Todd, D. (1979). Characterizing and promoting social support in natural settings. In R.F. Muñoz, L.R. Snowdon, & J.G. Kelly (Eds.), *Social and psychological research in community settings.* (183–246) San Francisco: Jossey Bass.

Granovetter, M.S. (1973). The strength of weak ties. In *American Journal of Community Psychology, 78*, 13–60.

Henderson, J. (1973). Training for public health nurses. In *Canada's Mental Health, 21*, 12–14.

Naparstek, A.J., Biegel, D. & Spiro, H.R. (1982). *Neighborhoood networks for human mental health care.* New York: Plenum Press.

Nestmann, F. (1988). *Die alltäglichen Helfer.* Berlin: de Gruyter.

Nestmann, F. & Bamler, V. (1999). *Alltägliche Helferinnen und Helfer in der Universität. Schriftenreihe 2 des Dresdner Netzwerks Studienbegleitender Hilfen.* Technische Universität Dresden.

Nestmann, F. & Schmerl, C. (Hrsg.) (1991). *Frauen, das hilfreiche Geschlecht.* Reinbek bei Hamburg: Rowohlt.

Pearson, R.E. (1997). *Beratung und soziale Netzwerke.* Weinheim: Beltz.

Sickendiek, U., Engel, F. & Nestmann, F. (2002). *Beratung. Eine Einführung in sozialpädagogische und psychosoziale Beratungsansätze.* Weinheim: Juventa.

Thiersch, H. (1989). Homo Consultabilis: Zur Moral institutionalisierter Beratung. In K. Böllert & H.U. Otto (Hrsg.), *Soziale Arbeit auf der Suche nach der Zukunft* (S. 175–193). Bielefeld: Böllert Verlag.

Prof. Dr. Frank Nestmann ist Diplompsychologe und befasst sich seit 1976 theoretisch und empirisch mit unterschiedlichen Beratungsthemen. Seit 1993 ist er Inhaber des Lehrstuhls für Beratung und Rehabilitation am Institut für Sozialpädagogik, Sozialarbeit und Wohlfahrtswissenschaften der TU Dresden. Interessen und Publikationsschwerpunkte liegen in den Bereichen Beratung, soziale Netzwerke und soziale Unterstützung, informelle Hilfe, Gemeindepsychologie, Sozialpädagogik und Psychiatrie. Er koordiniert das Forum Beratung der DGVT und ist gemeinsam mit Hans Thiersch Herausgeber der Beratungsreihe im DGVT-Verlag.

Anschrift:
Institut für Sozialpädagogik, Sozialarbeit und Wohlfahrtswissenschaften
Fakultät Erziehungswissenschaften
Technische Universität Dresden
D-01062 Dresden
E-Mail: Frank.Nestmann@mailbox.tu-dresden.de

Mit Colin Feltham konnten wir einen der renommiertesten Counselling-Experten aus England als Autor gewinnen. Gerade in einer Zeit, in der hierzulande gemeinsame Grundlagen für Beratung formuliert werden (vgl. AG Beratungswesen i.Bd.2), ist ein Blick auf ausländische Beratungsentwicklungen angeraten. Das gilt nicht zuletzt auch, da der Begriff Counselling – in diesem Fall in der englischen Version mit „ll" (im Gegensatz zum inhaltlich etwas weiter gefassten US-amerikanischen Counseling mit nur einem „l") – auch im Deutschsprachigen zunehmend benutzt wird (Anmerkung der HerausgeberInnen).

Counselling in the United Kingdom, and Counselling as it might be

Colin Feltham

I don't believe there is any consensual model of counselling but it can be helpful, perhaps, to look a little at the broad history of counselling and its current stage of development, before going on to speculate on what its future might be.

1 Counselling in the UK

Probably the two most vigorous sites of development for counselling have been the USA and the UK. Developments in the USA rested originally on concerns for career development, occupational welfare and efficiency, and the welfare of young people. In the UK, traditions of philanthropy, social work and mutual aid organisations prepared the ground for counselling. As in the USA, student counselling was one of the earliest areas for development. Much of this in the UK was inspired theoretically and practically by American training programmes, often based on the principles of Carl Rogers. Casework in British social work and probation was influenced powerfully by psychodynamic principles and practice. The growth of counselling in colleges and universities, from the 1960s and 1970s, was also underpinned by favourable socio-economic conditions.

The British Association for Counselling & Psychotherapy (BACP) has its origins in the 1970s and has been the single most powerful force for the promotion of counselling in the UK. BACP oversaw the emergence of a tradition, independent of social work and psychotherapy, of ethically sensitive counselling for students, employees, couples and other groups. Often this counselling was – and much of it still is – free or low cost to clients, provided by trained counsellors working in voluntary organisations. Counselling was a response to a perceived need, and evolved in very different settings, counsellors often being trained in the principles and skills associated with Rogers and Egan, as well as Freud, Klein and others. BACP managed to represent diversity of theory and setting from the beginning, still holding together the interests of practitioners in very different agencies, even where these practitioners have a primary affiliation to, for example, the Association of University and College Counsellors (AUCC). The main settings for UK counselling are: education, health, employment, and the voluntary sector. It should be noted that Social Services are *not* a substantial provider of counselling (they perhaps were in the 1970s and 80s), but provide hard-pressed statutory services for those with acute and chronic needs.

It should be noted that counselling is understood in Britain as something closer to psychotherapy than to advice-giving, mentoring, social work and so on. It tends to be characterised as having short-term focal goals rather than being lengthy and open-ended but a debate continues as to whether it is really different from psychotherapy.

2 Professionalisation

It's necessary to underline the voluntary roots of British counselling. Organisations such as Mind[1] are still dedicated to offering free or low-cost support and counselling to people with mental health problems and many trained counsellors provide their own time free of charge. While there has been an increasing desire among counsellors to obtain paid employment, there are also two factors in tension with this: one is that the difficulty of obtaining paid work and yet needing to accumulate practice hours towards BACP accreditation encourages many to counsel without payment; the other is that many counsellors (and the majority are female of mature age) are probably still uneasy about taking money from, or denying services to, individuals who are suffering, and often poor.

However, since the 1980s there has been a push towards counsellor accreditation that has grown alongside a general trend towards a more professional image for counselling and better employment prospects for counsellors. BACP has schemes for individual counsellor accreditation, for counselling organisations, for training courses and for supervisors. Consequently, training courses have grown exponentially. The United Kingdom Register of Counsellors (UKRC) was founded in 1996 as a way of moving towards statutory regulation, with the UKRC being technically separate from BACP but using its accreditation standard as the main entry requirement. The UKRC, like BACP, is apparently marking time while the UK government

[1] Mind ist eine der wichtigsten Interessenvertretungen von Menschen mit psychischen Problemen in England und Wales (Anmerkung der HerausgeberInnen)

decides when and if it wishes to introduce concrete procedures for the statutory regulation of counsellors and psychotherapists, which would include "protection of title". This now seems unlikely to happen until 2005 at the earliest.

While a majority of counsellors in Britain seem to be in favour of professionalisation (purportedly in order to safeguard standards but quite probably also to promote employment prospects) there is also significant resistance. Groups such as the Independent Practitioners' Network oppose what they perceive as BACP's centralised, bureaucratic and impersonal position. IPN has tried to promote alternative mechanisms of accountability, involving more meaningful, small groups of practitioners. Writers such as Richard House (2003) oppose the professionalisation movement on the grounds that it places the interests of practitioners and organisations at the centre of concern, instead of clients (in spite of complaints procedures that appear to privilege the client). House and others advocate a significant role for consumers giving their views and for counselling and therapy to return to humanistic principles. Although it is often difficult to conceptualise a practice of counselling that is disciplined but not a profession, some are trying to conceive of it as a vocation and a genuine meeting between free individuals rather than a profession-controlled distortion of its former self.

3 Training and accreditation

While it is still possible for people to set themselves up as counsellors with no or minimal training, the usual pattern now is the following: Certificates in Counselling Skills, of one or two years part-time, provide a pathway for some to enhance their existing work, for example in social work or teaching. Those wishing to become legitimate and credible counsellors of "professional" standard undertake a Diploma in Counselling, usually of at least two years and offering over 400 hours of tutor contact time. A very few full-time courses exist but few individuals are able to afford the costs and time involved. Training content will include theory, skills, personal development and supervised practice. Those seeking their own (BACP) accreditation have to accrue 450 hours of supervised practice in a minimum time of three years. Supervision is regarded by BACP as mandatory for all counsellors and all those accredited must have a minimum of 1.5 hours monthly. Most people have to fund themselves and most are mature in age, seeking a second or third career. It is fitting that entrants to counselling training are mature, and there is still some resistance to the idea of young people undertaking training.

There are a number of controversies and debates about training that it's worth noting. First, there is some research casting serious doubt on whether training actually does improve on the skills that some may possess naturally (Macaskill, 1999). Carl Rogers himself observed that many untrained helpers seemed to possess high levels of skill and suitable attitudes for counselling. The problem of proliferation is inevitably reflected in training: if over 400 theoretical approaches/practices exist (or even only 12 or so mainstream approaches), which are valid in training? BACP doesn't stipulate, except to insist that one should be chosen as the core model for any course. This means that counselling training is detached from evidence-based practice (EBP) and has this in common probably with psychotherapy (whereas the norm in the USA is increasingly for clinical psychology training to incorporate attention to empirically supported therapies). We don't yet know the best methods for selecting trainees, or deciding on the most significant features of training. For example, should the trainee's own therapy be paramount? If so, how much should be stipulated? Of what kind? And how can its effects be measured? Again, this is all related to the model of counselling: psychodynamic counselling training naturally demands considerable trainee therapy, while cognitive-behavioural therapy (CBT) cannot logically demand the same.

There are plenty of other problems. Trainees need access to clients, who should be guaranteed care that is not inferior to that provided by experienced counsellors; this in turn implies that trainees may be able to counsel as well as experienced practitioners.

Trainees need placements, yet there are only so many counselling agencies, and even many qualified counsellors cannot secure paid work, so there is competition. Another problem is the level at which training should be pitched and where it should be located. Increasingly, courses have been located in universities or colleges, yet some from the anti-professionalisation camp reasonably argue that such settings over-intellectualise and bureaucratise counselling. As in many subjects, academics tend to drift towards practice-detached theory, and even where they wish to maintain a practice, time is often not available for it. To return briefly to accreditation, BACP accreditation is now regarded by employers as the benchmark, therefore non-accredited practitioners, however good they may be (and in some cases better than some accredited counsellors) find themselves marginalised. So, training courses thrive – because so many people want to find a meaningful career – but training is problematic and its problems are not readily addressed.

4 Trends

Although I have little to say about it, one of the trends accompanying professionalisation is the fear of litigation. Litigation has not yet seriously affected the UK counselling scene but there is an ongoing expectation that it may eventually follow the American trend. Hence, counsellors are insured and BACP is constantly refining its *Ethical Framework*. Some fear that this is leading to more defensive, less creative practice. One example of potential conflict is the counsellor's preference for as near total confidentiality as possible, which is sometimes contrary to the position of mental health and social workers. Some counsellors may wish to respect the client's right to end their own life, while statutory workers are obliged to report and prevent such possibilities.

One very definite trend is that towards research into counselling and especially concerning evidence-based practice. As I've mentioned, evidence-based practice hasn't yet really impacted on counselling training, even if trainees are encouraged to become more research-aware and active. Within the National Health Service, particularly where counsellors practise in doctors' surgeries, structured evaluation of practice by questionnaires has become the norm in the last few years. In addition to this, there is the general awareness that CBT appears to come out well in effectiveness research, especially for focal problems such as obsessions, phobias, panic attacks, depression and anxiety. In some cases this has encouraged the growth of integrationism and eclecticism in training, whereby trainees learn at least some basic techniques of cognitive and behavioural therapy.

Along with evidence-based practice, the last 10 years has seen the growth of services offering brief or time-limited counselling services. Recognition that counselling was often open-ended and uncertain in its outcomes led those managing some counselling services to introduce strict time limits. Now, it is common for counsellors working within health and employee counselling services to be limited to six or eight hour-long sessions with each client. Student counselling looks like going the same way. This trend has both good and bad aspects: good because it helps reduce waiting lists and encourages counsellors to be more focused, and also because a lot of feedback from clients suggests that they expect counselling to be brief; bad because it encourages managers to ignore the individual needs of each client and, in some cases, to risk abandoning clients.

Perhaps the major development for counselling in the UK in recent years has been the growth of counselling in primary care, mainly in doctors' surgeries. It is now common, although not universal, for British citizens to be able to access free counselling as part of the NHS. This means far greater employment opportunities for counsellors (even though much of the work is still part-time), as well as more acceptance of counselling, and so it has been welcomed. It has helped to destigmatise counselling. Counselling is sought by consumers either in preference to or alongside medication. This development has also fostered greater concern for effectiveness, particularly in time-limited practice but also in terms of eclectic practice. Primary care counsellors need to assess quickly, refer where necessary, work in teams, and sometimes be prepared to use pragmatic methods. The downside of the success of counselling in this context is what some call the "re-medicalisation" of counselling/therapy, whereby it risks being increasingly controlled and distorted by a bureaucratic and results-oriented medical profession.

Another trend includes recognition – if not yet supported by major remedial actions – of the multicultural nature of society. Counsellors aim to be sensitised to the differences, experiences and needs of clients from a variety of ethnic origins, and to be aware of and address any of their own relevant prejudices or blind-spots. However, theory and practice in counselling remains dominated by the big names of Freud, Klein, Rogers, Beck, Ellis, Perls, et al. – all white westerners, and most of them American, and dead! As yet, I think it is fair to say that no coherent body of theory has emerged to represent the experiences and needs of culturally different or oppressed groups. Indeed one surprisingly overlooked fact (and its meaning and consequences) is that in the UK most counsellors are women and still a majority of clients are women. Yet theory, research and training is still dominated by men. One area in which there is growing recognition is spirituality. Counselling has been built on secular premises, particularly on the notion of the client's autonomy. Clearly, in certain religions, this assumption does not fit well. So all these issues wait to be properly addressed.

There are some interesting technical trends. Greater acknowledgment of the legitimacy of telephone counselling exists, email counselling is increasingly experimented with, and the use of therapeutic writing (rather than verbal therapy) is receiving more attention. Some surveys of counselling consumers are highly suggestive. One university found that its users preferred counselling to be short-term, to be practical (including advice-giving), active, and non-silent! So there is perhaps some trend towards greater pragmatism, as well as acknowledging that different client groups may have different demands, and that counselling may need to become more truly client-centred or client-responsive. This could well throw up problems if consumers demand more directive counsellors, and person-centred counsellors insist on non-directiveness.

5 Looking towards the future

To summarise: I believe there is currently something of an impasse on the part of the UK government to regulate counselling. Nevertheless, BACP has moved towards a self –regulation agenda, involving training and accreditation norms, and part of this is an attempt to shift ethical making decision towards practitioners rather than it being dictated centrally, from BACP. Counselling is becoming stronger and more visible. Research is growing. Alongside these successes exist problems. These may be simply yet-to-be-addressed or they may be difficult and avoided. Proliferation of models and competing services (counselling, counselling psychology, clinical psychology, psychotherapy, psychoanalysis) is a very thorny problem. Counselling has grown organically but there has been little attempt to conduct large surveys to determine epidemiology of mental health problems suitable for counselling, or even of the employment patterns of counsellors.

I would now like to pose some critical questions and outline some possible ways forward.

Determining the status of counselling

Is counselling a health intervention that should be offered primarily by the NHS or is it something adaptable to different settings? Is it scientifically "proven" or provable or is it something like an artistic or priestly vocation, or both? Could it be that the different models of counselling are more different than has been assumed (perhaps some *are* more scientific and others "artistic")?

Estimating the size of the client base and its needs

There are existing epidemiological surveys (e.g. Abernathy & Power, 2002) but these tend to concentrate on severe clinical problems. Work needs to be done to estimate subclinical problem populations, including those suffering from the effects of debilitating life events such as bereavement and divorce.

Categorising needs

Attempts might be made to analyse typical presenting problems into something like this:

(a) acute clinical problems (e.g. depression);
(b) distressing life events (e.g. bereavement, divorce, job loss, violence);

(c) psychoeducational needs (e.g. preparing for jobs, exams, relationships, etc.);
(d) personal development (self improvement & exploration of human potential).

Although this might well be opposed by some counsellors (perhaps humanistic ones especially), it has the advantage that training could be adapted and differentiated to meet these needs effectively. Rather than assume that counselling can travel almost unchanged geographically and culturally (like McDonalds), I believe each country or region needs to estimate, at least, what its own needs are and design its training and profession accordingly. This assumes that it is better to plan such services than simply to allow them to grow organically.

6 Radically rethinking counselling

My own view is that we might well rethink counselling radically in the context of perennial human suffering, or the "human condition". Obviously urgent clinical needs must be addressed first, but this does not mean that radical, critical thought should be dismissed as a luxury, or as disconnected from the real world. Urgent clinical needs look like always being with us and we might gain better insight into them by sometimes standing back.

A first step in rethinking counselling is, perhaps, to put it in its place. However enthusiastic we may be about it, we must get some sense of proportion. It is not a panacea. It is well-intentioned and generally helpful, but it sometimes fails or is not the correct remedy for certain problems. For some things physical medicine is necessary, or political solutions must be sought. A major problem for counselling is the tendency towards totalitarian psychologising: everything has a psychological cause and psychotherapeutic remedy; if we all had long, deep and good enough therapy, society would be radically transformed. I do not believe this.

Counselling training could be transformed and extended by adding to its clinical aspects a consideration of socio-economic, historical, evolutionary and other factors affecting human suffering (Feltham, 2001). I am broadly in favour of seeing the development of a counselling studies discipline that helps us to understand the depth and diversity of human suffering. I think this was part of the impetus behind the birth of psychology, but psychology, in my view, became fragmented and was diverted from this mission.

Anthropathology

I use the term "anthropathology" to refer to human suffering and the knock-on effects of that suffering. This includes so-called clinical problems but also subclinical or non-clinical "problems-in living". It also includes moral and social problems, and raises the question of how far our problems are multifaceted and from a variety of sources, as opposed to the possibility that all or most of them have a single source. This is not a new idea. It is implicit in the Christian idea of sin and the Buddhist principle of dukkha. It is also similar to the idea of a universal neurosis.

I am persuaded by some evolutionary thinkers (e.g. Stevens & Price, 2000) that most of our current clinical problems can be plausibly explained by referring to the original conditions of survival to which they were probably a response. I also find much to explain the stubbornness of our social absurdities in the work of people like Fromm (1973) on human destructiveness, and DeMause (1982) on psychohistory. And a psychologist such as Smail (1993) argues convincingly for the place of socio-economic factors in current human distress. There is much more to why we as individuals are so often unhappy, confused and distressed than the way our parents treated us! I believe we each represent a culmination of suffering and our societies represent a milieu of suffering.

What does all this have to do with counselling? One of the core tenets of counselling is that humans are self-determining and resourceful, and that if this strength can be tapped into, fostered and reinforced, it represents a positive, remedial response to our suffering. Now, while this may be partly true for some of our immediate personal problems, I don't see it as true in any deep or longstanding sense, or true for us socially. Any benefits from counselling (and psychotherapy), however worthwhile, tend to be short-lived and individual. I believe this is due to an undercurrent of what I call anthropathology. This is the unrecognised engine of all our troubles. Buddhists may believe that this dukkha-like phenomenon can be overcome by mindfulness (and the recently developing mindfulness-based cognitive therapy derives from it) but I cannot believe that some sort of piecemeal mindfulness is the solution. We've had centuries of religious practice and a hundred years of psychotherapy and still, in the title of the book, "the world's getting worse" (Hillman & Ventura, 1992).

Perhaps we must regard counselling in paradoxical terms. It is not a long-term solution, it is not infallible, and it is problematic. But it is better than nothing and we can't leave people to suffer without help. Counselling is not on the whole a bad thing, and yet it is sometimes and *potentially* a bad thing. If, as is likely, counselling becomes a statutory health intervention, eventually it may be as ineffective and as distorted by professionalisation measures, as the original inspirations of mystics have been by the churches, or the original thirst for knowledge is by much traditional education.

In summary, we might think of counselling as (a) established, healthy, practical (perhaps even life-saving and world-changing); (b) problematic and either reformable or wholly discredited; (c) expandable, into a "counselling studies" discipline; (d) to be used and honoured but placed in an anthropathological perspective. My guess is that most counsellors regard counselling as healthy and in need of continuous but non-radical improvement. I have seen little appetite for a counselling studies discipline, and almost none whatsoever for the final option. At the end of the day, each of us has to align ourselves and decide where we draw our horizons. It's an interesting question, I think: who owns counselling? Who has the right or responsibility to decide how it develops?

Literature

Abernathy, J. & Power, M. (2002). The epidemiology of mental distress. In C. Feltham (Ed.), *What's the Good of Counselling and Psychotherapy?* (S. 8–22) London: Sage.

DeMause, L. (1982). *Foundations of Psychohistory*. New York: Creative Roots.

Feltham, C. (2001). Counselling studies: a personal view. In *British Journal of Guidance & Counselling, 29* (1), 111–119.

Fromm, E. (1973). *The Anatomy of Human Destructiveness*. New York: Holt, Rinehart & Winston.

Hillman, J. & Ventura, M. (1992). *We've Had a Hundred Years of Psychotherapy and the World's Getting Worse*. San Francisco, CA: Harper Collins.

House, R. (2003). Therapy Beyond Modernity: Deconstructing and Transcending Profession-Centred Therapy. London: Karnac.

Macaskill, A. (1999). Personal therapy as a training requirement: the lack of supporting evidence. In C. Feltham (Ed.), *Controversies in Psychotherapy and Counselling*. London: Sage (S. 142–154).

Smail, D. (1993). The Origins of Unhappiness. London: Harper Collins.

Stevens, A. & Price, J. (2000). *Evolutionary Psychiatry: a New Beginning* (2nd edition). London: Routledge.

Dr. Colin Feltham, PhD, ist Psychologe und Theologe, Master in Psychological Groupwork und als „Reader in Counselling" an der Sheffield Hallam University tätig. Er arbeitet zudem als Berater und Supervisor freiberuflich, ist Fellow der British Association for Counselling & Psychotherapy und gehört dem United Kingdom Register of Counsellors an. Seine umfangreiche Publikationsliste umfasst zentrale Standardwerke zur Beratung und Psychotherapie, u.a. aber auch Beiträge, die sich kritisch mit der eigenen Profession auseinander setzen und Mythen der Beratung und Psychotherapie in Frage stellen.

Beratung im dgvt-Verlag

John McLeod
Counselling
Eine Einführung in Beratung

Beratung 1
2004
568 Seiten
EUR 36,–
ISBN 978-3-87159-701-5

Rainer Göckler
Beratung im Sanktionskontext
Sanktionsgespräche in der Grundsicherung für Arbeitssuchende – Theorie und Praxis der Umsetzung

Beratung 11
2009
408 Seiten
EUR 32,–
ISBN 978-3-87159-711-4

John McLeod
Beraten lernen
Das Übungsbuch zur Entwicklung eines persönlichen Beratungskonzepts

Beratung 3
2011
168 Seiten
EUR 19,80
ISBN 978-3-87159-703-9

Ruth Großmaß & Edith Püschel
Beratung in der Praxis
Konzepte und Fallbeispiele aus der Hochschulberatung

Beratung 13
2010
296 Seiten
EUR 22,80
ISBN 978-3-87159-713-8

Ursel Sickendiek, Frank Nestmann, Frank Engel & Vera Bamler (Hrsg.)
Beratung in Bildung, Beruf und Beschäftigung

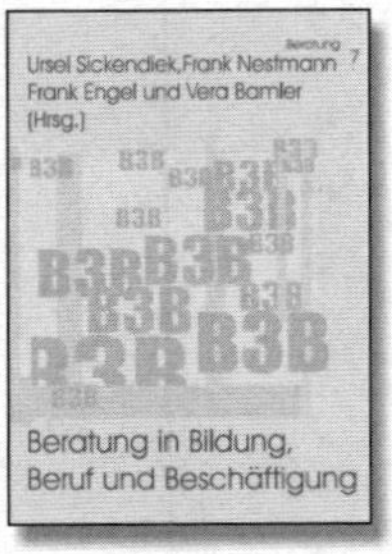

Beratung 7
2007
336 Seiten
EUR 24,80
ISBN 978-3-87159-707-7

Jan G. Thivissen
Integrative Beratung und Psychotherapie
Woher sie kommt. Was sie will. Was sie kann.

Beratung 14
2014
294 Seiten
EUR 29,90
ISBN 978-3-87159-714-5

dgvt Verlag

dgvt-Verlag • Hechinger Straße 203 • 72072 Tübingen
Tel.: 0 70 71 / 79 28 50 • Fax: 0 70 71 / 79 28 51
E-Mail: dgvt-Verlag@dgvt.de • Internet: www.dgvt-Verlag.de